沙孟海先生題簽（本教材初擬書名）

78. 車

說文："車，輿輪之總名也。夏后時奚仲所造，象形"。甲骨文作 ⟨車形⟩，象車有兩輪之形，但同時亦有作 車。大文金文車或減省其形體很多，甲以圓以橢，基本上固為成"車"形。

⟨古文字形例⟩ 美石象 師毀豆 克盨 轉盧 漢車

載 邾公釛鐘 軒 鉩 斬 鉩 軍 鉩 輸 說文 輕 史

79. 舟

說文："舟，船也。……象形"。發展創來合拼，一般寫号作"舟"。（胺、脁），以他有以習化月。如"朕、勝"。

⟨古文字形例⟩ 玉象 虢伯鐘 朕 陳侯也 胎 方幾鉩

舫 乙貞 腃 邾隿白孞 腕 鉩 鼎 鉩 彤 說文 殷 史

80. 方人

說文："方人，詭祇之游方旗之兒，从中曲而下方人相出入也"：甲骨文作 ⟨形⟩，象旗形。

⟨古文字形例⟩ 鉩 鉩 鉩 鉩 以車自 長日戌彤

孟鼎 以兒 晉夨侯盨 郭公鐘 楚公戈 中山王壺

鉩 鉩 鉩 陶文 說文 束鉩

1985年作者編寫的講義手稿選頁

曹錦炎　著

中國美術學院書法教材

古文字源流講疏

上海書畫出版社

上

"古文字與中華文明傳承發展工程"資助項目

"古文字書法研究"（G2826）研究成果

前　言

　　1985 年 9 月，浙江美術學院（今中國美術學院）開風氣之先，在高等學校創辦首個書法本科專業，當時我任職於浙江省博物館，而時任浙江省博物館顧問、西泠印社社長的沙孟海先生，同時也兼任浙江美術學院書法專業教授，因年事已高，囑我代他爲美院學生開設古文字課程。作爲沙先生私淑弟子的我，自然遵命。從此我與中國美術學院書法專業結緣，兼職生涯一直持續至今。

　　在美術學院講授古文字，如何符合書法專業的特色，是我首先考慮的問題。此前我已應杭州大學（今浙江大學）歷史系之邀，在文物和博物館專業開設“古文字學”和“青銅器”兩門主課，也編寫了專門教材。因此在美院，我的課程設計是將我給文博系編寫的“古文字學”教材濃縮爲“古文字學簡説”，并擬再專門編一本教材，向沙先生彙報後得到首肯，并提前賜我“古文字學簡説”題簽。當時浙江美院每年招收的書法學生不多，所以碩士生和本科生一并授課。試講幾次後，覺得美院書法學生的學習重點應該放在古文字構形方面，基礎可由此入手夯實。加之發現學生們學習大篆書法的興趣很濃厚，而當時他們臨寫所用的金文拓本，僅僅停留在《克鼎》《盂鼎》《毛公鼎》《散氏盤》《虢季子白盤》等有限的幾種類型樣版上，無法展示從商代晚期至兩周金文書法發展演變的全貌。有鑒於此，我調整課程設計，將“古文字學簡説”精簡到原編教材第二講的“古文字形旁及其變化”，即從古文字構形角度擴充而成“古文字部首源流"一門專業課,另外又增設"金文導讀"一門專業課作爲前者的補充,分兩學年交替授課,從此一直延續至今。當時爲引導學生學習和創作金文書法作品,也爲編寫教材之需,我開始大量搜集金文拓本資料,再下功夫遴選,尤突出金文時代、風格、形式的多樣化,希望編成既是書法教材,也是一部金文書法史的圖錄,最後以 266 件拓本編成《商周金文選》一書,承沙孟海先生欣然賜題書籤,1988 年由西泠印社出版社出版。未曾料及的是,拙書出版後深受書法愛好者的青睞,發行量至今已逾兩萬之數,全國不少高校的書法專業皆以其作爲金文教材。而《古文字部首源流》教材,雖早撰成初稿,施之中國美術學院課堂,但我却并不滿意,加之近三十年來古文字資料尤其是楚簡層出不窮,而每有古文字新材料出現,我往往注意收集,又隨時去補充講稿,以至學生們常説我的講課中每次都會有新的内容出現。由於教材的不斷補充,加之我較長時期擔任行政領導工作又擠不出更多時間修改,因此書稿一拖再拖,竟延續近四十年却未能成書出版,每和師友們談及,常以爲憾。

自 2018 年起,我在中國美術學院招收博士研究生,加之沈浩副院長爲中國美術學院書法專業的發展,多次敦促我儘早將《古文字部首源流》教材出版。於是我下決心在教學和科研之餘擠出時間儘快修訂完善書稿。先由友生李默博士根據我這幾年在美院的授課錄像資料整理出一份基本的文字初稿,用電腦技術製作文檔,在此基礎上我再重新整理修訂,打磨内容,同時補充新資料,特別是增補較大數量的新出楚簡字形,以求進一步完善。步入七十歲以後,我原本不再於晚上從事科研寫作,但爲此教材又重蹈舊轍,堅持每晚工作三小時,終於用兩年多的時間完成修改撰寫任務。

需要説明的是,本教材原以《古文字部首源流》取名,但實際内容我并不是專講古文字部首,而是將由東漢許慎《説文解字》歸納的漢字 540 個部首,濃縮到 108 個古文字部首,綱舉目張,每個部首下再列出若干個歸入本部的字例,對部首及其下轄字例作梳理講述,以大量古文字字形詳細揭示出其由商代甲骨文到兩周金文、戰國文字到秦漢文字的構形演變和發展脉絡。因此,最後定教材之名爲《古文字源流講疏》。

其次,本教材編寫過程中,參考文獻除引用許慎《説文解字》(中華書局 1968 年版）中对相關文字的造字原理説解外，并進一步對其構形演變發展作疏理講述，其中涉及前輩學者與時賢的觀點和見解。甲骨文主要引自先師于思泊教授主編的《甲骨文字詁林》（中華書局 1996 年版），金文及楚簡等戰國文字引用不少師友的文字考釋成果，一般隨文注出作者及書名或文章名（限於體例，出版信息從略）。編寫體例上，高明先生的《古文字類編》（中華書局 1980 年版）對我啓發最大。容庚先生的《金文編》（中華書局 1985 年版）是我選用金文字形的主要來源，甲骨文字形則采用拙著《甲骨文字彙》（上海書畫出版社，待出版），漢簡及兩漢刻石主要采用漢語大字典字形組編的《秦漢魏晉篆隸字形表》（四川辭書出版社 1985 年版），其他引用盟書、刻石、璽印、陶文、貨幣、楚簡、秦簡字形材料出處及簡稱，詳見本書附錄。

　　文以載道，藝道相貫，書法是漢字的書寫藝術，也是中華文化的獨特標識。前賢云"教學相長"，和學生的互動，使我對古文字書法教材如何編寫的思路更加清晰。可以説，没有我在中國美術學院書法專業長期講授古文字學的經歷，就没有這本教材的誕生。從 1985 年底醖釀及初稿撰成，至 2024 年暑假，其實不止是"三易其稿"，修改補充和完畢成書，竟長達近四十年。值此中國美術學院書法學院成立一周年之際，《古文字源流講疏》列入中國美術學院書法教材出版，書稿即將付梓，感慨萬千，是以爲記。

曹錦炎

二〇二四年中秋佳節於中國美術學院南山校區

　　修訂附記：因讀者要求，爲方便使用，新增字例單字索引，包括部首字、部首內字及隨文附及字。索引按筆畫順序排列。另，書中個別字例重出，本次印刷已作調整。

二〇二五年四月

目 録

○○一 人部

《説文》："人，天地之性最貴者也。此籀文。象臂、脛之形。"許慎既釋義又釋形。"人"是象形字，可結合古文字"大"字分析造字本義。"大"字構形，甲骨文作 （合 2102）、 （合 5034），金文作 （大保鼎）、 （㲃簋），象正面的大人形。而"人"字構形，甲骨文作 （甲 2940）、 （屯 4360）、 （合 6858）、 （合 20463），金文作 （人矛）、 （般甗）、 （井侯簋）、 （㲃簋），象側面的人形。"人""大"兩字的造字思路本出同源。

古文字"人"字有兩種寫法：一是從頭到手爲一筆，再寫身到脚，甲骨文作 （合 7277）、 （合 6057）、 （合 7306）、 （合 6409）、 （合 376），金文作 （令簋）、 （散氏盤）、 （王孫鐘）、 （中山王鼎）、 （君夫人鼎），楚簡作 （上博《成之》）、 （安大《曹沫》）、 （安大《曹沫》）、 （清華《治政》）、 （清華《禱辭》）、 （清華《廼命》）；二是從頭、身到脚爲一筆，再寫手形，甲骨文作 （乙

1938)、🄰（合 26898）、🄰（合 21099）、🄰（合 6858），金文作🄰（盂鼎）、🄰（師酉簋）、🄰（取它人匜）、🄰（樊夫人匜），楚簡作🄰（郭店《語叢》一）、🄰（上博《命》）。值得注意的是，秦簡作🄰（雲夢《日書》乙），繼承的是前一種寫法，爲馬王堆帛書作🄰（《天文》），銀雀山漢簡作🄰（《孫子》），定縣漢簡作🄰，漢碑作🄰（禮器碑側）所本。《説文》篆文作🄰，新莽嘉量作🄰，馬王堆帛書作🄰（《縱橫》），繼承的是後一種寫法，其構形同時亦成爲楷書"人"字所本。

"人"作爲偏旁，隸楷主要有"亻"及"人"兩種寫法，個別字於隸變後寫法則略異。如"北"字，甲骨文作🄰（合 8783）、🄰（屯 1066），本象兩人相背，與"从"字作🄰（合 1136）、🄰（合 14200），象兩人相從，構形適反，其借形用來表示方向義後，則另造"背"字以作區別。"北"字構形，金文作🄰（北子卣）、🄰（吳方彝），楚簡作🄰（清華《四時》）、🄰（清華《四告》），《説文》篆文作🄰，馬王堆帛書作🄰（《老子》甲後）、🄰（《周易》）尚能看出從"人"。但是馬王堆帛書或作🄰（《縱橫》）、銀雀山漢簡作🄰（《孫子》），隸變後的"北"字已漸失"人"形。另外，需要注意的是秦簡"入"字作🄰（雲夢《日書》乙）、🄰（北大《泰原》），構形與"人"字相混。

1. 企，🄰（合 11651），🄰（花東 312），🄰（合 18983），🄰（合 18982），🄰（合

19733），甲骨文；（企癸爵），（企瓿），金文；（龍崗），（嶽麓《爲吏》），秦簡。會意字。《説文》：“企，舉踵也。从人，止聲。，古文企，从足。”分析構形有誤。所謂“舉踵”即踮腳之意，《老子》第二十四章：“企者不立，跨者不行。”“企”字即用本義。企望、企圖、企求之“企”是其引申意。

“企”字構形，甲骨文、晚商金文（族氏銘文）作人與腳（“止”）相連，像人站立、腳踮高，強調“企”是有意拔高，所以構形突出人腳。目前“企”字古文字資料，自西周至戰國時期有缺環，秦簡構形“人”與“止（趾）”分離，遂爲《説文》篆文作，漢碑作（魯峻碑）所本，以致《説文》誤以爲“从人，止聲”。至於《説文》古文作，古文字暫未見。

2. 介，（合 2926），（合 2348），（合 12642），（合 19026），（合 19027），（合 10613），（合 2619），（合 816），甲骨文；（石鼓《田車》），（石磬，雙劍 22），刻石；（上博《舉治》），（清華《琴舞》），（上博《昭王》），（上博《吳命》），楚簡；（雲夢《答問》），（雲夢《答問》），秦簡。會意兼指事字。《説文》：“介，畫也。从八、从人。人各有介。”本義指介（界）畫，間隔、介紹、儐介等爲引申義。

“介”字構形，甲骨文以兩小點（或四小點）分置人形之前後，指人的兩邊有界。介畫義的本字後作“界”，增“田”旁，以田界示義。戰國刻石、楚簡將“人”旁兩點寫成兩撇似“八”，秦簡更甚，以致《説文》誤以爲構形從“八”。楚簡構形或似“爪”，或作借筆。《説文》篆文作，馬王堆帛書作（《老子》甲）、（《老子》乙）、（《縱橫》），仍保留古文字構形特徵，但武威漢簡作（《儀禮》），

石經作 （熹平石經《儀禮》），逐漸將"人"旁左右原用來指事的兩筆（點）改置"人"下作"介"，則失去造字本意。

3. 伊，（合 33694），（合 23818），（合 23563），（甲 838），（屯 680），（合 31009），（合 33329），（合 32786），甲骨文；（伊簋）、（伊簋）、（伊生簋）、（史懋壺）、（敔簋），金文；（上博《子羔》）、（清華《良臣》），楚簡；（雲夢《編年》），秦簡。形聲字。"伊"是姓氏用字，《説文》："伊，殷聖人阿衡，尹治天下者。从人，从尹。，古文伊，从古文死。"以商湯時大臣伊尹釋字義。

"伊"字構形，甲骨文从"人"、从"尹"聲，金文及楚簡沿襲，秦簡亦同。爲《説文》篆文作，漢印作（徵 8.2），馬王堆帛書作（《老子》甲後）所本。《説文》古文作，見戰國古璽作（彙 883），《説文》分析其構形"从古文死"，甚確。

附及，"伊"字所从"尹"字構形，甲骨文作（花東 196）、（合 30451）、（合 9790）、（合 22084）、（合 34564），金文作（史獸鼎）、（史牆盤）、（毛公鼎）、（御士叔繁匜），象以手持物。《説文》："尹，治也，从又、丿，握事者也。"但楚簡作（清華《四告》）、（清華《四告》），構形已訛變。又，"聿"字構形，甲骨文作（合 32791）、（合 28169），金文作（女壴方彝）、

（聿方彝）、（聿戈），楚簡作（清華《廼命》）、（清華《四告》）、（清華《五紀》），象手執毛筆。“尹”“聿”同源，皆示持筆書寫之意，其後分化爲二字，官長必秉筆薄書，故“尹”亦爲長官之稱（裘錫圭《說字小記》）。

4. 保，（合 18970），（合 8670），（合 3481），（庫 1593），（合 3686），（合 6），（屯 1066），（合 14059），（周甲 50），甲骨文；（保父丁簋），（保父丁觶），（保甗），（子保甗），（大保簋），（保卣），（盂鼎），（毛公鼎），（㝬簋），（秦公簋），（王孫誥鐘），（司寇良父壺），（莒侯簋），（中山王鼎），（中山王壺），金文；（陶 5.331），（陶 9.9），陶文；（安大《曹沫》），（清華《厚父》），（上博《彭祖》），（安大《詩經》），（郭店《老子》甲），（清華《良臣》），（清華《四告》），（清華《不韋》），（清華《保訓》），（清華《五紀》），楚簡；（北大《算》甲），（嶽麓《爲吏》），秦簡。會意字。《說文》：“保，養也。從人，從采省。采，古文孚。𤓽，古文保。𣎔，古文保不省。”《書·召誥》：“保抱攜持厥婦子。”“保”字即用背負本義，保護、保養乃是引申義。

“保”字構形，晚商金文（族氏銘文）象大人背負孩子，特別强調用手向後托住小孩。在文字發展演變過程中，構形中大人之手漸與身體分開，只存“子”下右邊一筆，是手臂的簡化省形，後爲求字形的對稱美觀，遂於“子”下左側又加一筆，最早見西

周晚期金文，爲春秋戰國文字沿襲，秦簡亦同。爲《説文》篆文作 所本。漢碑作

（衡方碑）、（劉熊碑），右旁成 "呆"，已很難看出原構形之所從。《説文》

古文作 ，見戰國金文（中山王器）。古文又作 ，見楚簡作 （望山 M1），亦見

漢簡作 （居延甲 359）。

"保" 字異體，西周甲骨文作 （周甲 15），金文作 （大保簋）、（叔卣）、

（董方鼎）、（作册大鼎）、（保侃母簋）、（齊侯敦），構形增 "玉"

旁，隸定可作 "儷"。雖然也用爲 "保" 義，但從構形角度分析，當爲形聲字，從

"玉"、從 "保" 聲。從 "玉" 表珍寶義，因此也可以看作是 "寶" 字異體，通假爲

"保"，隸定或當作 "堡"。楚簡 "保" 字或作 （清華《厚父》）、（清華

《厚父》），構形由從 "人" 改爲義近偏旁 "女"，隸定作 "娚"，爲 "保" 字異體。秦

統一後，"堡" "娚" 這些異體皆遭淘汰。

5. 仁，（吳王余祭劍），（中山王鼎），金文；（侯馬），盟書；

（彙 3344），（彙 5381），（彙 3345），（彙 3292），（珍秦 371），

（珍秦 376），古璽；（郭店《語叢》三），（郭店《五行》），（郭店

《五行》），（上博《鬼神》），（郭店《緇衣》），（安大《仲尼》），

（安大《仲尼》），（上博《性情》），（清華《五紀》），（上博《子羔》），

（郭店《唐虞》），（上博《性情》），（上博《有皇》），楚簡；（雲

夢《法律》），（嶽麓叁 199），（里耶 J1⑨2），秦簡。形聲字。《説文》："仁，親也。从人，从二。，古文仁，从千心。，古文仁，或从尸。"

"仁"字構形，从"人"、从"二"，始見春秋晚期金文。楚簡从"心"、从"身"聲，或从"䜌"（上增"宀"飾）聲，是楚文字特有寫法；楚簡或作从"心"、从"人"，"人"字增飾筆似"千"，爲《説文》古文作所本，可能來源於齊系文字。秦文字仍从"人"、从"二"，爲《説文》篆文作，馬王堆帛書作（《老子》甲）、（《老子》甲後），銀雀山漢簡作（《孫臏》）所本。《説文》另一古文作，來源見中山王鼎，構形與"尸"字異構作"𡰥"相混。

秦統一文字後，"息""㤅"作爲"仁"字異體皆遭淘汰。

6. 依，（合 6943），（合 4730），（合 6169），（合 6407），（合 4730），（合 7047），（合 13421），甲骨文；（彙 3500），（璽考 345），（港續 23），古璽；（清華《皇門》），（曾侯），（上博《君子》），（郭店《尊德》），楚簡；（雲夢《秦律》），（雲夢《日書》甲），秦簡。會意兼形聲。《説文》："依，倚也。从人，衣聲。"

"依"字構形，甲骨文以人裹衣會意，故引申有依賴、依靠之義。兩周金文有缺環。古璽構形仍同甲骨文，"衣"旁上部或省。楚簡、秦簡及秦印作左右結構，爲《説文》篆文作，漢印作（徵 8.00），馬王堆帛書作（《老子》甲）、（《老子》乙），武威漢簡作（《儀禮》）所本。

7. 倗，（合 10196），（燕 656），（合 13），（合 3288），甲骨

文；▢（應侯再簋），▢（倗卣），▢（格伯簋），▢（楚簋），▢（倗仲鼎），▢（異□壺），▢（伯康簋），▢（趞曹鼎），▢（王孫鐘），金文；▢（郭店《六德》），▢（上博《凡物》甲），▢（清華《不韋》），▢（清華《不韋》），楚簡；▢（里耶 8-980），秦簡。形聲字。《說文》："倗，輔也。從人，朋聲。讀若陪位。"以後世義釋之。金文"倗"字除用作人名外，皆用作"倗友"之"倗"，傳世經典通作"朋貝"之"朋"而專字廢（容庚《金文編》"倗"字下按語）。

"倗"字構形，甲骨文、金文從"人"、從"朋"聲，楚簡、秦簡亦同。漢簡作▢（居延 245）、▢（尹灣），變化較小。《說文》篆文作▢，所從聲旁"朋"訛似"鳳"字。

楚簡"倗"字異構作▢（郭店《六德》）、▢（包山 173）、▢（上博《競建》）、▢（上博《鮑叔牙》），下增"土"旁，或作▢（上博《周易》），▢（安大《詩經》），"人"旁寫似"勹"；亦見古璽作▢（彙 3720）、陶文作▢（錄 3.56.3）、▢（錄 3.55.6），或再疊增"朋"；楚簡或作▢，從"雨"、從"朋"聲，隸定作"霈"，則爲訛體。

8. 弔，▢（花東 247），▢（合 6635），▢（甲 1870），▢（合 31807），▢（合 27238），▢（合 31807），▢（後下 2.13.2），▢（周甲 175），甲骨文；▢（弔車瓠），▢（弔父辛卣），▢（弔父丁簋），▢（弔鼎），▢（作祖乙簋），▢（弔尊），

（戒弔尊），　（曾太保盆），　（吳王光鑑），　（陳曼簠），金文；　（侯

馬），　（侯馬），盟書；　（彙 3370），　（彙 2548），　（彙 3428），

（璽考 333），古璽；　（安大《仲尼》），　（清華《金縢》），　（清華《厚

父》），　（清華《良臣》），　（清華《繫年》），　（清華《行稱》），楚簡。

象形字。《説文》："弔，問終也。古之葬者，厚衣之以薪，從人持弓，會敺禽。"分析

構形有誤。釋其義爲問終弔唁，當是借義（今"弔"字通行俗寫作"吊"）。

　　"弔"字構形，晚商金文（族氏銘文）本作從"它"、從"丨"，象蛇盤纏於柱上

形。後改"丨"爲"人"，遂成固定寫法，金文、楚簡皆從之。楚簡或增飾筆；古璽或

作"人""它"分離。因"它"字似弓松弦之形，《説文》解釋構形遂誤爲"人持弓"，

爲《説文》篆文作　，武威漢簡作　（《儀禮》），漢碑作　（衡方碑）所本。

漢碑或作　（吳谷朗碑），頗似"弔"字初形。

　　楚簡"弔"字或作　（上博《平王》），下增"土"旁；或作　（清華《楚

居》）、　（清華《行稱》）、　（安大《詩經》），下增"口"飾。古文字常見增

飾筆尤其是增"口"飾，爲無意義之構形繁化。

　　需要指出，古文字都借"弔"字用作排行次義的"伯仲叔季"之"叔"，乃是同

音通假。在古文字書法創作中，"叔"字應寫作　而非寫作　。

　　9. 傻，　（合 6733），　（合 583），　（合 18957），　（合 31097），　（合

19507），　（合 30322），　（合 6057），　（合 6057），　（合 6057），甲骨文；

（鍾伯侵鼎），金文；（上博《周易》），（清華《繫年》），（包山 273），（包山牘），（新蔡甲一7），楚簡；（龍崗），秦簡。會意字。《説文》："侵，漸進也。从人、又持帚若埽之進。又，手也。"字頭作"侵"，與篆文不合，當是用俗字之故，也不排除篆文爲唐人李陽冰所改。

"侵"字構形，甲骨文从"又"（手）持"帚"會意，與"埽"字（今作"掃"）同源分化，本義爲洒掃漸進，引申爲侵占、掠奪。或从"牛"旁，從文義分析爲"侵"字異構。金文構形从"人"、从"叏"；楚簡从"戈"，表動作義，爲異體。秦簡仍从"人"旁，爲《説文》篆文作，馬王堆帛書作（《老子》甲後），石經作（熹平石經《春秋》）所本。馬王堆帛書或作（《事語》）、銀雀山漢簡作（《孫子》），已有省寫。漢印作（徵8.6），漢碑作（史晨碑），"侵"字進一步省寫作"侵"，成爲後世固定寫法。今通行字"寻"即是"叏"字（旁）之省寫，所以在書法篆刻中可以借鑒。

10. 何，（合18970），（合274），（合275），（合31354），（合27150），（合7001），（合19037），（合3449），甲骨文；（何馬觚），（何父乙卣），（何父癸卣），（子何爵），（何尊），（何簋），（何次匽），（王何戈），（喜令戈），金文；（彙2547），（彙2198），（程1-30），（彙2985），（珍秦301），古璽；（陶3.668），（陶3.431），陶文；（仰天湖），（上博《鮑叔牙》），

（上博《三德》），楚簡；（里耶 J1⑨7），（里耶 8-135），秦簡。形聲字。《説文》："何，儋也。从人，可聲。"

"何"字構形，甲骨文象人肩負戈，商代金文（族氏銘文）尤爲清晰，即"擔荷"之荷的本字，會意字。西周金文始增"口"爲繁構，戰國文字"人"與所荷之"戈"分離，因其"戈"形類似"丂"，遂省訛并聲化爲"可"，成左右結構的形聲字。楚簡"可"旁或从"无"作，回歸商晚周初構形。秦簡从"人"、从"可"聲，爲《説文》篆文作，漢印作（徵 8.3），馬王堆帛書作（《老子》甲）所本。

楚簡"何"字或作（上博《彭祖》）、（包山 15）、（包山 179），从"力"、从"可"聲，隸定作"㧒"。負荷需要用力，故"人"旁改爲"力"旁，爲異體字。

11. 僕，（合 17961），甲骨文；（僕麻卣），（州子卣），（仲僕盤），（令鼎），（旅鼎），（静簋），（史僕壺），（師旅鼎），（史僕壺），（幾父壺），（瑪生簋），（戲鐘），（平阿戈），（杕里戈），金文；（彙 3551），（陝西 655），（珍秦 125），古璽；（清華《別卦》），楚簡；（雲夢《秦律》），（雲夢《雜抄》），（嶽麓叁 53），秦簡。形聲字。《説文》："僕，給事者。从人，从菐，菐亦聲。㒒，古文僕，从臣。"本義指奴僕。

"僕"字構形，甲骨文和周初金文象戴"辛"之人捧糞箕棄垃圾，象形字。金文人形漸分離成獨體"人"作偏旁，而箕形訛作"甾"置"辛"上，雙手移至其下，遂演變成"菐"，"菐"旁或有省形。楚簡、秦簡構形从"人"、从"菐"聲，成形聲字，爲《說文》篆文作 ![字形]，漢印作 ![字形]（徵 3.11），馬王堆竹簡作 ![字形]（M1），漢簡作 ![字形]（《蒼頡》），石經作 ![字形]（熹平石經《周易》）所本。

"僕"字異體，春秋金文作 ![字形]（䣫鐘）、![字形]（䣫鐘），楚簡作 ![字形]（上博《昭王》）、![字形]（清華《湯丘》）、![字形]（包山 128），增義旁"臣"，此即《說文》古文作 ![字形] 所本。楚簡或作 ![字形]（包山 137）、![字形]（包山 135）、![字形]（清華《食禮》），"臣""人"借筆書寫；或作 ![字形]（安大《仲尼》），贅增"臣"旁；或作 ![字形]（郭店《老子》甲），省"人"旁；或作 ![字形]（郭店《老子》甲）、![字形]《郭店《語叢》四》，再省"又"旁；或作 ![字形]（上博《命》）、![字形]（包山 164），省"美"旁，亦見戰國金文作 ![字形]（中山王壺）、![字形]（耷余令戈），古璽作 ![字形]（彙 2262）、![字形]（彙 3527）、![字形]（彙 1461），从"臣"、从"付"聲，乃是改換聲旁，隸定作"耷"。"臣""僕"皆古代奴隸之稱呼，故增、或从"臣"。

〇〇二 儿部

　　《説文》：“儿，仁人也，古文奇字人也。象形。孔子曰：‘在人下，故詰屈。’” 指出 “儿” 是象形字，是古文奇字 “人”。其實古文字没有單獨的 “儿” 字，由於從 “儿” 旁的字構形中將 “人” 寫在下面，隸變成爲 “儿”，并非是另外獨立的字作偏旁。

　　1. 兄， （合 10091）， （合 2870）， （甲 2292）， （合 1534），甲骨文； （兄日戈）， （剌卣）， （兄戊父癸鼎）， （㲋季良父壺）， （蔡姞簋）， （何壺）， （曾子仲宣鼎）， （伯公父匜）， （𪊔鎛），金文； （侯馬），盟書； （彙 2400），古璽； （録 3.659.6）， （録 3.659.5），陶文； （系 190）， （貨編 309），貨幣； （郭店《六德》）， （清華《𬱖命》）， （包山 138）， （清華《皇門》）， （郭店《語叢》一）， （上博《彭祖》），楚簡； （雲夢《日書》乙），秦簡。會意字。《説文》；“兄，長也。從儿，從口。” 分析構形有誤。《爾雅·釋親》：“男子先生爲兄，後生爲弟。”

"兄"字造字本義不明，有學者認爲"兄"字從"口"，表示兄長是發號施令的人。可備一説。"兄"字構形，自甲骨文、金文至秦簡幾乎無變化，僅戰國文字所從"口"寫似"廿"而已。《説文》篆文作 ![兄]，漢印作 ![兄]（徵8.00），馬王堆帛書作 ![兄]（《老子》甲後）、![兄]（《縱橫》），石經作 ![兄]（熹平石經《詩經》），仍無變化。

楚簡"兄"字或作 ![兄]（上博《内禮》）、![兄]（上博《内禮》），亦見楚金文作 ![兄]（郊陵君豆），增形旁"人"；或作 ![兄]（清華《金縢》）、![兄]（包山96）、![兄]（包山135）、![兄]（上博《逸詩》）、![兄]（安大《曹沫》）、![兄]（清華《治政》），增聲旁"生"（古"往"字）；或作 ![兄]（上博《建州》乙），"兄"旁訛作"呈"。其既可視爲"兄"字繁構，也可看作"兄"字異體，秦統一文字後都遭淘汰。

需要指出，甲骨文"祝"字本作 ![祝]（合27082）、![祝]（合32527），與"兄"字構形區別在"口"下作跪人形（即"卪"）；或增形旁"示"作 ![祝]（花東437）、![祝]（合30634），構形象人跪地或跪於神主前禱告。西周金文作 ![祝]（太祝禽鼎），或作 ![祝]（小盂鼎）、![祝]（長由盉），所從之"![卪]"已訛作"兄"。在書法創作尤其是甲骨文作品中，"兄""祝"二字構形切忌混淆。

2. 先，![先]（合22315），![先]（合5767），![先]（合32532），![先]（屯32），![先]（合7930），![先]（合12051），![先]（合40），![先]（合4578），![先]（合8028），![先]（合27594），甲骨文；![先]（先壺），![先]（盂鼎），![先]（沈子它簋），![先]（令鼎），![先]（師觀鼎），

（獣簋），𣥐（虢季子白盤），𣥐（毛公鼎），𣥐（秦公鎛），𣥐（配兒鈎鑼），𣥐（屬

羌鐘），𣥐（中山王壺），金文；𣥐（彙2845），古璽；𣥐（秦駰玉版），刻石；𣥐

（郭店《成之》），𣥐（上博《踐阼》），𣥐（清華《三壽》），𣥐（清華《逪命》），

𣥐（郭店《緇衣》），𣥐（包山237），𣥐（包山140），𣥐（安大《曹沫》），

𣥐（清華《四告》），𣥐（安大《曹沫》），𣥐（清華《四告》），𣥐（上博

《命》），𣥐（清華《成人》），𣥐（望山M1），楚簡；𣥐（嶽麓叁111），𣥐（雲

夢《日書》甲），𣥐（雲夢《日書》乙），𣥐（北大《算》甲），秦簡。會意字。

《説文》：“先，前進也。从儿，从之。”本義爲前進、前行，引申爲“先後”之先。

“先”字構形，甲骨文下从“人”，上从“止”，以“止”（脚）走到人前會意。或在“止”下增一横畫，與“之”字構形相同，《説文》遂誤以爲“从之”。西周金文以下構形都有横畫，楚簡“人”旁寫法漸成“儿”形，秦簡從之，爲《説文》篆文作

𣥐，漢印作𣥐（徵8.00），馬王堆帛書作𣥐（《老子》乙）、𣥐（《事語》），漢簡作𣥐（定縣），石經作𣥐（熹平石經《尚書》）所本。

3. 允，𠑱（合6057），𠑱（合12514），𠑱（合6065），𠑱（合11851），𠑱（合12922），甲骨文；𠑱（班簋），𠑱（不嬰簋），𠑱（秦公鎛），𠑱（遱邟鐘），𠑱（吴王光戈），𠑱（八年鄭令戈），𠑱（鄜侯載簋），𠑱（中山王鼎），金文；𠑱（秦公石磬），刻石；𠑱（清華《四告》），𠑱（郭店《成之》），𠑱（清華《程寤》），

（安大《詩經》），（清華《保訓》），（清華《湯丘》），（安大《詩經》），楚簡。《說文》："允，信也。从儿，㠯聲。"分析構形不確。

從古文字看，"允"字構形與人有關，但造字本義不詳。西周晚期金文（不嬰簋）上部構形已聲化成（㠯，古"以"字）字，春秋戰國文字沿襲，爲《說文》篆文作，漢印作（徵8.19），漢碑作（夏承碑）所本。

需要指出，"允"字構形自西周晚期出現繁化，下部所從之"人"旁增添倒寫"止"旁"夊"，後從"允"字（旁）分化出"夋"字（旁），即其所本。另外，金文"長"字或作（長由盉）、"蒐"字或作（胤嗣壺），構形皆於"人"形下添加"夊"，情形與"允"字相似。從"丮"旁的字，也有這種構形，如金文"執"字或作（毛公鼎）、"夙"字或作（中山王鼎）。舊時學者隸定書寫此類字形，常在字下增添"女"旁來表示，雖然體現出嚴謹態度，但實應隸作"夊"爲妥。

楚簡"允"字或作（清華《說命》中）、（上博《緇衣》）、（安大《詩經》），下部構形訛似"身"，此類情況屬書手原因，除楚簡外尚不多見。

4. 光，（合22043），（合1380），（明藏258），（合140），（合185），（合22174），（合4481），（合10048），（合22157），甲骨文；（宰甫簋），（矢方彝），（楷伯簋），（召尊），（禹鼎），（毛公鼎），（虢季子白盤），（攻敔王光劍），（吳王光鑑），（者沪鎛）、（攻敔王光劍），（中山王鼎），金文；（故宮424），古璽；（清華《四告》），

（清華《啻門》），　（清華《廼命》），　（包山 220），　（上博《周易》），
（清華《五紀》），　（清華《四告》），　（清華《皇門》），　（包山
276），　（郭店《老子》甲），　（清華《五紀》），楚簡；　（雲夢《日書》
乙），　（雲夢《日書》甲），秦簡。會意字。《説文》："光，明也。从火在人上，
光明意也。　，古文。　，古文。"

"光"字構形，甲骨文象人的頭上有一團火光照耀，亦類似背光，故會光明之意，
下部从"卩"（跪坐之人）或"女"以表示人；上部从"火"，其形上部無左右兩點。
周初金文或从"女"，晚期"卩"旁下作交錯形，或在其左右兩側增加飾筆，或兩筆或
四筆，亦見楚簡。金文、楚簡也有在"火"旁竪筆上加裝飾點（横）。秦簡構形無飾
筆，爲《説文》篆文作　，漢印作　（徵 10.9），馬王堆帛書作　（《老子》
甲）、　（《老子》乙），銀雀山漢簡作　（《孫臏》）所本。至於《説文》古文作
　、　二形，則訛變較甚。

附帶指出，類似"光"字那樣的情況，在文字下部左右增添飾筆，從而在視覺效
果上追求字形平衡，這在其他古文字中也多見。

5. 兒，　（合 20534），　（合 14681），　（合 33078），　（合 7893），甲骨文；
（者兒觶），　（小臣兒卣），　（兒鼎），　（易兒鼎），　（余義鐘），　（配
兒鈎鑃），　（居簋），　（寡兒鼎），　（庚兒鼎），　（沇兒鐘），金文；　（彙
5276），　（集粹），　（陝西 742），古璽；　（郭店《語叢》四），楚簡；

（雲夢《封診》）， （雲夢《秦律》）， （里耶 8-1540）， （里耶 8-327）， （雲夢《日書》甲），秦簡。象形字。《説文》："兒，孺子也。从儿，象小兒頭囟未合。"

"兒"字構形，甲骨文、金文下部从"人"，上部象初生嬰兒頭囟未合之形。春秋金文頭囟之形已漸演變似"臼"。古璽、楚簡及秦簡承之，爲《説文》篆文作 ，漢印作 （徵 8.19），馬王堆帛書作 （《老子》乙），漢簡作 （《蒼頡》）所本。

《説文》訓"兒"爲"孺子"，"孺子"即"乳子"，指初生嬰兒，但甲骨文、西周金文皆未見使用"兒"字本義者。

6. 免， （屯 4516），甲骨文； （免爵）， （周免旁尊）， （免簋）， （免尊）， （免盤）， （史免匡），金文； （古陶 24），陶文； （包山 78）， （包山 53）， （上博《緇衣》）， （郭店《唐虞》）， （郭店《性自》），楚簡； （雲夢《效律》）， （雲夢《答問》）， （雲夢《日書》甲），秦簡。象形字。"免"的本義爲冠冕，也即"冕"之本字，借假爲免去、免除義。《説文》奪去"免"字，清人段玉裁訂補《説文》時增入"免"部，非是。

"免"字構形，甲骨文从"卪"（跪坐之人），金文从"大（正面人形）"，或从"人"，象人頭戴帽子或頭盔（安陽殷墟出土有銅質頭盔，爲軍士用品）。楚簡从"人"，與甲骨文、金文一脉相承。秦簡構形上部之冕形已增筆變化，"人"旁也與之相連，爲漢印作 （徵 10.5），馬王堆帛書作 （《老子》甲）、 （《老子》甲後）、 （《縱橫》），漢碑作 （武氏左石室畫像石），魏三體石經作 （《春秋》）所本。

　　楚簡 "免" 字異體作 ![字形](（郭店《緇衣》）、![字形]（上博《鮑叔牙》）、![字形]（上博《莊王》）、![字形]（清華《三壽》）、![字形]（清華《畏天》），其省形作 ![字形]（上博《姑成》）、![字形]（郭店《六德》）、![字形]（上博《用曰》）、![字形]（清華《不韋》）、![字形]（清華《五紀》）、![字形]（上博《用曰》），或用作偏旁，本是 "分娩" 之娩的初文（"娩" 爲後起形聲字），甲骨文作 ![字形]（合181）、![字形]（合14116），是會意字。楚簡將其用作 "免" 字（旁）異體則是同音通假，是以 "娩" 字來替代。

　　需要指出的是，上引楚簡 "免（娩）" 字最後三例作省形，與秦簡 "字" 字作 ![字形]（里耶6-1）、![字形]（雲夢《日書》甲）構形完全相同。按《説文》："字，從子在宀下，子亦聲。" 許慎已不明造字本意。"字" 的本義是婦人生育，《易·屯》："好貞，不字。" 虞翻注："字，妊娠也。"《詩·大雅·生民》："誕置之隘巷，牛羊腓字之。" 由生育義引申爲養育。從楚簡及上引文獻看，"娩" "字" 實爲一字分化。《説文解字·叙》謂："倉頡之初作書，蓋依類象形，故謂之文，其後形聲相益，即謂之字。字者，言孳乳而浸多也。" "文字" 之義即來源於此。

○○三 匕部

《説文》：“匕，相與比叙也。从反人。匕，亦所以用比取飯。一名柶。”許慎兩種解説：一謂象“反人”即“人”字反寫；一謂象勺取飯之匕柶（《説文》：“柶，匕也。”）。“匕”是象形字，從甲骨文看，“反人”之説不可信。“匕”字甲骨文作 （合 19986）、（屯 2412）、（合 27781）、（屯 652）、（合 32872），構形象古代的一種長柄淺勺，前端略鋭，可用來叉取食物，也可用作勺飯器具，即湯匙。金文作 （豪匕辛簋）、（戈匕辛鼎）、（木工鼎）、（癲匕）、（仲枏父匕）、（魚顛匕），後三例銅器即自銘爲“匕”，表明其用途。尤其是戰國銅器魚顛匕，形制就是一件長柄湯匙。楚簡“匕”字作 （望山 M2），也是器名，皆可參考。由於甲骨文“匕”字或作 （合 30971）、（合 1623）、（合 2359），構形與“人”字貌似而没有太大區别。加之《説文》另有部首“匕”（下收“匙”“眞”“化”三字），篆文作 ，謂：“變也，从倒人。”以致《説文》誤以爲“匕”象“反人”，遂將篆文寫作 。武威漢簡作 （《儀禮》），漢碑作 （曹全碑），寫法則有變化。

　　附及，甲骨文"匕"字常借用作女性祖先稱謂，即後來的"妣"。西周金文始出現加"女"旁的"妣"字，作 （佣萬簋）、（召仲鬲），春秋金文已見從"比"作 （莒侯簋）、楚簡作 （清華《楚居》）。而"祖"是對男性祖先的稱謂，甲骨文"且"作 （合2901），西周金文作 （盂鼎）（"且"之造字本義，郭沫若以爲象男性生殖器；從出土實物看應象考古界所謂的"玉柄形器"，古玩界稱"琴撥"，是裸祭時用的玉器，代表神主），春秋戰國金文已見從"示"旁的"祖"作 （黻鎛）、（樂書缶）。"祖"是指祖父及祖父以上的男性祖先，而"妣"指祖母及祖母以上的女性祖先，甲骨文及金文用法很明確，但後世却把"妣"的詞義搞錯了。例如今日墓園中墓碑上"先妣"與"先考"并列，"妣"已成死去母親的別稱。《釋名·釋喪制》："父死曰考。""先考"指死去的父親，死去的祖母是稱"先妣"。但從《蒼頡》"考妣延年"及《書·舜典》"帝乃殂落，百姓如喪考妣"孔安國傳"考妣，父母"來看，由"考妣"并列而造成錯誤理解的出現時間似乎并不太晚。

　　1. 比，（合5450），（懷362），（合6616），（合64196），（合28056），（合27926），（合697），（合766），（合20164），甲骨文；（比簋），（班簋），（比盨），（羼攸比鼎），（騎射馬節），金文；（錄4.204.1），陶文；（系4179），（系4176），貨幣；（包山254），（清華《楚居》），（郭店《老子》甲），（清華《不韋》），（清華《治政》），（清華《成人》），（清華《五紀》），楚簡；（雲

夢《效律》）， （雲夢《答問》）， （里耶 8－1047）， （北大《隱

書》），秦簡。會意兼形聲字。《説文》："比，密也。二人爲从，反从爲比。……，古

文比。"分析構形不確。本義爲靠近，引申爲相比。

"比"字構形，甲骨文从二"匕"，亦以"匕"爲聲，金文、楚簡及陶文同，貨幣

增飾筆。秦簡無變化，爲《説文》篆文作 ，漢印作 （徵 8.11），馬王堆帛書作

（《老子》甲）、 （《老子》甲後），石經作 （熹平石經《春秋》）所

本。《説文》古文作 ，源自楚國布幣。

又，《説文》以"反从爲比"解説"比"字構形，不符合實際情況。甲骨文"从"

字作 （合 1136）、 （合 21350）、 （合 1131）、 （合 12675），正、反無別，

與"比"字構形確然有相似之處，但區分也很明顯，例外甚少。雖然《説文》仍保留

"从"作爲部首，但西周金文"从"字早已出現增"辵"的繁構作"從"，或許是有意

對"从""比"相似構形加以區分。

甲骨文"比"字在武丁時期卜辭中，常見於"王比某某伐某方"的軍事行動，用

的是"比"的聯合義。

2. 此， （合 27449）， （合 28258）， （合 32300）， （甲 1503），甲

骨文； （此牛尊）、 （此簋）、 （此盉）、 （南疆鉦）、 （筥平鐘），

（中山王鼎）、 （安邑下官鍾），金文； （侯馬）、 （侯馬），盟書；

（録 3.236.6）、 （録 3.578.4）、 （録 5.65.1），陶文； （上

博《志書》）、 （上博《曹沫》）、 （安大《曹沫》）、 （上博《詩

論》)，[甲骨字形]（郭店《五行》），[甲骨字形]（郭店《尊德》），[甲骨字形]（郭店《五行》），楚簡；[甲骨字形]（雲夢《封診》），[甲骨字形]（北大《從軍》），秦簡。會意字。《説文》：“此，止也。從止，從匕。匕，相比次也。”

　　“此”字構形，甲骨文、金文從“匕”、從“止”，“止”亦聲，造字本意不明。或以爲構形當從“人”不從“匕”，非是。戰國文字、秦簡構形以及秦兩詔橢量作[甲骨字形]，仍從“匕”，爲《説文》篆文作[篆文字形]，馬王堆帛書作[帛書字形]（《老子》甲）所本。

　　楚簡“此”字或作[楚簡字形]（郭店《老子》甲）、[楚簡字形]（上博《吳命》），“匕”旁少寫一筆，此乃書手習慣所致。

　　3. 牝，[甲骨字形]（合 19897），[甲骨字形]（合 14834），[甲骨字形]（合 34079），[甲骨字形]（合 22223），[甲骨字形]（合 6814），[甲骨字形]（花東 426），[甲骨字形]（合 24541），[甲骨字形]（合 29474），[甲骨字形]（屯 1094），甲骨文；[楚簡字形]（清華《筮法》），[楚簡字形]（郭店《老子》甲），楚簡；[秦簡字形]（雲夢《雜抄》），[秦簡字形]（雲夢《日書》甲），[秦簡字形]（關沮），[秦簡字形]（里耶 8-1455），秦簡。形聲字。《説文》：“牝，畜母也。從牛，匕聲。《易》曰：‘畜牝牛，吉。’”本義指母牛，引申爲雌性動物之泛稱。

　　“牝”字構形，甲骨文從“牛”、從“匕”聲，雖然西周至春秋金文有缺環，但楚簡和秦簡構形仍無變化，爲《説文》篆文作[篆文字形]，馬王堆帛書作[帛書字形]（《老子》甲）、[帛書字形]（《老子》乙前），銀雀山漢簡作[漢簡字形]（《孫臏》）所本。

　　需要指出，在甲骨文中凡雌性動物構形，皆分別以本名加“匕”來表示不同的家畜或獸類。如 🔣（合 27582）、🔣（合 24564）；🔣（合 11246）、🔣（合 20053）；🔣（合 3353）、🔣（花東 98）、🔣（合 3411），🔣（合 795）、🔣（花東 198）；🔣（合 17853）、🔣（合 11050），分別指母羊、母豕、母犬、母馬、母鷹、母兕等。在文字演變發展過程中，這些字於後世大都遭淘汰，或用泛稱"牝"，或另造新字替代，如以"豝"指母豬，以"羘"指母羊等。值得注意的是，甲骨文中的這些專用名字，戰國時的楚系文字中偶有保留，如用爲"牝馬"之牝、專指母馬的字作🔣，見曾侯簡。

4. 旨，🔣（合 940），🔣（合 5478），🔣（合 5637），🔣（合 10307），甲骨文；🔣（匽侯旨鼎），🔣（旨鼎），🔣（盉駒尊），🔣（國差譫），🔣（伯旅魚父匜），🔣（殳季良父壺），🔣（者旨智盤），🔣（越王劍），🔣（越王劍），金文；🔣（彙 3418），🔣（陝西 730），🔣（彙 3559），古璽；🔣（録 6. 168. 1），陶文；🔣（郭店《緇衣》），🔣（上博《彭祖》），🔣（清華《程寤》），🔣（清華《五紀》），🔣（清華《五紀》），🔣（郭店《尊德》），🔣（清華《湯丘》），🔣（清華《不韋》），🔣（清華《不韋》），楚簡；🔣（雲夢《日書》乙），秦簡。會意字。《説文》："旨，美也。从甘，匕聲。……🔣，古文旨。"誤以爲形聲字。

"旨"字構形，甲骨文、金文从"匕"、从"口"，會以匙勺羹入口所嗜美味之意，或於"口"中加飾筆成"曰"，《説文》遂誤以爲从"甘"的形聲字。楚簡或从"口"，或从"曰"。秦簡从"曰"，爲《説文》篆文作🔣所本。漢碑作🔣（白石神君碑），

石經作 （熹平石經《詩經》），"匕"旁則有省筆。《説文》古文作 ，與楚簡構形相合。

　　附及，"嘗"字從"旨"。《説文》："嘗，口味之也。從旨，尚聲。"形聲字。金文作 （效卣）、（瑂生簋）、（陳侯午敦）、（陳侯因資敦）。前兩形既可以看作從"尚"省"口"，亦可以視作"尚""旨"共用"口"旁。楚簡作 （郭店《魯穆》）、（清華《赤鵠》）、（郭店《唐虞》），秦簡作 （雲夢《封診》）、（嶽麓叁 152），秦印作 （秦風 237）。"嘗"字所從"旨"旁的構形演變規律，皆與"旨"字相同。

○○四 大部

　　《説文》：“大，天大、地大、人亦大，故大象人形，古文大也。”“大”的意思，與“小”相反。許慎以“天”“地”“人”三者合一共訓“大”，代表了古人的宇宙觀。

　　“大”字構形，甲骨文作 ![glyph](合 11018)、![glyph](合 340)、![glyph](合 20026)、![glyph](合 23667)，金文作 、、 、、、、，象正面站立的大人之形。楚簡作 、、、、、、、、，秦簡作 、、、![glyph](里耶 8-529)，除書寫上略有差異外，構形無變化。秦泰山刻石作 ![glyph]，爲《説文》篆文作 ![glyph]，馬王堆帛書作 、、，漢碑作 ，石經作 ![glyph](熹平

石經《周易》)所本。

值得注意的是，在楚簡和馬王堆帛書中，“大”字的寫法已出現楷化現象，這爲書法史研究擴展了新的視野。

1. 天，（合 19050），（合 20975），（合 17985），（屯 643），（合 22094），（合 22054），（合 22454），（屯 2241），（合 22453），甲骨文；（天作從尊），（父辛卣），（天亡簋），（盂鼎），（井侯簋），（史牆盤），（頌鼎），（秦公簋），（吳王光鐘），（䣄羌鐘），金文；（秦公石磬），（行氣玉銘），刻石；（《考古》73.1），貨幣；（郭店《唐虞》），（清華《繫年》），（郭店《語叢》一），（清華《四告》），（清華《治政》），（郭店《老子》甲），（清華《四時》），（包山 219），（上博《周易》），（清華《筮法》），楚簡；（《雲夢《日書》甲），（《雲夢《日書》甲），（北大《祓除》），（北大《九策》），秦簡。象形字。《説文》：“天，顚也，至高無上。從一、大。”分析構形有誤。本義指人的頭頂，引申指自然的“天”。

“天”字構形，甲骨文、晚商至西周早期金文象正面大人形，尤突出強調人的頭部，以示頂顚之意。甲骨卜辭有“疾天”一詞，意思是頭疾即頭痛有病。古代有“天刑”，即指鑿頂之刑，見《易·睽》：“其人天且劓。”

甲骨文“天”字上部作方框形是因爲甲骨上契刻不方便所致，所以將圓點（頭部）改用虛框表示。古文字在演變發展過程中，象形逐漸被綫條化替代，“天”字構形象徵人頭部的圓點遂變成一橫，已見於甲骨文，或於上部再增一短橫。這兩種寫法成爲常

態，自甲骨文、金文始，一直延續到戰國文字，秦簡則不再出現上部一短橫。秦泰山刻

石作 [字形]，爲《説文》篆文作 [字形]，漢印作 [字形]（徵 1.00）、[字形]（徵 1.1），馬王堆帛

書作 [字形]（《老子》甲）、[字形]（《老子》乙前）所本。

附帶指出，“元”字構形，晚商金文（族氏銘文）作 [字形]（狽元卣）、[字形]（狽元卣），

象側面人形，亦突出頭部，本義指人頭，《爾雅·釋詁下》：“元，首也。”與“天”爲

同源分化字。甲骨文作 [字形]（合 19790）、[字形]（合 20333）、[字形]（合 19642）、[字形]（合

14822），金文作 [字形]（㬎鼎）、[字形]（師酉簋）、[字形]（欒書缶），楚簡作 [字形]（清華《四

告》）、[字形]（清華《繫年》）、[字形]（清華《繫年》）、[字形]（上博《周易》）、

[字形]（清華《禱辭》）、[字形]（清華《五紀》）、[字形]（清華《四告》）、[字形]（清華《金

縢》），構形演變與“天”字如同一轍。需要指出的是，於橫畫上增一短橫的寫法，

“天”字這種構形後來於小篆、隸書中皆没有出現，而“元”字構形却一直保留沿用至

後世。

在古文字演變發展中，構形上部爲橫畫之字，常見於其上增一短橫，本起裝飾、繁

化作用，後世則成爲固定筆畫，是常見的一種規律。如“辛”字，甲骨文作 [字形]（合

34537）、[字形]（合 31878），金文作 [字形]（并觚）、[字形]（利簋），楚簡作 [字形]（清華《筮

法》）；“帝”字，甲骨文作 [字形]（合 14204）、[字形]（合 36171），金文作 [字形]（井侯簋）、

[字形]（仲師父鼎），楚簡作 [字形]（上博《子羔》）、[字形]（清華《厚父》）；“示”字，甲

骨文作 [字形]（合 296）、[字形]（合 10111），楚簡作 [字形]（上博《顔淵》）、[字形]（清華

《皇門》）等例。但是，有些字在後世的構形却并不保留其所增筆畫，如"不"字，金文

作　　（盂鼎）、　　（蔡侯申盤），楚簡作　　（郭店《唐虞》）、　　（郭店《老子》）；

"可"字，金文作　　（師㝬簋）、　　（蔡大師鼎），楚簡作　　（郭店《忠信》）、

　　（清華《程寤》），即其例。

　　2. 夫，　　（合 8836）、　　（合 19613）、　　（合 4413）、　　（英 319），甲骨文；

　　（盂鼎）、　　（克盨）、　　（散氏盤）、　　（中山王鼎）、　　（君夫人鼎），金

文；　　（彙 1068）、　　（彙 110）、　　（珍秦 315）、　　（彙 3629），古璽；

　　（録 2.643.4）、　　（録 6.32.3），陶文；　　（清華《命訓》）、　　（清華

《四告》）、　　（清華《治政》）、　　（清華《皇門》）、　　（清華《成人》），

　　（清華《禱辭》）、　　（清華《筮法》）、　　（上博《孔子》）、　　（上博《成

王》）、　　（上博《競公》）、　　（上博《有皇》）、　　（郭店《忠信》）、　　（郭

店《語叢》一），楚簡；　　（雲夢《效律》）、　　（雲夢《答問》）、　　（里耶

8-1445）、　　（里耶 8-157），秦簡。指事字。《説文》："夫，丈夫也。从大，一以象

簪也。周制：以八寸爲尺，十尺爲丈。人長八尺，故曰丈夫。"説解構形不確。

　　"夫"字構形，甲骨文、金文在"大"字上部增一橫作指事符號，指出是成年男子

的意思。戰國文字構形相同，楚簡或於上部再加裝飾點或橫畫。秦簡無變化，爲《説

文》篆文作　　，漢印作　　（徵 10.11），馬王堆帛書作　　（《老子》甲），銀雀

山漢簡作 ![] (《孫臏》)，石經作 ![] (熹平石經《周易》)所本。

3. 亦，![] (合 17375)，![] (合 20957)，![] (合 12967)，![] (合 12724)，甲骨文；![] (亦戈)，![] (毛公旅鼎)，![] (井姬鼎)，![] (效卣)，![] (兮甲盤)，![] (儽匜)，![] (師虎鼎)，![] (哀成叔鼎)，![] (者汈鐘)，金文；![] (秦駰玉版)，刻石；![] (彙 4328)，![] (集粹)，古璽；![] (睸 10.1)，陶文；![] (郭店《老子》甲)，![] (清華《繫年》)，![] (上博《命》)，![] (清華《治政》)，![] (清華《廼命》)，![] (清華《四告》)，![] (清華《五紀》)，![] (清華《五紀》)，![] (清華《繫年》)，![] (上博《緇衣》)，楚簡；![] (雲夢《日書》乙)，![] (里耶 8-67)，秦簡。指事字。《說文》：“亦，人之臂亦也。从大，象兩亦之形。”本義指人的胳肢窩，即腋下，後因“亦”借用作副詞，遂又造一個形聲字“腋”替代本字。

“亦”字構形，甲骨文从“大”（正面人形）之左右兩側加點作指事符號，示腋下，晚商金文（族氏銘文）尤明顯。金文及戰國文字無變化。楚簡書寫或似“宀”下“火”。秦簡無變化，爲《說文》篆文作 ![] ，漢印作 ![] (徵 10.11)，馬王堆帛書作 ![] (《老子》甲)、![] (《事語》)，石經作 ![] (熹平石經《詩經》)所本。

楚簡“亦”字有異寫，或作 ![] (上博《民之》)、![] (上博《孔子》)，右側添一飾筆，亦見楚璽作 ![] (璽考 175)；或作 ![] (上博《緇衣》)，訛似“火”上加裝飾點，皆書手原因。

附及，今構形從"赤"旁的字，古文字或從"亦"。如"赦"字，西周金文作 （候匜）、（候匜），秦簡作 （雲夢《答問》）、（雲夢《爲吏》），《説文》亦將篆文 列爲"赦"字或體。又如"郝"字，古璽作 （彙 1436），秦印作 （珍秦 55），或作 （珍秦 303）。這皆是"亦"聲字隸變後改爲"赤"聲字的緣故。

4. 夾，（合 24239），（合 24240），（合 24241），（合 6063），（合 20187），甲骨文；（盂鼎），（夾卣），（夾壺），（禹鼎），金文；（石鼓《車攻》），刻石；（録 3.391.3），（録 3.391.6），陶文；（上博《容成》），（上博《周易》），（上博《競公》），（清華《四時》），（清華《筮法》），楚簡；（雲夢《日書》甲），秦簡。會意字。《説文》："夾，持也。從大俠二人。"

"夾"字構形，甲骨文從"大"、從二"人"或一"人"，象大人左右夾着兩個或一個小孩子，會挾持義。金文及戰國文字構形皆從二"人"，秦簡同，爲《説文》篆文作 ，馬王堆帛書作 （《天文》），銀雀山漢簡作 （《孫臏》）所本。

又《説文》："夾，盜竊褱物也。從亦有所持，俗謂蔽人俾夾，是也。弘農陝字從此。"戰國以前文字尚未出現"夾"及從"夾"的"陝"字，秦卅四年蜀郡戈有"陝"字作 。《説文》篆文"夾"作 、"夾"作 ，從構形分析，二者造字本義或有所關聯，但一是會意字，一是指事字，仍有不同之處。

5. 昃，[圖] （合 13312），[圖] （合 20965），[圖] （合 20421），[圖] （合 12809），[圖] （合 30835），[圖] （合 29801），[圖] （合 29793），[圖] （合 20957），[圖] （合 33918），甲骨文；[圖] （滕侯戟），[圖] （蓮子昃鼎），[圖] （曾侯昃戈），[圖] （昃庫戈），金文；[圖] （溫縣），盟書；[圖] （彙 730），[圖] （彙 3205），古璽；[圖] （陶 6.121），[圖] （陶 6.48），[圖] （錄 3.295.1），[圖] （錄 3.654.4），陶文；[圖] （系 373），[圖] （幣 116），貨幣；[圖] （清華《禱辭》），[圖] （清華《成人》），[圖] （清華《成人》），[圖] （包山 266），[圖] （上博《君老》），[圖] （郭店《語叢》四），[圖] （清華《筮法》），[圖] （包山 181），楚簡。會意字。《説文》：“昃，日在西方時側也。从日，仄聲。”誤以爲形聲字。

“昃”字構形，甲骨文从“日”、从斜寫“大”，以象人形的“大”和“日”的相對位置，表示午後太陽西斜之意（裘錫圭《釋勿發》）。春秋戰國金文所从人形“大”或聲化爲“矢”，但楚簡仍保留从“大”之構形。另外，楚簡中已出現構形从“厂”作的“昃”字，爲《説文》篆文作[圖]，石經作[圖] （魏三體石經《尚書》）所本，但構形則將人形的“大”旁改爲同義偏旁“人”。後世又將“日”置於“厂”之上部，楷書遂寫作“昃”。

6. 矢，[圖] （合 21100），[圖] （合 14128），[圖] （合 1825），[圖] （合 1051），[圖] （合 14709），[圖] （合 16846），[圖] （合補 1120），[圖] （合 14078），[圖] （合 19682），甲骨文；

（矢觚），　　（矢伯鬲），　　（父辛尊），　　（矢戈），　　（矢鼎），　　（矢王鼎），　　（矢王尊），　　（矢王彝），　　（能匋尊），　　（散氏盤），金文；　　（清華《不韋》），　　（清華《不韋》），象形字。《説文》：“矢，傾頭也。从大，象形。”

“矢”字構形，甲骨文、金文象人傾頭之形，楚簡人形略傾，與“大”相近。《説文》篆文作　　，仍沿襲金文構形。其與“大”字爲同源分化，則一目了然。

又，“吴”字《説文》謂：“吴，姓也，亦郡也。一曰：吴，大言也。从矢口。　　，古文如此。”吴字構形，金文作　　（免簋）、　　（師酉簋）、　　（吴盤），或作　　（夫差鑑），構形大都从“矢”；楚簡作　　（上博《吴命》）、　　（上博《昭王》）、　　（包山167）、　　（清華《四告》）、　　（清華《五紀》）、　　（清華《四告》），構形則从“大”。《説文》篆文作　　、古文作　　，漢碑作　　（孔宙碑）、　　（校官碑），皆是二形并存。由此也可佐證“矢”“大”確是同源。

需要指出，《説文》以人頭左傾爲“矢”字、人頭右傾爲“夭”字，但甲骨文、金文“矢”字的構形人頭傾左、傾右皆存在，并無區別。而且“夭”字甲骨文作　　（甲2810）、　　（合27939）、　　（17230），金文作　　（夭卣）、　　（毁爵），古璽作　　（彙5621）、　　（彙911），楚簡作　　（郭店《唐虞》）、　　（清華《繫年》）、　　（清華《成人》），秦簡作　　（雲夢《日書》甲）、　　（雲夢《日書》甲），構形與"矢"字區別明顯，可見《説文》之説非是。

附帶指出，楚帛書有一構形從"血"從"矢"的字，作，舊以爲是"矢"字繁構。新出安徽大學藏楚簡有此字，《詩·周南·卷耳》"采采卷耳，不盈傾筐"之"傾"字即作，亦見新公布的清華簡作（《五紀》），也讀爲"傾"。其與楚帛書字的構形爲偏旁左右互換，對讀之下方釋出，知其乃是會意字，表示人（"大"）向皿中盛血之祭器傾仄之意，是"傾"的異體字。其造字思路則與"昃"同出一轍。《説文》："傾，仄也。""仄，傾頭也。""仄，側傾也。"因這三個字義有所關聯，故可互訓。

7. 無，（合21473），（合16005），（合20979），（合16036），（花束391），（合27891），甲骨文；（作册盤甗），（無憂卣），（盂鼎），（頌鼎），（毛公鼎），（秦公簋），（子璋鐘），金文；（侯馬），盟書；（秦公石磬），刻石；（曾侯），（清華《琴舞》），（包山227），（郭店《老子》甲），（上博《亙先》），（郭店《語叢》四），楚簡；（雲夢《秦律》），（雲夢《日書》甲），（雲夢《日書》乙），（里耶8-143），秦簡。象形字。《説文·林部》："森，豐也。從林奭。或説爲規模字，從大册，數之積也。林者，木之多也。册與庶同意。《商書》曰：'庶草繁無。'"分析構形錯誤。

"無"字構形，甲骨文、金文象"大"（正面人形）手持牛尾或其衣袖上裝綴羽毛類飾物，翩翩起舞，即"舞"之本字。楚簡"大"形下部或省訛作"林"，秦簡亦同。

秦嶧山碑作，爲《説文》篆文作，漢印作（徵6.12），馬王堆帛書作（《老子》甲後），銀雀山漢簡作（《孫子》）所本。漢簡構形，除沿襲楚簡從“林”外，或作（定縣）、（居延甲2547），下部成六點或五點，實由“林”省訛而來。最後省變成四點，漢碑作（史晨碑）、石經作（熹平石經《公羊》），爲今楷所本。

　　“無”字本義爲舞蹈，因自西周金文始假借爲“有無”之無，故另造“舞”字作（匽侯舞銅泡），構形於“無”下增雙腳“舛”；楚簡或作（清華《琴舞》），構形於“無”下增“止”，強調“舞”是動作，故增之。

　　需要指出，甲骨文“無”字不作否定詞，常見用“亡”字來表示“没有”義，作（合14494）、（合19555）。而後世訓“亡”義的字亦作“無”，見《説文·亡部》：“無，亡也。從亡，無聲。”爲區别本義，篆文又在“無”下加“亡”作，亦見漢碑作（校官碑），這是東漢出現的新字形，同時也造成《説文》“無”字於“林部”“亡部”兩處出現，但訓釋則不同。

　　8. 粦，（合261），（合33040），（合22258），甲骨文；（逨盤），（尹姞鬲），（尹姞鼎），（親簋），（史牆盤），（虎簋），（四十三年逨鼎甲），（逨鐘），金文；（清華《攝命》），楚簡。象形字。《説文》：“粦，兵死及牛馬之血爲粦。粦，鬼火也。”以“鬼火”義解説“粦”（“燐”“磷”之本字），較爲荒唐。學者或以爲象粦火形，其與“光”字造字本意相似；或以爲是訓“行難也”之“遴”字表意初文。

　　“粦”字構形，甲骨文从正面人形“大”，旁有小點。西周金文於本字下增“口”飾，爲楚簡沿襲，下部“口”中則增橫飾筆成“曰”，但楚簡構形上部“大”已斷開訛作“炎”；西周金文或於本字下部增雙脚“舛”，爲《説文》篆文作 ，馬王堆帛書作 （《縱橫》）所本，但上部已訛成“炎”，源自楚簡；秦簡承襲其誤，如“鄰”字作 （雲夢《日書》乙）、 （雲夢《答問》）；“粦”字作 （雲夢《雜抄》）、 （里耶8-1047），即其例。東漢時作“粦”，上部又訛成“米”，如“鄰”字作 （熹平石經《公羊》）、 （譙敏碑）。

　　楚簡“粦”字異體，或作 （清華《攝命》），下部“曰”訛變成“自”；或作 （清華《攝命》），上部“炎”省成“火”，構形訛變更甚。

　　需要指出，上引楚簡“粦”字均出自清華簡《攝命》，這是一篇册命的書類文獻，結合西周金文“粦”字用法，一是“粦明”爲一詞，“粦”用爲本字，“粦”“明”同義連用；二是“粦”與獄訟義有關的詞，但具體釋讀分歧較大，迄今尚無定論。由於楚簡構形的“粦”字，曾見於宋人所編的傳抄古文《汗簡》和《古文四聲韻》書中，寫作 ，分別收入“晉”“僭”字條及用作“潛”字偏旁。因此有學者認爲舊釋的“粦”字皆當改釋爲“潛”，換言之即古文字無“粦”字。應該説，從字形上將“粦”字與傳抄古文用作“晉（僭）”的“粦”字結合在一起甚是，但《汗簡》和《古文四聲韻》等書中所收的字形，并非皆爲本字，有不少的字實爲通假字，這是學界的共識，更何況“粦”字從甲骨文演變至小篆的序列較爲明顯，不能輕易否定。但至少有一點，通過傳抄古文，我們認識到“粦”字與“晉”字古音相近，二字可以通假。將與獄訟義有關的“粦”字讀爲“潛”，仍不失爲目前的最佳選擇。

○○五　立部

　　《説文》：“立，住也。从大立一之上。”象形字。“立”字構形，甲骨文作 （合 7373）、（合 20332）、（合 23668）、（合 32786），晚商金文（族氏銘文）作 （立爯父丁卣）、（立父辛觶），象人站立於地上；金文作 （立鼎）、（頌鼎）、（史獸鼎）、（㝬簋）、（中山王壺），古璽作 （彙 4278）、（彙 4247），陶文作 （齊陶 313）、（齊陶 81），楚簡作 （包山 249）、（清華《四告》）、（清華《祭公》）、（清華《司歲》）、（郭店《緇衣》）、（上博《孔子》），秦簡作 （雲夢《爲吏》）、（雲夢《日書》乙）、（北大《從政》）、（北大《白囊》），除陶文、楚簡或加飾筆外，一直没有變化。秦泰山刻石作 ，爲《説文》篆文作 ，漢印作 （徵 10.14），馬王堆帛書作 （《老子》甲）、（《老子》乙前），漢碑作 （北海相景君銘），石經作 立 （熹平石經《周易》）所本。

“立”字古文字多用作“位”。戰國文字已出現從“人”旁的“位”字，見楚簡，作 位 （包山 224）、 位 （郭店《老子》丙）、 位 （郭店《緇衣》），後一形“立”下增橫畫飾筆。

1. 竝， 竝 （合 4394）、 竝 （合 23439）、 竝 （合 4399）、 竝 （合 33113），甲骨文； 竝 （竝爵）、 竝 （辛伯鼎）、 竝 （中山王壺）、 竝 （郊竝果戈），金文； 竝 （包山 153）、 竝 （上博《周易》）、 竝 （清華《三壽》）、 竝 （郭店《唐虞》）、 竝 （清華《程寤》），楚簡； 竝 （北大《算》甲）、 竝 （北大《算》甲）、 竝 （里耶 8-1070）、 竝 （雲夢《雜抄》）、 竝 （雲夢《雜抄》），秦簡。象形兼會意字。《説文》：“竝，併也。從二立。”釋義甚是，分析字形則有誤。

“竝”字構形，甲骨文以一橫示地，象二“大”（人）并立於地，意即併在一起，商代金文（族氏銘文）象形尤爲明顯。楚簡於下部增一橫爲裝飾筆畫，秦簡回歸原形。秦簡構形或將下面一橫斷開，成二“立”，爲《説文》篆文作 竝，漢印作 竝 （徵 10.14）所本。馬王堆帛書作 竝 （《老子》乙前）、 竝 （《天文》），漢碑作 竝 （西狹頌）、 竝 （譙敏碑），皆兩形并存。隸變後“竝”字作 並 （曹全碑陰），遂異寫爲“並”。

附及，與“竝”字造字本義相似的是“并”字，甲骨文作 并 （合 6056）、 并 （屯 3724）、 并 （合 10958）、 并 （合 33570）、 并 （合 33174）、 并 （合 8037），金文作

（并伯甗）、（中山王壺）、（中山王鼎），陶文作（錄 6.358.3），楚簡作（上博《容成》）、（清華《芮良夫》）、（上博《凡物》乙）、（望山 M2），秦簡作（雲夢《答問》）、（北大《泰原》）、（關沮）。象形兼指事字。《説文》：“幷，相從也。从从，开聲。一曰从持二爲幷。”分析構形和説解字義皆誤。

“幷”字構形，甲骨文、金文象側立的二人於腿部連併在一起（用横畫作指示），會一幷、一同之意。楚簡、秦簡及泰山刻石作，構形無變化，但秦詔權作，横畫斷開（與“立”字如出一轍），爲《説文》篆文作所本。漢印作（徵 8.11），馬王堆帛書作（《老子》甲後）、（《縱横》），構形未訛。漢碑作（史晨碑），爲楷書作“并”所本。

按“大”爲正面的人形，“人”爲側面的人形，所以“竝”“幷”二字構形雖有别，但表達的詞意相近，可以看作是同源分化字。

2. 替，（合 32892），甲骨文；（獄簋），（獄簋蓋），（叔卣），（中山王鼎），金文；（清華《越公》），（清華《廼命》），（清華《四告》），（上博《周易》），（清華《成人》），（清華《成人》），楚簡。會意字。《説文》：“替，廢，一偏下也。从竝，白聲。替，或从日。暜，或从兟从日。”分析構形有誤。本義爲廢，引申爲替代、交替。

“替”字構形，甲骨文从一上一下二“立”，金文或从一高一低二“大”、或二“立”，楚簡或从“立”、从“大”，皆以正面人形會交替、替換意。楚簡構形或从

"竝"從"曰"，爲《説文》篆文或體第一形作 [字] 所本，而篆文正體作 [字]，下從"白（自）"實爲"曰"字訛。根據古文字發展規律，有些字本來不從"口"，後增"口"旁（飾）爲繁構，"口"中或加飾筆成"曰"或訛爲"白（自）"，後世遂成其構形固定的偏旁，"替"字演變即其很好的例子。另外，《説文》所列篆文第二形或體作 [字]，上從"姚"，實爲"夫"字訛，漢碑作 [字]（楊震碑）不誤，但所從之"夫"也是二"大"字所訛。

3. 端，[字]（集粹），[字]（珍秦 155），古璽；[字]（清華《筮法》）[字]（清華《廼命》），[字]（曾侯），[字]（曾侯），楚簡；[字]（雲夢《答問》），[字]（嶽麓叄 166），[字]（里耶 8-894），[字]（里耶 J1⑯16），秦簡。形聲字。《説文》："端，直也。從立，耑聲。"

"端"字始見戰國文字，構形從"立"、從"耑"聲，秦簡同。《説文》篆文作 [字]，漢印作 [字]（徵 10.14），"耑"旁寫法本自楚簡；馬王堆帛書作 [字]（《老子》甲後），銀雀山漢簡作 [字]（《周易》），寫法同秦簡。

○○六 卪部

《説文》："卪，瑞信也。守國者用玉卪，守都鄙者用角卪，使山邦者用虎卪，士邦者用人卪，澤邦者用龍卪，門關者用符卪，貨賄用璽卪，道路用旌卪。象相合之形。""卪"字今寫作"卩"，《説文》用符節來解説，乃是引申義。

"卩"字構形，甲骨文作 ₰（合 20470）、₰（合 32700）、₰（合 21476）、₰（合 20398），晚商金文（族氏銘文）作 ₰（卩父己爵）、₰（卩爵）、₰（卩鼎），象跪坐人形，《説文》篆文作 ₰，漢簡作 ₰（居延乙 10.2），隸變後寫作"卩"，作爲單字使用甚少見，大都用作偏旁。

1. 令，₰（合 3049），₰（屯 508），₰（合 5045），₰（合 20244），₰（花東 3），甲骨文；₰（父辛卣），₰（卲卣），₰（戍甬鼎），₰（大保簋），₰（井侯簋），₰（折尊），₰（盂鼎），₰（頌簋），₰（秦公鐘），₰（䚄羌鐘），₰（陳逆簋），₰（趙結戈），金文；₰（珍秦 120），₰（珍秦 37），古璽；₰（録 2.643.1），陶文；₰（雲夢《效律》），₰（雲夢《日書》乙），₰（里耶 8

-5），（北大《泰原》），秦簡。會意字。《説文》：“令，發號也。從亼、卪。”分析構形有誤。

“令”字構形，甲骨文、金文從“A”從“卪”，會以上“A”（即倒寫的“口”）向下跪之人發號施令之意。戰國陶文及秦印、秦簡皆無變化。爲《説文》篆文作，馬王堆帛書作（《事語》）、（《老子》甲後）所本。

附及，“令”字《説文》解釋爲從“亼”，從甲骨文看，所謂“亼”實爲倒寫的“口”旁。這從甲骨文“令”字或作（合 23675）；“食”字作（合 11480），或作（合 20961）；“雀（陰）”字作（合 20770）、（屯 2866），或作（合 13461）、（合 11483），皆可得到證明。

又，“命”爲“令”字分化，且義同，構形是在“令”字上增加“口”飾，始出現在西周中期之後。金文作（ 盨）、（豆閉簋）、（伊簋）、（秦公簋）、（蔡侯申鐘）、（中山王鼎）；楚簡作（上博《昭王》）、（《清華《食禮》）、（清華《畏天》）、（清華《保訓》）、（上博《柬大王》），或省寫作（《清華《食禮》）、（《清華《食禮》）；秦簡作（雲夢《雜抄》）、（北大《算》甲）、（里耶 8-1234）。另外，“命”字或增“攴”，金文作（者旨型盤）、（鄂君啓車節）、（新郪戟），楚簡作（包山 91）、（包山 74）、（包山 5），爲繁構，用法同“令”。

2. 印，（合22148），（合20769），（合797），（乙135），甲骨文；（印爵），（毛公鼎），（曾伯霥匜），金文；（珍秦123），（珍秦91），（彙151），（珍秦17），（珍秦258），（珍秦8），古璽；（清華《祭公》），（清華《琴舞》），（上博《用曰》），（清華《𨒥命》），楚簡；（雲夢《答問》），（雲夢《效律》），（嶽麓叁227），（里耶8-1823），秦簡。會意字。《説文》："印，執政所持信也。从爪，从卪。"本義是把人頭按下，即"抑"之本字，因人被抑，故作跪形。"印信"是引申義。

"印"字構形，甲骨文、金文上从"爪"、下从"卪"，楚簡無甚變化，秦印亦同，爲《説文》篆文作，漢印作（徵9.4）所本。秦簡漸變成左右結構，爲馬王堆帛書作（《老子》甲）、（《老子》乙），漢碑作（夏承碑）所本。

又《説文》以"抑"爲"卬"字俗體，解説其構形是"从反印"，其實二者本爲一字。清華簡用爲"卬"的字作（清華《行稱》），（清華《行稱》），與"印"字構形無別。可見"抑"乃是漢代出現的形聲字。

值得注意的是，古文字"色"字與"印"字構形相似。《説文》："色，顏氣也。从人，从卪。"篆文作，而"印"字《説文》篆文作，區別僅在於上部一从"人"一从"爪"。而古文字"色"字構形，金文作（𩵦鐘）、（𩵦鐘），楚簡作（清華《筮法》）、（清華《不韋》）、（清華《治政》）、（清華《三壽》）、（郭店《五行》）、（上博《詩論》）、（郭店《成之》）、（上博《鬼神》)、（上博《柬大王》）、（清華《治政》），秦簡作（雲夢《日書》甲）、（雲夢《日書》甲），構形上部皆不從“人”而從“爪”。因此有學者以爲“印”“色”爲一字分化，或以爲是一形二字，或以爲“以‘印’爲‘色’”。按秦簡中已出現構形從“人”的“色”字，寫作（雲夢《日書》乙）、（里耶8-155）、（北大《隱書》）、（里耶8-550），也見馬王堆帛書作（《老子》甲）、（《老子》甲後），爲《説文》篆文所本。很可能秦文字出現從“人”的“色”字，就是爲了與從“爪”的“印”字在構形上加以區分。

另外，“印”字古璽作（彙2062）、（珍秦138），楚簡作（上博《三德》）、（《清華《五紀》），秦簡作（里耶8-735），也容易與“印”“色”字相混。

3. 邵，（合709），（合21439），（合35179），（花東416），（花東403），（花東449），（花東275），（花東467），甲骨文；（井侯簋），（邵簋），（史牆盤），（㝅鐘），（秦公簋），（楚王酓章戈），（鄂君啓舟節），（中山王鼎），金文；（彙3486），（彙2252），古璽；（包山16），（包山206），（清華《楚居》），（清華《祭公》），（清華《治政》），（清華《命訓》），（清華《廼命》），（包山203），楚簡。形聲字。《説文》：“邵，高也。從邑，召聲。”

　　“卲”字構形，甲骨文本從“卩”、從“刀”聲，後“刀”下增“口”飾成“召”，金文、楚簡皆從之。楚簡“刀”旁或作“刃”，爲同義偏旁互換。《説文》篆文作，仍無變化。楚簡“卲”字繁體作（清華《繫年》），下增“土”。

　　按訓爲高遠義的“卲”字今作“劭”，而文獻中的“昭王”之“昭”，西周金文和楚簡皆作“卲”，字亦用爲楚王室三大姓氏“屈、昭、景”之“昭”。“昭”字楚簡則作（郭店《緇衣》），齊國陶文作（齊陶279），秦簡作（雲夢《爲吏》）、（雲夢《爲吏》），與“卲”字爲通假關係。

　　需要注意的是，“卲”字與作爲姓氏的“邵”字構形有別。“邵”字金文作（中山王壺），楚簡作（清華《良臣》）。“卲”“邵”二字很容易相混。傳世文獻中“卲”字常訛爲“邵”，在書法篆刻創作中，也應當注意區別。

　　4. 卹，（五祀衛鼎），（縣妃簋），（追簋），（曹卹父鼎），（邾公華鐘），（曾姬無卹壺），金文；（侯馬），盟書；（詛楚文《亞駝》），刻石；（上博《周易》），（清華《皇門》），（清華《治政》），（清華《治政》），（清華《四告》），（包山135），（清華《啻門》），楚簡；（雲夢《爲吏》），秦簡。會意兼形聲字。《説文》：“卹，憂也。從血，卩聲。一曰鮮少也。”段玉裁注：“卹與‘心’部‘恤’音義皆同。古書多用‘卹’字，後人多改爲‘恤’。”按古文字未見從“心”旁構形的“恤”字，段説甚是。

　　“卹”字構形，金文從“卩”、從“血”，象人跪對盆血，以會祭祀時莊重謹嚴之

義。盟書、刻石構形無變化，楚簡"血"旁上部或增"八"爲飾筆。《説文》篆文作

，沿襲金文構形。由於書手原因，秦簡"衈"字所從"卩"旁訛成"邑"，爲漢碑

作（耿勳碑）沿襲，致楷書遂有"衈""衈"二形，後皆成爲"恤"字異體

并存。

5. 坐，（合 1779），（合 5357），（合 975），（合 16998），甲骨文；

（包山 243），（信陽），（清華《食禮》），（清華《食禮》），

（清華《食禮》），楚簡；（雲夢《效律》），（雲夢《效律》），（里

耶 8-144），秦簡。象形字。《説文》："坙，止也。从土，从留省。土，所止也。此與

留同意。坐，古文坐。"解説構形有誤。林義光《文源》謂："象二人對坐土上形。"是

以《説文》古文立言。

"坐"字構形，甲骨文從"卩"、從"丙"（"丙"是簟席象形隸寫字），象人跪坐

席上，或以"女"象人端坐形。金文有缺環。楚簡從"卩"，改"丙"從"土"，象人

席地而坐，或增"人"旁爲繁構；秦簡上部改爲二"卩"（人）相對，爲《説文》古

文作所本；篆文作，上部有訛，《説文》據此誤以爲從"留"省。秦簡"坐"

字有寫作（嶽麓叄 30），爲漢碑作（史晨碑）所本。

"坐"是人的止息方式之一，顧炎武《日知録·雜事·坐》指出："古人席地而坐，

西漢尚然。……古人席地之坐，皆以兩膝着席。有所敬，引申而起，則爲長跪矣。"

"跪"字楚簡作（清華《食禮》）、（清華《食禮》）、（安大《曹沫》），構

形是在楚簡"坐"字上增"广"聲，隸定作"庢"，亦即"危"之本字，後"危"字

借爲"危險"之危，故另造新字"跪"。

　　楚簡"跪"字異體作、,構形從"止"、從"⼴"聲,隸定作"症";或作、、,構形從"辵"、從"坐",隸定作"𨒪",會意字。"跪"是動作,故從"辵"。從楚簡"坐""跪"二字的構形和用法來看,"坐""跪"爲一字分化,確可通用。

　　附帶指出,甲骨文"坐"字舊誤釋爲"宿"字,不確。"宿"字構形,甲骨文作![figure](花束 60)、![figure](合 19585)、![figure](合 19583)、![figure](合 27813),楚簡作、、、,從"人"、從"丙",會人躺在席上休息意(構形是將橫式改爲竪式書寫),隸定作"佰"。楚簡或作,加"辵"旁,表"宿"爲動作義,乃繁構。甲骨文或作![figure](合 29351)、![figure](合 27805)、![figure](屯 2152),"佰"加"宀"作"宿",表示在室內休息。金文作、、,構形相同。秦簡作、![figure](里耶 8-1517)、、,所從之"丙"已漸訛爲"百",爲漢印作![figure](徵 7.16),武威漢簡作、![figure](居延甲 235)所本。《説文》篆文作![figure],馬王堆帛書作,仍從"丙"不誤。

　　《説文》:"宿,止也。從宀,佰聲。佰,古文夙。"以"佰"爲古文"夙"。按《説文》所謂"古文",指戰國時期東方六國文字。《説文》:"夙,早敬也。"而"佰(宿)"字引申義也有訓"早",故"佰(宿)""夙"二字實爲音、義相近的通假字,"佰"并非是"夙"字"古文"。

○○七 尸部

　　《説文》："尸，陳也。象卧之形。""尸"是人旁的訛變之形，也是"人"的分化字。"尸"字構形，甲骨文作 （合 20612）、 （合 6461）、 （合 33112），與"人"形區別甚小，甲骨文"尸"字除指祭祀時的尸主外，和西周金文皆用作"夷"，指少数民族，以致卜辭中的"尸（夷）方"一直被誤釋爲"人方"。金文作 （尸作父己卣）、 （盂鼎）、 （史牆盤）、 （兮甲盤）、 （晉侯穌鐘），構形仍近"人"。楚簡爲與"人"字區別，作 （包山 180）、 （清華《繫年》）、 （上博《鬼神》）、 （清華《祭公》）、 （上博《民之》）、 （上博《詩論》）、 （上博《周易》）、 （清華《良臣》），構形增加兩横，成異體"尼"字，《説文》遂誤以爲是"仁"字古文。但《玉篇》不誤，謂："尼，古文夷字。"又《漢書·地理志上》："尼江在西北"，顏師古注也明確指出："尼，古文夷字。"秦簡作 （嶽麓《質》二）、 （里耶 8-793）、 （雲夢《日書》甲），恢復西周金文寫法，爲

《説文》篆文作 所本。

附及，古文字"尸"字加兩横作"巨"，很容易與"仁"字相混（如《説文》）。《論語·子罕》云："子罕言利與命與仁。"儒家思想的核心是"仁"，《論語》是孔門弟子記録老師孔子言行的著作，全書"仁"字共出現 109 次之多，孔子怎麼會"罕言"呢？因此于思泊師曾撰文指出，此處"仁"爲"巨"字之訛，讀爲"夷狄"之夷，此句實謂孔子很少談到夷（指少數民族）的事。

1. 犀，（屯 278），甲骨文；（五祀衛鼎），（史牆盤），（競簋），（伯頵父鼎），（郘公鼎），（王孫鐘），（王子午鼎），（令瓜君壺），（曾侯乙鐘），金文；（清華《不韋》），（清華《不韋》），（清華《五紀》），（上博《曹沫》），（新蔡甲三 173），（安大《詩經》），楚簡。形聲字。《説文》："犀，犀遲也。從尸，辛聲。"造字本義不明，或以爲會"夷傷"義，可備一説。

"犀"字構形，甲骨文、金文從"尸"、從"辛"，楚簡亦同。秦簡暫未見，《説文》篆文作 ，没有變化。

附及，"遲"字金文作 （仲戲父簋）、（元年史旄簋）、（伯遲父鼎）、（曾侯乙鐘），楚簡作 （上博《吳命》）、（新蔡乙三 39）、（清華《楚居》），從"辵"、從"犀"聲（"犀"旁之"尸"或借用"辵"旁），《説文》即用"遲"來訓"犀"義。《説文》"遲"字寫作 ，構形同，但却作爲籀文附入"遲"字，而《説文》篆文作 ，從"犀"聲。這是東漢時出現的異體字形，或以爲是訛書，出土實物最早見魏碑作 ![字形] （魏上尊號奏）。但漢印作 ![字形] （徵 2.13）、![字形] （徵 2.13），銀雀山漢簡作 ![字形] （孫臏），居延漢簡作 ![字形] （甲 767），漢碑作 ![字形] （禮器碑），仍從"犀"。

2. 辟，![字形] （合 20024），![字形] （合 438），![字形] （合 5584），![字形] （合 28086），![字形] （合 8695），![字形] （合 8108），![字形] （甲 3238），甲骨文；![字形] （皿辟簋），![字形] （保員簋），![字形] （㝨羌鐘），![字形] （盂鼎），![字形] （史牆盤），![字形] （毛公鼎），![字形] （善夫克鼎），![字形] （吳王光鑑），金文；![字形] （郭店《五行》），![字形] （上博《建州》乙），![字形] （清華《厚父》），![字形] （清華《四告》），![字形] （清華《四告》），![字形] （清華《祭公》），![字形] （清華《五紀》），![字形] （清華《五紀》），![字形] （清華《皇門》），![字形] （雲夢《答問》），![字形] （雲夢《雜抄》），楚簡。會意字。《說文》："辟，法也。從卪，從辛，節制其罪也。從口，用法者也。"乃以篆文立言。本義爲依法施刑於人，引申爲治理者。

"辟"字構形，甲骨文本從"卪"、從"辛"，與"犀"字區別僅在於"犀"字從"尸"、"辟"字從"卪"而已。由於"卪""尸"皆由"人"形分化，故有相似之處。故"辟"字後增"○"用以區分，甲骨文、金文兩形并存。春秋金文及楚簡構形所從之"○"（或二"○"）即玉璧象形，亦兼聲符。秦簡構形本不誤，或作 ![字形] （關沮）、![字形] （里耶 J1⑧135），將"○"訛成"口"，遂爲《說文》篆文作 ![字形] 、漢印作 ![字形] （徵 9.5）、馬王堆帛書作 ![字形] （《老子》甲後）、銀雀山漢簡作 ![字形] （《孫臏》）所本。

但銀雀山漢簡或作 （《孫子》），漢碑或作 （曹全碑），仍存"〇"形不誤。

3. 尼， （上博《仲弓》）， （上博《君子》）， （安大《仲尼》）， （安大《仲尼》）， （安大《仲尼》）， （安大《仲尼》）， （安大《仲尼》），楚簡； （珍秦 273）， （分域 2878），古璽； （陶 5.48），陶文。《說文》："尼，從後近之。從尸，匕聲。"此據秦漢文字而言，因造字本意不明，分析構形當有誤。

"尼"字甲骨文、金文有缺環。從楚簡、陶文及秦印分析，"尼"字構形從"尸"、從"人"，當是會意字。王筠《說文句讀》謂"尼"字："言從後者，於字形得之。尸是卧人，匕是反人。匕者，比也，人與人比，是相近也。人在人下，是從後也。"或可參考。《說文》篆文作 ，漢印作 （徵 8.18），漢簡作 （定縣），漢碑作 （西狹頌），反寫的"人"旁已成"匕"。

附及，古文字與"尼"字構形相近的是"化"字，甲骨文作 （合 6080）、 （合 1647）、 （合 6068）、 （合 137），金文作 （化鼎）、 （中子化盤）、 （七年甶氏戈），楚簡作 （清華《不韋》）、 （郭店《老子》甲）、 （清華《四時》）、 （清華《五紀》）、 （清華《五紀》）。會意字。《說文》："化，教行也。從匕，從人。匕亦聲。"分析構形有誤。變化是其本義，教化是其引申義。

"化"字構形，甲骨文、金文從一正一倒的"人"，表示變化之意，尤以晚商金文（族氏銘文）更爲明顯。楚簡構形無變化。《說文》篆文作 ，漢印作 （徵 8.10），

源於秦泰山刻石作 ![]。馬王堆帛書作 ![] （《老子》甲），銀雀山漢簡作 ![] （《孫子》），倒寫之 "人" 也成 "匕"，《説文》遂誤以爲 "化，教行也，從匕，匕亦聲"，與 "比" "妣" 所從之 "匕" 旁相混淆。

又及，楚文字有 "邔" 字，作 ![] （邔子佣缶）、![] （邔子佣匜），金文；![] （包山 98），楚簡。從 "邑"、從 "化" 聲。"邔" 字用作古氏名 "蔿"，"邔子佣" 即見於《左傳》襄公十五年、十八年的 "蔿子馮"，李零有詳細考證（《化子瑚與淅川楚墓》）。"化" "蔿" 二字音同可通，《方言》卷三："蔿，化也。" 郭璞注："蔿，音花。" 值得注意的是，邔子佣所作的浴缶銘文，"邔" 字則作 ![]，所從 "化" 字構形作一正一倒之 "虎" 字。這種構形的 "化" 字實源於甲骨文，作 ![] （合 8205）、![] （合 33130）、![] （合 4485），此是否即 "化" 之本字，而 "化" 乃其省形，有待進一步研究。

4. 尾，![] （合 136），甲骨文；![] （章子戈），金文；![] （凝清），![] （彙 3941），古璽；![] （陶典 752），陶文；![] （錢典 91），![] （三晉 129），貨幣；![] （清華《四時》），![] （上博《周易》），![] （曾侯），楚簡；![] （雲夢《日書》甲），![] （雲夢《日書》甲），![] （關沮），秦簡。象形兼會意字。《説文》："尾，微也。從到毛在尸後。古人或飾系尾，西南夷亦然。" 以少數民族習俗服飾解釋字形字義。《後漢書‧西南夷列傳》謂："槃瓠之後好五色衣服，製裁皆有尾形。" 可以參看。

"尾" 字構形，甲骨文、金文象人臀部綴有羽毛尾狀飾，爲戰國文字沿襲。秦簡變化較小，爲《説文》篆文作 ![]，漢印作 ![] （徵 8.18），銀雀山漢簡作 ![] （《孫臏》）所本。石經作 ![字] （熹平石經《周易》），“尾”形漸與“人”形脫離似“毛”，《説文》遂誤以爲“从到毛”。

附及，楚系文字有“㞎”字，金文作 ![字] （曾子㞎匜）；楚簡作 ![字] （包山 167）、![字] （包山 61）、![字] （上博《柬大王》）、![字] （清華《四時》）、![字] （清華《四時》），構形从“尾”、从“少”聲，字即《説文》“徙”字古文“㞎”（《説文》構形有訛）的異體。齊文字作 ![字] （陳侯因資敦），源於春秋金文的 ![字] （叔弓鎛）字所从的“㞎”旁的省形，爲《説文》古文“㞎”所本；齊文字的這種構形亦見楚簡，作 ![字] （清華《繫年》），構形从“尸”，所从聲旁已訛作“米”，隸定則成“屎”。

楚簡“㞎”字構形，源自西周金文，在册命銘文中所見賞賜物品有“彤㞎”，字作 ![字] （逆鐘），郭沫若先生讀爲“彤紗”，甚是。在楚簡中也有讀“㞎”爲“沙”之例。上已指出“㞎”即“徙”字古文“㞎”的異體，因此，有學者認爲屈原《楚辭·懷沙》篇名本應該作《懷徙》，從辭文的内容看當可信。

5. 屈，![字] （赤角簠），![字] （㝬簋鐘），![字] （楚屈叔佗戈），![字] （鄢客銅量），金文；![字] （彙 3599），古璽；![字] （録 6.162.3），![字] （録 6.162.2），陶文；![字] （三晉 113），![字] （編 133），![字] （編 133），![字] （錢典 247），貨幣；![字] （郭店《老子》甲），![字] （清華《楚居》），![字] （清華《啻門》），![字] （包山 4），![字] （包山 169），![字] （包山 233），![字] （包山 121），楚簡；![字] （雲夢《日書》甲），![字] （雲夢《日書》甲），![字] （雲夢《爲吏》），秦簡。形聲字。《説文》：“屈，無尾也。从尾，

出聲。”

　　“屈”字構形，金文從“尾”、從“出”聲，戰國文字亦同。秦簡構形同，爲《説文》篆文作 ，馬王堆帛書作 （《老子》乙前）所本；或省“尾”爲“尸”，則爲馬王堆帛書作 （《老子》乙前）、（《縱横》），銀雀山漢簡作 （《孫臏》），漢碑作 （石門頌）所本。

　　6. 履，（京津3922），（存3.847），（合33283），（合33284），甲骨文；（五祀衛鼎），（士山盤），（散氏盤），（散氏盤），（佣生簋），（佣生簋），（大簋），（段仲盤），金文；（新鄭·圖），陶文；（上博《子羔》），（上博《吴命》），（清華《祭公》），（清華《别卦》），（包山57），（包山6），楚簡；（雲夢《答問》），（雲夢《封診》），（嶽麓叁152），（里耶8-300），（北大《泰原》），秦簡。會意字。《説文》：“履，足所依也。從尸，從彳，從夂，舟象履形。一曰尸聲。……，古文履，從頁、從足。”以漢代通行詞義説解，分析構形亦誤。

　　“履”字構形演變較大，本不從“尸”，甲骨文從“止”、從“眉”聲。西周金文增“舟”旁，或再增“彳”旁，表履勘乃行動義，或省“止”旁，“眉”旁或改從“頁”；楚簡從之，爲《説文》古文作 所本。秦簡構形改從“尸”、從“復”，爲《説文》篆文作 ，馬王堆帛書作 （《老子》乙前）、（《易之義》），石經作 （熹平石經《周易》），漢碑作 （石門頌）所本。分析秦簡構形來歷，乃

“頁”旁省爲人形“尸”（或以爲是眉形省訛），將“舟”旁移至右側與“夊”連寫後訛形似“复”，又加“彳”旁，遂成今楷之“履”。

按“履”之本義爲踐踏，如《詩·生民》：“履帝武敏。”西周金文用爲踏勘義，漢時才用作鞋名。

從古文字可以清楚看出，“犀”“辟”“尻”“尼”“尾”“屈”“履”等字構形所从之“尸”，實際上都是與人形有關分化演變而來。

○○八 勹部

《説文》：“勹，裹也。象人曲形，有所包裹。”“裹也”是後起之義。“勹”字構形，甲骨文作 （合 14294）、 （合 14295），古璽作 （彙 5566）、 （彙 22）、 （彙 361），陶文作 （陶 3.616），《説文》篆文作 ，象人俯伏之形，爲“伏”字初文（于省吾《釋勹、鼻、翎》）。中國古代神話傳説中，開天闢地始祖“伏羲、女媧”之“伏羲”，典籍或寫作“庖犧”，即“勹”讀“伏”之證。“庖”從“包”聲，“伏”“庖”二字爲同音通假關係。

“勹”字主要用作偏旁，但後世有些字構形雖同“勹”，但其實是訛變所致。

1. 匍，（盂鼎），（史牆盤），（瘋鐘），（師克盨），（匍盉），（逨盤），（秦公鎛），金文。形聲字。《説文》：“匍，手行也。從勹，甫聲。”

“勹”字構形，金文從“勹”、從“甫”聲，“勹”、“甫”古音相通，所以“匍”也可以看作是雙聲字。戰國文字及秦簡有缺環，《説文》篆文作 ，没有變化。

西周金文“匍”字通假爲“撫”“溥”，訓爲據有、包有義，與《説文》解釋爲“手行也”有別。按王筠《説文句讀》指出：“《衆經音義》、李注《長楊賦》皆引《説文》：'匍匐，手行也。'别引《字林》：'匍，手行也；匐，伏也。'然則今本乃以《字林》改也。……《詩》兩言'匍匐'，《禮》一言'匍匐'，他書或作'蒲伏''扶服''蒲服'，二字雙聲，以聲爲用，不能單字成義。《字林》誤也。"古書"匍匐"爲聯綿詞，王筠之説可以參看。

2. 匎，（令簋），（毛公旅鼎），金文；（郭店《尊德》），（郭店《尊德》），楚簡。形聲字。《説文》："匎，飽也，从勹，殷聲。民祭祝曰厭匎。"分析構形有誤，"殷"非聲旁。

"匎"字構形，金文从"殷"、从"勹"聲，乃"飽"之本字。楚簡"殷"旁改作"皀"，"皀"即"簋"之象形初文，也是"殷"之本字，故可互作。《説文》篆文作，没有變化。

《説文》雖以"飽"訓"匎"，但作爲二字且分列（入"食部"），讀音亦異。二者實爲異體字關係，形、聲互換，即形旁"殷（簋）"換成義近偏旁"食"，聲旁"勹"換成"包"（包从"勹"聲）。《説文》："飽，猒也。从食，包聲。，古文飽，从釆。，亦古文飽，从卯聲。"篆文作，銀雀山漢簡作（《孫子》），源於秦簡作（嶽麓《占夢》）；古文作，見楚簡作（清華《食禮》），"釆"旁下部有省筆；古文或作，亦見楚簡作（上博《凡物》甲），"食"旁改从"飤"。"餘（餘）""歃"雖作爲"飽"字異體，但實際上也是"匎"字異體，而"飽"字出現在秦漢之際，年代最晚。

3. 鼀，（合14161），（合14161），（合19348），甲骨文；（姬鼀母温鼎），（冉簋），（仲鼀父簋），（鼀叔匜），（鼀叔盨），金文；

（鑑印 30），陶文；（包山 183），（望山 M2），（清華《五紀》），（清華《五紀》），楚簡。形聲字。《説文》："鳧，舒鳧，鶩也。从鳥，几聲。"分析構形有誤。本義指水鴨，金文或用爲人名。

"鳧"字構形，甲骨文从"隹"、从"勹"聲，金文同。陶文、楚簡增"土"爲繁構，楚簡"勹""土"二旁或作借筆書寫。《説文》篆文作，"勹"旁訛成"几"；形旁改从"鳥"。"鳥""隹"同義，本一字分化，故可互作。而馬王堆一号墓竹簡作（73）、木牌作（21），石經作（熹平石經《詩經》），"勹"旁則訛作"力"。

附及，《説文》："鶩，舒鳧也。从鳥，孜聲。"以"鳧""鶩"二字互訓。頗疑"鶩"爲"鳧"字異體。楚簡"鶩"字作，見安大《詩經》，構形从"鳥"、从"矛"聲，隸定作"𪄲"。"孜"从"矛"得聲，故可从"矛"聲作。"勹""矛"古皆讀重唇音，二字音近，例可通假。

4. 勻，（勻簋），（亢鼎），（多友鼎），（土勻錍），（東庫扁壺），金文；（彙 1565），（彙 3346），古璽；（系 2009），（系 2010），貨幣；（新蔡零 444），（新蔡甲三 220），（包山 130），楚簡。形聲字。《説文》："勻，少也。从勹、二。""勻"字構形本不从"勹"，《説文》是據隸變後的字形説解，不確。"勻"即"鈞"之本字，"鈞"是古代重量單位，三十斤爲一鈞。

"勻"字構形，金文从"⁝"、从"勹"聲，所从之"⁝"即"吕"，像餅形的銅錠，西周金文"金"字作（利簋），構形即从之。戰國文字所从"⁝（吕）"旁緣

條化後形似"二"，《説文》遂誤以爲从"二"。楚簡或加飾筆。戰國金文"勹"旁已

訛作"勹"，爲《説文》篆文作 所本。

　　附及，"勻"字所从聲旁本作"勹"，即"旬"之本字，甲骨文作 （合6650）、

（合6834）、（合13361）、（合26562），造字本義不明。十天爲一旬，故後

增表時間的形旁"日"作"旬"。金文作 （新邑鼎）、（繁卣）、（王孫

鐘），楚簡作 （九店A85）、（清華《筮法》）、（包山183），或改从

"勻"聲。秦簡作 （雲夢《日書》乙）、（雲夢《答問》），"勹"旁漸訛成

"勹"，爲《説文》篆文作 、馬王堆帛書作 （《縱横》）所本。至於《説文》古

文作 ，實即戰國文字"旬"的訛變之形。

　　从"勹"旁的其他字也一樣。如"筍"字金文作 （伯筍父盨）、（多友

鼎），構形上从"竹"，下从"目"、从"勹"聲（即"眴"字），《説文》篆文省變寫

爲"筍"，訛从"勹"。

　　再如"軍"字，構形从"車"、从"勹"聲，金文作 （中山侯鉞）、（中山

王鼎）、（郾右軍矛），楚簡作 （清華《皇門》）、（包山158）、（上

博《凡物》甲）。金文或作 （庚壺），所从"勹"旁已訛从"勹"，爲《説文》篆

文作 、漢印作 （徵14.7）所本。秦簡作 （里耶8-198）、（雲夢《雜

抄》）、（雲夢《雜抄》），爲漢碑作 （曹全碑）所本。

和"勾""筍""軍"等字相似，隸書中有些字的構形從"勹"，也是隸變致誤。

如"句"字金文作 ⟨⟩（鬲比盨）、⟨⟩（三年瘋壺），楚簡作 ⟨⟩（郭店《六德》）、⟨⟩（清華《不韋》）、⟨⟩（上博《緇衣》），秦簡作 ⟨⟩（雲夢《日書》甲）。所從"丩"旁甲骨文作 ⟨⟩（合 11018）、⟨⟩（合 6170），象二勾糾成一起。《説文》："句，曲也。從口，丩聲。"篆文作 ⟨⟩ 不誤。馬王堆帛書作 ⟨⟩（《天文》），或作 ⟨⟩（《縱橫》）、⟨⟩（《老子》乙前），爲石經作 ⟨⟩（熹平石經《詩經》）所本，"丩"旁漸訛成"勹"，即其例。

所以，創作古文字書法作品時，切忌以隸書或今楷去推測篆書構形。

○○九 欠部

　　《説文》：“欠，張口气悟也。象气从人上出之形。”“欠”字構形，甲骨文作 （合 7235）、（合 914）、（合 18007）、（合 18008）、（明 1880），金文作 （欠父丁爵）、（欠父乙鼎），象人張開嘴巴打呵欠。馬王堆竹簡作 （M1），没有變化。《説文》篆文作 ，張開之口形訛成三曲筆，與嘴巴之形已無關聯，遂以爲是“象氣从人上出”。唐李陽冰改《説文》篆文作 （見徐鍇《説文繫傳》），能符合古文字“欠”的本形。但明清人寫篆書，仍沿襲《説文》篆文訛誤之形。

　　戰國文字“欠”字作爲偏旁，常見構形所从“人”之左下加二短横作装飾，如楚簡“歓”字作 （郭店《唐虞》）；“欽”字作 （上博《君子》）；“欹”字作 （包山 85）；“訡”字作 （郭店《性自》）；“歇”字作 （清華《赤鵠》）；“欧”字作 （包山 186），“欵”字作 （清華《厚父》）等例。

　　需要注意的是，古文字“旡”與“欠”在構形上的區分。“旡”字，甲骨文作

（合 18006）、 （合 13587）、 （合 21476）、 （合 30286）、 （合 1751），構形與"欠"字的區別只是"口"部朝向的不同而已。

1. 吹， （9362）， （合 9359）， （合 18010）， （英 2674）， （英 2674），甲骨文； （叔趯父卣）， （叔趯父卣）， （吹方鼎）， （虞司寇壺），金文。象形兼會意字。《説文》："吹，噓也。从口，从欠。"

"吹"字構形，甲骨文、金文从"口"、从"欠"。春秋戰國文字暫未見。按"欠"字構形已突出了人嘴，"口"也是嘴，作"吹"實爲贅增。究其原因，當是爲"吹噓"之義而造的新字。《説文》篆文作 ，"欠"旁有訛，但武威漢簡作 （《儀禮》），漢碑作 （史晨碑），書寫不誤。

2. 次， （合 8317）， （合 13874）， （合 28053）， （合 21724）， （合 5559）， （合 17934）， （合 21181）， （合 19945）， （合 19946）， （合 9375）， （合 30715），甲骨文； （焂戒鼎），金文； （上博《周易》）， （清華《保訓》），楚簡。象形兼會意字。《説文》："次，慕欲口液也。从欠，从水。…… ，次，或从侃。 ，籀文次。"

"次"字構形，甲骨文从"欠"（跪坐之人張口）、从口側數點，象人慕欲而流唾液，亦即"羨"之本字（"羨"字目前最早見嶽麓秦簡，作 、 ）。楚簡將口旁表唾液的小點改成"水"旁，構形从"水"、从"欠"，遂爲《説文》篆文作 所本。至於《説文》"次"字或體作 ，目前古文字未見。籀文作 ，見秦公鎛及石鼓文"盜"字所从。另外，“涎”是“次”之後起形聲字，最早見東漢碑作 （鮮于璜碑）。

附及，“盗”字構形從“次”，造字本義與“羨”有關。甲骨文作 （合8315），金文作 （速盤）、（秦公鎛），刻石作 （石鼓《汧沔》），秦簡作 （雲夢《效律》）、（嶽麓《爲吏》）、（嶽麓叁154）。會意字。《説文》：“盗，私利物也。從次，次欲皿者。”徐灝注箋：“垂次其皿，欲私其物也。”義爲貪欲偷竊別人財物。《説文》篆文作 ，馬王堆帛書作 （《老子》甲），漢碑作 （熹平石經《春秋》）；或作 （景北海碑陰），“次”旁漸省成“次”，爲後來俗書作“盗”所本。

3. 次，（後下42.6），甲骨文；（亞次觚），（次卣），（次尊），（史次鼎），（簡簋），（何次匜），（利之元子缶），（嬰次鑪），（其次鈎鑃），金文；（秦風137），古璽；（雲夢《答問》），（雲夢《封診》），（雲夢《語書》），（北大《算》甲），（北大《算》甲），秦簡。會意字。《説文》：“次，不前不精也。從欠，二聲。，古文次。”分析構形有誤。

“次”字構形，由甲骨文“次”字分化而來，即從“欠”旁的三（四）小點省減成二點，其造字本義不明。金文構形亦同，秦印、秦簡沒有變化。《説文》篆文作 ，“欠”旁上部出現訛誤，但漢印作 （徵8.23），馬王堆帛書作 （《老子》乙前）、（《縱橫》），銀雀山漢簡作 （《孫子》），漢碑作 （鮮于璜碑），石經作 （熹平石經《周易》），構形仍保存原貌。

4. 歙，⿰ （合 10405），⿰ （合 10406），⿰ （甲 205），⿰ （合 10137），
（合補 1234），⿰ （合 4284），甲骨文；⿰ （歙辛爵），⿰ （歙觚），⿰ （癸歙卣），
⿰ （善夫山鼎），⿰ （曩仲壺），⿰ （魯元匜），⿰ （沇兒鐘），⿰ （儆兒鐘），
⿰ （中山王壺），金文；⿰ （清華《食禮》），⿰ （清華《食禮》），⿰ （清華
《食禮》），⿰ （上博《三德》），⿰ （清華《耆夜》），⿰ （上博《容成》），楚簡；
⿰ （雲夢《日書》乙），⿰ （關沮），⿰ （北大《醫方》），秦簡。《説文》：“歙，
歠也。从欠，酓聲。……⿰，古文歙，从今、水。⿰，古文歙，从今、食。”用“歠”
字釋義，頗符造字本意。

“歙”字構形，甲骨文、商代金文（族氏銘文）象人低頭張口伸舌或手持吸管於器

皿中歙酒。由於甲骨文“舌”字作⿰ （合 17696）、⿰ （合 1730）、⿰ （合 916），以
蛇的岐舌構形表意，“舌”旁倒寫後即爲前四例甲骨文“歙”字構形所本。西周金文構
形由張口人形分列出“欠”旁，“酉”上又添增“今”聲，遂成“歙”，由象形字變爲
形聲字。楚簡沿襲金文構形，“欠”旁或增二短橫作裝飾筆畫；“酓”旁或省作“酉”
（詳下），變成會意字。秦簡無變化，爲《説文》篆文作⿰，漢印作⿰ （徵 8.22），
馬王堆帛書作⿰ （《老子》甲後），⿰ （《縱橫》）所本。至於《説文》古文作
⿰、⿰二形，目前古文字未見。

楚簡“歙”字或作⿰ （上博《用曰》），也見古璽作⿰ （彙 2100），省“今”聲，
其既可視爲省體，亦可看成異體（已成會意字）。漢簡亦見之，作⿰ （《流沙》2.3）。

　　另外，《玉篇·欠部》："歙，古文飲。"指出"飲"也是"歙"字古文。"飲"字最早見春秋金文作（曾孟嬭諫盆），戰國古璽作（彙0808），武威漢簡作（《儀禮》），石經作（熹平石經《周易》），從"食"、從"欠"會意。"飲""歙"二字乃異體關係，其構形由"酉"旁換成義近偏旁"食"。後世"歙""飲"作爲異體字二形并存。

　　5. 欲，（詛楚文《湫淵》），（秦駰玉版），刻石；（彙3098），古璽；（清華《保訓》），（上博《魯邦》），（清華《繫年》），（郭店《老子》甲），（安大《曹沫》），（上博《志書》），（上博《踐阼》），（清華《芮良夫》），（清華《程寤》），（清華《迺命》），（清華《治政》），楚簡；（雲夢《日書》乙），（嶽麓叁52），（北大《從政》），秦簡。形聲字。《説文》："欲，貪欲也。從欠，谷聲。"段玉裁注："欲從欠者取慕液之意，從谷者取虛受之意。"段注説解字之本義甚是，但謂"從谷者取虛受之意"則有問題。

　　"欲"字目前始見戰國文字，構形從"欠"、從"谷"聲。楚簡"欠"旁或增二短橫作裝飾筆畫似"次"。秦簡無變化，爲漢印作（徵8.21），馬王堆帛書作（《老子》甲），銀雀山漢簡作（《孫臏》），石經作（熹平石經《公羊》）所本。《説文》篆文作，構形已有訛誤。

　　"欲"字所從聲旁"谷"字并非"山谷"之谷，構形不從"口"。楚簡、秦簡"欲"字所從"谷"之下部除個別字形外，大都作封閉圓形，類似"公"字作

（上博《詩論》）、（清華《楚居》）的下部，與"口"字作（郭店《五行》），區別明顯。但有時因書手原因，二者寫法或相訛混。

按"欲"字所從聲旁"谷"，當和"予"字有關。"予"字，楚簡作（清華《祝辭》），構形是在"呂"上加"八"爲飾筆，或加雙"八"作飾筆，最早見春秋金文"豫"字偏旁，作（蔡侯申鐘），戰國古璽作（彙1492），楚簡作（清華《筮法》）。再從楚簡"舒"字作（包山193）、（上博《周易》），構形從"呂"聲，更可爲證。後由"呂"字分化出"予"字，秦印作（珍222），秦簡作（龍崗），爲馬王堆帛書作（《老子》乙前），石經作（熹平石經《尚書》）所本；秦簡或作（里耶J1⑨981）、（北大《泰原》），爲《說文》篆文作，馬王堆帛書作（《老子》甲）所本。

從楚簡"豫"字或作（上博《姑成》），所從"予"旁由省作，與楚簡"欲"字作（安大《曹沫》）、（清華《芮良夫》）所從已無區別。此外，楚簡"豫"字或省作（郭店《六德》），也可參看。

由此可見，因書手原因，將"予"字構形下部之""訛寫成"口"，遂與"山谷"之"谷"字相混。雖然"欲"字秦簡仍沒出現作從"口"之例，但楚簡及古璽構形已出現訛從"口"之例，遂爲《說文》篆文所本。再如"浴"字，楚簡作（上博《詩論》），郭店楚簡《老子》甲本作，而乙本作，構形也訛從"口"，也

可爲例。值得指出的是，郭店楚簡《老子》的"浴"字，今本皆作"谷"；而今本

《老子》的"欲"字，郭店楚簡《老子》甲本作![字形]，爲"欲"字省寫形旁"欠"，但

字形却明顯是"山谷"之"谷"。可見這種訛混情況，至遲在戰國時期就已出現。于思

泊師授課時曾指出，成語"進退維谷"的意思，今天大家都解釋錯了，其實應讀爲

"進退維欲"。郭店楚簡《老子》用字情況，就是很好的證明。

　　"欲"是一種心理行爲，故楚簡或贅增"心"旁作![字形]（上博《亙先》）、![字形]（上

博《亙先》），爲繁構，即後世"慾"字；或作![字形]（清華《四時》），省"欠"、增

"言"；或作![字形]（郭店《緇衣》）、![字形]（清華《五紀》），在繁構的基礎上省去形旁

"欠"；或作![字形]（郭店《語叢》二），更在前形基礎上對聲旁"谷"作省減。

　　6. 歌，![字形]（𩵦鐘），![字形]（𩵦鐘），![字形]（儥兒鐘），![字形]（蔡侯申鐘），![字形]（仳子

受鐘），![字形]（朝歌下官鐘），![字形]（朝歌右庫戈），金文；![字形]（彙 2741），![字形]

（彙 274），古璽；![字形]（上博《詩論》），![字形]（郭店《窮達》），![字形]（郭店《性

自》），![字形]（清華《耆夜》），![字形]（安大《詩經》），![字形]（清華《音圖》），楚簡；

![字形]（雲夢《日書》乙），![字形]（雲夢《日書》甲），![字形]（嶽麓《占夢》），秦簡。形聲

字。《說文》："歌，詠也。从欠，哥聲。![字形]，歌或从言。"

　　"歌"字構形，金文从"言"（"言"或加飾筆成"音"）、从"哥"聲，或省从

"可"，楚簡、古璽皆从"可"聲。秦簡改爲从"欠"、从"哥"聲，歌咏以口發聲，

"欠"爲張口，"欠""言"乃義近偏旁互作。"謌"與"訶""歌"同爲異體字。《說

文》篆文作![字形]，"欠"旁略訛，馬王堆帛書作![字形]（《縱橫》），仍存原貌。

○一○ 女部

《説文》："女，婦人也。象形。""女"字構形，甲骨文作 ![字形]（合 3301）、![字形]（合 685）、![字形]（合 19907）、![字形]（合 22507）、![字形]（合 17108）、![字形]（合 34171）、![字形]（合 19972）、![字形]（合 24502），晚商金文作 ![字形]（女帚卣）、![字形]（彭女甗）、![字形]（女康丁簋）、![字形]（射女鑑）、![字形]（司母戊鼎）、![字形]（女壺方彝），象人跪坐，雙手交叉安放於身前，表溫順之態。用此構形來與男人相對、專指女人的這類造字表意，乃是約定俗成。金文作 ![字形]（盂鼎）、![字形]（豆閉簋）、![字形]（录伯簋）、![字形]（毛公鼎）、![字形]（齊侯盤）、![字形]（南疆鐘）、![字形]（中山王鼎），楚簡作 ![字形]（清華《皇門》）、![字形]（清華《封許》）、![字形]（上博《詩論》）、![字形]（安大《仲尼》），秦簡作 ![字形]（雲夢《日書》乙）、![字形]（北大《醫方》），跪坐之形漸趨不明顯（有學者認爲這種寫法當是將金文"女"字構形作九十度的旋轉，可備一説）。《説文》篆文作 ![字形]，漢印作 ![字形]（徵 12.11），源自秦泰石刻石作 ![字形]；馬王堆帛書作 ![字形]（《老子》甲後），石經作 ![字形]（熹平石經《尚

— 68 —

書》），則源自秦簡。

附及，"女" 爲所有女性的統稱，爲作區別，表成年女性又專造 "母" 字，甲骨文作 ![字形](合 21095)、![字形](合 924)、![字形](合 20693)、![字形](合 2585)、![字形](合 27544)，金文作 、、、、、、、、，楚簡作 ![字形](包山 202)、、、，秦簡作 、，構形是在跪坐人形胸前加兩點，指雙乳，強調婦女的哺乳功能。另外，因否定詞 "毋" 古文字借用 "母" 字，因此爲一形兩字，需要從文義上確定。楚簡已改 "母" 字兩點爲一橫，分化出 "毋" 字，作 ![字形](望山 M1)、![字形](包山 245)、![字形](包山 221)、、，秦簡作 ，爲《説文》篆文作 ![字形]、漢印作 ![字形](徵 12.16) 所本。

另外，需要注意的是，甲骨文中與 "女" 字構形極相近的是 "奴" 字初文，作 ![字形](英 646)、![字形](合 22853)、![字形](合 22462)，象人雙手反縛於身後，本意是以俘虜之人爲奴僕。甲骨文 "訊" 字作 ![字形](合 1824)、![字形](合 19129)，即從 ![字形] 旁加 "口"，象捕獲之人反縛雙手，臨加以口審訊（舊誤釋爲 "如" 字）。因爲甲骨文 "奴" 字構形作 ![字形]，所以書寫時需要特別注意 "女" 形雙手的朝向，避免在古文字書法創作中出差錯。

1. 姓, （合 18052）, （合 14027）, （合 2861）, （合 13963）,

甲骨文；（小姓壺）, （羅兒匜）, （自鐸）, 金文；（秦駰玉版）, 刻

石；（雲夢《爲吏》）, （嶽麓叁 222）, 秦簡。會意兼形聲字。《説文》：

"姓, 人所生也。古之神聖母, 感天而生子, 故稱天子。从女, 从生, 生亦聲。《春秋

傳》曰：'天子因生以賜姓。'"

"姓"字構形, 甲骨文从"女"、从"生", "生"亦兼聲旁。金文同, 楚簡暫未

見, 秦刻石及秦簡無變化, 爲《説文》篆文作, 漢印作（徵 12.11）, 馬王堆帛

書作（《老子》甲）, 漢碑作（史晨碑）所本。

"姓"字本義是標志家族, 而古代"姓"和"氏"是兩個不同的概念, 後世則混

爲一談。例如秦始皇帝嬴政, 爲"嬴"姓"趙"氏, 北大漢簡有《趙政書》篇, 内容

就是講秦始皇帝的事, 可以爲證。

凡古姓用字, 構形皆从"女"旁, 如姜：（息伯卣）、（令簋）；姞：

（姞曶母方鼎）、（麓伯簋）；嬴：（伯衛父盉）、（嚣伯盤）；嬬

（"曹"姓本字）：（郑友父鬲）、（杞伯每亡鼎）；媿：（鄭同媿鼎）、

（復公子簋）, 都是形聲字。另外, 大禹"姒"姓, 金文作（叔向父簋）、

（衛姒鬲）, 繁構作（頌鼎）、（乙未鼎）、（班簋）。商代晚期和西周

早期金文另有"姁"字, 作（者姁爵）、（龔姁鼎）, 一般認爲是"姒"的通假

字, 但也有學者持不同意見。

"姓"字異體，春秋金文作 （鰲鎛），戰國古璽作 （彙 1337）、（彙 2800），從"人"、從"生"，"生"亦聲。"女"旁改爲同義偏旁"人"，隸定作"佐"。這是更換同義形旁所致。

按"大""人"是正、側面的人形，"女""卩"是跪坐的人形，"對言有别，散言則同"。從"人"這個角度講，四字同義，因此在用作偏旁構形時或可互换，這在古文字中較常見。如"奚"字，本義會以俘獲的西方辮髮民族爲奴，甲骨文作 （合 811）、（合 28723）、（合 32524），構形分别從"大""人""女"；金文作 （丙申角）、（趞盂），構形從"大"；又如"鬼"字，"鬼"是古代迷信者以爲人死後離開形體而存在的精靈，《説文》所謂"人所歸爲鬼"，甲骨文以"鬼方"指北方少數民族，構形作 （合 6474）、（合 24991）、（合 21092），分别從"人""卩""女"。再如前述"光"字，甲骨文或作 （合 10048），金文或作 （宰甫簋），構形從"女"。皆其例。注意這類同義偏旁互换的構形例子，不僅在考釋古文字時很有幫助，在書法創作中也頗有參考價值。但也要注意，有些古文字的同義偏旁却不可以互换，如前述甲骨文的"兄"與"祝"、"犀"與"辟"，以及後述的"見"與"視"等字，其構形上"人""卩"區分則非常嚴格，不能一概而論。

2. 姬，（合 34217），（合 35965），（合 27547），（合 38725），甲骨文；（憻季遽父卣），（伯壺），（姬芳母鬲），（作姬簋），（叔姬匜），（毛叔盤），（蔡姞簋），（禾簋），（曾姬無卹壺），（伯姬簋），金文；（包山 176），（清華《繫年》），楚簡。形聲字。《説文》："姬，黄帝居姬水以爲姓。从女，臣聲。"

"姬"字構形，甲骨文从"女"或"每"，从"臣"聲；金文从"女"，或从"母"，"母""每"構形與"女"有關，爲同義偏旁互作。楚簡从"女"，爲《説文》篆文作 ，石經作 （熹平石經《春秋》）所本。

附及，"姬"字所从聲旁"臣"，即"頤"之本字（《説文》以"頤"爲"臣"字篆文或體），春秋金文作 （黄夫人鼎）、（鑄子匜）、（曩伯匜）、（曩伯盤），象人臉頤（俗稱"酒窩"）。《説文》篆文作 ，没有變化。楚簡作 （上博《周易》）、（上博《周易》），增義旁"頁"，成形聲字，爲《説文》篆文或體作 、石經作 （熹平石經《周易》）所本。

3. 姚，（姚鼎），（牧師父簋），（㝬叔樊鼎），金文；（華夏90.4），（珍秦76），（集粹），（珍秦95），（珍秦69），古璽；（雲夢《爲吏》），秦簡。形聲字。《説文》："姚，虞舜居姚虚，因以爲姓。从女，兆聲。"

"姚"字構形，西周金文从"女"、从"兆"聲。春秋戰國文字暫未見，秦印、秦簡構形没有變化，爲《説文》篆文作 ，漢印作 （徵12.11），漢簡作 （居延乙265.20），漢碑作 （曹全碑）所本。

附及，"姚"字所从"兆"字，構形象占卜時灼龜甲或獸龜後其上所呈現的裂紋（稱"兆"），古人視其形態以判斷吉凶。《説文》："㸚，灼龜坼也。从卜、兆，象形。，古文兆，省。""兆"字構形，楚簡作 （清華《五紀》）、（包山265），

秦簡作 [字形]（雲夢《日書》乙）、[字形]（雲夢《日書》乙）、[字形]（雲夢《日書》乙）。"兆"字構形楚簡或增形旁"卜"作 [字形]（清華《廼命》）、[字形]（上博《建州》甲）、[字形]（上博《建州》乙）、[字形]（上博《卜書》）、[字形]（新蔡乙三 1）、[字形]（新蔡甲三 170）、[字形]（清華《五紀》），爲《説文》篆文作 [字形] 所本。《説文》將（"兆"）作爲"㲋"的古文省形，乃本末倒置，其實應該是先有象形的"兆"字，後來再有形聲的"㲋"字。

　　因金文"姚"字所從"兆"字構形中"乙"兩旁的筆畫已訛成"止"形（見上引），也爲楚簡"兆"字及"㲋"字所從"兆"字構形所承襲，以致有學者反溯，將甲骨文作 [字形]（合 10949）、[字形]（合 19755），金文作 [字形]（車涉戈）、[字形]（戈涉系爵）等的"涉"字，也改釋爲"兆"字；或認爲因"兆"與"涉"構形相近，故西周金文"姚"字構形是以"涉"代"兆"，都欠妥當。

　　4. 妘，[字形]（函皇父鼎）、[字形]（𡜊生盨）、[字形]（季良父匜）、[字形]（周棘生簋）、[字形]（輔伯㽯父鼎）、[字形]（仲皇父盉）、[字形]（叔上匜），金文；[字形]（嶽麓叁 140），秦簡。形聲字。《説文》："妘，祝融之後，姓也。从女，云聲。[字形]，籒文妘从員。"

　　作爲古姓的"妘"字，金文本作"娟"，構形從"女"、從"員"聲。春秋戰國文字暫未見，秦簡改從"云"聲。"云""員"古音相通，故可作爲異體字。《説文》以"妘"爲正篆，作 [字形]；以"娟"爲"籒文"，作 [字形]。所謂"籒文"，是指戰國文字中秦系文字而言，與"古文"指戰國文字中東方六國系文字相區分。《説文》收錄的"古文"和"籒文"，較好的保存了戰國文字的原有構形，對釋讀古文字很有幫助。

附及，"娟"字所從的"員"字，甲骨文作 ⬚（合 20592）、⬚（英 1782）、⬚（合 20279），金文作 ⬚（員盂），⬚（員父尊）、⬚（員尊），以"○"（甲骨契刻不便或改成"□"形）會鼎口圓形，是"圓"的本字，象形兼會意字。金文或作 ⬚（隹叔簋），下從"鼎"與"貝"作 ⬚（刺鼎）已同形。這是因爲古文字中"鼎"字省寫後構形與"貝"相同，故有些本從"鼎"之字漢隸皆從"貝"。這種現象在西周金文中已經出現。

5. 婦，⬚（合 915），⬚（合 17534），⬚（合 2095），⬚（合 20463），⬚（合 22322），⬚（乙 871），⬚（合 18060），⬚（花東 381），⬚（合 14025），甲骨文；⬚（婦女簋），⬚（伯婦簋），⬚（婦聿卣），⬚（婦觥），⬚（婦簋），⬚（婦未于鼎），⬚（令簋），⬚（豚叔多父盤），⬚（晉公盞），金文；⬚（上博《曹沫》），⬚（上博《卜書》），⬚（包山 175），⬚（上博《競建》），⬚（郭店《六德》），⬚（郭店《語叢》四），⬚（郭店《成之》），⬚（安大《曹沫》），⬚（清華《禱辭》），⬚（清華《禱辭》），楚簡；⬚（雲夢《日書》乙），⬚（關沮），秦簡。會意字。《說文》："婦，服也。從女持帚，灑掃也。"

"婦"字構形，甲骨文本作"帚"，象笤帚形，爲室內打掃衛生的常用清潔工具（北方人也用來掃炕），借指婦人（有學者認爲此即"六書"中的"假借"），後加"女"旁作"婦"以作區分。由象形字變會意字。金文構形相同，楚簡或加飾筆。秦簡沒有變化，爲《說文》篆文作 ⬚，馬王堆帛書作 ⬚（《縱橫》），銀雀山漢簡作

（《儀禮》），石經作 （熹平石經《周易》）所本。

6. 婁， （伯婁簋）， （伯婁簋）， （是婁簋）， （長陵盉），

（長子盉），金文； （彙3662），古璽； （清華《四時》）， （清華《五

紀》）， （包山161）， （包山143）， （郭店《成之》）， （郭店《語

叢》二）， （郭店《語叢》一），楚簡； （雲夢《日書》乙）， （雲夢《日

書》甲）， （關沮）， （里耶8-1531），秦簡。會意字。《説文》：“婁，空也。從

毋中女，空之意也。一曰婁務也。 ，古文。”分析構形不確。

“婁”字構形，金文從“臼”、從“角”、從“女”會意，造字本義不明，或以爲

從“角”聲。楚簡“角”旁或有異寫。秦簡構形，將“臼”“角”合并訛寫成“串”。

漢印作 （徵12.15）、 （徵12.15），尚近秦簡寫法；而《説文》篆文作 ，汝

陰侯墓出土栻盤作 ，石經作 （熹平石經《春秋》），上部更訛。《説文》古文作

，上部“角”旁略訛，又省“臼”，古文字則未見。

楚簡“婁”字異體作 （上博《鶹鷾》）、 （上博《鶹鷾》），“角”旁改爲

“言”旁；或作 （上博《競公》）、 （上博《彭祖》）、 （上博《君人》甲）、

（郭店《成之》）、 （包山164）、 （包山141）、 （安大《詩經》），

“言”旁省成“辛”（或再省）。其作爲異體之來源待考。

7. 每， （屯8）， （合28267）， （合28680）， （合28685）， （合

33394），（合 18428），（懷 1425），（合 22457），（合 29185），甲骨文；

（天亡簋），（何尊），（舀鼎），（杞伯簋），（杞伯鼎），（豁盗壺），

金文；（侯馬），盟書；（上博《凡物》甲），（上博《吳命》），（清華

《五紀》），（郭店《語叢》一），楚簡。象形字。《說文》："每，艸盛上出也。從

中，母聲。"分析構形不確。

"每"字構形，甲骨文是在"女"或"母"字上部添加髮飾，象盛美意。金文、

楚簡構形或從"女"，或從"母"。《說文》篆文作，漢印作（徵 1.8）、

（徵 1.8），上部漸成"中"形，漢碑作（孔彪碑），已將原字形作上下割裂。

由於"母"與"每"字在造字方面有關係，讀音皆爲重唇音，所以兩字在用作偏

旁時，可以通用，在戰國文字中尤爲常見。楚簡從"每"之字或從"母"旁，如

"海"字或作"浲"，"晦"字或作"昢"，"誨"字或作"詪"等例。

8. 毓，（屯 469），（合 32763），（懷 1368），（合 37864），（合

30286），（合 8251），（合 19066），（合 22621），（合 3201），（合

3201），（英 1948），甲骨文；（毓祖丁卣），（呂仲爵），（班簋），

（史牆盤），（曾朱姬匜），金文；（秦駰玉版），刻石；（清華《楚

居》），（包山 237），楚簡。象形兼會意字。《說文》："育，養子使作善也。從

去，肉聲。《虞書》曰：'教育子。'，或從每。"本義是婦人產子，"養子使作善"即

養育、培養，乃爲引申義。

　　“毓”字構形，甲骨文從“女”、從倒“子”下加三小點（或省），象女子生産時羊水破、小兒頭先出（順産）之狀，“女”旁或改作同義偏旁“人”，其所從下加點的倒“子”旁構形後世演變爲“㐬”。西周金文或從“女”，或從“母”，或從“人”，爲同義偏旁互作。楚金文、楚簡從“女”，“㐬”旁書寫有訛（詳下）。《説文》篆文作

，漢碑作　　（史晨碑），當本自秦簡（目前暫未見）。又，《説文》以“育”爲字頭，將“毓”視作或（異）體。其實“育”爲後起字，戰國晚期始見，陶文作

（陶徵194），《説文》篆文作　　，從“𠫓”、從“肉”聲。此外，甲骨文用“毓”表示“嗣後”之義，傳世典籍則未見。

　　附及，楚文字“毓”“流”等字所從的“㐬”旁已訛變爲　　、　　，中間倒寫“子”字（即“𠫓”）之人頭與身手脱離成“○”形，上下則成“虫”形，後例更省作上下兩“虫”形，以致難以辨認。直到郭店楚簡公布，學者始識出這種構形的“㐬”旁。

○一一　子部

《説文》：“子，十一月陽氣動，萬物滋，人以爲偁。象形。……🈂️，古文子，从巛，象髮也。🈂️，籀文子，囟有髮，臂、脛在几上也。”“子”字構形，甲骨文作🈂️（合20576）、🈂️（合5874）、🈂️（合21565）、🈂️（合32783）、🈂️（合20045），晚商金文（族氏銘文）作🈂️（子妥鼎）、🈂️（子爵）、🈂️（叔單鼎），構形象嬰兒之形，尤突出嬰孩頭部。金文作🈂️（令簋）、🈂️（沈子它簋）、🈂️（史牆盤）、🈂️（格伯簋）、🈂️（虢季子白盤）、🈂️（弄鳥尊）、🈂️（奸盜壺），刻石作🈂️（秦公石磬），古璽作🈂️（彙233）、🈂️（珍秦384），楚簡作🈂️（郭店《語叢》一）、🈂️（清華《四告》）、🈂️（上博《民之》）、🈂️（清華《禱辭》）、🈂️（清華《繫年》）、🈂️（包山237），没有變化。秦簡作🈂️（北大《從軍》）、🈂️（雲夢《秦律》）、🈂️（里耶8-137），爲《説文》篆文作🈂️，馬王堆帛書作🈂️（《老子》甲後），石

經作 （熹平石經《周易》）所本。

　　"子"字甲骨文或作 （合 21889）、（英 1915）、（合 21938）、（合 21890），即《説文》古文作 所本。甲骨文或作 （合 33523）、（合 36642）、（合 31839），金文或作 （析觚）、（傅卣）、（利簋）、（召伯簋），即《説文》籀文作 所本。其構形上從"囟"强調剛出生嬰兒頭蓋骨尚未閉合，上有胎髮，下從"儿"爲兩脚，旁或加飾筆表手臂。甲骨文後再省寫，作 （合補 11616）、（合 19847）、（合 22197）、（村南 305），最後綫條化成 （合 2763）、（合 495），其字形與"子"的造字初衷已經相差甚遠。

　　需要指出，甲骨文天干地支用字，"子丑"之"子"，用 或 （西周金文無 形）；"辰巳"之巳，皆用 ，二者從不混淆。雖然甲骨文早就有"巳"字，作 （合 15194）、（合 6497），但從未用作干支字。這種情况一直延續到春秋晚期，用作"辰巳"之"子"才被"巳"字替代。宋代金石學肇興，但學者不明此原因，誤以爲古人質樸致誤。創作古文字書法，書寫干支時需要注意。

　　1. 孔，（虢季子白盤），（史孔盉），（師觀鼎），（曾伯霥匜）（邾太宰簠），（王孫誥鐘），（沇兒鐘），（子孔戈），（陳璋壺），金文；（石鼓《汧沔》），刻石；（彙 627），（彙 2722），（彙

2721)，🔡（秦風 212），🔡（陝西 661），古璽；🔡（安大《詩經》），🔡（清華《厚父》），🔡（上博《曹沫》），🔡（清華《四告》），🔡（上博《三德》），🔡（清華《良臣》），🔡（上博《民之》），楚簡；🔡（雲夢《日書》甲），秦簡。指事字。《説文》：“孔，通也。从乙，从子。”釋形有誤。本義指小孔、小洞，引申爲通。

　　“孔”字構形，金文从“子”，并在表頭部之一側加一曲筆爲指示符號，指嬰兒初生時頭蓋骨未閉合，似頭上有個小洞（孔）。楚簡承襲金文構形，或將指事符號一曲筆寫成“乚”，其後逐漸下移與“子”分離，秦簡沿用，爲《説文》篆文作🔡，漢簡作🔡（定縣）所本。馬王堆帛書作🔡（《老子》甲後），寫法仍存楚簡舊貌。

　　附及，上博楚簡有合文字形作🔡（《詩論》），2000 年在北京大學召開的“新出簡帛國際學術研討會”上，有學者認爲應釋作“卜子”，卜子即卜商，字子夏，是孔子的學生，相傳《左傳》及《詩》就是經他繼承和傳播才得以流傳下來的。雖然馬承源館長力爭是“孔子”合文，但“卜子”之説似乎更有道理。後來上博楚簡材料完整公布，此“孔子”合文才爲大家承認。實際情況是，書手在寫“孔”字時將“子”上面的指事符號一曲筆寫作兩筆的緣故。在敦煌出土的唐宋寫本文獻中，“孔”字俗體或作“孖”，與其如出一轍。因此在分析古文字構形時，尤其是楚簡，更需要考慮到書手的因素。

　　2. 孫，🔡（合 10524），🔡（合 30527），🔡（合 31217），🔡（懷 434），甲骨文；🔡（祖己鼎），🔡（克鼎），🔡（耳尊），🔡（己侯簋），🔡（兮仲鐘），🔡（晉壺），🔡（曾伯陭壺），🔡（令瓜君壺），🔡（妖盗壺），🔡（祖甲罍），🔡（豚

卣），[字形]（格伯簋），[字形]（虢季子白盤），[字形]（蔡季尊），[字形]（晉人簋），[字形]（厚氏匜），[字形]（欒書缶），[字形]（中山王壺），金文；[字形]（彙5564），[字形]（彙1514），[字形]（彙1510），[字形]（彙3845），[字形]（彙1541），[字形]（彙1554），[字形]（珍秦273），[字形]（彙3893），[字形]（彙3890），古璽；[字形]（録3.610.1），[字形]（録2.555.2），陶文；[字形]（清華《繫年》），[字形]（新蔡零313），[字形]（清華《金縢》），[字形]（包山45），[字形]（上博《曹沫》），[字形]（清華《四告》），[字形]（清華《四告》），[字形]（清華《禱辭》），楚簡；[字形]（北大《算》甲），[字形]（里耶8-2101），秦簡。會意字。《説文》：“孫，子之子曰孫。从子，从系。系，續也。”

　　“孫”字構形，甲骨文从“子”、从“糸”會意，“糸”旁或省作“幺”，金文、楚簡沿襲，古璽或於“幺（糸）”下加短橫飾筆，秦簡無變化。《説文》篆文作[字形]，馬王堆帛書作[字形]（《縱橫》），“糸”旁漸變成“系”，《説文》遂謂“孫”字構形“从系”。但新莽嘉量作[字形]，漢簡作[字形]（銀雀山《孫臏》）、[字形]（武威《儀禮》），漢碑作[字形]（嵩山太室闕銘），仍作从“糸”之構形。

　　古璽“孫”字或作[字形]（彙1522）、[字形]（彙1538），構形从“子”、从“丨”會意，爲異體字。

　　3. 好，[字形]（合201），[字形]（合補3031），[字形]（合2645），[字形]（合6524），[字形]（合2638），[字形]（合36762），[字形]（花東63），[字形]（合6770），甲骨文；[字形]（婦好方

彝），🔶（盧鐘），🔶（仲卣），🔶（杜伯盨），🔶（齊鞄氏鐘），🔶（枈氏壺），金文；🔶（石鼓《車攻》），刻石；🔶（珍秦 37），古璽；🔶（清華《治政》），🔶（安大《詩經》），🔶（郭店《語叢》三），🔶（清華《啻門》），🔶（清華《繫年》），🔶（上博《吳命》），🔶（上博《周易》），楚簡；🔶（雲夢《語書》），🔶（雲夢《日書》乙），🔶（里耶 8-355），秦簡。會意字。《説文》："好，美也。从女、子。"徐鍇曰："子者，男子之美偁。"段玉裁注："好，本爲女子，引申爲凡美之偁。"段説可從。

"好"字構形，甲骨文、金文从"女"、从"子"會意，楚簡、秦簡沒有變化，爲《説文》篆文作🔶，漢印作🔶（徵 12.13）、🔶（徵 12.13），馬王堆帛書作🔶（《老子》甲）、🔶（《老子》甲）所本。

楚簡"好"字異體作🔶（上博《緇衣》）、🔶（上博《緇衣》）、🔶（上博《孔子》）、🔶（郭店《語叢》二）、🔶（郭店《語叢》一），構形从"丑"、从"子"，隸定作"𡥀"。這種寫法的"好"字，舊僅見宋代編撰的傳抄古文《汗簡》和《古文四聲韻》"好"字下所收，從上博楚簡《緇衣》與今本的對讀已得到證實，其來源於戰國楚文字。"𡥀"字所从"丑"，很可能是作聲旁，當爲形聲字。

又，《説文》："妞，人姓也。从女，丑聲。《商書》曰：'無有作妞。'"段玉裁注："今《尚書》作好，此引經説叚借也。"結合楚簡"𡥀"字分析，"妞"當也是另一種寫法的"好"字，與"𡥀"皆爲異體。

4. 乳，🔶（合 22246），甲骨文；🔶（鑒印 96），古璽；🔶（清華《楚

居》），（上博《周易》），楚簡；（雲夢《日書》甲），（關沮），秦簡。象形兼會意字。《説文》："乳，人及鳥生子曰乳，獸曰産。从孚，从乙。乙者，玄鳥也。《明堂月令》：'玄鳥至之日，祠于高禖以請子。'故乳从乙。"以"乙"爲玄鳥（燕子）并引《明堂月令》文來説解字形，不確。

"乳"字構形，甲骨文从"母"，象懷子哺乳形（李孝定《甲骨文字集釋》），金文有缺環，楚簡母形簡化爲人形（趙平安《釋戰國文字中的乳字》）。秦簡"爪"形與人形（省爲一曲筆）分離，爲《説文》篆文作，馬王堆帛書作（《病方》）、（《炙經》），武威漢簡作（《儀禮》）、（《醫簡》）所本。

需要指出，馬王堆帛書"亂"字或寫作（《老子》甲）、（《老子》乙），也見《周易》《繫辭》及《經法》等，亦見銀雀山漢簡作（《孫子》），構形與"乳"字没有區別，這是由省形造成的訛誤。"亂"字構形，秦簡或作（關沮）、（雲夢《爲吏》），銀雀山漢簡作（《孫子》），構形左旁"𤔔"之"幺"省爲"厶"，又與下"又"連筆訛成"子"，進一步再省，構形就與"乳"字混同。也有學者認爲這種"乳"字是"一形二字"的現象。

○一二 老部

《説文》："老，考也。七十曰老。从人、毛、匕。言須髮變白也。""考，老也。从老省，丂聲。""老"和"考"爲一字分化。"老"字構形，甲骨文作 （合21054）、（合13758）、（合20293）、（合23715）、（合36416），象老人散髮、身形佝僂、手持拐杖形。在商代甲骨文和西周早期金文中，"老"與"考"爲同字，用法無別。後從構形上逐漸區分，約定俗成，將下部杖形訛爲"匕"的作爲"老"字，如 （叟季良父壺）、（歸父盤）、（中山王鼎）；將下部杖形訛爲"丂"的作爲"考"字，如 （沈子它簋）、（叔向父簋）、（叔趯父卣）、（禹鼎）、（中山王壺）等，遂變爲从"丂"聲的形聲字（以上例均見金文）。《説文》篆文分別作 、，加以區分，漢碑也分別寫作 （淮原廟碑）、（武梁祠畫像題字）。《禮記·曲禮下》："生曰父，……死曰考。"則從字義上將"考"與"老"區別開來。

楚簡"老"字構形作 （郭店《唐虞》）、（上博《昭王》）、（安大

《仲尼》）、█（包山 127）、█（清華《畲門》）、█（清華《良臣》），下部所從

杖形訛成“止”，是將原表示手形的一筆與杖的訛形“匕”連書致誤，亦見古璽作█

（彙 4283）、█（彙 4255）。秦簡作█（雲夢《爲吏》）、█（雲夢《日書》

乙），仍保持傳統寫法。

　　另外，楚簡“考”字構形作█（清華《皇門》）、█（清華《不韋》）、█（清

華《琴舞》）、█（上博《詩論》）、█（清華《𥁞命》）、█（清華《四告》）、

█（上博《内豊》）、█（上博《用曰》）、█（上博《用曰》），下部所從“丂”訛

成█，與除秦國之外的戰國文字“主”字構形相同。這是因加裝飾筆畫而造成的同形

現象，并非其構形從“主”旁。

　　此外，“老”字所從的“耂”（“老”省形）旁，其構形在不同地域會有所區別，

這在春秋金文中尤爲明顯。如“老”字金文或作█（夆叔匜）、█（邾公典盤），與

常見的“老”字上部形體區別較大，其他從“耂”（“老”省形）旁的字也一樣。這是

見於山東地區諸國特有的寫法。分析不同地區文字構形特色，在文物鑒定中有重要的作

用。在書法篆刻創作中，同件作品用字最好采用同一地區的文字構形。

　　1. 壽，█（沈子它簋），█（鼄盤），█（仲師父鼎），█（瘋鐘），█（豆閉

簋），█（耳尊），█（善夫克鼎），█（秦公簋），█（陳公子仲慶匜），█（魯大

宰簋），█（薛侯盤），█（寧壽令戈），金文；█（秦公石磬），刻石；█（彙

1889），█（彙 3676），█（彙 4256），█（彙 4542），█（彙 4684），█（彙

4549），（彙 4685），（珍秦 139），古璽；（陶 5.12），陶文；（安大《仲尼》），（清華《繫年》），（清華《治政》），（新蔡甲二 6），（安大《詩經》），（包山 68），（清華《耆夜》），（清華《三壽》），楚簡；（里耶 8-1580），（雲夢《日書》乙），（雲夢《日書》甲），秦簡。形聲字。《說文》：“壽，久也。從老省，𦈢聲。”“壽”的本義是人長壽。

“壽”字構形，西周金文從“老”省、從“𨓶”聲，“𨓶”即“田疇”之疇的本字。西周中期後在“𨓶”下增“口”飾作“𦈢”，爲春秋戰國文字沿襲；或加“又”旁，亦見秦印、秦陶文、秦簡，爲馬王堆帛書作（《事語》）、（《縱橫》），漢碑作壽（禮器碑）所本。但《說文》篆文作，仍從“𦈢”。

“壽”字構形由簡變繁，造成書寫不方便，因此在戰國文字中常出現減省現象。如楚簡或作（包山 94）、（清華《廼命》），省從“𨓶”、從“曰”（“口”中加裝飾橫畫成“曰”爲古文字構形常見現象），甚至有將“𨓶”簡化後寫作（包山 26），也見楚璽作（彙 3517），三晉璽作（彙 2518）。在書法篆刻創作中，根據需要有時確可以作減筆，但要有來歷出處，不能隨意減省。

2. 耈，（耳尊），（師㲃父鼎），（師俞簋），（史牆盤），（買簋），（曾伯黍臣），金文；（秦風 133），古璽；（上博《弟子》），（清華《皇門》），（清華《四告》），楚簡。形聲字。《說文》：“耈，老人面凍黎若垢。從老省，句聲。”

"耇"字構形，金文本從"老"（見耳尊）、從"句"聲，後漸從"老"形省，古璽、楚簡亦同。《説文》篆文作 ，漢碑作 （孔彪碑），没有變化。

《説文》訓"耇"爲老人面有黑斑如垢，引申爲年老之義。西周金文和先秦文獻"黄耇"一詞，常與"眉壽"連稱或對舉，都是長壽之義。

3. 耆，（公子土斧），（相邦儀戈），金文；（秦風139），古璽；（上博《緇衣》），（清華《皇門》），（清華《封許》，楚簡；（雲夢《爲吏》），（雲夢《秦律》），秦簡。形聲字。《説文》："耆，老也。從老省，旨聲。"本義爲年老，《禮記・曲禮上》："五十曰艾，六十曰耆。"

"耆"字目前最早見戰國文字，構形從"老"省、從"旨"聲，金文、楚簡同。秦簡無變化，爲《説文》篆文作 ，漢印作 （徵8.16），馬王堆帛書作 （《灸經》）、（《老子》乙前），石經作 （熹平石經《詩經》）所本。

4. 孝，（虩祖丁卣），（頌鼎），（舀鼎），（羧鼎），（史牆盤），（杜伯盨），（陳侯午敦），（中山王壺），（大司馬匜），金文；（陝西846），古璽；（郭店《老子》丙），（郭店《六德》），（上博《内豊》），（郭店《語叢》三），（郭店《語叢》三），楚簡；（里耶J1⑨4），秦簡。會意字。《説文》："孝，善事父母者。從老省，從子，子承老也。"

"孝"字構形，金文從"老"或從"老"省、從"子"，以小孩攙扶老人，會孝順意。楚簡、秦簡沿襲構形。秦嶧山碑作 ，爲《説文》篆文作 、漢印作 （徵

8.17），漢碑作 （袁安碑）所本。

　　需要指出的是，"孝"字馬王堆帛書作 （《縱橫》）、竹簡作 （M1），爲石經作 （熹平石經《春秋》）所本，而"教"字隸變後作 （范式碑），所从偏旁與"孝"字已混淆成同一種寫法。

○一三 長部

　　《説文》：“長，久遠也。从兀，从匕。兀者，高遠意也，久則變化。亾聲。厂者倒亾也。……**𠅤**，古文長。**𠩺**，亦古文長。”解釋構形與造字本義皆不確。余永梁認爲“長”字構形像人長髪貌（《殷墟文字續考》），代指“長者”（與“老”造字思路相近），“長久”“久遠”是其引申義。“長”字構形，甲骨文作**𠕋**（合 27641）、**𠕋**（合28195），金文作**𠕋**（長日戊鼎）、**𠕋**（寡長鼎）、**𠕋**（臣諫簋）、**𠕋**（長甶盉）、**𠕋**（史牆盤）、**𠕋**（庶長畫戈）、**𠕋**（長子沫臣臣），長髪人形手下或加杖形之“卜”，後訛爲“匕”，爲秦簡作**𠕋**（里耶 8-71）、**𠕋**（北大《道里》）所本。《説文》遂誤以爲“从匕”，篆文作**𠕋**。楚簡“長”字作**𠕋**（清華《繫年》）、**𠕋**（清華《程寤》），或作**𠕋**（清華《不韋》）、**𠕋**（郭店《老子》甲），爲《説文》古文作**𠩺**所本。而《説文》另一古文作**𠅤**，當爲楚簡或作**𠕋**（上博《君人》乙）之訛誤形。

　　古文字从“長”旁字很少，金文有“𠩺”字，作**𠩺**（夨令簋）、**𠩺**（茇方鼎），義同"揚",或有可能爲"張揚"之"張"的本字。

1. 裱，（驫羌鐘），（中山王鼎），（中山王壺），（兆域圖），金文；（行氣玉銘），刻石；（彙301），（彙3），（彙3362），（集粹248），古璽；（齊幣280），（齊幣273），（齊幣276），貨幣。會意兼形聲字。

"裱"字見戰國文字，構形從"立"、從"長"，長亦聲。金文、古璽或將"立"旁移於下方作上下結構。按《説文》無"裱"字，從古文字用法看，是作爲"長短""長遠"之長的專字，當然也可視作"長"的繁構異體字，主要流行於戰國時期的燕國、齊國，涉及三晉和中山國。

戰國文字中，有些字的構形從"立"旁，實爲"土"旁訛變而來。如"坤"字盟書作（温縣）、古璽作（彙1792）；"坡"字楚簡作（清華《繫年》）、古璽作（彙3256）；"堂"字楚簡作（清華《筮法》）、古璽作（彙5421）；"均"字古璽作（彙2449）；"地"字古璽作（彙2259），皆其例。所以"裱"字若釋爲"埕"，也是有可能。

2. 屰，（合14295），（合6987），（合4558），（合3074），（屯463），（合28029），（合14294），（合4559），（合4557），（英547），甲骨文；（屰莫觚），（孤竹父丁罍），（克罍），（克盉），（屰盉），（史牆盤），（屰生鼎），金文；（郭店《老子》乙），（清華《禱辭》），（清華《禱辭》），（清華《保訓》），（包山140），（上博

《采風》）、（上博《内豐》）、（清華《繫年》），楚簡。象形字。《説文》失收"𢜽"字。

"𢜽"字構形，甲骨文、金文象人長髮髟髟盛美形。因此有學者認爲，"𢜽"即"髟"字（林澐《釋史牆盤銘中的"逖虘髟"》《釋飄風》；陳世輝《牆盤銘文解釋》）。《説文》："髟，長髮猋猋也。从長，从彡。""髟"字从"長"，楷書寫作"镸"。從構形分析及同源字的角度看，"𢜽"與"長""髟"本爲同源字，後分化爲三字。此外，"髟"字也見楚簡，作（郭店《成之》），从"髟"旁的"髳"字作（安大《曹沫》）、（安大《曹沫》），所从之"髟"與"𢜽""長"字構形區別已很明顯。

需要指出，後代字書中雖然沒有單獨的"𢜽"字，但《説文》有从"𢜽"聲的"散""微"字。"散"字構形，甲骨文作（京都2146）、（合17942）、（合補6003）、（周甲4）；金文作（召尊）、（衛盉）、（牧師父簋）、（癲箙）、（癲匕）、（散氏盤）、（散氏盤）、（六年代相鈹），盟書作（侯馬），刻石作（石鼓《馬薦》），楚簡作（郭店《老子》甲）、（上博《周易》）、（上博《曹沫》）、（郭店《唐虞》）、（清華《命訓》）、（安大《曹沫》）、（上博《踐阼》），《説文》篆文作，沒有變化。《説文》："散，眇也。从人、从攴，豈省聲。"段玉裁注："凡古言散眇者即今之微妙字。"《説文》分析構形有誤，從古文字看，"散"字實从"𢜽"聲。楚簡"𢜽"字除個別讀爲"微"外，大都讀爲"美"，"散"字除用作"微"義外，也讀爲"美"。

此外，楚簡又有"媺"字，作（郭店《緇衣》）、（清華《繫年》）、

（清華《楚居》）、（上博《競公》）、（郭店《老子》丙），即“媺”字異體，《説文》未收，《集韻·旨韻》：“媺，善也。通作美。”楚簡另有“頾”字，作（上博《緇衣》）、（郭店《語叢》一）、（郭店《六德》）、（清華《廼命》）、（清華《廼命》），从“頁”、从“岜”聲，亦讀爲“美”，《説文》也未收。

○一四 頁部

  《説文》："頁，頭也。从百，从儿。古文䭷首如此。……百者，䭷首字也。"徐鍇《説文繫傳》："頁，古文以爲首字也。"本義指人頭。"頁"字構形，甲骨文作 ![字形] （合22217）、![字形] （合22215）、![字形] （合22215）、![字形] （合15684），金文作 ![字形] （卯簋）、![字形] （守鼎），古璽作 ![字形] （彙308），楚簡作 ![字形] （上博《凡物》甲）、![字形] （上博《競公》）、![字形] （包山牘）、![字形] （上博《命》）、![字形] （清華《五紀》）、![字形] （新蔡乙四98）。《説文》篆文作 ![字形] ，漢碑作 ![字形] （曹全碑），象形字。

  又《説文》："百，頭也。象形。""首，百同。古文百也。巛象髮。""首""百"二字實爲一字分化，皆象人頭，構形之區別在於頭髮之有無。甲骨文作 ![字形] （花東304）、![字形] （花東446）、![字形] （合6032）、![字形] （合15101）、![字形] （英2526）、![字形] （合29255）、![字形] （合13617）、![字形] （合24956），金文作 ![字形] （農卣）、![字形] （師觀鼎）、![字形] （元年師旋鼎）、![字形] （師酉簋）、![字形] （頌壺）、![字形] （非伯簋），楚簡作 ![字形] （郭店

《語叢》四）、▢（清華《繫年》）、▢（安大《仲尼》）、▢（上博《曹沫》）、▢（上博《周易》）、▢（清華《啻門》）、▢（清華《五紀》）、▢（安大《曹沫》），秦簡作▢（北大《算》甲）、▢（雲夢《日書》乙），雖爲兩形，皆用作"首"。

按《説文》將表示人頭義的字分爲"頁""百""首"，列爲三個部首。三者實際爲同源字，而"頁"字與"百""首"字構形的區別，則是在前者下部增加"人"或"卪"而已。

1. 顏，▢（九年衛鼎），▢（九年衛鼎），▢（九年衛鼎），▢（大市量），金文；▢（安大《詩經》），▢（上博《鬼神》），▢（清華《祭公》），▢（新蔡甲三203），楚簡；▢（雲夢《答問》），▢（雲夢《答問》），秦簡。形聲字。《説文》："顏，眉目之間也。从頁，彥聲。"本義指兩眉之間，俗稱"印堂"；亦指髮際之下、眉之上，兩額骨間的部位，即額頭。

"顏"字構形，金文从"頁"、从"面"會意。楚簡从"产"，"面"改爲"色"，因"顏"之引申義有顏容、臉色，故以"色"會意；秦簡从"产"下增二撇裝飾，爲漢簡作▢（史晨碑）所從，《説文》篆文作▢、漢碑作▢（祀三公山碑），"产"下部再增一撇聲化成"彥"，《説文》遂以爲是形聲字。

"顏"字秦印作▢（十鐘），漢印作▢（徵9.1），馬王堆帛書或作▢（《老子》甲後），構形从"頁"、从"產"，爲異體字。

2. 面，▢（花東53），▢（花東113），▢（花東226），甲骨文；▢

（“珤”字所從，師遽彝），金文；（清華《食禮》），（清華《食禮》），

（清華《治政》），（包山牘），（上博《容成》），（清華《筮法》），

（郭店《唐虞》），（郭店《尊德》），楚簡；（雲夢《答問》），（雲

夢《日書》甲），（北大《算》丙），（北大《算》丙），秦簡。指事字。《説

文》：“面，顔前也。從百，象人面形。”以“顔前”訓“面”，不難看出“顔”“面”

二字的同源關係。

　　“面”字構形，甲骨文從“頁”，或從“百（首）”，以曲筆指示面部。金文、楚

簡從“首”，構形同。楚簡或以“臼”代曲筆，也可視爲繁構。秦簡繼承金文構形，爲

《説文》篆文作、馬王堆帛書作（《老子》乙前）、武威漢簡作（《儀

禮》）所本。馬王堆帛書或作（《老子》乙前），武威漢簡或作（《儀禮》），石

經作（熹平石經《周易》），所從“百”訛似“目”。

　　3. 夏，（伯夏父鼎），（伯夏父鬲），（仲夏父鬲），（秦公簋），

（莒平鐘），（逨邥鐘），（叔尸鐘），（邿伯鼎），（邿伯鼎），

（鄂君啓舟節），（鄂君啓車節），（私庫泡飾），（夏官鼎），金文；

（彙 3990），（彙 2723），（彙 3989），（彙 2724），（彙 3988），

（彙 15），（彙 3643），（彙 3444），（秦風 192），古璽；（秦公

石磬），刻石；（上博《詩論》），（郭店《緇衣》），（清華《尹至》），

（上博《緇衣》），[字形]（清華《繫年》），[字形]（清華《四時》），[字形]（清華《厚父》），[字形]（清華《筮法》），[字形]（新蔡零 200），[字形]（新蔡零 306），楚簡；[字形]（雲夢《秦律》），[字形]（雲夢《日書》乙），[字形]（雲夢《答問》），[字形]（雲夢《日書》甲），[字形]（北大《道里》），秦簡。會意字。《説文》："夏，中國之人也。从夊，从頁，从臼。臼，兩手；夊，兩足也。"徐灝箋："夏時夷、狄始入中國，因謂中國人爲夏人，沿舊稱也。""夏"最初爲中原古部族名，也是中國歷史上第一个建立的中央政權國家，《説文》是以"中國之人"義解説用來區分周邊其他民族。

"夏"字構形，金文从"日"、从"頁"會意，似會夏天人在太陽下感覺天熱，本義指夏天，借爲部族名，隸定作"㬎"。後世雖有"㬎"字，見《玉篇》"㬎，明"，但兩者未必是古今字關係。金文構形或於"頁"下增"止"，後漸分離成獨立偏旁，楚簡沿襲，或加飾筆，隸定作"顕"或"顕"。古璽"止"旁或訛作"又"。秦簡構形承春秋秦金文、石刻（或有省變），爲《説文》篆文作[字形]，馬王堆帛書作[字形]（《老子》甲後）、[字形]（《縱橫》），銀雀山漢簡作[字形]（《孫子》）所本。漢簡省形作[字形]（西陲 51.18）、[字形]（武威《儀禮》），石經作[字形]（熹平石經《春秋》），構形从"百"、从"夊"，遂成後來楷書固定寫法。

楚簡"夏"字異構較多，或作[字形]（郭店《成之》）、[字形]（包山 224）、[字形]（包山 225）、[字形]（新蔡甲三 209），省"止"，隸定作"㬎"；或作[字形]（清華《四時》）、[字形]（新蔡甲三 243）、[字形]（清華《四告》）、[字形]（清華《湯丘》）、[字形]（清華《湯丘》）、[字形]（包山 115），"㬎"下增"虫"，隸定作"顕"；或作[字形]（新蔡乙一

18)、　　（新蔡乙一 19），改"虫"旁爲同義偏旁"它"，隸定作"顕"；或省"頁"

作　　（郭店《緇衣》）、　　（郭店《唐虞》），添飾筆作　　（清華《湯丘》）、　　

（清華《不韋》）、　　（清華《不韋》），隸定作"昆"；或作　　（上博《民之》）、

　　（上博《民之》），隸定作"昰"；或作　　（清華《湯丘》），用作"夏朝"之夏的

專用字，隸定作"郢"。這些"夏"字異體，在秦統一文字後皆遭淘汰。

　　附及，甲骨文有字作　　（合 27722）、　　（英 2367）、　　（英 2354）、　　（合

31613），構形从"日"、从"見"會意，隸定作"晛"，用作貞人名。學者或釋爲

"夏"，待考。

　　4. 縣，　　（合 3286），　　（合 18072），　　（合 18073），　　（合 18918），　　（合補

10335），　　（屯 857），　　（合 13619），　　（花東 63），　　（花東 195），甲骨文；

　　（縣改簋），　　（邵鸞鐘），　　（仲義君匜），金文；　　（封全），　　（璽考 46），

古璽；　　（安大《詩經》），　　（安大《詩經》），　　（安大《詩經》），

（上博《建州》甲），　　（上博《建州》乙），　　（曾侯），　　（包山 227），楚簡；

　　（雲夢《效律》），　　（里耶 J1⑨7），　　（嶽麓叁 135），　　（里耶 8-2492），

秦簡。象形字。《說文》："縣，繫也。从系持県。""県"即倒寫的"首"字，《說文》：

"県，到首也。賈侍中說，此斷首到縣県字。""縣"字本義指縣（懸）首，引申爲

懸挂。

　　"縣"字構形，甲骨文从"土"上樹"木"架繫"首"，象懸挂首級。金文从

"木"、從"系"持"首"，楚簡同。秦簡移"木"旁於"首"下，爲馬王堆帛書作

[字形]（《春秋》），銀雀山漢簡作[字形]所本。《説文》篆文作[字形]，則省去"木"旁，

"首"倒寫作"県"。漢簡作[字形]（甘谷），漢碑作[字形]（曹全碑），仍不難看出從

"木"之形。

5. 頮，[字形]（者汈鐘），金文；[字形]（侯馬），[字形]（侯馬），[字形]（侯馬），盟書。

會意兼形聲字。《説文》："頮，内頭水中也。從頁、叟，叟亦聲。"王筠《句讀》："按

頮與没皆叟之分別文也，今專用没。"會人頭潛入水中意，後世專用"没"。

"頮"字構形，金文、盟書從"頁"、從"叟"，《説文》篆文作[字形]，構形相同。

"頮"字所從之[字形]象水的旋涡紋；而[字形]即"叟"字，楚簡作[字形]（郭店《唐虞》）、

[字形]（上博《鬼神》）、[字形]（上博《曹沫》）、[字形]（上博《三德》）、[字形]（清華《治

政》）、[字形]（清華《廼命》），用同"没"，訓作"死"或"没有"義。"没"字楚簡作

[字形]（清華《祭公》）、[字形]（清華《四時》），秦簡作[字形]（雲夢《秦律》），其也可

以視作"頮"字異體。後世"没"行而"頮"廢。

6. 須，[字形]（合816），[字形]（合588），[字形]（合17931），[字形]（合675），[字形]（合

35302），甲骨文；[字形]（伥叔盨），[字形]（讖季盨），[字形]（鄭義伯盨），[字形]（周頜盨），

[字形]（易叔盨）[字形]（劃叔盨），[字形]（須孟生鼎），[字形]（伯多父盨），金文；[字形]（上博

《三德》），[字形]（上博《王居》），[字形]（清華《良臣》），[字形]（清華《禱辭》），[字形]（清

華《禱辭》），[字形]（清華《五紀》），[字形]（清華《食禮》），楚簡；[字形]（北大《泰原》），

（雲夢《日書》甲），（雲夢《爲吏》），（里耶 8－204），秦簡。象形字。《説文》："須，面毛也。从頁，从彡。"朱駿聲《定聲》："《禮記·禮運》疏引《説文》：'須，謂頤下之毛。'象形。按頤下曰須，口上曰髭，頰旁曰髯。俗字作鬚。""須"字本義指鬍鬚。

"須"字構形，甲骨文象人的臉旁長着鬍鬚；金文从"頁"，旁連"彡"（鬍鬚象形）。楚簡、秦簡構形，"彡"與"頁"或相連、或脱離，爲馬王堆帛書作（《老子》乙前）、（《縱横》）所本。《説文》篆文作，武威漢簡作（《儀禮》），"彡"與"頁"完全脱離。漢簡或作（《流沙》補遺），从"頁"从"髟"，爲繁構，後即演變爲所謂的俗字"鬚"。

附及，从"須"的"頿"字，甲骨文作（合 27740）、（合 27742），晚商金文（族氏銘文）作（髭觚）、（髭鼎），象形字。構形與"須"的區别一爲側面人形，一爲正面人形。二字實爲同源。裘錫圭指出，"頿"字初文从"大"，象口上有毛，西周金文作（盂鼎），加"此"聲，遂成形聲字（《讀〈安陽新出土的牛胛骨及其刻辭〉》）。《説文》："頿，口上須也。从須，此聲。"《説文》篆文作。又，漢簡"髭"字作（《流沙》補遺），从"髟"、从"此"聲，爲"頿"字異體。可見"須""髟"作爲同義偏旁，也可以互换。

7. 頪，（合 36754），甲骨文；（頪甗），（录盨），（叔尸鎛），金文；（清華《不韋》），（郭店《性自》），（上博《鬼神》），（望山

M1)，[字形]（上博《容成》），[字形]（郭店《六德》），[字形]（上博《用曰》），[字形]（上博《李頌》），楚簡。會意字。《説文》："頪，難曉也。从頁、米。一曰鮮白皃，从粉省。"段玉裁注："謂相似難分別也。頪、類古今字。"相似爲本義，不明、難曉爲引申義。

"頪"字構形，甲骨文、金文从"頁"、从"米"，楚簡相同。《説文》篆文作[字形]，沒有變化。

又《説文》："類，種類相似。唯犬爲甚。从犬，頪聲。"將"頪""類"分列二字，段玉裁已指出其爲古今字。從楚簡"頪"字的用法看，段説甚是。"類"字目前最早見秦文字，秦印作[字形]（秦風94），秦簡作[字形]（雲夢《封診》）、[字形]（雲夢《封診》）、[字形]（嶽麓叁152）、[字形]（北大《隱書》）、[字形]（里耶8-1584），亦見馬王堆帛書作[字形]（《老子》乙前）、[字形]（《相馬》），《説文》篆文作[字形]，構形从"頪"、从"犬"。從時代脉絡和文字演變發展情況看，"類"字正好承接其古體"頪"字，應是秦漢之際出現的"頪"字繁構。

○一五 身部

  《説文》：“身，躬也。象人之身，从人，厂聲。”分析構形有誤。“身”字構形，甲骨文作👉（合 13713）、👉（合 17978）、👉（合 6477）、👉（合補 6275）、👉（合 13666）、👉（合 822），金文作👉（叔趯父卣）、👉（班簋）、👉（楷伯簋）、👉（瘨鐘）、👉（猷簋）、👉（邾公華鐘）、👉（公子土斧壺）、👉（中山王鼎），盟書作👉（侯馬）、👉（侯馬），古璽作👉（彙 2700）、👉（彙 2366）、👉（彙 2702）、👉（彙 4642）、👉（彙 3369）、👉（彙 3463）、👉（秦風 250）、👉（湖南 106），楚簡作👉（安大《仲尼》）、👉（清華《治政》）、👉（上博《君子》）、👉（清華《廼命》）、👉（清華《四告》）、👉（清華《保訓》）、👉（郭店《老子》甲）、👉（清華《湯丘》）、👉（清華《程寤》）、👉（安大《曹沫》）、👉（安大《詩經》）、👉（清華《四告》）、👉（清華《畏天》），秦簡作👉（嶽麓《爲吏》）、

身（北大《祓除》）、身（雲夢《封診》）。象形字。本義指婦人懷孕，《詩·大雅·大明》："大任有身，生此文王。"毛亨傳："身，重也。"鄭玄箋："重，謂懷孕也。"引申爲身軀、自身、親自。

"身"字構形，甲骨文象婦人有孕隆其腹。西周金文始於人形下部增一横畫飾筆，爲春秋戰國文字沿襲，秦簡改成撇筆，爲《説文》篆作身、漢印作身（徵 8.13），馬王堆帛書作身（《老子》甲），漢碑作身（曹全碑）所本。

又，《説文》："身，歸也。從反身。"認爲"身"爲反寫的"身"字，從古文字看甚是。古文字"身""身"本爲一字。"身"字古文字或作右向構形，如上引甲骨文《合》6477、13713 及金文叔趯父卣之例，直到春秋戰國文字仍見之，如盟書及古璽之例。《説文》篆文作身，仍不難看出其構形來源於"身"字反寫。但《説文》訓"身"字爲"歸"義，不知何據，文獻也未見其單用之例。而且"身"作爲部首單列，其下所收也只有"殷"一字而已。

另外，值得注意的是，楚簡"身"字已出現行草體，寫作手（九 A38）、身（九 A37）、身（上博《昭王》）、身（清華《祭公》）、身（清華《筮法》）、身（上博《鮑叔牙》），甚至作身（清華《五紀》）、身（清華《五紀》）、身（清華《五紀》），這爲書法史研究提供了嶄新材料。

1. 躬，身（徐䣄尹鼎），身（徐䣄尹鼎），身（建躬君鉌），身（八年相邦鉌），金文；身（侯馬），盟書；身（彙 2683），身（彙 2681），身（彙 5195），身（彙 5192），古璽；身（上博《周易》），身（新蔡甲一9），身（清華《五

紀》），【圖】（清華《筮法》），【圖】（包山 226），【圖】（上博《蘭賦》），【圖】（上博

《姑成》），【圖】（清華《五紀》），楚簡。形聲字。《說文》："躳，身也。从身，从呂。

【圖】，躳或从弓。"《說文》"躳""身"互訓，義亦爲身體、自身、親身。

"躳"字始見春秋金文，構形从身、从"呂"（即"宮"字所从聲符）聲。古璽無

變化，楚簡"呂"旁或省作單"口"。秦泰山刻石作【圖】，"呂"訛成"吕"，爲《說

文》篆文作【圖】所本；馬王堆帛書作【圖】（《縱橫》），"呂"則訛成"邑"。《說文》篆

文或體作【圖】，亦見石經作【圖】（熹平石經《周易》）、漢碑作【圖】（華嶽廟碑陰）。

寫作"躬"是漢代始出現的異體。

戰國文字"躳"字或通假爲"信"，《戰國策·趙策》所記悼襄王時曾任相邦之職

的建信君，兵器銘文作"建躳君"；黃賓虹在考釋古璽"中躳"印文時也曾指出："假

'躳'爲'身'，身、信音同。"（《黃賓虹古璽印釋文選》）

2. 殷，【圖】（乙 4046），【圖】（合 17979），【圖】（合 17979），【圖】（合 15733），甲骨

文；【圖】（保卣），【圖】（𪆫卣），【圖】（盂鼎），【圖】（傅卣），【圖】（史牆盤），【圖】（殷穀

盤），【圖】（格伯簋），【圖】（禹鼎），【圖】（宋公欒匜），【圖】（五年邢令戟），金文；【圖】

（彙 3128），【圖】（秦風 98），【圖】（秦風 73），古璽；【圖】（清華《四告》），【圖】

（清華《四告》），【圖】（清華《四告》），【圖】（清華《四告》），【圖】（清華《封許》），

【圖】（清華《封許》），【圖】（清華《繫年》），楚簡。會意字。《說文》："殷，作樂之

盛稱殷。从月，从殳。《易》曰：'殷薦之上帝。'"說解不確。于思泊師指出："甲骨

文殷字从身从攴，象人患腹疾用按摩器以治療之，它和作樂舞干戚之形毫不相涉”，“典籍中往往訓殷爲盛爲衆，又往往訓殷爲痛爲憂，則均由疾病旺盛之義引申而来。”（《甲骨文字釋林》）

“殷”字構形，甲骨文从“身”、从“攴”或“殳”會意。金文“攴”旁類化爲“殳”，爲戰國文字沿襲，但“身”旁構形訛同“户”，楚簡尤甚，且从“攴”、从“殳”二形并存。秦文字（秦印）从“殳”，爲《説文》篆文作殷，漢印作（徵8.13），馬王堆帛書作（《天文》），石經作殷（熹平石經《論語》）所本。

另外，楚簡“殷”字或增“邑”作（清華《説命》上）、（上博《鮑叔牙》）、（清華《繫年》），爲國名專用字；或增“土”作（上博《曹沫》）、（清華《祭公》）、（清華《繫年》），皆爲異體。

由於楚簡的“户”字（旁）作（清華《筮法》），與“月”旁構形相似易混，而楚簡中“殷”字所从“殳”旁或从“攴”作，加之楚簡“啓”字除作（郭店《老子》乙）、（清華《繫年》）外，或作（清華《金縢》）、（清華《説命》中），省“口”。這種省體與“殷”字寫法完全相同，造成另一種情況的一形兩字現象。

○一六 疒部

《説文》:"疒,倚也。人有疾病,象倚箸之形。""疒"即"疾"之本字,甲骨文作 (合 21045)、(合 709)、(合 13633)、(合 7537)、(合 137)、(合 14643)、(合 440)、(合 20975),象人生病躺在牀上。構形從"人"、從"爿"會意。"爿"即竪置(寫)之"牀"字初文;"人"旁或加小點,或以爲表示人生病時出盜汗之狀。商末周初金文(族氏銘文)作 (疒父乙卣),構形相同。西周以降,"疒"字已作爲部首流行,除盟書作 (侯馬)、(侯馬)、(侯馬)、(侯馬)外,再未見以單字形式出現。《説文》篆文作 ,"人"旁與"爿"旁借筆相重叠。

由於作爲部首的"疒",本是"人""爿"兩個偏旁組合而成,因此古文字構形中"疒"旁或被省寫爲"爿"旁,當然也不排除有書手訛誤造成的原因。這種"疒"旁省形情況在戰國文字中較多見,但因此也會造成在釋讀上的誤解。

另外,戰國文字構形中,"疒"旁也有省寫作"广"者,這是書手致誤所造成,并非是真正的省形。

1. 疾，⿰（洪趙卜骨），甲骨文；⿰（否叔卣），⿰（鄧尹疾鼎），⿰（咎奴令戈），⿰（上官鼎），⿰（安平守鈹），金文；⿰（彙 2153），⿰（彙 856），⿰（彙 4125），⿰（彙 1481），⿰（珍秦 130），⿰（秦風 51），古璽；⿰（録 4.167.6），⿰（陶 4.5），⿰（陶 3.556），陶文；⿰（包山 220），⿰（清華《保訓》），⿰（清華《四告》），⿰（上博《平王》），⿰（包山 247），⿰（清華《湯丘》），⿰（上博《内豊》），⿰（清華《筮法》），⿰（清華《四時》），⿰（新蔡甲一 13），⿰（清華《禱辭》），⿰（安大《曹沫》），楚簡；⿰（雲夢《日書》乙），⿰（北大《醫方》），秦簡。會意兼形聲字。《説文》：“疾，病也。从疒，矢聲。躾，古文疾。䕏，籀文疾。”本義爲疾病，疾速是其引申義。

“疾”字最早見山西洪趙出土的周初甲骨文，構形是在“疾”之初文“疒”上加“矢”會意，强調是受外傷（中箭矢）致病，爲西周金文和春秋戰國文字承襲。古璽或增“口”飾，楚簡“疒”旁左側或加飾筆，且與秦簡上部或增短横飾，爲馬王堆帛書作⿰（《老子》乙前）、⿰（《縱横》），銀雀山漢簡作⿰（《孫臏》），漢碑作⿰（尹宙碑）所本。《説文》篆文作⿰，源自秦泰山刻石作⿰；古文作⿰，源於楚簡；至於籀文作⿰，構形从“智”，則不見古文字，未知《説文》何據。

楚簡“疾”字或作⿰（上博《競公》），增“口”飾；或作⿰（清華《赤鵠》），亦見古璽作⿰（彙 3726），增“心”旁，皆爲繁構。楚簡或作⿰（包山

236），所從“爿”爲“疒”旁省訛。

此外，“疾”字異體，甲骨文作 （乙 383）、（合 21054）、（合 21052），亦見西周晚期金文作 （毛公鼎），構形從“大”、從“矢”，會人中箭致病意。後世未再見之。

甲骨文另有字作 （合 13671）、（合 13792），亦見商末周初金文作 （瘖父乙卣），象婦人懷孕臥牀，隸定作“瘖”，或以爲是“疾”字異體。

2. 疫，（合 462）、（合 3942）、（合 275）、（屯 341）、（合 32875）、（合 11006）、（合 32873）、（合 13362），甲骨文；（疫爵）、（疫父乙尊）、（疫簋）、（卩疫尊），金文；（彙 1172）、（彙 1023）、（彙 599），古璽；（陶 3.809），陶文；會意字。《説文》：“疫，顫也。從疒，又聲。”

“疫”字構形，甲骨文及晚商金文（族氏銘文）從“疒”、從“又”，會人身體有病臥牀，以手撫之。《説文》以爲形聲字，訓“顫”當爲後起引申義。

另外，由於從商代甲骨文、金文演變到戰國文字之間，目前出土材料尚有缺環，因此有學者將上引戰國文字的“疫”字或釋爲“疳”。

3. 病，（秦駰玉版），刻石；（彙 2039）、（彙 2348），古璽；（清華《保訓》）、（清華《筮法》），楚簡；（雲夢《答問》）、（雲夢《日書》乙）、（嶽麓《質》二 17）、（里耶 8-1811），秦簡。形聲字。《説文》：“病，疾加也。從疒，丙聲。”

　　“病”字最早見戰國文字，構形從“疒”、從“丙”聲，古璽或增“口”飾；楚簡除增“口”飾外或增“心”旁，皆爲繁構。秦文字仍保持原構形，爲《説文》篆文作 [病字篆形]，汝陰侯墓出土栻盤作 [病字形]，馬王堆帛書作 [病字] （《老子》甲）、 [病字] （《事語》）所本。

　　“病”字異體，古璽作 [字形] （彙795）、 [字形] （彙2283）、 [字形] （珍戰76）；楚簡作 [字形] （上博《柬大王》）、 [字形] （包山243）、 [字形] （包山152）、 [字形] （清華《治政》），構形從“疒”、從“方”聲；或作 [字形] （上博《三德》），增“心”爲繁構；或作 [字形] （郭店《老子》甲）、 [字形] （包山247）、 [字形] （包山158），將“疒”訛省爲從“爿”；楚簡更有寫作 [字形] （上博《詩論》）、 [字形] （上博《志書》），構形改爲從“心”、從“方”聲，隸定作“忐”，形、聲旁皆換，簡直是匪夷所思。秦統一文字後，這些從“方”的“病”字異體皆遭淘汰。

　　4. 瘳， [字形] （合13861），甲骨文； [字形] （付余令戈），金文； [字形] （彙2645）、 [字形] （十鐘）、 [字形] （上博35）、 [字形] （珍秦203），古璽； [字形] （秦駰玉版），刻石； [字形] （清華《祭公》）、 [字形] （清華《赤鵠》）、 [字形] （包山10）、 [字形] （新蔡甲一9），楚簡； [字形] （雲夢《日書》乙）、 [字形] （里耶8-1361），秦簡。形聲字。《説文》：“瘳，疾瘉也。從疒，翏聲。”

　　“瘳”字構形，甲骨文“翏”旁省作“羽”，這種省形亦見戰國文字，金文、古璽及楚簡再於“羽”下增兩橫筆（可視爲省略符號）。秦文字不省，爲《説文》篆文作 [字形] 、馬王堆帛書作 [字形] （《老子》乙前）所本。

○一七　冎部

《説文》："冎，剔人肉置其骨也。象形，頭隆骨也。""冎"字構形，甲骨文作 （合6597）、（合13885）、（合13921）、（合795）、（合4855）、（合13891）、（合1393）、（合3518）、（合35200），本象牛的肩胛骨，省形綫條化作 （合3236）、（合32770）、（屯912）、（合18837），晚商金文作 （父冎罍），《説文》篆文作 ，尚存初形。

甲骨文"冎"字除作偏旁外，主要借用作占卜時視兆判斷"吉凶灾禍"之禍字，故常於"冎"中加"卜"字作 （合21019）、（合16478）、（合122）、（合21305）、（花東349）。傳世文獻未見單獨用的"冎"字。

又，《説文·口部》有"咼"字，謂："口戾不正也。从口，冎聲。"從古文字分析，實爲"冎"之孳乳字。如甲骨文"歐"字作 （合18015）例。尤其是"過"字金文作 （過伯簋）、（過伯爵），楚簡作 （郭店《語叢》三）、（郭店

《語叢》三），秦簡作 ![字形]（雲夢《效律》）、![字形]（里耶 8-702），是其證。獨體 "冎"

字最早見戰國文字，作 ![字形]（璽 3009），秦簡 ![字形]（雲夢《日書》甲），作爲偏旁，隸

變後或寫作 "呂"。

1. 刐，![字形]（乙 768），![字形]（合 17230），甲骨文；![字形]（秦風 212），古璽；![字形]

（雲夢《答問》），![字形]（里耶 8-1047），![字形]（雲夢《秦律》），秦簡。會意字。《説

文》："刐，分解也。从冎，从刀。" 段玉裁注："分別、離別皆是也……冎者，分解之

兒；刀者，所以分解也。" 本義爲以刀分解骨肉，引申爲分別。 "刐" 字今楷寫作

"別"。

"刐" 字構形，甲骨文从 "冎"、从 "刀" 會意，兩周金文及戰國文字有缺環。秦

文字無變化，爲《説文》篆文作 ![字形]，漢印作 ![字形]（徵 4.12），馬王堆帛書作 ![字形]（《老

子》甲後）、![字形]（《老子》乙前）所本。漢簡作 ![字形]（居延甲 346）、![字形]（武

威《儀禮》），漢碑作 ![字形]（三公山碑）， "冎" 旁上部漸訛从 "口" 形、下部訛似

"力"，遂爲今字寫作 "別" 所本。此外， "刐" 字或增 "口" 飾作 "剮"，成異體，

《玉篇》："剮，剔肉值（置）骨也。"

2. 骨，![字形]（彙 3432），![字形]（程訓義 1-3），![字形]（彙 1672），古璽；![字形]（清華《五

紀》），![字形]（清華《五紀》），![字形]（郭店《老子》甲），![字形]（上博《昭王》），![字形]（仰

天湖），![字形]（清華《不韋》），楚簡；![字形]（雲夢《封診》），![字形]（雲夢《日書》乙），

![字形]（里耶 8-882），秦簡。形聲字《説文》："骨，肉之覈也。从冎有肉。" 分析構形

有誤。

　　"骨"字甲骨文初文作"冎"，戰國文字始見於"冎"下加"肉"旁的構形，二字實爲一字分化。秦簡無變化，爲《説文》篆文作 ，馬王堆帛書作 （《老子》甲）、（《縱橫》），武威漢簡作 （醫簡）所本。

　　3. 體，（郭店《緇衣》），（清華《赤鵠》），（上博《王居》），（清華《湯丘》），（新蔡甲三 189），楚簡。形聲字。《説文》："體，總十二屬也。從骨，豊聲。"所謂"十二屬"，許慎未詳説，段玉裁注："今以人體及許書覈之。首之屬三：曰頂、曰面、曰頤。身之屬三：曰肩、曰脊、曰尻。手之屬三：曰厷、曰臂、曰手。足之屬三：曰股、曰脛、曰足。"解説巧妙，雖未必合《説文》本意，但或可備一説。

　　"體"字始見戰國文字，楚簡構形從"骨"，或叠增骨旁，從"豊"聲。《説文》篆文作 ，爲正體，本自秦泰山刻石作 ，漢碑作 （尹宙碑），石經作 （熹平石經《周易》），構形無變化。

　　"體"字異構較多，或從"身"作"軆"，見戰國金文作 （中山王壺），爲漢印作 （徵 4.00），漢簡作 （《流沙》簡牘 5.22），漢碑作 （張遷碑）所本；或從"肉"作"膿"，見楚簡作 （郭店《窮達》）、（上博《民之》）、（上博《民之》），秦簡作 （雲夢《日書》乙）、（雲夢《爲吏》），爲馬王堆帛書作 （《老子》乙前）、（《縱橫》），銀雀山漢簡作 （《孫臏》）所本；或从"人"作"僼"，見楚簡作（上博《緇衣》）、（上博《緇衣》）。因"骨""肉""身"皆與"人"之身體有關係，故"體""膿""僼"字與"體"字爲同義偏旁互換，聲同，屬異體字。

○一八 歺部

《説文》：“歺，剐骨之殘也。从半冎。”“歺”字構形，甲骨文作 （合 22135）、（合 22247）、（合 22134）、（合 18805）、（合 27721）、（屯 2219）、（合 6589）、（合 14315）、（合 21435），象殘骨，或於骨旁加小點表示骨朽粉狀。《説文》以爲象殘骨之形，故以“半冎”述之，但也有學者認爲許説造字本義不可信。從西周金文開始，“歺”字無單用，皆作爲偏旁出現。《説文》篆文作 ，構形仍上承甲骨文、西周金文及秦文字，但戰國文字有所變化。

1. 死，（合 17059），（合 17060），（合 21306），（屯 100），（花東 3），（花東 110），（花東 21），（合 20051），（合 1165），甲骨文；（盂鼎），（令簋），（卯簋），（頌簋），（毛公鼎），（伯寛父盤），（哀成叔鼎），（中山王鼎），金文；（行氣玉銘），刻石；（清華《祝辭》），（清華《四告》），（清華《司歲》），（上博《姑成》），▨（郭店《窮達》），▨（清華《筮法》），▨（清華《湯丘》），▨（清華《命訓》），▨、（上博《競公》），▨（安大《仲尼》），楚簡；▨（雲夢《雜抄》），▨（雲夢《日書》乙），▨（嶽麓叄132），▨（北大《泰原》），▨（龍崗），秦簡。會意字。《説文》："死，澌也，人所離也。从歺，从人。……▨，古文死如此。"本義爲人生命結束。

"死"字構形，甲骨文从"卩"、从"歺"，象人跪對殘骨，意即人死後身體腐朽成白骨。"卩"旁或改作"女"，或改作"人"，爲義近形旁互作。以"人"對"歺"會意的結構，爲兩周金文和戰國文字所繼承。秦簡無變化，秦泰山刻石作▨，爲《説文》篆文作▨，馬王堆帛書作▨（《事語》）所本。漢簡作▨（定縣），石經作▨（熹平石經《公羊》），"人"旁已訛作"匕"。

《説文》"死"字古文作▨，源於戰國文字，見金文作▨（兆域圖），以及楚簡作▨（郭店《忠信》）、▨（望山 M1）、▨（上博《緇衣》），構形是將"人"旁書於"歺"下。楚簡或作▨（清華《四告》）、▨（清華《四告》），"歺"旁更作省形。

2. 枯，▨（𡟤盗壺），金文；▨（清華《成人》），▨（清華《治政》），▨（清華《筮法》），▨（包山217），▨（包山248），楚簡；▨（北大《九策》），秦簡。形聲字。《説文》："枯，枯也。从歺，古聲。"由人死成殘骨義引申爲枯乾。

"枯"字目前始見戰國文字，楚簡構形从"歺"、从"古"聲，秦簡同，爲《説文》篆文作 所本，望都漢墓出土買地券作 ，沒有變化。需要指出的是，金文及楚簡後一例爲繁構，即形旁從 "歹" 改爲從 "死"，隸定作 "骷"，爲《説文》 "辜"

字古文作 所本。

又《説文》： "辜，皋也。從辛，古聲。 ，古文辜，從死。" "辜" 字最早見秦詛楚文，作 （《巫咸》），楚簡作 （清華《繫年》），所從 "辛" 旁則改從義近偏旁 "皋"；秦簡作 （雲夢《日書》甲），爲《説文》篆文作 ，馬王堆帛書作

（《老子》乙前），漢碑作 （孟孝琚碑），石經作 （熹平殘石）所本。按《集韻》指出： "辜，《説文》： '皋也。' 古作骷。" 從古文字用法分析， "骷" "辜" 當爲異體字， "辜" 字有可能來源於秦文字。但《説文》則分 "骷" "辜" 爲二字，義訓也不同。

3. 殤， （清華《筮法》）， （包山 222）， （上博《容成》），

（包山 225），楚簡； （雲夢《日書》甲），秦簡。形聲字。《説文》： "殤，不成人也。人年十九至十六死爲長殤，十五至至十二死爲中殤，十一至至八歲死爲下殤。從歹，傷省聲。" 分析構形有誤。

"殤" 字目前最早見戰國文字，楚簡構形從 "歹"、從 "易" 聲，秦簡沒有變化，爲《説文》篆文作 ，武威漢簡作 （《儀禮》）所本。

○一九 肉部

　　《説文》："肉，胾肉。象形。""肉"字構形，甲骨文作 （合 18250）、（花東 490）、（合 21319）、（合 31012）、（合補 11458），象切成大塊的肉。肉形中空處或增飾筆，後成固定筆畫。金文尚未出現單字。楚簡作 （包山 255）、（清華《啻門》）、（上博《弟子》），没有變化。秦簡作 （雲夢《日書》乙）、（里耶 8-2524）、（關沮），爲《説文》篆文作 ，馬王堆帛書作 （《相馬》）、（《老子》甲後），漢簡作 （居延甲 2547）所本。武威漢簡或作 （《儀禮》），變化較大，但後世用作偏旁時，仍以前者爲主。

　　需要注意的是，甲骨文"月"字作 （合 21401）、（合 4611），與"肉"字形體不混，但在金文和戰國文字中，兩者形近易訛。尤其在楚簡中，"肉"字作 （清華《祝辭》）、"月"字作 （清華《筮法》），構形相似，加之因不同書手以及書寫

速度的快慢等原因，二字（尤其是作爲偏旁時）就容易相混。所以在戰國文字中爲了

使兩者明確區分，或在“肉”旁上側加一指示筆畫，如古璽“胳”字作 ![字形] （珍戰

102）、“腏”字作 ![字形] （彙3144）、“殉”字作 ![字形] （彙2144）、“肌”字作 ![字形] （璽考288）

之例；而“月”旁則在形體左邊加一指示筆畫，如古璽“肖（趙）”字作 ![字形] （0895）、

![字形] （彙1053），“明”字作 ![字形] （彙5609）之例。從中不難體會古人於文字設計時之巧

妙匠心。

　　1. 腹，![字形] （合5373），![字形] （合31759），![字形] （花東187），![字形] （花東240），![字形] （花

東241），甲骨文；![字形] （腹鼎），![字形] （史牆盤），金文；![字形] （彙1505），![字形] （彙

3174），![字形] （珍戰44），![字形] （彙3894），![字形] （珍戰30），古璽；![字形] （侯馬），![字形]

（侯馬），![字形] （侯馬），![字形] （侯馬），![字形] （侯馬），盟書；![字形] （包山236），![字形] （上

博《內豊》），![字形] （新蔡乙一31），![字形] （包山207），楚簡；![字形] （關沮），![字形] （里耶

8-1718），![字形] （雲夢《日書》甲），秦簡。形聲字。《説文》：“腹，厚也。從肉，复

聲。”本義指肚腹，與“背”相對，“厚”是引申義。

　　“腹”字構形，甲骨文從“身”、從“复”聲，或從“人”、從“复”省聲。因

“腹”是人身體前面的部位，所以甲骨文出現以“身”或“人”作爲形旁。西周金文

沿襲“人”旁構形。約在春秋戰國之際，“人”旁已改用義近偏旁“肉”，見盟書。盟

書和楚簡構形或增“口”飾，楚簡或增“止”，皆爲繁構。古璽則在局部處寫法有變

化。戰國文字出現的這些現象，至秦簡才漸趨一統，爲馬王堆帛書作 ![字形] （《老子》

甲）、![字形](《老子》乙），漢印作![字形]（徵 4.12）所本。但《説文》篆文作![字形]，漢

碑作![字形]（唐公房碑），"复"旁已出現訛變。

2. 膚，![字形]（引尊），![字形]（九年衛鼎），![字形]（玄膚戈），![字形]（兼陵公戈），金文；![字形]

（彙 5675），![字形]（彙 0656），古璽；![字形]（上博《魯邦》），![字形]（郭店《五行》），![字形]

（包山 84），![字形]（望山 M2），楚簡；![字形]（雲夢《雜抄》），![字形]（雲夢《雜抄》），秦簡。

形聲字。《説文》："臚，皮也。从肉，盧聲。![字形]，籀文臚。"《説文》將"膚"字視作

"臚"字籀文，其實後者是對前者聲旁作繁構。"膚"的本義指人體的表皮，也指樹皮，

典籍或用來指禽獸的肉。

"膚"字目前首見於西周金文，構形從"肉"、從"盧"省聲。楚簡所從"肉"旁

或加指示區別符號。秦簡没有變化，爲《説文》籀文作![字形]，馬王堆帛書作![字形]（《老

子》乙前），漢簡作![字形]（《定縣》），石經作![字形]（熹平石經《周易》）所本。《説文》

篆文作![字形]，漢印作![字形]（徵 4.12），聲旁作"盧"，這是漢代始見的新字形。

附帶指出，今日作爲"膚""臚"的簡化字"肤"，其實戰國文字已出現，見楚

簡，作![字形]（上博《周易》）、![字形]（上博《周易》）、![字形]（上博《周易》），用作

"膚"字異體。

3. 脊，![字形]（合 21892），甲骨文；![字形]（彙 2659），![字形]（彙 1730），![字形]（彙 5569），

![字形]（秦風 60），古璽；![字形]（帛書丙），楚簡；![字形]（雲夢《答問》），秦簡。《説

文》："脊，背吕也，从𡭔，从肉。"本指人或動物背部中間的骨肉，引申爲物體中間高

起的部分。

　　"脊"字構形，甲骨文从"肉"、从"朿"聲，爲戰國文字沿襲。從秦文字構形看，所从"朿"聲（旁）已寫作"㞢"，與"責"字所从"朿"聲（旁）演變爲"㞢"相一致。而"脊"字《説文》篆文作 ，是誤將類似秦簡構形的聲旁"朿"字視作"手"字（"乑"源自戰國文字"手"構形），以致將"脊"字列入"手"部。《説文》另有"膌"字，云："膌，瘦也。从肉，脊聲。，古文膌，从疒，从朿，朿亦聲。"所收古文作 ，隸定作"瘷"，字同"瘠"，源自楚簡作 （包山168）。其雖是《説文》"膌"字異體，但仍可作爲"脊"字从"朿"得聲的極好佐證。

　　附及，雲夢秦簡"脊"字因有詞例可以確證，但其構形易與"青"字相混。如新公布的北大漢簡《蒼頡》"脊背"的"脊"字作 ，以致整理者誤釋作"青"。其實武威漢簡早已見之，如"脊"作 （《儀禮》）、"膌"作 （《儀禮》）是其例。這種構形的"脊"字，在於書寫時快速而引成，馬王堆帛書作 （《縱橫》），亦可作參考。至於"膌"字異體"瘠"，漢碑作 （子游殘碑），實爲書手原因致訛，遂爲楷書所本。

　　4. 胃， （少虞劍），金文； （中山玉飾），刻石； （清華《啻門》）， （上博《民之》）， （清華《行稱》）， （清華《治政》，） （上博《志書》）， （包山121）， （包山89）， （清華《筮法》）， （郭店《魯穆》），楚簡； （雲夢《答問》）， （雲夢《日書》乙）， （關沮）， （北大《被除》），秦簡。象形兼會意字。《説文》："胃，穀府也。从肉，囪象形。"

"胃"字始見戰國文字，金文從"肉"、從"囝"，以"囝"象胃形。刻石及楚簡將"囝"中小點省去寫作"甶"，楚簡"肉"旁或加指示區別符號；或將"甶"寫作"囟"。秦簡則訛作"田"，爲馬王堆帛書作 （《老子》甲）、銀雀山漢簡作 （《孫臏》）、武威漢簡作 （《醫簡》）所本。《說文》篆文作 ，尚能保存原有構形。

楚簡"胃"字或作 （清華《成人》）、（清華《成人》），所從"囝"旁由"甶"或"囟"增一橫筆；或寫作 （清華《成人》）、（郭店《五行》）、（上博《詩論》）、（安大《仲尼》），再省豎筆訛作"目"，實皆由書手致誤而造成。

5. 胤，（傳鼎），（秦公簋），（秦公鐘），（晉公盨），（妭盜壺），金文；（上博《周易》），楚簡。會意字。《說文》："胤，子孫相承續也。從肉，從八，象其長也；從幺，象重累也。，古文胤。"造字本義不明，說解未必准確。

"胤"字構形，西周晚期金文有殘損，春秋金文從"肉"、從"幺""八"會意，爲《說文》篆文作 ，漢印作 （徵4.13），漢碑作 （范式本）所本；而其上部所從，戰國金文則爲"率"字初文，楚簡作"銜（衛）"，即"率"字繁體異構。結合古文字兩種構形的情況分析，"胤"字所從的"刷"，應該就是"銜"的省寫，而《說文》古文作 ，則源自楚簡"胤"字的形訛。也就是說，"胤"字初文構形本從"肉"、從"率"會意，作"胤"爲省形。

附及，《說文》："率，捕鳥畢也。象絲网。上下其竿柄也。"乃以小篆構形說解。造字本義不明。"率"字構形，甲骨文作 （合3327）、（合34185）、（合95）、

（合3854）、（屯4233），金文作（盂鼎），《説文》篆文作，是在前者

字形的基礎上於上、下部增加飾筆。金文或作（毛公鼎），隸定作“銜”，爲楚簡

作（清華《繫年》）、（清華《繫年》）沿襲；秦詛楚文作（《亞駝》），秦簡

作（雲夢《答問》）、（嶽麓《爲吏》），“幺”旁上、下增飾筆。值得指出的

是，這兩種構形的“率”字，以前有學者對其是否是“率”字有不同看法，但從詛楚

文云“銜者（諸）侯之兵以臨加我”句及清華簡《繫年》“銜自（師）”連言出現二

十余處、字義皆同“率”來看，“銜”“衛”實爲“率”字異體。

　　附帶指出，《説文》另有“達”字，謂：“達，先道也。從辵，率聲。”金文作

（小臣謎簋）、（戜簋）、（晉侯穌鐘）、（中山王鼎）；盟書作（侯

馬）、（侯馬）；楚簡作（郭店《六德》）、（包山194）、（上博

《周易》），字義皆同“率”。其構形是於“率”字增加表行動義旁的“辵”或“止”，

實際上爲“率”（“銜”“衛”）字繁構異體。宋人編著的傳抄古文《古文四聲韻》

“率”字下所收《義雲章》字形就是這種繁構。由此可見“達”“衛”“銜”同爲

“率”字異寫。

○二○　耳部

　　《説文》：“耳，主聽也。象形。”耳字構形，甲骨文作 🜨（合 13631）、🜨（合 13632）、🜨（合 28021）、🜨（合 13630）、🜨（英 2251）、🜨（懷 955），晚商金文（族氏銘文）作 🜨（耳方彝）、🜨（亞耳簋）、🜨（耳卣）、🜨（危耳卣），象人耳朵輪廓形。西周金文作 🜨（耳卣）、🜨（耳尊），春秋金文作 🜨（耳劍），古璽作 🜨（彙 3367）、🜨（彙 3515）、🜨（彙 2367）、🜨（彙 2952）、🜨（彙 2797）、🜨（秦風 137），楚簡作 🜨（清華《筮法》）、🜨（包山 34）、🜨（清華《楚居》）、🜨（清華《五紀》）、🜨（上博《凡物》甲）、🜨（郭店《語叢》一）、🜨（包山 265）。漸趨綫條化，楚簡作 🜨（郭店《唐虞》），秦簡作 🜨（雲夢《爲吏》）、🜨（雲夢《日書》乙），爲《説文》篆文作 🜨、漢印作 🜨（徵 12.00）、🜨（徵 12.00）、馬王堆帛書作 🜨（《老子》甲後）所本。

1. 聽，（合 5313），（合 19176），（合 20017），（合 5299），（合 19175），（合 8669），（合 19649），（合 10048），（合 14291），甲骨文；（辛巳簋），（太保簋），（王子㽙瓠），（洹子孟姜壺），（中山王鼎），金文；（彙 4511），（集粹 317），（彙考 282），（彙 1500），（彙 2603），（彙 3537），（彙 5580），古璽；（上博《緇衣》），（郭店《唐虞》），（清華《不韋》），（包山 20），（郭店《唐虞》），楚簡；（雲夢《答問》），（雲夢《爲吏》），（嶽麓叁 181），（里耶 J1⑨9），（雲夢《雜抄》），秦簡。《説文》：“聽，聆也。从耳、悳，壬聲。”本義爲耳朵接受聲音，引申爲服從、順從。

“聽”字構形，甲骨文从“耳”、从雙“口”會意，或省作單“口”，爲金文沿襲，隸定作“耵”，楚簡或存雙“口”構形。春秋時齊國金文（洹子孟姜壺）出現增“古”（“口”訛）、“壬”聲的構形；戰國燕璽則省“口”、存聲化的“壬”，隸定作“甼”；楚璽或从“丁”聲，隸定作“耵”，皆改爲形聲結構。秦簡於“甼”增義旁“悳”作“聽”，泰山刻石作，爲《説文》篆文作，漢印作（徵 12.6），銀雀山漢簡作（《孫臏》）所本。值得指出的是，馬王堆帛書“聽”字作（《老子》甲後）、（《老子》乙前），一从“心”，一省“壬”，皆爲異構。

2. 聖，（合 14295），（合 14295），（合 21712），（英 1802），甲骨文；

（師觀鼎），　（史牆盤），　（瘋鐘），　（克鼎），　（尹姞鼎），　（黏鎛），　（曾伯黍匜），　（曾姬無卹壺），　（中山王壺），金文；　（彙0778），　（彙2151），古璽；　（溫縣），盟書；　（上博《孔子》），　（郭店《唐虞》），　（郭店《老子》甲），　（清華《治政》），　（清華《治政》），　（上博《競建》），　（清華《湯丘》），　（清華《廼命》），　（郭店《語叢》一），　（上博《民之》），　（上博《踐阼》），楚簡；　（雲夢《爲吏》），　（雲夢《日書》乙），　（北大《算》甲），秦簡。會意字。《説文》："聖，通也。從耳，呈聲。"分析構形有誤。李孝定指出："聖之初誼爲聽覺官能之敏捷，故引申訓'通'；聖賢之義，又其引申也。"（《甲骨文字集釋》）

"聖"字構形，甲骨文是在"耵"下突出"人"形會意。古人認爲聖者善聽，所以"聖""耵（聽）"同源，也可以視作一字分化。西周金文以降，原聯"耳"的"人"於底部增橫畫，後又在竪筆中部加飾筆，遂成獨體的"壬"旁（這也是古文字演變規律之一，如"望"字本作　（折觥），後作　（保卣），下部由"人"漸演變爲"壬"，即其例），爲戰國文字沿襲，楚簡或保留甲骨文字構形。秦簡沒有變化，爲《説文》篆文作　，馬王堆帛書作　（《老子》甲），銀雀山漢簡作　（《孫臏》），漢碑作　（曹全碑）所本。

楚簡"聖"字或作　（郭店《唐虞》）、　（郭店《唐虞》），贅增"口"飾；或作　（清華《三壽》）、　（清華《三壽》），叠加義旁"心"，古人認爲"聖"是内心品質的體現，故增“心”旁；或作 ，贅增“丁”聲（古音“舌上讀舌頭”，“聖”是舌上音）。這些“聖”字異構在秦統一文字後，皆屬淘汰之列。

3. 聞，![字形](合 5004)，![字形](合 17145)，![字形](合 19173)，![字形](合 1318)，![字形](合 18078)，![字形](合 1075)，![字形](合 20119)，![字形](合 7126)，![字形](合 6070)，甲骨文；，，，，，，，，，金文；![字形](彙 649)，![字形](彙 30)，![字形](彙 3975)，![字形](彙 1073)，古璽；，，，，，，，，楚簡；，，，![字形](嶽麓叄 215)，![字形](里耶 8-1363)，![字形](里耶 J1⑯6)，秦簡。形聲字。《説文》：“聞，知聞也。从耳，門聲。![字形]，古文从昏。”

“聞”字構形，甲骨文象人跪坐、以手捂耳傾聽外聲之形。西周金文“人”“耳”分離，“人”之上部加髮形，或訛爲飾筆，春秋金文似成“尔”形，或於“人”之下部贅增倒寫的“止”旁“夂”。戰國文字除保留西周金文構形外，始改爲“从耳、昏聲”的形聲結構，由象形兼會意字演變爲形聲字，主要見於楚文字，隸定作“聉”，爲《説文》古文作 ![字形] 所本；其他國家文字或作“聞”，改爲“从耳，門聲”的形聲結構。“昏”與“門”古音相同（古無輕唇音），故可互作。秦文字構形作“聞”，爲

《説文》篆文作 ⿵ ，漢印作 ⿵ （徵 12.6），馬王堆帛書作 ⿵ （《老子》甲），石經
作 ⿵ （熹平石經《周易》）所本。

楚簡 "聞" 字或增飾筆作 ⿵ （上博《昔者》）；或作 ⿵ （上博《建州》乙）、
⿵ （上博《凡物》甲）、⿵ （上博《凡物》乙）、⿵ （上博《成王》），"昏" 字所
從的 "日" 旁加飾筆訛成 "田"（古文字構形訛變的常見規律之一）；或作 ⿵ （安大
《仲尼》）、⿵ （清華《繫年》）、⿵ （上博《顏淵》）、⿵ （上博《踐阼》），贅增
"宀" 旁，這是楚文字繁構形的常見現象。或上增 "尔" 形作 ⿵ （清華《筮法》）、
⿵ （清華《𬪩命》）；或作 ⿵ （清華《芮良夫》）、⿵ （清華《繫年》）、⿵ （望山
M1），再贅增 "宀" 旁。此外，楚簡中還保留齊文字 "聞" 字省體構形寫作 ⿵ （郭店
《五行》），也見魏三體石經作 ⿵ （《君奭》），及宋人著録的傳抄古文《汗簡》《古文四
聲韻》等書，這種 "耳" 上加訛似 "米" 的 "聞" 字構形，即省去 "人" 形、再於上
部 "尔" 增 "八" 形飾筆。這些構形皆爲繁構或異寫，秦統一文字以後皆遭淘汰。

因 "昏" 與 "門" 古音相同可通，故楚簡 "睧" 字除作爲 "聞" 字異體外，或讀
爲 "問"，爲通假關係。至於 "聞" 字有嗅義，則出現在後世。

4. 聲，⿵ （粹 1225），⿵ （屯 3551），⿵ （合 32926），⿵ （合 27632），⿵ （合
20082），⿵ （合 6016），⿵ （合 17158），⿵ （合 20082），⿵ （合 19401），甲骨文；
⿵ （集粹），⿵ （珍秦 117），秦印；⿵ （雲夢《答問》），⿵ （里耶 8-1363），

秦簡。會意字。《說文》：“聲，音也。从耳，殸聲。殸，籀文磬。”誤以爲形聲字。

　　“聲”字構形，甲骨文从“耳”、从“殳”擊“声”（“磬”之象形初文），會以擊磬時發出的聲音傳入耳中，或增“口”飾，或將磬形省成“石”且省去“殳”旁。兩周金文至戰國文字目前尚未見“聲”字，《說文》籀文作“殸”也暫未見。秦印、秦簡已成固定構形，爲《說文》篆文作 、馬王堆帛書作 （《老子》乙本前）、（《縱橫》），漢簡作 （定縣），石經作 （熹平石經《公羊》）所本。

　　此外，馬王堆帛書《老子》甲本“聲”字或作 、、、，構形訛變較多。

　　5. 聯，（花東 203），（花東 286），（花東 480），（合 32176），（合 32176），（花東 475），（合 32721），（合 4070），甲骨文；（聯子觶），（医聯鬲），（考母壺），（考母罍），（任鼎），金文；（彙 2389），（《秦風》83），古璽；（嶽麓《爲吏》），秦簡。會意字。《說文》：“聯，連也。从耳，耳連於頰也；从絲，絲連不絕也。”

　　“聯”字構形，甲骨文、晚商金文（族氏銘文）从“耳”、从“幺”（或省形）相接，會系聯、聯綴之意。因“幺”“糸”形和義皆相近，故西周金文改“幺”爲“糸”，“糸”旁或繁構作“絲”，爲《說文》篆文作 、漢印作 （徵 12.6）所本，《說文》并以“絲連不絕”解說形、義。由於西周金文“聯”字所从“絲”與“耳”字上之橫筆相接似“絲”，故秦文字直接改从“絲”，但未被《說文》沿用。

　　需要指出，戰國文字“聯”字構形或改爲从“耳”、从“茲”會意，“茲”亦聲（見古璽）。即改“絲”字爲“茲”字（不排除由“絲”省改），也可以看作是形聲字。

"茲"字構形作 ⿰⿱口丨⿱口丨 ，从二"幺"相"聯"會意，其作爲聲旁，最早見西周金文，如

"䜌"字作 ⿱⿰幺幺言 （兮甲盤，借爲"蠻"），《説文》用"䜌"作部首。但後世有些从

"䜌"的字，戰國文字中原本从"茲"。由於戰國文字"茲"字或作"絲"，會二糸相

連意，因此有學者認爲"茲"（"絲"）或即"聯"所從派生的一個字，也可能是

"聯"的初文（裘錫圭《戰國璽印文字考釋三篇》）。另外，楚簡有"聅"字，作 ⿰耳丱

（望山 M2）、 ⿰耳丨 （安大《詩經》）、 ⿰耳丨 （上博《命》）、 ⿰耳丱 （包山 265），或省作

⿰耳丨 （包山 72），亦見楚璽作 ⿰耳丨 （彙 5663），當也是"聯"字異構，乃楚系寫法。

○二一 目部

《説文》："目，人眼。象形。重童子也。……⊗，古文目。""目"字構形，甲骨文作 ▨（合 6194）、▨（合 21828）、▨（合 6946）、▨（合 21740）、▨（合 3201）、▨（合 4091），晚商金文（族氏銘文）作 ▨（目祖壬爵）、▨（目子示爵）、▨（目父癸爵），象人眼之形。金文"目"字或竪寫，作 ▨（目爵）、▨（目爵）、▨（屈子赤目匜），古璽作 ▨（彙 3135）、▨（秦風 135）、▨（彙 378），陶文作 ▨（陶 1.12）、▨（陶 3.557）、▨（録 4.172.6），楚簡作 ▨（郭店《五行》）、▨（上博《君人》甲）、▨（清華《四時》）、▨（清華《三壽》）、▨（清華《五紀》）、▨（清華《病方》）、▨（郭店《唐虞》），或作 ▨（郭店《五行》），贅增"宀"旁；秦簡作 ▨（雲夢《日書》乙）、▨（關沮），爲《説文》篆文作 ▨、馬王堆帛書作 ▨（《老子》

甲後）所本。《説文》古文作 ⬚ ，則源自戰國齊陶文作 ⬚ （陶 3.730）。

"目"字竪寫之後又分化出"臣"字，甲骨文作 ⬚ （合 20354）、⬚ （合 22374）、⬚ （合 34148）、⬚ （合 5568）、⬚ （合 615）、⬚ （合 217）、⬚ （合 5578），金文作 ⬚ （臣辰卣）、⬚ （井侯簋）、⬚ （師酉鼎）、⬚ （柞伯簋）、⬚ （令鼎）、⬚ （公臣鼎）、⬚ （毛公鼎）、⬚ （中山王鼎）、⬚ （妶盗壺），古璽作 ⬚ （彙 2601）、⬚ （彙 1222）、⬚ （彙 4119）、⬚ （珍秦 240），楚簡作 ⬚ （清華《皇門》）、⬚ （曾侯）、⬚ （上博《命》）、⬚ （郭店《緇衣》）、⬚ （清華《良夫》）、⬚ （郭店《老子》丙），秦簡作 ⬚ （雲夢《日書》乙）、⬚ （里耶 8-2210）。秦泰山刻石作 ⬚ 、嶧山碑作 ⬚ ，爲《説文》篆文作 ⬚ ，馬王堆帛書作 ⬚ （《老子》甲後），漢簡作 ⬚ （定縣）所本。

《説文》："臣，牽也，事君也。象屈服之形。""臣"字構形，郭沫若指出："（甲、金文）均象一竪目之形。人首俯則目竪，所以'象屈服之形'者，殆以此也。"（《甲骨文字研究》）古代"臣""妾"本指家内男、女奴僕，後來詞義發生變化，由服事主人到服從於帝王，"臣"字遂分化出官吏一義。"臣"與"目"構形爲同源却不同義。

1. 相，⬚ （合 18410），⬚ （合 18793），⬚ （合 36844），⬚ （合 5980），甲骨文；⬚ （相父乙卣），⬚ （作册旅尊），⬚ （相侯簋），⬚ （庚壺），⬚ （武襄君鈹），⬚ （中山王壺），⬚ （四年相邦戟），金文；⬚ （彙 164），⬚

（彙 262），（彙 4563），（彙 3210），（鑒印 22），（彙 94），（彙 3924），（珍秦 106），古璽；（包山 196），（新蔡乙四 134），（清華《四告》），（清華《治政》），（上博《吴命》），（清華《四時》），（清華《治政》），（清華《迺命》），（郭店《老子》甲），（上博《昔者》），（郭店《六德》，楚簡；（雲夢《答問》），（里耶 8-121），秦簡。會意字。《説文》：“相，省視也。从目，从木。《易》曰：‘地可觀者莫可觀於木。’《詩》曰：‘相鼠有皮。’”用眼睛觀察樹木是造字本義，引申爲察看一切事物。

“相”字構形，甲骨文、金文从“目”、从“木”會意，春秋金文始於“目”下或增橫筆作裝飾，爲戰國古璽、楚簡沿襲。秦簡則不加飾筆，秦兩詔橢量作，爲《説文》篆文作，馬王堆帛書作（《事語》），銀雀山漢簡作（《孫臏》），石經作（熹平石經《周易》）所本。

楚簡“相”字或作（郭店《窮達》）、（上博《陳公》）、（清華《啻門》）、（清華《迺命》），下增“又”。“相”是動作，故增義近表動義之“又”旁。

2. 眚、省，（合 11174），（合 9639），（合 5708），（合 9611），（合 5112），（屯 539），（合 22236），（合 29002），甲骨文；（小子省卣），（省觚），（戍甬簋），（天亡簋），（盂鼎），（臣卿

篋），⚇（舀鼎），⚇（需攸從鼎），⚇（散氏盤），⚇（中山王鼎），金文；⚇
（清華《筮法》），⚇（安大《詩經》），⚇（清華《四告》），⚇（郭店《語叢》
二），⚇（上博《昭王》），⚇（清華《皇門》），⚇（清華《保訓》），⚇（上
博《緇衣》），楚簡；⚇（雲夢《雜抄》），⚇（雲夢《雜抄》），⚇（里耶 8-145），
秦簡。形聲字。《説文》："眚，目病生翳也。從目，生聲。""省，視也。從眉省，從
中。⚇，古文，從少從囧。"按"眚""省"古文字構形相同，本一字，《説文》分爲二
字："眚"入"目部"，形聲字；"省"入"眉部"，會意字。篆文也分別寫作⚇、⚇。

"眚（省）"字構形，甲骨文、金文將上部之⚇（生）與下部之⚇（目）
共用一横筆（這種構形現象稱爲"借筆"，在甲骨文和金文中較少見，大量出現於戰國
簡牘與璽印文字中，且以借單字爲主，而借筆畫的較少），戰國文字"生""目"始分
開，楚簡則兩形并存。爲作區分，秦簡將"眚"字所從"生"下横筆作斜筆，遂分化
出"省"字，爲馬王堆帛書作⚇（《老子》乙），石經作⚇（熹平石經《周
易》）所本。

楚簡"省"字或寫作⚇（郭店《語叢》）、⚇（郭店《成之》）、⚇（上博《柬
大王》）、⚇（上博《昔者》）、⚇（清華《治政》）、⚇（上博《曹沫》）、⚇
（安大《曹沫》）、⚇（清華《廼命》），訛從"禾"省；或寫作⚇（郭店《唐虞》），
將"目"旁訛成"田"，這些異構皆和書手的書寫習慣有關。

"省"字本義爲省視、視察，《論語》記孔子曰："吾日三省其身。"引申作"反
省"之"省"義，後世又借"省"用作地方一級行政區域名。而"眚"字專指眼睛生

疾病（“瞖”指白内障），當是漢代出現的新字（詞）義，但傳世文獻未見。至於楚簡中的“眚（省）”字，大多通假爲“百姓”之姓。

3. 視，🔖（合 6787），🔖（合 6804），🔖（合 6741），🔖（合 8968），🔖（合 6789），🔖（合 13712），🔖（合 17055），🔖（33389），🔖（合 36970），甲骨文；🔖（揚鼎），🔖（應侯鐘），🔖（駒父盨），🔖（史視卣），🔖（史牆盤），🔖（九年衛鼎），🔖（㝬鐘），🔖（釐伯簋），🔖（中山王壺），金文；🔖（郭店《老子》甲），🔖（包山 15），🔖（上博《命》），🔖（清華《説命》下），🔖（清華《司歲》），🔖（清華《廼命》），🔖（清華《不韋》），🔖（清華《食禮》），🔖（上博《魯邦》），🔖（清華《禱辭》），楚簡；🔖（雲夢《日書》乙），🔖（嶽麓叁 215），🔖（里耶 8-137），秦簡。形聲字。《説文》：“視，瞻也。从見示。𥄹，古文視。眂，亦古文視。”以後出形聲結構“視”字作分析。

“視”本爲象形字，與“見”字爲一字分化。古文字“視”與“見”的區別在於字形下部。“視”字構形作“目”下立人形，从“人”、从“目”，會視察意；“見”字構形作“目”下跪坐人形，从“卪”、从“目”，會人相見意。以前學界都將“目”下立人形的“視”字釋作“見”，後來出土的郭店楚簡有《老子》《緇衣》可與今本對讀互校，其中“見”字作🔖（《老子》丙 5）、🔖（《緇衣》40）、🔖（《緇衣》19），“視”字作🔖（《老子》甲 2）、🔖（《老子》丙 5）、🔖（《緇衣》2），學者始得辨清“視”與“見”之區別。《説文》“見”字下段玉裁注：“析言之有視而不見者，聽而不聞者，渾言之則視與見、聞與聽一也。”也從字義的角度指出“視”與“見”的關係和區別。由於"見""視"二字不僅在構形上有關聯，義亦相近，因此楚簡中也出現"見"字訛作"視"形的現象。

"視"字《說文》篆文作 ![視]，始見戰國文字；《說文》古文作 ![]，與《說文》"眂"字實爲一字，篆文作 ![眂]，从"目"、从"氏"聲，源自西周金文作 ![]（員鼎），戰國金文作 ![]（平陰鼎）、![]（兆域圖）、![]（兆域圖），盟書作 ![]（溫縣），古璽作 ![]（彙2946），楚簡作 ![]（上博《緇衣》）。"見""目"爲同義偏旁，"示""氏"音同，聲旁互換，故可互作。

"視"字異體或作"睍"，西周金文作 ![]（何尊），盟書作 ![]（溫縣）、![]（侯馬）、![]（侯馬）、![]（溫縣）、![]（溫縣）、![]（侯馬），楚簡作 ![]（清華《不韋》），構形从"見（視）"、从"氏"聲。或作"覟"，見楚簡作 ![]（上博《緇衣》）、![]（清華《琴舞》）、![]（清華《四告》），構形从"見（視）"、从"旨"聲。"示""氏""旨"音同，乃聲旁互換。

《說文》"視"字古文又收另一字形作"眎"，古文字尚未見，漢印有之，作 ![]（徵補8.6），楷書作"眎"，與"視"和"眂"及"睍"一樣，也是以"目""見（視）"爲同義偏旁互換。可見"視""眎""眂""睍""覟"諸字皆爲異體關係，秦統一文字後以"視"字爲正體，故其餘各體遂成爲異體遭淘汰。

4. 睘，![]（睘卣），![]（番生簋），![]（駒父盨），![]（伯睘卣），![]（睘小器），![]（春成侯盉），金文；![]（彙1903），![]（彙1904），古璽；![]（中山玉

環），刻石；（典 832），（中國古錢譜 117），（系 4067），貨幣；（清華

《繫年》），（新蔡乙四），（清華《五紀》），（清華《五紀》），（清華

《五紀》），（上博《孔子》），（望山 M2），楚簡；（雲夢《日書》甲），

秦簡。形聲字。《説文》："睘，目驚視也。從目，袁聲。《詩》曰：'獨行睘睘。'"

"睘"字構形，金文從"目"、從"袁"省聲，戰國金文或省"袁"旁中間之環形"○"，訛作從"目"、從"衣"，楚簡兩形并存。秦簡構形仍從"袁"省，爲馬王堆帛

書作（《老子》乙前）、（《縱橫》），漢印作（徵 4.1）所本。《説文》篆文

作，構形則從"袁"聲。

古文字"睘"或用作"環"，或通假爲"還""縣"字。另外，《説文》引《詩》"睘"字今本作"煢"，也是通假字。

5. 眯，（中山王鼎）金文；（上博《季庚》），（上博《用曰》），楚簡；

（秦編），秦印；（雲夢《日書》甲），秦簡。形聲字。《説文》："眯，艸入

目中也。從目，米聲。"説解字義有誤。

"眯"字始見戰國文字，構形從"見（視）"、從"米"聲，金文、楚簡同，隸定作"覛"。秦印、秦簡構印改從"目"（"目""見（視）"系同義形旁互作）、從

"米"聲，爲《説文》篆文作，朝鮮樂浪出土漢封泥作，馬王堆帛書作

（《老子》甲）所本。

《莊子·天運》："播穅眯目，則天地四方易位矣。"物入目中，模糊視綫，此處是用"眯"之本義。楚簡和中山王鼎銘文的"眯"字則讀爲"迷惑"之迷，乃其引申義。

6. 眉，（明 1854），（合 3421），（合 19068），（合

4503)，⿰（合 19165），⿰（屯 142），⿰（17221），⿰（合 19044），⿰（合 29338），⿰（合 28361），⿰（合 18078），甲骨文；⿰（子眉鼎），⿰（眉鼎），⿰（小臣謎鼎），⿰（周窻鼎），⿰（帝伯簋），⿰（九年衛鼎），金文；⿰（雲夢《日書》甲），秦簡。象形字。《說文》：“眉，目上毛也。从目，象眉之形，上象額理也。”分析構形有誤。

“眉”字構形，甲骨文从“目”上有眉毛形，金文則在“目”上加畫一道眉綫，甲骨文、晚商金文（族氏銘文）還在“目”下增跪坐人形“卪”。春秋戰國文字目前有缺環。秦簡構形从“目”、从義近偏旁“須”，成會意字。《說文》篆文作⿰，漢印作⿰（徵補 4.1），漢碑作⿰（孔彪碑），仍存本來構形。

另外，典籍中“以介眉壽”之眉，西周金文皆寫作“䁝”，爲同音通假。

7. 眔，⿰（合 10515），⿰（合 19077），⿰（合 6855），⿰（合 34295），⿰（合 32912），⿰（合 7242），⿰（合 27305），⿰（合 24417），⿰（合 36387），甲骨文；⿰（矢尊），⿰（令鼎），⿰（井侯簋），⿰（免簋），⿰（毛公旅鼎），⿰（才盤），⿰（買王卣），⿰（揚簋），⿰（虢鐘），⿰（叔妣簋），金文；⿰（清華《說命》下），⿰（清華《三壽》），⿰（清華《皇門》），⿰（清華《芮良夫》），⿰（清華《四告》），⿰（清華《四告》），楚簡。會意字。《說文》：“眔，目相及也。从目，从隶省。”分析構形不確，从古文字分析，“眔”字下部構形并非“从隶省”。

　　“罧”字構形，甲骨文从“目”、从水滴形“小”或“少”會意，有學者以爲即“涕淚”之涕的本字。甲骨文或於“目”下增竪筆似“水”形，金文亦同，爲《説文》篆文作 所本。楚簡“罧”字構形則於“目”下竪筆中間增横畫飾筆，遂訛似“米”形，極容易與“睞”字相混淆。

　　甲骨文、金文及楚簡的“罧”字用法義同“暨（及）”，這種用法的字《説文》作“臮”，謂“臮，衆詞與也。从仝，自聲”。結合“罧”字甲骨文、金文構形及魏三體石經古文作 （《皋陶謨》）分析，不難發現《説文》“臮”字篆文構形乃是由“目”訛爲“自”、“水”訛爲“仝”而作。至於《説文》“臮”字古文作 ，則源於楚簡構形。“罧”“臮”實爲一字，《説文》誤分爲二。

○二二 自部

  《説文》：“自，鼻也。象鼻形。”本義爲鼻子，引申爲自己、親自，或用作介詞

“從”。“自”字構形，甲骨文作 ⿳ (合137)、⿳ (合857)、⿳ (合5775)、⿳ (合5577)、⿳ (合21734)、⿳ (合28128)，象人鼻之形，有鼻孔、鼻身。金文作

⿳ (臣卿簋)、⿳ (令鼎)、⿳ (沈子它簋)、⿳ (矢尊)、⿳ (毛公鼎)、⿳ (曾伯霥匜)、⿳ (鄂君啓舟節)，下部漸成封閉形。盟書作 ⿳ (侯馬)、⿳ (侯馬)、⿳ (温縣)，刻石作 ⿳ (秦公石磬)，古璽作 ⿳ (彙4656)、⿳ (彙4657)、⿳ (鑒印58)，楚簡作 ⿳ (上博《緇衣》)、⿳ (清華《尹至》)、⿳ (郭店《語叢》三)、⿳ (安大《仲尼》)、⿳ (郭店《老子》甲)，秦簡作 ⿳ (雲夢《效律》)、⿳ (里耶8-1471)、⿳ (雲夢《答問》)、⿳ (北大《從軍》)、⿳ (北大《從政》)，《説文》篆文作 ⿳，馬王堆帛書作 ⿳ (《老子》甲)，石經作

（熹平石經《周易》），一脉相承，構形没有變化，而字形皆趨規整。

又，《説文》："白，此亦自字也。省自者，詞言之气以鼻出，與口相助也。"篆文作 ，視作"自"字省形或有道理，如古文字"自"字省形，金文有作 （番尹 ）、 （番仲匜）、 （高壺）例，但將其另作爲單字，則與"白色"之"白"字容易相混。而且作部首爲偏旁，其所轄字如"皆""魯""者""智"等字，從古文字分析，本皆從"口"旁而不從"自"形省的"白"旁。

1. 鼻， （合 8189）， （合 1098）， （坊間 1.458）， （合 21988），甲骨文； （彙 2555）， （彙 3624）， （珍秦 340），古璽； （清華《五紀》）， （清華《五紀》）， （郭店《五行》），楚簡； （雲夢《答問》）， （雲夢《日書》甲）， （關沮）， （雲夢《封診》），秦簡。形聲字。《説文》："鼻，引气自畀也。從自、畀。"本義指鼻子。

"鼻"字構形，甲骨文本作"自"，象鼻形，除偶作本義外，皆借用作自身義，爲了作區別，甲骨文出現新造形聲字"鼻"，構形從"自"、從"畀"聲。"畀"本象鍉矢之形，古璽、楚簡或有省筆，秦簡寫作"畀"，遂爲《説文》篆文作 、馬王堆帛書作 （《老子》甲後）所本。

"鼻"字春秋金文作 （鄭子賏夷鼎），爲國名（地名）"鼻"的專用字，隸定作"鄍"。戰國文字"鼻"字異體作"膜"，見古璽作 （彙 3689）、 （集粹 36），增添形旁"肉"，爲繁構；或作 （彙 1051）、 （彙 2030），將聲旁"畀"省作

"丌"似"火";或省形旁"自"作 ![字形] （程訓義 1.95）；更有省聲旁"畀"作 ![字形] （彙 2753）、![字形] （彙 2072），皆見齊、三晉古璽，爲異體字。

2. 劓，![字形] （合 6226），![字形] （合 5995），![字形] （合 8986），![字形] （合 5994），甲骨文；![字形] （寧女鼎），![字形] （辛鼎），金文；![字形] （上博《周易》），![字形] （清華《耆夜》），楚簡；![字形] （雲夢《答問》），![字形] （雲夢《封診》），![字形] （嶽麓《占夢》），秦簡。《説文》："劓，刑鼻也。從刀，臬聲。《易》曰：'其人天且劓。'![字形]，劓或從鼻。""劓"即割鼻，爲古代五刑之一。

"劓"字構形，甲骨文從"自"、從"刀"，以刀割鼻會意，隸定作"刵"。西周金文或聲化改從"臬"，楚簡相同，秦簡或保留作"刵"構形。《説文》篆文作 ![字形]，或體作 ![字形] 本自秦簡，亦見戰國齊陶文作 ![字形] （録 3.325.2）、![字形] （録 3.325.5），其雖保留甲骨文的會意構形，但已將原始構形象鼻的"自"改成從"畀"聲的"鼻"。

3. 息，![字形] （合 2354），![字形] （合 3449），![字形] （合 20086），![字形] （輯佚 994），甲骨文；![字形] （息父丁鼎），![字形] （息伯卣），![字形] （公史簠），![字形] （中山王壺），![字形] （六年鄭相鈹），金文；![字形] （侯馬），盟書；![字形] （集粹 43），![字形] （彙 685），![字形] （秦集二四 35.2），![字形] （珍秦 30），古璽；![字形] （清華《琴舞》），![字形] （清華《祭公》），![字形] （左冢漆梮），![字形] （上博《鮑叔牙》），楚簡；![字形] （雲夢《爲吏》），![字形] （雲夢《秦律》），![字形] （雲夢《日書》甲），![字形] （里耶 8-290），秦簡。象形兼會意字。《説文》：

"息，喘也。从心，从自，自亦聲。"分析構形有誤。

　　"息"字構形，甲骨文和西周早期金文从"自"下加筆畫或小點，會氣息自鼻出之意；戰國文字改从"心"旁。《說文》段玉裁注："自者鼻也。心氣必從鼻出，故从心、自。"《說文》篆文作 ![篆] ，馬王堆帛書作 ![帛] （《縱橫》）、![帛] （《老子》乙前），銀雀山漢簡作 ![簡] （《孫臏》），石經作 ![石] （熹平石經《公羊》），漢碑作 ![碑] （淮源廟碑），皆無甚變化。

　　4. 皋，![中山王鼎] （中山王鼎），金文；![彙3250] （彙 3250），![彙3253] （彙 3253），古璽；![上博] （上博《曹沫》），![清華] （清華《祭公》），![安大] （安大《曹沫》），![上博容成] （上博《容成》），![安大] （安大《曹沫》），![郭店] （郭店《五行》），![上博志書] （上博《志書》），![上博競建] （上博《競建》），楚簡；![雲夢秦律] （雲夢《秦律》），![嶽麓] （嶽麓叁 10），![雲夢答問] （雲夢《答問》），![雲夢日書] （雲夢《日書》甲），![里耶] （里耶 8-144），秦簡。會意字。《說文·辛部》："皋，犯法也。从辛，从自。言皋人蹙鼻，苦辛之憂。秦以皋似皇字，改爲罪。"又《說文·网部》："罪，捕魚竹网。从网、非。秦以罪爲皋字。"分析造字本義不同，解釋可備一說。"皋"爲"罪"之本字，犯法以割鼻（即"劓"）爲刑罰，引申爲廣義之"罪"。

　　"皋"字目前始見戰國文字，金文、楚簡从"自"、从"辛"會意。秦簡無變化，爲《說文》篆文作 ![篆皋] ，漢碑作 ![碑皋] （孔宙碑）所本。

　　5. 臭，![合8977] （合 8977），![合4649] （合 4649），![合4650] （合 4650），![合10093] （合 10093），甲骨文；![子臭卣] （子臭卣），金文；![信陽] （信陽），![郭店語叢一] （郭店《語叢》一），![郭店語叢一] （郭店《語叢》一），楚簡；![雲夢日書] （雲夢《日書》甲），![里耶] （里耶 8-1363），秦簡。會意字。《說文》："臭，禽走臭而知其迹者，犬也。从犬，从自。"本義指氣味，《詩·大雅·文王》："上天之載，無聲無臭。"引申爲用鼻子辨別氣味（後作"嗅"）。"臭"也指香氣，《易·繫辭上》："同心之言，其臭如蘭。""臭"專用作"香"的反義詞指穢惡難聞的氣味則在秦漢以後。

　　"臭"字構形，甲骨文、晚商金文（族氏銘文）从"犬"、从"自"，突出犬鼻嗅覺靈敏來會意。兩周金文有缺環，楚簡構形所从"犬"旁或略有訛誤，秦簡無變化，爲《説文》篆文作 所本。

○二三　口部

　　《説文》:"口,人所以言、食也。象形。"本義指口。"口"字構形,甲骨文作　　　　(合 21615)、　　　　(合 22248)、　　　　(合 18617)、　　　　(合 31446),金文作(卯卣)、　　　　(口父已卣)、　　　　(宁未口爵)、　　　　(長子口尊),古璽作(彙 118)、　　　　(彙 3467)、　　　　(聚珍 143.1),楚簡作　　　　(郭店《五行》)、　　　　(上博《用曰》)、　　　　(清華《五紀》)、　　　　(新蔡零 115),秦簡作　　　　(雲夢《秦律》)、　　　　(嶽麓《質》三 12)、　　　　(里耶 8-92)、　　　　(北大《道里》),《説文》篆文作　　　　,構形未有變化。

　　需要指出的是,在古文字發展演變中,"口"除作爲形旁外,有些本是用作裝飾,并非起表形作用,如"右""若"等字;有些古文字構形本从"口"旁,後或於"口"中加飾筆形似"曰"(或"甘"),但後世約定俗成,遂成固定結構,如"晉""沓""曹"等字,《説文》據之遂誤入"曰"部。另外,古文字有些本从"口"旁之字,《説文》誤歸入"白(自)"部,如"皆""者"等字(見前述)。這些情況,在古文字書法創作中需要加以注意。

1. 名，（合 9503），（合 5188），（屯 668），（合 2190），甲骨文；（名瓲），（名爵），（召伯簋），（南宮乎鐘），（少虞劍），（邿公華鐘），（左工耳杯），金文；（故宮 421），古璽；（郭店《緇衣》），（清華《五紀》），（清華《程寤》），（上博《亙先》），（郭店《語叢》一），（郭店《老子》甲），（清華《五紀》），（上博《踐阼》），（上博《柬大王》），（清華《保訓》），（清華《楚居》），（上博《亙先》），（郭店《成之》），（安大《仲尼》），楚簡；（雲夢《爲吏》），（雲夢《秦律》），（雲夢《日書》乙），（里耶 8-198），秦簡。會意字。《説文》：“名，自命也。從口，從夕。夕者，冥也。冥不相見，故以口自名。”本義解説爲人夜晚相遇時目不能見而以口自名，可從。引申爲取名、名分、名目等義。

“名”字構形，甲骨文、金文從“口”、從“夕”會意，楚簡没有變化，“夕”旁或作同義偏旁“月”。秦簡構形從“夕”，爲《説文》篆文作，馬王堆帛書作（《老子》甲），銀雀山漢簡作（《孫臏》），石經作（熹平殘石）所本。

楚簡“名”字書寫較爲豐富多姿，構形除作上下結構外，或左右懷抱，或筆畫聯結；“夕”旁或寫作“月”旁，其對書法創作頗有參考价值。

2. 告，（合 183），（合 1167），（合 32337），（合 1859），（合

2206），⊔（合 19824），⊔（合 15839），⊔（合 22676），⊔（合補 8726），甲骨文；

⊔（田告父丁簋），⊔（冉室方彝），⊔（亞告鼎），⊔（何尊），⊔（沈子它簋），

⊔（旨鼎），⊔（毛公鼎），⊔（陳子皮戈），⊔（中山王壺），金文；⊔（秦駰玉

版），刻石；⊔（清華《尹告》），⊔（上博《鄭子》乙），⊔（清華《繫年》），

⊔（清華《五紀》），⊔（安大《曹沬》），楚簡；⊔（雲夢《雜抄》），

（雲夢《日書》乙），⊔（里耶 8-164），秦簡。會意字。《説文》："告，牛觸人，角
箸橫木，所以告人也。从口，从牛。"説解未必準確。有學者以爲是會以牛祭神、祝告
之意，可從。本義爲祝告，引申爲告訴人。

"告"字構形，甲骨文、金文从"口"、从"牛"會意，楚簡同。秦簡無變化，爲

《説文》篆文作⊔，馬王堆帛書作⊔（《縱橫》），銀雀山漢簡作⊔（《孫子》）
所本。

"告"字楚簡或作⊔（上博《柬大王》）、⊔（包山牘）、⊔（上博《弟子》）、

⊔（郭店《窮達》）、⊔（上博《容成》），上部"牛"旁訛甚，皆爲書手書寫習慣
所致。

3. 吉，⊔（合 21054），⊔（合 5247），⊔（合 16），⊔（合 5264），⊔（合

30528），⊔（合 28204），⊔（合 36975），⊔（合 28203），⊔（周甲 26），甲骨

文；⊔（師楷鼎），⊔（敔簋），⊔（戴簋），⊔（虢季子白盤），⊔（毛公鼎），

（曾伯錡壺），（吳王光鑑），（臧孫鐘），（中山王壺），金文；（彙5595），（彙5505），（鑒印66），古璽；（秦公石磬），（詛楚文《巫咸》），（中山玉器），（中山玉器），刻石；（清華《尹至》），（郭店《老子》丙），（望山M1），（清華《筮法》），（清華《五紀》），楚簡；（雲夢《日書》乙），（北大《九策》），秦簡。《説文》：“吉，善也。從士、口。”造字本義，《説文》未解釋清楚。裘錫圭認爲：“古人是在具有質地堅實這一特點的勾兵的象形符號上加區別性意符‘口’，造成‘吉’字來表示當堅實講的‘吉’這個詞。”（《釋字小記》）引申爲“善”義。

“吉”字構形，甲骨文從“口”，上部所從爲勾兵形（于省吾《釋吉》），或從斧戉形，金文同，綫條化後成“士”，爲楚簡沿襲。秦簡無變化，爲《説文》篆文作，馬王堆帛書作（《老子》甲）、（《老子》乙），漢簡作（汝陰侯），石經作（熹平石經《周易》）所本。

4. 商，（合17300），（合20586），（屯1126），（合371），（合2963），（合2940），（花東247），（合2416），（合補11299），甲骨文；（翼尊），（小子商卣），（商婦甗），（利簋），（商尊），（獻侯鼎），（庚壺），（商盄盤），（秦公鎛），（愕距末），金文；（秦公石磬），刻石；（清華《程寤》），（清華《樂風》），（清華《程

寤》），📜（上博《民之》），📜（清華《芮良夫》），📜（清華《祭公》），📜（清華

《封許》），📜（清華《四告》），📜（上博《采風》），📜（清華《音圖》），📜

（清華《音圖》），📜（清華《四告》），楚簡；📜（雲夢《日書》甲），📜（雲夢

《日書》甲），秦簡。會意字。《説文》："商，从外知内也。从㕯，章省聲。📜，古文商。

📜，亦古文商。📜，籀文商。"分析構形不確。

　　"商"字構形，甲骨文从"丙"上置"辛"或雙"辛"，後於下部贅增"口"飾爲

繁構。西周金文从"辛"，所从"丙"下加"口"飾似"㕯"形。甲骨文、金文及楚簡

或增"晶"形，當是作爲"商星"之商的專字而與國名（地名）"商"字作區分。秦

簡無變化，爲《説文》篆文作📜，漢印作📜（徵3.1），馬王堆帛書作📜（《縱

橫》），石經作📜（熹平石經《詩經》）所本。《説文》籀文作📜，本自春秋秦公鎛

及秦公石磬。而這種構形，實際上源自商代甲骨文和晚商金文（"籀文"是指春秋至戰

國時的西土秦文字而言，故其能保存正統的商周文字構形）。《説文》古文作📜、📜，

在春秋金文和戰國楚簡中皆不難找到其來源，只是楚簡的繁構形中間略有增筆或訛誤

而已。

　　5. 喪，📜（合8），📜（合58），📜（合10927），📜（合54），📜（合

10930），📜（合19197），📜（合30781），📜（合28905），📜（合28915），甲骨

文；📜（旂作父戊鼎），📜（量侯簋），📜（毛公鼎），📜（子犯鐘），📜（洹子

孟姜壺），📜（喪史實鉼），📜（南彊鉦），📜（陳大喪史鐘），金文；📜（璽考

111），⊠（彙 3272），⊠（彙 3271），⊠（璽考 148），⊠（上博 131），⊠

（官印 75），古璽；⊠（上博《容成》），⊠（包山 92），⊠（郭店《語叢》一），楚

簡；⊠（雲夢《日書》乙），秦簡。形聲字。《説文》：“喪，亡也。从哭、从亡會意，

亡亦聲。”分析構形不確。

　　“喪”字構形，甲骨文从“桑”聲，从二、三、四“口”不等，西周金文固定爲

从四“口”、加增“亡”會意，兼形聲。戰國文字或省“亡”；或省爲二“口”，秦簡

同，爲馬王堆帛書作⊠（《老子》甲）、⊠（《老子》乙），漢印作⊠（徵 2.8），

石經作⊠（熹平石經《周易》）所本。《説文》篆文作⊠，已是省變之形，《説文》

遂誤以爲是从“哭”、从“亡”會意。

　　楚簡“喪”字異構較多。或作⊠（清華《四告》），省“木”；或作⊠（上博

《孔子》），省“桑”旁但仍从四“口”；再省作⊠（上博《踐阼》、⊠（上博《弟

子》），从二“口”；或再省作⊠（清華《命訓》），存一“口”；或省“口”作⊠

（上博《周易》）、⊠（清華《湯丘》）、⊠（清華《司歲》）；更省且借筆作

⊠（清華《行稱》）、⊠（清華《行稱》）、⊠（清華《三壽》）、⊠（清華

《行稱》）、⊠（上博《吳命》）、⊠（郭店《語叢》四），以致有學者誤將其視作

“芒”字省體。與構形之簡省相反，楚簡“喪”字或作繁化，如作⊠（郭店《老子》

丙）、⊠（郭店《老子》丙）、⊠（郭店《性自》）、⊠（上博《三德》）、⊠（上博

《民之》）、⿱〔圖〕（上博《昭王》）、⿱〔圖〕（清華《司歲》），皆是在"喪"字上叠加"亡"的同義偏旁"死"，後三形是在省體基礎上的叠加。這些異體"喪"字，秦統一文字以後皆遭淘汰。

6. 嚴，〔圖〕（合 15515），〔圖〕（合 17599），〔圖〕（合 17600），〔圖〕（合 17601），甲骨文；〔圖〕（多友鼎），〔圖〕（𣄰鐘），〔圖〕（敄狄鐘），〔圖〕（晉侯穌鐘），〔圖〕（王孫誥鐘），〔圖〕（虢叔鐘），〔圖〕（番生簋），〔圖〕（秦公簋），〔圖〕（吴王光鐘），〔圖〕（中山王壺），金文；〔圖〕（清華《楚居》），〔圖〕（清華《五紀》），〔圖〕（清華《五紀》），〔圖〕（清華《封許》），〔圖〕（郭店《五行》），〔圖〕（清華《五紀》），〔圖〕（清華《五紀》），〔圖〕（清華《厚父》），楚簡；〔圖〕（雲夢《爲吏》），秦簡。形聲字。《説文》："嚴，教命急也。从吅，厰聲。〔圖〕，古文。"分析構形有誤。"嚴"爲雙聲字，"㗊""敢"皆爲聲。本義或以爲指多語，"教命急也"是其引申義。

"嚴"字構形，甲骨文从"人"、从"㗊"得聲，爲"嚴"字初文；西周金文是在此字形上贅增"敢"聲，後所从"人"旁譌變成"厂"，以致《説文》誤以爲从"厰"聲（裘錫圭《説㗊嚴》）。金文"㗊"之三"口"或省作二"口"，但戰國文字仍保留有从三"口"的寫法。《説文》篆文作〔圖〕、古文作〔圖〕，分別保存這兩種構形。銀雀山漢簡作〔圖〕（《孫臏》），漢碑作〔圖〕（孔穌碑），"嚴"字从二"口"遂成爲固定的寫法。

7. 也，〔圖〕（欒書缶），〔圖〕（郭大夫釜），〔圖〕（曾侯乙鐘），〔圖〕（曾侯乙鐘），〔圖〕（曾侯乙鐘），〔圖〕（曾侯乙鐘），〔圖〕（平安君鼎），〔圖〕（洀陽戈），金文；〔圖〕（秦駰玉版），刻石；⊻（珍秦 161），古璽；⊻（郭店《唐虞》），⊻（上博《弟子》），⊻（包山 130），⊻（安大《曹沫》），⊻（上博《詩論》），⊻（安大《仲尼》），⊻（郭店《語叢》三），⊻（郭店《老子》甲），⊻（上博《建州》乙），⊻（安大《曹沫》），⊻（郭店《語叢》三），也（上博《競建》），楚簡；⊻（北大《從政》），也（北大《從軍》），也（雲夢《日書》乙），秦簡。指事字。《説文》："也，女陰也。⊻，秦刻石也字。"説解構形誤甚。

"也"字目前最早見戰國文字，構形從"口"下曳斜竪筆指事。楚簡"口"旁或出橫筆，秦簡從之。秦琅玡刻石作⊻，《説文》遂以爲作⊻乃秦刻石"也"字的特徵。馬王堆帛書作⊻（《老子》甲）、⊻（《事語》），漢簡作也（銀雀山《孫臏》）、也（居延甲 79）、也（定縣）、也（武威《儀禮》），漢碑作也（史晨碑），石經作也（熹平石經《周易》）。發展演變脉絡較爲清晰。但《説文》篆文作⊻，不知何據，當爲訛形。

需要指出的是，在書寫過程中，書手或將"也"字一橫穿出後回勾，隸變後則與"它"字分化的"也"字寫法相同，但兩者本不同字，來源也不相同。另外，楚簡"也"字或作也（郭店《忠信》）、也（郭店《成之》）、也（郭店《信自》），加一撇作飾筆。這種寫法的"也"字易與楚簡"只"字相似。楚簡"只"字作⊻（清華《五紀》），或作也（上博《彭祖》），則與"也"字易混。

○二四 曰部

《説文》："曰，詞也。从口，乙聲，亦象口气出也。""曰"字構形，甲骨文作 ▢（合 8233）、▢（合 137）、▢（合 1730）、▢（周甲 5），金文作 ▢（令鼎）、▢（農卣）、▢（古伯尊）、▢（矢方彝）、▢（毛公鼎）、▢（虢季子白盤）、▢（邾太宰簠）、▢（中山王鼎），楚簡作 ▢（郭店《老子》甲）、▢（上博《從政》）、▢（清華《四告》）、▢（清華《食禮》）、▢（清華《三壽》）、▢（包山 241）、▢（上博《命》），秦簡作 ▢（雲夢《日書》乙）、▢（北大《醫方》）。是在"口"字上部加一短橫作指示符號。

"曰"字本義爲以口説話，故構形从"口"。"曰"字《説文》篆文作 ▢，源於楚簡。楚簡或作 ▢（上博《弟子》）、▢（上博《史蒥》），較爲少見，當出於書手的習慣原因。

1. 曹，▢（合 36827），▢（合 36828），甲骨文；▢（趞曹鼎），▢（曹公

縢孟姬盤），⬚（曹公子戈），⬚（曹右痕戈），⬚（中山王壺），金文；⬚（彙3603），⬚（彙5415），⬚（程訓義1-76），⬚（彙1613），⬚（彙1618），古璽；⬚（陶6.449.1），⬚（陶3.1060），陶文；⬚（上博《弟子》），⬚（清華《繫年》），⬚（清華《琴舞》），⬚（上博《弟子》），楚簡；⬚（雲夢《雜抄》），⬚（里耶8-241），⬚（里耶楬1），秦簡。會意字。《説文》："曹，獄之兩曹也。在廷東，从棘；治事者，从曰。"邵瑛《群經正字》："《五經文字》云，曹，《説文》曹。經典相承，隸省。"又《説文》："棘，二東。曹从此。闕。"丁山以爲"棘之本義爲曹偶"（《説文闕義箋》），可備一説。

"曹"字構形，甲骨文上从并列二"東"，下从"口"；西周金文於所从之"口"中加裝飾橫筆遂成"曰"形，爲後世固定的寫法；戰國文字出現上从"東"、下从"曰"的省體。古璽或於此省體贅增"邑"旁，作爲國名、地名、姓氏的專用字，這也是春秋戰國文字構形的通例之一。秦簡構形仍从并列二"東"，爲《説文》篆文作⬚，漢碑作⬚（曹全碑）所本。石經或作⬚（熹平石經《春秋》），漢碑或作⬚（淮源廟碑），"棘"皆作省形，更有省作⬚（華嶽廟碑陰），遂成後世固定構形。

2. 智，⬚（合30429），⬚（合38289），甲骨文；⬚（竹宣鼎），⬚（師智父鼎），⬚（毛公鼎），⬚（筥平鐘），⬚（智君子鑑），⬚（魚顛匕），⬚（中山王鼎），⬚（中山王壺），金文；⬚（璽考243），⬚（珍戰39），⬚（彙3315），⬚（珍展42），古璽；⬚（上博《詩論》），⬚（郭店《老子》丙），⬚（清華

《治政》）， （清華《畏天》）， （上博《莊王》）， （郭店《成之》），

（郭店《五行》）， （郭店《語叢》一），楚簡； （嶽麓叁154）， （里耶8-

135），秦簡。會意字。《説文》："䜓，識詞也。从白、从亏、从知。"分析構形不確。

徐灝《説文箋》："知、䜓本一字，䜓隸省作智。""智"是"䜓"字隸變後的省寫，

"智"之本義爲知識，智慧、聰明乃其引申義。

"智"字構形，甲骨文、晚商金文（族氏銘文）从"口"、从"子"、从"大"，或

从"口"、从"于"、从"大"會意，造字本義不明。西周金文贅增"口"飾且加飾筆

成"曰"。古璽同，或省"曰"。楚簡所从"大"旁或訛成"矢"，爲秦簡从"矢"所

本，《説文》遂誤以爲从"知"。《説文》篆文作 ，馬王堆帛書作 （《老子》甲

後），構形同秦簡，但漢簡作 （銀雀山《孫子》）、 （居延甲154），構形已

省从"知"，遂成爲後世固定寫法。

楚簡"智"字異體較多，或繁化作 （郭店《五行》）；或省"口"作 （郭店

《老子》丙）、 （包山137）；或作 （郭店《忠信》），"曰"似"白（自）"；

或作 （上博《緇衣》），亦見古璽作 （彙3497），將"曰"訛成"皿"。皆屬書

手原因。

3. 皆， （合27445）， （屯1092）， （合31182）， （合28096），甲骨

文； （皆壺）， （中山王鼎）， （中山王壺），金文； （上博《子羔》），

（郭店《語叢》一）， （上博《孔子》）， （清華《食禮》）， （清華《食

禮》）， （上博《容成》）， （上博《鮑叔牙》）， （清華《皇門》），

（安大《曹沫》）， （清華《禱辭》）， （清華《食禮》），楚簡； （雲夢《日書》乙）， （嶽麓叁 105）， （里耶 8–104），秦簡。會意字。《説文》："皆，俱詞也。从比，从白。"以簡體（秦文字）解釋構形，且有誤。"皆"用作副詞，義爲都、俱，表示統括。

"皆"字構形，甲骨文作雙形的"歺"上"虍"，下从"口"，造字本義不明，簡體或省"虍"；或省上部兩形之一作"虘"，爲戰國金文（中山王鼎）所繼承，而下部之"口"中因加飾筆已成"曰"。但在秦統一後的官方文書中仍然保留有甲骨文的繁構形，見秦始皇廿六年詔書，作 （故道殘詔版）。而西周金文也出現了省"虍"旁的簡體構形"皆"。楚簡構形或从"虍"，或省"虍"旁，且由雙"歺"省寫（訛）爲"从"。秦文字則改"从"爲"比"，爲《説文》篆文作 ，馬王堆帛書作 （《老子》甲），漢碑作 （曹全碑）所本。但《説文》篆文所从"口"旁已由"曰"形訛爲"白（自）"，遂被誤歸入"白（自）"部。

楚簡"皆"字或作 （清華《繫年》）、 （清華《食禮》），上部訛作"虎"；或作 （郭店《唐虞》）、 （郭店《唐虞》），亦見溫縣盟書作 、 ，"虍"下訛作"君"；楚簡省體或作 （包山 273）、 （上博《性情》），於"从"中間增二橫飾筆；或省寫作 （清華《祭公》）、 （清華《食禮》）、 （清華《食禮》）。此皆是書手原因所致。

4. 者， （者婦爵）， （者兒觶）， （㲃季良父壺）， （者減鐘）， （者汈鐘）， （中山王鼎）， （兆域圖）， （王孫鐘）， （者旨於睗劍），金

文；（侯馬），（温縣），盟書；（詛楚文《湫淵》），（守丘刻石），

刻石；（璽考179），（璽考61），（秦集二59.11），（珍秦165），

古璽；（録2.61.3），（録2.561.1），（録6.472.4），陶文；（包山

250），（郭店《老子》甲），（郭店《大一》），（清華《食禮》），

（郭店《老子》甲），（上博《君人》甲），（上博《容成》），（郭店《緇

衣》），（郭店《緇衣》），（郭店《尊德》），（清華《繫年》），（郭

店《緇衣》），（清華《厚父》），楚簡；（北大《泰原》），（放馬灘），

秦簡。形聲字。《説文》："者，别事詞也。从白，𣥐聲。𣥐，古文旅字。"解釋構形不

確，上部所从"𣥐"也非"旅"字古文。

　　"者"字構形，金文从"口"、从"朱"，"朱"从"止"得聲。戰國文字於"口"

中或加飾筆成"曰"，楚簡或从"口"、或从"曰"。秦簡从"曰"，爲馬王堆帛書作

（《老子》甲）、漢碑作（石門頌）所本。《説文》篆文作，"曰"訛作

"白（自）"，當源自秦陶文。

　　楚簡"者"字異構較多，或作（包山228）、（清華《繫年》）、（清

華《禱辭》）；或省作（上博《内豊》）、（清華《筮法》）、（清華《治

政》）、（九店A43）、（郭店《老子》甲）；更省作（上博《詩論》）、

（上博《仲弓》）；或作（郭店《忠信》）、（郭店《五行》）、（郭店

《語叢》三）、（郭店《唐虞》），或訛作（郭店《語叢》三）。另外，"者"字齊璽或作（彙153），齊陶或作（陶3.269）；燕璽或作（彙3248），燕陶或作（録4.25.1）。皆地域及書手原因所致。

○二五 言部

　　《説文》:"言,直言曰言,論難曰語。从口,辛聲。"分析構形不確。古文字"言"字構形,是在"舌"字上加一横畫作指事符號。而"舌"字構形,甲骨文作 ▽ (合5532)、▽ (合1730)、▽ (合10163)、▽ (合17410)、▽ (合6248),晚商金文(族氏銘文)作 ▽ (舌爵)、▽ (舌瓿),構形象口中伸出的舌頭形,本是以蛇之歧舌形來造字。楚簡作 ▽ (上博《志書》),秦簡作 ▽ (雲夢《封診》)、▽ (嶽麓《數》),《説文》篆文作 ▽。言語是因人口中舌頭的動作而發聲,故"言"字乃由"舌"字孳乳而成。

　　"言"字構形,甲骨文作 ▽ (合376)、▽ (合21082)、▽ (合4521)、▽ (合22072)、▽ (花東285)、▽ (合17450)、▽ (合30697)、▽ (合17795),金文作 ▽ (伯矩鼎)、▽ (敔卣)、▽ (鬲比盨)、▽ (中山王鼎),古璽作 ▽ (彙3076)、▽ (彙4285)、▽ (彙4284)、▽ (彙4291),盟書作 ▽ (侯馬)、▽ (侯

— 157 —

馬），楚簡作 （上博《弟子》）、 （安大《仲尼》）、 （郭店《老子》甲）、 （上博《凡物》甲）、 （安大《曹沫》）、 （郭店《成之》）、 （上博《昭王》）、 （清華《祝辭》）、 （上博《緇衣》），秦簡作 （雲夢《秦律》）、 （嶽麓叁70）、 （雲夢《日書》乙）、 （里耶8-163），《說文》篆文作 ，馬王堆帛書作 （《老子》乙前）、 （《老子》甲），變化不大。

1. 許， （五祀衛鼎）， （爾攸比鼎）， （曶鼎）， （瑘生簋）， （毛公鼎）， （中山王鼎）， （二年戟），金文； （彙1546）、 （十鐘）， （秦風230）、 （陝西737），古璽； （上博《競公》）、 （清華《繫年》）、 （上博《柬大王》）、 （上博《亙先》）、 （清華《行稱》）、 （清華《食禮》）、 （清華《食禮》），楚簡； （雲夢《答問》）、 （雲夢《秦律》）、 （嶽麓叁66）、 （北大《祓除》），秦簡。形聲字。《說文》："許，聽也。从言，午聲。"

"許"字構形，金文从"言"、从"午"聲，楚簡同。古璽或增"心"旁。秦簡沒有變化，爲《說文》篆文作 ，馬王堆帛書作 （《老子》甲）、 （《縱橫》），漢碑作 （孔龢碑），石經作 （熹平石經《春秋》）所本。

需要指出的是，作爲先秦國名許國之"許"的專字本作"鄦"。《說文》："鄦，炎帝太嶽之胤，甫侯所封，在潁川。从邑，無聲。讀若許。"（《說文》所謂某"讀若"

某，是指兩字爲通假關係。）金文作 （鄴子臣），或作 （蔡大師鼎），亦見楚簡作 （清華《封許》）， （清華《封許》），於“鄴”下增“曰（口）”飾爲繁構。

2. 語， （僭兒鐘）， （中山王鼎），金文； （彙1878）， （彙2774）， （彙3083）， （彙3193）， （璽考290），古璽； （上博《建州》乙）， （郭店《成之》）， （上博《建州》甲）， （郭店《五行》）， （上博《君子》）， （上博《建州》乙）， （清華《三壽》），楚簡； （雲夢《日書》甲）， （雲夢《爲吏》）， （北大《算》甲）， （北大《算》甲），秦簡。形聲字。《説文》：“語，論也。从言，吾聲。”

“語”字始見春秋金文，構形从“言”、从“䔻”聲（“䔻”从“五”得聲），隸定作“䇂”；戰國文字或於“䔻”下增“口”飾，隸定作“語”；“䔻”或省“五”，隸定作“訨”。楚簡“語”字或省作“語”，秦簡沿用，爲《説文》篆文作 ，馬王堆帛書作 （《縱橫》），漢簡作 （《蒼頡》）所本。

附帶指出，後世从“吾”聲的字，古文字構形大都从“䔻”聲。或於“䔻”下增“口”飾，最後再省爲“吾”。

3. 詩， （上博《曹沫》）， （安大《曹沫》）， （郭店《語叢》一）， （清華《治政》）， （上博《民之》）， （上博《王居》）， （上博《詩論》）。形聲字。《説文》：“詩，志也。从言，寺聲。，古文詩省。”“詩言志，歌咏言”，以義説解。

　　“詩”字目前最早見楚簡，構形從“言”、從“寺”聲。楚簡或增“口”飾；或省從“之”聲，“寺”從“之”得聲，故可省“又”（加飾筆後成“寸”形）；或於“之”下增“曰”（“口”中加飾筆）爲繁構。《説文》篆文作 ![圖], 馬王堆帛書作 ![圖]（《老子》甲後）、 ![圖]（《縱橫》），漢簡作 ![圖]（定縣），皆不作省形。《説文》古文作 ![圖]，從“言”、從“之”聲，爲省形，源自楚簡。

　　楚簡“詩”字或作 ![圖]（郭店《五行》）、 ![圖]（上博《民之》）、 ![圖]（上博《季庚》）、 ![圖]（郭店《六德》）、 ![圖]（上博《從政》甲），從“口”、從“寺”聲，隸定作“咶”，“言”“口”爲同義偏旁互作。或作 ![圖]（上博《緇衣》）、 ![圖]（上博《緇衣》），聲旁“寺”省爲“止”，隸定作“峕”。皆是異體。

　　4. 訓， ![圖]（中山王壺），金文； ![圖]（彙 3570）、 ![圖]（彙 1326），![圖]（彙 3130）、 ![圖]（彙 5285），古璽； ![圖]（郭店《緇衣》）、 ![圖]（上博《吳命》）、 ![圖]（清華《芮良夫》）、 ![圖]（清華《三壽》）、 ![圖]（清華《皇門》）、 ![圖]（天星觀）、 ![圖]（包山 210）、 ![圖]（郭店《尊德》）、 ![圖]（包山 179）、 ![圖]（安大《曹沫》）、 ![圖]（清華《不韋》）、 ![圖]（清華《不韋》）、 ![圖]（包山 217），楚簡。形聲字。《説文》：“訓，説教也。從言，川聲。”

　　“訓”字始見戰國文字，構形分爲兩體：一作“恘”，從“心”、從“川”聲；一作“訓”，從“言、從“川”聲。“言”“心”爲義近偏旁，故可互作。“川”旁或省作

"〈〈"。楚簡或作"憼"，从"心"、从"訓"聲，爲兩體結合。秦泰山刻石作，爲

《説文》篆文作，漢碑作（孔宙碑）所本。

附帶指出，戰國文字"訓"常通假爲"順"。"順"與心理有關，故也有學者認爲寫作"忢"是"順"字異體，可備一説。

5. 讎，（讎尊），（讎簋），（寽比盨），金文；（十鐘），古璽；（録 2.178.1），（録 2.178.2），陶文；（清華《筮法》），（清華《筮法》），楚簡；（雲夢《秦律》），（雲夢《日書》甲），（雲夢《日書》乙），（里耶 8-142），秦簡。《説文》："讎，猶譍也。从言，雔聲。"本義指語言相對，引申爲相匹敵。

"讎"字構形，西周金文本从"心"、从"雔"聲，後改从義近偏旁"言"，戰國文字、秦簡承之，爲《説文》篆文作，馬王堆帛書作（《縱横》）、石經作（熹平石經《詩經》）所本。值得注意的是，馬王堆帛書或作（《老子》甲後），仍存西周金文从"心"的構形，尤爲難得。

6. 諆，（萬諆尊），（逐鼎），（索諆爵），（旁鼎），（師𡩡簋），（趩盂），（王孫壽甗），（王孫遺者鐘），（莒平鐘），（徐王子旃鐘），（子諆盆），（子諆盆），金文；（上博《民之》），（天星觀），（上博《三德》），楚簡。形聲字。《説文》："諆，欺也。从言，其聲。"又，《説文》："萁，忌也。从言，其聲。《周書》曰：'上不萁于凶

德，'""諆""䛊"實爲一字異寫，訓"欺""忌"皆爲引申義。

"諆"字構形，金文從"言"，本從"箕"字初文爲聲，後繁化爲"其"；"言"旁或作"音"，義近偏旁互換。楚簡聲旁"其"省作"亓"，爲簡體異構。《説文》篆文作，居延漢簡作（甲2361），仍從"其"。

7. 誨，（史牆盤），（唯叔簋），（唯叔簋），（不嫛簋），（王孫鐘），（王孫誥鐘），金文；（清華《四告》），（清華《厚父》），（上博《建州》甲），（清華《四告》），（上博《有皇》），（上博《凡物》乙），楚簡；（里耶8-298），秦簡。形聲字。《説文》："誨，曉教也。從言，每聲。"

"誨"字構形，金文從"言"、從"每"聲，楚簡或從"母"聲。"每"字由"母"孳乳，讀音相同，因此"母""每"作爲聲旁可以互作。例如"海"字，楚簡也有異構作從"水"、從"母"聲。秦簡構形無變化，爲《説文》篆文作，銀雀山漢簡作（《孫臏》），漢碑作（袁博碑）所本。

8. 信，（梁上官鼎），（信安君鼎），（中山王鼎），金文；（彙5427），（珍戰204），（彙5450），（彙3129），（彙650），（彙5508），（彙4574），（彙5537），古璽；（清華《畏天》），（上博《緇衣》），（安大《仲尼》），（上博《詩論》），（郭店《忠信》），（郭店《緇衣》），（清華《金縢》），（郭店《成之》），（郭店《老

子》），（安大《仲尼》），（安大《曹沫》），（清華《治政》），

（清華《不韋》），（清華《不韋》），楚簡；（里耶 8-677），秦簡。會意字。

《説文》："信，誠也。从人、从言會意。，古文从言省。。古文信。"以秦漢文字説

解構形。誠信是其本義。

"信"字始見戰國文字，構形从"言"、从"身"聲，或从"躳"聲，本是形聲

字，主要流行於三晉地區。或从"言"、从"人"，改爲會意字，"人"旁常加飾筆似

"千"，以楚地流行爲主。秦簡構形从"人"、从"言"，爲《説文》篆文作，馬王

堆帛書作（《事語》），漢碑作（禮器碑陰）所本。

"信"字異體，楚簡作（清華《三壽》）、（清華《三壽》），贅增"心"

旁；古璽或作（彙 3125），改"言"旁爲"心"。誠信是人的品質，和人的心理

有關，故从"心"，爲義近偏旁互作。《説文》古文作、，前一形从"言"、从

"心"；後一形从"人"，"言"旁改爲"口"，也是義近偏旁互作，但此二形古文字皆

未見。秦統一文字後，"信"作爲標準字形，其餘異體皆遭淘汰。

9. 絲，（周甲 153），甲骨文；（無㠱鼎），（中伯壺），（秦公

簋），（宋公欒戈），（欒書缶），（絲左庫戈），（元年建信君鈹），

金文；（彙 2535），（彙 2539），（彙 2540），（秦風 43），古璽；

（清華《繫年》），（包山 193），（包山 105），（安大《詩

經》），（安大《詩經》），楚簡；（里耶 8-1997），秦簡。會意字。《説文》：

“繇，亂也。一曰治也，一曰不絕也。從言、絲。，古文繇。”訓義近於“闌”“亂”字，但古文字未見之，當爲聲訓。

“繇”字構形，《説文》以爲從“言”、從“絲”會意，從甲骨文、金文分析，當從“茲”或“絲”聲，爲形聲字。戰國文字“絲”旁或作省形；構形或從“言”、省從“絲”，秦簡沿襲，爲《説文》篆文作，馬王堆帛書作（《灸經》）所本。

金文、古璽“繇”字或用作姓氏“欒”，秦公簋則讀爲“蠻”，爲通假字。

10. 訊，（合 1824），（合 6746），（合 191261），（合 36389），甲骨文；（五祀衛鼎），（冘簋），（師同鼎），（多友鼎），（兮甲盤），（虢季子白盤），（不嬰簋），（晉侯穌鐘），金文；（曾侯），（曾侯），楚簡；（雲夢《封診》），（里耶 8-141），（嶽麓三 202），秦簡。象形兼會意字。《説文》：“訊，問也。從言，卂聲。，古文訊，從卤。”本義爲審問的俘虜，引申爲訊問。

“訊”字構形，甲骨文、金文象審訊反縛之俘虜，從“口”，或加“幺”或“糸”表捆綁之繩索。金文“人”旁下或加足形“止”。楚簡“口”旁改爲義近偏旁“言”，“人”“糸”相連，且聲化爲“係”。秦簡從“言”，將金文捆綁之人形省爲“卂”（《説文》遂以爲是聲旁），爲《説文》篆文作，漢印作（徵 3.4），漢碑作（李孟初神祠碑）所本。

“訊”字古文《説文》作，構形從“言”、從“卤”聲，段玉裁注指出：“卤，古文西。”楚簡“訊”字或作（上博《姑成》）、（上博《相邦》），與《説文》所收“訊”字古文構形同。“讁”字隸寫作“誷”，亦即晚出之“哂”字，“言”旁換作"口"旁，同義互换。後世訓"哂"義爲"笑也"，見《玉篇》，又訓爲譏笑。按《論語·先進》"夫子哂之""夫子何哂由也"，舊也訓"哂"爲譏笑，朝鮮樂浪貞栢洞出土的漢簡《論語》中"哂"字作"訊"，可見《論語》"哂"字當訓訊問義，舊説不確。亦證《説文》所收古文不誤。

西周金文的"訊"字，皆用爲本義，指俘虜。按《詩·小雅·出車》："赫赫南仲，薄伐西戎。……執訊獲醜。"《詩·大雅·皇矣》："執訊連連，攸馘安安。"鄭玄箋："執所生得之而言問之。""訊"字也用本義，可以互參。

11. 啻，（九年衛鼎），（史牆盤），（啻簋），（澅伯簋），（令瓜君壺），金文；（郭店《語叢》三），（上博《鬼神》），（上博《踐阼》），（清華《祭公》），（安大《詩經》），（清華《四告》），楚簡。指事字。《説文》："啻，快也。从言，从中。"分析構形不確，造字本義不明。林義光指出："言中爲快，非義。从言，○以示言中之意，當與意同字。"（《文源》）可備一説。

"啻"字構形，金文於"言"字中間加圓圈作指示符號（屬于思泊師指出的"因聲指事字"），或於圓中及"口"中增短横爲飾。楚簡或省中竪筆，成爲上"言"下"曰"構形。《説文》篆文作，漢碑作（魯峻碑），回歸金文原來構形。

金文"啻"字或讀爲"億"，楚簡"啻"字或讀爲"意"，皆是同音通假。

12. 譱，（諫簋），（卯簋），（善夫克鼎），（克鼎），（毛公鼎），（融比盨），（厚諺鐘），（魯左司徒元鼎），（莒平鐘），金文；（彙4494），（彙4548），（彙3088），（彙5581），（彙3379），古璽；（清華《繫年》），（上博《命》），（上博《民之》），（上博

《東大王》），▦（郭店《老子》甲），▦（郭店《尊德》），▦（郭店《語叢》一），

▦（清華《四告》），▦（清華《廼命》），▦（清華《五紀》），楚簡；▦（雲夢

《日書》甲），▦（里耶 8‒1072），▦（北大《醫方》），秦簡。會意字。《說文》：

"譱，吉也。从誩、从羊，此與義、美同意。▦，篆文善，从言。"訓"吉"與"義"

"美"同意爲引申義。

　　"譱"字構形，金文从"誩"、从"羊"會意，造字本義不明。戰國文字及秦簡省

从"言"，爲《說文》篆文或體作▦，馬王堆帛書作▦（《老子》甲）、▦（《縱

橫》）所本。《說文》本篆作▦，源於西周金文，東漢碑刻仍有作▦（夏承碑），但

已屬鳳毛麟角。兩漢以降"善"字流行，"譱"的寫法漸遭淘汰。

　　13. 音，▦（殷簋），▦（秦公鎛），▦（莒平鐘），▦（徐王子旎鐘），▦（曾

侯乙鐘），▦（曾侯乙鐘），金文；▦（秦公石磬），刻石；▦（彙4284），古璽；

▦（陶4.101），陶文；▦（清華《祝辭》），▦（清華《四告》），▦（郭店《五

行》），▦（清華《食禮》），▦（上博《亙先》），▦（上博《采風》），▦

（清華《廼命》），▦（清華《五紀》），▦（清華《食禮》），▦（清華《食

禮》），▦（清華《三壽》），▦（包山248），▦（郭店《老子》甲），楚簡；

▦（雲夢《日書》甲），▦（嶽麓叁154），秦簡。指事字。《說文》："音，聲也。

生於心、有節於外謂之音。宮、商、角、徵、羽，聲；絲、竹、金、石、匏、土、革、

木，音也。从言，含一。"由本義聲音引申爲樂音。

　　"音"字構形，金文於"言"字"口"中加一短橫作指事符號，也因"言"字爲聲。楚簡構形相同，或以中豎筆貫穿"口"内兼作指事。秦簡無變化，爲《説文》篆文作 ，馬王堆帛書作 （《老子》甲）、（《老子》甲後）所本。

　　因"音"是"言"的分化字，古文字用作偏旁時，"言""音"二旁可以互作。

○二六 心部

《説文》：“心，人心。土藏，在身之中。象形。博士説以爲火藏。”“心”是人之五臟之一。“心”字構形，甲骨文作 、、、，西周早期金文作 ，象人心臟形。金文作 、、、、、、、、、、，或於“心”形中加小點或竪筆。自戰國文字始，這種中間加點、竪構形甚少見。古璽作 、、，陶文作 ![心](陶3.620)、![心](陶4.33)，楚簡作 、、、、、、、、、，秦簡作 、、![心](北大《從

政》），變化不大，爲《説文》篆文作 ，漢印作 （徵12.00），馬王堆帛書作

（《老子》甲）、（《事語》），石經作 （熹平石經《周易》）所本。

漢代以降，在隸變過程中，"心" 旁由於偏旁所處位置不同，被分作 "心" "忄"

"小" 三種寫法，如 （史晨碑）、（孔彪碑）、（白石神君碑）等字，

即其例。

古人認爲，心臟是思考器官，人的思維、情感皆來源於心，所以有關情感、思維的字，構形大都從 "心" 旁。而 "言" 由 "心" 生、從 "口" 而出，因此作爲義近偏旁，在不改變文字本意的情況下，"言" "口" "心" 可以通用。

1. 恖，（合5346），（菁11.4），甲骨文；（克鼎），（番生簋），

（毛公鼎），（猷鐘），（逨鐘），（蔡侯申盤），（蔡侯申鐘），

（□□鼎），金文；（彙1108），古璽；（清華《琴舞》），（清華《三

壽》），（清華《四告》），（郭店《尊德》），（左家漆梮），楚簡；

（雲夢《日書》甲），秦簡。會意字。《説文》："恖，多遽恖恖也。從心、囟，囟亦聲。" 是以篆文解説構形。

"恖" 字構形，甲骨從 "心"，上加一中間帶小圓竪筆，金文或作肥竪筆，後於竪筆中加小橫或點，會通徹之意。容庚指出："從 在心上，示心之多遽恖恖也。《説文》云 '從心，囟'，囟當自 之變形。又云囟亦聲，乃由指事變爲形聲矣。"（《金文編》"恖" 字按語。）楚簡 "恖" 字構形除與金文相同外，增 "凶"，這種寫法的 "恖" 字，裘錫圭以爲是 "心" 形與 "凶" 形混用（《釋古文字中的有些 "恖" 字和從 "恖"、從 "兇" 之字》）。從《説文》 "恖" 字篆文作 ，不難發現兩者之間的淵源。繁構的

"恖"字，在隸變後省筆寫成"怱"，成爲後來異體俗字，如從"恖"的"聰"字作

聰（逢盛碑），或作 聰（譙敏碑）。至於秦簡"恖"字上部省作圓點，亦見馬

王堆帛書作 乇（《老子》甲後），其構形本從竪筆變來。例如"總"字，楚簡作 結

（清華《治政》），秦簡作 紀（雲夢《秦律》），馬王堆帛書作 緷（《老子》乙前）；

"聰"字，楚簡作 聏（清華《治政》），漢碑作 聰（楊叔恭碑）、聽（張遷

碑）；"蔥"字，楚簡作 蒀（清華《五紀》）、葱（清華《五紀》），居延漢簡作

茗（甲 2001），皆可看出其源流。

2. 惪，𤔌（嬴霝德壺），𤔌（陳侯因資壺），𤔌（者汈鎛），世（令瓜君壺），

𤔌（中山王鼎），𤔌（好盗壺），金文；𤔌（侯馬），盟書；𤔌（郭店《語叢》三），

𤔌（清華《皇門》），𤔌（上博《仲弓》），𤔌（清華《廼命》），𤔌（清華《廼命》），

𤔌（清華《命訓》），𤔌（清華《治政》），𤔌（清華《治政》），𤔌（清華《治

政》），𤔌（安大《曹沫》），𤔌（清華《成人》），𤔌（郭店《老子》乙），𤔌

（郭店《五行》），𤔌（上博《子道》），楚簡。會意兼形聲字。《説文》："惪，外得於

人，内得於己也。從直，從心。"本義爲"德"，亦即"德"之本字。

"惪"字構形，金文從"心"、從"直"聲（古音舌上音讀爲舌頭音），"直"旁側

或加"乚"作"直"（最早見西周金文"直"字寫法），盟書相同。楚簡或將"直"上

"十"形改作小長圓點；有的甚至省略"十"形只存"目"形。《説文》篆文作 惪，

沿襲金文構形，馬王堆帛書作 （《老子》甲後）、（《老子》甲後），源自楚簡，

爲漢碑作 （北海相景君碑）、（鄭固碑）所本。

楚簡"惪"字或作 （清華《四告》）、（清華《四告》），構形從三"目"，雖爲繁構，却是匪夷所思。

又，《説文》："德，升也。從彳，惪聲。""德"是西周時出現的觀念和字形，在中國思想史研究上，這一點很重要。從古文字分析，"德"與"惪"爲一字異寫，《玉篇》亦謂"惪"字同"德"。若從文字發展演變軌迹着眼，"惪"實爲"德"字省體，而《説文》誤分爲二。"德"字主要見兩周金文，構形作 （何尊）、（盂鼎）、（燮公盨）、（嬴霝德壺蓋）、（陳曼簠），從"彳"、從"惪"。或省"彳"成"亻"作 （王孫鐘）；或從"辵"繁構作 （叔家父匡）、（王孫誥鐘），一直流行至春秋晚期。而"惪"字除嬴霝德壺是省"彳"旁（蓋銘不省）外，皆出現於戰國文字。因此從"德""惪"二字出現時間，兩者關係便可一目了然。由於秦國陶文仍有作 （録6.294.2），保留了繁構之形，以致《説文》篆文分作 、二形，而且分歸於不同的部首，説解也不同。

附及，"惪"字所從之"直"字，甲骨文作 （合22048）、（合5828）、（合22103），金文作 （恆簋），盟書作 （侯馬）、（侯馬）、（侯馬），楚簡作 （上博《建州》乙）、（上博《建州》乙）、（郭店《唐虞》），秦簡作 （北大《算》甲）、（里耶8-63）、（嶽麓叁63）。其構形

本於“目”上加一竪筆，會竪直之意。後竪筆上加一裝飾點，再由點變成一横，遂成“十”形。這也是古文字構形演變規律之一。《説文》：“直，正見也。从乚，从十，从目。”以後出字形説解。竪直、端正是其本義。

3. 悉，✲（中山王壺），✲（䀇盗壺），✲（燕侯載簋），金文；✲（彙4655），✲（珍戰209），✲（珍戰206），古璽；✲（郭店《緇衣》），✲（郭店《唐虞》），✲（上博《容成》），✲（上博《仲弓》），✲（郭店《尊德》），✲（清華《五紀》），✲（清華《五紀》），✲（清華《程寤》），楚簡。形聲字。《説文》：“悉，惠也。从心，旡聲。✲，古文。”（今本《説文》“旡”作“旡”。）本義爲惠愛、仁愛。

“悉”字目前最早見戰國文字，構形从“心”、从“旡”聲，爲《説文》篆文作✲所本。《説文》古文作✲，从“心”、从“既”聲，隸定作“慨”，即“悉”字或體，也見戰國文字。齊陶文作✲（録3.648.3）、✲（録3.329.4）；楚簡作✲（清華《五紀》）、✲（包山236）、✲（包山239）、✲（清華《治政》）、✲（上博《用曰》）、✲（郭店《語叢》三）、✲（郭店《語叢》二）、✲（包山207），“旡”旁或作“欠”，“皀”旁或作“食”，但用法與“悉”無異。

楚簡“悉”字寫法較爲豐富。所从“旡”字之口形或向左或向右，加之書手隨意，“旡”旁或省筆作✲（清華《成人》）；或訛成“兄”作✲（郭店《唐虞》）；或訛成“攵”作✲（郭店《五行》）、✲（上博《曹沫》）、✲（郭店《老子》甲）；或訛成“夭”作✲（上博《魯穆》）、✲（郭店《尊德》）；或訛成“又”作✲（清華《治政》）、（安大《曹沫》）。或於"惡"字下增"虫"旁（飾）作（上博《詩論》）、（上博《詩論》），若無上下文意參照，很容易造成誤釋。

《説文》另有"愛"字，歸入"夂"部，云："愛，行皃。從夂，惡聲。"以行貌爲解。徐鍇指出："古以惡爲慈愛，故以此爲行皃。"朱珔《説文假借義證》指出："今惠惡字皆借愛字爲之而惡廢，即愛之本義亦廢也。"事實上"愛"字與"悤"字一樣，同是"惡"的異體字，最早見秦簡作（雲夢《日書》乙）、（嶽麓《爲吏》）、（里耶8-567）、（北大《從軍》），亦見馬王堆帛書作（《老子》甲）、（《老子》甲後）、（《老子》乙前），銀雀山漢簡作（《孫子》），構形是在"惡"下增"夂"，亦可視作"惡"字繁構。可見寫作"愛"本屬秦文字構形。若從"愛"字出現的時間角度，也不妨視"惡""愛"爲古今字關係。漢碑寫作（西狹頌）、（徐美人墓志）、（夏承碑），上部漸訛成"爪"形，後遂成楷書固定寫法。

4. 懋，（合29004），甲骨文；（小臣謰簋），（懋史鼎），（免卣），（師旂鼎），（史懋壺），（小臣謰簋），（宅簋），（召尊），金文；（清華《四告》），（清華《四告》），（清華《四告》），（清華《皇門》），（清華《祭公》），（郭店《性自》），（上博《仲弓》），（上博《容成》），（上博《彭祖》），（清華《治政》），（清華《不韋》），楚簡。形聲字。《説文》："懋，勉也。從心，楙聲。《虞書》曰：'時惟懋哉。'孞，或省。"勤勉、努力是其本義。

"懋"字構形，甲骨文作"悉"，從"心"、從"矛"聲；金文改從"楙"聲（"楙"字從"矛"得聲），或從"堥"聲。楚簡雖爲沿襲，但大都又回歸甲骨文構形作"悉"。《説文》以"懋"爲正體，"悉"爲或體，篆文分作 、 二形。

需要指出的是，"懋"字構形甲骨文、楚簡所從的"矛"實爲"髳"（或以爲"柔"）之象形字，金文所從的"矛"則爲刺兵"矛"的象形，兩者來源不同，但讀音相同，故可互作，這也可以視爲聲旁互換的異體字。

另外，楚簡"懋"字異體或作 （清華《琴舞》）、（清華《祭公》），從"茅"聲。其既可看作"懋"字或體，也可視爲"懋"字異寫，因"林""艸"同爲草木義，在用作形旁時可以互作，古文字尤其是甲骨文例子甚多。

5. 惪，（無憂卣），（伯憂觶），（毛公鼎），（中山王鼎），（奸盗壺），金文；（郭店《老子》乙），（清華《耆夜》），（上博《競建》），（郭店《唐虞》），（安大《仲尼》），（清華《治政》），（清華《皇門》），（安大《詩經》），（上博《吳命》），（上博《彭祖》），（上博《内豊》），（上博《周易》），楚簡；（雲夢《日書》甲），秦簡。象形兼會意字。《説文》："惪，愁也。從心，從頁。"

"惪"即"憂"之本字，金文構形象人以手撫面，會憂愁意。"憂"是心理行爲，故戰國文字增形旁"心"，上部類化爲"頁"，作"惪"。寫作"憂"最早見戰國秦文字，秦駰玉版作 、，秦簡作 （雲夢《爲吏》）、（北大《日書》），爲馬王堆帛書作 （《老子》甲後）、（《老子》乙前），漢簡作 （銀雀山《孫臏》）、

（居延甲 1919）所本。後一例還保留了"心"旁置下的寫法，其用法皆與"惪"相同。可見"憂"是秦文字"惪"的繁構異寫，而《説文》却入"夊部"并另列字頭，篆文也分作　、　二形。《説文》："憂，和之行也。从夊，惪聲。《詩》曰：'布政憂憂。'"解説爲優游義，其實引《詩》是以"憂"字通假爲"優"而已，非其本義。另外，西漢時"惪"字仍存在，見馬王堆帛書作　（《老子》甲後）、漢印作　（徵 10.19）。東漢時隷書基本上再未出現"惪"字。

楚簡"惪"字或作　（上博《從政》）、　（郭店《性自》）、　（天星觀），"頁"旁改爲"百"，乃同義偏旁互作；或作　（上博《周易》）、　（清華《廼命》），增"肉"旁。皆爲異構，也可作書法創作時參考。

6. 慮，　（般殷鼎），金文；　（郭店《緇衣》），　（上博《有皇》），　（上博《踐阼》），　（上博《姑成》），　（郭店《語叢》二），　（清華《五紀》），　（上博《緇衣》），楚簡；　（雲夢《爲吏》），　（北大《從政》），秦簡。形聲字。《説文》："慮，謀思也。从思，虍聲。"分析構形不確。

"慮"字最早見春秋金文，構形从"心"、从"膚"聲。楚簡沿襲，或省从"盧"聲，秦簡同，爲《説文》篆文作　，馬王堆帛書作　（《老子》乙前），銀雀山漢簡作　（《孫臏》）所本。

戰國文字"慮"字異體，金文作　（中山王鼎）、　（中山王壺），楚簡作　（上博《亙先》），古璽作　（彙 975），構形从"心"、从"呂"聲，隷定作"㥷"；或

作 [字形]（彙243）、[字形]（彙3447），構形從"心"、從"虎"聲，隸定作"慮"。秦統一文字後，這些異體皆遭淘汰。

7. 恆，[字形]（恆父辛壺），[字形]（昌鼎），[字形]（恆簠），[字形]（恆簠），金文；[字形]（彙5700），[字形]（彙2675），[字形]（珍秦42），[字形]（珍秦47），古璽；[字形]（包山231），[字形]（安大《仲尼》），[字形]（安大《仲尼》），[字形]（郭店《魯穆》），[字形]（清華《湯丘》），楚簡；[字形]（雲夢《爲吏》），[字形]（雲夢《日書》乙），[字形]（里耶8-1073），秦簡。形聲字。《説文》："恆，常也。從心從舟，在二之間上下，心以舟施恆也。[字形]，古文恆，從月，《詩》曰：'如月之恆。'"説解構形不確。長久是"恆"之本義，引申爲恆心。

"恆"字構形，金文從"心"、從"亙"聲，所從"亙"旁構形於"二"中置"月"。戰國文字或改從"月"之同義偏旁"夕"，旁增飾筆。秦文字從"月"，爲馬王堆帛書作 [字形]（《老子》甲後）、[字形]（《縱橫》）、[字形]（《老子》乙前）所本。《説文》篆文作 [字形]，"月"旁訛作"舟"，源自馬王堆帛書或作 [字形]（《老子》甲）之誤。

《説文》"恆"字古文作 [字形]，其實源自甲骨文作 [字形]（合14766）、[字形]（合14769），西周金文作 [字形]（亙鱓）、[字形]（亙鼎），會意字。其既是"亙"字，亦爲"恆"之本字（《説文》以"亙"爲"榰"字古文，不確，兩者實爲通假關係）。戰國文字"亙"字繁化，金文作 [字形]（格氏令戈），楚簡作 [字形]（郭店《老子》甲）、[字形]（安大《仲尼》）、[字形]（上博《舉治》）、[字形]（新蔡甲一22）、[字形]（清華

《不韋》）、（清華《畏天》）、（包山 201），中間構形訛似"外"（"恆"字亦同），與《説文》"恆"字古文構形相同。

楚簡"恆"字異體或作（包山 233），"心"旁換成"口"旁，因爲古人以爲人之語言、思維皆由心生，故作爲形旁時"口""心"可互用；或作（郭店《緇衣》）、（上博《建州》乙）、（清華《芮良夫》）、（上博《陳公》），"恆"是持續的行爲，故以表行動義的"止"或"辵"替換"心"旁。這些異體在秦統一文字後皆遭淘汰。

附帶指出，楚簡不從"心"旁的"恆"（即"亙"）字常與"亟"字混用，這是二者形、音皆近的緣故，裘錫圭曾有專文論及（《是"恆先"還是"極先"?》）。另外，"恆"字漢碑有作（郙閣頌）者，所從"亙"旁訛作"亘"。當因《説文》"亘"字篆文作，與"亙"形似，以致書手誤作。

8. 慎，（雲夢《秦律》），（雲夢《爲吏》），（北大《算》甲），（北大《從政》），秦簡。形聲字。《説文》："慎，謹也。從心，真聲。，古文。"本義爲謹慎、慎重。

"慎"字構形，從"心"、從"真"聲，最早見秦簡，爲《説文》篆文作，馬王堆帛書作（《老子》甲）、（《老子》甲後）、（《縱橫》）、（《老子》乙後），漢簡作（《孫臏》）、（居延甲 1919）、（劉熊碑）所本。《説文》古文作，最早見春秋戰國金文作（邾公華鐘）、（旨录戈），

也見楚簡作 ![字] (郭店《語叢》一)、![字] (清華《四告》)、![字] (清華《四告》),構形從“火”從“日”會意。隸定作“昚”。

楚簡中用作“慎”的字,除寫作“昚”外,其構形不僅與“慎”不同而且繁雜。或作 ![字] (上博《吳命》)、![字] (清華《尹至》)、![字] (上博《曹沫》),從“心”、從“訢”聲,疊增“丨”聲(“丨”即“針”之本字),或於“丨”上加裝飾點;或作 ![字] (上博《緇衣》)、![字] (上博《弟子》)、![字] (安大《仲尼》)、![字] (安大《仲尼》)、![字] (安大《詩經》),省“心”;或作 ![字] (包山 122),將“心”旁改成“參”聲;或作 ![字] (郭店《五行》),省“丨”;或作 ![字] (上博《孔子》)、![字] (郭店《五行》)、![字] (安大《曹沫》)、![字] (安大《曹沫》),將“丨”旁改爲“幺”旁;或作 ![字] (上博《緇衣》)、![字] (郭店《成之》)、![字] (包山 125)、![字] (安大《詩經》),再省“心;或作 ![字] (清華《畏天》)、![字] (清華《畏天》)、![字] (清華《畏天》),省“言”;或作 ![字] (信陽),“斤”旁訛作“攵”。可分別將其隸作“憼”“訢”“謤”“誟”“慭”“訢”“慾”“歆”。頗疑楚簡的這類“慎”字構形,是在“訢”或“忻”字的基礎上創造的新字(異體),秦統一文字後便作爲異體淘汰。

另外,楚簡“慎”字或作 ![字] (清華《治政》)、![字] (清華《治政》)、![字] (清華《治政》),隸定作“憼”;或省作 ![字] (清華《厚父》)、![字] (清華《厚父》),隸定作“怒”,從簡文上下文義及對參《禮記·緇衣》等傳世文獻,其爲“慎”字異體無疑。按“怨”字亦見三晉古璽作 [字形] （彙 4933），與舊釋爲“悊”字省體的 [字形] （彙 4282）、[字形] （彙 4959）、[字形] （彙 4307）、[字形] （彙 4300）、[字形] （彙 4323） 是否爲同一字，以及後者是否也是“慎”字異體，皆有待深入研究。

又，秦漢文字以“炅”爲“熱”字異體（《説文》單列），古璽作 [字形] （彙 1978），馬王堆帛書作 [字形] （《老子》甲）、[字形] （《老子》甲），居延漢簡作 [字形] （乙 52.12），漢碑作 [字形] （曹全碑陰），構形也是從“火”從“日”會意，與“昚”字只是偏旁上下位置不同。“昚”“炅”二字究竟關係如何，也待進一步研究。

○二七 又部

　　《説文》："又，手也，象形。三指者，手之列多略不過三也。""又"字構形，甲

骨文作 ⚟（合6498）、⚟（合376）、⚟（合33840）、⚟（合19876）；金文作 ⚟（亞

又彝）、⚟（何尊）、⚟（盂鼎），⚟（麥鼎），⚟（毛公鼎）、⚟（伯吉父

簋）、⚟（秦公鎛）、⚟（陳侯午錞）、⚟（㑣璋鎛）；楚簡作 ⚟（郭店《語叢》

一）、⚟（上博《民之》）、⚟（清華《尹至》）、⚟（上博《容成》）、⚟

（清華《保訓》）、⚟（上博《采風》）；秦簡作 ⚟（雲夢《日書》甲）。象形

字。《説文》篆文作 ⚟，馬王堆帛書作 ⚟（《天文》），一直没有變化。

　　戰國文字"又"字（尤其是在用作偏旁時）構形，或於字之左下加裝飾點作 ⚟

（中山玉器）、⚟（中山王鼎）、⚟（彙4558）、⚟（彙4728），形似"寸"，但與後世

"尺寸"的寸字非同字。"寸"字最早見戰國文字，而《説文》"寸"部所收之字，古

文字構形大都從"又"作。

1. 厷，🔸（合 5532），🔸（合 1772），🔸（合 13680），🔸（合 10419），🔸（合 10450），甲骨文；🔸（亞厷鼎），🔸（亞厷父乙卣），🔸（伯宏鼎），🔸（多友鼎），🔸（毛公鼎），🔸（師詢簋），🔸（番生簋），🔸（三年師兌簋），金文；🔸（上博《民之》），🔸（安大《詩經》），🔸（清華《治政》），🔸（清華《五紀》），🔸（清華《五紀》），🔸（清華《五紀》），楚簡。指事字。《説文》："厷，臂上也。从又，从古文。乀，古文厷象形。🔸，厷或从肉。""厷"即"肱"字初文（《説文》視"肱"爲或體），本義爲小臂。

"厷"字構形，甲骨文和晚商金文（族氏銘文）皆以"〇"（小圓圈）作指事符號附於"又"下側，指示"肱"的位置，西周金文始分離成爲偏旁，爲楚簡沿襲。金文及楚簡"厷"或訛似"右"。楚簡或作甲骨文構形下增"口"飾。《説文》篆文作🔸，"〇"雖然已訛作乀，但漢碑作🔸（華芳墓志），仍然不誤。《説文》篆文或體作🔸，漢碑作🔸（張遷碑），增義近偏旁"肉"。漢印或作🔸（徵 3.15），"厷"旁同於篆文，但"肉"旁則訛作"舟"。

楚簡"厷"字或作🔸（包山 183）、🔸（上博《周易》）、🔸（包山 122），疊增同義形旁"手"；或在"厷"所从之"〇"中加點似"日"，皆爲繁構異體。

2. 夬，🔸（合 19884），🔸（合 9367），🔸（合 21864），🔸（英 1821），甲骨文；🔸（柞伯簋），🔸（段簋），金文；🔸（上博《凡物》乙），🔸（仰天湖），🔸（郭店《老子》乙），🔸（上博《周易》），🔸（上博《采風》），🔸

（包山 260），⿱（郭店《語叢》一），⿱（望山 M1），楚簡；⿱（雲夢《日書》乙），⿱（嶽麓叄 99），秦簡。象形字。《説文》："夬，分決也。从又ㄔ，象決形。""夬"是射箭時爲避免弓弦將手指割傷，套在手指上的圓孔形玉器，俗稱"扳指"。"分決"當爲其引申義。

"夬"字構形，甲骨文、金文从"又"（手指）上套一"○"（扳指）。楚簡"又"旁筆畫或穿"○"上出，形似"史"字，秦簡寫法相同，爲馬王堆帛書作⿱（《老子》甲）、⿱（《相馬》）所本。馬王堆帛書或作⿱（《縱横》），遂爲《説文》篆文作⿱，石經作⿱（熹平石經《周易》）所本，從而與"史"形區分。

3. 叔，⿱（合 22352），甲骨文；⿱（克鼎）⿱（吳方彝）⿱（師嫠簋），⿱（師嫠簋），⿱（叔卣），⿱（叔鼎），金文；⿱（珍秦 185），古璽；⿱（雲夢《秦律》），⿱（北大《泰原》），⿱（雲夢《日書》乙），秦簡。象形兼會意。《説文》："叔，拾也。从又，尗聲。汝南名收芋爲叔。⿱，或从寸。"本義指大豆，即"菽"之本字，也用作豆類的總稱。後世因借用作排行次義的"伯仲叔季"之叔，故增義旁"艸"作"菽"來區分。

"叔"字構形，甲骨文从"又"（手）、从"弋"（木橛）插地種豆，金文構形同。戰國文字暫缺（有"尗"字及从"尗"的"戚"等字）。秦簡没有變化，爲《説文》篆文作⿱所本。《説文》或體作⿱，謂構形从"寸"，實爲"又"旁加裝飾點。馬王堆帛書作⿱（《老子》甲後）、竹簡作⿱（M1），漢碑作⿱（曹全碑），石經作⿱（熹平石經《春秋》），兩種寫法皆見。

4. 燮，⬚（合 26630），⬚（合 18178），⬚（合 18793），⬚（合補 6455），

⬚（合 28019），⬚（合 7074），⬚（合 13404），⬚（英 1748），甲骨文；⬚

（燮簋），⬚（燮卣），⬚（晉侯簋），⬚（曾伯黍匜），⬚（秦公鎛），金文，⬚

（遜庵），⬚（彙 3286），古璽；⬚（清華《芮良夫》），⬚（清華《四告》），楚

簡。會意字。《説文》：“燮，和也。从言，从又、炎。籀文燮，从羊，讀若溼。”本義

爲調理燃火（高鴻縉《中國字例》），引申爲調和義。

“燮”字構形，甲骨从“又”持某種工具於衆火中調撥，工具形綫條化後成“丁”

形，或於下部左右加飾筆似“不”；或省爲單“火”，更省“又”旁。金文沿襲，漸固

定成从二“火”。戰國文字仍存从“丁”構形。楚簡或省“丁”、構形从“火”、或从

“炊”；或作“丁”“又”借筆，爲簡體。春秋晚期秦金文改爲从“言”，爲《説文》篆

文作⬚，石經作⬚（熹平石經《春秋》）所本。

又，《説文·炎部》另有“燮”字，義爲“大熟也。”《説文》篆文作⬚，不排除

源自甲骨文，與“燮”爲一字異寫。

金文“燮”字，除用作本義調和、協調外，或訓爲征伐，也見《詩·大雅·大明》：

“篤生武王，保右命爾，燮伐大商。”當是音近通假爲“襲”字的原因。

5. 及，⬚（合 21414），⬚（合 6592），⬚（合 11559），⬚（合 265），⬚（合

33063），甲骨文；⬚（弓及觚），⬚（保卣），⬚（豚叔多父盤），⬚（子犯鐘），

⬚（秦公鎛），⬚（齊鞄氏鐘），⬚（沇兒鐘），⬚（中山王鼎），金文；⬚（郭店

《成之》），⬚（清華《子居》），⬚（上博《鬼神》），⬚（安大《仲尼》），

[字形] （安大《曹沫》），[字形] （上博《詩論》），[字形] （清華《繫年》），[字形] （安大《詩經》），[字形] （清華《禱辭》），[字形] （清華《禱辭》），楚簡；[字形] （雲夢《日書》乙），[字形] （北大《從政》），[字形] （里耶 8-141），秦簡。會意字。《説文》："及，逮也。从又，从人。[字形]，古文及，秦刻石及如此。[字形]，亦古文及。[字形]，亦古文及。"

"及"字構形，甲骨文、金文从"又"（手）逮"人"會意。本作"又"觸及"人"之後下側，後"又"或穿插"人"旁，或處其下。"人"旁戰國文字增飾筆，秦簡則恢復舊形。秦嶧山碑作[字形]，爲《説文》篆文作[字形]，馬王堆帛書作[字形]（《老子》甲後）、[字形]（《老子》甲），銀雀山漢簡作[字形]（《孫臏》）所本。

"及"字異體，金文作[字形]（仲儀父鼎），楚簡作[字形]（上博《容成》）、[字形]（清華《芮良夫》），"及"因有行動義，故增形旁"止"爲繁構，成形聲字。或增"彳"即"彶"字，《説文》另列入"彳"部（詳下）。《説文》所收古文之一作[字形]，源自楚簡"返"，寫作[字形]（郭店《語叢》二）、[字形]（郭店《語叢》二），其也可以看作"及"或"彶"字的繁構。至於《説文》所收其餘古文作[字形]、[字形]二形，古文字未見，乃是訛誤所致。

此外，楚簡"及"字下部增飾筆作[字形]（清華《保訓》），或作[字形]（郭店《唐虞》），將一橫寫成一撇一捺，以致構形似"秉"字，其極容易與之相混淆。楚簡"秉"字作[字形]（郭店《緇衣》）、[字形]（上博《用曰》）、[字形]（上博《蘭賦》）、[字形]（清華《耆夜》），上部差別甚小，可以參看。

6. 皮，![字形](花束 550)，![字形](花束 149)，甲骨文；，，，，，，，金文；![字形](彙 307)，![字形](彙 3089)，古璽；![字形](包山 33)，，，，，，，，，楚簡；，，，秦簡。象形字。《説文》："皮，剥取獸革者謂之皮。从又，爲省聲。……![字形]，古文皮。![字形]，籀文皮。"釋義可從，分析構形有誤，字不从"爲"聲。

"皮"字構形，甲骨文从"又"（手），被剥皮之獸所象不明。金文構形相同。戰國文字上部"口"形筆畫或橫穿，或增飾筆，楚簡、秦簡構形相似，爲漢印作![字形]（徵 3.20），銀雀山漢簡作![字形]（《孫臏》），石經作![字形]（熹平石經《儀禮》）所本。《説文》篆文作![字形]、古文作![字形]、籀文作![字形]，構形皆有所訛。

7. 取，![字形](合 7061)，![字形](合 112)，![字形](合 14460)，![字形](合 657)，甲骨文；，，，，，，，，，金文；，刻石；![字形](彙 3338)，![字形](彙 4601)，古璽；![字形](歷博・燕 106)，![字形](録 2.716.5)，![字形](録 2.135.4)，![字形](録 2.285.4)，陶文；![字形](上博《子

羔》）,[字形]（郭店《老子》甲）,[字形]（郭店《五行》）,[字形]（清華《廼命》）,[字形]（清華《廼命》）,[字形]（清華《繫年》）,[字形]（安大《曹沫》）,[字形]（郭店《性自》）,楚簡;[字形]（雲夢《答問》）,[字形]（雲夢《日書》乙）,[字形]（里耶 8－1221）,[字形]（北大《醫方》）,[字形]（北大《醫方》）,秦簡。會意字。《説文》:"取,捕取也。从又,从耳。《周禮》:'獲者取左耳。'《司馬法》曰:'載獻聝。'聝者,耳也。"本義爲古時打仗殺敵人後,割取其左耳（即"聝"）,以記軍功。

"取"字構形,甲骨文从"又"（手）、从"耳",金文沿襲,戰國文字相同。秦簡無變化,爲《説文》篆文作[字形],馬王堆帛書作[字形]（《老子》甲）、[字形]（《縱横》）,銀雀山漢簡作[字形]（《孫子》）,石經作[字形]（熹平石經《春秋》）所本。

楚簡"取"字寫法較豐富,或作[字形]（郭店《語叢》一）、[字形]郭店《語叢》三）、[字形]（上博《競建》）、[字形]（清華《筮法》）,於"耳"上增裝飾短橫;或作[字形]（包山 231）,於"又"下加點似"寸";或作[字形]（上博《顔淵》）、[字形]（郭店《尊德》）,將"又"旁改爲"攵";或作[字形]（清華《繫年》）,將"耳"旁訛爲"自"。皆出於書手原因。

8. 對,[字形]（合 18755）,[字形]（合 30600）,[字形]（屯 4529）,[字形]（合 36419）,甲骨文;[字形]（父乙尊）,[字形]（曆鼎）,[字形]（令鼎）,[字形]（史牆盤）,[字形]（毛公鼎）,[字形]（對簋）,[字形]（柞鐘）,[字形]（多友鼎）,[字形]（王臣簋）,金文;[字形]（北大《算》

甲），秦簡。會意字。《説文》："對，䧹無方也。從丵，從口，從寸。對，對，或從土。漢文帝以爲責對而爲言，多非誠對，故去其口以從土也。"分析構形有誤。以"對"爲"對"字或體，以"應對"釋義。

"對"字構形，甲骨文、金文從"丵"、從"又"，造字本義不明，西周金文或從"収"，或從雙"又"（即"廾"）。目前楚簡尚未發現"對"字，秦簡已出現從"口"的"對"字，當爲異體，爲《説文》篆文作 對 所本。馬王堆帛書作 對 （《老子》乙前）、對 （《縱横》）、對 （《老子》甲後）、對 （《縱横》），"對""對"二形并見。

又，《説文》謂漢文帝改"對"字爲"對"，從古文字看不確。居延漢簡仍見"對"字寫作 對 （甲1379），石經作 對 （熹平石經《論語》），才固定爲本來寫法。

○二八 手部

《説文》：“手，拳也。象形。……𢬍，古文手。”“手”是自手指到手臂的統稱，以“拳”釋“手”是專名。“手”字源自“又”字分化，目前最早見西周金文，構形作 （𤔲壺）、 （揚簋）、 （噩侯簋）、 （師嫠簋）、 （不嬰簋）。楚簡作 （上博《君人》乙）、 （郭店《五行》）、 （清華《食禮》）、 （清華《五紀》），增加飾筆較多。秦簡作 （雲夢《封診》）、 （雲夢《日書》甲）、 （里耶 8-76）、 （里耶 J1⑨7），陶文作 （陶 5.384），無甚變化，爲《説文》篆文作 所本。《説文》古文作 ，顯然來源於楚簡。馬王堆帛書作 （《老子》甲）、銀雀山漢簡作 （孫臏），“手”進一步綫條化，遂成用作偏旁時之“扌”。

另外，古文字中有些從“手”或“又”旁的字，構形或本從雙手，隸變後寫作“𠬞”，訛省作“丸”，《説文》亦作爲部首單列。

1. 捧， （井侯簋）， （師虎簋）， （录伯簋）， （尹姞鼎），

（師叙簋），□（克鼎），□（柞鐘），□（善夫山鼎），□（與兵壺），金文；□（雲夢《秦律》），□（雲夢《日書》甲），□（里耶 8-172），秦簡。形聲字。《説文》：“捧，首至地也。从手、釆。釆，音忽。□，楊雄説拜从兩手下。□，古文拜。”

“捧”字構形，西周金文从“手”、从“釆”聲，秦簡同，爲《説文》篆文作□所本。《説文》或體作□，即“拜”字，見戰國文字，楚簡作□（上博《彭祖》）、□（上博《莊王》），構形从兩“手”。而《説文》古文作□，亦見戰國文字，金文作□（不降矛），楚簡作□（清華《食禮》）、□（清華《食禮》）、□（清華《食禮》）、□（郭店《性自》）、□（清華《程寤》）、□（上博《競建》），實爲从雙“手”繁構。後或體“拜”字流行，漢印作□（徵 12.7），漢簡作□（居延圖45），漢碑作□（曹全碑）、□（張遷碑），正體“捧”字反而被淹没。

西周金文“捧”字或作□（友簋）、□（虞簋），構形或省聲旁“釆”，或省形旁“手”，而加“頁”旁，成會意字或兼聲字。此皆是因金文常見“捧手頫（稽）首”一詞之故，所以出現異構，但戰國文字未見保留。此外，楚簡“拜”字或作□（清華《食禮》），从“手”、从表動作義旁“攴”，也是異體。

2. 揚，□（小子省卣），□（揚作父辛簋），□（丁揚卣），□（揚簋），□（令鼎），□（仲歔父盤），□（召伯簋），□（作册大鼎），□（師酉簋），

（覠方彝），⿱（保侃母壺），⿱（孟簋），⿱（克鼎），⿱（守宮鳥尊），⿱（令簋），⿱（頌簋），⿱（多友鼎），⿱（陳侯因咨敦），金文。《説文》："揚，飛舉也。從手，易聲。⿱，古文。"奉揚當是其本義，引申爲宣揚、頌揚、發揚。

"揚"字構形，金文從"廾"（雙手）、奉"玉"或"日"會意，或增"易"聲，爲形聲字。"廾"下或增倒寫"止"形。後省形演變爲從"廾"、從"易"聲，隸定作"⿱"。戰國文字有缺環。《説文》篆文作⿱，漢簡作⿱（西陲51.19），漢碑作⿱（孔宙碑），石經作⿱（熹平石經《周易》），改爲從"手"旁。《説文》古文作⿱，目前尚未見於戰國文字和秦文字。

3. 扶，⿱（扶卣），⿱（扶鼎），⿱（玄翏戈），金文；⿱（清華《良臣》），⿱（清華《芮良夫》），⿱（清華《五紀》），楚簡；⿱（秦彙），⿱（陝西865），古璽；⿱（雲夢《答問》），⿱（里耶2-201），秦簡。形聲字。《説文》："扶，左也。從手，夫聲。⿱，古文扶。"由本義攙扶引申爲輔佐。

"扶"字構形，金文從"又"、從"夫"聲，形旁"又"或改爲"攴"，即《説文》古文作⿱所本，隸定作"扻"。楚簡從之，或改"攴"旁爲"手"，秦文字沿襲，爲《説文》篆文作⿱，馬王堆帛書作⿱（《相馬經》），漢簡作⿱（武威《王杖》）、⿱（居延甲2164）所本，"扶"遂成正體。

4. 拳，⿱（秦公簋蓋），金文；⿱（侯馬），盟書；⿱（秦風56），古璽；⿱（曾侯），楚簡；⿱（雲夢《答問》），⿱（嶽麓叁125），秦簡。形聲字。《説文》："拳，手也，从手，龹聲。"以手釋拳義。

　　"拳"字始見春秋晚期金文，構形从"手"、从"龹"聲，戰國文字同。秦簡無變化，爲《説文》篆文作所本。

　　需要指出的是，古文字"龰"（关）旁構形已見與"龹"旁相混之例，致使"勝""縢""塍""媵"等本從"龰"聲的字，後世訛書從"关"，與"拳""卷"等從"关"之字聲旁寫法無別。按"龰"即"朕""送"等字所從的聲旁"关"，《説文》隸作"龰"，甲骨文作（合6650）、（合4195），金文作（龰爵）、（斟半小量），楚簡作（清華《廼命》）、（清華《廼命》）；而"关"字構形，楚簡作（望山M2）、（清華《治政》）、（清華《食禮》），或作（清華《繫年》）、（清華《繫年》），後二形與"龰"相似易混。"关"與"龰"是兩個完全不同的偏旁，雖然古文字已有訛誤之例，但在今天的書法篆刻創作中，仍不能以楷書去倒推而錯寫。

○二九 丮部

《説文》："丮，持也。象手有所丮據也。……讀若戟。""丮"字構形，甲骨文作 ⟨图⟩（合 734）、⟨图⟩（合 18987）、⟨图⟩（合 7168）、⟨图⟩（合 21188）、⟨图⟩（合 34621），晚商金文（族氏銘文）作 ⟨图⟩（丮天戈）、⟨图⟩（丮爵）、⟨图⟩（丮册觚），構形從"卩"、象人伸出兩手有所持。西周金文從之，作 ⟨图⟩（沈子它簋）、⟨图⟩（班簋），戰國金文作 ⟨图⟩（廿三年大梁戈）、⟨图⟩（邵黛鐘），楚簡作 ⟨图⟩（清華《五紀》）、⟨图⟩（清華《五紀》）、⟨图⟩（清華《五紀》），或於人形"丮"旁下部贅增"夂"（即倒寫的"止"）旁。《説文》篆文作 ⟨图⟩，略有訛誤。

1. 執，⟨图⟩（合 20376），⟨图⟩（合 10436），⟨图⟩（合 185），⟨图⟩（合 10779），⟨图⟩（合 10373），⟨图⟩（合 5965），⟨图⟩（合 5942），⟨图⟩（合 5969），⟨图⟩（合 32186），甲骨文；⟨图⟩（夨簋），⟨图⟩（師同鼎），⟨图⟩（兮甲盤），⟨图⟩（虢季子白盤），⟨图⟩（散

氏盤），[图]（晉侯穌鐘），[图]（多友鼎），[图]（不嬰簋），[图]（兆域圖），金文；[图]（侯馬），[图]（侯馬），盟書；[图]（石鼓《田車》），刻石；[图]（秦風 45），古璽；[图]（曾侯），[图]（清華《啻門》），[图]（包山 224），[图]（包山 81），[图]（清華《繫年》），[图]（包山 143），[图]（郭店《緇衣》），[图]（清華《廼命》），[图]（清華《治政》），楚簡；[图]（雲夢《日書》乙），[图]（雲夢《答問》），[图]（北大《隱書》），秦簡。象形兼會意字。《説文》：“執，捕罪人也。从丮、从㚔，㚔亦聲。”分析構形有誤。

　　“執”字構形，甲骨文从“丮”、从“㚔”，象以“㚔”（柙梏）拘罪人或俘虜雙手，所跪之人頸上或系以繩索。金文“丮”“㚔”已分離，“丮”下或增“又”，爲繁構。戰國文字沿襲“丮”下增“又”構形，秦簡則無，爲《説文》篆文作[图]，漢印作[图]（徵 10.00），馬王堆帛書作[图]（《老子》甲）、[图]（《老子》乙前）所本。漢碑作[图]（夏承碑），石經作[图]（熹平石經《春秋》），“㚔”與“幸”混同，“丮”訛爲“丸”，作“執”遂成後來固定寫法。

　　楚簡“執”字或作[图]（清華《四告》），上增“宀”飾（楚文字常見）；或作[图]（清華《楚居》）、[图]（清華《楚居》）、[图]（清華《食禮》），下增“又”，曾見西周金文作[图]（師寰簋），下增雙“又”；或作[图]（包山 135）、[图]（上博《靈王》），“㚔”上增“虍”作“虡”（“虡”即“柙”之本字），或上再增“宀”飾作

（清華《四時》），皆爲繁構異體。或作 （清華《祝辭》）、（清華《繫年》），亦見三晉金文（兵器）作 （十六年守相鈹）、（□年邦府戟），從"𡎚"、從"攵"，隸定作"𢾅"，當爲流行於三晉地區的"執"字異體。

需要注意的是，"執"字所從的"𡎚"旁，今楷寫法與"幸"字同形。

2. 埶，（合 2543），（合 21523），（合 20045），（合 22548），（合 27772），（合 30529），（合 30755），（合 29382），（合 30749），甲骨文；（埶父辛簋），（埶觚），（埶父丁卣），（盠方彝），（盠尊），（毛公鼎），（鐘），（蔡侯申殘鐘），金文；（石鼓《吳人》），刻石；（郭店《語叢》一），（清華《皇門》），（清華《湯丘》），（清華《四告》），（安大《詩經》），（清華《五紀》），楚簡。會意字。《說文》："埶，種也。從坴、丮。持亟種之。《書》曰：'我埶黍稷。'"本義爲種植艸木，"蓺""藝"是其分化字。楚簡及傳世文獻中也有用同"設"，因此有學者認爲"設"也當是"埶"的後起分化字。

"埶"字構形，甲骨文、晚商金文（族氏銘文）從"丮"、從"木"或"屮"，會種植意。西周金文增"土"，"丮"下增"攵"，爲楚簡承襲。《說文》篆文作 ，馬王堆帛書作 （《老子》乙前）、（《老子》乙前）、（《相馬經》），銀雀山漢簡作 （《孫臏》），構形略有變化。

"埶"字楚簡構形豐富，或作 （上博《用》曰）、（上博《用曰》），"木"旁

改作“禾”，“丮”下增“父”；或作⬚（上博《緇衣》）、⬚（郭店《語叢》三），

“丮”旁省爲“爪”；或作⬚（郭店《緇衣》），增“彳”旁省“土”旁；或作⬚（上

博《用曰》）、⬚（清華《厚父》）、⬚（清華《五紀》）、⬚（清華《五紀》），

省“土”旁；或作⬚（郭店《語叢》二）、⬚（郭店《語叢》二），將“丮”旁省

成寥寥二撇；或作⬚（清華《命訓》），“丮”旁改爲“攵”。這些“埶”字大都屬

異寫，皆是書手隨心所爲，不排除有訛誤之處。

3. 孰，⬚（合17936），⬚（合30284），⬚（合30286），⬚（花東294），甲骨

文；⬚（伯侄簋），⬚（伯侄簋），⬚（配兒鈎鑃），⬚（配兒鈎鑃），金文；⬚

（秦駰玉版），刻石；⬚（雲夢《秦律》），⬚（北大《醫方》），⬚（雲夢《爲

吏》），秦簡。會意字。《說文》：“孰，食飪也。从丮，𦎫聲。《易》曰‘孰飪。’”

“孰”字構形，甲骨文、金文从“亯”、从“丮”，會於祭享建築（亯）前獻奉之

意。戰國文字沿襲。秦簡除保持原有寫法外，“亯”旁已訛爲“享”（即由“亯”訛爲

“𦎫”再訛爲“享”）。馬王堆帛書除作⬚（《老子》甲）、⬚（《老子》乙前）

外，或作⬚（《老子》甲）、⬚（《縱橫》），也从“享”。銀雀山漢簡作⬚（《孫

子》），武威漢簡作⬚（《儀禮》），石經作⬚（熹平石經《論語》），構形皆从

“享”。漢碑或作⬚（靈臺碑），“丮”旁訛爲“丸”。至於《說文》“孰”字篆文作

⬚，从“𦎫”旁，季旭昇認爲，篆文應該是由隸楷“享”字逆向“篆化”所産生的

錯誤字形（《説文新證》“埶”字條）。

又，《説文》引《周易》曰“埶飪”來解釋“埶”字，本義指祭祀時奉獻的熟食。此義後於“埶”字下增“火”旁寫成“熟”，東漢時已見，漢碑作 熟 （白石神君碑）。古文字及傳世文獻中“埶”字大都用作代詞，表示疑問。

4. 若，𠂤（合15193），𠂤（合151），𠂤（甲205），𠂤（合27110），甲骨文；𠂤（亞若癸匜），𠂤（父己爵），𠂤（盂鼎），𠂤（克鼎），𠂤（录伯㲻簋），𠂤（毛公鼎），𠂤（復公簋），𠂤（上曾大子鼎），𠂤（中山王鼎），金文；𠂤（清華《楚居》），𠂤（清華《尹至》），𠂤（清華《四告》），𠂤（清華《封許》），𠂤（安大《仲尼》），𠂤（清華《四告》），𠂤（清華《四告》），𠂤（安大《曹沫》），𠂤（上博《柬大王》），𠂤（清華《啻門》），𠂤（安大《詩經》），𠂤（郭店《老子》乙），𠂤（郭店《老子》丙），楚簡；𠂤（雲夢《秦律》），𠂤（雲夢《日書》乙），𠂤（北大《泰原》），秦簡。象形字。《説文》：“若，擇菜也。从艸、右。右，手也。一曰杜若，香艸。”説解不確。《爾雅·釋言》：“若，順也。”本義是順，如同、像爲後起之義。

“若”字構形，甲骨文象人跪坐，以雙手理順頭髮之形。西周晚期金文始增“口”飾，爲春秋戰國文字承襲。戰國文或加兩裝飾點且將上部髮形訛成“中”形。秦文字則將雙手訛成“艸”，“中”連“口”訛成“右”，爲《説文》篆文作 𠂤，馬王堆帛書作 𠂤（《老子》甲）、𠂤（《縱橫》），漢簡作 𠂤（銀雀山《孫臏》）、𠂤（定縣）所本。本來从雙手、不从“艸”旁之“若”字遂以訛形爲固定寫法。

　　值得注意的是，楚簡“若”字或作 （清華《琴舞》）、 （清華《三壽》）、 （清華《四告》），上部增加“艸”旁，這或有可能爲秦文字構形的來源。

○三○ 爪部

《説文》："爪，丮也。覆手曰爪，象形。"解釋構形甚是，但以"丮"訓義則不够

確切。"爪"字構形，甲骨文作 （合 975）、（合 18640），金文作 （師克盨）、

（師克盨）。象形字。《説文》篆文作 ，漢金文作 （中尚方鑑）。從古文字

分析，亦是由"又（手）"字分化而成。

1. 孚，（合 903），（合 11499），（屯 4178），（屯 4287），（合

32435），甲骨文；（盂鼎），（過伯簋），（麥生盨），（窖鼎），（多

友鼎），（孚公狄甗），金文；（彙 922），（彙 339），古璽；（郭店

《緇衣》），（清華《繋年》），（清華《繋年》），（上博《周易》），楚簡。

會意字。《説文》："孚，卵孚也。從爪，從子。一曰信也。，古文孚從禾。禾，古文

保。"説解字義不確。"孚"即"俘"之本字，古代部落之間戰争，經常出現將敵方的

成年男性殺掉，而將其小孩子帶回去撫養，以擴充人口。至於"一曰信也"，乃其引申

別義。

"孚"字構形，甲骨文从"又"、从"子"，以手抓孩子會意。金文"又"旁改爲"爪"，更加形象，爲戰國文字沿襲。《說文》篆文作 ，石經作 （熹平石經《周易》），沒有變化。《說文》古文作 ，實爲"保"字省寫，乃音近通假。

附帶指出，金文"孚"字構形易與"寽"字相混。"孚"字所从"子"旁頭形部位或作填實，下部筆畫與頭形斷開，如師袁簋作 ，遂和"寽"字作 （趞簋）相似。反之，"寽"字構形，金文或作 （商尊）、（師旂鼎），"又"與圓點相連，也與"孚"字作 （矗簋）形同，只能從上下文意去分辨。

附及，《說文》："寽，五指持也。从受，一聲。"說解有誤。"寽"即"捋"之本字，本義爲持取，金文假"寽"爲"鋝"，用作重量單位。"寽"字構形中間之圓點或以爲象餅形銅錠，本作填實，後變爲一橫，金文作 （毛公鼎），爲侯馬盟書作 、所本。《說文》篆文作 ，已出現訛誤，遂成爲"寽"。

2. 奚，（合 811），（合 33573），（合 28723），（合 1118），（合 32524），（合 644），甲骨文；（奚卣），（亞奚簋），（丙申角），（逦盂），（廿三年□丘戈），金文；（侯馬），盟書；（上博《詩論》），（上博《凡物》乙），（上博《民之》），（上博《曹沫》），（天星觀），（包山 179），（清華《湯丘》），楚簡；（北大《日書》乙），秦簡。象形兼會意字。《說文》："奚，大腹也。从大，𢩾省聲。𢩾，籀文系字。"分析構形不確，以"大腹"釋義，不知何據。

　　"奚"字構形，甲骨文從"爪"、從"幺"，象用手抓獲辮髮之民。商代的"奚"既是作犧牲用來祭祀祖先的外族俘虜，也指用來幹活的奴隸。甲骨文"奚"字構形豐富，所抓之人，或正面人形，或側面人形，或帶首反縛之人，或爲女人，隸定可分別寫作從"人""大""女""頁"等旁。"人""大""女""頁"之字雖然實指不同，但作爲同義偏旁用來表示"人"義時皆可互作，而金文只見從"大"的固定寫法。楚簡構形作從"爪"、從"糸"聲（或從"系"聲），改成形聲字，秦簡亦同，這是文字演變發展中出現的聲化現象。馬王堆帛書作 （《老子》甲後）、（《縱橫》），銀雀山漢簡作 （《孫臏》），居延漢簡作 （甲 715），仍從"系"旁。但《說文》篆文作 ，漢碑作 （曹全碑）、（張遷碑），回歸金文從"大"的構形。

　　附帶指出，《說文》謂"奚"字從"絲"省聲，并謂"絲"即籀文"系"字。按甲骨文有字作 （合 11028）、（合 31161）、（合 18600）、（合 13307）、（合 32384）、（合 21818），商代金文作 （小臣系卣）、（戈兆系爵），學者或據籀文"絲"字釋爲"系"。但也有學者認爲其字構形從"爪"從"茲"，字即《說文·手部》的"攣"，訓爲"係也"。

　　從古文字分析，"奚"字并非從"絲（系）"省聲，"奚""系"也不是同源字。至於楚簡、漢簡將"奚"字寫作"㿄"，乃屬異構，尤其是楚簡"㿄"字皆用作疑問代詞"奚"，或許更能説明問題。

　　3. 冓，（合 7423），（合 946），（合 6162），（合 12020），（合 7422），（合 17630），（合 32721），（合 33097），（合 28043），甲骨文；（冓簋），（仲冓簋），（衛盉），（應侯冓盨），（柞伯簋），

（榮有司爯鬲），（馱簋），（者汈鐘），（信安君鼎），（金村銅鼎），金文；（集粹138），古璽；（系4200），（系4253），貨幣；（清華《五紀》），（清華《五紀》），（清華《不韋》），（清華《不韋》），（清華《不韋》），（清華《五紀》），（上博《用曰》），（郭店《魯穆》），（包山214），（上博《曹沫》），（清華《祭公》），（清華《行稱》），（安大《曹沫》），（安大《詩經》），（上博《命》），楚簡；（嶽麓《爲吏》），秦簡。會意字。《説文》：“爯，并舉也。从爪，冓省。”“稱舉”之稱的本字。

　　“爯”字構形，甲骨文、金文从“爪”、从“冉”，會舉物意。《説文》謂“冉”是“冓”省未必準確。戰國文字下增“又”爲繁構。楚簡構形除作增“又”外，仍有从“冉”之例，秦文字沿襲，爲《説文》篆文作所本。

　　附帶指出，由於戰國文字“爯”字構形下增“又”爲繁構，因此與“爰”字相似，很容易混同。楚國貨幣金鈑上的戳印“郢爯”作、，“爯”字就曾長時間被誤釋作“爰”，而得不到確認。

○三一 受部

　　《説文》："受，物落，上下相付也。从爪，从又。……讀若《詩》'摽有梅'。"義爲上下付與。象形兼會意字。"受"字構形。晚商金文（族氏銘文）作 （受興父辛爵），象兩人上下相付物，或省人形作 （受婦簋）、（受婦簋），突出上、下手。西周金文作 （格伯簋）、（格伯簋）、（冘比簋）、（冘攸比鼎），《説文》篆文作 ，没有變化。值得注意的是，《説文》引《詩·摽有梅》讀若"摽"的字，新出安大簡作 、（《詩經》），整理者隸定作"芺"，其與今本《魯詩》《韓詩》作"芟"，正可互證。"受"是合"爪""又"兩旁新造的字，《説文》將其列作部首。

　　1. 受，（合 6406），（合 6412），（合 32），（合 6236），（合 20530），（合 6771），（合 33020），（合 19946），（合 27287），甲骨文；（受父乙觶），（受簋），（盂鼎），（衛盉），（頌鼎），（王孫

誥鐘），✦（令瓜君壺），✦（重金扁壺），✦（中山王方壺），金文；✦（安大《曹
沫》），✦（包山 137），✦（清華《皇門》），✦（清華《司歲》），✦（包山
277），✦（上博《周易》），✦（上博《命》），✦（清華《繫年》），✦（清華
《五紀》），✦（清華《食禮》），✦（安大《曹沫》），楚簡；✦（雲夢《日書》
乙），✦（里耶 J1⑨5），✦（里耶 8-63），秦簡。會意字。《説文》："受，相付也。
從爪，舟省聲。"象一手授予，另一手接受，義爲相付。構形所從之"舟"，吳大澂以
爲即《周禮・春官・司尊彝》"春祠夏禴祼用雞彝、鳥彝，皆有舟"之舟，據鄭注即承
盤（《説文古籀補》）。"受"字後分化成"授""受"二字，分別訓"授予"和"接
受"義。

"受"字構形，甲骨文、金文從"爪"、中從"舟"會意，戰國文字除楚簡外變化
不大，"受"下"又"旁或加飾筆。秦簡"舟"旁省變較多，爲馬王堆帛書作✦（《縱
橫》）、✦（《老子》甲），漢簡作✦（定縣）所本，若再省去中間一橫便成
"冂"，遂演變爲《説文》篆文之✦。武威漢簡作✦（《王杖》），也作✦（《儀
禮》）；漢碑作✦（史晨碑），亦作✦（張遷碑），仍兩體并存。

楚簡"受"字寫法較多，或作✦（郭店《唐虞》）、✦（郭店《語叢》三）、✦
（上博《用曰》），或作✦（清華《封許》）、✦（清華《封許》），所從"舟"旁訛
省更甚。

2. 爰，✦（合 19238），✦（合 19238），✦（合 13555），✦（合 6743），✦

（合 8930），（合 19239），（懷 762），（合 30727），（乙 7041），甲骨文；（爰卣），（辛伯鼎），（虢季子白盤），（鄂君啓舟節），（商鞅方升），金文；（侯馬），盟書；（彙 3769），古璽；（録 3.218.1），（録3.218.2），陶文；（望山 M2），（清華《芮良夫》），（上博《詩論》），（清華《五紀》），（清華《五紀》），（清華《五紀》），（清華《楚居》），（郭店《尊德》），（安大《詩經》），（安大《仲尼》），楚簡；（雲夢《日書》甲），（里耶 8-2127），秦簡。象形兼會意字。《説文》：“爰，引也。从受，从于。籀文以爲車轅字。”“爰”即“援”之本字，義爲援引。

“爰”字構形，甲骨文从“受”、中从“／”，象二人援物相牽引之形，所持“／”或增筆畫，爲金文及戰國文字沿襲，楚簡更增飾筆，秦文字寫似“于”，爲《説文》篆文作，銀雀山漢簡作（《孫臏》），石經作（熹平石經《詩經》）所本，以致《説文》以爲構形“从于”。至於《説文》謂籀文以爲車轅字，乃是古文字中以“爰”字通假爲“轅”之故。

3. 肅，（花束 214），（花束 159），甲骨文；（番生簋），（珦生簋），金文；（清華《皇門》），（清華《繫年》），（清華《繫年》），（上博《用曰》），（清華《厚父》），（清華《五紀》），（清華《四告》），（清華《四告》），楚簡；（雲夢《日書》甲），秦簡。會意字。《説文》：“肅，治也。幺子相亂，受治之也。讀若亂同。一曰理也。，古文肅。”

"𤔔"字構形，甲骨文从"𤔔"、从"幺（糸）"，會雙手治亂絲意。西周金文於"幺（糸）"中增橫寫"工"形，突出治絲時繞於架上，爲楚簡沿襲。秦簡構形訛變較多。《說文》篆文作▢，則無變化，漢碑作▢（北海相景君銘），"幺"旁有省寫，"又"下加飾筆似"寸"。

楚簡"𤔔"字或作▢（清華《畏天》）、▢（清華《畏天》），省"又"；或作▢（郭店《成之》）、▢（郭店《老子》甲），省"爪"爲省體；或作▢（清華《繫年》），增"行"旁爲繁體。皆爲異構。

由於"𤔔"字音同"亂"且義亦有關，因此可直接讀（用）作"亂"，楚簡中例子甚多。

附及，因"𤔔"字《說文》訓作治、理義，故又由此義分化出"嗣"字。西周陶文作▢，金文作▢（康侯簋）、▢（盂鼎）、▢（衛盉）、▢（善夫山鼎）、▢（魯仲齊盤）、▢（庚壺）、▢（大司馬匜），刻石作▢（石鼓《作邍》），構形从"𤔔"、从"司"聲，古文字皆用爲典籍"司徒""司馬""司工"之"司"（戰國文字皆作省體"司"）。而《說文》作▢，將其視爲"辭"字古文，當是通假。

4. 亂，▢（毛公鼎），金文；▢（帛書），▢（上博《詩論》），▢（清華《三壽》），▢（清華《五紀》），▢（清華《治政》），▢（清華《四時》），▢（清華《成人》），▢（清華《不韋》），▢（清華《不韋》），▢（清華《不韋》），楚簡；▢（詛楚文《湫淵》），刻石；▢（雲夢《爲吏》），▢（關沮），秦簡。會意字。《說文》："亂，治也。从乙。乙，治之也。从𤔔。"

"亂"字構形，實由"嗣"字孳乳，爲了與治義作區別，專爲"亂"義另造從四"口"的新字"嚻"（此構形學者或以爲會衆口喧亂意），最早見西周晚期金文，爲楚簡沿襲。楚簡構形從四"口"、從"爪"下"幺"或"糸"，省横置的"工"形。秦文字構形從"嚻"，省四"口"改從"乚"（或以爲乃"嗣"字所從"司"旁省"口"而訛，即由"嗣"字分化出"亂"），寫作"亂"最早見詛楚文。秦嶧山碑作 ，爲《説文》篆文作 ，馬王堆帛書作 （《老子》甲後），銀雀山漢簡作 （《孫子》），石經作 （熹平石經《周易》）所本。

楚簡"亂"字異構較多，或作 （上博《内禮》）、 （郭店《唐虞》）、 （清華《治政》），省"爪"；或作 （清華《啻門》）、 （清華《廼命》）、 （上博《内豐》），省"又"；或作 （清華《琴舞》），省"爪""又"，下從"止"。皆書手原因。從四"口"的"亂"字異體，秦統一後再未出現。

5. 紳， （英1425），甲骨文； （紳卣）， （史牆盤）， （師癲簋）， （番生簋）， （伊簋）， （蔡侯申戈）， （蔡侯申缶）， （陳侯因資敦），金文； （石鼓《吳人》），刻石； （包山159）， （上博《莊王》）， （清華《芮良夫》）， （安大《曹沫》）， （清華《繫年》）， （包山190），楚簡。形聲字。《説文》："紳，大帶也。從糸，申聲。""紳"義本指約束的大帶，西周金文用爲"重申"義，春秋金文及楚簡除作人名外則用爲典籍申國名之"申"。

"紳"字構形，甲骨文作以手（又）約束"束（橐）"，從"田"聲。金文改

“又”爲“鬳”。楚簡省“鬳”爲“糸”，類化爲義旁，隸定作“繡”。《説文》篆文作

，隸書作 （曹全碑），已改从“申”聲。從字形演變情况看，自秦簡到西漢隸書目前尚存在缺環。

楚簡“紳”字異構較多，或省“田”作 （包山 150）；或作 （清華《命訓》）、 （清華《繫年》），从二“東”省；或作 （上博《曹沫》）、 （上博《莊王》）、 （安大《曹沫》），从二“田”。皆爲書手原因。

此外，楚簡另有字作 （清華《説命》上）、 （上博《詩論》）、 （包山 271）、 （包山牘）、 （清華《四時》）、 （曾侯）、 （天星觀），構形从“糸”、从“申”聲，隸定爲“紳”毫無問題。但簡文中或讀爲“陳”，或用爲“靷”。屬於通假還是一形二字，有待進一步研究。

○三二 収部

《説文》："収，竦手也。从屮，从又。……𠬞，楊雄説廾从兩手。""収"字構形，甲骨文作 （合 7294）、（合 23）、（合 8947）、（合 24），金文作 （廾鼎）、（諫簋）、（叔向簋）、（史晨鼎），象兩手相拱形。金文或作 （虎令鼎），下部增"="爲裝飾筆畫；古璽作 （彙 5419）、（程訓義 2-74）；陶文作 （齊陶 1388），無甚變化。《説文》篆文作 ，亦同。至於"収"字在用作偏旁時後來常寫作"廾"或"兀"，乃是隸變之故。

又，《説文》："𢌞，引也。从反廾。""𢌞"即"収"的反寫構形，象兩手向外排。另外，《説文》有"臼"部，謂"叉手也"，乃是由"収"分化，"臼"旁一般置於字形的上部；又有"异"部，謂"共舉也。从臼、从廾"，實合"臼""収"爲一體成字而作部首。

1. 兵，（合 7204），（合 9469），（合 9468），（屯 942），甲骨文；（兵羊觶），（𢦏簋），（輔伯簋），（徐訛尹鉦），（庚壺），

（與兵壺），⿰ 図 （盒前鼎），⿰ 图 （新郪虎符），⿰ 图 （陽陵虎符），金文；⿰ 图 （詛楚文《湫淵》），刻石；⿰ 图 （彙3445），⿰ 图 （彙4092），⿰ 图 （彙1225），⿰ 图 （彙5707），古璽；⿰ 图 （清華《三壽》），⿰ 图 （清華《繫年》），⿰ 图 （清華《治政》），⿰ 图 （包山81），⿰ 图 （郭店《老子》甲），⿰ 图 （上博《曹沫》），⿰ 图 （天星觀），⿰ 图 （安大《曹沫》），⿰ 图 （郭店《唐虞》），⿰ 图 （包山241），⿰ 图 （清華《不韋》），⿰ 图 （清華《不韋》），⿰ 图 （清華《五紀》），楚簡；⿰ 图 （雲夢《秦律》），⿰ 图 （雲夢《爲吏》），⿰ 图 （雲夢《日書》乙），秦簡。會意字。《説文》：“兵，械也。从廾持斤，并力之皃。⿰ 图 ，古文兵从人、廾、干。⿰ 图 ，籀文。”“斤”本是砍木工具，也可用來砍伐敵人，因此“兵”字遂用作武器的統稱。

“兵”字構形，甲骨文、金文从“収”、从“斤”，會雙手持斧斤之意。春秋金文（庚壺）出現於“斤”下增二横爲飾筆，至秦簡改省爲一横筆。這種構形亦見秦刻石作⿰ 图 （嶧山碑），以及馬王堆帛書作⿰ 图 （《老子》甲）、⿰ 图 （《老子》乙前），銀雀山漢簡作⿰ 图 （《孫子》）、⿰ 图 （孫臏），爲《説文》籀文作⿰ 图 所本。而《説文》篆文作⿰ 图 ，“斤”下無横畫，則源自古文字。至於《説文》古文作⿰ 图 ，戰國文字未見。古璽有⿰ 图 （彙5205）字，或以爲有關而釋作“兵”，但一般仍將其視爲“戒”字異構。

2. 共，⿰ 图 （合21449），⿰ 图 （合27975），⿰ 图 （合13962），甲骨文；

（父癸簋），（父己卣），（牧共簋），（禹鼎），（善鼎），（酓前鼎），（酓忎鼎），（酓忎盤），金文；（彙5133），（彙5137），（彙5136），（彙1880），（彙1741），（彙5144），（彙5141），古璽；（上博《緇衣》），（清華《皇門》），（上博《從政》），（郭店《五行》），（郭店《六德》），（上博《曹沫》），（清華《廼命》），（清華《行稱》），楚簡；（雲夢《效律》），（嶽麓叄73），（里耶8-1218），秦簡。象形兼形聲字。《説文》："共，同也。从廿、卄。……，古文共。"分析有誤。

"共"字構形，甲骨文、金文从"収"、从"○"（甲骨文因契刻改成方形），象雙手拱璧（或它物），"収"兼聲。戰國文字上部訛從"口"，又寫似"廿"，秦簡從之，爲《説文》篆文作所本。《説文》古文作，源自楚簡構形"廿"之橫畫書寫或作斷开之故。馬王堆帛書作共（《老子》甲）、共（《周易》），"収"旁已寫似"丌"。

3. 戒，（乙657），（合20253），（甲2874），（粹1162），甲骨文；（戒鬲），（戒叔尊），（焂戒鼎），（中山王壺），金文；（彙1238），古璽；（清華《封許》），（安大《仲尼》），（上博《從政》），（上博《三德》），（安大《曹沫》），（清華《治政》），（上博《踐阼》），

（清華《食禮》），（清華《五紀》），楚簡；（雲夢《答問》），

（雲夢《爲吏》），（北大《袚除》），秦簡。會意字。《説文》："戒，警也。从廾持戈，以戒不虞。"象兩手持兵器戈，會警戒義。

"戒"字構形，上从"戈"，下从"収"即雙手，《説文》篆文作，同古文字。戰國文字或於"戈"下加"＝"爲飾筆，或再於下叠增"口"飾。馬王堆帛書作

（《老子》乙前）、（《縱橫》），"収"旁已隸變作"廾"。

4. 樊，（樊夫人盤），（樊夫人甗），（樊夫人鬲），（隣叔樊鼎），（樊君鬲），（樊君鼎），（樊君盆），金文；（珍秦118），古璽；（清華《楚居》），（清華《楚居》），（包山130），（天星觀），（上博《昭王》），（清華《赤鵠》），（清華《食禮》），楚簡。象形兼形聲字。《説文》："樊，鷙不行也。从𠬜，从棥，棥亦聲。"解説構形不確。本義指籬笆，即"樊籬"之樊。

"樊"字構形，金文作"棥"，象於兩木之間置"乂"或重叠成"爻"爲籬，後增"𠬜"聲，爲形聲字；省體或作从"林"、从"𠬜"聲；"𠬜"旁寫法或混同"収"。楚簡"樊"字構形或省"林"旁，所从"爻"作"网"，當由網羅義而來（或以爲由樊籬形訛），"𠬜"旁皆訛同"収"。秦印"樊"字仍保存舊形，从"𠬜"，爲《説文》篆文作、漢印作（徵3.12）所本。漢印或作（徵3.12），"𠬜"旁訛作"収"，爲石經作（熹平石經《論語》）所本。漢刻石或作（永建黄腸石）、

，"収"旁訛成"木"。

5. 興，，，，，，，，，，甲骨文；興壺，興壺，父辛爵，興鼎，殷句壺，冩叔盨，新郪虎符，侯興權，金文；溫縣，盟書；彙1507，彙3586，彙3962，彙3290，彙3288，古璽；錄3.54.2，錄3.52.3，錄3.49.3，陶文；，，，，楚簡；，，里耶8-1518，秦簡。會意字。《説文》："興，起也。从舁，从同。同力也。"解釋構形并不確切。

"興"字構形，甲骨文和晚商金文（族氏銘文）从"舁"、从"凡"，以四手表示多人共力扛起重物，後增"口"旁，表示共力時發聲口號（所謂"勞動號子"），會起興之義。兩周金文構形沿襲，戰國文字没有變化。秦簡亦同。秦泰山刻石作![秦泰山刻石興字]，爲《説文》篆文作![説文篆文興字]，馬王堆帛書作![馬王堆興字]（《縱横》），石經作![石經興字]（熹平石經《儀禮》）所本。

楚簡"興"字異寫較多。或作![清華程寤興字]（清華《程寤》）、![上博建州乙興字]（上博《建州》乙），"同"旁省二横筆似"公"，進一步寫成![包山159興字]（包山159）、![郭店性自興字]（郭店《性自》）、![楚簡興字]

（安大《曹沫》）；更省形作　（郭店《唐虞》），上部訛同"與"；或叠加"口"飾作

　（郭店《窮達》）、　（上博《從政》）；或作　（上博《曹沫》）、　（上博

《季庚》）、　（上博《三德》）、　（上博《三德》），下增"止"爲繁構；或省

"口"作　（清華《五紀》）、　（清華《五紀》）。皆爲異體。或作　（清華《治

政》）、　（清華《治政》），上部所從作"問"，爲訛體。

　6. 與，　（喬君鉦），　（䣾鎛），　（司馬成公權），　（中山王鼎），金文；

　（溫縣），　（溫縣），盟書；　（彙3997），　（璽考328），古璽；　（陶

3.816），陶文；　（清華《繫年》），　（清華《金縢》），　（包山246），

（郭店《語叢》三），　（清華《三壽》），　（安大《仲尼》），　（清華《五

紀》），楚簡；　（雲夢《日書》乙），　（北大《泰原》），　（北大《祓除》），

　（嶽麓《爲吏》），　（嶽麓叁54），秦簡。形聲字。《説文》："與，黨與也。從

舁，從与。　，古文與。"誤以爲會意字。

　"與"字構形，金文從四"又"，象四手相拱（《説文》隸作"舁"），從"与"

聲，下或增"口"飾，或增"＝"飾；盟書、古璽同。楚簡"与"旁大都省寫。《説

文》篆文作　，沒有變化。馬王堆帛書作　（《老子》甲）、　（《老子》甲後），

下"収"旁已作"兀"形。

　楚簡"與"字構形或省作　（郭店《老子》甲）、　（清華《良臣》）、

（上博《詩論》）、🔲（郭店《緇衣》）、🔲（安大《曹沫》），甚至有省“臼”作🔲（上博《競建》）、🔲（郭店《唐虞》）、🔲（郭店《老子》甲）者，亦即《説文》古文作🔲所本。或作🔲（上博《競公》）、🔲（郭店《六德》）、🔲（上博《子羔》）、🔲（郭店《五行》），增“止”旁爲繁構；或再在“與”下加“口”飾作🔲（郭店《五行》）、🔲（上博《彭祖》）、🔲（清華《禱辭》）；或作🔲（清華《禱辭》）、🔲（上博《仲弓》）、🔲（上博《昔者》），叠加“口”飾；或作🔲（郭店《性自》）、🔲（郭店《性自》），省“舁”。皆爲異體，乃書手原因。

需要指出，“与”字和“牙”字本一字分化，爲同源字。“牙”字構形，金文作🔲（屏敖簋）、🔲（魯大宰邎父簋）、🔲（癲壺），象上下牙齒交錯，與“与”字無别。楚簡作🔲（郭店《語叢》三），或作🔲（曾侯）、🔲（上博《周易》）、🔲（清華《五紀》）、🔲（清華《五紀》），下增“臼”（“齒”字省寫），專指牙齒。這種增形旁的造字方式，就是爲給同形或形近之字作區分。

○三三 止部

《説文》："止，下基也。象艸木出有址，故以止爲足。"徐灝注箋："凡从止之字，其義皆爲足趾。許以爲象艸木出有址，殆非也。"徐説甚是，足趾是本義，"下基"乃引申義。《説文》誤以爲"止"字象艸木之形。

"止"字構形，甲骨文作 ⿰ （合 20221）、 ⿰ （合 20233）、 ⿰ （合 21432）、 ⿰ （合 27321）、 ⿰ （合 16377）、 ⿰ （合 13682）、 ⿰ （合 33193），象足趾之形；金文作 ⿰ （亞裏止鼎）、 ⿰ （珊生簋）、 ⿰ （蔡簋）；楚簡作 ⿰ （郭店《語叢》三）、 ⿰ （清華《四告》）、 ⿰ （清華《繋年》）、 ⿰ （清華《食禮》）、 ⿰ （上博《鶹鷅》）、 ⿰ （清華《五紀》）、 ⿰ （清華《五紀》）；秦簡作 ⿰ （里耶 8-1437）、 ⿰ （雲夢《秦律》）、 ⿰ （里耶 8-143），變化甚小。秦嶧山碑作 ⿰ ，爲《説文》篆文作 ⿰ ，馬王堆帛書作 ⿰ （《老子》甲）、 ⿰ （《事語》）所本。

需要指出的是，"止"字的寫法從甲骨文到隸書都是作三筆，東漢時雖仍作 ⿰

（夏承碑）、 （曹全碑），但已出現四筆的寫法作 （熹平石經《周易》），不僅容易與“之”字相混，而且成爲後來楷書的標準構形。

《說文》“止”字部首下收有“𡳿”字，謂“蹈也，从反止”，是反寫的“止”字；又收有“𣥠”字，謂“不滑也。从四止”，上下叠置四“止”，古文字皆未見。再有“步”字，《說文》謂“行也，从止𡳿相背”，本是上下叠置“止”，表人步行，《說文》作爲部首，下只收“歲”一字。又《說文》有“址”字，謂“足剌址也。从止、𡳿”，

單字曾見古璽，作 （程訓義 1–9），乃正、反兩“止”相并，《說文》作爲部首，下收“癹”“登”二字。另外，構形從“止”的“走”字，《說文》也列作部首，下收之字則多達 84 字。

1. 出， （合 20045）， （合 20259）， （合 5059）， （合 19319），

（合 30230）， （合 33033）， （花東 337）， （合 6689）， （合 6093），甲骨文； （膏出爵）， （啓卣）， （永盂）， （叔趯父卣）， （兮甲盤）， （頌壺）， （善夫山鼎）， （拍敦）， （魚顛匕）， （鄂君啓舟節），金文； （侯馬）， （溫縣）， （溫縣），盟書； （彙 5595）， （彙 168），古璽； （録 3.21.4）， （録 6.56.1），陶文； （郭店《唐虞》）， （清華《筮法》）， （上博《性情》）， （上博《姑成》）， （安大《仲尼》）， （安大《曹沫》），楚簡； （雲夢《效律》）， （雲夢《日書》乙）， （北大《醫方》），秦簡。象形兼會意字。《說文》：“出，進也。象艸木益滋上出達也。”解說不確，構形實從“止”，不從“屮（艸）”。“出”字

本義爲由里往外（與"入"相對），引申爲離開、支出、顯露等義。

　　"出"字構形，甲骨文象人"止（趾）"由"凵"（坎穴）向外，會出去之意。而人"止（趾）"向"凵"（坎穴）內，會入內之意，即"各"字。或以爲"凵"象北方古人半穴居室之形，可備一說。在文字發展演變過程中，"凵"中或增橫畫成"口"，因此甲骨文出現了"出"和"各"字皆從"口"的寫法，造字思路和演變途徑相一致。西周金文以降，"各"字構形皆從"口"，但"出"字構形則不再出現從"口"的寫法。戰國文字無變化，爲《説文》篆文作 所本。因秦簡"出"字構形所從"止"旁訛似"中"，爲馬王堆帛書作 （《老子》甲）、 （《事語》）、 （《縱橫》），銀雀山漢簡作 （《孫臏》），石經作 （熹平石經《儀禮》）所沿襲，遂成楷書固定寫法。

　　2. 之， （合 18861）， （合 5033）， （合 16152）， （合 17412），甲骨文； （縣妃簋）， （君夫簋）， （散氏盤）， （善夫克鼎）， （毛公鼎）， （秦公簋）， （者減鐘）， （蔡侯申鐘）， （弄鳥尊）， （曾侯昃戈）， （州句劍），金文； （石鼓《汧沔》），刻石； （彙 4819）， （彙 227）， （彙 202）， （彙 206）， （彙 4244）， （璽考 148），古璽； （清華《楚居》）， （郭店《成之》）， （上博《內豊》）， （上博《民之》）， （上博《民之》）， （上博《顏淵》），楚簡； （北大《算》甲）， （北大《泰原》）， （里耶 8-62）， （北大《從政》），秦簡。會意兼形聲字。《説文》："之，出也。象艸過中枝莖益大，有所之。一者，地也。"解説不確，構形從"止"不從"屮（艸）"。"之"字本義爲"往""到"，但文獻中大多用於假借義，或作指示代詞，或作第三人稱代詞。

"之"字構形，甲骨文從"止"、從"一"，會以人"止（趾）"離開此地前往他處意；或以爲是人"止（趾）"到達某地意，"止"兼聲；也有學者以爲應歸指事字。金文構形同，戰國文字無變化，楚簡只是書寫飄逸而已。秦詔量作 ，爲《説文》篆文作 ，馬王堆帛書作 （《縱橫》）所本。

隨着書寫速度及潦草的原因，秦簡中已出現近似楷書的寫法，亦見馬王堆帛書作 （《老子》甲）、 （《老子》甲後）、 （《事語》），漢簡作 （定縣10）、 （銀雀山《孫臏》）、 （居延甲713），已經見不到從"止"從"一"的本來面貌。

3. 正， （合22322）， （合646）， （合6993）， （合1140）， （合6441）， （英2524）， （甲3940）， （周甲114）， （周甲1），甲骨文； （二祀邲其卣）， （盂鼎）， （師訇鼎）， （毛公鼎）， （衛簋）， （駒父盨）， （虢季子白盤）， （王孫鐘）， （陳子匜）， （蔡侯申盤）， （楚嬴匜）， （酓前鼎），金文； （彙299）， （彙4791）， （彙1347）， （彙4778），古璽； （上博《緇衣》）， （郭店《語叢》三）， （郭店《唐虞》）， （上博《志書》）， （安大《仲尼》）， （郭店《唐虞》）， （上博《民之》）， （清華《四告》）， （安大《曹沫》）， （清華

《禱辭》），![图](清華《四時》），楚簡；![图](北大《算》丙），![图](里耶 8 - 157），秦簡。會意字。《説文》：“正，是也。從止，一以止。……![图]，古文正，從二。二，古上字。![图]，古文正，從一足。足者，亦止也。”説解構形不確。

“正”字構形，甲骨文從“止”、從“囗”（“囗”爲城廓象形本字），會向城邑前行意，即“征行”之“征”的本字。後所從之“囗”由填實省變成一横，遂成固定寫法。或於横畫上加一短横作飾筆，爲春秋戰國文字習見現象，亦即《説文》古文作![图]所本。《説文》篆文作![图]，馬王堆帛書作![图]（《老子》甲）、![图]（《老子》乙），銀雀山漢簡作![图]（《孫臏》）、![图]（《孫子》），構形不再出現變化。

附及，《説文》：“乏，《春秋傳》曰：‘反正爲乏。’”本義爲不正，引申爲匱乏。“乏”字始見戰國文字，金文作![图]（中山王壺）、![图]（兆域圖），楚簡作![图]（清華《命訓》），構形是將“正”字上部一横筆改作斜筆，會“不正”義。楚簡或作![图]（清華《程寤》）、![图]（清華《四告》），上部或增飾筆，但後例易與“正”字相混。秦簡作![图]（雲夢《秦律》）、![图]（雲夢《答問》）、![图]（里耶 8 - 1222）、![图]（里耶 8 - 1716），爲馬王堆帛書作![图]（《老子》乙前），漢碑作![图]（耿勳碑）所本。《説文》篆文作![图]，構形爲反寫的“正”字，乃是訛誤。

4. 前，![图]（合 5559），![图]（乙 4208），![图]（合 123），![图]（合 5760），![图]（合 1380），![图]（合 4820），![图]（懷 364），![图]（合 5769），![图]（合 10991），甲骨

文；（師虎鼎），（善鼎），（追簋），（井人鐘），（兮仲鐘），（𣄰簋），（晉侯穌鐘），（䣉前鼎），金文；（郭店《老子》甲），（上博《詩論》），（清華《禱辭》），（清華《保訓》），（安大《曹沫》），（上博《昔者》），（郭店《窮達》），（包山 127），（上博《顔淵》），楚簡；（雲夢《日書》乙），（嶽麓叁 103），（里耶 8-558），秦簡。會意字。《説文》：“前，不行而進謂之𠦄。从止在舟上。”

“前”字隸定本作“𠦄”（見上《説文》），甲骨文構形从“止”在“凡”上，“止”有行動向前之義（于省吾《甲骨文字釋林》）；所从之“凡”即“用”之本字，爲一字分化。西周金文“前”字構形所从“凡”旁訛作“舟”，爲楚簡沿襲，《説文》篆文作、漢印作（徵 2.00），仍同。秦簡構形則於“𠦄”側增“刀”旁，馬王堆帛書作（《病方》）、（《老子》甲前），亦同。此“前”字與今之“剪”字易混。《説文》：“剪，齊斷也。从刀，𠦄聲。”篆文作，與秦漢文字的“前”構形完全相同，故後來於“前”下部贅增“刀”旁作“剪”，用作區別。

5. 是，（毛公旅鼎），（是□鼎），（虢季子白盤），（毛公鼎），（秦公簋），（黏鎛），（陳公子甗），（邾公華鐘），（哀成叔鼎），（儆兒鐘），（中山王壺），金文；（侯馬），（侯馬），（温縣），（温縣），盟書；（秦公石磬），（詛楚文《湫淵》），刻石；（彙 1635），古

璽；🔲（系 3361），🔲（三晉 97），🔲（三晉 99），貨幣；🔲（包山 4），🔲

（清華《成人》），🔲（郭店《老子》乙），🔲（清華《治政》），🔲（清華《四

告》），🔲（清華《耆夜》），🔲（上博《競公》），🔲（上博《凡物》乙），🔲

（九店 A26），🔲（上博《孔子》），楚簡；🔲（雲夢《效律》），🔲（雲夢《日書》

乙），秦簡。會意字。《說文》："是，直也。从日、正。……㫖，籀文是，从古文正。"

以後出字形説解，造字本義不明。

"是"字構形，金文从"早"、从"止"會意，"止"兼聲，"早"旁横畫或加飾

筆，爲春秋戰國文字沿襲，且"早"旁省（改）成"旦"。秦簡構形从"旦"、从

"止"，爲《說文》篆文作🔲，馬王堆帛書作🔲（《老子》甲）、🔲（《縱横》），銀

雀山漢簡作🔲（《孫臏》），石經作🔲（熹平石經《詩經》）所本。《說文》籀文作

🔲，構形乃中間增飾筆所致。

楚簡"是"字異寫較多，或作🔲（上博《志書》）、🔲（上博《志書》），中省

一横；或作🔲（清華《筮法》）、🔲（上博《子羔》）、🔲（上博《子羔》），

"日"中省點。皆書手原因。

6. 歲，🔲（合 14941），🔲（合 2009），🔲（合 25155），🔲（合 27400），🔲

（合 38099），🔲（花東 114），🔲（花東 114），🔲（合 13475），甲骨文；🔲（利

簋），🔲（曶鼎），🔲（毛公鼎），🔲（吳王光鐘），🔲（甫人匜），🔲（陳璋

壺），金文；⬚（彙 289），⬚（集粹 11），⬚（彙 4425），⬚（彙 4427），⬚（彙 248），⬚（珍秦 383），古璽；⬚（清華《五紀》），⬚（清華《五紀》），⬚（清華《金縢》），⬚（清華《筮法》），⬚（上博《平王》），⬚（郭店《大一》），⬚（包山牘），⬚（清華《成人》），⬚（清華《禱辭》），⬚（清華《四時》），⬚（清華《不韋》），楚簡；⬚（里耶 8-127），⬚（嶽麓叁 127），⬚（北大《泰原》），⬚（雲夢《日書》），秦簡。會意字。《説文》："歲，木星也。越歷二十八宿，宣徧陰陽，十二月一次。从步，戌聲。《律歷書》名五星爲五步。"謂从"戌"聲誤。"歲"指木星，每十二月（一年）東移一次（三十度），古人以之推算曆法，故稱一年爲一歲。

"歲"字構形，甲骨文本借用斧鉞形之"戉"字而分化出，其所从二小點即斧鉞刃尾端卷曲中之透空處（于省吾《釋戉》），或增加表義偏旁"步"；西周初期金文兩形并存。春秋以降"戉"旁或作"戈"。楚簡除偶見他系寫法例外，構形皆从"戈"，省"步"爲"止"，下增表時間義的"月"旁，隸定作"戢"，爲楚文字特有寫法。秦簡構形仍从"戉"、从"步"，爲馬王堆帛書作⬚（《天文》）、⬚（《縱橫》）所本。秦簡或於下"止"上增一橫畫，爲《説文》篆文作⬚，漢簡作⬚（銀雀山《孫子》）、⬚（《居延》甲 646）所本，後成固定寫法，《説文》遂誤以爲从"戌"聲。但新莽嘉量作⬚，仍保存古文字本來寫法。

楚簡"歲"或作⬚（新蔡乙四 122），从"夕"；或作⬚（上博《鮑叔牙》），从"日"。"夕""日"作爲形旁時皆可表時間義，故可互作。秦統一文字後這類異體皆遭淘汰。

7. 癹，[甲骨文字形]（合 8006），[字形]（合 15294），[字形]（合 9085），[字形]（合 18239），甲骨文；[字形]（易鼎），[字形]（癹孫虜鼎），[字形]（癹孫虜簠），[字形]（𫇭劍），金文；[字形]（侯馬），盟書；[字形]（彙 702），[字形]（彙 114），[字形]（彙 115），古璽；[字形]（郭店《老子》甲），[字形]（郭店《老子》丙），[字形]（清華《程寤》），[字形]（清華《金縢》），[字形]（包山 70），[字形]（上博《競公》），[字形]（清華《不韋》），[字形]（安大《仲尼》），[字形]（清華《五紀》），[字形]（清華《治政》），[字形]（清華《食禮》），[字形]（清華《四時》），[字形]（清華《四時》），[字形]（清華《祝辭》），[字形]（清華《四時》），[字形]（清華《廼命》），[字形]（清華《畏天》），楚簡；[字形]（青川），秦簡。會意字。《説文》："癹，以足蹋夷艸。从址，从殳。《春秋》傳曰：'癹夷蘊崇之。'"説解構形有誤。

"癹"字構形，甲骨文、金文从"址"、从"攴"，本作"癹"；金文或从雙"址"，"攴"旁上部改成"又"似"支"，爲楚簡沿襲，隸定作"𣥁"。楚簡或回歸原來从"址"、从"攴"構形，秦簡改从"殳"旁，爲《説文》篆文作[字形]所本。

楚簡"癹"字或作[字形]（清華《程寤》），增表動作義"止"旁；或作[字形]（新蔡零 24）、[字形]（清華《保訓》）、[字形]（清華《五紀》）、[字形]（清華《五紀》），省"又"，隸定作"㠧"，皆爲異體。或作[字形]（郭店《忠信》），構形从"址"、从"聿"，則爲訛書。

楚簡"癹"字義皆同"發"，也有學者視爲"發"字省形。

○三四 夂部

《説文》：“夂，从後至也。象人兩脛後有致之者。”又：“夊，行遲曳夊夊，象人兩脛有所躧也。”將“夂”“夊”分爲兩個不同的部首，其實皆是將正寫的 （止）倒寫而形成的偏旁，從甲骨文“夂”作 （合6482）、（合38563）就不難看出。一般來説，後世此偏旁位置於字的上部構形寫作“夂”，在字的下部構形寫作“夊”，但從古文字來看，兩種構形實無區別，因此可以歸作同一部。另外，《説文》有“舛”字，亦列爲部首，謂：“舛，對臥也。从夊㐄相背。”收録只有“舞”“舝”二字；又有從“舛”的“舜”字，亦作爲部首，下另收“雞”字。所謂“舛”，其實是并列的兩個倒寫的“止”旁，而古文字“舞”字更是從正寫的兩個“止”。古文字更没有出現過單獨成字的“舛”。

1. 夆，（合37507），甲骨文；（二祀邲其卣），（夆伯甗），（夆莫父卣），（九年裘衛鼎），（夆叔匜），（獄簋），（𩰬鼎），金文；（彙3499），（彙3746），古璽；（陶3.489），（陶3.491），陶文。形聲字。《説文》：“夆，牾也。从夊，丰聲，讀若縫。”造字本義不明，“牾”當爲引申義，但傳世文獻未見。

　　“夆”字構形，甲骨文、金文從“夊”、從“丰”聲，戰國文字構形同。《説文》篆文作 ![字], 漢印作 ![字]（徵 5.17），無甚變化。馬王堆帛書作 ![字]（《老子》乙），所從“丰”旁增加飾筆。

　　2. 各，![字]（合 21021），![字]（合 21022），![字]（花東 288），![字]（合 2083），![字]（合 10406），![字]（合 13171），![字]（合 27310），![字]（合 27818），甲骨文；![字]（宰椃角），![字]（耳尊），![字]（豆閉簋），![字]（同簋），![字]（㿻壺），![字]（偈叔簋），![字]（胸簋），![字]（善鼎），![字]（虢季子白盤），![字]（秦公簋），金文；![字]（郭店《語叢》一），![字]（清華《啻門》），![字]（清華《不韋》），![字]（清華《廸命》），![字]（清華《食禮》），![字]（清華《治政》），![字]（清華《治政》），![字]（上博《曹沫》），楚簡；![字]（雲夢《效律》），![字]（嶽麓《數》），秦簡。會意字。《説文》：“各，異辭也。從口、夊。夊者，有行而止之，不相聽也。”本義爲至、來到，訓“異”是後來出現的分化義。

　　“各”字構形，造字思路與“出”字相同而義正相反，甲骨文象人“止（趾）”向“凵”（坎穴）内，會入内之意，“凵”後增横爲飾成“口”，從“口”遂成爲固定寫法。金文構形相同，楚簡或加裝飾筆畫。秦簡無甚變化，爲《説文》篆文作 ![字]，馬王堆帛書作 ![字]（《老子》甲後）、![字]（《天文》）所本。

　　金文“各”字或作 ![字]（沈子它簋）、![字]（師虎簋），增“彳”旁；或作 ![字]（庚赢卣），增“辵”旁；或作 （儳匜），增“走”旁。“各”有行動義，故增表行動義之“彳”或“辵”或“走”旁，爲繁構。

“來到”之義，西周金文用“各”，傳世文獻則用“格”，爲通假字。

3. 复，（合 20346），（合 4037），（合 5409），（合 7076），（合 6333），（合 22048），（英 468），（合 19358），（合 19355），甲骨文；（褱比盨），（黄子盤），（黄子匜），金文；（侯馬），（侯馬），（侯馬），（侯馬），盟書；（郭店《老子》甲），（上博《周易》），（清華《說命》中），楚簡。會意字。《說文》：“复，行故道也。从夂，畐省聲。”解説構形不確。“复”字當爲“復”字初文，行復是其本義。

“复”字構形，造字本義不明，甲骨文所从之“亘”，或以爲象上古居住的窨室，可備一説。金文及戰國文字上部構形訛變較多，下部或增“口”飾爲繁構。《說文》篆文作 ，當由戰國文字上部構形似“言”（《說文》篆文作 ）而訛。另外，“复”之後起字“復”，在西周早期金文中已經出現。

4. 麥，（合 11005），（合 9620），（合 9621），（合補 11299），（合 24404），（合 28138），（花東 149），（屯 736），（合 37448），甲骨文；（麥鼎），（麥盉），（麥鬲），（麥尊），（井侯彝），（仲㲃父盤），金文；（安大《詩經》），（安大《詩經》），楚簡；（雲夢《日書》乙），秦簡。象形兼會意字。《説文》：“麥，芒穀，秋穜厚薶，故謂之麥。麥，金也，金王而生，火王而死。从來，有穗者，从夂。”本義指禾麥。

"麥"字構形，甲骨文本作（合1422）、（合6057）、（合34522）、（合32503）、（合29736）、（合36725）、（合36456），象禾麥形，因假借爲"行來"之"來"字，故在字下加"夊"作"麥"以作區別。金文"麥"字構形或置"夊"旁於側。楚簡構形从"麥"（或省作"來"），贅增義近偏旁"艸""米"，爲繁構異體，隸定作"蘥""蘼"。秦簡从"來"、从"夊"，爲《説文》篆文作，馬王堆竹簡作（M1）、（M1），漢簡作（居延甲1470），漢碑作（西狹頌）所本。新莽銅詔量作，變化甚小。

根據植物科技考古資料，證明小麥原産地在西方，至遲在商代已傳入中國，爲外來物種，故"麥"字構形以象禾麥形的"來"字加"夊"旁表義。《説文》謂："來，周所受瑞麥來麰。一來二縫，象芒束之形。天所來也，故謂行來之來。《詩》曰：'詒我來麰。'"雖認爲"麥"傳入周代是"天所來也"，實也透露出小麥爲外來物種的信息，彌足珍貴。

5. 韋，（合10026），（英305），（合9743），（合3226），（合14008），（合3267），（花東195），（合3860），（合36909），甲骨文；（韋爵），（子韋爵），（韋觚），（黄韋俞父盤），（吕不韋戈），金文；（上博《君子》），（包山259），（清華《四告》），（清華《治政》），（清華《不韋》），（清華《不韋》），（安大《詩經》），（安大《詩經》），（郭店《老子》甲），（安大《詩經》），

[字形] （清華《命訓》），[字形]（信陽），楚簡；[字形]（雲夢《效律》），[字形]（里耶 8–522），秦簡。會意字。《説文》：“韋，相背也。从舛，囗聲。獸皮之韋，可以束，枉戾相韋背，故借以爲皮韋。”説解構形不確。

“韋”字構形，甲骨文和商代金文本象城廓（“囗”）之外有人巡守，以四“止”繞“囗”會行走巡邏意，即“保衛”之“衛”的本字。後省四“止”成上、下兩“止”，遂成“韋”形。因“韋”字被借假成皮革義，遂另造“衛”字以作區別。《説文》篆文作[字形]，馬王堆帛書作[字形]（《縱橫》），漢碑作[字形]（張遷碑），無甚變化。

西周金文“韋”字或作[字形]（遣小子簋），增“帀”；或作[字形]（韋鼎）、[字形]（匍盉），爲前者省形，皆是異體。

楚簡“韋”字構形除增飾筆外，或作[字形]（上博《天子》甲），誤將“囗”置於上部；或作[字形]（清華《芮良夫》），下部贅增“口”飾，皆屬書手原因。

從甲骨文始，省寫的“韋”字已無保衛之義。“韋”字《説文》也用作部首。

6. 桀，[字形]（彙 1387），[字形]（彙 1388），古璽；[字形]（上博《鬼神》），[字形]（上博《鬼神》），[字形]（郭店《尊德》），[字形]（上博《容成》），楚簡；[字形]（雲夢《日書》甲），秦簡。會意字。《説文》：“桀，磔也。从舛在木上。”典籍未見此義訓。從《説文》“乘”字解説爲“乘，覆也。从入桀。桀，黠也”以及《詩·衛風·伯兮》“伯兮朅兮，邦之桀兮”看，“桀”字本義當同“傑”字。

“桀”字目前始見戰國文字，古璽構形从“舛”、从“木”會意。楚簡構形所从“舛”旁有省筆，或將“舛”之左側改作“人”旁。秦簡構形無變化，爲《説文》篆文作[字形]，漢印作[字形]（徵 5.17），馬王堆帛書作[字形]（《老子》甲後）、[字形]（《天文》），銀雀山漢簡作 ![架]（《孫臏》），漢碑作 ![桀]（袁博碑）所本。

　　楚簡“桀”字或作 ![旌]（包山 143）、![旌]（包山 141）、![桿]（包山 191）、![旌]

（安大《曹沫》），也見古璽作 ![旌]（彙 2256），增“力”旁，爲“桀”字異體，隸定作

“㭭”。

○三五 足部

《説文》："足，人之足也，在下。从止、口。"象形字。"足"字構形，甲骨文作

（甲 1640），金文作 （師晨鼎）、（申簋）、（瘋鐘）、（自鐸），象人脚

形，下部爲脚趾，上部以"○"示意膝蓋，與"疋"字同形。戰國文字，金文作

（敔令長戈）、（長陵盉）、（少府盉），楚簡作 （郭店《老子》甲）、

（上博《曹沫》）、（上博《顔淵》）、（清華《畏天》）、（安

大《仲尼》）、（郭店《尊德》）、（上博《三德》）、（包山 155），秦簡作

（雲夢《答問》）、（里耶 8-90）、（北大《白囊》），上部之"○"

已訛爲"口"形（不排除有意與"疋"字構形作區分而改），爲馬王堆帛書作

（《老子》甲）、（《縱橫》）所本。《説文》篆文作 ，銀雀山漢簡作 （《孫

子》），上部仍作"○"形。

　　1. 疋，（花東 329），（合 19956），（合 4585），（合 4584），

（合 17988），▯（合 1976），▯（合 21396），▯（合 6974），▯（合 191），甲骨文；▯（疋末鼎），▯（疋作父癸鼎），▯（疋父癸鼎），▯（亞疋簋），▯（免簋），▯（師兌簋），▯（疋璠戈），▯（洱陽令戈），金文；▯（彙 1871），▯（彙 45），▯（珍秦 138），古璽；▯（包山 64），▯（郭店《老子》甲），▯（上博《詩論》），▯（清華《皇門》），▯（清華《成人》），▯（清華《禱辭》），▯（清華《四告》），▯（清華《五紀》），▯（清華《食禮》），楚簡。象形字。《說文》："疋，足也。上象腓腸，下从止。《弟子職》曰：'問疋何止。'古文以爲《詩·大疋》字，亦以爲足字。或曰胥字，一曰疋記也。""足""疋"二字爲同源分化。

"疋"字構形，甲骨文"足"與"疋"雖皆象人脚形，但"足"字突出膝蓋，"疋"字突出腿部，從構形上可以區分。西周金文"疋""足"同形，以致學者或釋"疋"或釋"足"，只能從上下文義去確定。楚簡"疋"字上部作"〇"形，"足"字上部作"口"形，區分甚明，但因書手原因也有訛混。《說文》篆文"疋"字作▯，與"足"字作▯區別甚微。"疋"與"足"字在《說文》中所訓義同，作爲部首，"足"部下收 84 字（重文 4），而"疋"部下僅收 2 字。

此外，"疋"字楚簡或作▯（清華《良臣》）、▯（上博《平王》），亦見戰國金文作▯（六年襄城令戈），構形於圓圈中加橫飾筆，與楚簡"是"字或省作▯（上博《志書》）、▯（上博《志書》）相似，容易訛混。

2. 路，**路** （史懋壺），**徦** （庚嬴卣），金文；**杓** （彙328），**定** （彙148），**路** （珍秦103），**踽** （秦風117），**露** （珍秦45），古璽；**遙** （包山159），**遙** （新蔡乙三21），**遙** （上博《弟子》），**遙** （曾侯），**涯** （曾侯），**徦** （郭店《性自》），楚簡；**路** （里耶8-1014），秦簡。會意字。《説文》："路，道也。從足，從各。"從楚簡"露"字寫作"霚"來看，"各"亦兼聲符。

"路"字始出現於西周金文，構形從"足"、從"各"，或從"辵"；古璽或從"彳"，或從"止"。這是因爲"辵""彳""止"與"足"作爲偏旁，表道路及行走義時屬同義或義近偏旁，故可互作。隸定可分別作"逄""徦""迮"，皆爲異體字。楚簡構形作"逄"，或省"各"旁之"口"作"迕"。秦印、秦簡構形從"足"、從"各"，其"足"字上部"○"形也同戰國文字一樣改作"口"，爲馬王堆帛書作 **路** （《老子》甲後）、**路** （《縱橫》）所本。《説文》篆文作 **踽**，馬王堆古地圖作 **路**，漢簡作 **遙** （定縣），寫法則同於西周金文。漢代以降，從"辵"等的"路"字異體便不再出現。

3. 距，**距** （悍距末），**距** （悍距末），**恐** （十五年鄭令戈），金文。形聲字。《説文》："距，雞距也。從足，巨聲。"

"距"字構形，從"足"、從"巨"聲。所從之"巨"，亦即"規矩"之矩本字（詳下）。而"矩"字構形，西周金文作 **矨** （伯矩盉）、**柜** （伯矩尊）、**矨** （伯矩尊）、**矩** （伯矩鬲），象正面人形（"大"或"夫"）手持"工"（畫直角用的曲尺，即測繪工具"矩"）。或作 **矩** （登卣）、**矩** （衛盉）、**距** （矩叔壺），人形漸與

“工”脱離，“大”旁加飾筆成“夫”，後又訛成“矢”，遂爲“矩”字。“距”字《説文》篆文作 ，馬王堆帛書作 （《縱横》），漢碑作 （石門頌），没有變化。

附及，《説文》：“巨，規巨也。从工，象手持之。……巨，古文巨。”“巨”字構形，戰國金文作 （巨萱鼎），楚簡作 （上博《建州》乙）、（清華《繫年》），即《説文》古文作 所本。秦簡作 （雲夢《語書》）、（里耶 8-711），爲《説文》篆文作 ，馬王堆帛書作 （《縱横》）、（《相馬經》）所本。漢碑作 （張遷碑陰），構形所从之“工”已訛成“匚”，遂爲楷書沿用。

4. 跂，（跂夫申鼎），（兆域圖），金文；（侯馬），（侯馬），（侯馬），（侯馬），（温縣），盟書；（食禮），（食禮），（曾侯），（清華《程寤》），（新蔡零 193），（包山 162），（清華《治政》），（清華《四告》），（清華《廼命》），楚簡。會意字。後世字書未見。

“跂”字始見春秋晚期金文，構形从“足”、从“欠”，造字本義不明。盟書“欠”旁人形下或增“攵”飾，或增“立”爲繁構。從楚簡用法看，字同“足”。

○三六　走部

《説文》：“走，趨也。从夭止。夭止者，屈也。”説解構形不確，實爲象形字。本義指人行走，“趨”指快走。“走”字始見西周金文，構形作 （令鼎）、 （休盤）、 （盂鼎）、 （元年師兑簋）、 （走父盨）、 （曾侯乙戈）、 （中山王鼎），楚簡作 （包山 122）、 （包山 100）、 （清華《繫年》）、 （上博《吳命》）、 （清華《食禮》）、 （清華《不韋》）、 （清華《不韋》）、 （清華《五紀》）、 （清華《五紀》）、 （清華《四告》）。秦封泥作 （傅 1542），秦簡作 （雲夢《日書》甲）、 （嶽麓叄 242），無甚變化，爲馬王堆帛書作 （《老子》甲後）、 （《相馬經》），銀雀山漢簡作 （《孫臏》），漢碑作 （淮源廟碑）所本。需要指出的是，古文字“走”字所从“夭”字上部構形皆不作傾頭狀，《説文》篆文作 ，始訛作“夭”。

"走"字金文或作 （井侯簋）、（召卣）、（效卣）、（魯司徒仲齊簋），亦見楚簡作 （清華《不韋》）、（清華《五紀》），增表行動義旁"彳"，爲繁構異體。

附及，《説文》謂"走"字構形从"夭"。所謂"夭"字，實爲正面人形的"大"字孳乳，象人快走時手臂上下揮動形，甲骨文作 （合17993）、（合27939），有學者以爲即"走"字初文。

1. 奔，（盂鼎），（燹簋），（井侯簋），（效卣），（戒簋），（克鼎），（晉侯穌鐘），（三年主父戈），（中山王鼎），金文；（石鼓《霝雨》），（石鼓《田車》），刻石；（彙3693），（分域691），古璽；（清華《繫年》），（清華《繫年》），楚簡；（雲夢《答問》），（雲夢《爲吏》），（里耶8-357），秦簡。象形兼會意字。《説文》："奔，走也。从夭，賁省聲。與走同意，俱从夭。"説解構形有誤。本義爲奔走。按"走"指人行走，比走速度快用"趨"即小步快走，而比"趨"速度更快的是才用"奔"字。但《説文》皆以"走"義訓"趨"和"奔"，不加區別。

"奔"字始見西周金文，由"走"字分化，人疾走奔跑時速度加快，遠視之如多"止"在運動，故構形从"夭（大）"、从三"止"象形、會意。金文或增"彳"旁。由於"止"旁寫作 、，與"艸"旁的本字"屮"作 、 構形相近，書寫潦草後"止""屮"二形易訛，因此西周前期金文"奔"字構形已出現下从之"止"似"屮"，三"止"合之訛似"卉"。楚簡構形仍从三"止"不誤。石鼓文"奔"字異體雖从三"走"會意（石鼓《田車》），但从"止"也不誤。戰國金文（中山王鼎）則

將三 "止" 直接寫成 "卉"，訛誤尤甚，爲秦簡從之、《説文》篆文作 [字] 所本，以致

《説文》誤以爲 "奔" 字構形 "从夭，賁省聲"。馬王堆帛書作 [字]（《天文》），銀雀

山漢簡作 [字]（《孫子》），石經作 [字]（熹平石經《公羊》），从 "卉" 之錯訛形

"奔" 字遂爲後世沿襲。

2. 趙， [字]（叔趙父再）， [字]（趙孟庎壺）， [字]（趙氏戈），金文； [字]（侯

馬）， [字]（侯馬）， [字]（侯馬），盟書； [字]（珍秦 137）， [字]（珍秦 140），

[字]（秦風 109）， [字]（秦風 67），古璽； [字]（雲夢《編年》）， [字]（里耶 8-

140），秦簡。形聲字。《説文》："趙，趨趙也。从走，肖聲。" 趨走是其本義，一般用

作姓氏。

"趙" 字始見春秋晚期金文，構形从 "走"、从 "肖" 聲。秦簡無變化，爲《説

文》篆文作 [字]，馬王堆帛書作 [字]（《縱橫》）、 [字]（《天文》），銀雀山漢簡作

[字]（《孫子》），漢碑作 [字]（石門頌）、 [字]（尹宙碑）所本。

需要指出，古文字 "趙" 字皆用作姓氏，但三晉古璽及楚簡大都皆省作 "肖"。這

是省略 "走" 旁、保留聲旁 "肖" 的緣故，而前人不明戰國文字中這種簡化的道理遂

産生誤解。如漢代著名學者劉向，在整理中秘所藏古籍時對簡牘、抄本中出現文字的簡

化大惑不解，認爲 "本字多誤脱爲半字，以趙爲肖，以齊爲立，如此字者多"（《戰國

策敘録》）。如果明白古文字構形偏旁簡化的道理，就不會産生這種誤會。

3. 趨， [字]（合 4931）， [字]（續 3.31.2）， [字]（合 36751）， [字]（合 12337），

甲骨文； [字]（父丁鼎）， [字]（趨徝簋）， [字]（史趨簋）， [字]（史牆盤）， [字]（癲

鐘），![字形](封仲簋），![字形](逨盤），![字形](禹鼎），![字形](虢季子白盤），![字形](秦公

簋），![字形](許男鼎），![字形](吳王光戈），![字形](曾姬無卹壺），![字形](者汈鐘），![字形]

（陳侯因育錞），![字形](中山王鼎），金文；![字形](清華《繫年》），![字形](包山 135），

（上博《孔子》），![字形](上博《競公》），![字形](郭店《窮達》），楚簡。形聲字。《說

文》："趄，趄田易居也。从走，亙聲。"以"趄"之通假字"爰"去說解先秦"爰田

易居"制度義，非造字本義。

"趄"字構形，甲骨文从"止"、从"亙"聲；金文或从"彳"，或从"辵"，或从

"走"；楚簡从"走"、从"辵"兩形并存。秦漢統一後，僅存从"走"的寫法。《說

文》篆文作![字形]，所从"亙"旁已作省形。

需要指出的是，"趄"字所从的"亙"旁（字），馬王堆帛書作![字形]（《事語》）、

漢碑作![字形]（趙君碑），訛變較大。漢碑"恆"字或作![字形]（郙閣碑）所从的

"亙"旁寫法與之相同，皆爲隸變所致。

4. 起，![字形](高陵君弩機），金文；![字形](彙 3952），![字形](彙 3320），![字形](璽考

244），古璽；![字形](錄 4.26.4），陶文；![字形](清華《繫年》），![字形](清華《畏天》），

![字形](新蔡甲三 144），![字形](新蔡甲三 109），![字形](上博《用曰》），![字形](清華《繫

年》），![字形](清華《繫年》），![字形](清華《食禮》），![字形](清華《食禮》），![字形]

（清華《五紀》），楚簡；![字形](雲夢《日書》甲），![字形](嶽麓《質》一），![字形]

（北大《算》甲），秦簡。形聲字。《說文》："起，能立也。从走，巳聲。![字形]，古文起，

从辵。”起立是其本義，引申爲興起、開始。

　　“起”字始見戰國文字，構形从“走”、从“巳”聲，楚簡或从“己”聲。“己”“巳”古音聲同，爲偏旁互換。楚簡構形或从“辵”、从“巳”聲，即《說文》古文作所本；或从“辵”、从“己”聲，爲異體。秦簡構形仍从“走”、从“巳”聲，秦嶧山碑作，爲《說文》篆文作，馬王堆帛書作（《老子》乙），漢碑作（華山廟碑），石經作（熹平石經《公羊》）所本。今楷寫作“起”，則改从“己”聲。

　　楚簡“起”字或作（清華《五紀》）、（清華《五紀》）、（郭店《語叢》三），“己”下增“口”飾爲繁構；或作（清華《食禮》），“走”（或“辵”）旁省作“止”，增“立”旁，均爲異體。

○三七 彳部

《説文》："彳，小步也，象人脛三屬相連也。""亍，步止也，从反彳，讀若畜。"説解構形誤甚。又《説文》："行，人之步趨也。从彳，从亍。"亦誤。"行"爲隸變後的寫法，甲骨文作 [字形] （合 4903）、[字形] （合 20610）、[字形] （屯 300）、[字形] （合 5454），金文作 [字形] （行父辛觶）、[字形] （虢季子白盤）。羅振玉謂"行象四達之衢，人之所行也"（《殷虚書契考釋》），甚是。"行"本爲道路的象形字，楚簡作 [字形] （清華《繫年》）、[字形] （清華《耆夜》），秦簡作 [字形] （雲夢《日書》乙）、[字形] （嶽麓《質》二），《説文》篆文作 [字形]，構形漸與道路之形相遠，以致《説文》誤以爲是"人之步趨也"。

商承祚指出："古从行之字，或省其右作彳，或省其左作亍，許君誤認爲二字者，蓋由字形傳寫失其初狀使然矣。"（《殷虚文字類編》）"彳""亍"二字皆爲"行"字（即道路字）的省寫，因此作爲古文字部首，三者實可合爲一。

1. 徝，[字形] （合 32），[字形] （合 20546），[字形] （合 26092），[字形] （合 273），[字形]

（合 7227），[甲骨文字] （合 16152），[甲骨文字] （合 20547），甲骨文；[金文字] （徝方鼎），[金文字] （徝鼎），[金文字] （叔徝鼎），[金文字] （辛鼎），金文；[盟書字] （侯馬），盟書。會意兼形聲字。

　　“徝”字構形，甲骨文從“彳”、從“直”會意，偶見從“行”旁。《説文》無“徝”字，但“彳”部下收有“德”字，謂“升也，從彳、㥁聲”，以爲構形從“彳”，非從“心，徝聲”。甲骨文“徝”字用作巡查、巡視之義，金文用爲人名。

　　2. 彶，[甲骨文字] （合 21653），[甲骨文字] （乙 9077），[甲骨文字] （乙 5123），[甲骨文字] （合 32112），甲骨文；[金文字] （晉鼎），[金文字] （格伯簋），[金文字] （㝬比盨），[金文字] （不㜏簋），[金文字] （鄭虢仲簋），[金文字] （㝬叔盨），[金文字] （邦公典盤），金文；[楚簡字] （郭店《老子》乙），[楚簡字] （上博《曹沫》），[楚簡字] （包山 123），[楚簡字] （清華《尹至》），[楚簡字] （上博《民之》），楚簡。形聲字。《説文》：“彶，急行也。從彳，及聲。”

　　“彶”字構形，從“彳”、從“及”聲。從古文字用法來看，實爲“及”字繁構，《説文》所説的“急行也”乃後起引申義。“及”有行動義，故甲骨文、金文構形或增“彳”作“彶”。春秋戰國金文及楚簡或增“止”作“㝬”，或增“辵”作“返”，其既可視作“及”字繁體，也可視作“彶”字繁體。《説文》篆文作 [篆文字]，沒有變化。至於楚簡“返”字或寫作 [楚簡字] （郭店《語叢》二），即《説文》“及”字古文作 [古文字] 之由來。

　　3. 後，[甲骨文字] （合 22283），[甲骨文字] （合 18595），[甲骨文字] （合 25948），[甲骨文字] （英 1013），[甲骨文字] （花東 257），[甲骨文字] （花東 490），[甲骨文字] （屯 2358），[甲骨文字] （周甲 83），甲骨文；[金文字] （小臣單觶），[金文字] （矢令簋），[金文字] （師望鼎），[金文字] （師袁簋），[金文字] （黃夫人鼎），[金文字] （余義鐘），[金文字]

（曾姬無卹壺），（中山王鼎），（後生戈），（兩詔橢量），金文；（侯馬），（侯馬），（侯馬），盟書；（上博《競公》），（清華《繫年》），（清華《皇門》），（包山2），（安大《曹沬》），（安大《詩經》），（安大《詩經》），（清華《不韋》），楚簡；（雲夢《答問》），（北大《泰原》），（北大《算》甲），秦簡。形聲字。《説文》："後，遲也。从彳，幺夂者，後也。，古文後，从辵。"造字本義不明，或以爲"幺"是聲旁。

"後"字構形，甲骨文从"幺"、从"夂"會意，隸定作"夋"，即"後"字初文（于省吾《甲骨文字釋林》）。後增"彳"成"後"，爲金文沿襲。戰國文字尤其是楚簡或增"止"，構形也可視作从"辵"、从"夋"聲，隸定作"逡"，即《説文》古文作所本。盟書二形并存。秦文字無變化，爲泰山刻石作，《説文》篆文作，馬王堆帛書作（《老子》甲）、（《天文》），漢簡作（銀雀山《孫子》）、（武威醫簡）所本。

楚簡"後"字構形異寫較多，或作（清華《良臣》），贅增"口"飾（已見盟書）；或寫作"逡"，再增"口"飾作（郭店《五行》）、（上博《曹沬》）、（清華《程寤》）；或作（清華《耆夜》）、（上博《踐阼》）、（上博《王居》），省"夋"旁之"夂"。皆是書手隨意而爲。

值得注意的是，"夋"字仍見後世古文字，楚簡作（上博《仲弓》）、秦簡作

（里耶 8-170），或以爲是“後”字省形。

4. 復，（合 32260），（合 34601），（屯 2541），（合 34115），（合 34119），（合 15483），（合 15484），（合 10930），（合 18535），甲骨文；（天亡簋），（塦盨），（子和子缶），（中山王壺），（兆域圖），金文；（行氣玉銘），刻石；（上博《用曰》），（上博《詩論》），（清華《食禮》），（郭店《魯穆》），（安大《仲尼》），（安大《曹沫》），（上博《曹沫》），（上博《相邦》），（安大《曹沫》），（郭店《老子》甲），（上博《顏淵》），楚簡；（嶽麓《爲吏》），秦簡。形聲字。《説文》：“復，却也。一曰行遲也。从彳、从日、从夂。，復或从内。，古文从辵。”説解構形有誤。

“復”字構形，甲骨文上从“㠯”（簋）、或从“酉”（尊）、或从“皿”，下从“夂”，會撤除祭器之意（劉釗《古文字構形研究》）。西周金文以降，除繼承从“㠯”的寫法外，又增“彳”旁，由會意字變爲形聲字。戰國文字構形“㠯”旁省寫下部似“白”，或訛似“目”，或增“止”成“辵”，即《説文》古文作所本。或加“口”飾爲繁構。秦簡構形“白”又訛作“日”，爲《説文》篆文作，漢碑作（曹全碑）所本，遂成後世通行之“退”。馬王堆帛書作（《老子》甲前）、銀雀山漢簡作（《孫子》），石經作（熹平石經《春秋》），上部仍保存簋形，尤爲難得。

5. 往，（合 35351），甲骨文；（吳王光鑑），（吳王光鑑），金文；（溫縣），（侯馬），（侯馬），盟書；（彙 3141），古璽；（陶 3.974），陶文；盟書；（郭店《老子》丙），（上博《曹沫》），（郭店《語叢》四），（清華《尹至》），（上博《弟子》），（清華《湯丘》），（上博《周易》），（上博《子道》），（安大《曹沫》），楚簡；（雲夢《日書》乙），（雲夢《封診》），（里耶 8-1131），秦簡。形聲字。《說文》：“往，之也。从彳，𡉚聲。𨑒，古文从辵。”“前往”爲其本義，“以往”則是引申義。

“往”字構形，甲骨文、春秋金文皆从“彳”、从“𡉚”聲。“𡉚”即“往”字初文，構形从“之”、从“土”會意，楚簡仍見，作（清華《廼命》）、（清華《廼命》）。戰國文字“往”字構形或从“辵”，爲《說文》古文作所本，或省从“止”。秦簡所从“𡉚”旁省訛似“生”，爲馬王堆帛書作（《周易》）、（《縱橫》），銀雀山漢簡作（《孫子》），石經作（熹平石經《周易》）所本。《說文》篆文作，仍保持“𡉚”旁上从“之”的寫法。楷書寫作“往”，“𡉚”旁訛成“主”，誤甚。

6. 御，（合 300），（合 2557），（合 713），（22074），（合 32671），（合 31993），（合 17972），（合 6761），（合 13911），甲骨文；（大保爵），（孟鼎），（競簋），（牧師父簋），（遹簋），

御 (威簋), 御 (頌壺), 御 (洹子孟姜壺), 御 (莒大史申鼎), 御 (夫差鑑), 金文; 御 (郭店《緇衣》), 御 (上博《周易》), 御 (清華《繫年》), 御 (包山138), 御 (安大《詩經》), 御 (清華《四告》), 御 (清華《廼命》), 御 (清華《治政》), 楚簡; 御 (雲夢《日書》乙), 御 (里耶8-668), 御 (北大《從政》), 秦簡。形聲字。《説文》:"御,使馬也。从彳,从卸。馭,古文御,从又,从馬。"說解有誤。

"御"字構形,甲骨文本作从"卩"、从"午"聲,隸定作"卸",或增表行動義的"彳"或"行"旁。金文除作"卸"外,或增表行動義"止"或"辵"旁。楚簡、秦簡皆从"辵"旁,從常規"御"字本應隸定作"迎",但馬王堆帛書作 御 (《老子》甲),銀雀山漢簡作 御 (《孫臏》),《説文》篆文作 御,構形"止"上連"午",《説文》遂將字歸入"彳"部。而《説文》古文作 馭,隸定作"馭",實際上早見甲骨文、西周金文,與"御"字用法亦有別。

"御"字楚簡或作 御 (上博《姑成》),亦見古璽作 御 (彙2040)、御 (港續115),"卸"省"卩"旁,隸定作"迋";楚簡或作 御 (清華《不韋》),省"辵"旁爲"止",隸定作"卸";或作 御 (清華《芮良夫》)、御 (清華《赤鵠》),"辵"旁改爲表動作的義近偏旁"戈",隸定作"戗"。皆爲異體。

附及,甲骨文"御"字皆作祭祀動詞,義同後世"禦"。金文"御"字一般用爲迎送、侍奉義。而西周銅器銘文中表示"駕馭"詞義即《説文》謂"使馬也"的字皆寫作"駿",象執鞭策馬之形,"馭"爲其省形字。而"御"字除了衛簋的"卸(御)

疋（胥）衛”之“御”可能與“馭”義有關外，其餘的“御”字皆不作“駕馭”義，特別是盂鼎銘文中“卸（御）”“馭（馭）”二字同時出現而用法有別，更能説明問題。

○三八　辵部

《説文》："辵，乍行乍止也。从彳，从止。"古文字單獨的"辵"字目前僅一例，見秦簡作 ![字] （里耶 8-687）。"辵"字本由"彳""止"兩字（旁）組合而成，因此古文字从"辵"旁之字，常與从"止"或从"彳"旁的字以及从"行"旁的字互作，也可與从"走"旁的字互作，這些偏旁都有表行動之意，故可通用。這種常見的古文字構形現象，可爲作書法創作時借鑒。

1. 過，![字] （過伯爵），![字] （過伯簋），![字] （過文簋），![字] （貧陽鼎），金文；![字] （彙 2004），![字] （陝西 648），古璽；![字] （郭店《語叢》三），![字] （郭店《語叢》三），楚簡；![字] （雲夢《效律》），![字] （里耶 8-702），![字] （里耶 8-761），秦簡。形聲字。《説文》："過，度也。从辵，咼聲。"本義爲過度。

"過"字構形，甲骨文未見；金文或从"止"，或从"辵"，或从"彳"，从"咼"或"咼"聲；楚簡、秦簡皆从"辵"。所从聲旁"咼"，爲"骨"字初文增"口"飾演變而來。《説文》篆文作 ![字]，馬王堆帛書作 ![字] （《老子》甲）、![字] （《老子》甲後）、![字] （《相馬》），銀雀山漢簡作 ![字] （《孫臏》），定縣漢簡作 ![字]，變化不大。

"過"字異體，楚簡作 （郭店《緇衣》）、（上博《曹沫》）、（清華《繫年》）、（安大《詩經》），從"辵"、從"化"聲，隸定作"迆"。"咼""化"音同，乃變換聲旁。或作 （郭店《老子》甲）、（上博《平王》）、（上博《周易》），"辵"旁改爲同義偏旁"止"。或作 （郭店《大一》）、（上博《仲弓》）、（清華《説命》下）、（郭店《性自》）、（安大《仲尼》），改"辵"旁爲"心"旁。從"過失"義講，"過"也是一種心理行爲，故異構從"心"。這種異體"過"字秦統一文字後皆遭淘汰。

2. 進，（合32535），（合29673），甲骨文；（龢妘進鼎），（龢妘進壺），（召卣），（兮甲盤），（中山王方壺），金文；（彙510），（彙3822），（彙274），（彙2720），（珍秦91），古璽；（帛書），（上博《曹沫》），（上博《成王》），（郭店《五行》），（清華《四告》），（郭店《尊德》），（安大《曹沫》），（清華《廼命》），（曾侯），（安大《曹沫》），楚簡；（里耶8-1529），秦簡。會意字。《説文》："進，登也。從辵，闌省聲。"分析字形有誤。

"進"字構形，甲骨文從"止"、從"隹"，本義會向前追捕鳥。西周金文改從"辵"，突出行動義。古璽和楚簡構形除從"辵"外，或從"止"、或從"彳"，皆是同義偏旁互作。楚簡或增"口"飾爲繁構。秦簡則無變化，爲《説文》篆文作 ，馬王

堆帛書作 （《老子》甲）、（《縱橫》），武威漢簡作 （《儀禮》），石經作

（熹平石經《周易》）所本。構形雖無變化，但"辵"旁因作草書漸變而楷寫作
"辶"。其他從"辵"旁之字，"辵"旁演變情況也是同樣。

3. 迨，（合 22606），（合 24268），（合 24267），（合 24269），

（合 36518），甲骨文；（戍甬鼎），（保卣），（史牆盤），金文。形聲字。
《說文》："迨，遝也。從辵，合聲。""迨"是表示"會合"之合的專造字，古文字出
現頻率較少。

"迨"字構形，從"彳"、或從"辵"，從"合"聲，西周金文沿襲。春秋戰國文
字目前有缺環。《說文》篆文作 ，沒有變化。

附及，"迨"字所從聲旁"合"，甲骨文構形作 （合 14365）、（懷 473），會
意字，象一個帶蓋的容器，上下相合。"合"是其本義，引申爲會合、適合等義。"合"
字構形，甲骨文或作 （合 3297）、（合 1076），金文作 （珝生簋）、
（秦公鎛），上部寫成"A"形，此亦即《說文》的"亼"旁，《說文》"亼，三合也。
從入、一，象三合之形。讀若集"，說解有誤。從甲骨文分析，"亼"實應爲倒寫的
"口"旁，如"令"字之例。因甲骨文"合"字構形上部頗似倒置的"口"，所以類化
成"亼"。

4. 造，（師同鼎），（頌簋），（頌簋），（秦子戈），（史

造鼎），（莒太師申鼎），（元戟），（彶公戈），（上郡守戈），金文；

（包山 137），（清華《繫年》），（安大《仲尼》），楚簡；（雲夢

《日書》乙），[字形]（雲夢《答問》），[字形]（里耶 8-1089），[字形]（嶽麓《數》），秦簡。形聲字。《説文》：“造，就也。从辵，告聲。譚長説：‘造，上士也。’[字形]，古文造，从舟。”

甲骨文無“造”字，從金文以降的“造”字構形看，所從的“告”旁只是形似“告”字而已，偏旁來源及造字本義待考。“造”字構形，金文或从“彳”、或从“辵”作，或增“宀”。楚簡“告”旁上增飾筆。秦簡無變化，爲《説文》篆文作[字形]，馬王堆帛書作[字形]（《縱橫》）、[字形]（古地圖），漢碑作[字形]（禮器碑）所本。《説文》古文作[字形]，源自戰國文字作[字形]（淳于戟）、[字形]（郑大司馬戟）、[字形]（陰平劍），隸定作“艁”，實爲金文“造”字或作[字形]（頌鼎）、[字形]（頌壺）、[字形]（邦造鼎）之省形。

春秋戰國文字“造”字異體較多，除作“艁”外，或从“攴”，金文作[字形]（郦陵君豆）、[字形]（十七年相邦鈹），楚簡作[字形]（上博《曹沫》）、[字形]（上博《彭祖》）、[字形]（上博《曹沫》），隸定作“敍”；或增“貝”作[字形]（元年鄭令矛）、[字形]（宜鑄戈），隸定作“敱”，省形作[字形]（五年鄭令矛）；構形或从“貝”、从“告”，金文作[字形]（宋公差戈）、[字形]（宋公欒戈）、[字形]（宋公得戈），楚簡作[字形]（曾侯），陶文作[字形]（陶 3.895）、[字形]（陶 3.895），隸定作“賠”；金文或从“金”作[字形]（曹公子沱戈）、[字形]（陳卯戈）、[字形]（滕侯者戈），隸定作“鋯”；或从“曩（早）”聲作

（韓鐘劍），隸定作“鑣”；或從“戈”，作（高密戈），（信陽），隸定作“戠”；或作（屯留戈），改爲從“攵”、從“曹”聲，隸定作“斀”。秦統一文字以後，以“造”爲正體字，古文“艁”以及“敆”“戠”“賠”“鋯”“鑣”“戠”“斀”等因地域原因造成的異體字皆遭淘汰，再也没有流行。

5. 逆，（合 22510），（合 22246），（合 5951），（合 25327），（合 17537），（甲 507），（合 32036），（合 4450），（英 335），甲骨文；（逆父辛鼎），（逆父觶），（令簋），（保員簋），（九年衛鼎），（仲爯簋），（斁鐘），（楚公逆鎛），（中山王鼎），金文；（上博《陳公》），（清華《金縢》），（清華《五紀》），（清華《五紀》），（清華《楚居》），（郭店殘簡），（包山 75），（郭店《性自》），（上博《踐阼》），（清華《不韋》），（清華《食禮》），楚簡；（雲夢《雜抄》），（雲夢《日書》甲），（雲夢《日書》甲），秦簡。形聲字。《説文》：“逆，迎也。從辵，屰聲。關東曰逆，關西曰迎。”乃以引申義“迎”説解。“逆”字本義爲叛逆、不順從。

“逆”字構形，甲骨文從“屰”，即從倒寫的“大”（正面人形），用倒置人形表示順逆的“逆”義；從“止”、或從“辵”、或從“行”，用來表動作義。所從“屰”“止”旁或作倒刻。金文構形相同，西周以降，從“辵”的“逆”成爲規範寫法，爲戰國文字沿襲。楚簡“屰”旁或加飾筆，甚至寫似“丰”，秦簡則寫似“羊”。秦嶧山碑作，爲《説文》篆文作所本。馬王堆帛書作（《老子》甲後）、

（《天文》），銀雀山漢簡作 ![字形] （《孫臏》），石經作 ![字形] （熹平石經《春秋》），形訛較多。

附及，甲骨文"屰"實即"逆"字初文，甲骨文作 ![字形] （乙1786）、 ![字形] （乙8505）、 ![字形] （合26879），商代金文作 ![字形] （示屰爵）、 ![字形] （目父癸爵），象形字。《説文》："屰，不順也。从干，下屮，屰之也。"説解字形不確。其構形即倒置"大"（正面人形）字。

6. 遣， ![字形] （合5318）， ![字形] （合11484）， ![字形] （屯2770）， ![字形] （英1948）， ![字形] （合4387）， ![字形] （合35301）， ![字形] （合5315）， ![字形] （合31935），甲骨文； ![字形] （小臣謎簋蓋）， ![字形] （大保簋）， ![字形] （明公尊）， ![字形] （小臣謎簋）， ![字形] （多友鼎）， ![字形] （遹簋）， ![字形] （遣小子簋）， ![字形] （永盂）， ![字形] （盂簋）， ![字形] （永盂），金文； ![字形] （上博《靈王》）， ![字形] （清華《説命》上）， ![字形] （郭店《語叢》四）， ![字形] （上博《性自》），楚簡； ![字形] （雲夢《法律》）， ![字形] （里耶 J1⑨981）， ![字形] （里耶8-213）秦簡。形聲字。《説文》："遣，縱也。从辵，𠳋聲。"派遣是其本義。

"遣"字構形，甲骨文从"𦥑"、从"𠂤"，會派遣軍隊意，下或增"一"或增"口"飾。金文或从"辵"、或从"走"，改會意字爲形聲字。楚簡所从"𠳋"旁上部之"𦥑"或改成"辛"（爲聲化），下部或增"𦥑"作"遺"；又或省"𠂤"作"達""䢆"，皆屬異體。秦簡構形"𦥑"中加竪筆，下再加横畫，爲《説文》篆文作 ![字形] ，馬王堆帛書作 ![字形] （《縱横》），銀雀山漢簡作 ![字形] （《孫臏》），居延漢簡作 ![字形] （甲

231）、〔甲骨字形〕（甲18）所本，“遣”遂成固定寫法。

楚簡“遣”字異體或作〔字形〕（安大《詩經》），〔字形〕（安大《詩經》），叠增“欠”聲，隸定作“邀”。

需要指出，隸變後“遣”字所從“𠂤”旁上部之“臼”因加飾筆成“臾”，再演變成“中”下加“一”形。其與“貴”字上部的演變情況如出一轍。

7. 達，〔字形〕（合23805），〔字形〕（合24942），〔字形〕（合26068），〔字形〕（合30695），甲骨文；〔字形〕（小臣謎簋），〔字形〕（彧鼎），〔字形〕（師袁鼎），〔字形〕（多友鼎），〔字形〕（晉侯穌鐘），〔字形〕（庚壺），〔字形〕（䍐羌鐘），〔字形〕（中山王鼎），〔字形〕（左行議戈），金文；〔字形〕（侯馬），〔字形〕（侯馬），盟書；〔字形〕（郭店《六德》），〔字形〕（上博《周易》），〔字形〕（包山194），〔字形〕（安大《曹沫》），〔字形〕（安大《曹沫》），〔字形〕（安大《曹沫》），〔字形〕（清華《四告》），〔字形〕（清華《四告》），〔字形〕（清華《四告》），〔字形〕（清華《五紀》），〔字形〕（清華《繫年》），〔字形〕（清華《繫年》），楚簡；〔字形〕（雲夢《答問》），〔字形〕（里耶8-322），〔字形〕（嶽麓《爲吏》），秦簡。形聲字。《説文·辵部》：“達，先道也。從辵，率聲。”又《説文·行部》：“衛，將衛也。從行，率聲。”“達”“衛”本爲異體關係，《説文》誤分爲二字，造字本義不明，“先道”“將衛”是其引申義。

“達”字構形，甲骨文從“止”、從“率”聲，“率”或省成“幺”。金文改“止”旁爲“辵”，或增“行”旁。盟書或從“止”。楚簡同金文或增“行”旁作“衝”，或再省“止”作“衍”。秦簡寫作“衛”，即《説文》之“衛”字。

需要指出的是，“達”字所從“率”旁構形，本從“幺”旁左右加四小點，其上、下部本無筆畫，或省去左右四小點，直到戰國文字皆如是。秦簡從楚簡省形作“衍”

後，又將"幺"寫作"糸"（源於春秋金文，見庚壺）。《説文》篆文分別作 [字形]、[字形]，馬王堆帛書作 [字形]（《老子》甲後）、[字形]（《春秋》），銀雀山漢簡作 [字形]（《孫子》），居延漢簡作 [字形]（甲165），魏三體石經作 [字形]（《春秋》）。"幺"旁下部漸訛似"十"形、上部作點下横，遂成爲固定寫法。

8. 道，[字形]（貉子卣），[字形]（散氏盤），[字形]（散氏盤），[字形]（散氏盤），[字形]（㝬鼎），[字形]（師道簋），[字形]（曾伯黍匿），[字形]（中山王鼎），[字形]（奻盗壺），金文；[字形]（侯馬），盟書；[字形]（詛楚文《亞駝》），刻石；[字形]（彙3388），[字形]（彙3386），[字形]（集粹724），古璽；[字形]（録6.314.1），陶文；[字形]（清華《繫年》），[字形]（上博《踐阼》），[字形]（清華《程寤》），[字形]（天星觀），[字形]（郭店《老子》丙），[字形]（清華《繫年》），[字形]（清華《繫年》），[字形]（清華《五紀》），[字形]（上博《顔淵》），[字形]（郭店《成之》），[字形]（上博《踐阼》），[字形]（清華《命訓》），[字形]（安大《曹沫》），[字形]（清華《畏天》），[字形]（安大《仲尼》），[字形]（郭店《語叢》二），[字形]（清華《五紀》），楚簡；[字形]（雲夢《日書》甲），[字形]（青川牘），[字形]（里耶8-573），秦簡。會意字。《説文》："道，所行道也，從辵，從首。一達謂之道。[字形]，古文道，從首、寸。""首"代指人，人所行之道路是其本義。

"道"字構形，西周至春秋金文皆從"行"、從"首"會意，或增"止"旁；戰國文字除楚簡偶見外大都改從"辵"旁，或省作"止"旁；所從"首"旁，或作"頁"，或作"百"，三字本爲一字分化之故，也可視作"道"字異體。秦簡構形從"辵"、從

"首"，爲《説文》篆文作 ，馬王堆帛書作 （《老子》甲後）、（《事語》）、（《老子》甲）、（《老子》乙前），銀雀山漢簡作 （《孫子》）所本。《説文》古文作 ，構形從"首"、從"寸"，"寸"實爲從"又"加飾筆而訛。下增"又"旁已見金文，古文有可能即其省"行"旁之形，但目前古文字暫未見。

"道"字異體，西周金文作 （散氏盤）、盟書作 （侯馬），從"舀"聲，爲形聲字。楚簡或作 （清華《四告》），省"辵"爲"止"；或從"人"作 （郭店《六德》）、（郭店《語叢》三），"道"本是人之所行，故改"首"旁爲"人"會意。舊以爲"道"字寫作"術"乃魏晉以後出現的俗字，其實戰國時已見之。

○三九　艸部

　　《説文》：“艸，百芔也。从二屮。”又，《説文》：“屮，艸木初生也，象丨出形，有枝莖也。古文或以爲艸字。讀若徹。”“屮”爲“艸”字初文，甲骨文作 ![字形] （合6690）、![字形] （合6708）、![字形] （合11513）、![字形] （懷163），象枝莖柔弱之草形（陳劍《釋造》），省形作 ![字形] （京都615）、![字形] （英784），構形綫條化後作 ![字形] （合18661）、![字形] （合27218）；金文作 ![字形] （屮盉）、![字形] （父戊簋）、![字形] （屮屮斧）；商代陶文作 ![字形] （陶1.50）、戰國陶文作 ![字形] （陶3.627）；貨幣作 ![字形] （齊幣101）、![字形] （系3964）；楚簡作 ![字形] （郭店《六德》）。《説文》篆文作 ![字形] ，漢碑作 ![字形] （鮮于璜碑），隸定作“屮”。

　　後作雙“屮”以“艸”行，戰國陶文作 ![字形] （陶3.233）、![字形] （陶3.372）。楚簡作 ![字形] （上博《子羔》）、![字形] （上博《三德》）、![字形] （上博《凡物》甲）、![字形] （清華《治政》）、![字形] （清華《成人》），則以“卉”代“艸”，實際是“艸”字繁

─ 255 ─

構，《説文》篆文作。後借"草斗"義之"草"字爲"艸"，始見戰國文字，石鼓文作（《作邍》），秦簡作（雲夢《日書》甲）、（里耶 8-1057）、（嶽麓《爲吏》）、（嶽麓叁 55）。而"艸"則用作偏旁。

從"艸"旁的字，在古文字中構形或從四"中"，如"蒐"等字，而"莫"和"莽"字本從四"中"，隸變後從二"中"（《説文》歸入"茻"部）。《説文》"茻，眾艸也。從四中"，本義爲茂盛的草。古文字沒有出現單字"茻"，其都作爲偏旁使用。從四"中"的字後世基本淘汰不用，個別保存的也在隸變中成爲其他偏旁。有些字本從"艸"旁，但在隸變後構形却不從"艸"旁，如"春"字；也有些字本不從"艸"旁，隸變後的構形則從"艸"，如"若"字，皆形訛所致。

1. 生，（合 4325），（合 5845），（合 34081），（合 38165），甲骨文；（王生女觥），（作册虎卣），（單伯鐘），（尹姞鼎），（史牆盤），（頌簋），（黼鎛），（工盧季生匜），（中山王壺），金文；（彙 4925），（彙 3947），（彙 2311），（彙 4691），古璽；（清華《良臣》），（上博《仲弓》），（上博《吳命》），（郭店《語叢》一），（清華《命訓》），（新蔡乙三 32），（安大《曹沫》），（安大《曹沫》），（上博《李頌》），（安大《詩經》），（望山 M2），（清華《繫年》），楚簡；（雲夢《日書》乙），秦簡。象形字。《説文》："生，進也。象艸木生出土上。"出生、生長是其本義。

"生"字構形，從"屮"（"艸"），從"一"（表土地），從甲骨文至戰國文字變化不大。其於"屮"之下部豎筆中或增裝飾點，後演變成橫畫，爲《説文》篆文作𤯓，馬王堆帛書作生（《老子》甲），定縣漢簡作生所本。

2. 芻，（合 122），（合 248），（合 121），（合 11409），（合 95），（合 126），（合 10279），甲骨文；（大仲簋），（揚簋），（散氏盤），（散氏盤），（公芻權），金文；（彙 570），（彙 234），（秦風 156），古璽；（清華《禱辭》），（望山 M1），（包山 183），（安大《詩經》），（清華《四時》），（清華《四時》），楚簡；（雲夢《日書》甲），（里耶 8-1743），（嶽麓叁 243），秦簡。象形字。《説文》："芻，刈艸也。象包束艸之形。"本義會以手拔艸，割艸爲引申義。

"芻"字構形，甲骨文象以手（"又"）拔取艸形。所從二"屮"或作二"木"。"屮""木"作爲植物是同義偏旁，故可互作。楚簡構形所從二"屮"或作三"屮"（即"卉"，楚文字以"卉"爲"艸"）或作四"屮"，爲繁體。戰國文字及秦簡構形所從"又"旁漸訛成二"勹"，《説文》遂誤以爲象包束艸形，爲篆文作𦷻，馬王堆帛書作（《老子》甲）、（《老子》乙）所本。

3. 蒿，（合 36534），（周甲 20），（合 38152），（合 29375），（合 28132），甲骨文；（獻司徒斧），（德方鼎），（曾姬無卹壺），（妊盗壺），金文；（彙 1374），（彙 283），古璽；（包山 227），（上博

《柬大王》），▢（安大《詩經》），▢（清華《不韋》），楚簡。形聲字。《説文》："蒿，菣也。从艸，高聲。"

"蒿"字構形，甲骨文或从四"中"或"艸"，或从四"木"或"林"。金文从四"中"，後省从"艸"，楚簡同。戰國金文或增"土"爲繁構，亦見古璽。《説文》篆文作▢，馬王堆帛書作▢（《病方》）、▢（《老子》甲後），無變化。

"蒿"爲草名，金文、楚簡或讀爲"郊"。

4. 蒩，▢（合36965），▢（合36965），▢（英2523），甲骨文；▢（守宮盤），金文；▢（陶3.510），▢（陶3.335），▢（陶3.341），▢（陶3.1268），陶文；▢（包山154），▢（上博《曹沫》），▢（安大《曹沫》），▢（安大《詩經》），▢（安大《詩經》），▢（包山255），▢（清華《尹至》），▢（仰天湖），▢（清華《繫年》），楚簡。形聲字。《説文》："苴，履中艸。从艸，且聲。""苴"爲"蒩"字省寫。

"蒩"字構形，甲骨文、金文从四"中"、三"中"或"艸"，从"叡"聲，戰國陶文、楚簡皆同，隸定作"蔽"或"虋"。楚簡"叡"旁或省"又"，隸定作"蒩"。由於古文字作爲偏旁的"叡"字後世大都省寫作"且"，因此《説文》篆文作▢，漢印作▢（徵1.17），馬王堆帛書作▢（《老子》乙前），皆从"且"。

5. 葛，▢（盛世135），▢（彙2263），▢（彙2264），古璽；▢（陶5.458），陶文；▢（上博《采風》），▢（上博《季庚》），▢（上博《周易》），

（安大《詩經》），　　（安大《詩經》），　　（上博《詩論》），　　（上博《詩論》），楚簡。形聲字。《説文》：“葛，絺綌艸也。從艸，曷聲。”草本植物名。

　　“葛”字始見戰國文字，構形從“艸”、從“曷”聲，形聲字；楚簡及古璽或作“綦”，構形從“艸”、從“索”，“索”旁或省形作“系”（或“糸”），左右加裝飾點，隸定作“蒤”，會意字。“葛”是艸本植物，莖皮可製絺綌，也可作繩索，故以從“艸”、從“索”或“系”會意。楚簡或從“艸”、從“萬”聲（“萬”字《説文》作“蠆”，楚簡、秦簡用爲“害”字異體）。“害”“曷”古音相同，故“葛”字異體也可以寫作“萬”，改換聲旁。“葛”字出現幾種不同構形，皆因地域原因之故。秦統一文字後，“葛”字的異體“綦”“蒤”“萬”皆遭淘汰。《説文》篆文作　　，武威漢簡作　　（《儀禮》），石經作　　（熹平石經《詩經》），“艸”旁隸變後遂成“艹”，“葛”成爲規定構形。

　　6. 藥，　　（藥鼎），金文；　　（彙1384），　　（港續49），　　（印典138），古璽；　　（清華《程寤》），　　（郭店《五行》），　　（清華《説命》中），　　（清華《耆夜》），楚簡；　　（里耶8-1440），秦簡。形聲字。《説文》：“藥，治病艸。從艸，樂聲。”“藥”字構形，金文從“艸”、從“樂”聲，古璽“艸”旁或省爲“中”。楚簡或從“艸”、或從“卉”、或省從“中”，“木”旁或有省筆。秦簡構形不省，爲《説文》篆文作　　，漢印作　　（徵1.16），馬王堆帛書作　　（《病方》），漢簡作　　（《流沙》屯戍），漢碑作　　（曹全碑）所本。

　　楚簡“藥”字或作　　（郭店《五行》）、　　（上博《從政》），“木”旁訛成“大”且加飾筆；或作　　（上博《周易》）、　　（上博《性情》），下部更訛似“火”，皆爲書手原因。

7. 蒐，（蒐車匜），（舒盗壺），金文；（侯馬），盟書；（雲夢《雜抄》），秦簡。會意字。《説文》：“蒐，茅蒐，茹藘。人血所生，可以染絳，从艸，从鬼。”以草名及功能解説詞之本義，造字本義恐未必。作爲草名的“蒐”即“茜草”，《説文》“茜，茅蒐也”，《爾雅·釋草》“茹藘，茅蒐”，可用作絳（紅）色染料。典籍“蒐”字常用爲“狩”義。見《周禮》。

“蒐”字構形，金文从四“中”，或增“宀”，或於“鬼”下部贅“夂”（倒寫“止”旁）。《説文》篆文作，漢簡作（居延甲 125），再無變化。

8. 蒼，（鄭東蒼鼎），（宜陽右蒼鼎），金文；（彙 967），（彙 4023），（彙 3996），（北郊秦印），（十鐘），古璽；（陶 9.76），（臨潼），陶文；（郭店《老子》乙），（上博《容成》），（包山 176），（包山 179），（安大《詩經》），楚簡；（里耶 J1B166），（里耶 8-758），秦簡。形聲字。《説文》：“蒼，艸色也。从艸，倉聲。”

“蒼”字始見戰國文字，構形从“艸”、从“倉”聲，“倉”旁所從之“口”置於一側，下或加“＝”爲飾筆，或省“口”旁。楚簡則於下部再增二橫爲飾（也可視作省略符號）。秦文字構形除“口”旁置於下部外變化較大，爲《説文》篆文作，漢印作（徵 1.15）、（馬王堆 M3），居延漢簡作（甲 557）所本。

9. 春，（合 2358），（合 37852），（合 9784），（合 8697），（甲 1134），（合 4596），（合 29715），（合 8582），（合 11533），

（屯 108），（合 18718），（明 1558），（合 30851），甲骨文；

（蔡侯申鐘），（吳王光鐘），（越王者旨於賜殘鐘），（欒書缶），（蔡

侯申鐘），（壽春鼎），（四年春平侯鈹），（春成侯鍾），金文；

（珍戰 75），（彙 5），（珍戰 7），（彙 2415），（傅 1010），

（集粹 508），古璽；（尤家莊秦陶），陶文；（清華《繫年》），（上博

《王居》），（清華《說命》中），（上博《用曰》），（清華《治政》），

（清華《湯丘》），（安大《詩經》），（包山 240），（曾侯），楚簡；

（雲夢《日書》乙），（里耶 8-1150），（里耶 8-1725），（里耶8-1147），

（里耶 8-661），（北大《道里》），秦簡。形聲兼會意字。《說文》："萅，推

也。从艸，从日，艸春時生也，屯聲。"本義指四季之首的春天。

"春"字構形，甲骨文从四"屮"或"艸"，或从四"木"或三"木"或二"木"，从"屯"聲，或增"日"，會春日草木萋萋之義。春秋金文構形从"艸"、从"日"，从"屯"聲。"日"旁或作"月"，"春"爲時間概念，故"日""月"乃同義偏旁互作。楚簡構形同金文。《說文》篆文作，隸定本字作"萅"，甚確。而秦文字將"屯"寫在"艸"之上部似"出"，爲馬王堆帛書作（《老子》甲）、（《縱橫》），漢簡作（銀雀山《孫臏》），漢印作（徵 1.00），漢碑作（孔謙碑）所沿襲。隸變後遂成（《流沙》1.9）、（孔龢碑），至石經作

春（熹平石經《春秋》），上部已看不出从“艸”之構形，遂爲楷書所本。

楚簡“春”字異構較多，或作　（清華《嗇門》）、　（包山203），省“日”旁；或作　（清華《筮法》）、　（郭店《六德》）、　（清華《不韋》）、　（清華《四時》）、　（清華《四時》）、　（清華《四時》）、　（郭店《語叢》一）、　（郭店《語叢》三），亦見秦簡作　（雲夢《日書》乙），省“艸”成“旾”。這種簡體“春”字構形，最早見甲骨文，也見戰國金文和古璽。

10. 莫，　（合29788），　（屯3036），　（合32485），　（合18429），　（合27397），　（合20996），　（合10729），　（合15588），　（合33545），　（屯2383），　（花東314），　（英1978），　（合32014），甲骨文；　（宂莫瓡），　（夆莫夫壺），　（散氏盤），　（晉公盨），　（姑發劍），　（越王者旨於賜鐘），　（中山王壺），　（鄅客銅量），金文；　（彙1187），　（彙554），　（彙1380），　（彙3025），　（彙5498），　（彙1279），古璽；　（郭店《性自》），　（郭店《老子》甲），　（清華《命訓》），　（清華《繫年》），　（上博《君人》甲），　（安大《曹沫》），　（郭店《語叢》三），　（安大《詩經》），　（安大《詩經》），　（清華《四告》），　（清華《五紀》），　（上博《姑成》），楚簡；　（雲夢《日書》乙），　（里耶8-1025），

![莫字形] （北大《被除》），![莫字形] （北大《隱書》），秦簡。會意字。《説文》："莫，日且冥也。从日在茻中。"

"莫"即"暮"之本字，甲骨文構形从"日"（或省刻"日"中小點）、从四"中"（即"茻"）或"艸"，或从四"生"，或从四"木"或三"木"、或"林"，以黄昏日落艸木叢中會意。或增"隹"，以日暮鳥雀歸林會意。金文構形从"茻"，或省从"艸"，古璽、楚簡也同。楚簡或於"日"旁中加飾筆似"田"，這也是戰國文字常見的構形現象。秦簡下部之"艸"已訛變成"廾"，爲馬王堆帛書作![莫字形]（《病方》）、![莫字形]（《老子》甲）、![莫字形]（《老子》乙前）、![莫字形]（《相馬》），銀雀山漢簡作![莫字形]（《孫子》），石經作![莫字形]（熹平石經《周易》）所本。下部所从由"艸"訛爲"廾"後再隸變成"大"，遂成今楷之"莫"。《説文》篆文作![莫字形]，構形仍从"茻"，則不誤。

○四○ 木部

　　《説文》："木，冒也，冒地而生。東方之行。从中，下象其根。""木"字構形，甲骨文作 🌲（合 32806）、 🌲（合 33193）、 🌲（屯 2149）、 🌲（英 530），金文作 🌲（木父丁爵）、 🌲（木父辛爵）、 🌲（格伯簋）、 🌲（散氏盤）、 🌲（鄂君啓舟節），上象樹幹之形，下象樹根之形。盟書作 🌲（侯馬），古璽作 🌲（彙 299），陶文作 🌲（録 2.35.3），貨幣作 🌲（系 297），楚簡作 🌲（上博《詩論》）、 🌲（包山 250）、 🌲（清華《金縢》）、 🌲（清華《筮法》）、 🌲（清華《四時》），没有變化。秦簡作 🌲（雲夢《秦律》）、 🌲（雲夢《日書》甲）、 🌲（里耶 8-455），爲《説文》篆文作 🌲，漢印作 🌲（徵 6.00）、 🌲（徵 6.1），馬王堆帛書作 🌲（《老子》甲）、 🌲（《老子》乙前），漢碑作 🌲（西狹頌）所本。

　　又，《説文》："林，平土有叢木曰林。从二木。"則另列爲部首。

　　附帶指出，从"木"旁的字以形聲結構爲主。形聲字是漢字造字擴張的最佳途徑，但在甲骨文中形聲字所占比例并不大，西周金文漸趨增加。戰國至漢初是通假字和形聲字爭勝的時代，由於漢語本身的特點和具體的歷史形勢，通假字最終輸於形聲字，記音化的傾向被抑制，形聲化的傾向則不斷發展，結果是後世漢字中形聲字所占的比例越來越大。

1. 本，（本鼎），金文；（行氣玉佩），刻石；（齊幣 212），（錢典 963），貨幣；（上博《詩論》），（上博《詩論》），（郭店《成之》），（上博《仲弓》），楚簡；（雲夢《秦律》），（關沮），（里耶 8-355），秦簡。指事字。《説文》："本，木下曰本。从木，一在其下。，古文。"

"本"字構形，金文从"木"，中豎下加圓點爲指示符號，指示樹根的部位（高鴻縉《中國字例》）。戰國文字或改圓點爲短橫。三晉刻石及楚簡或增"臼"旁爲繁構，表示根植於坎中，隸定作"奤"，《説文》古文作，當由此形訛變而來。秦簡無變化，爲泰山刻石作，《説文》篆文作，馬王堆帛書作（《老子》甲）、（《老子》乙前）所本。

楚簡"本"字繁構作"奤"，或作（清華《三壽》），省去"木"下豎筆中的指事符號筆畫；或作（上博《曹沫》）、（安大《曹沫》）、（上博《凡物》乙）、（清華《五紀》）、（清華《厚父》），將"臼"置於"木"之上，其失去造字表義原理，毫無道理可言。

附帶指出，"木"字加圓點或短橫爲指事符號，因所指位置不同，所造之字也不同。如加在下面爲"本"；加在上面爲"末"，金文作（蔡侯申鐘）、（愕距末）、

（末吴壺），楚簡作 （上博《卜書》）、 （清華《程寤》）、 （上博《曹沫》），秦簡作 （里耶8-1620），馬王堆帛書作 （《病方》）。而加在中間則爲“朱”，甲骨文作 （合36743）、 （合37363）、 （合補11103），金文作 （衛簋）、 （毛公鼎）、 （吴方彝）、 （師酉簋）、 （王臣簋）、 （四十一年耳杯），楚簡作 （清華《四時》）、 （清華《封許》）、 （清華《厚父》），秦簡作 （雲夢《爲吏》）、 （里耶8-34）。由此可見古人造字設計構思巧妙，簡單處理，就將“本”“末”“朱”字分別清晰。

又及，“朱”爲“株”之本字，後借“朱”字表顏色，故另造“株”字，已見戰國文字，楚簡作 （清華《繫年》）、 （上博《三德》）、 （包山108）、 （包山117），古璽作 （彙2397）、 （鑒印15）。其中“朱”旁中豎的指事符號皆作雙橫，也習見楚簡“朱”字構形。

2. 枼， （合19956）， （屯2691） （英1777）， （乙2081），甲骨文； （射女鼎）， （楷伯簋）， （趞觶）， （黏鎛）， （拍敦）， （南疆鉦）， （驫羌鐘）， （郘王子旃鐘）， （欒書缶）、 （奵盗壺），金文； （詛楚文《巫咸》），刻石； （彙1986）、 （珍戰70），古璽； （清華《厚父》）、 （清華《五紀》）、 （清華《五紀》）、 （清華《封許》）、 （包山130），楚簡； （雲夢《爲吏》）、 （雲夢《日書》乙）、 （北大《算》

甲），秦簡。形聲字。《說文》：“枼，楄也。枼，薄也。從木，世聲。”說解有誤。

“枼”字構形，甲骨文、晚商金文（族氏銘文）從“木”（樹）枝上長葉形，即“葉”之本字。西周金文從“木”、從“止”聲，改爲形聲結構，借用作“世代”之世。由於“世”字是假借“止”形而分化，乃以“止”字爲聲（于省吾《甲骨文字釋林》），春秋金文因聲化而改從“世”聲。春秋戰國文字也都用“枼”字爲“世”。秦簡無變化，爲《說文》篆文作 ，銀雀山漢簡作 （《孫臏》），漢刻石作 （蒼山畫像石題記）所本。

楚簡“枼”字或作 （上博《容成》），增“人”旁；或作 （秦家嘴），增“示”旁；或作 （郭店《窮達》）、（郭店《尊德》）、（上博《建州》乙）、（清華《繫年》）、（清華《命訓》），增“死”旁，乃疊增聲旁。皆爲異體字。值得注意的是，楚簡“枼”字異體聲旁或仍從“止”。

3. 果，（合 34167），（合 33152），（合 33150），（合 31942），甲骨文；（亞果鼎），（果簋），（蔡公子果戈），（大市量），金文；（彙 936），（彙 3692），古璽；（清華《繫年》），（新蔡甲三 348），（上博《曹沫》），（安大《曹沫》），（安大《仲尼》），（清華《治政》），（清華《成人》），（清華《不韋》），（清華《畏天》），楚簡；（雲夢《日書》乙），（里耶 8-2520），秦簡。象形字。《說文》：“果，木實也。從木，象果形在木之上。”

“果”字構形，甲骨文、晚商金文（族氏銘文）從“木”（樹）枝上結果形。西周

金文果形似“田”中加點，後漸變成“田”，爲春秋戰國文字繼承。秦簡無變化，爲

《説文》篆文作 ⽥，馬王堆帛書作 果 (《老子》甲)、果 (《縱横》) 所本。漢代出現

上增“艸”旁的“果”字，漢印作 菓 (徵 6.5)、菓 (徵 6.5)，分化出“菓”字，

爲《廣韻》收録。

　　4. 杜， (合 40749)，甲骨文； (師虎簋)， (格伯簋)， (格伯簋)，

(格伯簋)， (格伯簋)， (杜伯鬲)， (杜伯盨)， (舒盗壺)，金文；

(彙 2415)， (彙 1920)， (彙 1911)， (彙 1922)，古璽； (陶

5. 172)， (陶 5. 384)， (秦集二三 7.6)， (録 2. 34. 3)，陶文；

(上博《詩論》)， (上博《詩論》)， (清華《治政》)，楚簡。形聲字。

《説文》：“杜，甘棠也。从木，土聲。”樹名。

　　“杜”字構形，甲骨文、金文从“木”、从“土”聲，戰國文字或作上下結構。秦

簡無變化，爲《説文》篆文作 杜，漢印作 (徵 6.2)，漢金文作 杜 (杜鼎)、

杜 (杜陽鼎)，漢碑作 杜 (白石神君碑) 所本。

　　5. 李， (後下 13.7)， (後下 13.7)， (英 1013)，甲骨文； (五祀衛

鼎)， (鄂君啓舟節)， (鄅客銅量)，金文； (集粹)， (分域

1272)， (彙 3611)， (彙 2475)， (珍秦 54)， (珍秦 53)， (秦風

57)，古璽； (上博《李頌》)， (包山 96)， (清華《尹誥》)， (包山

40），[字]（新蔡甲三304），[字]（曾侯），[字]（安大《詩經》），楚簡；[字]（雲夢《日書》甲），[字]（雲夢《日書》乙），秦簡。形聲字。《説文》：“李，果也。从木，子聲。[字]，古文。”以爲果名，其實也用作樹名。

　　“李”字構形，甲骨文从“子”、从“來”聲，上古音“來”“李”均爲來紐之部字，音同；因用爲樹、果名，又類化爲从“木”，《説文》遂以爲从“子”聲。金文亦同。楚文字仍保留構形从“來”爲主體的寫法，或贅增“木”旁。秦文字皆从“木”，爲《説文》篆文作[字]，馬王堆帛書作[字]（《事語》）、[字]（《老子》甲後），漢碑作[字]（孔宙碑），石經作[字]（熹平石經《詩經》）所本。至於《説文》古文作[字]，只是偏旁位置不同而已。但楚簡“梓”字作[字]（上博《逸詩》）、[字]（清華《程寤》）、[字]（清華《程寤》），構形與之完全相同。這種一形二字的原因，乃是由不同地域文字異形所造成。古璽亦有作[字]（十鐘），用作“李”或“梓”待考。

　　6. 巢，[字]（周甲110），甲骨文；[字]（班簋），[字]（叔巢鐘），[字]（陵賈鼎），金文；[字]（陶3.462.6），[字]（陶3.465.4），[字]（陶3.637.4），陶文；[字]（望山M1），[字]（上博《詩論》），[字]（上博《詩論》），楚簡；[字]（嶽麓《爲吏》），[字]（嶽麓《爲吏》），秦簡。《説文》：“巢，鳥在木上曰巢，在穴曰窠。从木，象形。”本義爲樹上的鳥巢。

　　甲骨文尚未見“巢”字，但有“漅”字作[字]（合28095）、[字]（屯667），所从“巢”象木上有巢形（于省吾《甲骨文字釋林》）。“巢”字構形，楚簡或贅增“木”

旁，陶文或下增“臼”旁。秦文字於上部漸變成“巛”，爲《説文》篆文作 ，馬王

堆帛書作 （《病方》），漢碑作 （禮器碑陰）所本。

7. 樂， （合 33153）， （合 36501）， （合 36556）， （合 36904），甲骨文；

（樂鼎）， （瘋鐘）， （召樂父匜）， （邾公華鐘）， （令瓜君壺），

（樂子敬輔臣）， （鮑氏鐘）， （配兒鈎鑃）， （王孫鐘）， （子璋

鐘）， （王立事鈹），金文； （秦公石磬）， （臨淄石磬），刻石； （彙

1372）， （彙 1375）， （珍戰 131）， （彙 1383）， （類編 478），

（彙 5314）， （珍展 86）， （秦集二一 9.1），古璽； （陶 3.804），

（陶 3.823）， （西安圖 197），陶文； （清華《命訓》）， （郭店《語叢》

三）， （清華《樂風》）， （清華《五紀》）， （安大《詩經》）， （清

華《治政》）， （上博《子羔》）， （新蔡甲二 38）， （安大《仲尼》），

（上博《競公》）， （上博《顏淵》），楚簡； （雲夢《爲吏》）， （里

耶 8-1286），秦簡。象形字。《説文》：“樂，五聲八音總名。象鼓鞞。木，虡也。”解

説有誤。

“樂”字構形，甲骨文、金文從“絲（絲）”、從“木”，象絲附木上，琴瑟之象，

或增“白”以象調弦之器（羅振玉《殷虚書契考釋》）。春秋戰國文字“木”旁或訛成

“大”（左、右或加飾筆），楚簡兩形并存。秦簡從“木”，泰山刻石作 ，爲《説

文》篆文作🦋，漢印作🦋（徵6.9）、🦋（徵6.9），馬王堆帛書作🦋（《老子》甲）、🦋（《相馬》），石經作🦋（熹平石經《詩經》）所本。

楚簡“樂”字或作🦋（上博《民之》），“木”旁訛成“大”，省從“糸”旁；或作🦋（上博《內豊》），省“木”、下增“辵”旁；或作🦋（郭店《五行》）、🦋（郭店《五行》），構形從“言”、從“藥”省，“言”與“樂”都是聲音，義近，故增之爲形旁，隸定作“䛬”。另外，戰國金文“樂”字或作🦋（上樂廚鼎），“絲”旁省作四小撇。秦統一文字後，這些異體、異寫“樂”字皆遭淘汰。

8. 休，🦋（花東53），🦋（合8154），🦋（合8162），🦋（合8167），🦋（合21722），🦋（合39781），甲骨文；🦋（大保簋），🦋（令鼎），🦋（矢簋），🦋（師楷鼎），🦋（录伯簋），🦋（師害簋），🦋（毛公鼎），🦋（楚公逆鎛），🦋（蔡侯鐘），🦋（中山王壺），🦋（鄎侯載簋），金文；🦋（彙833），🦋（彙4089），🦋（彙1277），🦋（彙1702），古璽；🦋（新蔡甲三65），🦋（清華《皇門》），🦋（上博《彭祖》），🦋（清華《三壽》），🦋（清華《祭公》），🦋（安大《詩經》），🦋（清華《四告》），🦋（清華《五紀》），楚簡；🦋（里耶8-2030），秦簡。會意字。《説文》：“休，息止也。從人依木。庥，休或從广。”人倚木（樹）休息是其本義，由樹木庇蔭引申爲美好之意。

“休”字構形，甲骨文、金文從“人”、從“木”會意。由於“木”旁上端或呈彎形，西周晚期已訛作“禾”，戰國文字大都从“禾”。秦簡仍保持从“木”構形，爲《説文》篆文作，馬王堆帛書作（《老子》甲後），銀雀山漢簡作（《孫臏》），武威漢簡作（《儀禮》）所本。“休”字《説文》或體作，當是漢代出現的新字。

9. 楚，（合 19984），（合 10906），（合 32986），（合 34220），（周甲 83），甲骨文；（堯盤），（楚簋），（楚嬴盤），（楚公鐘），（中子化盤），（王孫漁戈），（酓璋鐘），金文；（清華《繫年》），（包山 236），（郭店《窮達》），（上博《詩論》），（清華《良臣》），（上博《命》），（安大《詩經》），楚簡；（雲夢《日書》乙），（雲夢《日書》甲），秦簡。形聲字。《説文》：“楚，叢木。一名荆也。从林，疋聲。”

“楚”字構形，甲骨文从“足”、从“林”，偶見从“卉（屮）”。金文从“林”、从“足”（或“疋”，本一字分化）。楚簡、秦簡構形無變化，爲《説文》篆文作，馬王堆帛書作（《老子》甲）、（《縱横》），石經作（熹平石經《春秋》）所本。魏三體石經作（《春秋》），書寫偏旁結構位置同西周金文。

“楚”字春秋戰國金文或作（余義鐘），增“邑”旁，爲國名專用字；或作（酓前鼎），亦見馬王堆帛書作（《縱横》）、銀雀山漢簡作（《孫臏》），省

"林"旁爲"木",爲省形。

10. 梁，（梁其鐘），（梁其鼎），（伯梁其盨），（梁伯戈），（梁姬壺），（十七年方子令戈），（廿七年大梁司寇鼎），（十九年亡智鼎），（卅三年大梁戈），（二年梁令戟刺），（八年盲令戈），金文；（彙2779），（彙5656），（集粹172），（彙1701），（彙1707），（集粹115），（彙3229），（金薤·書20），古璽；（三晉114），（系1340），貨幣；（清華《繫年》），（清華《繫年》），（郭店《成之》），（上博《逸詩》），（曾侯），（上博《魯邦》），（上博《三德》），楚簡。形聲字。《説文》："梁，水橋也。从木，从水，刅聲。𣹬，古文。"除橋梁義外，也用作國名、地名、姓氏用字。

"梁"字構形，西周晚期金文从"水"、从"刅"聲。戰國文字增"木"旁，或省"水"旁、增"邑"，爲地名專用字；"刅"旁或省成"刀"。《説文》篆文作，漢印作（徵6.10），新莽嘉量作，从"刅"，源於秦文字（印）。江蘇邗江西漢墓木觚作梁，漢碑作梁（華山廟碑），則省从"刀"。《説文》古文作，古文字未見，且有形訛。

楚簡"梁"字異體較多，除省"水"旁作"枊"外，或作（上博《競公》），增"禾"旁，隸定作"棃"；或作（包山157）、（上博《子道》），"木"旁改

爲"禾"，隸定作"秒"；或再增"邑"旁作 ▨ （包山 163）、 ▨ （包山 165），

隸定作"稱"；或省形作 ▨ （包山 179），隸定作"邪"。這些異體，與其他戰國文字

"梁"字一樣，秦統一文字後皆遭淘汰。

○四一 竹部

　　《説文》：“竹，冬生艸也。象形。下垂者，箁箬也。”“竹”字構形，甲骨文作 （合 4755）、（合 2863）、（合 108）、（合 32933）、（合 31884），金文作 （竹宔鼎）、（孤竹罍）、（好盗壺）、（中山王壺），象竹葉下垂形，後將相連的竹枝作分散形。戰國金文（中山王壺）字下增“＝”，乃是裝飾筆畫，戰國文字多見。貨幣作 （貨 317）；楚簡作 （包山 150）、（望山 M2）、（清華《畏天》）、（安大《詩經》），在竪筆上加横飾；秦簡作 （雲夢《日書》甲）、（北大《算》甲）、（里耶 8-292），爲《説文》篆文 ，馬王堆帛書作 （《相馬經》），銀雀山漢簡作 （《孫臏》）所本。

　　1. 筍，（伯筍父盨）、（鄭伯筍父盨）、（筍侯匜）、（伯筍父鼎）、（筍伯盨）、（多友鼎），金文；（盛世 105）、（集粹 688）、

（集粹536），古璽。形聲字。《説文》："筍，竹胎也。從竹，旬聲。"除本義指竹筍外，西周金文用作國名，後世也用作姓氏。

"筍"字構形，西周金文從"竹"、從"旬"聲，"旬"是"昫"字的省寫。後"旬"字被聲化爲"句"作聲符，戰國文字皆從"句"聲，爲《説文》篆文作 、馬王堆漢簡作 （M1）、銀雀山漢簡作 （《孫臏》）所本。

"筍"字異體作"笋"，從"竹"、從"尹"聲，見《廣韻》，《説文》失收。"笋"字始見戰國楚簡作 （包山180），亦見西漢木簽作 （邗江王奉世墓），但所從"竹"旁則訛作"艸"，乃隸書常見現象。

2. 節， （鄂君啓舟節）， （鄂君啓車節）， （子禾子缶）， （陳純釜）， （節節）， （䜌節）， （中山王壺），金文； （齊幣61），貨幣； （包山152）， （上博《曹沫》）， （上博《用曰》）， （郭店《成之》）， （上博《志書》）， （安大《曹沫》）， （安大《曹沫》）， （清華《治政》），楚簡； （雲夢《日書》乙）， （雲夢《答問》）， （嶽麓叁230）， （里耶8-1221），秦簡。形聲字。《説文》："節，竹約也。從竹，即聲。"竹節是其本義，引申爲符節。

"節"字始見戰國文字，構形從"竹"、從"即"聲，楚簡"竹"旁或加飾筆。秦簡無變化，爲《説文》篆文作 ，馬王堆帛書作 （《老子》乙前）、 （《老子》甲後）、 （《縱橫》），銀雀山漢簡作 （《孫臏》），石經作 （熹平石經《儀禮》）所本。漢簡作 （定縣）、 （居延甲319）、 （武威《王杖》），漢碑作▨（魯峻碑）、▨（史晨碑），所從“竹”旁皆訛作“艸”。

3. 筮，▨（史筮壺），金文；▨（侯馬），盟書；▨（清華《筮法》），▨（清華《三壽》），▨（清華《治政》），▨（清華《五紀》），▨（上博《周易》），楚簡；▨（雲夢《日書》乙），秦簡。會意字。《説文》：“筮，易卦用蓍也。從竹，從▨。▨，古文巫字。”解釋構形有誤，本義是巫祝以蓍草占卦。

“筮”字構形，金文於“巫”下從“廾”，示雙手，侯馬盟書也同，隸定本作“筮”。楚簡雖亦偶見，但大都省去“廾”旁而贅增“口”飾。秦簡亦省，構形從“竹”、從“巫”，爲馬王堆帛書作▨（《病方》）、▨（《老子》乙），魏三體石經作▨（《君奭》）、▨（《君奭》）所本。《説文》篆文作▨、古文作▨，仍保留從“廾”的寫法，但於“巫”旁左右“人”下增“口”飾，乃是形訛所致，且以“▨”爲古文更是無據。武威漢簡作▨（《儀禮》），魏碑作▨（受禪表），所從“竹”旁則訛作“艸”。

楚簡“筮”字或作▨（清華《成人》）、▨（清華《五紀》）、▨（郭店《緇衣》）、▨（清華《不韋》）、▨（上博《曹沫》）、▨（清華《行稱》）、▨（安大《曹沫》），“巫”旁形訛較甚，皆書手原因。

附及，“巫”字構形，甲骨文作▨（合 21076）、▨（合 20364），金文作▨（巫亞鼎）、▨（齊巫姜簋），盟書作▨（侯馬）、▨（侯馬）、▨（侯馬），楚簡作▨（清華《筮法》）、▨（清華《繫年》）、▨（清華《赤鵠》）、▨（清華

《赤𩱏》)、（清華《楚居》）、（清華《程寤》）、（清華《禱辭》）、（包山 219）、（包山 244），秦簡作（北大《祓除》）、（雲夢《日書》乙）、（里耶 J1⑯6）、（里耶 8-793）。象形字。《説文》："巫，祝也。女能事無形，以舞降神者也。象人兩褎舞形，與工同意。古者巫咸初作巫。"説解構形不確。

"巫"字構形，甲骨文、金文作兩"工"交互形，造字構思不明，或以爲象兩玉交錯形，巫師以玉爲靈物（《漢語大字典》）。戰國文字將中間橫寫之"工"訛爲兩"人"，下部增"口"飾，楚簡或形訛較甚；秦簡改爲从"人"，下部則無"口"飾，爲《説文》篆文作，馬王堆帛書作（《老子》乙後），石經作（熹平石經《周易》）所本。

4. 箕，（合 20793），（合 6729），（合 17055），（合 6834），（合 36353），（合 37133），（周甲 11），甲骨文；（母辛卣），（其侯父己簋），（井侯彝），（从鼎），（沈子它簋），（頌鼎），（犀尊），（衛盉），（虢季子白盤），（王孫鐘），（者汈鐘），（中山王鼎），金文；（溫縣），（溫縣），盟書；（安大《仲尼》），（上博《王居》），（清華《食禮》），（安大《仲尼》），（清華《四告》），（清華《食禮》），（安大《仲尼》），（清華《四告》），（清華《厚父》），（郭店《緇衣》），

（上博《慎子》），楚簡；✦（雲夢《效律》），✦（北大《泰原》），✦

（里耶 J1⑨7），✦（里耶 8-805），✦（雲夢《日書》甲），✦（關沮 199），✦

（里耶 8-2133），秦簡。形聲字。《説文》：“箕，簸也。从竹，✦象形。……✦，古文

箕省。✦，亦古文箕。✦，亦古文箕。✦，籀文箕。✦，籀文箕。”本義爲畚箕，借用爲

虛詞後增形旁“竹”以示區別。

　　“箕”字構形，甲骨文、金文象畚箕形，不从“竹”。金文或增“丌”聲於下，作

“其”，或以橫畫省代。戰國文字始加形旁“竹”（異體見下），秦簡將“箕”“其”分

爲二形（字）。《説文》以篆文✦爲本字，反以✦爲籀文，互倒。此外，“箕”字

《説文》古文作✦（下“廾”爲“丌”訛）、✦，皆見古文字。至於籀文作✦，从

“匚（匡）”，古文字未見。值得注意的是，馬王堆帛書作✦（《老子》甲），銀雀山

漢簡作✦（《孫臏》）、✦（《孫臏》），定縣漢簡作✦，石經作✦（熹平石

經《儀禮》），樊敏碑作✦，箕形中間作“乂”或“十”，尚仍保持古文字構形原貌。

　　“箕”字異體作“笄”，見戰國文字，从“竹”、从“丌”（或“亓”）聲，金文作

✦（莒箕鼎），貨幣作✦（系 1604），古璽作✦（彙 3108），楚簡作✦（信陽）、

✦（清華《五紀》）、✦（清華《五紀》）。楚簡或作✦（清華《金縢》）、✦

（清華《金縢》）、✦（郭店《性自》），从“臼”、从“丌”（或“亓”）聲（或以爲

雙聲字），隸定“㐭”，楚簡讀（用）作“斯”。這些異體在秦統一文字後皆遭淘汰。

　　5. 簠，✦（瘋簠），✦（杜簠），✦（厚氏簠），✦（厚氏簠），✦（叔邦

父簠），□（陳逆簠），金文；□（彙 3109），古璽；□（包山 124），□（包山

153），□（信陽），楚簡。形聲字。《説文》："簠，黍稷圜器也。从竹、从皿，甫聲。

□，古文簠，从匚从夫。""簠"爲古代盛食禮器，本爲竹製，也有陶、木及銅製。

"簠"字構形，金文从"竹"、从"甫"聲；或从"金"，表示質地；或从"匚

（匚）"，表示功能；楚簡改从"夫"聲。《説文》古文作□，从"夫"聲與楚簡同，

也見西周晚期金文。《説文》篆文作□、石經作□（熹平石經《周易》），增

"皿"，爲後起字形。漢碑或作□（孔宙碑），省"竹"旁。

6. 筥，□（筥小子簠），□（筥平鐘），□（筥大史申鼎），□（筥造戈），□

（筥侯簠），□（庚壺），金文；□（系 3789），□（系 3793），□（系 3792），□（系

3794），□（齊 301），貨幣；□（上博《容成》），楚簡；□（里耶 8-932），秦簡。

形聲字。《説文》："筥，箅也。从竹，吕聲。"本義爲竹器名，借用爲國名。

"筥"字構形，从"竹"、从"吕"聲。"筥"作爲春秋戰國時的國名，傳世文獻

作"莒"，古文字則作"筥"，構形除从"吕"聲外，大都从"膚"聲，乃音同互通，

或增"邑"旁，爲國名（地名）專用字。秦簡作"筥"，爲《説文》篆文作□，漢印

作□（徵 5.2）、□（徵 5.2）、□（徵 5.2）所本。

○四二 禾部

　　《説文》：“禾，嘉穀也。二月始生，八月而孰，得時之中，故謂之禾。禾，木也。木王而生，金王而死。从木，从㶚省，㶚象其穗。”“禾”字構形，甲骨文作 （合9615）、（合 19864）、（合 22025）、（合 33193）、（合 33239）、（合 33209）、（屯 3571），金文作 （禾卣）、（禾方鼎）、（白禾憂鼎）、（舀鼎）、（禾簋）、（郑公釛鐘）、（子禾子釜），象穀子穗聚下垂狀，象形字，本義指穀子，引申爲泛指一切穀類植物。古璽作 （彙 4280）、（彙 4279）、（彙 4104）、（彙 5118）、（彙 5537）、（珍展 162），楚簡作 （清華《五紀》）、（清華《筮法》）、（清華《金縢》）、（上博《民之》）、（安大《詩經》），秦簡作 （雲夢《效律》）、（關沮），《説文》篆文作 ，漢印作 （徵 7.9），馬王堆帛書作 （《縱橫》），漢簡作 （西陲 57.14），石經作（熹平石經《詩經》），字形一直無甚變化。

1. 年，（佚 679），（合 10085），（合 28519），（合 10070），（合 9768），（合 9814），甲骨文；（小臣缶鼎），（祖辛簋），（己侯貉子簋），（伯疑父簋），（敔簋），（睘卣），（曾伯霥匿），（鄀公鼎），（曾姬無卹壺），（陳璋壺），（左官壺），（中山王鼎），（王孫鐘），（夆叔匜），（九年將軍戈），（廿年愲距），金文；（璽考 60），（彙 2279），（彙 2381），古璽；（録 4. 4. 1），（集拓 2. 3），陶文；（郭店《窮達》），（上博《成王》），（清華《繫年》），（清華《四告》），（清華《金縢》），（清華《四告》），（上博《容成》），（上博《競建》），（清華《五紀》），楚簡；（雲夢《日書》乙），（里耶 8-9），（里耶 8-214），秦簡。會意字。《説文》："年，穀孰也。从禾，千聲。"解説構形有誤。于思泊師指出："年乃就一切穀類全年的成熟而言。"（《甲骨文字釋林》）"年"本指年成，引申爲年歲義。

"年"字構形，甲骨文、金文象人扛着收穫的莊稼，會穀熟收成之意。金文或於"人"之竪筆上加裝飾點，後點演變爲横畫。春秋金文或於"人"下加横成"壬"形，戰國文字或由此訛爲从"土"。秦簡"人"上横畫已成固定筆畫，爲《説文》篆文作所本，遂誤以爲从"千"聲。馬王堆帛書作（《老子》乙前）、（《縱横》），漢碑作（曹全碑）、（尹宙碑），亦同。

"年"字戰國金文或作 🀃（者梁鐘）、🀃（䓕子受鐘），亦見楚簡作 🀃（上博《弟子》）、🀃（包山 126），"人"旁省作一筆，或加裝飾點；或作 🀃（清華《保訓》）、🀃（上博《君人》乙）、🀃（郭店《唐虞》），"人"與"禾"旁合而爲一。此皆是書手省寫造成的簡體。

2. 秦，🀃（合 299），🀃（合 32742），🀃（合 30339），🀃（合 30340），🀃（合 34064），甲骨文；🀃（史秦鬲），🀃（師酉簋），🀃（𪺈簋），🀃（秦公簋），🀃（秦公簋），🀃（鄴子簋），🀃（秦王鐘），🀃（奮忐鼎），🀃（三年馬師鈹），金文；🀃（秦公石磬），刻石；🀃（彙 1630），🀃（彙 3853），🀃（彙 3423），🀃（彙 1369），🀃（彙 1177），古璽；🀃（曾侯），🀃（清華《良臣》），🀃（清華《楚居》），🀃（上博《詩論》），🀃（清華《繫年》），🀃（包山 167），🀃（郭店《窮達》），楚簡；🀃（雲夢《雜抄》），🀃（嶽麓叄 40），秦簡。會意字。《説文》："秦，伯益之後所封國，地宜禾。从禾，舂省。一曰：秦，禾名。🀃，籀文秦，从秝。"本義爲禾穀名，借用爲國名。

"秦"字構形，甲骨文、西周金文从"廾""午"（"午"即"杵"字初文），从"秝"，會雙手持杵舂穀子意。西周金文或省"秝"作"禾"，春秋金文或增"臼"旁，楚簡亦見之，此即《説文》所謂"舂省"之來源。戰國文字或省"廾"旁；或从"禾"、增"邑"旁，用作國名（地名、姓氏）的專用字。秦簡从"禾"，爲《説文》篆文作🀃，馬王堆帛書作 🀃（《春秋》）、🀃（《縱橫》），銀雀山漢簡作 🀃（《孫

臏》），武威漢簡 秦（《儀禮》）所本，但上部寫法已漸與“春”字寫法雷同。《說文》

籀文作 𣗶，則源於西周、春秋金文。

3. 秋，𫜰（合 150），𫜰（合 19536），𫜰（屯 2227），𧒜（合 11540），𧒜（合

33233），𧒜（乙 4741），𧒜（合 29715），𧒜（合 32854），𧒜（合 32968），甲骨文；𧒜

（𧒜亞爵），𧒜（與兵壺），金文；秌（侯馬），盟書；𥠄（彙 4433），𥠄（彙

4456），𥠄（彙 4430），秌（彙 4445），秌（彙 1902），古璽；秌（郭店《六

德》），𥝲（清華《治政》），𥝲（清華《程寤》），𥝲（清華《筮法》），𥝲

（包山牘），𥝲（清華《五紀》），𥝲（清華《五紀》），楚簡；秋（雲夢《日書》

甲），秋（青川牘），秋（北大《道里》），秦簡。會意字。《說文》：“秋，禾穀

孰也。从禾，𪔮省聲。𪋿，籀文不省。”

“秋”字構形，甲骨文和晚商金文（族氏銘文）象昆蟲形，隸定作“𪔮”，或以爲
象秋天蝗蟲肆虐，乃借其形記時。甲骨文於“𪔮”下或增“火”旁，表示以火燒滅之。
春秋金文在“𪔮”旁增“日”表時間、增“禾”表秋天禾穀成熟義，但無“火”旁。
戰國古璽及楚簡省“𪔮”旁。盟書構形始見省“日”旁、从“禾”、从“火”，秦文字

沿襲，爲《說文》篆文作 𥝲，馬王堆帛書作 秋（《老子》甲後）、秋（《老子》

乙前），銀雀山漢簡作 秋，石經作 秋（熹平石經《春秋》）所本。《說文》籀文

作 𪋿（所從“𪔮”旁當作“𪔮”），漢碑作 𪋿（楊著碑）雖有訛誤，但恰好保
存古文字構形缺失的中間環節，彌足珍貴。

"秋"字楚簡異體作 [字形] （包山 213）、 [字形] （清華《成人》）、 [字形] （清華《四時》）、 [字形] （清華《不韋》）、 [字形] （清華《不韋》），省"火"旁；或作 [字形] （上博《用曰》）、 [字形] （郭店《語叢》一）、 [字形] （郭店《語叢》三），構形混同"穋"字，乃是書手訛誤。

4. 穋， [字形] （合 7563）， [字形] （屯 4451）， [字形] （合 33373）， [字形] （合 28400），甲骨文； [字形] （遹簋）、 [字形] （史牆盤）、 [字形] （師虤鼎）、 [字形] （井人妄鐘）、 [字形] （吳王光鐘）、 [字形] （秦公簋）、 [字形] （與兵壺）、 [字形] （曾侯乙鐘）、 [字形] （中山王壺），金文； [字形] （曾侯石磬）、 [字形] （臨淄石磬），刻石； [字形] （清華《廼命》）、 [字形] （清華《司歲》）、 [字形] （上博《緇衣》）、 [字形] （清華《繫年》）、 [字形] （包山 49）、 [字形] （清華《筮法》）、 [字形] （清華《樂風》）、 [字形] （清華《楚居》）、 [字形] （安大《詩經》）、 [字形] （郭店《窮達》），楚簡。象形字。《説文》："穋，禾也。从禾，翏聲。"分析構形不確，誤以爲形聲字。

"穋"字構形，甲骨文象穀穗飽滿帶芒刺形，金文於穗形下增"彡"爲裝飾筆畫，後遂演變爲與《説文·彡部》訓爲"細文也"的"翏"字混同無別。戰國文字"禾"與穗形分離，成爲單獨的"禾"旁，以致《説文》誤以爲是形聲字。《説文》篆文作 [字形]，漢簡作 [字形] （《蒼頡》），漢碑作 [字形] （史晨碑）、 [字形] （魯峻碑），从"禾"、从"翏"成爲固定寫法。

楚簡"穋"字或作 [字形] （安大《詩經》）、 [字形] （清華《三壽》），爲省形。

附及，“穆”字漢鏡銘文作 、 ，“㣎”旁訛作

“易”或“易”，此雖因工匠致誤，但源自戰國楚簡作 、古璽作 ![字形]

（彙3511）、 ![字形]（寒香書屋金石拓本）的原因，爲訛體（吳振武《古璽和秦簡中的

“穆”字》）。

　　5. 稻， ![字形]（即簋）， ![字形]（史免匜）， ![字形]（叔家父匜）， ![字形]（郜召匜）， ![字形]

（奐父盨）， ![字形]（陳公子甗）， ![字形]（曾伯霏匜）， ![字形]（叔朕匜），金文；

![字形]

（清華《耆夜》）， ![字形]（清華《禱辭》），楚簡； ![字形]（雲夢《日書》乙）， ![字形]（北

大《醫方》）， ![字形]（里耶8-1794），秦簡。形聲字。《説文》：“稻，稌也。从禾，

舀聲。”

　　“稻”字構形，西周至春秋早期金文从“㲃”、从“米”、从“舀”聲，春秋中期

起金文改爲从“米”，後又改爲从“禾”，楚簡、秦簡沿襲，爲《説文》篆文作 ![字形]，

馬王堆竹簡作 ![字形]（M1）、 ![字形]（M1）所沿用。

　　“禾”“米”爲同義偏旁，故“稻”字構形可以互作。他如“稬”字，秦簡作

![字形]（雲夢《秦律》），漢簡省作 ![字形]（江陵M197），或作 ![字形]（居延乙38.19），

从“米”，今楷則作“糯”。在書法創作中可以參用。

　　6. 黍， ![字形]（合9949）， ![字形]（合9962）， ![字形]（合9954）， ![字形]（合9951）， ![字形]

（合9532）， ![字形]（合9948）， ![字形]（合9991）， ![字形]（合9950）， ![字形]（合9538），

（合 9544）、（合 32593）、（合 10037）、（合 14）、（合 33260），甲骨文；（仲戲父盤），金文；（彙 55），古璽；（録 2.50.1）、（録 2.50.2），陶文；（天星觀）、（新蔡零 415）、（安大《詩經》）、（安大《詩經》）、（安大《詩經》）、（安大《詩經》），楚簡；（雲夢《日書》乙）、（雲夢《日書》乙）、（北大《泰原》），秦簡。會意字。《説文》："黍，禾屬而黏者也。以大暑而穜，故謂之黍。從禾，雨省聲。孔子曰：黍可爲酒，禾入水也。" 解釋構形不確。

"黍"字構形，甲骨文突出黍子散穗的特點，或將黍子以小粒表示，或省作小點，本爲象形字，後復增"水"旁，成會意字。金文省"黍"形爲"禾"、從"水"。楚簡或將"水"旁以點置"禾"旁；或將"水"旁置"禾"下且連筆省形書寫，下部再增"曰"（"口"中加飾筆）飾；或由"曰"加飾筆訛成"田"；或在"禾"下"曰"上增義旁"米"（詳下）。秦簡構形作"禾"下"水"連筆書寫，爲《説文》篆文作、馬王堆帛書作（《病方》）所本。

"黍"字異體，甲骨文作（花東 416）、（花東 218）、（花東 379）、（花東 393），或從"黍"或從"禾"，下從"米"，也見楚簡作（清華《禱辭》），下增口飾；漢簡作（居延甲 99）、（武威《儀禮》），漢碑作（孔宙碑），或從"禾"、從"米"，仍保存商代構形，漢以後則未見。

7. 香，（合 36553），（合 36501），（合 36752），（英 2565），（英

2565），甲骨文；（獄簋），（獄簋蓋），（公子土斧壺），金文；（彙

2553），古璽；（清華《四告》），（清華《四告》），（清華《五紀》），楚簡。會意字。《説

（清華《五紀》），（清華《五紀》），（清華《五紀》），楚簡。會意字。《説文》："香，芳也。從黍、從甘。《春秋傳》曰：'黍稷馨香。'"本義指香氣、香味。

　　"香"字構形，甲骨文從"黍"、從"口"會意，金文同。古璽省"黍"爲"禾"，"口"中加飾筆似"曰"。楚簡構形從"黍"、從"曰"（"口"中加飾筆），爲《説文》

篆文作所本，但將加飾筆的"曰"誤以爲從"甘"。漢印作（徵7.12）、

（徵7.12），漢碑作（華山廟碑）、（史晨碑），"黍"旁漸省作"禾"，遂成固定寫法。

○四三　米部

　　《說文》："米，粟實也。象禾實之形。""米"字構形，甲骨文作 （合 33230）、（合 34162）、（合 32024）、（屯 936），以橫畫上下各加三小點表示粟米意，後小點漸變成豎綫條，爲金文作 （米宮卣）、（米宮瓶），楚簡作 （包山 95）沿襲。楚簡或作 （信陽），秦簡作 （雲夢《秦律》）、（北大《醫方》）、（關沮）、（里耶 5-33），陶文作 （録 4.170.6）、（秦陶 1030），中間訛變爲一豎筆，爲《說文》篆文作 米，武威漢簡作 （《儀禮》），漢碑作 （曹全碑）所本。

　　附及，需要注意戰國、秦漢文字"米"字與"釆"字構形已混淆。"釆"字構形，金文作 （父乙卣）、（父丁卣），楚簡作 （清華《祝辭》）、（清華《祝辭》），以"又"字作界格區分四點會辨別意。其與"米"字中豎筆貫穿的構形相似，例如從"釆"聲的"番"字，金文作 （魯侯鬲）、（番君甬）、（番生簋）、

（史番鼎），楚簡作 （上博《競公》）、 （包山 52），秦印作 （十鐘），

漢印作 （徵 2.2），馬王堆帛書作 （《老子》乙前），漢碑作 （禮器

碑），"釆"旁訛同"米"形。《説文》："釆，辨別也。象獸指爪分別也。……讀若辨。

，古文釆。"《説文》篆文作 ，古文作 ，構形中豎筆上部傾仄，且古文佚去下面

左右兩筆，這種寫法皆未見古文字和秦漢文字。

另外，在隸楷書中，也要注意"釆"和"采"的寫法區別，不要寫錯。

1. 粱， （史免匡）， （曾叔奐父盨）， （邾召父匜）， （伯公

父匜）， （伯公父匜）， （曾伯黍匜）， （叔朕匜）， （叔朕匜），金文；

（彙 2373）， （秦風 224），古璽； （録 6.426.2），陶文； （包山 157），

（清華《禱辭》），楚簡； （雲夢《日書》甲）， （北大《從政》），秦簡。

形聲字。《説文》："粱，米名也。從米，梁省聲。"

"粱"字構形，金文從"米"、從"刅"聲，"刅"或省從"刀"；或從"刑"聲；

或從"汸"聲。古璽或增"木"旁，即《説文》"梁省聲"來源。楚簡從"禾"、從

"刅"聲，或下增"木"旁。秦文字從"米"、從"汸"聲，爲《説文》篆文作 ，

馬王堆帛書作 （《縱橫》），漢簡作 （銀雀山《孫臏》）、 （居延甲 718）

所本。

2. 精， （彙 5374）， （彙 3337），古璽； （秦駰玉版），刻石；

（郭店《緇衣》）， （上博《成王》）， （上博《慎子》）， （郭店《老子》甲），

楚簡；精（雲夢《爲吏》），精（雲夢《日書》甲），精（嶽麓叄148），精（嶽麓《爲吏》），秦簡。形聲字。《説文》："精，擇也。從米，青聲。"

"精"字目前最早見戰國文字，構形從"米"、從"青"聲，"青"旁下部常增"口"飾。楚簡或作上下結構。秦簡從"米"，或從"禾"。《説文》篆文作精，馬王堆帛書精（《相馬》），銀雀山漢簡作精（《孫臏》），不再變化。

3. 康，康（合21794），康（粹345），康（合35969），康（合35970），甲骨文；康（女康丁簋），康（康侯簋），康（矢方彝），康（此簋），康（史牆盤），康（麓伯簋），康（毛公鼎），康（秦公鎛），康（哀成叔鼎），康（令瓜君鼎），金文；康（秦公石磬），刻石；康（彙887），康（彙1114），康（彙2059），康（彙2475），康（珍秦217），古璽；康（安大《仲尼》），康（安大《曹沫》），康（清華《不韋》），康（上博《用曰》），康（上博《緇衣》），康（清華《保訓》），康（清華《四告》），康（清華《耆夜》），康（清華《繫年》），康（清華《繫年》），康（上博《曹沫》），康（郭店《成之》），楚簡；康（雲夢《日書》甲），康（嶽麓《質》三），秦簡。象形字。《説文》："穅，穀皮也。從禾、從米，庚聲。康，穅或省。"將"康"字作爲"穅"之省體，誤甚。本義爲和樂，引申爲安康。

"康"字構形，甲骨文從"庚"（一種樂器，像後世兒童玩具"撥浪鼓"），旁或下置四小點猶"彭"字撇點，象搖動時發出樂聲，由樂聲以見和樂之意（郭沫若《甲骨文字研究·釋干支》、林潔明《金文詁林》案語）。金文、古璽以及秦簡構形亦同。

爲秦嶧山碑作 ![字], 漢碑作 ![字] (華山廟碑)、![字] (鮮于璜碑) 所本。楚簡構形

於 "庚" 下中豎加橫筆爲飾, 遂訛似 "米", 爲《説文》篆文作 ![字] 所本。馬王堆帛書

作 ![字] (《老子》乙前)、![字] (《老子》乙前), 仍二形并見。

○四四 皀部

《説文》："皀，穀之馨香也。象嘉穀在裹中之形，匕所以扱之。或説，皀，一粒也。……又讀若香。" 説解不確。"皀" 乃後出字形，本应隸作"皂"。"皂" 字構形，甲骨文作 （合 3823）、（合 9498）、（合 32043）、（屯 2626）、（合 34569）、（合 30499），金文作 （作希商簋）、（皂祖辛爵）、（窐叔簋）、（叔姬簋），象盛放熟食的圓形有蓋、圈足簋（銅或陶製器皿）。戰國貨幣作 （三晉 44）、（三晉 44），爲《説文》篆文作 所本，據此隸定始作"皀"。

1. 即，（合 20174），（合 32924），（合 34058），（合 32889），（合 33004），（合 151），（甲 2373），（懷 1576），甲骨文；（盂鼎），（休盤），（旨鼎），（毛公鼎），（散氏盤），（秦公鐘），（中山王壺），金文；（秦公石磬），刻石；（彙 5317），（彙 5318），古璽；（邢臺圖 209.5），（秦集二二 32.1），陶文；（郭店《老子》丙），

（安大《仲尼》），　（郭店《成之》），　（清華《繫年》），　（望山 M2），　（郭店《語叢》一），　（上博《孔子》），　（清華《治政》），　（清華《成人》），　（信陽），楚簡；　（雲夢《答問》），　（嶽麓叁 70），　（里耶 8-1071），秦簡。會意字。《説文》：“即，即食也。从皀，卪聲。”解説構形有誤。即食爲其本義，引申爲就。

“即”字構形，甲骨文、金文从“皀”、从“卪”，象人跪坐面朝簋，會即將就食意。甲骨文、楚簡“皀”旁或作“食”，爲義近偏旁互作。戰國文字、秦文字没有變化，爲《説文》篆文作　，漢印作　（徵 5.10），馬王堆帛書作　（《老子》甲）、　（《春秋》），銀雀山漢簡作　（《孫臏》）所本。

2. 既，　（合 6648），　（合 643），　（合 13216），　（合 795），　（合 11498），　（合 18012），　（合 30693），　（合 7018），甲骨文；　（卲其卣），　（保卣），　（作册大鼎），　（臣辰卣），　（鄭虢仲簋），　（散氏盤），　（竈乎簋），　（曾伯黍匠），　（哀成叔鼎），金文；　（秦騶玉版），　（秦騶玉版），刻石；　（録 6.146.3），陶文；　（上博《緇衣》），　（上博《緇衣》），　（上博《用曰》），楚簡；　（雲夢《爲吏》），　（北大《從政》），秦簡。會意字。《説文》：“既，小食也。从皀，旡聲。《論語》曰：‘不使勝食既。’”所謂“小食”義，典籍未見，分析構形亦有誤。本義指食畢，引申爲已經、盡。

"既"字構形，甲骨文、金文从"皀"、从"旡"，象人口轉向簋的相反方向，會食畢意。《説文》篆文作🔵，"旡"旁有訛誤，秦泰山刻石作🔵，馬王堆帛書作🔵（《老子》甲後）則不誤，或作🔵（《老子》甲）、🔵（《老子》乙後），訛从"冬"，實由加飾筆之"欠"形省，源自戰國文字。

　　楚簡"既"字異體作🔵（上博《周易》）、🔵（清華《繫年》）、🔵（清華《五紀》）、🔵（清華《食禮》）、🔵（上博《王居》），从"欠"旁，"旡""欠"皆象人張開口形，乃義近偏旁互換；或作🔵（清華《繫年》）、🔵（上博《鮑叔牙》）、🔵（安大《曹沫》）、🔵（安大《詩經》）、🔵（清華《治政》）、🔵（清華《五紀》）、🔵（清華《尹誥》），於"欠"下加飾筆；或作🔵（上博《亙先》），"欠"下增"口"飾；或作🔵（上博《民之》），"欠"省形且下增"止"旁；或作🔵（清華《祝辭》）、🔵（包山206），"皀"旁改从"食"旁，亦是義近偏旁互換。皆屬異體字。

　　3. 卿，🔵（合5232），🔵（合5240），🔵（合5243），🔵（合33241），🔵（合27650），🔵（合31041），🔵（合27894），🔵（合16050），甲骨文；🔵（卿鼎），🔵（宰甫簋），🔵（乙亥鼎），🔵（矢方彝），🔵（三年瘭壺），🔵（商鞅方升），金文；🔵（清華《祭公》），🔵（清華《繫年》），🔵（上博《周易》），🔵（清華《四告》），🔵（郭店《緇衣》），🔵（清華《筮法》），

楚簡；（雲夢《日書》乙），（北大《道里》），象形字。《說文》：“卿，章也。六卿：天官冢宰，地官司徒，春官宗伯，夏官司馬，秋官司寇，冬官司空。从卯，皀聲。”分析構形有誤。

古文字“公卿”之“卿”，與“鄉黨”之“鄉”及“饗食”之“饗”，皆爲一字（《金文編》“卿”字按語引羅振玉説），甲骨文、金文構形象兩人相對跪坐於簋前就食。假借爲官名後，“卿”字保持古文字構形，《説文》篆文作；假借爲鄉黨義後，“卿”字所从兩“卩”旁改爲兩“邑”，最早見秦簡作（里耶 8－1548）、（嶽麓《質》三），《説文》篆文作，隸定作“鄉”；用爲本義的“饗”字，金文作“卿”外或作（通簋）、（楚公逆鎛）、（曾伯陭壺）、（好盗壺），“皀”旁改从“食”旁。《説文》篆文作，石經作（熹平石經《儀禮》），下增“食”，寫作“饗”當始於漢代。

古文字“卿”“鄉”“饗”一形三字，需要結合上下語境才能正確釋讀。

4. 毁，（合 27894），（合 24956），（合 23571），（甲 1971），（合 25239），（粹 987），（屯附 6），甲骨文；（貞簋），（沈子它簋），（不𡢁簋），（伯梡虘簋），（史密簋），（芮公簋），（魯遼父簋），（㕣簋），（舟簋），（蔡侯申簋），（昭王簋），（慎𤸫簋），金文；（珍戰 48），古璽；（上博《曹沫》），（清華《封許》），楚簡。會意字。《説文》：“毁，揉屈也。从殳，从皀。皀，古文叀字。廏字从此。”説解構形有問

題，"揉屈"義亦不知何據。

　　"殷"字構形，甲骨文、金文从"皀"、从"殳"會意，偶从"攴"旁；"皀"旁或改从"食"旁，義近偏旁互換。西周中期金文出現增"皿"旁，以表器用，爲春秋戰國文字所沿襲，或省"殳"、增"金"表質地。楚簡構形从"攴"。《説文》篆文作

⿰皀殳（圖形），沒有變化。

　　需要指出，"殷"實即"簋"之本字，目前所見寫作"簋"乃出現在東漢，《説文》篆文作⿱竹皀（圖形），漢碑作⿱竹皀（圖形）（孔宙碑），應該是漢代才出現的"殷"字異體。《説文》則另列："簋，黍稷方器也。从竹，从皿，从皀。⿴匚飢（圖形），古文簋，从匚飢。⿴軌（圖形），古文簋，或从軌。⿰木九（圖形），亦古文簋。"古文第一形作⿴匚飢（圖形），源自楚金文（昭王簋），"殳"旁有省訛；古文第二形作⿴軌（圖形），源自古璽作⿴軌（圖形）（彙 1069），省"匚"；古文第三形作⿰木九（圖形），見古璽作⿰木九（圖形）（分域 2904）、漢印作⿰木九（圖形）（徵 5.2）、⿰木九（圖形）（徵 5.2）。皆爲"殷"字異體。

○四五 食部

　　《説文》：“食，一米也。从皀，亼聲。或説亼人皀也。”説解不確。“食”字構形，甲骨文作 ▢（合 20961）、▢（合 20134）、▢（20956）、▢（合 11480）、▢（合 1164）、▢（合 18584）、▢（合 11485）、▢（合 28618）、▢（屯 624），構形下从“皀”，上从倒寫的“口”（“亼”爲倒寫之“口”，見前述）。會意字。林義光曾據金文指出：“从人倒口在皀上，皀薦熟物器也。象食之形。”（《文源》）金文作 ▢（敔共簋）、▢（食仲走父盨）、▢（仲義君簠）、▢（鄟孝子鼎），古璽作 ▢（彙 5555），陶文作 ▢（秦陶 1468），楚簡作 ▢（清華《食禮》）、▢（信陽）、▢（天星觀）、▢（包山 251）、▢（清華《食禮》）、▢（清華《食禮》）、▢（新蔡甲三243）、▢（新蔡乙三 42），秦簡作 ▢（雲夢《日書》乙）、▢（關沮）、▢（嶽麓《占夢》）、▢（北大《日書》乙），《説文》篆文作 ▢，馬王堆帛書作 ▢（《病方》）、▢（《老子》甲），居延漢簡作 ▢（甲 518），漢碑作 ▢（史晨碑），無多大變化。

1. 飤，[字形]（父乙觶），[字形]（父乙盉），[字形]（伯旅魚父匜），[字形]（康伯簋），[字形]（晉侯豕尊），[字形]（内公鼎），[字形]（哀成叔鼎），[字形]（王孫壽甗），[字形]（襄鼎），[字形]（赤目匜），[字形]（中山王壺），[字形]（大府鎬），金文；[字形]（録6.108.1），陶文；[字形]（郭店《語叢》三），[字形]（上博《曹沫》），[字形]（安大《詩經》），[字形]（安大《仲尼》），[字形]（上博《三德》），[字形]（上博《容成》），[字形]（包山200），[字形]（安大《曹沫》），[字形]（安大《曹沫》），[字形]（清華《三壽》），[字形]（清華《禱辭》），[字形]（清華《五紀》），[字形]（清華《不韋》），[字形]（清華《食禮》），[字形]（清華《食禮》），楚簡；[字形]（雲夢《效律》），[字形]（里耶8-1042），秦簡。會意字。《説文》：“飤，糧也。从人、食。”“糧也”爲後起引申義。

“飤”字構形，金文从“人”、从“食”，偶从“𠤎”，爲同義互換。楚簡構形从“食”、从“人”，秦簡無甚變化，爲《説文》篆文作[字形]，漢陶文作[字形]（陶壺蓋）所本。

楚簡“飤”字或作[字形]（上博《君人》乙），增“口”飾爲繁構；或作[字形]（包山247）、[字形]（清華《湯丘》）、[字形]（郭店《成之》）、[字形]（上博《鮑叔牙》）、[字形]（上博《子道》），从“皀”，爲義近偏旁互換，爲異體。

古文字“飤”字皆用作動詞“食”，與《説文》謂“糧也”有别。

附及，“飤”字漢印作[字形]（徵5.10）、[字形]（徵5.10）、[字形]（徵補5.4），

"人"旁形似"几"。而"飢"字秦簡作 [圖] (雲夢《爲吏》)、[圖] (嶽麓《爲吏》)，

馬王堆帛書作 [圖] (《老子》甲)、[圖] (《老子》乙)、[圖] (《老子》乙前)，二字

極爲相似，以致不少著録將西漢磚銘中的"道無飤人"，誤釋爲"道無飢人"。當然，

若從楚簡"飢"字作 [圖] (清華《繫年》)、[圖] (清華《禱辭》)、[圖] (清華《湯

丘》)、[圖] (上博《從政》)來看，其與"飤"字相混可能性則較小。但這也反映"飤"

"飢"構形相近應是秦漢之際的事。

另外，西漢以後的出土文獻似再未出現用作食義的"飤"字。

2. 飯，[圖] (公孫土斧壺)，金文；[圖] (齊陶1180)，陶文；[圖] (安大《曹

沫》)、[圖] (上博《弟子》)、[圖] (清華《食禮》)、[圖] (清華《食禮》)、[圖] (上

博《魯邦》)、[圖] (上博《曹沫》)，楚簡；[圖] (雲夢《爲吏》)，秦簡。形聲字。

《説文》："飯，食也。从食，反聲。"

"飯"字最早見春秋金文，構形從"食"、從"反"聲，戰國文字沿襲。楚簡所從

聲旁"反"之左豎筆或寫短後形似"攴"，爲書手原因。《説文》篆文作 [圖]，武威漢

簡作 [圖] (《儀禮》)，無甚變化。

3. 饋，[圖] (大府盞)，金文；[圖] (清華《食禮》)、[圖] (清華《食禮》)、[圖]

(清華《食禮》)、[圖] (清華《食禮》)、[圖] (包山214)、[圖] (包山202)、[圖] (包

山206)、[圖] (清華《赤鵠》)、[圖] (望山M1)、[圖] (清華《治政》)，楚簡。形聲

字。《説文》："饋，餉也。从食，貴聲。"

　　“饋”字目前最早見戰國文字，構形從“食”、從“貴”聲，金文、楚簡同。《説文》篆文作，“貴”旁構形上部從“臾”，亦見古文字；石經作（熹平石經《儀禮》），則爲隸變所致。

　　“饋”字楚簡或作（包山 243）、（包山 248），從“飤”，爲同義偏旁互換；古璽或作（彙 840）、（彙 537）、（彙 1039）、（彙 1038），從“米”，亦爲義近偏旁互換。皆屬異體。

　　4. 饎，（牢犬鼎），（旟簋），（匽侯盂），（貞簋），（禾簋），（伯康簋），（戈叔簋），（散車父簋），（慶孫之子簋），（宋君夫人鼎），（齊陳曼簠），（公克鎛），金文；（新蔡甲三 212），楚簡。形聲字。《説文》：“饎，滫飯也，從食，𩠐聲。，饎或從賣。，饎或從奔。”

　　“饎”字構形，金文從“食”，其所從聲旁“𩠐”見甲骨文，用爲祈求之義，造字本義不明，“𩠐”旁或增“艸”旁，或增“皿”旁爲繁構。楚簡沒有變化，爲《説文》篆文作所本。《説文》或體“饋”字，篆文作，從“賣”聲，古文字未見；另一或體“饙”，篆文作，始見盟書作（温縣），亦見古璽作（程訓義 1-2），從“奔”聲。皆爲異構。

　　5. 飴，（董鼎），（𦼈簋），（𦼈簋），金文。形聲字。《説文》：“飴，米糵煎也。從食，台聲。，籒文飴，從異省。”以後出字義説解。“米糵”即“飴糖”，是後起之義。

　　“飴”字構形，目前僅見金文，上從“食”、下從“㠰”聲，爲《説文》籒文作所本。由於 "異" 從 "𠀎" 聲，故《說文》謂 "飴" 字構形 "从異省" 也不算太錯。從西周金文的用法看，"飴" 字本義爲送食物與人。

"飴" 字《說文》篆文作 ，最早見馬王堆帛書作 （《老子》乙前），亦見漢碑作 （開（啓）母石闕），構形從 "食"、從 "台" 聲。

○四六 糸部

《說文》："糸，細絲也。象束絲之形。……讀若覛。𢇁，古文糸。""糸"字構形，甲骨文作 ▓（合21306）、▓（乙6733）、▓（合15121）、▓（合25885）、▓（合33986），金文作 ▓（子糸爵）、▓（糸父丁爵）、▓（父癸鼎）、▓（㐭糸父丁鬲）、▓（糸父壬爵）、▓（劫簋），象束絲之形。貨幣作 ▓（系3687），秦簡作 ▓（里耶8-205），《說文》篆文作 ▓，居延漢簡作 ▓（甲270），變化甚小。《說文》古文作 ▓，已見甲骨文，也見漢印作 ▓（徵13.1）。

1. 絲，▓（合3336），▓（合3337），▓（合23560），▓（合24156），▓（合27164），甲骨文；▓（商尊），▓（寓鼎），▓（乃子克鼎），▓（辛伯鼎），▓（守宮盤），▓（舀鼎），▓（獄簋），金文；▓（彙2662），古璽；▓（上博《緇衣》），▓（郭店《緇衣》），▓（清華《治政》），▓（清華《五紀》），

（安大《詩經》）， （望山 M2）， （信陽）， （信陽），楚簡； （雲夢《封診》）， （里耶 8–254）， （北大《白囊》），秦簡。象形字。《説文》："絲，蠶所吐也。从二糸。"

　　"絲"字構形，甲骨文、金文象兩束絲形，"糸"旁或簡或繁。西周中期金文寫法固定成"絲"後，爲春秋戰國文字沿用。楚簡構形或以二糸上部相連，與"兹"或"孲"同形。秦簡没有變化，爲《説文》篆文作 ，馬王堆帛書作 （《相馬經》）所本。漢碑作 （衡方碑），"糸"旁下部與上斷開，隸變爲"小"形。

　　2. 經， （虢季子白盤）， （齊陳曼簠），金文； （陶 3.71），陶文； （新蔡甲三 390）， （曾侯）， （清華《厚父》）， （郭店《大一》）， （上博《周易》）， （上博《内禮》）， （清華《四告》）， （清華《説命》下）， （清華《三壽》）， （包山 268），楚簡； （雲夢《爲吏》）， （雲夢《封診》），秦簡。形聲字。《説文》："經，織也。从糸，巠聲。"

　　"經"字構形，金文从"糸"、从"巠"聲，爲戰國文字沿襲。楚簡或加飾筆，秦簡無變化。秦泰山刻石作 ，爲《説文》篆文作 所本，"巠"旁構形上下斷開，但秦嶧山碑作 ，則不誤。馬王堆帛書作 （《老子》甲後）、 （《縱橫》），兩種情况并存。

　　楚簡"經"字或作 （清華《不韋》），"巠"旁構形省下部而重叠上部，乃書手原因。

附及，"經"字所從"巠"旁，《説文》謂："巠，水脉也。從川在一下。一，地也。壬省聲。一曰，水冥巠也。𡵉，古文巠，不省。"説解不確。"巠"字本象古代紡織工具織機（腰機）上連經綫形。構形爲獨體象形字，上下部相連，後下部竪筆增飾筆，"工"形演變爲"壬"，以致《説文》誤以爲是"壬"省聲。"巠"字與"呈"字下部之演變如同一轍，皆見戰國文字。

3. 綰，（史牆盤），（瘨鐘），（善夫山鼎），（蔡姑簋），（梁其鐘），（四十二年逨鼎），（叔孫父簋），金文；（鴨雄 34），（彙1379），（彙 3162），（彙 1211），（集粹 129），（澂秋 35），（陝西 599），古璽；（録 6.361.1），陶文；（雲夢《秦律》），（嶽麓叁 243），（里耶 8-1237），秦簡。《説文》："綰，惡也，絳也。從糸，官聲。一曰綃也。讀若雞卵。"

"綰"字構形，西周金文從"𧅓"、從"官"聲，春秋戰國文字改從"糸"旁；戰國文字所從"官"旁多省作"𠧪"，秦文字不省，仍從"官"。秦始皇廿六年詔版作，爲《説文》篆文作，漢印作（滿城漢墓銅印）、（徵 13.3）、（徵 13.3），漢簡作（《流沙》屯戍 7.3）所本。

4. 純，（陳純釜），金文；（秦風 112），古璽；（包山牘），（仰天湖），（清華《琴舞》），（清華《芮良夫》），（包山 567），（信陽），（包山 259），（清華《成人》），楚簡。形聲字。《説文》："純，絲也。從糸，屯聲。《論語》曰：'今也純儉。'"本義指白絲，純粹爲引申義。

"純"字始見戰國文字,構形從"糸"、從"屯"聲,楚簡"屯"旁或加飾筆。《説文》篆文作 ![純], 漢印作 ![純] (徵 13.1),馬王堆帛書作 ![純] (《相馬》),漢碑作 ![純] (魯峻碑)、![純] (袁博碑),一直沒有變化。

"純"字異體,楚簡或作 ![純] (仰天湖),增"曰"("口"加飾筆)飾爲繁構;金文或作 ![純] (中山王壺),從"束"旁;或作 ![純] (師道簋),亦見楚簡作 ![純] (曾侯),從"巾"旁。"束""巾"與"糸",皆爲義近偏旁互換。

5. 給,![字] (合 13902),![字] (合 27887),![字] (合 20332),![字] (合 4490),![字] (合 36508),![字] (合 21234),![字] (合 19878),![字] (合 27888),![字] (合 32919),甲骨文;![字] (師顀鼎),![字] (師克盨),![字] (馱簋),![字] (秦公簋),![字] (齊鎛),金文;![字] (彙 498),![字] (彙 3020),古璽。形聲字。《説文》失收"給"字。

"給"字構形,甲骨文、金文從"糸"、從"令"聲。形旁"糸"或改從"素",或改從"索",爲義近偏旁互作。春秋金文及戰國古璽或從"命"聲,"命"爲"令"之孳乳字,故可互作。

6. 絕,![字] (合 17464),![字] (合 780),![字] (合 4248),![字] (合 152),![字] (合 1423),![字] (合 36508),![字] (花東 252),![字] (合 24460),![字] (合 24461),甲骨文;![字] (絕爵),![字] (格伯簋),![字] (格伯簋),![字] (中山王壺),金文;![字] (録 4.180.3),陶文;![字] (上博《緇衣》),![字] (上博《陳公》),![字] (上博《吳命》),![字] (清華《治政》),![字] (清華《食禮》),![字] (上博《三德》),![字]

（清華《湯丘》），[圖] （清華《不韋》），[圖] （曾侯），楚簡；[圖] （雲夢《日書》乙），[圖] （里耶 J1⑨981），秦簡。會意字。《説文》：“絶，斷絲也。从糸，从刀，从卪。[圖]，古文絶，象不連體絶二絲。”

“絶”字構形，甲骨文、金文从“刀”、从“糸”，會以刀斷糸義，“糸”旁或省作“幺”，或作“索”，爲義近偏旁互換。戰國文字構形作以“刀”斷“絲”，甚至雙“絲”，爲《説文》古文作 [圖] 所本。秦簡構形於“刀”下增“卪”，爲《説文》篆文作 [圖]、馬王堆帛書作 [圖] （《老子》甲）、[圖] （《相馬經》），銀雀山漢簡作 [圖] （孫臏）所本。楷書則將右旁之“刀”“卪”訛爲“色”。

“絶”字楚簡異構較多，或作 [圖] （郭店《六德》）、[圖] （清華《繫年》）、[圖] （上博《詩論》），“刀”旁省成“乚”；或作 [圖] （郭店《老子》甲）、[圖] （望山 M2），“絲”旁省成“幺”；或作 [圖] （望山 M2）、[圖] （望山 M2），叠增“刀”旁；或作 [圖] （上博《弟子》），增“衣”旁。可分别隸定爲“𢆶”“𢆶”“剉”“襃”，皆屬書手原因。

需要指出的是，《説文》謂：“繼，續也。从糸、𢆶。一曰反𢆶爲繼。”（小徐本作：“繼或體作𢆵。”）但楚簡無論寫作“𢆵”還是寫作“𢆶”，都是表達“絶”這個詞，《説文》所謂“反𢆶爲繼”不知何據。按“繼”字構形，甲骨文作 [圖] （合 2940）、[圖] （合 14959）、[圖] （合 17166）、[圖] （合 19737），象二“糸”相連續，春秋金文作 [圖] （拍敦），構形二“糸”上部已分開，爲馬王堆帛書作 [圖] （《五行》）所本。《説文》篆文作，叠增“系”旁，已見馬王堆帛書作（《老子》乙前）、（《縱横》），横畫成“乚”。漢碑作（鮮于璜碑）、（石門頌），所从“乚”成“刀”旁則是訛誤。

此外，楚簡“絕”字也有異體作（上博《用曰》）、（上博《用曰》），“𢇍”作省形，構形同《説文》篆文“繼”，隸定也作“繼”，但用法則是“絕”。究竟是一形兩字還是書手訛誤，有待深入研究。

7. 繇，（录伯㦰簋），（逨盤），（師克盨），（師克盨），（師寰簋），（𣪕史鼎），（散氏盤），金文；（帛書），（包山 149），（清華《四告》），（清華《四告》），（上博《曹沫》），（清華《繫年》），（清華《厚父》），（郭店《尊德》），（郭店《語叢》一），（郭店《成之》），（上博《用曰》），楚簡；（雲夢《秦律》），（雲夢《爲吏》），（嶽麓《爲吏》），（北大《泰原》），秦簡。《説文》：“繇，隨從也。从系，䚻聲。”以秦漢文字分析構形，不確。

“繇”字構形，金文从“言”，从“糸”縛一動物，有學者以爲即“鼬”（俗稱黄鼠狼），作爲聲符。楚簡將聲旁訛省爲从“系”“肉”，秦簡從之，爲《説文》篆文作，馬王堆帛書作（《老子》甲後）、（《老子》乙前）所本。魏碑作（上尊號奏），“言”旁訛成“缶”。楷書承之又將“肉”旁訛成“爪”，訛變更大。

○四七 素部

　　《説文》：“素，白緻繒也。从糸，𠂹取其澤也。”本義指白色的絲織品，引申爲本色。“素”字構形，楚帛書作 [圖]，楚簡作 [圖]（天星觀）、[圖]（清華《四告》），《説文》篆文作 [圖]，馬王堆帛書作 [圖]（《老子》乙前）、[圖]（《縱橫》）、[圖]（《事語》），不難發現其構形由“糸”孳乳，義也相近。因此古文字从“素”旁的字或从“糸”，反之亦然。

　　1. 索，[圖]（花東 125），[圖]（花東 285），[圖]（花東 3），[圖]（京津 2134），甲骨文；[圖]（夨伯壺），[圖]（輔師嫠簋），[圖]（師克盨），[圖]（曾侯乙鐘），金文；[圖]（彙 3898），[圖]（故宮 417），古璽；[圖]（陶典 488），陶文；[圖]（包山 254），[圖]（包山 151），[圖]（上博《李頌》），[圖]（上博《容成》），[圖]（信陽），[圖]（清華《封許》），[圖]（上博《緇衣》），[圖]（郭店《緇衣》），楚簡；[圖]（雲夢《秦律》），[圖]（嶽麓《爲吏》），秦簡。會意字。《説文》：“索，艸有莖葉，可作繩索。从宋、糸。杜林説，宋亦朱、木字。”分析構形及引杜林説有誤。

“索”字構形，甲骨文从“収”、从“糸”，會以雙手絞糸成繩索意，西周金文改“糸”爲“素”，爲戰國文字沿襲。由於“索”字構形與“素”“糸”有關，故古文字作爲義近偏旁時可互作。秦文字“収”旁相連形訛，爲馬王堆帛書作 ![字] （《老子》甲後）、![字] （《相馬》），銀雀山漢簡作 ![字] （《孫臏》）、![字] （《孫子》）所本。《説文》篆文作 ![字] ，“廾”旁却訛誤成“八”形。

2. 緯，![字] （瘷鐘），![字] （善夫山鼎），![字] （蔡姞簋），![字] （戎生鐘），![字] （梁其鐘），![字] （梁其鐘），![字] （四十二年逨鼎），金文；![字] （彙5575），![字] （彙496），![字] （彙2920），![字] （陝西740），古璽；![字] （溫縣），盟書；![字] （清華《行稱》），![字] （清華《行稱》），![字] （上博《蘭賦》），楚簡；![字] （里耶8-787），秦簡。形聲字。《説文》：“緯，絭也。从素，卓聲。綽，緯或省。”

“緯”字構形，金文从“素”、从“卓”聲。形旁“素”，或作“嚞”，或作“索”，或作“絮”；戰國文字改从“糸”，爲秦簡所本。“素”與“嚞”“索”“絮”構形皆與“糸”相關，作爲義近偏旁故可互作。《説文》篆文作 ![字] ，或體作 ![字] ，二形并存。漢印作 ![字] （徵13.7），漢碑作 ![字] （魯峻碑），石經作 ![字] （熹平石經《詩經》），皆从“糸”。“綽”字通行而“緯”字漸亡。

3. 緂，![字] （陶3.1141），![字] （録2.371.1），陶文；![字] （包山96），![字] （包山189），![字] （上博《陳公》），![字] （上博《蘭賦》），![字] （上博《容成》），![字] （清

華《成人》），（清華《不韋》），楚簡；（秦風 96），（珍秦 162），（珍秦 337），秦印；（雲夢《爲吏》），（里耶 8-39），秦簡。《説文》："繸，緙也。从素，爰聲。繉，繸或省。"

　　"繸"字最早見戰國文字，構形从"糸"、从"爰"聲，秦文字亦同，不从"素"。《説文》篆文作，或體作，則二形并存。馬王堆帛書作（《縱橫》）、（《老子》乙前），竹簡作（M1），銀雀山漢簡作（孫臏），漢印作（徵 13.7）、（徵 13.7），構形皆从"糸"。東漢已降再未出現構形从"素"的"繸"字。

　　楚簡"繸"字或作（上博《仲弓》）、（上博《仲弓》），增"心"旁。"緩"也可表心態，故增"心"爲異體。

○四八　衣部

　　《説文》："衣，依也。上曰衣，下曰裳。象覆二人之形。" 分析構形有誤。"衣" 字構形，甲骨文作（合 22622）、（合 35428）、（合 37543）、（合補 7742）、（周甲 3），金文作（天亡簋）、（沈子它簋）、（孟鼎）、（復尊）、（頌簋）、（多友鼎）、（裹盤）、（安陽戈），象上身衣服形。《漢語大字典》指出："甲骨文金文衣字像曲領，兩袖中空，左右襟衽掩合之形。" 楚簡作（上博《緇衣》）、（清華《三壽》）、（上博《三德》）、（新蔡甲三 307）、（安大《詩經》）、（安大《詩經》）、（清華《五紀》），秦簡作（雲夢《日書》乙）、（里耶 8－2006）、（北大《泰原》），無變化，爲《説文》篆文作，馬王堆帛書作（《老子》乙前）、（《老子》乙前），居延漢簡作（甲 1828）所本。

　　從 "衣" 旁的字後世書寫時可分爲三類：一類寫成 "衤"，一類將 "衣" 上下分開，還有一類則將"衣"寫在上面或者下面。

1. 卒，（合 5165），（合 1210），（合 1535），（合 20333），（合 20196），（合 6163），（合 21055），（合 19841），（合 22865），（合 22876），（合 31097），（合 22659），甲骨文；（邾公䇣盤），（□外卒鐸），金文；（郭店《唐虞》），（清華《筮法》），（清華《四告》），（清華《四告》），（清華《四告》），楚簡；（雲夢《雜抄》），（里耶 8-627），（嶽麓叁 244），秦簡。指事字。《説文》："卒，隸人給事者衣爲卒。卒，衣有題識者。"《説文》以後世詞義釋字。"卒"字本義爲衣服縫製完畢，引申爲事情完畢、結束。

甲骨文"卒"字由"衣"字分化，構形或在"衣"字下部末筆作一小鈎，或在"衣"形中加交叉筆畫表示已縫製完畢，象形兼會意字。商代後期的甲骨文中已不見"衣"形中加交叉筆畫的"卒"字（裘錫圭《釋殷墟卜辭中的卒和䘏》）。金文、楚簡構形則在"衣"的下部末筆上加一横爲指事符號，指事字。秦簡没有變化，爲《説文》篆文作，漢印作（徵 8.16），馬王堆帛書作（《老子》乙前），漢簡作（銀雀山《孫臏》）、（定縣）所本。

楚簡"卒"字異體作（清華《繫年》）、（包山 203）、（郭店《緇衣》）、（安大《曹沫》）、（清華《食禮》）、（上博《詩論》），上部贅增"爪"旁。這種贅增"爪"旁爲繁構，也是楚文字常見的構形特色。

需要指出，雖然春秋戰國文字中已見"卒"字構形是於"衣"字下部斜筆上加一短横畫與"衣"字區分，但古文字"卒"與"衣"確有混用現象。除借"衣"爲"卒"外，因"衣"字或加飾筆作 （郭店《窮達》）、 （上博《從政》）、 （安大《詩經》）、 （安大《詩經》）、 （包山簽），構形與"衣"字分化出的"卒"字相同，所以釋讀時要結合上下文來判斷是"衣"字還是"卒"字。當然，作爲偏旁，"衣"旁寫成"卒"并不影響文字的釋讀。

2. 裘， （合 7921）、 （合 7922），甲骨文； （次尊）、 （五祀衛鼎）、 （九年衛鼎）、 （衛盉）、 （不壽簋）、 （衛簋）、 （衛簋）、 （帝伯簋）、 （庚壺），金文； （玉存 62），古璽； （曾侯）、 （曾侯）、 （安大《詩經》）、 （安大《詩經》）、 （安大《詩經》），楚簡； （雲夢《日書》乙）、 （里耶 8-2296），秦簡。形聲字。《説文》："裘，皮衣也。从衣，求聲。一曰象形，與衰同意。……求，古文省衣。"

"裘"字構形，甲骨文象皮裘衣形，爲象形字。西周金文增"求"聲或"又"聲，形旁漸類化作"衣"，則爲形聲字。戰國文字及秦簡皆从"衣"、从"求"聲，構形除偶作左右結構外，都將"求"置於"衣"中，爲《説文》篆文作 ，漢簡作 （銀雀山《孫臏》）、 （居延甲 187）所本，漢印作 （徵 8.16），改爲"求"置於"衣"上，遂爲今楷作"裘"所本。

"裘"字《説文》古文作 ，以爲"省衣"，實誤，乃通假字。"求"字爲"蛷"字象形初文，本義指多足蟲。金文作 （君夫簋）、 （晉鼎）、 （鰲鎛）、

（郏君求鐘），石鼓文作 ，楚簡作 、、、、、、、、、，秦簡作 、，馬王堆帛書作 ，銀雀山漢簡作 ，漢印作 ，無變化。武威漢簡作 ，石經作 ，構形下部兩側筆畫漸與中豎筆分離，遂爲今楷作“求”所本。

3. 表，，古璽；，，，，楚簡；，，秦簡。會意字。《說文》：“表，上衣也。从衣，从毛。古者衣裘，以毛爲表。![]，古文表从麃。”《詩·小雅·小弁》“不屬于毛，不離于裏”，“毛”與“裏”對文，義同“表”，是“表”字構形从“毛”的很好佐證。

“表”字見戰國文字，構形从“衣”、从“毛”。“毛”旁皆居“衣”中，秦簡同，爲《說文》篆文作 ![]所本。漢印作 ，馬王堆帛書作 ，“毛”旁居“衣”上。馬王堆帛書或作 ，漢簡作 ，漢碑作 ，隸變後遂爲今楷所本。

楚簡“表”字異體作 ，即《說文》古文作 ![]所本。

4. 裏，，，，，

（番生簋），（毛公鼎），金文；（陶 3.636），陶文；（曾侯），（包山 261），（上博《彭祖》），（望山 M2），（信陽），（信陽），楚簡；（雲夢《封診》），（雲夢《封診》），秦簡。形聲字。《説文》："裏，衣内也。從衣，里聲。"

"裏"字構形，金文從"衣"、從"里"聲，楚簡"衣"旁或有省寫。秦簡無變化，爲《説文》篆文作，馬王堆竹簡作（M1），銀雀山漢簡作（《孫子》）所本。

楚簡"裏"字異體作（包山 268），"衣"旁改爲義近偏旁"糸"。

5. 襲，（合 27959），甲骨文；（𢦏鼎），（𢦏簋），金文；（清華《楚居》），（清華《繫年》），（清華《繫年》），（上博《亙先》），（上博《亙先》），楚簡；（雲夢《法律》），（里耶 8-1518），（里耶 8-753），秦簡。形聲字。《説文》："襲，左衽袍。從衣，龖省聲。，籀文襲不省。"左衽袍非本義，當是漢代"襲"字的另一義。"襲"字本義爲重衣，即衣上加衣，《禮記·内則》："寒不敢襲，癢不敢搔。"鄭玄注："襲，重衣。"引申爲重複、因襲。

"襲"字構形，甲骨文作"衣"在"衣"中，象二衣相重，象形字，隸定作"衮"。金文改爲從"衣"、從"龖"聲，形聲字，爲《説文》籀文作所本。楚簡構形仍作甲骨文二衣相重之"衮"。秦簡構形"龖"旁省爲"龍"，爲秦琅玡刻石作，《説文》篆文作，馬王堆帛書作（《老子》甲後）、（天文），石經作

(熹平石經《儀禮》)所本。馬王堆帛書或作 (《相馬》)、(《老子》甲後)，構形略有變化。

6. 裕，(㺇壺)，(十六年喜令戈)，(喜令戈)，(廿一年鄭令戈)，金文；(左冢漆梮)，(清華《治政》)，(清華《行稱》)，(郭店《六德》)，(清華《說命》下)，(清華《耆夜》)，(清華《琴舞》)，楚簡。形聲字。《說文》：“裕，衣物饒也。从衣，谷聲。《易》曰：‘有孚裕無咎。’”

“裕”字構形，金文从“衣”、从“谷”聲，或作內外包結構，或作左右結構。楚簡“谷”旁或省作左右兩撇，爲簡體；或改从“欲”聲爲繁構。《說文》篆文作 ，馬王堆帛書作 (《老子》乙前)，爲魏碑作 (魏上尊號奏) 所本。

7. 裛，(沈子它簋)，(班簋)，(伯戜簋)，(史牆盤)，(瘋鐘)，(毛公鼎)，(逨盤)，(裛鼎)，(裛戈)，金文；(彙1654)，(彙1528)，(珍戰113)，古璽；(典746)，陶文；(上博《周易》)，(清華《三壽》)，(上博《緇衣》)，(上博《詩論》)，楚簡。形聲字。《說文》：“裛，俠也。从衣，罙聲。一曰橐。”造字本義不明，“俠”當是後起引申義；或“曰橐”，文獻未見。

“裛”字構形，金文从“衣”、从“罙”聲，戰國文字同。古璽“罙”旁所从之“目”或加橫飾訛似“甶”；楚簡“罙”旁下部加橫飾似“米”，此皆戰國文字構形常見的現象。《說文》篆文作 ，則無變化，馬王堆帛書作 (《老子》乙)，亦同，

或作 ▢（《老子》甲），改爲左右結構。漢印作 ▢（徵 8.14）、▢（徵 8.14），"罘"旁省作"目"，漢碑作 ▢（武榮碑），則不省。

楚簡"襄"字異體作 ▢（安大《詩經》）、▢（安大《詩經》），構形從"衣"、從"馬"聲，"馬"字作簡形，隸定作"襄"，後世未見。

古文字"襄"大都讀（用）爲"懷"。

8. 襄，▢（散氏盤），▢（薛侯盤），▢（穌夫人盤），▢（穌夫人匜），▢（鄂君啓舟節），▢（襄城令矛），▢（武襄君鈹），▢（湏胅鼎），金文；▢（陶 6.403），陶文；▢（彙 5294），▢（彙 309），▢（彙 1251），▢（彙 449），▢（彙 4），▢（彙 7），▢（彙 3134），▢（秦風 111），古璽；▢（帛書），▢（信陽），▢（信陽），▢（包山 103），▢（郭店《成之》），▢（清華《四告》），▢（清華《四告》），楚簡；▢（雲夢《日書》甲），秦簡。形聲字。《說文》："襄，漢令：解衣耕謂之襄。從衣，㠯聲。▢，古文襄。"

"襄"字構形，金文從"兄"、從"土"、從"攴"。"兄"字見甲骨文，或以爲即"襄"之初文，造字本義不明。春秋戰國金文及楚簡或增"衣"旁，爲形聲字。古璽省形簡化較甚，"兄"旁上部訛作"叩"（或省爲"口"），爲秦印、秦簡繼承。《說文》篆文作 ▢，馬王堆帛書作 ▢（《老子》甲後）、▢（《縱橫》）、▢（《相馬》），漢碑作 ▢（尹宙碑），出現訛變，石經作 ▢（熹平石經《論語》），遂成今楷固定寫法。《說文》古文作 ▢，訛誤尤甚。

9. 被，（新郪虎符），（杜虎符），金文；（彙 1350），（璽考 313），（秦風 201），古璽；（包山 199），（清華《四告》），（包山 214），（清華《繫年》），（清華《治政》），（清華《皇門》），（上博《昭王》），（上博《昭王》），（包山 203），楚簡；（雲夢《秦律》），（雲夢《日書》乙），（嶽麓叁 231），秦簡。形聲字。《説文》：“被，寢衣，長一身有半。从衣，皮聲。”

“被”字始見戰國文字，構形金文从“衣”、从“皮”聲，古璽、楚簡“皮”旁或居“衣”中，或居“衣”側，楚簡或省“衣”字上部。秦簡“衣”旁固定在左，爲《説文》篆文作，馬王堆帛書作（《老子》甲），漢碑作（趙君碑）所本。

○四九　巾部

《説文》：“巾，佩巾也。从冂，丨象系也。”　“巾”字構形，甲骨文作 （合 11446）、（合 16546），金文作 （旨壺）、（師兑簋），象系巾形。《説文》篆文作 ，漢簡作 （馬王堆 M1）、（馬王堆 M1）、（武威《儀禮》），漢碑作 （張遷碑）、（衡方碑），无甚變化。

楚簡“巾”字異體作 （信陽）、（包山 277）、（包山 272），隸定作“帬”，爲“面巾”之巾的專字。

1. 市，（盂鼎），（趞簋），（師酉簋），（克鼎），（毛公鼎），（子犯鐘），金文；（望山 M2），（清華《命訓》），（清華《命訓》），（天星觀），（曾侯），楚簡。象形字。《説文》：“市，韠也。上古衣蔽前而已，市以象之。天子朱市，諸侯赤市，大夫葱衡。从巾，象連帶之形。……，篆文市从韋，从犮。”“市”爲蔽膝，古代貴族的一種命服，形似後世之圍裙。

—320—

"市"字構形，金文於"巾"上着一横筆，象蔽膝形，楚簡没有變化。《説文》篆文作 ，亦同，其異體作 ，从"韋"、从"犮"聲，爲形聲字。毛《詩》作"芾"，亦是異體，當是漢代出現的新字。

2. 帥，（合 7074），（合 8947），（合 21374），（合 18598），（合 18103），甲骨文；（師頌簋），（虢叔鐘），（录伯茲簋），（師虎簋），（井人妄鐘），（毛公鼎），（晉公盨），（秦公簋），金文；（侯馬），盟書；（石鼓《作邐》），刻石；（清華《楚居》），楚簡；（雲夢《日書》甲），秦簡。形聲字。《説文》："帥，佩巾也。从巾、𠂤。"以後出訛誤字形分析構形，有誤。

"帥"字構形，甲骨文从雙"又"、从"丨"，象雙手持巾，隸定作"𠬞"或"𠂤"，象形字；金文增"巾"，爲形聲字。楚簡叠增"巾"（"巾"上有飾筆），"𠂤"旁訛作"阝（阜）"，秦簡從之，"阝（阜）"旁又訛作"𠂤"，爲《説文》篆文作 所本，遂誤以爲構形从"𠂤"。漢碑作 （北海相景君銘），同誤。或作 （耿勳碑）、（鮮于璜碑），仍尚存舊貌。

3. 常，（子犯鐘），（郙陵君豆），金文；（歷博·齊 37），（陶 3.425），（陶 3.424），（録 2.551.2）（録 3.298.2），（録 3.298.6），陶文；（安大《曹沫》），（安大《曹沫》），（包山 203），（包山

214)，[字形]（安大《詩經》），[字形]（安大《詩經》），[字形]（新蔡甲三 207），[字形]（信陽），[字形]（天星觀），[字形]（上博《容成》），[字形]（包山 244），[字形]（包山 199），楚簡；[字形]（雲夢《日書》乙），秦簡。形聲字。《説文》：“常，下帬也。从巾，尚聲。[字形]，常或从衣。”“常”的本義爲下衣（帬），“裳”是異體字。後世通行“裳”，而“常”則用爲經常義。

“常”字構形，春秋金文从“巾”、从“尚”聲，戰國文字或作省形，或於“巾”旁豎筆之上部或下部加飾筆。楚簡或从“衣”旁，即《説文》篆文或（異）體作[字形]、石經作[字形]（熹平石經《詩經》）所本。秦簡没有變化，爲《説文》篆文作[字形]，馬王堆帛書作[字形]（《老子》甲）、[字形]（《縱横》），石經作[字形]（熹平石經《周易》）所本。

4. 帛，[字形]（合 36482），[字形]（周甲 3），甲骨文；[字形]（大簋），[字形]（九年衛鼎），[字形]（珊生簋），[字形]（珊生尊），[字形]（舍父鼎），[字形]（者減鐘），[字形]（魚顛匕），金文；[字形]（石鼓《汧沔》），刻石；[字形]（彙 3495），[字形]（彙 5652），古璽；[字形]（清華《四時》），[字形]（清華《四時》），[字形]（清華《五紀》），[字形]（上博《魯邦》），[字形]（上博《魯邦》），[字形]（清華《繫年》），[字形]（上博《詩論》），[字形]（郭店《性自》），[字形]（安大《仲尼》），[字形]（清華《治政》），[字形]（清華《五紀》），楚簡；[字形]（雲夢《封診》），秦簡。形聲字。《説文》：“帛，繒也。从巾，白聲。”

“帛”字構形，甲骨文从“巾”、从“白”聲，金文沿襲，楚簡構形或加飾筆。古璽、秦簡無變化。爲《說文》篆文作 [字形]，馬王堆帛書作 [字形]（《老子》甲後）、竹簡作 [字形]（M1），漢碑作 [字形]（白石神君碑）所本。

5. 布，[字形]（守宮盤），[字形]（睘卣），[字形]（睘尊），金文；[字形]（詛楚文《亞駝》），刻石；[字形]（曾侯），[字形]（仰天湖），[字形]（上博《競公》），[字形]（九店 A20），[字形]（信陽），[字形]（郭店《六德》），[字形]（清華《禱辭》），楚簡；[字形]（雲夢《答問》），[字形]（里耶 5-7），[字形]（嶽麓叁 109），[字形]（雲夢《秦律》），[字形]（北大《醫方》），秦簡。形聲字。《說文》："布，枲織也。從巾，父聲。"

"布"字構形，金文從"巾"、從"父"聲，楚簡沿襲，秦簡同，爲《說文》篆文作 [字形]，馬王堆帛書作 [字形]（《縱橫》），居延漢簡作 [字形]（甲 789）所本。由於書手快寫省筆之故，以致秦簡"父"旁或作"又"，亦見馬王堆帛書作 [字形]（《老子》乙前）及簽牌作 [字形]（M1），爲漢碑作 [字形]（孔宙碑陰）、[字形]（曹全碑）所本。

6. 帶，[字形]（花東 451），[字形]（合 20502），[字形]（合 13935），[字形]（合 26879），[字形]（合 28035），[字形]（合 28036），[字形]（合 35242），甲骨文；[字形]（帶爵），[字形]（大保帶戈），[字形]（褱盤），[字形]（子犯鐘），[字形]（上郡守戈），[字形]（少府盂），[字形]（春成侯壺），金文；[字形]（彙 1834），[字形]（彙 1560），[字形]（珍戰 37），[字形]（彙 2871），[字形]（彙 4060），[字形]（珍秦 298），[字形]（十鐘），古璽；[字形]（望山 M2），[字形]（天星觀)，（上博《周易》)，（清華《繫年》)，（包山 231)，（信陽)，（仰天湖)，（上博《容成》)，（包山 270)，（天星觀)，（天星觀)，（曾侯)，楚簡；（里耶 8－1677)，（雲夢《日書》甲)，（雲夢《日書》乙)，秦簡。象形字。《說文》："帶，紳也，男子鞶帶，婦人帶絲。象繫佩之形。佩必有巾，从巾。"

"帶"字構形，甲骨文及商末周初金文象紳帶交組之形，象形字。西周金文或作雙"帶"，又加義旁"巾"，爲形聲字。戰國文字增同義偏旁"糸"，"帶"形下端類化爲从"巾"。楚簡"帶"形下端或作異寫，構形或作雙"帶"。秦簡恢復單"帶"構形，以从"巾"爲固定寫法，爲《說文》篆文作，馬王堆帛書作（《縱橫》)、（《老子》乙)，銀雀山漢簡作（《孫臏》)所本。

7. 黹，（花東 480)，（花東 363)，（合 8286)，（合 5401)，（合 28314)，（屯 3165)，（合 20025)，（合 525)，（合 21159)，（合 8284)，（合 8285)，（合 18836)，（乙 4359)，（合 9741)，甲骨文；（作祖己鼎)，（叔黹甗)，（頌壺)，（九年衛鼎)，（休盤)，（此鼎)，（弭伯簋)，（㝬簋)，（曾伯霥匿)，金文。象形字。《說文》："黹，箴縷所紩衣。从㡀、丵省。"分析構形有誤。

"黹"字構形，甲骨文、金文象帶形織物上的刺繡曲捲花紋，或作省形。金文賞賜物常見"玄衣黹屯（純）"，即指用黹形花邊裝飾衣服。目前戰國文字未見"黹"字，不清楚楚簡及秦簡的構形。《説文》篆文作，中間雖有缺環，仍能看出其淵源所從。從"帶"字演變發展情況看，"襺"字當也歸入"巾"部。《説文》將"襺"作爲部首，所收字有褵、繭、襒、齻、黺五字，當與"襺"之後起形制有關。

附帶指出，古文字"襺"與"帶"字造字本義有關，故構形相近易混。

○五○ 象部

　　《説文》："象，長鼻牙，南越大獸，三年一乳。象耳、牙、四足之形。"以爲産自南越，其實古代中原地區氣候與今天南方相似，亦有大象活動。"象"字構形，晚商金文（族氏銘文）作 ▨（象祖辛爵）、▨（象爵），圖畫出大象。甲骨文綫條化後作 ▨（合 10222）、▨（合 4611）、▨（合 8983）、▨（合 10223）、▨（合 13625）、▨（合 1052）、▨（合 32954）。古人在設計動物字時，往往抓住對象之最重要特徵，"象"字構形即突出象鼻。金文作 ▨（師湯父鼎）、▨（象邑戈）、▨（廿七年戈），古璽作 ▨（彙 3273）、▨（彙 1455），陶文作 ▨（録 3.455.6）、▨（録 3.455.4），楚簡作 ▨（清華《筮法》）、▨（清華《五紀》）、▨（清華《五紀》）、▨（清華《五紀》）、▨（安大《詩經》）、▨（安大《詩經》）、▨（清華《不韋》）、▨（上博《建州》甲）、▨（上博《建州》乙）、▨（上博《融師》）、▨（清華《三壽》），構形變化不大。秦簡作 ▨（雲夢《爲吏》）、▨（里耶 8−1556），爲《説文》

篆文作 ![象], 馬王堆帛書作 ![象] (《老子》甲)、![象] (《老子》乙前), 銀雀山漢簡作

![象] (《孫子》)、![象] (《孫臏》), 漢碑作 ![象] (孔龢碑)、![象] (郙閣頌) 所本。

需要指出, 楚文字 "象" 字或體金文作 ![象] (鄂君啓舟節), 楚簡作 ![象] (郭店《老

子》乙)、![象] (郭店《老子》丙), 下部構形異寫從 "肉", 而楚簡 "兔" 字作 ![兔]

(清華《琴舞》), 或作 ![兔] (上博《詩論》)、![兔] (清華《赤鵠》), 其書寫第二筆時末

作上揚, 而 "象" 字書寫第二筆時末作下垂, 區別僅限於此, 書手若寫時潦草, "象"

"兔" 二字很容易相混。

1. 豫, ![豫] (蔡侯申鐘), ![豫] (蔡侯申鐘), ![豫] (淳于公戈), ![豫] (陳豫

戈), ![豫] (乘馬戈), ![豫] (十七年相邦呂不韋戈), 金文; ![豫] (彙 1839), ![豫]

(彙 1492), ![豫] (彙 1831), ![豫] (集粹 77), ![豫] (彙 2822), 古璽; ![豫] (陶

5.123), 陶文; ![豫] (包山 7), ![豫] (包山 191), ![豫] (包山 11), ![豫] (清華《筮

法》), ![豫] (上博《曹沫》), ![豫] (清華《芮良夫》), ![豫] (安大《仲尼》), ![豫]

(清華《畏天》), 楚簡; ![豫] (里耶 8-444), 秦簡。形聲字。《説文》: "豫, 象之大者。

賈侍中説: 不害於物。從象, 予聲。![古文], 古文。"

"豫" 字構形, 春秋金文從 "象"、從 "呂" 聲, 或於 "呂" 上加 "八" 或雙

"八" 爲飾筆, 或增 "土" 爲繁構。戰國古璽 "呂" 上加 "八" 爲飾筆, 楚簡構形

"八" 或雙 "八" 兩種飾筆皆有。戰國陶文或改從 "予" 聲 ("予" 爲 "呂" 之分化

字), 秦簡從之, 爲《説文》篆文作 ![豫], 馬王堆帛書作 ![豫] (《老子》乙前), 漢印

作 （徵 9.14），石經作 （熹平石經《周易》）所本。《説文》古文作 ，則源自戰國陶文。

楚簡 "豫" 字異構較多，作 （安大《詩經》），（安大《曹沫》），或作 （上博《成王》），聲旁省一 "○" 後連同上部飾筆訛似 "欲" 字所從之 "谷"；或由此形下增 "土" 作 （上博《姑成》）爲繁構，也見蔡侯申鐘；或作 （郭店《六德》），"○" 變 "口" 後寫成點；或作 （包山 52）、（清華《繫年》），聲旁訛作 "邑"，也見古璽作 （彙 2218）；或作 （上博《顔淵》），下增 "又" 旁；或由此形省訛作 （上博《顔淵》），此皆書手原因。

2. 爲，（合 15182），（乙 1047），（乙 2524），（合 15185），甲骨文；（曶鼎），（窓鼎），（弘尊），（散氏盤），（歸父盤），（䜌鎛），（趙孟壺），（中山王壺），（曾侯乙鐘），（廿七年皿），（兆域圖），（集脰鼎），金文；（温縣），盟書；（石鼓《作邍》），刻石；（信陽），（上博《凡物》乙），（清華《繫年》），（清華《耆夜》），（清華《楚居》），（安大《仲尼》），（郭店《窮達》），（安大《曹沫》），（安大《曹沫》），（包山 94），楚簡；（雲夢《日書》乙），（里耶 8-1588），（北大《算書》甲），秦簡。會意字。《説文》："爲，母猴也，其爲禽好爪。爪，母猴象也；下腹爲母猴形。王育曰：'爪，象形也。' ，古文爲，象兩母猴相對形。"解説不確。

"爲"字甲骨文作手牽大象，以示役象勞其事，義即作爲（羅振玉《殷虚書契考釋》），構形從"爪"、從"象"，金文同，戰國文字省形較甚，秦簡則無變化。秦泰山刻石作 ，爲《説文》篆文作 所本。馬王堆帛書作 （《老子》甲）、 （《老子》乙前），漢簡作 （銀雀山《孫子》）、 （定縣），漸有變化。至於《説文》古文作 ，實是戰國文字省體寫法的訛誤。

楚簡"爲"字異寫較多，構形除以戰國文字出現的下加二橫省體外，或再省去二橫作 （包山139）、 （上博《王居》）、 （郭店《語叢》一），或作 （郭店《老子》乙）、 （郭店《老子》甲），除"爪"旁不變外，所從"象"旁已出現不少訛誤。

值得注意的是，秦簡"爲"字也已出現簡體作 （嶽麓《占夢》）、 （嶽麓《占夢》），其當從秦簡作 （北大《隱書》）省下部之形而來，是漢簡草（簡）化作 （上孫家寨）之源頭。

○五一 馬部

《説文》："馬，怒也；武也。象馬頭髦尾四足之形。……彩，古文。彩，籀文馬，與影同，有髦。" "馬"字構形，晚商金文（族氏銘文）作 （馬戈）、（馬瓻），圖畫出馬形。甲骨文作 （合19813）、（合11020）、（花束498）、（合11028）、（合5709）、（合5723）、（合32993）、（合27943），強調突出馬頸部的鬃髦形，其後構形雖有變化，但仍一直保留此特徵。金文作 （戊寅鼎）、（作册大鼎）、（盂鼎）、（録伯簋）、（舀鼎）、（休盤）、（毛公鼎）、（虢季子白盤）、（大司馬簠）、（奵盜壺），古璽作 （彙64）、（彙31）、（彙38），楚簡作 （包山牘）、（清華《封許》）、（上博《周易》）、（新蔡甲三316）、（安大《詩經》）、（安大《詩經》）、（清華《食禮》），秦簡作 （雲夢《效律》）、（北大《從政》）、（北大《從政》）、（里耶 J1⑨1），爲《説文》篆文作所本，《説文》古文作、籀文作，則有形訛。馬王堆帛書作（《老子》甲）、（《事語》），武威漢簡作（《儀禮》），石經作（熹平石經《儀禮》），漢碑作（《史晨碑》）、（曹全碑），馬足漸變爲四點，爲楷書所本。

戰國文字"馬"字流行省體，楚簡作（清華《良臣》）、（清華《禱辭》）、（清華《繫年》）、（安大《詩經》）、（郭店《窮達》）、（安大《詩經》）、（包山 249），以省略符號"＝"代替馬身。其亦見古璽作（彙 50）、（彙 1122）、（彙 3828）、（彙 3811）。這些省體的"馬"字寫法，秦漢以降未再出現。

1. 駒，（戟尊），（師奎父鼎），（師克盨），（駒父盨），（盠駒尊），（九年衛鼎），（分甲盤），（晉侯穌鐘），金文；（彙 3866），（集粹 613），古璽；（侯馬），盟書；（曾侯），（安大《詩經》），楚簡；（雲夢《日書》乙），秦簡。形聲字。《説文》："駒，馬二歲曰駒，三歲曰駣。从馬，句聲。"幼馬乃稱駒。

"駒"字構形，西周金文本从"丩"聲，後增"口"飾成"句"，戰國文字沿襲，秦簡無變化，爲《説文》篆文作，漢印作（徵 10.1），漢碑作（孔彪碑）所本。

附及，“駒”字所從聲旁“句”，西周金文本作“丩”，後增“口”飾爲“句”。

“丩”字構形，甲骨文作🔣（合11018）、🔣（合6170），金文作🔣（丩父癸觶）、🔣（徐齘尹鼎），楚簡作🔣（包山260）、🔣（清華《三壽》）、🔣（上博《舉治》），象形字。《説文》：“丩，相糾繚也。一曰瓜瓠結丩起。象形。”相糾、糾結爲其本義。

2. 驪，🔣（前4.47.5），🔣（西周FQ54），甲骨文；🔣（清華《繫年》），🔣（新蔡乙三21），🔣（新蔡甲三79），🔣（安大《詩經》），楚簡；🔣（關沮），秦簡。形聲字。《説文》：“驪，馬深黑色。從馬，麗聲。”

“驪”字構形，甲骨文從“馬”、從“麗”。其聲旁“麗”，上部所從“丽”形來源於鹿頭上之兩角。“驪”字西周金文到春秋文字有缺環，楚簡“麗”旁上部作“祁”（與爲楚文字“瑟”字省形同，詳下“麗”字），或作“騾”，聲旁改爲從“糸”、從“祁”，爲“驪”字異體；或作“騆”，“祁”旁更省似“丌”。《説文》篆文作🔣，漢印作🔣（徵10.1），當源自秦簡。

又，楚簡有“驢”字，作🔣（天星觀）、🔣（天星觀）、🔣（天星觀），有可能是“驪”字異體。“鹿”既可以看作“麗”字省形，也可以看作是同音相通。

3. 駁，🔣（合36987），🔣（合36836），甲骨文；🔣（包山93），🔣（曾侯），🔣（包山247），🔣（包山234），楚簡。形聲字。《説文》：“駁，馬色不純。從馬，爻聲。”

“駁”字構形，甲骨文從“馬”、從“爻”聲，雖然西周金文至春秋文字有缺環，

但楚簡構形仍同。與“馬”字構形相同，楚簡“馬”旁或作省形。《説文》篆文作

，沒有變化。

附及，“馭”字所從的聲旁“爻”字，甲骨文作 （合 13705）、 （合 3512）、

金文作 （父乙爻角）、 （爻父丁簋）、 （伯晨鼎）。象形字。《説文》：“爻，
交也。象《易》六爻頭交也。”古人用蓍草占卜，所以用交叉的蓍草表示八卦的“爻”。

4. 馭， （花束 60）， （花束 60），甲骨文； （馭癸觚）， （馭

觚）， （馭八卣）， （大保盉）， （盂鼎）， （班簋）， （師袁簋），

（禹鼎）， （不㛃簋）， （好盜壺），金文； （彙 1818）， （彙

2082）， （彙 3415）， （集粹）， （珍展 22），古璽； （清華《繫年》），

（上博《昭王》）， （上博《弟子》）， （曾侯）， （安大《曹沫》），楚簡。會
意字。“馭”字《説文》是作爲“御”字古文，謂：“御，使馬也。從彳，從卸。，
古文御，從又，從馬。”説法有誤，“古文”是指戰國文字，而“馭”“御”二字皆見
甲骨文。甲骨文“御”字作祭祀動詞，義同後世“禦”，而《説文》謂“使馬也”義
實是“馭”字。“御”“馭”同義反映的是秦漢時代的語言文字現狀。

“馭”字構形，甲骨文從“馬”、從“又”會意。晚商金文（族氏銘文）從“攴”，
西周金文從“爻”，象人手執鞭策馭馬之形，義爲“駕馭”，隸定作“駿”，爲戰國文字

沿襲，古璽、楚簡同。《説文》古文作 ，從“又”，爲後起省形字，其與甲骨文構形
雖然相同，當是戰國文字省形所本。

“馭”字楚簡異體較多，或作 （清華《三壽》）、 （包山牘）、 （上博

《靈王》）、![字形](包山 33），從"馬"、從"午"聲，隸定作"馭"；或作、![字形](曾侯），"夋"旁作"五"下"又"，隸定作"騀"，"午""五"乃聲旁互換。這些異體在秦統一文字後皆淘汰。

附及，金文及戰國文字"馭"字構形從"夋"。"夋"即"鞭"的本字，金文作![字形]（九年衛鼎）、![字形]（散氏盤），古璽作![字形]（彙 1727）、![字形]（彙 399）、![字形]（彙 2950），楚簡作![字形]（清華《筮法》）、![字形]（上博《慎子》）、![字形]（上博《君子》），或省作![字形]（郭店《老子》丙），象手執馬刺（策）之形。象形字。《說文》："鞭，驅也。從革，便聲。![字形]，古文鞭。"以"夋"爲"鞭"字古文作![字形]，甚是。此外，"馭"字金文或作![字形]（大鼎），所從"夋"旁爲上從兩"丙"、下從"攴"，即"更"字。後世"鞭"字構形從"便"當與之有關。

5. 駟，![字形]（伯駟父盤），![字形]（魯宰駟壺），![字形]（庚壺），金文；![字形]（彙 1504），![字形]（續齊魯 10），古璽；![字形]（曾侯），![字形]（曾侯），![字形]（安大《詩經》），![字形]（安大《詩經》），![字形]（清華《五紀》），![字形]（清華《五紀》），![字形]（曾侯），![字形]（上博《靈王》），楚簡；![字形]（雲夢《秦律》），![字形]（雲夢《日書》乙），秦簡。形聲字。《說文》："駟，一乘也。從馬，四聲。"

"駟"字構形，春秋金文從"馬"、從"四"聲，古璽、楚簡"駟"字所從聲旁"四"或作異寫。秦簡無變化，爲《說文》篆文作![字形]，漢印作![字形]（徵 10.3），馬王堆

帛書作 （《縱橫》），銀雀山漢簡作 （《孫臏》）所本。

附及，"駟"字所從聲旁"四"字，楚簡構形除作 （郭店《緇衣》）、 （清華《啻門》）、 （清華《四時》）外，或作 （清華《筮法》）、 （上博《踐阼》）、 （包山牘）、 （郭店《窮達》），爲《説文》古文所本。更有作 （上博《建州》甲）、 （郭店《唐虞》）、 （上博《緇衣》），回歸甲骨文"四"字構形，爲《説文》籀文所本。

6. 駕， （侯馬）， （侯馬），盟書； （石鼓《吾水》），刻石； （十鐘），古璽； （塔圖140），陶文； （包山38）， （包山60），楚簡； （雲夢《答問》）， （雲夢《雜抄》）， （里耶8-149），秦簡。形聲字。《説文》："駕，馬在軛中。從馬，加聲。 ，籀文駕。"

"駕"字始見戰國文字，從"馬"、從"加"聲，構形本作左右結構，秦印、秦簡改作上下結構，爲《説文》篆文作 ，漢印作 （徵10.2），漢簡作 （《蒼頡》），漢碑作 （曹全碑）所本。《説文》籀文作 ，古文字尚未見。

楚簡"駕"字異體有作 （清華《繫年》），改從"車"旁。車輛需用馬驅動，從這個角度看，"車""馬"二義有關，故"駕"字異構可從"車"。

○五二 牛部

　　《説文》：“牛，大牲也，牛件也。件，事理也。象角頭三，封尾之形。”《漢語大字典》指出：“牛字象形，只像頭角形。”“牛”字構形，晚商金文（族氏銘文）作 （牛鼎）、（牛鼎），圖畫出牛頭形。甲骨文綫條化後作 （合 21120）、（合 7359）、（合 20667）、（合 33296），金文作 （叔卣）、（昌鼎）、（卯簋）、（師衰簋）、（鄂君啓車節），楚簡作 （清華《繫年》）、（清華《行稱》）、（上博《周易》）、（郭店《性自》）、（包山 246）、（清華《治政》），没有變化。秦簡作 （里耶 8-461）、（雲夢《日書》乙），爲《説文》篆文作 ，馬王堆帛書作 （《天文》），石經作 （熹平石經《儀禮》）所本。

　　1. 牡，（合 3157），（合 23098），（合 24568），（合 27481），（合 34406），（屯 1094），甲骨文；（剌鼎），金文；（新蔡甲一 7），

（安大《詩經》），（安大《詩經》），楚簡；（雲夢《日書》乙），

（關沮），秦簡。象形字。《説文》："牡，畜父也。从牛，土聲。"以爲是形聲字，

謂从"土"得聲，不確。

"牡"字構形，甲骨文从"牛"、从"丄"。郭沫若指出，牡字"从丄，乃牡器之

象形"（《甲骨文字研究》），即象雄性生殖器。文字演變發展中，由於"牡"字所从

"丄"旁之竪筆上加裝飾點，後變成短横，西周金文遂訛變形似"土"，春秋戰國文字

及秦文字沿襲其形，爲《説文》篆文作所本，遂誤以爲構形从"土"。馬王堆帛書

作（《老子》甲），石經作（熹平石經《詩經》），再也没有變化。

楚簡"牡"字或作（清華《成人》），从"牛"、从"戊"聲，隸定作"牥"，

爲異體字。

需要指出，後世以"牡"字泛指一切雄性動物，但是甲骨文中各種雄性動物專用

字都存在，例如作（合 14271）、（合 11196）；（合 22073）、（合

15480）；（花東 38）；（合 8233）；（花東 198）等，分别指牡羊、牡豕、牡

馬、牡鹿、牡鷹等，其構形皆从"丄"。這些專用字後世或另造專字（如牡羊作"羝"、

牡豕作"豭"等），或遭淘汰，也有作爲"牡"字異體存在一定時段内。如"駐"字，

春秋戰國金文作（庚壺）、（子犯鐘）、（好盗壺），楚簡作（曾侯）、

（曾侯）、（安大《詩經》），但秦漢以降則不再出現。

2. 犀，（合 24358），（合 10407），（合 28401），（合 28394），

（合 28411），（屯 2579），甲骨文；（犀伯鼎），（倠叔鬲），（都公匜），

金文；，，，古璽；，楚簡；

，秦簡。形聲字。《説文》："犀，南徼外牛，一角在鼻，一角在頂，似豕。從牛，屒聲。"

"犀"字構形，甲骨文像犀牛形，尤其突出犀牛頭頂上的角，象形字。金文類化作從"牛"、從"尾"（《説文》隸作"屒"）聲的形聲字，戰國文字及楚簡同。秦簡無變化，爲《説文》篆文作![字形]，馬王堆竹簡作，木牌作，銀雀山漢簡作，漢碑作所本。

"犀"字異體作"咢"，《説文》："咢，如野牛而青，象形。與禽离頭同。……![字形]，古文從几。"誤以爲另一種動物，故與"犀"字説解不同。《説文》篆文作![字形]，古文字未見；古文作![字形]，見秦簡作。

3. 犢，，，，金文；，，，，，古璽；，，，楚簡；，秦簡。形聲字。《説文》："犢，牛子也。從牛，瀆省聲。"説解構形不確。

"犢"字構形，金文從"牛"、從"声"聲，隸定作"韋"。古璽、楚簡沿襲。秦印、秦簡作左右結構，"声"下增"貝"，爲《説文》篆文作![字形]，漢印作![字形](徵2.3)、![字形](徵2.3)所本。其聲旁"声"，《説文》作"㕣"，增"貝"後作"賣"。隸變後"賣"與"賣"字相混，以致本從"賣"聲的字皆寫作"賣"，如東漢金文"犢"

作 （宜牛瀆鈴）、漢碑"瀆"作 （淮源廟碑）等例。

　　需要指出，後世從"賣"聲的字，戰國文字則從"牘"聲，構形皆作"韋"。如"續"字古璽作 （彙2604）、（彙2605）；"瀆"字古璽作 （彙2594），楚簡作 （上博《成王》）、（上博《舉治》）、（上博《卜書》）等例（曹錦炎《釋韋——兼釋瀆、續、竇、鄿》）。從秦簡"續"字構形作 （雲夢《日書》乙）、（雲夢《日書》乙）、（里耶8-50），"瀆"字作 （里耶8-1407）、（雲夢《日書》甲）分析，由從"韋（牘）"聲改爲從"賣"聲，當是秦文字構形的原因。

　　4. 牲，（天52），（周甲42），甲骨文；（矢方彝），（矢尊），（小盂鼎），（康簋），（燮中鼎），（任鼎），（漢中守戈），金文；（新蔡零207），（上博《周易》），（清華《不韋》），（清華《五紀》），楚簡；（雲夢《秦律》），秦簡。形聲字。《説文》："牲，牛完全。從牛，生聲。"

　　"牲"字構形，甲骨文或從"牛"或從"羊"，西周金文從"牛"，楚簡或從"豕"。秦簡無變化，爲《説文》篆文作 ，武威漢簡作 （《儀禮》）所本。

　　5. 牢，（合20700），（合400），（合28244），（合33388），（合22111），（合22274），（合35931），（周甲78），甲骨文；（貉子卣），（任鼎），金文；（彙2386），（珍秦69），古璽；（曾侯），

（包山 97）， （包山 157）， （新蔡乙二 1）， （新蔡乙一 27），楚

簡； （雲夢《日書》甲）， （雲夢《日書》甲）， （里耶 8-2101），秦

簡。會意字。《説文》："牢，閑養牛馬圈也。从牛，冬省，取其四周帀也。"説解本義

甚是，但分析構形則不確。

"牢"字構形，甲骨文除作"牢"外，或作 （合 20045）、 （合 279）、 （乙 21922）、 （合 30266）、 （合 29415），晚商金文（族氏銘文）作 （牢爵），或从"羊"，隸定作"窜""圉"；或从"馬"，隸定作"寫"（亦即"廐"之初文）。本義指養牛、羊、馬的欄圈（即"閑"字本義），"牢"是泛稱。但其造字之初當有專指，是分別指圈養的牛、羊、馬。在甲骨文中，"牢""窜"中的"牛""羊"是指不同的祭牲。"牢"字構形，戰國文字訛从"宀"；秦簡"牛"旁下橫書向兩邊外

側，爲《説文》篆文作 （加飾筆）所本，遂誤以爲从"冬"省。漢碑作 （史

晨碑）、 （韓仁銘），則訛从"穴"。

楚簡"牢"字異構較多，或作 （新蔡乙一 11），从"羊"，同甲骨文；或作

（新蔡乙四 134），隸定作"圉"；或作 （新蔡乙四 128），增"攴"旁，隸定

作"牧"；或作 （新蔡甲三 261）、 （新蔡甲三 261），从"留"聲，隸定作

"罼"；或作 （新蔡甲三 304），从"肉"、从"窜"聲，隸定作"膇"，按"大牢""小牢"之牢指祭牲，故形旁可改从"肉"。這些異體，秦統一文字後皆遭淘汰。

中國美術學院書法教材

曹錦炎 著

古文字源流講疏

上海書畫出版社

下

○五三 羊部

  《説文》：“羊，祥也。从丫，象頭角足尾之形。孔子曰：‘牛羊之字，以形舉也。’”“羊”字構形，晚商金文（族氏銘文）作（羊己瓠），圖畫出羊形，後作（羊鼎）、（丁高羊鼎）、（羊卣）、（羊□車瓠），改以羊頭象形。甲骨文作（河 387）、（合 20534）、（合 22310）、（合 19932）、（合 713）、（合 22229）、（合 30022），金文作（羊鼎）、（小盂鼎）、（叔德簋）、（師寰簋）、（訇鼎）、（鄂君啓舟節）、（羊子戈）、（中山王壺），古璽作（彙 4463）、（彙 3309）、（彙 4462）、（彙 5548），楚簡作（郭店《窮達》）、（清華《楚居》）、（安大《詩經》）、（清華《五紀》）、（上博《季庚》）、（清華《不韋》），除或加飾筆外没有變化。秦簡作（雲夢《雜抄》）、（里耶 8-111），爲《説文》篆文

作 ![字形], 馬王堆帛書作 , 石經作 所本。

1. 羞, ![字形](合 18146), ![字形](甲 1394), ![字形](合 111), ![字形](合 18148), ![字形](合 33968), ![字形](合 30768), ![字形](合 32768), ![字形](合 20908), 甲骨文; , , , , , , , , , , , , 金文; ![字形](彙 3623), ![字形](徵存 5), ![字形](傅 673), 古璽; , 秦簡。會意字。《説文》: "羞, 進獻也。從羊, 羊所進也; 從丑, 丑亦聲。" 分析構形不確。

"羞"字構形, 從"又"(手)持"羊", 會進獻義。甲骨文、金文或從雙手("廾"), 戰國文字、秦文字仍從"又"作, 石經作 , 亦同。但《説文》篆文作 ![字形], 將"又"改成"丑", 也見漢印作 ![字形](徵 14.18), 或以爲是漢代聲化爲"丑"所改。

2. 羔, , , , , 金文; ![字形](彙 3091), ![字形](彙 5319), ![字形](彙 5321), ![字形](珍展 81), 古璽; , , , , , , 楚簡。《説文》: "羔, 羊子也。從羊, 照省聲。" 説解構形不確。

"羔"字構形，金文从"羊"、从"火"，《説文》以爲是形聲字，未必正確。《説文》篆文作，漢碑作（衡方碑），或作（夏承碑），"火"旁改爲四點，或省寫爲三點。

3. 美，（合 14381），（合 28089），（合 13607），（合 22044），（合 31023），（合 33128），甲骨文；（美宁鼎），（美爵），（中山王壺），金文；（彙 5320），（傅 1315），古璽；（雲夢《秦律》），（雲夢《日書》甲），（里耶 8-771），（北大《袚除》），秦簡。象形字。《説文》："美，甘也。从羊，从大。羊在六畜，主給膳也。美與善同意。"徐鉉注云："羊大則美。"古文字構形中"大"皆表正面人形，徐説非是。

"美"字構形，甲骨文从"大"（正面人形），上冠羽毛狀飾物，故有美之義（王獻唐《説美每》），其亦見晚商金文（族氏銘文），後上部羽冠漸訛變似"羊"，兩周金文及戰國文字構形上部亦似"羊"。秦簡"大"旁或訛成"火"，亦見馬王堆帛書作（《老子》甲）、（《縱橫》），漢碑作（夏承碑），此寫法"美"與"羔"字形同，易混。《説文》篆文作，馬王堆帛書或作（《老子》乙前），石經作（熹平石經《周易》），則回歸原來構形。

楚簡"美"字異體作（清華《楚居》）、（郭店《緇衣》）、（清華《繫年》）、（清華《不韋》）、（郭店《老子》丙）、（上博《競公》）、（郭店《老子》丙），从"女"、从"岂"聲，隸定作"媺"，今本《周禮》作

"嫐"，當是同一來源；或增"心"旁作 （清華《芮良夫》），隸定作"憝"；或作 （郭店《語叢》一）、（上博《緇衣》）、（郭店《六德》）、（安大《詩經》）、（安大《詩經》），從"頁"、從"屶"聲，隸定作"頮"。"嫐""憝""頮"這些異體，秦漢以降再未見。

4. 羣，（子璋鐘），（子璋鐘），（陳侯午敦），（中山王鼎），金文；（侯馬），（溫縣），（侯馬），（侯馬），盟書；（彙160），古璽；（系325），貨幣；（清華《金縢》），（上博《周易》），（上博《競建》），（清華《繫年》），（上博《曹沫》），（上博《李頌》），（上博《曹沫》），（清華《廼命》），（清華《五紀》），（清華《禱辭》），（安大《詩經》），（郭店《老子》甲），楚簡；（雲夢《效律》），（龍崗），（嶽麓叁36），秦簡。形聲字。《説文》："羣，輩也。從羊，君聲。"

"羣"字甲骨文、西周金文目前未見，春秋、戰國文字構形從"羊"、從"君"聲，"君"旁或省作"尹"。盟書"羊"旁或作"羌"，因"羊""羌"構形有關、相近易混之故，另因左右加裝飾點，構形也似"美"。秦簡無變化，秦刻石作 （嶧山碑），爲《説文》篆文作 ，馬王堆帛書作 （《縱橫》）、（《老子》乙前），石經作 （熹平石經《周易》）所本。

5. 義，（甲3445），（合27979），（合27972），（合32982），（屯

4197）、（合 38672），甲骨文；（子義爵），（師旅簋），（義伯簋），（史牆盤），（癲鐘），（儠匜），（虢季子白盤），（仲義父盨），（鱻鎛），（王孫鐘），（郘王義楚耑），金文；（彙 2119），（彙 2840），（彙 5606），（故宮 448），（彙 2838），古璽；（郭店《老子》丙），（新蔡零 207），（安大《曹沫》），（清華《程寤》），（清華《繫年》），（清華《三壽》），（清華《琴舞》），（清華《楚居》），（上博《建州》甲），（郭店《語叢》一），（上博《建州》乙），楚簡；（里耶 8-132），（雲夢《日書》甲），秦簡。形聲字。《説文》：“義，己之威儀也。从我、羊。，《墨翟書》義从弗。魏郡有羛陽鄉，讀若錡。今屬鄴，本内黄北二十里。”

“義”字構形，甲骨文及商代金文（族氏銘文）不从“羊”，象鋸形兵器（即“我”）於柲冒端置羽毛狀飾，本當指儀仗，引申爲威儀義。西周金文上部類化爲“羊”，爲春秋戰國文字沿襲。秦嶧山碑作，爲《説文》篆文作，馬王堆帛書作（《老子》甲）、（《老子》乙），銀雀山漢簡作（《孫臏》）所本。

“義”字《説文》篆文異體作，謂見《墨翟書》（即《墨子》），出土文獻最早見秦簡，作（嶽麓《占夢》）、（嶽麓叁 132）、（嶽麓叁 41），馬王堆帛書作（《縱橫》）、（《縱橫》）。從楚簡“義”字或寫作（包山 97）、（包山 101）、（清華《五紀》）、（清華《成人》）、（清華《四告》）分析，

"義"字異體"義"字所從"弗"旁,實從"我"字訛變而來。

楚簡"義"字異構較多,或作(新蔡乙一15)、(包山129),上、下偏旁位置互換;或作(上博《建州》甲),贅增"乇"旁;或作(上博《曹沫》)、(郭店《語叢》三)、(郭店《語叢》三),改爲從"心"、從"我"聲,隸定作"懃","義"與心理活動有關,故亦可從"心"作。秦統一文字後,這些異體字皆遭淘汰。又楚簡"義"字或作(郭店《唐虞》),"我"旁寫作"肢",此爲書手訛誤的原因。

6. 羌,(合163),(合171),(合22044),(合32020),(合32016),(屯636),(合26957),(合26930),甲骨文;(魚羌鼎),(亞乙羌爵),(羌柔簋),(羌父己尊),(太保罍),(羌鼎),(鄭羌伯鬲),(鄭義羌父盨),(鼄羌鐘),金文;(彙413),(吉林187),(彙5426),(彙5425),(彙3409),(湖南88),(秦風182),古璽;(錄5.109.2),(錄5.109.1),陶文;(新蔡甲三343-2),楚簡。象形字。《説文》:"羌,西戎牧羊人也。從人,從羊,羊亦聲。""羌"字本義指中國西部以游牧爲生的少數民族,商王朝將羌人俘虜後除作祭牲外,大都用作奴僕,或用其從事農作等事務。

"羌"字構形,甲骨文不從"羊",繁構從"糸",象以繩索拴"羌"人,晚商及西周早期金文亦同。文字演變發展過程中,上部構形類化成"羊",《説文》遂以爲從"羊"聲,篆文作,漢簡作(《蒼頡》),漢碑作(耿勳碑)。

　　附及，"苟"字以及从"苟"的"敬"字，原本構形也與"羌"字有關。《說文》："苟，自急敕也。从羊省，从包省，从口。口猶慎言也。从羊，羊與義、善、美同意。……𦬒，古文，羊不省。"以爲構形从"羊"，其實是从"羌"字分化，後增"口"爲"敬"義的專字（于省吾《釋羌、苟、敬、美》）。"苟"字構形，甲骨文作 ![字形] （合 21954）、![字形]（甲 2581）、![字形]（合 21091）、![字形]（合 32994），金文作 ![字形]（太保簋）、![字形]（盂鼎）、![字形]（何尊）、![字形]（師虎簋）、![字形]（楚子苟盤），古璽作 ![字形]（彙 4164）、![字形]（彙 4167）、![字形]（彙 4227）、![字形]（彙 5324），楚簡作 ![字形]（清華《厚父》）、![字形]（清華《厚父》）、![字形]（清華《封許》），《說文》篆文作 ![字形]，演變脈絡較爲清楚。武威漢簡作 ![字形]（《儀禮》），已有所訛。

○五四　犬部

《説文》:"犬，狗之有縣蹏者也。象形。孔子曰:'視犬之字如畫狗也。'""犬"字構形，晚商金文（族氏銘文）作 （丁犬卣）、（犬父丙鼎）、（戍嗣鼎）、（京犬父乙鼎），圖畫出張口拳尾之犬形。甲骨文進一步綫條化，作 （合 5668）、（合 24413）、（合 14332）、（合 32730）、（屯 2293）、（合 32966）。王國維曾指出:甲骨文"犬"字與"豕"字的區别，在於"腹瘦尾拳者爲犬，腹肥尾垂者爲豕"（《甲骨文字集釋》引)，所説甚是。甲骨文構形的確能抓住所狀動物的個性特徵去造字，"犬"字、"豕"字皆爲佳例。"犬"字金文作 （史犬觶)、（員鼎)，盟書作 （侯馬)，古璽作 （彙 1675）、（港續 102）、（秦風 47）、（珍秦 189)，陶文作 （陶 3.65)，貨幣作 （系 139）、（系 109)，楚簡作 （清華《繫年》）、（包山 233）、（望山 1.28）、（新蔡乙一 28)，秦簡作 （雲夢《秦律》）、（嶽麓《占夢》)，變化不大，爲馬

王堆帛書作 （《老子》乙）、（《老子》乙前）所本。馬王堆帛書或作 （《病方》），《説文》篆文作 ，上部已有小訛，漢碑作 （孔龢碑），遂寫作 "大" 之右上加一點，爲楷書所本。

1. 狗，（狗宁簋），（長子狗鼎），金文；（侯馬），（侯馬），盟書；（彙1158），（彙3496），（彙639），（陝西568），（珍秦193），（徵存11），古璽；（《考古》1989年4期），（録2.193.4），陶文；（清華《繫年》），（上博《彭祖》），（包山176），（郭店《語叢》四），楚簡；（雲夢《日書》乙），秦簡。形聲字。《説文》："狗，孔子曰：'狗，叩也，叩气吠以守。' 从犬，句聲。"

"狗" 字構形，晚商金文（族氏銘文）从 "犬"、从 "丩" 聲，西周金文 "丩" 旁增 "口" 飾成 "句" 聲，戰國文字沿襲，陶文或从 "豕" 爲異體。秦簡無變化，爲《説文》篆文作 ，馬王堆帛書作 （《老子》甲）、（《老子》乙）所本。另外，楚簡書寫時或將左右偏旁位置互換。

2. 尨，（合4652），（合11208），甲骨文；（彙373），（彙1150），（彙407），（彙1526），古璽；（上博《周易》），（上博《周易》），（新蔡乙四103），楚簡。象形字。《説文》："尨，犬之多毛者。从犬，从彡。《詩》曰：'無使尨也吠。'"

"尨" 字構形，甲骨文从 "犬"，以 "彡" 置犬腹旁象犬之多毛狀，兩周金文暫未見。戰國古璽構形將"彡"貫穿犬身，楚簡則將"彡"置犬背，爲《説文》篆文作所本。

楚簡"尨"字異體作 （新蔡甲一25），增"曰"旁，可視爲形聲字。

3. 獻，（合31812），甲骨文；（作父癸甗），（史獸鼎），（獻侯鼎），（芇伯簋），（伯甗），（不娶簋），（讒季獻盨），（多友鼎），（虢季子白盤），（猷簋），（齊陳曼簠），（上造但車盅），金文；（侯馬），（侯馬），盟書；（彙3088），（璽考344），（珍秦230），（珍展129），古璽；（包山182），（清華《皇門》），（清華《繫年》），（清華《楚居》），（上博《吳命》），（上博《容成》），（上博《志書》），（清華《禱辭》），（清華《成人》），楚簡；（雲夢《日書》甲），（北大《泰原》），（里耶8-855），秦簡。形聲字。《説文》："獻，宗廟犬名羹獻，犬肥者以獻之。從犬，鬳聲。"

"獻"字構形，甲骨文從"犬"、從"鬳"聲，金文"鬳"旁所從之"鬲"，或從"鼎"，"鼎""鬲"爲同義偏旁互換。盟書"鬳"旁下部訛似"宰"。楚簡寫法豐富，秦簡則無變化。秦嶧山碑作 ，爲《説文》篆文作 ，馬王堆帛書作 （《縱橫》），漢碑作 （史晨碑），石經作 （熹平石經《儀禮》）所本。

楚簡"獻"字異構較多，或作 （清華《芮良夫》）、 （包山105），"鬳"旁

之 "鬲" 訛似 "幸"；或作 （新蔡甲三 326.1），"虜" 旁之 "鬲" 作 "酉"；或作

（包山 149）、（新蔡甲三）、（新蔡甲一），"虜" 旁之 "鬲" 寫作 "貝"，

亦見金文作 （隨大司馬戈）、（陳侯午敦），後例 "虜" 旁更直接省作 "貝"，這

是由於自西周始古文字 "鼎" "貝" 形訛後漸同形所致。戰國金文或作 （九年將軍

戈），亦見古璽作 （彙 2749）、（彙 2746），甚至省 "犬" 旁。這些省、訛，皆是

書手原因。

4. 猶，（合 33076），（合 33076），（屯 2351），（懷 1631），甲骨

文；（史牆盤），（克鼎），（毛公鼎），（䚴簋），（戎生鐘），

（王孫鐘），（陳猶缶），（中山王鼎），金文；（石鼓《作邋》），刻

石；（彙 3143），（彙 1993），（程訓義 1-134），（彙 3351），（彙

3659），（彙 1089），（彙 1827），古璽；（郭店《老子》甲），（上博

《吳命》），（清華《耆門》），（郭店《老子》丙），（清華《繫年》），

（清華《廼命》），（清華《四告》），（清華《封許》），（上博《成

王》甲），（清華《治政》），（清華《楚居》），楚簡；（雲夢《語

書》），（北大《從政》），（北大《從政》），秦簡。形聲字。《説文》："猶，玃

屬。从犬，酋聲。一曰隴西謂犬子爲猷。" "猶" "猷" 本同字，古文字構形大都寫作

“猷”，隸寫則作二形。

“猶”字構形，甲骨文從“犬”、從“酉”聲，金文改從“酋”聲，實爲“酉”上加飾筆“八”分化而成，戰國文字或於“八”中加裝飾點。春秋金文或於“酋”下加“丌”爲繁構，與“奠”字相混。秦簡或從“酉”，或從“酋”，爲《說文》篆文作

（圖），漢印作（圖）（徵 10.7），馬王堆帛書作（圖）（《老子》甲後）、（圖）（《老子》乙）、（圖）（《縱橫》）、（圖）（《老子》甲後），銀雀山漢簡作（圖）（《孫臏》）、（圖）（《孫臏》）所本，而且皆是“猷”“猶”二形并見，用法則無別。

楚簡“猶”字或作（圖）（清華《治政》）、（圖）（郭店《語叢》三），“酋”旁訛作“奠”。

5. 狐，（圖）（合 10255），（圖）（合 37419），（圖）（合 28317），（圖）（屯 3074），（圖）（合 37464），（圖）（合 37363），甲骨文；（圖）（非伯簋）、（圖）（非伯簋）、（圖）（詢簋）、（圖）（陽狐戈）、（圖）（六年冢子戟刺），金文；（圖）（珍戰 33）、（圖）（集粹）、（圖）（港續 115）、（圖）（彙 3986）、（圖）（彙 3987）、（圖）（彙 646）、（圖）（秦風 190）、（圖）（珍展 62），古璽；（圖）（曾侯）、（圖）（曾侯）、（圖）（曾侯），楚簡；（圖）（里耶 8-406）、（圖）（嶽麓《占夢》），秦簡。形聲字。《說文》：“狐，䄏獸也，鬼所乘之，有三德，其色中和，小前大後，死則丘首。從犬，瓜聲。”以鬼神信仰説解字義，不可據。

“狐”字構形，甲骨文從“犬”、從“亡”聲。西周金文則以鼬（俗稱“黄鼠狼”，狀似小狐）之象形字爲形旁，且改從“瓜”聲。戰國金文改從“犬”、從“瓜”聲，

古璽、楚簡同。秦簡無變化，爲《説文》篆文作 [字形] ，漢印作 [字形] （徵 10.00）、[字形]
（徵 10.7），漢簡作 [字形] （《蒼頡》），漢碑作 [字形] （魯峻碑陰） 所本。

楚簡 "狐" 字異體作 [字形] （上博《周易》），[字形] （包山 95），[字形] （安大《詩
經》），[字形] （包山 164），從 "鼠" 旁，當是沿襲西周金文構形從象形鼬而作類化。此種
類化亦見 "刺猬" 之猬字，楚簡作 [字形] （包山 120）、[字形] （包山 42），構形從 "鼠"、
從 "胃" 聲。

另外，楚簡 "狐" 字構形仍有作 [字形] （清華《廼命》），從 "亡" 聲，保存甲骨文
構形，在簡文中讀爲 "氓"，爲通假字。

6. 獸，[字形] （合 10608），[字形] （合 905），[字形] （合 10196），[字形] （花東 28），[字形] （花
東 480），[字形] （合 33384），[字形] （合 28771），[字形] （合 28780），甲骨文；[字形]
（獸父辛鼎），[字形] （獸父癸爵），[字形] （宰甫簋），[字形] （史獸鼎），[字形] （獸爵），[字形]
（鄭義伯鑂），[字形] （王子午鼎），[字形] （曾侯乙鐘），金文；[字形] （石鼓《吴人》），[字形]
（曾侯乙磬），[字形] （曾侯乙磬），刻石；[字形] （包山 142），[字形] （上博《鬼神》），
[字形] （清華《繫年》），[字形] （郭店《老子》甲），[字形] （郭店《六德》），[字形] （清華
《治政》），[字形] （清華《治政》），[字形] （清華《成人》），[字形] （上博《踐阼》），
[字形] （上博《曹沫》），楚簡；[字形] （雲夢《日書》甲），[字形] （雲夢《秦律》），秦簡。會

意字。《説文》："獸，守備者。从嘼，从犬。""獸"字本義指田獵即狩獵行動，"禽獸"之獸是其引申義。

"獸"字構形，甲骨文、晚商金文（族氏銘文）从"單"、从"犬"會意，"單"是捕捉禽獸的工具（網），"犬"用於追捕獵物，隸定本作"獸"，寫作"獸"是其後出繁構形。春秋戰國文字於"單"下或增"口"飾繁化作"嘼"，以致《説文》誤以獸名"犣"（今本《説文》失收"犣"字）去解説"嘼"字。楚簡"單"下或增飾筆。秦簡"獸"字从"單"、从"嘼"二形并存，馬王堆帛書作 （《老子》乙前）、（《老子》甲後）、（《老子》甲），亦同。《説文》篆文作 ，漢簡作 （定縣），皆从"嘼"。

需要指出，"獸"之本義《説文》另出"狩"字，謂："狩，犬田也。从犬，守聲。《易》曰：'明夷于南狩。'"乃是將會意字改爲形聲字。《説文》篆文作 ，漢印作 （徵10.6），漢碑作 （華山廟碑）、（張遷碑），石經作 （熹平石經《春秋》）。從目前出土資料分析，"狩"字應是漢代始出現的"獸"字異體。

7. 莽，（合18430），（合29264），（合21437），（合18409），甲骨文；（二年寺工壺），金文；（璽考152），古璽；（雲夢《封診》），秦簡。會意字。《説文》："莽，南昌謂犬善逐兔艸中爲莽。从犬从茻，茻亦聲。"

"莽"字構形，甲骨文从"犬"、从四"中"（即"茻"），或省从"艸"；或从三"木"，或省从二"木"，"中""木"爲同義偏旁互作。西周、春秋金文有缺環。戰國金文从"茻"，古璽省从"艸"，秦簡仍从"茻"，爲《説文》篆文作 所本。漢印作〇五四（徵 1.22）、〇〇（徵 1.22），漢碑作〇〇（唐公房碑），下部所從"艸"旁訛變成"卄"，爲今楷所本。

8.幸，〇〇（內史戈），金文；〇〇（上博《昭王》），〇〇（上博《姑成》），〇〇（清華《畏天》），〇〇（安大《仲尼》），〇〇（清華《芮良夫》），〇〇（清華《禱辭》），楚簡；〇〇（雲夢《秦律》），〇〇（嶽麓叁 198），〇〇（里耶 8-624），〇〇（里耶 8-1570），秦簡。會意字。《説文》："幸，吉而免凶也。從屰、從夭。夭，死之事，故死謂之不幸。""幸"之本義爲希冀，《説文》以字義分析構形，不可信。

"幸"字甲骨文及兩周金文未見，始見戰國文字。"幸"字構形，楚簡從"犬"、從"屰"，所從之"屰"實乃楚文字倒寫的"矢"字，其造字本義不明。《説文》篆文作〇〇，漢印作〇〇（徵 10.12）、〇〇（徵 10.12），馬王堆帛書作〇〇（《老子》乙前）、〇〇（《縱橫》），漢簡作〇〇（《流沙》）、〇〇（銀雀山《孫臏》），尚能看出原來構形。但馬王堆帛書或作〇〇（《事語》），漢碑作〇〇（曹全碑）、〇〇（楊淮表紀），漸與"奢"字（旁）楷書作"幸"混同，不難發現其隸變之軌迹。

○五五 豕部

　　《説文》：“豕，彘也，竭其尾，故謂之豕。象毛、足，而後有尾，讀與豨同。按：今世字誤以豕爲彘，以彘爲豕，何以明之？爲啄、琢从豕，蟸从彘，皆取其聲，以是明之。……帀，古文。”其中按語，徐鉉謂或後人所加。“豕”字構形，晚商金文（族氏銘文）作 �（庚豕父乙爵）、 ▧（豕爵）、 ▨（亞豕鼎），圖畫出豬形。甲骨文作 ▨（合 22437）、 ▨（合 19893）、 ▨（合 20680）、 ▨（合 21104）、 ▨（合 20723）、 ▨（乙 6674）、 ▨（合 22335）、 ▨（合 28305），構形以尾巴下垂與“犬”字尾巴上翹作區分。西周金文作 ▨（頌鼎）、 ▨（函皇父鼎）、 ▨（函皇父簋）、 ▨（函皇父盤），刻石作 ▨（石鼓《田車》），古璽作 ▨（彙 1224）、 ▨（彙 1679）、 ▨（彙 1218），楚簡作 ▨（包山 211）、 ▨（望山 M2）、 ▨（包山 146）、 ▨（清華《四時》）、 ▨（清華《四時》）、 ▨（包山 227）、 ▨（清華《四告》）、 ▨（清華《四時》）、 ▨（清華《說命》上）、 ▨（上博《周易》），寫法多姿。秦簡作

[图形] （雲夢《日書》甲）、[图形] （雲夢《日書》乙），爲《説文》篆文作 [图形]，漢印作 [图形] （徵9.13），武威漢簡作 [图形] （《儀禮》），石經作 [图形] （熹平石經《周易》）所本。《説文》古文作 [图形]，明顯源自楚簡。

1. 豬，[图形] （廿七年上趙戈），金文；[图形] （珍秦168），古璽；[图形] （天星觀），[图形] （天星觀），[图形] （包山257），[图形] （新蔡甲三97），[图形] （新蔡零308），[图形] （新蔡甲三350），[图形] （包山250），[图形] （包山244），[图形] （包山204），[图形] （包山200），楚簡；[图形] （雲夢《答問》），[图形] （里耶8-461），[图形] （嶽麓叁84），秦簡。形聲字。《説文》：“豬，豕而三毛叢居者。从豕，者聲。”

“豬”字見戰國金文、楚簡，應是戰國時期出現的“豕”之孳乳字，構形从“豕”、从“者”聲。楚簡異體或从“昔”聲，隸定作“豬”。“者”“昔”古音同，乃聲旁替換。另外，《説文》又有“狙”字，謂“豕屬”，當亦是“豬”字異體。《説文》篆文作 [图形]，漢印作 [图形] （徵9.13），武威漢簡作 [图形] （醫簡），無甚變化。後世俗體類化改从“犬”旁，寫作“豬”。

2. 豢，[图形] （新蔡甲三264），[图形] （天星觀），[图形] （包山206），[图形] （包山248），[图形] （望山M1），楚簡。形聲字。《説文》：“豢，以穀圈養豕也。从豕，柔聲。”分析構形不確。

“豢”字古文字目前僅見楚簡，構形从“豕”、从“关”聲，《説文》篆文作 [图形]，“关”旁訛作“柔”，當是兩漢文字出現的訛誤所致。

"豢"字楚簡異構較多，或作 （包山 203）、 （新蔡甲三 275），"关"旁下增"土"，爲繁構；或作 （新蔡乙四 76）、 （新蔡乙 65），贅增"肉"旁，隸定作"𦝩"，爲異體；或作 （包山 227），"关"旁訛作"关"，乃書手原因致誤。

3. 彘， （合 9338）， （合 14929）， （合 14621）， （合 9013）， （合補 9539）， （合 1339）， （合 19786）， （合 19772）， （懷 1499）， （合 11258）， （合 22361），甲骨文； （彘觚）， （衛壺）， （三年瘌壺）， （三年瘌壺）， （庚壺）， （十七年彘令戈），金文； （侯馬），盟書； （彙 5596），古璽； （龍崗）， （里耶 8-2491），秦簡。象形字。《説文》："彘，豕也。後蹏發，謂之彘。从彑、矢聲。从二匕，彘足與鹿足同。"説解構形不確。

"彘"字構形，甲骨文、晚商金文（族氏銘文）从"豕"、从"矢"，象豕身中箭，羅振玉以爲"彘殆野豕，非射不可得，亦猶雉之不可生得與"（《殷虚書契考釋》），其説可從。甲骨文"豕"形或橫置，爲金文沿承。古璽"豕"旁或作"鹿"。戰國金文"豕"旁或作"象"，秦簡從之，爲《説文》篆文作 ，漢印作 （徵 9.14），馬王堆帛書作 （《病方》）、 《養身方》所本。後例"豕"旁上部訛似"鹿"，亦見古璽。

楚簡"彘"字或作 （清華《禱辭》），亦見古璽作 （彙 643），似"矢"旁訛作"大"後形成的異體。但也不排除以"大豕"會"彘"（野猪）之義。

4. 豚，（合19787），（合11207），（合15857），（合14650），（合34462），（合30393），（屯附1），（周甲1），甲骨文；（臣辰卣），（臣辰盉），（豚鼎），（豚卣），金文；（港續48），（珍戰98），（故宮417），（秦風76），古璽；（清華《四告》），（清華《五紀》），（郭店《語叢》二），（上博《周易》），（上博《周易》），楚簡；（雲夢《日書》甲），（雲夢《日書》甲），（里耶8-561），（關沮），會意字。《説文》：“豚，小豕也。从象省，象形。从又持肉，以給祠祀。……𦞅，篆文，从肉、豕。”以後出字形説解構形。

“豚”字構形，甲骨文从“豕”、从“肉”會意；金文增“又”旁，此即《説文》“从又持肉”説之本。古璽不从“又”。楚簡、秦簡則从“又”、不从“又”兩形并存，《説文》篆文作、，亦同。馬王堆帛書作（《老子》甲後）、竹簡作（M1），漢印作（徵9.14），構形皆不从“又”。

○五六 虎部

《説文》："虎，山獸之君。从虍，虎足象人足，象形。……，古文虎。，亦古文虎。""虎"字構形，晚商金文（族氏銘文）作（虎簋）、（虎簋），甲骨文作（甲2122）、（合17849）、（合10206）、（合21386）、（合10201）、（合10217）、（合9273）、（合21387）、（合37362），象老虎形，構形尤突出老虎的巨口利齒，其虎身斑紋或存或省。甲骨文"虎"字構形或作（合4593）、（合10977），除强調老虎張口的特徵外，下部似人形，此當即《説文》所謂"虎足像人足"説之本。金文作（九年衛鼎）、（大師虘簋）、（珊生簋）、（師兑簋）、（㲋鼎）、（旅虎簋）、（受戈），刻石作（秦公石磬）、（石鼓《鑾車》）、（中山玉虎），古璽作（珍秦103），陶文作（秦都·圖233），楚簡作（清華《不韋》）、（上博《三德》）、（包山271）、

（包山 149）、（安大《詩經》）、（清華《啻門》）、（清華《湯丘》），或加飾筆作（清華《繫年》）、（上博《曹沫》）、（清華《祭公》）、（上博《靈王》）、（上博《靈王》）、（清華《五紀》）。秦簡作（雲夢《雜抄》）、（里耶 8-170），下部筆畫略有訛變，爲馬王堆帛書作（《老子》甲後），漢簡作（定縣）、（《流沙》屯戍），石經作（熹平石經《周易》）所本。《説文》篆文作，漢印作（徵 5.8），則回復本來寫法。至於《説文》古文作、，目前出土資料未見。

“虎”字《説文》作爲部首，後又分化出“虍”字（偏旁）作部首。

附及，甲骨文“豹”字作（合 3295）、（合 3302），構形與“虎”字相似，但身上則以封閉的圓圈或斑點紋與虎紋作區分，爲“豹”之象形本字。

1. 虣，（合 5516），（合 5516），（合 10206），（合 697），（合 27887），甲骨文；（虣父乙觚），（虣觚），（塑簋），金文；（詛楚文《秋淵》），刻石。會意字。《説文》新附：“虣，虐也，急也。從虎，從武，見《周禮》。”分析構形及字義皆不確。

“虣”字構形，晚商金文（族氏銘文）作正面人形持戈、毌（盾）搏虎。甲骨文省作從“戈”、從“虎”，或作從“廾”“戈”（雙手持戈，即“戒”字）、從“虎”，亦見西周金文及戰國秦刻石。《説文》新附篆文作，“戒”旁訛作“武”。

“虣”字本義是以戈搏虎，其義後世文字寫作“暴”，《毛詩·小雅·小旻》：“不敢

暴虎，不敢馮河。"舊注以爲"暴"義乃赤手空拳博虎，裘錫圭從西周金文"襮"字作

（夨方鼎，隸定作"襃"），根據所從"暴"字構形考釋出甲骨文"虣"字并糾正舊注之誤（《説玄衣朱襮袡——兼釋甲骨文虣字》）。按"襮"字《説文》篆文作

，從"衣"、從"暴"聲。楚簡作（曾侯）、（曾侯），從"巾"；或作（上博《彭祖》），從"糸"。"巾""糸"與"衣"乃義近偏旁互換。由楚簡"襮"字構形從另一角度透露出以"暴"字代"虣"是通假的原因，大約出現在戰國時期。

2. 虢，（合 30998），（花東 14），（花東 14），（花東 381），甲骨文；（虢父癸爵），（班簋），（頌簋），（三年瘋壺），（師奐鐘），（城虢遣生簋），（虢叔簋），（虢叔大父鼎），（公臣簋），（录伯簋），（虢太子元戈），金文；（清華《良臣》），（清華《良臣》），（清華《繫年》），（清華《繫年》），楚簡。會意字。《説文》："虢，虎所攫畫明文也。從虎，寽聲。"説解不確。

"虢"字構形，甲骨文從"虎"、從"攴"，西周早期金文同，後加"爪"。魯實先以爲字從"爪攴虎"會意，本義爲博擊野獸，因"虢"多作國名用，於是另造"挌"字表本義，《史記·殷本紀》"手格猛獸"，"格"乃"挌"形近之訛。（《文字析義》）楚簡構形從"虍"、從"攴"，"虎"旁省作"虍"，隸定作"虔"；或從"虎"、從"爪""攴"省，增"邑"旁，隸定作"鄝"，爲國名"虢"之專用字。《説文》篆文作，漢印作（徵 5.8）、（徵 5.8），所從"攴"旁已省爲"又"，爲隸變後作（晉賈充妻郭槐柩銘）所本。

古文字源流講疏

— 362 —

3. 虐，（合 17192），（合 17948），（合 17946），（合 17224），（合 14348），（合 8857），甲骨文；（量侯簋），（塱盨），金文；（詛楚文《秋淵》），刻石；（清華《芮良夫》）、（清華《芮良夫》），楚簡。會意字。《説文》：“虐，殘也。从虍，虎足反爪人也。，古文虐如此。”

“虐”字構形，甲骨文从“虎”、从“人”，象虎抓人欲噬形，故有殘害之意（裴錫圭《釋虐》）。金文形同。詛楚文从“虎”、从“口”，爲《説文》古文作所本。楚簡从“虎”、从“口”，下从“蚰”，隸定作“盧”，爲“虐”字異體。《説文》篆文作，所从“爪”旁似由“人”旁所訛。漢碑作（魯峻碑）、（石門頌），石經作（熹平石經《尚書》），構形从反“人”。

需要指出，戰國文字有从“虎”、从“口”的“唬”字，構形與“虐”字古文相同。古璽作（彙 1376）、（彙 3299）、（港續95）、（彙 945），楚簡作（包山 163）、（清華《五紀》）、（上博《踐阼》）、（郭店《老子》甲）、（郭店《尊德》）、（清華《繫年》）、（安大《詩經》）、（安大《詩經》）、（清華《程寤》）、（郭店《語叢》一），從楚簡文義分析，大多用作語氣詞“乎”，因此也可以隸作“唬”。《説文》：“唬，嘘聲也，一曰虎聲。从口，从虎。”但是個别楚簡“唬”字構形雖然寫作（上博《姑成》）、（上博《容成》）、（清華《不韋》），却用作“虐”，此是否同詛楚文亦即《説文》古文所本，或屬於戰國文字一形兩字的現象，需要進一步考慮。

另外，楚簡中也有以"虖"字作 [字形]（上博《緇衣》）、[字形]（上博《詩論》）、[字形]（上博《季庚》）、[字形]（清華《成人》），用爲"虐"，此當是書手之誤。但若由其構形下部所從之"示"形訛作"爪"，是否爲《説文》"虐"字篆文從"爪"的源頭，也可以值得考慮。

4. 虩，[字形]（毛公鼎），[字形]（秦公簋），[字形]（秦公鎛），[字形]（晉公盦），金文；[字形]（郭店《五行》），[字形]（郭店《五行》），[字形]（包山15），[字形]（包山19），[字形]（包山162），[字形]（清華《筮法》），[字形]（包山180），楚簡。形聲字。《説文》："虩，《易》：'履虎尾，虩虩。'恐懼。一曰蠅虎也。從虎，𧵽聲。"引《周易》卦詞解釋其義，一曰"蠅虎"不知出自何處。

"虩"字構形，金文從"虎"、從"𧵽"聲，楚簡"虎"旁省作"虍"，《説文》篆文作[字形]，與金文相同。

楚簡"虩"字異體作 [字形]（上博《用曰》）、[字形]（新蔡甲一25），"𧵽"旁下部之"小"訛似"火"；或作[字形]（上博《緇衣》）、[字形]（郭店《緇衣》），"𧵽"旁訛作"炅"。此皆書手原因。

5. 處，[字形]（臣諫簋），[字形]（𣄰鼎），[字形]（史牆盤），[字形]（癲鐘），[字形]（井人妄鐘），[字形]（南疆鉦），[字形]（姑馭劍），[字形]（陳純釜），[字形]（魚顛匕），[字形]（好盜壺），[字形]（鄂君啓舟節），金文；[字形]（石鼓《汧殹》），刻石；[字形]（彙414），[字形]（彙1726），[字形]（彙3145），[字形]（十鐘），[字形]（珍秦292），古璽；[字形]（郭店《性自》），

（安大《詩經》），　（包山 7），　（清華《四告》），　（清華《筮法》），　（包山 238），　（上博《姑成》），　（上博《容成》），　（清華《禱辭》），　（清華《食禮》），　（上博《周易》），　（郭店《成之》），　（包山 10），　（清華《楚居》），　（安大《仲尼》），楚簡；　（雲夢《答問》），　（雲夢《日書》甲），　（里耶 8-1518），秦簡。會意字。《説文》：“処，止也。得几而止。从几，从攵。　，処或从虍聲。”本義爲止息，引申爲居處。《説文》以“処”爲字頭，反將本字“處”作爲或（異）體，段玉裁注指出：“今或獨體行，轉謂処俗字。”

“處”字構形，金文从“虎”、从“几”會意，“虎”下或加“止”，此即“處”字从“攵”旁之由來，古璽“虎”旁則省爲“虍”。楚文字構形从“人”、从“几”，會人凭几止息意，其當由“處”字省體作“処”所改（“攵”改爲“人”），隸定作“尻”。而《説文》則將其另列，并謂：“尻，處也。从尸得几而止。《孝經》曰：‘仲尼尻。’謂閒居如此。”誤分“處（処）”“尻”爲二字。《説文》篆文也分別寫作

　、　、　三形。馬王堆帛書作　（《老子》甲）、　（《老子》甲後）、　（《老子》乙）、　（《相馬》），“處”“処”繁、簡兩體并見。漢簡作　（定縣），石經作　（熹平石經《公羊》），漢碑作　（尹宙碑）、　（史晨碑），構形稍有變化。

“處”字簡體“尻（処）”，楚簡構形“几”旁飾筆較多，或於“几”上增短橫；或於“几”下增兩短橫表几足，或將其書成一連筆，或訛爲“八”形，皆是書手原因。

或作　（清華《湯丘》）、　（清華《湯丘》），下增“土”旁，隸定作“屋”，爲

"凥"之異體。

附帶指出，自漢代以來，"凥"字一直被視作"居"字異體，以致宋元明清文人的齋號印中"居"字常以"凥"字替代，二字混用。直至 1986 年湖北包山出土的司法文書簡中有"所死於其州者之居凥名族"云云（簡 32），文中"居凥"連言，説明這二字不是同字異體。從楚簡的構形和用法看，學者始認識"凥"字實即《説文》"処"字異寫，爲楚文字"處（処）"的異體。因"凥（処）"字訓爲"居處"之義，所以與"居"字是同義字。但在今日篆刻創作中内容若爲齋號"某某居"時，最好使用"居"字。

6. 盧，![字形](合 27997)，![字形](合 27997)，![字形](京津 3451)，![字形](合 7910)，甲骨文；，，，，，，，金文；![字形](彙 260)，古璽；![字形](新蔡乙三 60)，，，楚簡。形聲字。《説文》："盧，虎不柔不信也。从虍，且聲。"造字本義不明。

"盧"字構形，甲骨文从"虍"、从"且"聲，金文同。戰國文字無變化，爲《説文》篆文作![字形]所本。

需要指出，"盧"字甲骨文用作地名，金文用爲人名，楚簡則用作"且"字繁構。另外，"盧"字在古文字中用作偏旁時，也常同"且"。

7. 虖，，，，，，，，，，金文；，，，，盟書；![字形](珍展 65)，古璽；![字形](郭店

《忠信》）， （清華《厚父》）， （清華《迺命》）， （清華《迺命》），

（上博《緇衣》）， （上博《詩論》）， （上博《季庚》）， （郭店《唐虞》），

（清華《五紀》）， （郭店《語叢》三）， （郭店《語叢》一），楚簡。形聲字。《説文》："虖，哮虖也。从虍，乎聲。"本義指虎咆哮，引申爲人之呼叫。

"虖"字構形，金文从"虍"、从"兮"聲。盟書或增"彳"旁，當因"虖"也指人呼叫行爲而作繁化。楚簡"虖"字構形變化較多，所从"兮"旁或省去上部左右撇筆；或於下部竪筆左右贅增撇筆爲飾，中間橫畫甚至省爲點；或將上部左右撇筆改成一短橫，連同下部左右撇筆訛成"示"形；或將"兮"旁訛成似"用"或"米"，此皆書手所致造成的異寫。

"虖"字《説文》篆文作 ，將原所从聲旁"兮"改作"兮（乎）"，但馬王堆帛書作 （《老子》甲後）、 （《縱橫》），銀雀山漢簡作 （《孫子》），漢印作 （徵5.4）、 （徵5.4），構形仍从"兮"，石經作 （熹平石經《尚書》），則从"乎"。《説文》："乎，語之餘也。从兮，象聲上越揚之形也。"是"乎"字本从"兮"分化，故可改作。

8. 鑪， （合18356）， （合18357）， （合18358），甲骨文； （父丁觶）， （兮甲盤）， （工鑪大叔盤）， （欒書缶）， （秌氏壺）， （中山王鼎），金文； （侯馬）， （侯馬），盟書； （系1978）， （三晉116），

（三晉116）， （三晉116），貨幣； （上博《緇衣》）， （新蔡甲三342-2），楚簡。雙聲字。《説文》未收。

"虞"字構形，从"虍"、从"魚"，二字皆可作爲聲旁。甲骨文用爲地名字，戰國三晉貨幣文字亦同，也見春秋時的吳國國名用字寫作"工虞"。

春秋戰國文字之"虞"或用作第一人稱，同"吾"。附帶指出，表相同詞義的字，楚金文作 （曾姬無卹壺），楚簡作 （安大《曹沫》）、（郭店《老子》乙）、（郭店《成之》）、（安大《詩經》）、（清華《良臣》）、（郭店《語叢》一）、（安大《仲尼》）、（上博《魯邦》）、（上博《緇衣》），古璽作 （彙3411）、（彙3056），構形从"壬"、从"虍"聲，隸定作"虐"。《説文》也未收，或可視爲"虞"字異體。

○五七 鹿部

《説文》：“鹿，獸也。象頭、角、四足之形。鳥、鹿足相似，从匕。”“鹿”字構形，晚商金文（族氏銘文）作（鹿方鼎）、（鹿觚），甲骨文作（合20715）、（合10287）、（合10274）、（合20714）、（合1395）、（合28336）、（合153）、（合10316）、（合20721），象鹿形，尤强調鹿頭雙角的特徵，或作鹿之側視一角形。西周金文作（貉子卣）、（貉子卣）、（命簋）、（命簋），从雙角。刻石作（石鼓《吳人》），古璽作（璽考333），陶文作（録2.86.3），構形同。楚簡作（包山246）、（清華《楚居》）、（包山179）、（上博《建州》乙）、（上博《有皇》）、（上博《鬼神》），雙角簡化成一角，上部遂與“廌”字構形雷同。爲秦簡作（雲夢《日書》甲），《説文》篆文作，馬王堆帛書作（《縱横》）、籤牌作（M1），石經作鹿

（熹平石經《春秋》）所本。漢印作 （徵 10.4），或作 （徵 10.4），仍存雙角。

楚簡“鹿”字或作 （清華《治政》），增“止”爲繁構，隸定作“麠”；或作 （新蔡零 352）、 （清華《繫年》）、 （上博《詩論》）、 （安大《詩經》）、 （清華《禱辭》），叠增“录”聲，隸定作“麗”。其作爲“鹿”字異體，秦統一文字後皆遭淘汰。

1. 麋， （合 13358）， （合 10372）， （甲 3180）， （合 10377）， （合 10990）， （合 13350）， （甲 1970）， （合 37460），甲骨文； （冉夫麋爵）， （麋束爵）， （伯姬父簋），金文； （石鼓《田車》），刻石； （彙 360）， （山東 159）， （彙 3693）， （彙 3519）， （珍秦 33）， （傅 1022），古璽； （清華《繫年》），楚簡； （雲夢《答問》）， （雲夢《封診》），秦簡。形聲字。《説文》：“麋，鹿屬。从鹿，米聲。麋冬至解其角。”

“麋”字構形，甲骨文从“鹿”省，上“眉”與鹿頭合一，象形兼聲字。西周晚期金文改爲从“鹿”、从“米”聲，形聲字，春秋戰國文字從之。秦簡無變化，爲《説文》篆文作 ，馬王堆帛書作 （《老子》乙前）、 （《老子》乙前）、 （《相馬經》），漢印作 （徵 10.4）、 （徵 10.4）所本。

2. 麐， （合 36481）， （存下 915）， （合 36835）， （合 36836），甲骨文； （伯其父固）， （秦公簋）， （麐眉節），金文。形聲字。《説文》：“麐，

牡麒也。从鹿，吝聲。”本義指牡鹿。

　　“麐”字構形，甲骨文或从“鹿”或从“麋”、从“文”聲，金文从“鹿”，隸定作“麖”。戰國文字有缺環。《説文》篆文作 ![篆], “文”下加“口”，改從“吝”聲，是其繁構，疑源自戰國文字增“口”爲飾後成聲化。《説文》又有“麟”字，謂：“麟，大牡鹿也。从鹿，粦聲。”其實應爲“麐”字異體，字始見東漢，《説文》篆文作 ![篆]，漢碑作 ![篆] （史晨碑），石經作 ![篆] （熹平石經《詩經》），从“粦”聲。

　　3. 麗，![甲] （輯576），![甲] （周甲123），甲骨文；![金] （元年師旋簋），![金] （元年師旋簋），![金] （取膚匜），![金] （取膚盤），![金] （鍾麗君匜），![金] （陳麗子戈），金文；![璽] （珍秦336），古璽；![陶] （陶5.190），![陶] （陶5.194），![陶] （陶5.195），![陶] （録6.198.1），![陶] （秦陶1478），陶文；![簡] （清華《楚居》），![簡] （清華《楚居》），![簡] （清華《尹誥》），![簡] （曾侯），![簡] （曾侯），![簡] （清華《湯丘》），![簡] （清華《廼命》），![簡] （清華《四告》），![簡] （清華《五紀》），楚簡；![簡] （雲夢《日書》乙），![簡] （嶽麓《質》），秦簡。形聲字。《説文》：“麗，旅行也。鹿之性，見食急則必旅行。从鹿，丽聲。《禮》：‘麗皮納聘。’蓋鹿皮也。![古]，古文。![籀]，籀文麗字。”説解字義較爲勉强。

　　“麗”字構形，西周甲骨文、金文象鹿頭上著兩大角，會儷偶義，本是象形字。春秋戰國文字上部角形漸脱開并聲化爲“丽”，故《説文》以爲形聲字。《説文》篆文作 ![篆]，馬王堆帛書作 ![帛] （《天文》），漢印作 ![印] （徵10.5）、![印] （徵10.5），上部所从之“丽”即古文 ![古]，亦見秦陶文“麗”字所从。楚簡或省“鹿”旁作“𠀍”，與楚簡“瑟”字省形作 （郭店《六德》）同（上少橫飾），籀文作 ，見戰國金文及楚簡，只是少了上端作裝飾的二短橫。

4. 慶，（合 24474），（合 36550），甲骨文；（五祀衛鼎），（㸒戒鼎），（琱生簋），（陳仲慶臣），（弋叔慶父鬲），（眚伯盨），（曾大保慶皿），（慶孫之子臣），（兒慶鼎），（邾君慶壺），（蔡侯申鐘），（上郡守慶戈），金文；（包山 13），（上博《緇衣》），（包山 131），（郭店《六德》），（郭店《緇衣》），（包山 179），（上博《周易》），（上博《舉治》），楚簡；（雲夢《日書》乙），（嶽麓叁 243），秦簡。會意字。《說文》：“慶，行賀人也。从心，从夊。吉禮以鹿皮爲贄，故从鹿省。”以後出秦文字分析構形。

“慶”字構形，甲骨文从“心”、从“廌”，金文“廌”或作“鹿”，楚簡从“廌”。秦簡兩形并存，但廌（鹿）之尾形已訛作“夊”，爲《說文》篆文作 ，馬王堆帛書作 （《老子》乙前）、（《縱橫》）所本。居延漢簡作 （甲 89），或省“心”旁。石經作 （熹平石經《周易》），魏碑作 （受禪表），遂成固定寫法。

5. 廌，（合 10470），（花東 198），（英 1770），（合 28451），（合 5658），（合 28420），（合 27498），（屯附 1），（屯 100），甲骨文；

（亞廌父丁觚），（慎克簋），（廌蓶戟），（二年鄭令戈），金文；

（侯馬），盟書；（彙 2746），古璽；（新蔡甲三 80），（上博《曹沫》），

（新蔡乙三 60），（上博《曹沫》），（郭店《成之》），（安大《曹

沫》），（安大《曹沫》），（清華《食禮》），（清華《食禮》），（上博

《凡物》乙），楚簡。象形字。《説文》：“廌，解廌獸也，似山牛，一角，古者決訟，令

觸不直。象形。从豸省。”説解字形不確。

　　“廌”字構形，甲骨文象牛形，从兩角，亦不从“豸”省。《説文》謂从“一角”，

篆文作，當源自楚簡上部作“山”形之故。

　　楚簡“廌”字異寫較多，作（上博《緇衣》）、（清華《封許》）、

（清華《筮法》）、（上博《建州》乙）、（郭店《語叢》四），或作省筆，或加

飾筆，構形豐富多姿，尤顯書法風采。

　　6. 薦，（鄭登伯鬲），（華母壺），（薦鬲），（叔朕簠），（鄀

公湯鼎），（吳王光鑑），（陳侯因資敦），（䣄王簠），金文；（石鼓

《馬薦》），刻石；（上博《子羔》），（清華《食禮》），楚簡；（雲夢《秦

律》），（雲夢《答問》），（嶽麓《爲吏》），秦簡。會意字（或以爲形聲字）。

《説文》：“薦，獸之所食艸。从廌，从艸。”牧艸是其本義。

　　“薦”字構形，金文从四“中”、从“廌”，戰國金文省从“艸”；或省作“廌”、

下增“皿”爲異體。楚簡改从“艸”、从“廌”，或增“皿”旁爲繁構。秦簡構形亦从

"艸"，秦嶧山碑作 ，爲《説文》篆文作 ，石經作 （熹平石經《儀禮》）所本。秦簡所從"薦"旁構形下部或訛作"豕"，亦見馬王堆帛書作 （《春秋》）、武威漢簡作 （《儀禮》）、漢碑作 （孔彪碑）。

又，"荐"字音義皆與"薦"字同。《説文》："荐，薦蓆也。"王筠《句讀》："薦、荐皆爲席下之艸。"也可指牧艸，《左傳·襄公四年》："戎狄荐居，貴貨易土。"孔穎達疏引服虔云："荐，草也。言狄人逐水草而居，徙無常處。"古文字目前所見有"薦"無"荐"，二字實爲通假關係。但也不排除"荐"字是漢代新出現的異體。

7. 灋，（盂鼎），（盂鼎），（師西簋），（柞伯鼎），（師克盨），（互簋），（戎生鐘），（商鞅方升），（中山王鼎），金文；（彙500），（彙2738），（彙1301），（璽考218），古璽；（上博《互先》），（上博《慎子》），（上博《鬼神》），（上博《陳公》），（郭店《老子》甲），（包山18），（上博《建州》甲），（上博《建州》乙），（上博《吳命》），楚簡；（里耶8-1588），（嶽麓《爲吏》），（雲夢《效律》），（嶽麓叁15），（北大《算》甲），（北大《算》甲），（北大《算》甲），秦簡。會意字。《説文》："灋，刑也。平之如水，從水。廌所以觸不直者去之，從去。，今文省。，古文。"以刑義解字。"廌所以觸不直者去之"云云，是視"廌"爲神獸而言。

"灋"字最早見西周金文，構形從"廌"、從"去"、從"水"會意，春秋戰國文字沿襲。但西周金文大都通假爲"廢"、訓爲"大"義。秦統一後則明確規定，"灋"

字不能與"廢"字混用，見里耶出土的"書同文字"木方。秦廿六年詔橢量作，

兩詔橢量作，爲《説文》篆文作，漢印作（徵10.4）、（徵10.4）所

本。《説文》今文作，漢印作（徵10.4）、（徵10.4），已見戰國文字和秦

簡，實爲省去"麆"旁的簡體。《説文》古文作，已見古璽作（彙3500）、楚簡

作（上博《緇衣》），則稍有變化，其造字本意不明，有可能爲通假字。

　　"瀘"字構形，戰國文字異寫多見。金文或繁化增"户"，見中山王壺；楚簡或簡

化省去"水"旁作（清華《命訓》）、（清華《命訓》），或再增"皿"旁作

（清華《命訓》），也見戰國金文作（司馬楙鎛）。另外，楚簡或作（郭店《緇

衣》）、（清華《封許》）、（郭店《六德》）、（郭店《六德》），"麆"旁

訛誤較甚，此皆書手原因。

　　另外，楚簡"瀘"字寫法，將"水"旁皆橫置於下；秦簡則繁、簡二體并存，馬

王堆帛書亦同。對於書法創作，可以參考。

○五八 龍部

《説文》："龍，鱗蟲之長。能幽能明，能細能巨，能短能長，春分而登天，秋分而潛淵。从肉，飛之形，童省聲。"分析構形不確。"龍"與"鳳"一樣，都是中國傳統文化中虛構的神靈動物，古人當是以某種動物爲藍本造出本字。"龍"字構形，甲骨文作 （合5691）、（合4655）、（合4056）、（合9552）、（合13002）、（合6476）、（合6631）（合29990）、（周甲92），金文作（龍子觶）、（龍母尊）、（昶仲無龍鬲）、（樊夫人匜）、（邵鸞鐘），龍嘴部分加飾筆後訛作"月（肉）"，龍身部分漸與龍頭脱離訛作"巳"。楚簡承之，構形作（郭店《性自》）、（包山138）、（上博《柬大王》）、（清華《繫年》）、（清華《繫年》）、（清華《封許》）、（清華《五紀》）、（清華《四告》）、（清華《五紀》）、（清華《四告》）、（新蔡346-2）。古璽作（彙278）、（彙538）、（彙1822）、（彙1050）、（集粹159）、（鐵

續），構形所從“巳”旁或添飾筆，漸漸訛變爲後世楷書“龍”字所從之“㠯”。秦簡

作 （雲夢《日書》乙）、（雲夢《日書》甲），馬王堆帛書作 （《縱

横》），銀雀山漢簡作 （《孫臏》）、居延漢簡作 （甲1152），皆承襲戰國古璽

寫法。而《説文》篆文作 ，則略有變化。此外，“龍”字楚簡或作 （新蔡甲三

346-2）、秦印或作 （珍秦75），所從“音”旁上部變成四横，亦見漢印作 （徵

11.18），馬王堆帛書作 （《相馬》），省爲三横，皆楷化所致。至於漢印或作

（徵18），乃是將“音”旁訛成“帝”。

　　“龍”字楚簡或作 （清華《厚父》）、（清華《厚父》），贅加“兄”聲爲

繁構，也見春秋金文作 （王孫鐘）。或由此形省作 （清華《繫年》）、（上博

《緇衣》），曾見西周金文作 （遲父鐘），亦見古璽作 （彙3615），或再增“口”

飾作 （上博《用曰》）。皆爲異體。

　　1. 龔，（合17069），（合補7480），（合6595），（合14814），

（合7352），（合5624），（合23615），（合36926），（合7352），甲骨文；

（子龔簋），（何尊），（五祀衛鼎），（毛公鼎），（王子午鼎），

（秦公簋），（配兒鈎鑃），（禾簋），（陳侯因𦭜鼎），金文；（包

山41），（清華《楚居》），（清華《三壽》），（上博《昭王》），（清華

《四告》），[字形]（清華《繫年》），[字形]（郭店《尊德》），[字形]（上博《緇衣》），[字形]（清華《四告》），[字形]（清華《食禮》），[字形]（清華《食禮》），[字形]（清華《食禮》），楚簡；[字形]（雲夢《爲吏》），[字形]（嶽麓《爲吏》），[字形]（雲夢《日書》甲），秦簡。形聲字。《説文》：“龏，悫也。从廾，龍聲。”

“龏”字構形，甲骨文从“収”（雙手）捧“龍”，或省“収”爲“又”。西周金文皆从“収”，春秋戰國金文叠增“兄”聲，楚簡則兩形并見，或省从“又”作[字形]（上博《緇衣》）、[字形]（信陽），或增“口”作[字形]（上博《用曰》）。秦簡無變化，爲《説文》篆文作[字形]，漢印作[字形]（徵3.12）所本。

《説文》另有“龔”字，云：“龔，給也。从共，龍聲。”古文字未見，馬王堆竹簡作[字形]（M1），《説文》篆文作[字形]，漢碑作[字形]（禮器碑），構形从“龍”、从“共”聲。其實“龔”爲“龏”之後起異體字。

又，《漢語大字典》指出：“龏，从廾、从龍，是恭的古字。恭，从心、共聲，是龏的後起形聲字。”將“恭”字也視作“龏”字異體。“恭”字目前最早見戰國文字，古璽作[字形]（彙5389），楚帛書作[字形]，楚簡作[字形]（上博《陳公》）、[字形]（清華《三壽》）。楚簡或作[字形]（上博《緇衣》），叠增“工”聲，爲雙聲字。《説文》：“恭，肅也。从心，共聲。”

2. 龓，[字形]（史牆盤），[字形]（眉壽鐘），[字形]（眉壽鐘）。金文。形聲字。《説文》：“龓，龍兒。从龍，合聲。”

“龓”字構形，西周金文从“龍”、从“今”聲，春秋戰國文字暫闕，秦文字亦未見。《説文》篆文作 ，从“合”聲。段玉裁注已指出其誤。于思泊師指出：“龕字《玉篇》及戴侗引唐本《説文》并从今聲。”（《古文雜釋》）是今通行本《説文》“龕”字古本實作“龕”。此外，“龕”字也可視作“龕”的後起異體字，今則“龕”行而“龕”廢。

○五九 魚部

《説文》："魚，水蟲也。象形。魚尾與燕尾相似。""魚"字構形，商末周初金文（族氏銘文）作 （鳳魚鼎）、（魚父乙卣）、（魚羌鼎）、（伯魚卣）、（魚爵），圖畫出魚形，且有胸鰭和尾鰭。甲骨文作 （合 28237）、（合 22370）、（合 10472）、（合 10480）、（屯 637），金文作 （毛公鼎）、（伯魚父壺）、（伯旅魚父簋）、（魚顛匕），魚尾綫條化後作交叉形，又在其左右側加裝飾點，遂似"火"形，爲後世訛从"火"之濫觴。刻石作 （石鼓《汧沔》），古璽作 （彙 2727）、（彙 347）、（秦風 176），陶文作 （録 2.470.3）、（録 2.264.3），楚簡作 （包山 256）、（新蔡甲三 321）、（上博《魯邦》）、（清華《筮法》）、（清華《五紀》）、（上博《姑成》）、（包山 259）、（安大《仲尼》）、（安大《詩經》），構形下部皆似"火"形。秦簡從之，作

（雲夢《日書》乙）、（里耶 8-1705），爲《説文》篆文作，馬王堆帛書作

（《老子》乙前）、（《縱横》）所本，後例下部構形已寫作“火”。東漢時隸書

“火”形草化後寫作四點，漢碑作（孔宙碑陰）、石經作（熹平石經《易

經》），遂爲楷書沿襲。

　　1. 漁，（合 10475），（合 10476），（合 32780），（合 130），

（合 2973），（合 713），（合 13273），（合 28032），（合

32781），（合 28429），（合 28431），（屯 3060），（花東 113），

（合 52），（後 2.35.1），（合 10478），甲骨文；（子魚尊），（子

魚卣），（子魚卣），（漁簋），（冉漁觶），（通簋），（井鼎），

（井鼎），（王孫漁戈），（曾侯騰鐘），金文；（石鼓《汧沔》），刻石；

（集粹），古璽；（包山 121），（上博《競公》），（《容成》），

（清華《治政》），楚簡；（雲夢《日書》乙），（嶽麓叁 52），（嶽麓叁

75），秦簡。會意字。《説文》：“漁，捕魚也。从鱻，从水。，篆文漁从魚。”

　　“漁”字構形，甲骨文和晚商金文（族氏銘文）从“水”，从四“魚”，或省从一
“魚”；或从雙“又”（手）持網捕魚；或省“網”、从雙“又”；或从“爪”持三
“魚”。西周金文或从雙“又”、从“漁”，亦見石鼓文；或省“又”。春秋金文或增
“川”爲繁構。秦簡从“水”、从“魚”，爲《説文》篆文作，馬王堆帛書作

（《老子》甲後）所本。《説文》本篆作 ![字形]，則與甲骨文相合。

另外，戰國文字“瀺”字異體作“斂”，構形從“魚”、從“攴”，目前僅見楚系文字，金文、古璽、楚簡皆有之。

2. 緜， ![字形]（合 33574）， ![字形]（合 36923）， ![字形]（屯 2230）， ![字形]（合 33162），甲骨文； ![字形]（史牆盤）， ![字形]（史遽簋），金文； ![字形]（昚 13.2），陶文； ![字形]（郭店《語叢》一）， ![字形]（郭店《語叢》一）， ![字形]（郭店《語叢》二）， ![字形]（清華《不韋》），楚簡。象形字。《説文》：“緜，魚也。從魚，系聲。”分析構形有誤。

“緜”字構形，甲骨文、金文象從“又”（手）持綸釣魚，綸與魚形多相連。綸形或改以“糸”即絲綫表示，構形遂演變爲從“魚”、從“糸”。楚簡“緜”字“糸”旁仍與“魚”相連。《説文》篆文作 ![字形]，構形已訛爲從“魚”、從“系”。漢碑作 ![字形]（開（啓）母石闕），“系”旁訛爲“玄”，後世“鮈”字便作爲“緜”字異體流行。

裘錫圭先生曾指出，“緜”應即訓“釣繳”的“綸”字初文（《史牆盤銘解釋》注6），當可信。

3. 鮮， ![字形]（鮮父鼎）， ![字形]（鮮簋）， ![字形]（伯鮮盨）， ![字形]（鮮鐘）， ![字形]（畢鮮簋）， ![字形]（散氏盤）， ![字形]（散氏盤）， ![字形]（妊盗壺）， ![字形]（私庫泡飾），金文； ![字形]（石鼓《汧沔》），刻石； ![字形]（彙 1305）， ![字形]（彙 3227）， ![字形]（秦風 225），古璽； ![字形]（清華《芮良夫》）， ![字形]（清華《厚父》）， ![字形]（清華《禱辭》），楚簡； ![字形]（青川木牘）， ![字形]（雲夢《日書》乙）， ![字形]（里耶 8-145），秦簡。會意字。《説文》：“鮮，魚名，出貉國。從魚，羴省聲。”説解構形不確，造字本義未詳，金文作人名，《説文》

所謂"魚名"當是後起之義。

"鮮"字構形，從"魚"、從"羊"，西周金文作上下結構，戰國文字改爲左右結構，秦簡亦無變化。《説文》篆文作 [篆], 馬王堆帛書作 [篆]（《老子》乙），仍同。

4.魯，[甲]（合 9979），[甲]（合 10132），[甲]（合 10133），[甲]（合 7985），[甲]（合 22102），[甲]（甲 3000），[甲]（合 9768），[甲]（合 9300），甲骨文；[金]（井侯簋），[金]（魯侯爵），[金]（克盨），[金]（善夫克鼎），[金]（頌鼎），[金]（鈇簋），[金]（秦公簋），[金]（魯大司徒盂），[金]（魯司徒仲齊簋），金文；[刻]（秦公石磬），刻石；[陶]（彙 1592），[陶]（彙 1591），[陶]（彙 2392），[陶]（彙 5566），[陶]（集粹），[陶]（珍秦 225），古璽；[陶]（録 3.277.4），陶文；[楚]（清華《四告》），[楚]（清華《厚父》），[楚]（上博《魯邦》），[楚]（郭店《魯穆》），[楚]（包山 176），[楚]（清華《良臣》），[楚]（安大《曹沫》），[楚]（清華《治政》），楚簡；[秦]（北大《算》甲），[秦]（里耶 8-258），秦簡。會意字。《説文》："魯，鈍詞也。從白，鮺省聲。《論語》曰：'參也魯。'"説解構形有誤，從古文字分析，當是會意字。

"魯"字構形，甲骨文從"魚"、從"口"會意，造字本義不明；西周晚期金文或於"口"旁中加一横飾筆，遂似"曰"。春秋戰國文字沿襲"魯"字從"曰"的構形，秦文字亦同。《説文》篆文作 [篆]，所從"口"旁由"曰"訛作"白（自）"，與西周晚期金文作 [金]（魯侯壺）如出一轍。但馬王堆帛書作 [帛]（《縱横》）、[帛]（《事語》），漢印作 [印]（徵 4.3）、[印]（徵 4.3），漢碑作 [碑]（魯孝王石刻）、[碑]（史晨碑），仍从“曰”。

5. 鰥，[image] （作册嗌卣），[image] （毛公鼎），[image] （四十三年逨鼎），[image] （司馬楸鎛），

金文；[image] （上博《用曰》），[image] （清華《廼命》），[image] （清華《治政》），[image] （清華

《四告》），楚簡。形聲字。《説文》：“鰥，魚也。从魚，罪聲。”本義爲魚名，金文借

用作鰥夫義。

“鰥”字構形，从“魚”、从“罪”聲，金文作上下結構，楚簡改爲左右結構，

《説文》篆文作 [image] ，漢碑作 [image] （武梁祠題字）承之，或作 [image] （曹全碑），

“魚”旁訛似“角”。

○六○ 虫部

《說文》："虫，一名蝮，博三寸，首大如擘指。象其臥形。物之微細，或行，或毛，或蠃，或介，或鱗，以虫爲象。"象形字。"虫"字構形，甲骨文作 ⟨圖⟩（合 3262）、⟨圖⟩（合 32879）、⟨圖⟩（戩 2. 10）、⟨圖⟩（合 22296）、⟨圖⟩（合 27703）、⟨圖⟩（合 33239）、⟨圖⟩（周甲 22），金文作 ⟨圖⟩（甲虫爵）、⟨圖⟩（虫昌鼎）、⟨圖⟩（魚顛匕），以蝮蛇象形。古璽作 ⟨圖⟩（彙 729），或作 ⟨圖⟩（彙 1099），添加飾筆。楚簡作 ⟨圖⟩（上博《蘭賦》）、⟨圖⟩（安大《詩經》）、⟨圖⟩（清華《四時》）、⟨圖⟩（清華《四時》）、⟨圖⟩（清華《五紀》），秦簡作 ⟨圖⟩（雲夢《日書》乙），無甚變化。《說文》篆文作 ⟨圖⟩，構形有訛，但漢印作 ⟨圖⟩（徵 13.7），則不誤。馬王堆帛書作 ⟨圖⟩（《老子》乙前）、⟨圖⟩（《相馬》），武威漢簡作 ⟨圖⟩（醫簡），演變脈絡較爲清晰。

需要指出，"虫"與"蟲"在古代是兩個不同的字，"虫"字本義爲蛇，而"蟲"之本義是指小的昆蟲。

1. 蜀，[图] （周甲 68），甲骨文；[图] （班簋），[图] （蜀西工戈），[图] （九年呂不韋戈），[图] （蜀守戈），[图] （蜀守武戈），[图] （蜀東工戈），金文；[图] （石鼓《田車》），刻石；[图] （彙 3302），[图] （彙 3346），古璽；[图] （清華《皇門》），[图] （上博《亙先》），[图] （清華《五紀》），[图] （上博《李頌》），[图] （安大《仲尼》），[图] （清華《治政》），[图] （上博《周易》），[图] （清華《說命》下），[图] （上博《孔子》），[图] （郭店《老子》，[图] （郭店《性自》），[图] （清華《五紀》），[图] （清華《食禮》），楚簡；[图] （雲夢《封診》），[图] （里耶 8-1041），秦簡。會意字。《說文》："蜀，葵中蠶也。从虫。上目象蜀頭形，中象其身蜎蜎。《詩》曰：'蜎蜎者蜀。'" 說解不確。

"蜀" 字構形，甲骨文、金文从 "虫"、从 "見（視）" 會意，造字本義不詳。古璽、楚簡 "見（視）" 旁或省从 "目"。馬王堆帛書作 [图] （《老子》甲後），居延漢簡作 [图] （甲 919），下部訛作 "內"。《說文》篆文作 [图]，構形仍从 "見（視）"，銀雀山漢簡作 [图] （《孫臏》）、武威漢簡 [图] （醫簡），漢碑作 [图] （曹全碑）、[图] （孔龢碑），皆不誤。

2. 蜼，[图] （秦公簋），[图] （新鄭虎符），金文；[图] （集粹 525），古璽；[图] （清華《筮法》），楚簡；[图] （雲夢《效律》），[图] （雲夢《爲吏》），[图] （北大《從政》），秦簡。形聲字。《說文》："蜼，似蜥蜴而大，从虫，唯聲。" 虫名，本義指爬形動物。

　　"雖"字構形，從"虫"、從"唯"聲，最早見春秋金文，戰國金文、古璽同。楚簡構形"虽"旁省"口"旁，"隹"下增"口"飾。秦簡無變化，爲《説文》篆文作，馬王堆帛書作（《老子》甲）、（《縱横》），漢碑作（趙寬碑），石經作（熹平石經《周易》）所本。

　　此外，古文字"雖"或讀爲"唯"，見楚簡《筮法》。

　　3. 風，（上博《詩論》），（上博《弟子》），（安大《詩經》），（上博《命》），（清華《治政》），（清華《四時》），（清華《樂風》），（清華《五紀》），（清華《不韋》），（清華《三壽》），（清華《芮良夫》），（清華《金縢》），楚簡；（雲夢《效律》），（雲夢《日書》乙），（嶽麓《爲吏》），（北大《日書》乙），秦簡。形聲字。《説文》："風，八風也。……風動蟲生，故蟲八日而化。從虫，凡聲。……，古文風。"

　　"風"字甲骨文借"鳳"字爲之，構形本象鳳鳥，後增"凡"聲，爲形聲字。從"虫"、從"凡"聲的"風"字目前始見戰國楚簡。楚簡構形或從"蚰"；或於"凡"下增"口"飾，此形若再省"虫"旁，即《説文》古文作所本，但"口"已訛作"日"。秦簡構形從"虫"、從"凡"聲，爲《説文》篆文作，馬王堆帛書作（《老子》甲）、（《老子》乙），銀雀山漢簡作（《孫臏》）所本。宋人著録的傳抄古文作（《古文四聲韻》引古《周禮》），構形增"靃"，當有所據，但目前古文字尚未出現。

4. 蚰，（合 14703），（合 14704），（合 1140），（合 1140），（合 7009），（合 14700），（合 14701），甲骨文；（魚顛匕），金文；（上博《用曰》），楚簡；（雲夢《日書》甲），（雲夢《效律》），（嶽麓《占夢》），秦簡。會意字。《說文》："蚰，蟲之總名也。从二虫。……讀若昆。"

"蚰"字構形，甲骨文、金文从二"虫"，作左右結構，楚簡或作上下結構，秦簡仍作左右結構，《說文》篆文作，同秦簡。

另外，作爲偏旁，"蚰"字於古文字中常用同"虫"或"蟲"。《說文》从"蚰"旁的字，篆文或體也常从"虫"作。

5. 融，（癲鐘），（癲鐘），（邾公鈺鐘），金文；（帛書），（清華《説命下》），（上博《融師》），（包山 237），（包山 217），（新蔡甲三 188），（望山 M1），楚簡。形聲字。《説文》："融，炊气上出也。从鬲，蟲省聲。，籀文融不省。"

"融"字構形，金文从"蚰"、从"章"聲，楚簡同，隸定作"䤴"。馬叙倫以爲"䤴"爲"融"字異文（《讀金器刻識》）；曾憲通指出，楚帛書"炎帝乃命祝䤴"，"䤴"即用作楚先祖名"祝融"之"融"（《楚帛書文字編》）。按"融"字《説文》籀文作，从"鬲"、从"蟲"；《説文》篆文作，漢印作（徵 3.15），漢簡作（《流沙》屯戍），漢碑作（白石神君碑），从"鬲"、从"虫"。但古文字未見此从"鬲"、从"虫"（蟲）聲構形的字，當是"䤴"字之訛。即"章"旁訛爲"鬲"旁，"蚰"旁省爲"虫"旁（季旭昇《説文新證》）。此外，"䤴"字所从的"章"，爲"城墉"之墉的本字（也用爲"城郭"之郭字），因此"䤴"字很可能是以

"亶"作聲旁。

　　楚簡"䗪"字或作 （上博《周易》），右上增"口"飾；或作 （新蔡乙一

22），"蜀"旁訛作"充"，此皆書手原因。

　　6. 蠱， （合 201）， （合 2530）， （合 22401）， （合 13658），

（合 17190）， （合 17191）， （花東 377）， （合 6010），甲骨文； （家父

盤），金文； （侯馬），盟書； （上博《周易》）， （上博《周易》），

（清華《禱辭》），楚簡。象形字。《説文》："蠱，腹中蟲也。《春秋傳》曰：'皿蟲爲

蠱，晦淫之所生也，梟桀死之鬼亦爲蠱。'從蟲，從皿。皿，物之用也。"

　　"蠱"字構形，甲骨文從"皿"、從"蜀"，或省從"虫"，"皿"旁或省作"凵"。

金文、楚簡皆從"虫"。盟書、楚簡構形或從"蟲"，爲《説文》篆文作 ，漢印作

（徵 13.9），馬王堆帛書作 （《病方》）所本。

　　7. 它， （合 14323）， （合 10060）， （懷 898）， （合 14354）， （合

10063）， （合 10065）， （合 4813），甲骨文； （沈子它簋）， （祁伯鼎），

（句它盤）， （取它人鼎）， （王婦匜）， （子仲匜）， （鼃叔匜），

（卅四年鄭令戈），金文； （上博《容成》）， （清華《赤鵠》），

（上博《姑成》）， （郭店《老子》甲）， （上博《吳命》）， （上博《靈

王》）， （安大《詩經》）， （清華《四時》）， （清華《五紀》），

（清華《四時》），$\mathcal{Z}$（清華《食禮》），Φ（清華《四時》），$\mathcal{E}$（郭店《六德》），$\mathcal{Z}$（郭店《忠信》），楚簡；$\mathcal{Z}$（雲夢《日書》乙），$\mathcal{E}$（北大《醫方》），$\mathcal{Z}$（里耶 8-2551），秦簡。象形字。《説文》："它，虫也。从虫而長，象冤曲垂尾形。上古艸居患它，故相問：'無它乎?'……$\mathcal{Z}$，它或从虫。"

"它"字構形，甲骨文象蝮蛇之形。"虫""它"本同字，有學者或以雙鈎、身體部分較粗的構形列作"它"字（裘錫圭《釋虫》）。《説文》以"虫"訓"它"，又以"蛇"爲"它"字或體。金文構形仍作雙鈎，戰國文字蛇身改作單綫條，楚簡或加飾筆。《説文》篆文作 Φ，馬王堆帛書作 $\mathcal{E}$（《老子》甲後）、$\mathcal{Z}$（《縱橫》）、$\mathcal{Z}$（《相馬》），居延漢簡作 $\mathcal{E}$（甲 129），演變脉絡較爲清晰。《説文》或體作 $\mathcal{Z}$，即"蛇"，源自秦簡作 $\mathcal{E}$（雲夢《日書》甲）、$\mathcal{E}$（北大《祓除》），也見馬王堆帛書作 $\mathcal{E}$（《病方》），增"虫"旁。

"它"字後又分化出"也"字，如春秋金文作爲器名的"匜"字，常寫作"它"可證，或再贅增"皿"旁。所以从"它"旁的字與从"也"旁的字在古文字中可以互用。"也"字《説文》篆文作 Φ，尚能看出分化痕迹。需要指出的是，由"它"字分化出的"也"字與作爲語氣詞的"也"字并非同字。語氣詞"也"，金文作 $\mathcal{Z}$（欒書缶）、$\mathcal{Z}$（曾侯乙鐘），楚簡作 $\mathcal{Z}$（上博《詩論》）、$\mathcal{Z}$（郭店《語叢》三）、$\mathcal{Z}$（上博《弟子》）、$\mathcal{Z}$（上博《建州》甲），構形从"口"下曳斜豎筆指事。金文或作 $\mathcal{Z}$（平安君鼎）、$\mathcal{Z}$（涪陽戈），楚簡或作 $\mathcal{Z}$（清華《不韋》）、$\mathcal{Z}$（清華《不韋》）、〇（信陽）、〇（上博《競建》），秦簡作〇（北大《從政》）、〇（雲夢《日書》乙），秦琅玡刻石作〇，馬王堆帛書作〇（《老子》甲），"口"旁上横作左右延伸，漢簡作〇（定縣），漢碑作〇（史晨碑），石經作〇（熹平石經《周易》），遂與"它"字分化出的"也"字寫法相同，但其實兩者并非表達爲同一個詞。

8. 禹，〇（祖辛禹方鼎），〇（祖辛禹方鼎），〇（祖辛罍），〇（叔向父簋），〇（癭公盨），〇（禹鼎），〇（秦公簋），金文；〇（彙5125）、〇（珍戰236），〇（彙5124），〇（彙904），〇（集粹），〇（鑒印103），古璽；〇（陶5.276），陶文；〇（清華《厚父》），〇（清華《四告》），〇（清華《良臣》），〇（上博《競建》），楚簡；〇（雲夢《日書》甲），〇（關沮），〇（北大《隱書》），秦簡。象形兼指事字。《説文》："禹，蟲也。从厹，象形。〇，古文禹。"分析構形有誤。

"禹"字構形，從晚商金文禹方鼎分析，當由"它"字加指事筆畫而成，後加飾筆，下部漸演變作"内"，與"萬"字構形演變如同一轍。戰國文字無變化，秦簡亦同，爲《説文》篆文作〇，銀雀山漢簡作〇（《孫臏》）所本。居延漢簡作〇（居延甲95）、漢碑作〇（西狹頌），上部增加的飾筆遂成固定筆畫。《説文》古文作〇，則源自戰國古璽及楚簡。

金文"禹"字或作〇（叔尸鎛），亦見楚簡作〇（郭店《緇衣》）、〇（上博

《緇衣》）、（上博《子羔》）、（上博《曹沫》）、（安大《曹沫》）、（安大《仲尼》）、（清華《不韋》），及古璽作（彙 5267），增 "土" 旁爲繁構，隸定作 "塥"。

9. 萬，（合 9812），（合 7938），（合 10951），（合 17974），（合 18397），（合 6477），（英 150），（合 8715），甲骨文；（蠆戈），（蠆爵），（蠆鼎），（父己卣），（父己鉦），（小臣宅簋），（憲鼎），（番君鬲），（仲簋），（王孫壽甗），（其次鈎鑃），（陳侯盤），（公子土壺），（令瓜君壺），金文；（彙 4493），（彙 4815），（彙 4793），（彙 4491），（彙 4736），（珍戰 195），（秦風 249），（秦風 249），古璽；（清華《保訓》），（上博《容成》），（清華《四告》），（清華《厚父》），（郭店《老子》甲），（清華《司歲》），（郭店《性自》），（上博《容成》），（安大《曹沫》），楚簡；（雲夢《效律》），（里耶 J1⑨7），（里耶 8-552），秦簡。象形字。《説文》："萬，蟲也。从厹，象形。" 分析構形不確。

"萬" 字構形，甲骨文和商代金文（族氏銘文）象蝎子，爲象形字。西周金文於尾部加橫畫飾筆，或於橫畫上再加一竪筆，下部遂成 "内" 旁，爲春秋戰國文字及秦文字沿襲。秦嶧山碑作，爲新莽銅量作，《説文》篆文作所本。馬王堆帛書作萬（《老子》甲）、萬（《老子》乙），漢碑作萬（張遷碑），石經作萬（熹平石經《周易》），則源自秦簡，上部皆訛似"艸"。

楚簡"萬"字或作（郭店《大一》）、（上博《緇衣》）、（上博《緇衣》）、（上博《命》）、（上博《民之》），增"土"旁爲繁構，亦見古璽作（彙4484）、（彙3668），隸定作"壐"。其與"禹"字繁構作"墧"，如同一轍。

需要指出的是，作爲毒蟲名的"萬"字因借作"百千萬"之萬而分化出新字"蠆"。《説文》："蠆，毒蟲也。象形。""蠆"字始見戰國文字，侯馬盟書作；楚簡作（郭店《老子》甲）、（包山190）、（包山185），構形从"萬"，增形旁"蚰"，爲形聲字，即《説文》篆文或體作所本。秦簡作（嶽麓《占夢》），改从"虫"旁，爲《説文》篆文作所本，楷定本作"蠆"，今通行則作"蠆"。

○六一 黽部

《説文》："黽，鼃黽也。从它，象形，黽頭與它頭同。……，籀文黽。""黽"字構形，甲骨文作（合7860）、（合7859）、（合17868）、（合5947），晚商金文（族氏銘文）作（父丁鼎）、（父乙簋）、（父辛卣）、（祖辛觚）、（父丁鼎），象蛙類動物，或以爲象蟾蜍，其構形與龜之區別在於無尾且後肢或回折。金文作（師同鼎）、（鄂君啓車節）、（大良造鞅鐓），已訛作从"它"、从兩"爪"。秦印作（珍展142）、（秦風99），構形已與楚簡"龜"字完全相同，可視爲一形二字，爲《説文》篆文作所本。《説文》籀文作，源於西周金文。漢印作（徵13.9），漢碑作（黽池五瑞圖題字），則有訛變。

1. 鼃，（合6163），（合7405），（合17869），甲骨文；（邵鸄鐘），金文；（清華《五紀》），楚簡。形聲字。《説文》："鼃，水蟲，似蜥易，長大。从黽，單聲。”

“鼉”字構形，甲骨文從“黽”、從“單”聲，“單”旁作省形，金文則不省。楚簡改上下結構爲左右結構，於“單”下增“口”飾爲繁構。《説文》篆文作 ，同金文，没有變化。

2. 鼂，（上郡假守鼂戈），金文；（新蔡乙二 8），（信陽），
（包山 179），（郭店《窮達》），楚簡；（集粹 579），（風過 258），
（珍展 172），（珍秦 345），（風過 22），（風過 259），（輯存 213），
（十鐘），（十鐘），古璽；（雲夢《爲吏》），（里耶 8-1783），秦簡。會意字。《説文》：“鼂，匽鼂也。讀若朝。楊雄説：‘匽鼂，蟲名。杜林以爲朝旦，非是。’從黽，從旦。，篆文從皀。”蟲名，或以爲“朝”字異體，造字本義不明。

“鼂”字甲骨文、兩周金文暫缺，目前始見戰國秦文字，構形從“黽”、從“日”會意。楚簡“日”旁訛似“曰”，且置於“黽”下。秦簡構形無變化，爲漢簡作
（《蒼頡》），漢印作 （徵 13.9）、（徵 13.9）所本。秦印“日”旁或改作“旦”，爲《説文》篆文作 所本。漢印或作 （徵 13.9）、（徵 13.9），漢碑作
（石門頌），所從“黽”旁訛變較大。

古璽（秦印）“鼂”字大都用作姓氏。楚簡或讀“鼂”爲“朝”，乃通假字。

3. 黿，（合 17055），（合 17056），（合 17057），（合 19124），
（合 33304），（合 17792），（合 17745），（合 17759），（合 809），
（合 9187），（懷 1381），（合 36417），甲骨文；（郱鼎），（郱伯鬲），

（邾太宰簠），〔圖〕（邾公華鐘），〔圖〕（邾叔鐘），〔圖〕（邾友父鬲），〔圖〕（杞伯壺），

〔圖〕（邾訧鼎），金文；〔圖〕（清華《四告》），楚簡。形聲字。《説文》：“鼄，鼅鼄也。

从黽，朱聲。〔圖〕，鼄或从虫。”

　　“鼄”字構形，甲骨文本象蜘蛛，爲象形字，後加聲旁“束”，爲形聲字。金文改

爲从“束”之同音字“朱”聲，但楚簡仍保留甲骨文从“束”構形，所从蜘蛛形則類

化成“黽”，爲《説文》篆文作〔圖〕所本。《説文》或體作〔圖〕，形旁改从“虫”。

　　4. 龜，〔圖〕（合 10076），〔圖〕（合 18366），〔圖〕（合 33329），〔圖〕（屯 859），〔圖〕

（甲 984），〔圖〕（花東 449），〔圖〕（合 17666），〔圖〕（合 8995），〔圖〕（合 8996），〔圖〕

（合 9471），〔圖〕（合 8998），〔圖〕（合 926），甲骨文；〔圖〕（叔龜瓻），〔圖〕（龜父丁

爵），〔圖〕（龜父丙鼎），金文；〔圖〕（郭店《緇衣》），〔圖〕（清華《厚父》），〔圖〕

（清華《成人》），〔圖〕（清華《五紀》），〔圖〕（清華《禱辭》），〔圖〕（清華《禱

辭》），〔圖〕（上博《柬大王》），〔圖〕（上博《曹沫》），〔圖〕（新蔡零 245），〔圖〕

（清華《三壽》），〔圖〕（上博《卜書》），〔圖〕（安大《曹沫》），〔圖〕（清華《治

政》），〔圖〕（清華《五紀》），楚簡。象形字。《説文》：“龜，舊也，外骨内肉者也。

从它，龜頭與它頭同。天地之性，廣肩無雄，龜鼈之類，以它爲雄。象足、甲、尾之

形。……〔圖〕，古文龜。”

　　“龜”字構形，甲骨文、晚商金文（族氏銘文）象龜之正視或側視形，兩周金文有

缺環。楚簡“龜”字从“它”、从二“爪”，構形與“黽”字完全相同。而且楚簡从

"黿"的字如"黿"，甲骨文作 [字形]（合 36181）、[字形]（合 39423），楚簡作 [字形]（新蔡乙四34）、[字形]（新蔡甲三 115）、[字形]（望山 M1）、[字形]（天星觀），"黿"旁也與"黽"旁構形相同。因此不排除楚簡"黿""黽"是二字一形。"黿"字《說文》篆文作 [字形]，漢印作 [字形]（徵 13.9），石經作 [字形]（熹平石經《周易》），仍作黿側視形。《說文》古文作 [字形]，古文字則未見。

"黿"字楚簡或作 [字形]（上博《緇衣》），實爲"昆"字之訛。"昆"字楚簡作 [字形]（郭店《六德》）、[字形]（郭店《六德》）、[字形]（郭店《六德》）、[字形]（清華《芮良夫》），構形與楚簡"黽""黿"寫法極近易相混。但"昆"字秦簡作 [字形]（關沮），泰山刻石作 [字形]，《說文》篆文作 [字形]，構形與楚簡"昆"字則差距較大。

○六二 貝部

《説文》：“貝，海介蟲也。居陸名猋，在水名蜬。象形。古者貨貝而寶龜，周而有泉，至秦廢貝行錢。”“貝”字構形，甲骨文作 （合 21969）、（合 8490）、（合 11429）、（合 11428）、（合 20576）、（合 29324）、（甲 777），象海貝，晚商金文（族氏銘文）作 （卿沚簋）、（貝隹觚）、（父乙爵），尤爲象形。商周時期曾用海貝作貨幣，後隨着冶煉技術的進步，逐漸被金屬貨幣所取代。“貝”字構形，晚商及西周金文作 （小子射鼎）、（馭八卣）、（王易貝鼎）、（臣辰卣）、（息伯卣）、（吕鼎）、（刺鼎）、（瑪生簋），綫條化後貝之象形漸失，與“鼎”字（旁）綫條化後構形（如“員”“則”字）爲同形。戰國金文作 （陳貝散戈），古璽作 （彙 5378），陶文作 （陶 5.41），貨幣作 （系 463）、（系 464）、（系 2934），楚簡作 （曾 80）、（上博《逸詩》）、（包山 274）、（天星觀），無變化。秦簡作 （雲夢《爲吏》）、（里耶 8-767），爲《説文》篆文作，漢印作（徵 6.16）所本。

　　1. 責，（合 21306 甲），（合 21306 乙），（合 22214），（合 21254），（合 22226），甲骨文；（小臣缶鼎），（旂作父戊鼎），（兮甲盤），（戎生鐘），（秦公簋），金文；（郭店《大一》），（包山 152），（清華《金縢》），（上博《詩論》），（清華《治政》），（包山 98），楚簡；（雲夢《爲吏》），（雲夢《答問》），（嶽麓叁 77），（里耶 J1⑨1），（里耶 8-787），秦簡。形聲字。《説文》：“責，求也。从貝，朿聲。”

　　“責”字構形，甲骨文从“貝”、从“朿”聲，作上下結構，金文同。楚簡大都作左右結構，“朿”旁增加飾筆。秦簡仍作上下結構，爲《説文》篆文作所本。馬王堆帛書作（《老子》甲後）、（《老子》甲）、（《導引圖》）、（《相馬》），銀雀山漢簡作（《孫子》），居延漢簡作（甲 274），“朿”旁漸訛作“主”，但東漢碑刻仍有作（校官碑）者，所从“朿”形則未訛。

　　附及，“責”字所从的“朿”。《説文》：“朿，木芒也。象形。……讀若刺。”“朿”字構形，甲骨文作（合 22074），象芒刺四出形，或作（合 5127）、（合 39530）、（合 22226）、（合 22288），金文作（朿乙爵）、（朿觶）、（趞鼎）、（鼄乎鼎）、（雍令矛）、（鄭廣庫矛），左、右部及下部構形漸變成固定寫法“朿”。貨幣作（系 126），楚簡作（包山 167）、（郭店《老子》甲）、（郭店《老子》甲），或加飾筆。《説文》篆文作，上部略訛，爲隸楷作“朿”所本。

另外，楚簡“朿”字（旁）異體與“來”字構形易混，如“棘”字異體作“楝”寫作（清華《程寤》）、（清華《程寤》），“戟”字異體作“栽”寫作（上博《陳公》），皆其例。

2. 賢，（賢簋）、（賢簋）、（銘盗壺），金文；（守丘刻石），刻石；（彙1609）、（珍秦327）、（珍展82），古璽；（雲夢《爲吏》）、（北大《從政》）、（里耶8-133），秦簡。形聲字。《説文》：“賢，多才也。从貝，臤聲。”

“賢”字構形，金文从“貝”、从“臤”聲，戰國金文（銘盗壺）“貝”旁或省作“目”形，“又”旁也有誤（訛作“戶”）。秦文字無變化，爲《説文》篆文作，馬王堆帛書作（《縱橫》）、（《相馬》），漢簡作（定縣）所本。

“賢”字異體，戰國金文作（中山王壺），構形从“子”、从“臤”聲，“臤”旁之“又”上加飾筆，省“貝”旁，隸定作“㜪”；楚簡同，作（郭店《成之》）、（上博《命》）、（包山193）、（上博《從政》甲）、（郭店《五行》），或作（上博《子羔》）、（上博《容成》）、（安大《曹沫》）、（清華《禱辭》）、（包山179）、（包山122），省“子”旁。秦漢以降再未見此類異體出現。

3. 賸，[字形]（番菊生壺），[字形]（魯邍父簋），[字形]（復公子鼎），[字形]（蔡太師鼎），[字形]（齀妊甗），[字形]（鄧公簋），[字形]（季良父壺），[字形]（樊君鬲），金文；[字形]（曾侯），[字形]（曾侯），楚簡；[字形]（雲夢《答問》），[字形]（雲夢《答問》），秦簡。形聲字。《説文》："賸，物相增加也。从貝，朕聲。一曰送也，副也。"

"賸"字構形，金文从"貝"、从"朕（朕）"聲，用法同"媵"，與《説文》"一曰送也，副也"義訓相近。金文或增"人"旁爲繁構。楚簡、秦簡皆从"貝"、从"朕（朕）"聲。《説文》篆文作[字形]，没有變化。

4. 贏，[字形]（贏氏鼎），[字形]（庚贏卣），[字形]（齊生魯彝），金文；[字形]（秦風164），[字形]（秦風81），[字形]（故宮427），古璽；[字形]（曾侯），楚簡；[字形]（雲夢《日書》乙），[字形]（里耶8-533），[字形]（雲夢《效律》），[字形]（雲夢《答問》），秦簡。形聲字。《説文》："贏，有餘賈利也。从貝，羸聲。"

"贏"字構形，金文从"貝"、从"羸"聲。其所从之"羸"旁，即"蠃"之本字，甲骨文作[字形]（合35255），象多足爬蟲形。金文"贏"字增加"貝"旁，成形聲字。戰國文字、秦文字將爬蟲形之頭、嘴、身漸分開後訛作"羸"，爲《説文》篆文作[字形]，馬王堆帛書作[字形]（《老子》甲）、[字形]（《老子》乙前），武威漢簡作[字形]（《儀禮》），漢印作[字形]（徵6.17）、[字形]（徵6.17）所本。

5. 賓，[字形]（合32），[字形]（合1401），[字形]（合15196），[字形]（合34352），[字形]（合28092），[字形]（合30561），[字形]（合30528），[字形]（合38178），甲骨文；[字形]（公貿

鼎），⬚（盂鼎），⬚（亢鼎），⬚（蠚簋），⬚（叔賓父盨），⬚（王孫誥鐘），

⬚（郤王鼎），⬚（嘉賓鐘），⬚（曾侯乙鐘），金文；⬚（彙3324），古璽；⬚（清華

《四告》），⬚（清華《食禮》），⬚（清華《食禮》），⬚（清華《四時》），⬚

（清華《食禮》），⬚（清華《五紀》），⬚（清華《楚居》），⬚（上博《詩論》），

⬚（郭店《性自》），⬚（上博《容成》），⬚（新蔡零224），⬚（清華《四

時》），⬚（清華《四時》），⬚（上博《季庚》），⬚（曾侯），⬚（曾侯），⬚

（郭店《老子》甲），楚簡；⬚（里耶8-461），秦簡。形聲字。《説文》："賓，所敬

也。从貝，㝉聲。⬚，古文。"

"賓"字構形，甲骨文初文作"㝉"，从"宀"、从"万"聲，後增"止"表動義。

金文改爲从"貝"、从"㝉"聲，"㝉"旁所从"万"上或增飾筆，爲春秋戰國文字所

沿襲。楚簡除保留甲骨文作"㝉"構形外，或省"宀"，秦簡則無變化。《説文》篆文

作⬚，"㝉"旁改爲"㝉"，由馬王堆帛書作⬚（《老子》乙前）、⬚（《縱橫》），

漢印作⬚（徵6.18）、⬚（徵6.18），不難發現其演變軌迹。《説文》古文作⬚，

尚能沿襲古文字本來構形。

6. 賫，⬚（攸簋），⬚（小臣傳卣），⬚（叔卣），⬚（董鼎），⬚（商尊），⬚

（戍甬鼎），⬚（天君鼎），⬚（矢方彝），⬚（作册大鼎），⬚（史獸鼎），⬚（御

尊），⬚（御正衛簋），金文。形聲字。《説文》："賫，行賈也。从貝，商省聲。"

"賫"字僅見商代晚期和西周早期金文。"賫"字構形，从"貝"、从"㕭"聲

（"卨"即"商"之初文），金文或於"卨"下增"口"成"商"聲。吳大澂指出："賣，賜有功也。從貝、從商，今經典通作賞。"（《説文古籒補》）。根據西周金文"賣"字用法，吳説甚是。"賣"字實爲"賞"之本字，《説文》訓爲"行賈也"，當是後起別義。

需要指出，西周中期金文已出現"賞"字作 （舀鼎），春秋戰國金文作 （旨賞鐘）、（䣄羌鐘）、（中山王壺），構形從"貝"，聲旁改爲"商"之同音字"尚"。古璽作 （彙 3494）、（秦風 237），陶文作 （陶 3.353）、（晝 6.3）、（録 2.521.4）、（録 2.548.3）、（録 2.367.1），楚簡作 （清華《命訓》）、（上博《曹沫》）、（安大《曹沫》）、（安大《曹沫》）、（上博《鬼神》）、（清華《治政》），或省形作 （清華《命訓》）、（郭店《尊德》），秦簡作 （雲夢《效律》）、（雲夢《法律》）、（里耶 8-1883）。形聲字。《説文》："賞，賜有功也。從貝，尚聲。"《説文》篆文作 ，馬王堆帛書作 （《老子》甲後），銀雀山漢簡作 （《孫子》），承襲秦簡，没有變化。

"賞"字構形，從"貝"、從"尚"聲，始見西周中期金文，上與"賣"字正相銜接，讀音及用法相同，應是"賣"之後起異體字，故"賞"行而"賣"廢。

7. 買，（合 11436），（合 11433），（花東 98），（合 10976），（合 11434），（合 21776），（合 29420），（合 21185），甲骨文；（買車觚），（買車卣），（買王卣），（兀鼎），（買簋），（吳買鼎），

（盠公買簠），（右買戈），金文；（侯馬），（侯馬），盟書；（彙 370），（彙 3987），（珍展 94），（彙 1608），（彙 1864），古璽；（録 3.446.3），（陶 3.1216），陶文；（曾侯），楚簡；（雲夢《法律》），（里耶 8-664），（嶽麓叁 75），（北大《從軍》），秦簡。會意字。《説文》："買，市也。从网、貝。《孟子》曰：'登壟斷而网市利。'"

　　"買"字構形，甲骨文、晚商金文（族氏銘文）从"网"、从"貝"，金文"网"形或省或繁，古璽皆作省形。楚簡或增"爪"爲繁構。秦簡無變化，爲《説文》篆文作，漢印作（徵 6.19）所本。漢印或作（徵 6.19），武威漢簡作（日忌簡），漢碑作（史晨碑），所从"网"旁漸訛近"四"形。

　　8. 賈，（合 28089），（花東 60），（花東 367），（花東 522），甲骨文；（沈子它簋），（頌簋），（裘衛盉），（五祀衛鼎），（已父簋），（夨甲盤），（昆疕鐘），（中山王壺），（四年咎奴令戈），（姧盗壺），（兆域圖版），（高庄墓缶），金文；（侯馬），盟書；（彙 3006），（彙 2987），（彙 2991），（彙 3025），（彙 3225），（珍秦 23），（彙 3600），（珍秦 239），古璽；（清華《説命》下），（清華《治政》），（清華《酒命》），（清華《繫年》），（包山 192），（清華《命訓》），（包山 122），（上博《用曰》），（清華《不韋》），（上博《城濮》），楚簡；

賈（雲夢《答問》），賈（嶽麓叁75），秦簡。形聲字。《説文》：“賈，賈市也。从貝，襾聲。一曰坐賣售也。”

“賈”字構形，甲骨文、金文从“貝”、从“宁”聲。戰國文字“貝”旁或省形似“目”；“宁”旁大都省去下部中間豎筆。秦文字“宁”旁漸訛成“襾”，爲《説文》篆文作賈，馬王堆帛書作賈（《縱橫》），漢碑作賈（禮器碑）所本。

○六三 辰部

　　《説文》：“辰，震也。三月陽气動，雷電振，民農時也。物皆生。从乙、匕，象芒達，厂聲也。辰，房星，天時也。从二。二，古文上字。……斤，古文辰。”説解構形不確。“辰”字構形，甲骨文作 （合 1697）、（合 27987）、（合 33148）、（合 21245）、（屯 3599）、（合 36987），象以手指綁縛蜃器或石製爪鐮，用以收割庄稼之穗。或以爲“辰”是用來清除草本的農具（裘錫圭《甲骨文中所見的商代農業》）。“辰”字引申義除“干支”中用作地支外，也用來借指星辰。金文作 （二祀邲其卣）、（臣辰卣）、（矢尊）、（矢方彝）、（商尊）、（录伯簋）、（齲簋）、（九年衛鼎）、（陳章壺），或於上部横畫之上加横爲飾筆，或增“口”飾爲繁構。楚簡作 （上博《仲弓》）、（清華《筮法》）、（九店 A19）、（新蔡甲三 343–1）、（包山 37）、（清華《封許》），於“口”飾中再添飾筆成“曰”，隸定作“脣”。秦簡作 （雲夢《日書》乙）、

（里耶 8 - 135），仍保留上部横飾筆，馬王堆帛書作 ⟨字形⟩（《老子》甲後）、⟨字形⟩（《老子》乙前），亦同。《説文》篆文作 ⟨字形⟩，石經作 ⟨字形⟩（熹平石經《春秋》）上部無飾筆，爲楷書作"辰"所本。

　　1. 晨，⟨字形⟩（前 4.10.3）、⟨字形⟩（合 9477），甲骨文；⟨字形⟩（伯晨鼎）、⟨字形⟩（都公鼎）、⟨字形⟩（晨盤）、⟨字形⟩（中山王壺），金文；⟨字形⟩（清華《筮法》）、⟨字形⟩（清華《筮法》）、⟨字形⟩（清華《筮法》），楚簡。會意兼形聲字。《説文》："晨，早昧爽也。从臼、从辰。辰，時也。辰亦聲。丮夕爲夙，臼辰爲晨，皆同意。"説解造字本義未必正確。

　　"晨"字構形，甲骨文从"臼"、从"辰"聲，金文同，戰國文字或於"臼"中加竪飾，楚簡或再增"口"飾。《説文》篆文作 ⟨字形⟩，没有變化。

　　按《説文》將"晨"字作爲"早晨"之晨的本字，又於"晶"部另列"曟"字。但從甲骨文、金文用法來看，"晨"字并非指早晨之意，中山王壺即讀爲"振"，加之構形从"臼"（即从雙手），"晨"字似當爲"振"之本字。

　　又，《説文》："曟，房星，爲民田時者。从晶，辰聲。⟨字形⟩，曟或省。""晨"字構形，西周金文作 ⟨字形⟩（多友鼎），春秋金文作 ⟨字形⟩（𠂤鐸），或从"夕"、或从"日"，从"辰"聲。"日""夕"同爲表時間義偏旁，故可互作。古璽作 ⟨字形⟩（彙 3170）、⟨字形⟩（彙 3188），楚簡作 ⟨字形⟩（楚簡《司歲》）、⟨字形⟩（上博《仲弓》）、⟨字形⟩（清華《不韋》）、⟨字形⟩（包山 54）、⟨字形⟩（包山 85）、⟨字形⟩（楚簡《四告》）、⟨字形⟩（清華《五紀》）、⟨字形⟩（清華《五紀》）、⟨字形⟩（清華《三壽》）、⟨字形⟩（清華《説命》下），"日"旁或置

“辰”下，或置“辰”上。楚簡或作 、，下增“口”飾。或作 、、，亦見帛書作 ，從“晨”聲，《説文》以“晨”爲早晨之“晨”字，當與此形省寫有關。秦簡作 、![字](雲夢《日書》乙，爲《説文》篆文或體作 ![字]所本。《説文》本篆作 ![字]，古文字未見。

2. 農，、、、、、、、，金文；、，楚簡；、、，秦簡。會意字。《説文》：“農，耕也。從晨，囪聲。![字]，籒文農，從林。![字]，古文農。![字]，亦古文農。”分析構形有誤。

“農”字構形，金文從“辰”、從“田”，會以辰器（農具）於田中蓐作意。或增“止”旁表動作義；或增“舛”、或增“林”旁，再由此形省寫“田”旁作“蓐”，見金文及楚簡，爲《説文》古文作 ![字]所本；金文或增“臼”旁，亦見楚簡。秦簡沿襲，“田”旁訛成“囪”，爲《説文》篆文作 ![字]所本，馬王堆帛書作 ，從“田”則不誤。居延漢簡作 ，漢碑作 ，上部漸訛變成似“曲”。《説文》籒文作 ![字]，源自西周金文。《説文》另一古文作 ![字]，下部“辰”旁有訛，當源自秦簡。

需要指出，甲骨文也有“農”字，構形作 （合 22610）、（合 9485）、

（合 25177）、（佚 855）、（合 10976）、（後上 7.11），或从“艸”作

（乙 282）、（合 9493），曾被誤釋爲“農”字，其實是作爲早晨之“晨”字（常正光《殷曆考辨》）。雖然其和《説文》“農”字古文構形一致，但并非同字（詞）。一形二字（詞）的現象，古文字確實存在。

3. 蓐，（合 20624），（合 9497），（合 9498），（合 583），（合

10474），（屯 2061），甲骨文；（稍可軒古璽展二），古璽；（嶽麓《占夢》），

（里耶 8-1861），秦簡。形聲字。《説文》：“蓐，陳艸復生也。从艸，辱聲。一曰蔟也。……薅，籀文蓐从茻。”

“蓐”字構形，甲骨文或从“艸”、或从“林”，从“辱”聲。兩周金文有缺環。

古璽、秦簡从“艸”，爲《説文》篆文作 ，馬王堆帛書作 （《縱橫》）、

（《星占》）所本。

○六四 鳥部

　　《説文》："鳥，長尾禽總名也。象形，鳥之足似匕，从匕。""鳥"字構形，甲骨

文作 （合 10512）、（花東 177）、（合 3457）、（合 17864）、（合

20354）、（合 18344）、（合 28424）、（合 11498）、（合 11500），晚商

金文（族氏铭文）作 （鳥簋）、（鳥鼎）、（鳥祖甲卣）、（鳥魚

鼎）、（鳥壬俯鼎），春秋金文作 （弄鳥尊），象鳥有喙、頭、羽、尾、足之形。

楚簡作 （清華《四時》）、（清華《四時》）、（清華《治政》）、（上博

《李頌》）、（安大《詩經》）、（上博《容成》）、（上博《周易》）、

（郭店《老子》甲）、（上博《采風》）、（清華《筮法》），鳥頭漸訛似"目"。

秦印作 （秦風 53），秦簡作 （雲夢《日書》甲）、（北大《從軍》）、

（里耶 8-1562），爲馬王堆帛書作 （《老子》甲）、（《老子》乙）、（《縱

横》），銀雀山漢簡作（《孫子》）所本。《説文》篆文作，石經作（熹平石經《論語》），鳥頭、鳥足構形皆有變化。

楚簡"鳥"字或作（清華《五紀》），鳥身訛誤較甚，與"蜀"字省形近似，乃書手原因。

1. 鳴，（合 4724），（合 10514），（合 522），（合 4155），（合 4981），（合 4722），（英 528），（合 20099），（合 17366），（花東 450），（合 17369），（合 17370），甲骨文；（吳王光鐘），（吳王光鐘），（王孫鐘），（蔡侯申鐘），（王孫誥鐘），（遱邟鐘），金文；（石鼓《作邍》），刻石；（彙 0404），（彙 3063），古璽；（清華《四告》），（清華《四時》），（包山 95），（包山 191），（上博《詩論》），（上博《周易》），（上博《周易》），（上博《融師》），（上博《凡物》乙），（安大《詩經》），（安大《詩經》），楚簡；（雲夢《日書》甲），（關沮），（北大《日書》乙），秦簡。會意字。《説文》："鳴，鳥聲也。从鳥，从口。"

"鳴"字構形，甲骨文从"鳥"、从"口"（或从雙"口"），或从象形"鷄"，借鷄鳴以會鳥聲意。春秋金文"鳥"頭構形漸變似"目"，爲楚簡沿襲。古璽"鳥"旁或作省形，或於"口"下增"="爲飾筆。秦簡没有變化，爲《説文》篆文作，漢

印作 [印] （徵 4.9），馬王堆帛書作 [鳴] （《老子》甲），漢碑作 [鳴] （孔宙碑），石經作

[鳴] （熹平石經《詩經》）所本。“鳴”字所從“鳥”旁構形變化與“鳥”字相一致。

楚簡“鳴”字構形或作 [字] （上博《凡物》甲），“鳥”旁訛作“豸”。

2. 鳳， [字] （合 13339）， [字] （合 13335）， [字] （合 21019）， [字] （合 34034）， [字]

（合 14294）， [字] （合 13360）， [字] （合 7369）， [字] （合 13355）， [字] （合 28556）， [字]

（合補 10290）， [字] （粹 839）， [字] （合補 9570）， [字] （合 30225）， [字] （合 30261），

甲骨文； [字] （鳳母觶）， [字] （鳳母觶）， [字] （南宮中鼎），金文。象形字。《說文》：

“鳳，神鳥也。……從鳥，凡聲。 [字] ，古文鳳，象形。鳳飛，群鳥從以萬數，故以爲朋

黨字。 [字] ，亦古文鳳。”

“鳳”字構形，甲骨文象孔雀，古人視其爲神鳥，後加“凡”聲，爲形聲字。甲骨

文“鳳”字皆假爲“風”，金文則用其本義，或用爲族氏名。春秋戰國文字有缺環，

《說文》篆文作 [字] ，漢印作 [字] （徵 4.8），漢碑作 [字] （史晨碑），已類化爲從

“鳥”、從“凡”聲。至於《說文》古文作 [字] 、 [字] 二形，目前古文字皆未見。

3. 鷄， [字] （弢季良父壺）， [字] （歸父盤）， [字] （邾公典盤）， [字] （鼄鐘），

[字] （邾子姜首盤）， [字] （陳難戈）， [字] （中山王鼎）， [字] （中山王鼎），金文；

（上博 39）， [字] （珍秦 291）， [字] （秦風 227），古璽； [字] （郭店《老子》甲），

（上博《詩論》）， [字] （上博《用曰》）， [字] （清華《治政》）， [字] （清華《司歲》），

（清華《厚父》），（安大《曹沫》），（清華《食禮》），（清華《畏天》），（清華《五紀》），（清華《五紀》），（信陽），楚簡；（雲夢《封診》），（雲夢《爲吏》），（關沮），秦簡。形聲字。《説文》：“鸛，鳥也。從鳥，堇聲。雛，鸛或從隹。雛，古文鸛。雛，古文鸛。雛，古文鸛。”

“鸛”字構形，金文、楚簡、秦簡皆從“隹”不從“鳥”，從“堇”聲，即《説文》或體“難”字。需要指出的是，“堇”字古文字本應隸作“堇”，而楚簡“難”字或作（上博《用曰》）、（上博《弟子》）、（郭店《老子》甲）、（上博《用曰》）、（包山236）、（清華《成人》），於“難”下增“土”旁爲繁構，亦見秦簡作（雲夢《日書》甲）。《説文》篆文作、，即由此類繁體“難”字演變而來，即“堇”旁增“土”後省寫成“堇”。另外，《説文》古文作，“壴”旁稍訛，源自楚簡作（郭店《語叢》三），但另二形古文分別作、，古文字則未見。

附及，楚簡有字構形作（安大《詩經》），按字形應隸定爲“灘”，但實爲“漢”字繁構，也就説“難”旁是僅用作“堇”（或“堇”）旁而已。

4. 鳶，（合37437），甲骨文；（帛書），（上博《競建》），楚簡；（雲夢《日書》甲），（雲夢《日書》甲），秦簡。形聲字。

“鳶”字《説文》失收，見《廣韻》，鳥名，即鴟，俗稱“鷂鷹”。“鳶”字構形，甲骨文從“隹”、從“弋”聲，楚簡改從“鳥”旁。“隹”“鳥”爲同義偏旁，故可互作。楚簡所从"弋"旁常加飾筆似"戈";秦簡从"弋",没有變化。又,《説文》有"雉"字,列入"隹"部,云:"雉,繳射飛鳥也。从隹,弋聲。"構形从"隹"、从"弋"聲,義指以繳矢射飛鳥。雖然"隹""鳥"作爲同義偏旁可以互作,但"雉"字與"鳶"并非是異體字。至於甲骨文之"鳶"字構形作"雉",從其用法暫無判斷是否"鳶"字異體,或即"雉"字。

附及,甲骨文有"鳶"字作 (合 21983)、 (合 5739)、 (合 5740),構形从"隹"、从"戈"聲;晚商金文(族氏銘文)作 (鳶祖辛卣)、 (鳶鼎)、 (鳶卣)、 (鳶瓠),从"鳥"。造字本義不明。相關著録皆釋作"鳶",不確。

5. 烏, (何尊), (沈子它簋), (威鼎), (效卣), (寡子卣), (叔趯父卣), (禹鼎), (毛公鼎), (黐鎛), (余義鐘), (曾侯乙鐘), (越王者旨於賜矛), (中山王鼎), (鄂君啓舟節),金文; (彙 2346), (彙 2461), (彙 3525), (珍戰 1), (望山 M1 烙印), (珍秦 179),古璽; (録 2.35.3), (録 6.319.2),陶文; (系 1950), (系 1951), (三晉 78),貨幣; (上博《弟子》), (郭店《語叢》一), (郭店《語叢》一), (郭店《語叢》三), (上博《緇衣》), (上博《子羔》), (郭店《語叢》三), (郭店《語叢》二), (新蔡甲三 93), (郭店《唐虞》), (郭店《成之》), (清華《五紀》), (清華《不韋》),

（清華《四告》），　（清華《行稱》），　（清華《畏天》），　（清華《厚父》），　（上博《相邦》），　（郭店《老子》乙），　（包山233），　（安大《詩經》），　（安大《仲尼》），　（上博《詩論》），　（清華《筮法》），　（上博《用曰》），　（清華《皇門》），　（上博《君人》甲），楚簡；　（雲夢《日書》乙），　（北大《泰原》），秦簡。象形字。《説文》："烏，孝鳥也。象形。孔子曰：'烏，盱呼也。'取其助气，故以爲烏呼。……。羅，古文烏，象形。於，象古文烏省。"本義指烏鴉，假借爲語氣詞、介詞。

"烏"字構形，西周金文象烏鴉，春秋戰國文字省變較多，於楚簡爲甚。《説文》篆文作　，漢簡作　（尹灣）、　（《流沙》18.4），仍存鳥形。《説文》已經指出，古文作於是古文"烏"作羅之省，而此省形秦簡或寫作　（雲夢《語書》）、　（北大《九策》）、　（北大《從政》），隸變後作"於"，訛爲從"㫃"旁之形，專門作爲虚詞，遂與"烏"分爲二字。

楚簡"烏"字異體作　（上博《逸詩》）、　（清華《赤鵠》）、　（清華《赤鵠》）、　（清華《赤鵠》），亦見楚璽作　（璽考174），叠增"鳥"旁，隸定作"鷃"，這是爲區別語氣詞"烏（於）"而特造的本義專字，但秦漢以降再未出現。

○六五　隹部

《説文》：“隹，鳥之短尾總名也。象形。”許慎以長尾爲“鳥”、短尾爲“隹”，但從古文字構形來看，很難以鳥尾之長短去區分“鳥”字與“隹”字。另外，古文字“隹”字不用作本義，皆用爲虚詞“唯”。“隹”字構形，甲骨文作 （合 11497）、 （合 1108）、 （合 5245）、 （合 34479）、 （合 33273）、 （合 37846）、 （合 37743）、 （周甲 40）、 （周甲 55），象鳥形。金文作 （我鼎）、 （宰㭫角）、 （俞尊）、 （井侯簋）、 （隹壺）、 （盂爵）、 （史牆盤）、 （㝬鐘）、 （虢季子白盤）、 （蔡大師鼎）、 （寬兒鼎）、 （陳侯午鼎）、 （哀成叔鼎）、 （曾姬無卹壺）、 （中山王鼎），漸趨綫條化。刻石作 （石鼓《汧沔》），古璽作 （彙 3693）、 （彙 3846）、 （彙 863），陶文作 （録 4.24.3），楚簡作 （清華《保訓》）、 （清華《四告》）、 （郭店《緇衣》）、 （上博《用曰》）、 （上博《緇衣》）、 （清華《尹至》）、 （安大《詩經》)、（清華《不韋》）、（上博《詩論》）、（上博《吳命》）、（安大《詩經》)、（上博《緇衣》），構形或加飾筆，或下增"口"飾。《説文》篆文作，漸與"鳥"形有所區分。

1. 雀，（合 20383），（合 20169），（合 20174），（甲 2590），（合 33072），（合 21624），（合 4158），（合 4121），甲骨文；（魚父己卣），（亞雀魚父己卣），（卌三年逨鼎），金文；（郭店《大一》），（上博《詩論》），（郭店《尊德》），（郭店《緇衣》），（包山 202），楚簡。會意字。《説文》："雀，依人小鳥也。从小隹。讀與爵同。"

"雀"字構形，甲骨文、金文从"小"、从"隹"，楚簡从"小"，或从"少"。古文字"少""小"一字，故可互作。《説文》篆文作，漢碑作（咸會等殘石），仍从"小"。

楚簡"雀"字異體較多。或作（郭店《魯穆》），下增"口"飾；或作（包山 255）、（包山簽牌），構形从"鳥"、从"少"，隸定作"鴗"，"隹""鳥"同義，故偏旁可互作；或作（清華《説命》下）、（安大《詩經》），構形是於"雀"字叠增同義偏旁"鳥"，隸定作"鸛"。這些異體，秦統一文字後皆遭淘汰。

2. 隻，（合 20781），（合 10311），（合 22226），（合 24448），（花東 113），（合 9572），（合 21586），（合 28345），（合 185），

（合 11301），（佚 426），（懷 1915），甲骨文；（隻卣），（隻父癸爵），（師隻卣），（亐隻鼎），（柞伯簋），（哀成叔鼎），（陳璋罐），（上官豆），（酓忈鼎），金文；（彙 3914），（山東 163），古璽；（陶 3.414），（陶 3.315），陶文；（上博《志書》），（九店 A31），（范家坡），（清華《成人》），（清華《四告》），（清華《四告》），（清華《食禮》），楚簡。會意字。《說文》：“隻，鳥一枚也。从又持隹。持一隹曰隻，二隹曰雙。”乃是以漢代文字“隻”“雙”之義説解。古文字“隻”皆用同“獲”，實即“獲”之本字。

“隻”字構形，甲骨文及晚商金文（族氏銘文）从“隹”、从“又”會意，以手抓鳥義引申爲獲。戰國金文或从“雀”，楚簡“隹”旁或加飾筆。古璽、陶文没有變化，爲《説文》篆文作，漢金文作（端君五斗壺）所本。

“隻”字異體，盟書作（溫縣），戰國金文作（中山王鼎），从“又”、从“雈”；秦簡增“犬”，作（雲夢《日書》乙），从“萑”；或作（里耶 8-2161），从“蒦”。“萑”“蒦”二字音近，故可互作，“獲”字始見。

3. 雒，（合 10923），（合 3123），（合 3130），（合補 4097），（合 9627），（合 3124），（合 3128），（合 119），（合 6016），（合 119），（合 36592），（合 36593），（合 36600），甲骨文；（雒婦鼎），（雒母乙鼎），（雒伯原鼎），（雒伯鼎），（录簋），（猷鐘），

（毛公鼎），　（毛公鼎），　（𣆶簋），　（孟鼎），　（辛鼎），　（𥏫平鐘），　（雝之田戈），　（東姬匜），　（雝王戈），　（四年武雝令矛），（相邦冉戈），　（雝鼎），金文；　（秦公石磬），刻石；　（彙 1517），　（彙 3188），　（彙 3189），　（秦集二），古璽；　（聚珍 282.5），　（系 1699），貨幣；　（上博《三德》），　（上博《平王》），　（上博《仲弓》），　（上博《成王》），　（上博《詩論》），　（清華《五紀》），　（清華《五紀》），　（天星觀），楚簡。形聲字。《説文》：“雝，雝䳈也。从隹，邕聲。”本義是鳥名，或以謂指鳥鳴聲。

“雝”字構形，甲骨文从“隹”、从“吕”聲，或增“水”。“吕”即“宫”字所从的聲旁，甲骨文作二環相扣，或作二環重叠，亦即“雝”之初文。金文或增“殳”旁，或增“水”旁，甚至出現共增“殳”“水”的字例，亦見春秋秦公石磬。後从“水”、从“隹”，从“吕”聲成爲固定構形，但古璽、楚簡或省“水”旁（未必是甲骨文構形之遺留），秦印則不省。

楚簡“雝”字或作　（天星觀）、　（天星觀），“隹”旁改爲義近偏旁“翟”，爲異體字。

需要指出，由於“雝”字楚簡或作　（天星觀），也見秦簡作　（雲夢《秦律》），秦印作　（秦風 124），秦陶作　（陶 5.374），聲旁“吕”訛作“邑”，爲《説文》篆文作　、西漢金文作　（雝械陽鼎）所本；“水”旁也改爲同義偏旁“川”，遂成楷書“雝”。武威漢簡作　（《儀禮》），漢碑作　（西狹頌）、

【雝】（曹全碑），“邑”旁又訛作“乡”，楷書遂作“雍”，爲異體。另外，楚簡“雝”字又有作【字形】（安大《詩經》），“邑”旁作“缶”，訛變尤甚，乃書手致誤。

4. 唯，【字形】（合36567），【字形】（合36567），【字形】（合36565），甲骨文；【字形】（唯叔簋），【字形】（散氏盤），【字形】（散氏盤），金文；【字形】（彙1017），古璽；【字形】（清華《厚父》），【字形】（上博《周易》），楚簡。形聲字。《説文》：“唯，鳥肥大唯唯也。从隹，工聲。【字形】，唯或从鳥。”或以爲“唯”即“鴻”的本字，《説文》是以“鴻”爲鴻鵠。

“唯”字構形，甲骨文、金文从“隹”、从“工”聲，古璽亦同，楚簡或从“隹”或从“鳥”。《説文》篆文作【字形】，从“隹”；《説文》古文作【字形】，从“鳥”。此亦“隹”“鳥”同義偏旁互作之例。

5. 雞，【字形】（合18341），【字形】（合13342），【字形】（合5452），【字形】（合32509），【字形】（合5270），【字形】（合5268），【字形】（合18342），【字形】（合29003），【字形】（屯4357），【字形】（合29031），【字形】（合37471），【字形】（懷1915），甲骨文；【字形】（雞父丁觶），【字形】（雞父辛尊），【字形】（雞父丁豆），【字形】（天冊雞尊），金文；【字形】（陶3.306），陶文；【字形】（清華《繫年》），【字形】（清華《繫年》），【字形】（包山257），【字形】（包山258），楚簡；【字形】（雲夢《秦律》），【字形】（關沮），【字形】（里耶8-950），【字形】（雲夢《日書》乙），【字形】（雲夢《秦律》），秦簡。形聲字。《説文》：“雞，知時畜也。从隹，奚聲。【字形】，籀文雞，从鳥。”

　　"雞"字構形，商代金文（族氏銘文）、甲骨文象公鷄，本爲象形字，甲骨文或增"奚"聲，改爲形聲字。金文、楚簡構形皆從"隹"、從"系"聲。"奚""系"音同，故可互作。秦簡或從"系"聲，或從"奚"聲，《説文》篆文作 ，從"奚"聲；馬王堆帛書作 （《老子》甲）、（《老子》乙），仍從"系"聲。《説文》籀文作 ，從同義偏旁"鳥"，但目前古文字例未見。

　　6. 雁，（應公方鼎），（應公鱓），（應侯簋），（應公簋），（應叔鼎），（大鼎），（毛公鼎），（師湯父鼎），（秦公鎛），金文；（彙580），（彙1192），古璽；（清華《封許》），（天星觀），（新蔡甲一3），（清華《五紀》），（包山122），（上博《凡物》甲），（包山165），楚簡。《説文》："雁，鳥也。從隹，疒省聲。或從人，人亦聲。，籀文雁，從鳥。"説解構形不確。"雁"爲鳥名，亦即"鷹"字。或以爲本義爲"膺"，假借爲"應""鷹"。

　　"雁"字構形，金文從"人"、從"隹"，"隹"左側加點（或以爲即"膺"之本字）。古璽、楚簡"人"旁訛爲"厂"，或上增飾筆，楚簡或叠增"人"旁。古文字大都用爲國名、姓氏之"應"。《説文》篆文作 、籀文作 ，由"厂"旁再訛作"疒"，當源自馬王堆竹簡作 （《遣册》）；晉碑作 （鄭舒墓碣）不誤，後成規範寫法。

　　楚簡"雁"字異體作 （清華《説命》下），構形從"鷹"從"土"，隸定作

"鷹"。結合《説文》籀文，可知"瘫"字增同義偏旁"鳥"成形聲字，當源自戰國文字。

7. 欒，（合 15664），（合 17455），（合 17867），（合 18333），甲骨文；（小集母乙觶），（集瓠），（集父癸卣），（毛公鼎），（鄂君啟車節），（鑄客鼎），（集廚鼎），金文；（中山玉飾），（中山玉飾），刻石；（清華《筮法》），（包山 234），（上博《緇衣》），（望山 M1），（上博《逸詩》），（清華《五紀》），（安大《詩經》），（安大《詩經》），（清華《成人》），（清華《四告》），（清華《四告》），楚簡；（雲夢《答問》），秦簡。會意字。《説文》："欒，羣鳥在木上也。从雥，从木。𣟈，欒或省。"

"欒"字商代金文（族氏銘文）作三鳥（隹）或雙鳥止息於木（樹）會意，或省爲一鳥，甲骨文、金文及楚簡構形皆省作从"隹"、从"木"。而秦簡仍保留从"雥"構形，爲《説文》篆文作所本。《説文》或體作，同戰國文字。漢簡作（居延甲 630），漢碑作（華山廟碑），爲後世流行或體作"集"所本。

楚簡"欒"字異體作（郭店《尊德》），从"萑"；或作（包山 10）、（上博《李頌》）、（包山 194）、（郭店《五行》），增"宀"飾，亦見楚金文，隸定作"寨"。增"宀"作繁體，是楚文字構形常見之特色。

8. 舊，（合 22099），（合 3522），（合 21361），（合 30328），

（合 27128），⿱ （合 32536），⿱（合 32235），⿱（合 30429），⿱（合 20741），

（合 36442），⿱（屯 2064），⿱（英 2564），甲骨文；⿱（盉駒尊），⿱（師奊簋），

⿱（兮甲盤），⿱（邾公華鐘），⿱（中山王壺），金文；⿱（彙 1018），⿱（彙

4003），⿱（彙 1994），⿱（彙 5599），古璽；⿱（清華《保訓》），⿱（包山

135），⿱（郭店《忠信》），⿱（上博《仲弓》），⿱（包山 247），⿱（上博《周

易》），⿱（上博《孔子》），⿱（郭店《老子》甲），⿱（安大《仲尼》），⿱

（清華《迺命》），⿱（清華《畏天》），⿱（清華《五紀》），⿱（郭店《老子》

乙），⿱（新蔡甲三 398），楚簡。形聲字。《説文》："舊，鴟舊，舊留也。從萑，臼

聲。⿰，舊或從鳥，休聲。"本義是鳥名，鴞屬，借作"新舊"之舊。

"舊"字構形，甲骨文從"萑"、或從"隹"，從"凵"聲，"凵"或加横畫成

"口"；金文從"萑"，改從"臼"聲。古璽從"隹"。楚簡從"萑"，或從"隹"，或

增"宀"爲繁體。《説文》篆文作⿱，漢簡作⿱（《蒼頡》）、⿱（居延甲 2028），

從"萑"。但漢印或作⿱（徵 4.7），從"隹"。

9. 蒦，⿱（合 27715），⿱（合 24426），⿱（合 26909），⿱（合 28201），

（合 30909），⿱（合 32137），⿱（合 32138），⿱（合 38310），甲骨文；⿱（御尊），

⿱（蒦母觶），⿱（王人甗），⿱（史密簋），金文；⿱（彙 431），⿱（彙 432），

⿱（彙 3035），古璽；⿱（上博《季庚》），⿱（郭店《六德》），⿱（郭店《六

古文字源流講疏

德》），（清華《四告》），（清華《畏天》），（清華《畏天》），（清華《畏天》），（清華《不韋》），楚簡。形聲字。《説文》：“萑，小爵也。从萑，吅聲。《詩》曰：‘萑鳴于垤。’”本義爲鳥名，指猫頭鷹。古文字或用爲“觀”。

“萑”字構形，甲骨文从“萑”、从“吅”聲（“吅”或增“口”）。金文及古璽、楚簡同。《説文》篆文作，馬王堆帛書作（《老子》乙前）、（《縱横》），上部寫法略有變化。

楚簡“萑”字異構較多，或作（上博《季庚》），下增“口”飾，亦見古璽；或作（清華《皇門》）、（清華《五紀》），於“吅”上增二短横爲飾，或由此形省作（望山 M1）、（郭店《性自》）、（清華《五紀》），上部省似“亼”；或作（郭店《性自》），“亼”再省去下横畫。

“萑”“萑”作爲偏旁，古文字有互作之例，除了形近，音近也是原因。

— 424 —

○六六 羽部

　　《說文》：“羽，鳥長毛也。象形。”“羽”字甲骨文有兩種構形，一作 ▢（合4058）、▢（合33）、▢（合339）、▢（合12570）、▢（合1909）、▢（屯4516）、▢（合24496）、▢（花東168）、▢（合32895），象羽翼形，借用爲“翊”（翌）；一作 ▢（合3253）、▢（合39868）、▢（英485）、▢（合9780）、▢（合7123），象羽毛形。金文“羽”字作 ▢（冊其卣）、▢（宰槁角）、▢（擎卣）、▢（叔羽父簋）、▢（上白羽壺），也是兩形并見。

　　“羽”字構形，楚簡作 ▢（清華《良臣》）、▢（包山260）、▢（安大《詩經》）、▢（上博《鶹鷞》）、▢（上博《采風》）、▢（清華《治政》）、▢（清華《五紀》），沒有變化。秦簡作 ▢（雲夢《爲吏》）、▢（雲夢《日書》甲）、▢（里耶8-1735）、▢（里耶J1⑯5），爲《說文》篆文作 ▢，馬王堆

帛書作 羽（《老子》甲後）、 羽（《縱橫》），石經作 羽（熹平石經《春秋》）所本。

1. 翊， （合 34506）， （花東 14）， （花東 149）， （合 34547）， （合 28905）， （合 27724）， （合 28760）， （合 38212），甲骨文； （小盂鼎），金文； （石鼓《吾水》），刻石； （集粹 130），古璽。形聲字。《説文》："翊，飛皃。從羽，立聲。"所訓"飛皃（貌）"文獻未見，古文字用爲"明日"之義，後世隸定或作"翌"。

"翊"字構形，甲骨文從"羽"、從"日"會意，或從"立"聲；金文結合二形作；石鼓文從"羽"、從"日"會意。"翊"字異體作"昱"，始見戰國文字。《説文》："昱，日明也。"保留了甲骨文以來的"明日"本義，但《説文》以爲是二字，篆文分別作 、 二形，但分列二部。漢印作 （徵 4.0）、 （徵 7.3），也是二形並見。

2. 習， （合 1550）， （合 31670）， （合 31671）， （合 31669）， （懷 1393）， （村南 273）， （合 31674）， （合 31667），甲骨文； （應侯簋），金文； （彙 2181）， （彙 2425），古璽； （望山 M1）， （包山 223）， （郭店《性自》）， （上博《性情》）， （清華《食禮》）， （清華《畏天》），楚簡； （里耶 8-355）， （雲夢《爲吏》），秦簡。會意字。《説文》："習，數飛也。從羽，從白。"分析構形有誤。造字本義不明，引申爲重複、重襲，"數飛"亦爲引申義。

"習"字構形，甲骨文從"羽"、從"日"會意，"日"旁或省中部點。金文"日"旁訛作"曰"，古璽仍從"日"。楚簡從"日"，或訛從"曰"。秦簡從"日"，或訛從"目"。《説文》篆文作□，"日"旁訛作"白（自）"，但漢印作□（徵 4.4），漢簡作□（定縣）、□（武威《儀禮》），漢碑作□（孔宙碑），石經作□（熹平石經《周易》），仍不誤。

楚簡"習"字或作□（清華《四告》）、□（清華《四告》），省"曰"；或作□（郭店《語叢》三）、□（郭店《語叢》，下部訛作"自"，此即《説文》篆文所本，謂構形"從白（自）"之來源。

3. 翏，□（翏生盨），□（翏生盨），□（此簋），□（此簋），□（無助鼎），□（翏金戈），□（玄翏夫鋁戈），□（玄翏夫鋁戈），□（玄翏戈），金文；□（包山（169），□（包山 193），□（安大《詩經》），□（上博《詩論》），□（上博《競公》），□（郭店《窮達》），□（望山 M1），楚簡；□（雲夢《日書》乙），□（雲夢《日書》乙），□（雲夢《答問》），秦簡。會意字。《説文》："翏，高飛也。從羽，從今。"説解構形不確，造字本義不明，訓"高飛"也不見文獻記載。

"翏"字構形，金文從"羽"、從"人"，旁增二撇或三撇爲飾，或省之。楚簡或於左右各加對稱二撇（或省爲一撇）爲飾，以求字形平穩。秦簡"人"旁與三撇結合成"今"，爲《説文》篆文作□，漢印作□（徵 4.5）、□（徵 4.5）所本。

楚簡"翏"字異體作□（包山 189）、□（九店 A40），構形作"羽"下二橫，其爲省形。以二横作爲省略符號，楚文字常見，如“爲”字、“馬”字等例。

4. 翟，![字形](合 37439)，甲骨文；，金文；![字形](珍秦 141)，![字形](珍秦 91)，![字形](珍秦 214)，古璽；![字形](望山 M2)，![字形](包山 110)，![字形](包山 114)，，，，，楚簡；![字形](里耶 8-1517)，秦簡。會意字。《説文》：“翟，山雉尾長者。从羽，从隹。”

“翟”字構形，金文从“隹”、从“羽”，楚簡同。秦印、秦簡無變化，爲《説文》篆文作![字形]，馬王堆帛書作![字形]，漢印作![字形]（徵 4.4）、![字形]（徵 4.4）所本。

5. 飛，，金文；，，，，，，，，，楚簡。象形字。《説文》：“飛，鳥翥也。象形。”

“飛”字構形，金文、楚簡以三“习”即“羽”形倒置象鳥飛之形。楚簡或於中間增竪筆，爲《説文》篆文作![字形]所繼承。漢印作![字形]（徵 11.19），石經作![字形]（熹平石經《周易》），晉碑作![字形]（張郎碑），已有訛變。

楚簡“飛”字異體作![字形]（安大《詩經》），構形从“鳥”、从“悲”聲，隸定作“鷈”。“飛”是鳥的動作，故增爲形旁；而“悲”从“非”得聲，“非”“飛”音同，故可用作聲旁。此例是由象形字改爲形聲字。

6. 翼，　（翼父辛簋），　（秦公鎛），　（中山王壺），金文；　（吉陶 15），

陶文；　（安大《詩經》），　（曾侯），　（曾侯），　（曾侯），　（清華《保

訓》），　（清華《禱辭》），楚簡；　（雲夢《日書》甲），　（雲夢《日書》

乙），　（關沮），　（北大《祓除》），秦簡。形聲字。《説文》："翼，翄也，從飛，

異聲。翼，篆文翼，從羽。"以"翼"爲本篆，"翼"爲或體。

　　"翼"字構形，晚商金文（族氏銘文）從"羽"、從"異"聲，春秋早期金文改從

"飛"。楚簡從"羽"，或從雙"羽"，秦簡仍從"羽"。《説文》篆文作　，或體作　，

從"飛"、從"羽"二形并存。漢印作　（徵 11.19）、　（徵 11.19），銀雀山漢簡

作　（《孫臏》）、　（《孫臏》），漢碑作　（范式碑），皆從"羽"。

　　"翼"字異體，銀雀山漢簡作　（《孫臏》），從"巳"聲；漢印或作　（徵補

13.2），從"糸"聲，《集韻》"翼或作紲"，指出其爲異體。

○六七 革部

《説文》："革，獸皮治去其毛革更之。象古文革之形。……🔲，古文革，从三十。三十年爲一世，而道更也。臼聲。"分析構形有誤。"革"字構形，甲骨文作🔲（花東491）、🔲（花東474）、🔲（花東474），西周金文作🔲（康鼎），象獸皮攤開即製革形。戰國金文作🔲（鄂君啓舟節）、🔲（三年大將弩），古璽作🔲（彙3103）、🔲（珍戰6）、🔲（珍秦19），楚簡作🔲（郭店《唐虞》）、🔲（望山M2）、🔲（上博《周易》）、🔲（上博《容成》）、🔲（清華《五紀》）、🔲（清華《治政》）、🔲（望山M2）、🔲（包山264）、🔲（曾侯）、🔲（清華《治政》）、🔲（包山271），構形是在原中部之"口"形中左右加點而形譌作"臼"，下增加橫飾，即《説文》古文作🔲所本。秦簡作🔲（龍崗）、🔲（雲夢《爲吏》）、🔲（里耶8-2101），中部仍作"口"形，爲《説文》篆文作🔲、馬王堆帛書作🔲（《春秋》）沿襲。

1. 鞄，🔲（鰩鎛），🔲（鞄氏鐘），金文；🔲（彙3544），古璽；🔲（録

2. 285. 4），（陶 3. 405），（陶 3. 1089），陶文；（上博《競建》），（上博《鮑叔牙》），（上博《鮑叔牙》），楚簡。形聲字。《説文》：“鞄，柔革工也。從革，包聲。讀若朴。《周禮》曰：‘柔皮之工，鮑氏。’”

“鞄”字構形，金文從“革”、從“陶”聲，古璽、楚簡皆從“缶”聲，陶文從“缶”聲，或從“包”聲。“陶”“包”皆從“勹”得聲，與“缶”古音相通，故聲旁可互作。《説文》篆文作，馬王堆帛書作（《老子》乙前），皆從“包”聲。

金文、楚簡“鞄”字皆用作姓氏“鮑”，與《説文》所引《周禮》相同。

2. 鞻，（吳方彝），（录伯簋），（九年衛鼎），（師兑簋），（番生簋），（毛公鼎），金文；（彙 3634），古璽。形聲字。《説文》：“鞻，車下索也。從革，尃聲。”

“鞻”字構形，金文從“革”、從“尃”聲，古璽亦同。《説文》篆文作，所從“甫”旁與金文寫法略異。

3. 勒，（吳方彝），（頌壺），（录伯簋），（師㝅簋），（㝬壺），（柳鼎），（毛公鼎），（師𧥄鼎），（班簋），金文；（石鼓《田車》），刻石；（曾侯），（曾侯），楚簡。形聲字。《説文》：“勒，馬頭絡銜也。從革，力聲。”

“勒”字構形，西周金文從“革”、從“力”聲，“革”旁或贅增“口”飾，或增“金”旁爲繁構異體。楚簡“革”旁中部之“口”形已訛作“臼”；“力”旁或增“口”飾，爲繁構，隸定作“勋”。石鼓文“革”旁仍從原來寫法，爲《説文》篆文作，馬王堆帛書作 【字形】《事語》、【字形】（《周易》）所本。

4. 鞅，【字形】（商鞅方升），【字形】（大良造鞅戟），【字形】（十九年殳），金文；【字形】（故宮 418），古璽；【字形】（曾侯），【字形】（曾侯），【字形】（曾侯），【字形】（包山 271），【字形】（包山 273），【字形】（包山牘），楚簡；【字形】（雲夢《答問》），【字形】（里耶 8-2019），【字形】（里耶 8-2019），秦簡。形聲字。《説文》：“鞅，頸靼也。从革，央聲。”

“鞅”字構形，戰國金文从“革”、从“央”聲。楚簡“央”旁異寫較多，或增飾筆，或作省筆。秦簡或增“頁”，“鞅”指頸靼，而“頸”與“頁”義近，故增。《説文》篆文作【字形】，漢印作【字形】（徵 3.15），馬王堆帛書作【字形】（《縱橫》），没有變化。

5. 鞞，【字形】（番生簋），【字形】（静簋），金文；【字形】（曾侯），【字形】（天星觀），楚簡；【字形】（雲夢《日書》甲），秦簡。形聲字。《説文》：“鞞，刀室也。从革，卑聲。”

“鞞”字構形，金文从“革”、从“卑”聲，“革”旁或有異寫，楚簡、秦簡皆無變化，爲《説文》篆文作【字形】，漢印作【字形】（徵 3.14），馬王堆竹簡作【字形】（M1）所本。

秦簡“鞞”字異體作【字形】（嶽麓叁 157），从“韋”，隸定作“韠”。“革”“韋”爲同義偏旁，故可互作。

6. 鞁，【字形】（望山 M2），【字形】（天星觀），【字形】（曾侯），【字形】（上博《容成》），楚簡。形聲字。《説文》：“鞁，車駕具也。从革，皮聲。”

“鞁”字構形，楚簡从“革”、从“皮”聲，爲《説文》篆文作【字形】所本。

楚簡"鞁"字異體作 （清華《良臣》）、（包山 259）、（曾侯）、

（清華《治政》）、（包山 270），從"韋"，也見古璽作 （彙 3748）。"革"

"韋"爲同義偏旁，故可互作。

7. 鞌，（曾侯）、（天星觀）、（曾侯）、（曾侯），楚簡。形聲

字。《説文》："鞌，馬鞁具也。從革，從安。"

"鞌"字構形，楚簡從"韋"、從"安"（"安"字作"亥"是楚文字特有的寫法）

聲，隸定作"鞍"；或從"毛"，隸定作"毯"。"革""韋"是同義偏旁，與"毛"爲

義近偏旁，故可互作。《説文》篆文作 ，馬王堆帛書作 （《相馬》），漢簡作

（居延甲 135），皆從"革"旁。

○六八　角部

　　《説文》：“角，獸角也。象形，角與刀、魚相似。”説解有誤。“角”字構形，甲骨文作（合6057）、（合671）、（屯2688）、（合5495）、（合112）、（合4665）、（合4667）、（乙2048）、（合20533），晚商金文（族氏銘文）作（角戊父字鼎），像獸（牛）角整體形，中間以曲綫表紋理。金文作（伯角父盉）、（史牆盤）、（噩侯鼎）、（翏生盨）、（叔角父簋）、（羊角戈）、（西庫圓壺）、（曾侯乙鐘）、（曾侯乙鐘架）、（曾侯乙鐘），盟書作（侯馬），刻石作（石鼓《田車》）、（曾侯石磬），古璽作（彙4116）、（彙893）、（珍戰36）、（璽考217）、（彙3520），陶文作（陶3.802）、（録3.393.4）、（鐵雲）、（陶5.70），楚簡作（安大《詩經》）、（上博《詩論》）、（新蔡甲三351）、（清華《五

紀》）、（包山 18）、（清華《樂風》）、（清華《音圖》）、（清

華《音圖》）、（安大《曹沫》），下部漸演變爲封口形。但秦印作（珍秦 48），

秦簡作（雲夢《秦律》）、（雲夢《日書》甲）、（里耶 8-414）、（雲

夢《封診》），仍回歸早期不封口構形，爲《説文》篆文作，馬王堆帛書作

（《春秋》）、（《老子》乙前），銀雀山漢簡作（《孫臏》），漢碑作（曹

全碑）所本。

1. 解，（合 18387），（合 18388），甲骨文；（解子觚），（解子鼎），

（中山王鼎），金文；（包山 144），清華《治政》），（清華《帝門》），

（清華《四時》），（清華《保訓》），（郭店《老子》甲），（新蔡

甲三 339），（包山 241），（上博《王居》），（安大《曹沫》），（清

華《治政》），（清華《治政》），（包山 157），（清華《畏天》），

（清華《保訓》），楚簡；（雲夢《秦律》），（雲夢《日書》甲），（關

沮），（嶽麓叁 102），（北大《泰原》），秦簡。會意字。《説文》："解，判也。

从刀判牛角。一曰解廌，獸也。"

"解"字構形，甲骨文象用雙手解除牛角，金文或加"刀"旁，會以刀剖角義，後
成固定偏旁。戰國文字或从"刀"，或从"刃"。"刃"字構形是在"刀"上加點作指
事符號，爲指事字，故"刃"常以同義偏旁替代"刀"旁。楚簡"角"旁或訛同

"西"，乃書手致誤。秦簡從"刀"，爲《説文》篆文作 ，馬王堆帛書作 （《老子》甲）、（《老子》甲後）所本。

2. 衡，（亞衡鼎），（番生簋），（毛公鼎），（戴伯匜），金文；（天星觀），（天星觀），（天星觀），（天星觀），（清華《繫年》），（安大《詩經》），楚簡；（雲夢《效律》），（雲夢《答問》），（嶽麓《爲吏》），（嶽麓叁13），秦簡。形聲字。《説文》："衡，牛觸，橫大木其角。從角，從大，行聲。《詩》曰：'設其楅衡。' ，古文衡如此。"以楅衡爲本義。

"衡"字構形，金文從"角"、從"矢"或"大"，從"行"聲，或省"大"。楚簡皆從"大"，并於"大"旁中部加橫筆爲飾，似"矢"。秦簡"大"旁構形似"火"，爲馬王堆帛書作 （《老子》甲後）、（《縱橫》）所本。《説文》篆文作 ，漢碑作 （尹宙碑），構形則與金文同。

"衡"字楚簡或作 （清華《三壽》）、（清華《良臣》）、（上博《凡物》甲）、（上博《君人》乙）、（清華《四時》）、（清華《四時》）、（清華《五紀》）、（清華《不韋》），即《説文》古文作 所本，構形省"行"聲，爲會意字；或作 （曾侯）、（曾侯）、（曾侯），下增"止"，隸定作"衠"。前者爲"衡"字省體，後者爲"衡"字繁體。

“衡”字漢印或作 （徵 4.17），武威漢簡或作 （《儀禮》），新莽詔量作

，爲“衡”字省體，其構形雖已見春秋金文（戴伯匜），但不排除是戰國文字出現

的“衡”字異體了遺。又，《玉篇》：“衕，牛角長竪皃。”《廣韻》：“獸角長曰衕。”本

義爲角長，與《説文》“衡”字所訓不同。

3. 觸， （東庫壺）， （羊觸親戈）， （平國君鈹）， （丞相觸戟），金

文； （彙 664）， （彙 2849）， （彙 2060），古璽； （上博《詩論》），楚簡；

（嶽麓叁 154），秦簡。形聲字。《説文》：“觸，牴也。从角，蜀聲。”分析爲形

聲結構。

“觸”字構形，戰國文字从“牛”、从“角”，會以牛角牴人義，會意字，《玉篇》

“觸”字或作“犐”，可證。秦文字从“角”、从“蜀”聲，爲形聲字，爲《説文》篆

文作 ，馬王堆帛書作 （《縱横》），銀雀山漢簡作 （《孫臏》）所本。

4. 觷， （侯馬）， （侯馬）， （侯馬）， （侯馬）， （侯馬），

盟書； （彙 1760）， （彙 1111）， （彙 484），古璽； （雲夢《秦律》），

（雲夢《秦律》），秦簡。形聲字。《説文》：“觷，羌人所吹角屠觷，以驚馬也。从

角，蘉聲。蘉，古文誖字。”

“觷”字目前最早見戰國文字。“觷”字構形，盟書从“角”、从“蘉”聲，“蘉”

旁或有省形；古璽聲旁“蘉”省爲“或”；秦簡仍从“蘉”，爲《説文》篆文作

所本。

5. 觴， （觴仲多壺）， （觴姬簠），金文； （珍秦 36），古璽；

（包山259），楚簡。形聲字。《説文》："觴，實曰觴，虚曰觶。從角，鍚省聲。𧣪，籀文觴，從爵省。"分析字形有誤，本義爲酒器。

"觴"字構形，金文從"爵"、從"易"聲，秦印亦同（"爵"有省形），此即《説文》籀文作 𧣪 來源。楚簡形旁從"角"，爲《説文》篆文作 觴 所本，但聲旁改作"昜"，漢簡作 觴 （《流沙》屯戍），漢碑作 觴 （禮器碑），亦同。

○六九 壴部

《説文》：“壴，陳樂立而上見也。从中，从豆。”分析構形有誤。戴侗《六書故》已指出，“壴”即“鼓”字初文。

“壴”字構形，甲骨文作 （合 9253）、（合 27694）、（甲 2407）、（合 9650）、（合 4843）、（屯 1047）、（花東 102）、（合 32418）、（合 34475）、（合 34477）、（合 34476），晚商金文（族氏銘文）作 （壴鼎）、（女壴方彝），象鼓形。金文作 （壴生鼎）、（王孫鐘）、（曾侯乙鐘），刻石作 （曾侯石磬）、（曾侯石磬），古璽作 （彙 5274）、（秦風 162），楚簡作 （包山 2）、（清華《筮法》）、（郭店《老子》丙）、（郭店《性自》），鼓身中或加飾筆。《説文》篆文作 ，變化不大。

需要指出，從古文字分析，後世作爲偏旁的“壴”字有兩個來源：一是“鼓”的象形初文，音“鼓”；二是“樹”的初文，作“豆”上“木”，从“豆”聲，是秦文字將其合寫改作“壴”形後所造成。因此與“鼓”義有關的字，其“壴”旁上部皆不寫作"木"。此外,《説文》將"豐""豐"二字列入"豆"部,其實這二字古文字構形本從"壴",并非從"豆"。

1. 鼓,（合 891）,（合 15710）,（合 25088）,（合 15988）,（合 6945）,（合 21227）,（合 35333）,（合 30388）,甲骨文;（鼓鱓）,（鼓臺鱓）,（瘋鐘）,（師褮簋）,（克鐘）,（沇兒鐘）,（王孫誥鐘）,（蔡侯申鐘）,（洹子孟姜鐘）,（邵鷖鐘）,（曾侯乙鐘）,（曾侯乙鐘）,（越王鐘）,（自鐸）,（十二年趙令戈）,金文;（上博《柬大王》）,（上博《詩論》）,（上博《容成》）,（安大《曹沫》）,（安大《詩經》）,（安大《詩經》）,（清華《五紀》）,（上博《容成》）,（包山 95）,（信陽）,楚簡;（雲夢《爲吏》）,（里耶 8-753）,秦簡。象形字。《説文》:"鼓,郭也。春分之音,萬物郭皮甲而出,故謂之鼓。從壴,支象其手擊之也。《周禮》:'六鼓:靁鼓八面,靈鼓六面,路鼓四面,鼖鼓、皋鼓、晉鼓皆兩面。'……,籀文鼓,從古聲。"本爲象形,釋"郭也"乃聲訓。

"鼓"字構形,甲骨文、晚商金文（族氏銘文）象手持鼓槌擊鼓,從"壴"（"鼓"之本字）、從"殳",或從"攴",或從"支"（個別省爲"又"）。春秋戰國金文或於"壴"下加"口"飾似"喜"。楚簡寫法較多,或有省筆。《説文》篆文作,馬王堆帛書作（《老子》乙前）、（《老子》甲後）,銀雀山漢簡作（《孫臏》）,或從"攴",或從"支",變化不大。馬王堆帛書或增"口"飾作（《老子》乙前），《説文》籀文亦增“口”飾作 ，皆源自春秋戰國金文，但籀文所增“口”飾已訛爲“古”。

2. 彭，（輔仁 93），（合補 8834），（合補 8835），（合 31435），（合 31429），（屯 1082），（合 7073），（合 7064），甲骨文；（伯彭父卣），（揚鼎），（彭女簋），（伯彭盉），（彭宇簠），（鄂君啓舟節），（十七年鄭令戈），金文；（彙 3513），（秦風 162），（十鐘），（十鐘），（傅 1457），古璽；（陶 7.3.2），（陶 5.6.3），陶文；（包山 2），（上博《彭祖》），（上博《彭祖》），（上博《王居》），（新蔡甲一 25），（新蔡甲三 41），（清華《禱辭》），（清華《祝辭》），楚簡；（嶽麓叄 154），（里耶 8-105），秦簡。會意字。《説文》：“彭，鼓聲也。从壴，彡聲。”分析構形有誤，非形聲字。

“彭”字構形，甲骨文、金文从“壴”、从“彡”會意，“彡”是以三撇（個別多撇）或二撇象擊鼓時鼓皮振動出現的皺狀形，用作鼓聲之標識。陶文、楚簡沿襲，“壴”下或增“口”飾。秦印、秦簡固定作三撇的“彡”形，爲《説文》篆文作 ，漢印作 （徵 5.7）、（徵 5.6），馬王堆帛書作 （《春秋》），漢簡作 （西陲 51.19）所本。漢印或作 （徵 5.7），“彡”旁則訛爲“水”旁。

3. 喜，（合 15671），（合 17517），（合 9259），（合 21953），

（合 4515），▢（合 17039），▢（合 24963），▢（合 27966），甲骨文；▢（天亡簋），

▢（伯喜簋），▢（兮仲鐘）▢（伯喜父簋），▢（叔妣簋），▢（沈兒鐘），▢（子

璋鐘），▢（陳喜壺），▢（喜令戈），▢（燕王喜劍），金文；▢（侯馬），盟書；

▢（秦公石磬），刻石；▢（彙 1371），▢（彙 889），▢（彙 1372），▢（彙 890），

▢（彙 395），▢（故宮 406），古璽；▢（陶 3.8.81），▢（陶 3.8.82），▢（陶

3.47.4），▢（齊陶 27），▢（陶 3.48.1），▢（齊陶 53），陶文；▢（包山 54），

▢（新蔡零 642），▢（新蔡甲三 32），▢（新蔡甲三 25），楚簡；▢（雲夢《語

書》），▢（雲夢《日書》乙），▢（嶽麓叁 69），▢（北大《日書》丙），秦簡。

會意字。《説文》：“喜，樂也。從壴，從口。……▢，古文喜從欠，與歡同。”

　　“喜”字構形，甲骨文、金文從“壴”、從“口”會意，春秋戰國文字形體變化不

大。戰國文字“喜”字構形的地方特色較爲突出。秦文字寫法穩定，爲《説文》篆文

作▢，馬王堆帛書作▢（《春秋》），銀雀山漢簡作▢（《孫臏》），石經作▢

（熹平石經《春秋》）所本。《説文》古文作▢，見楚簡作▢（郭店《唐虞》）、古璽作

▢（吉大 154），增形旁“欠”，爲“喜”字繁構。

　　附帶指出，“喜”字異體作“憙”，《説文》則單立。最早見戰國文字，金文作▢

（咎■戈）、▢（坪安君鼎）、▢（宜陽戈）、▢（韓之申戈），古璽作▢（彙 3223），

楚簡作▢（包山 218）、▢（清華《三壽》）、▢（上博《詩論》）、▢（安大《曹

沬》）、🔣（清華《五紀》）、🔣（清華《禱辭》）、🔣（清華《禱辭》）、🔣（望山

M1）、🔣（郭店《語叢》二）、🔣（郭店《語叢》一），構形從“壴”、從“心”。“喜

樂”由心而生，且“心”“口”作爲義近偏旁，故可互作。楚簡或作🔣（包山 198）、

🔣（上博《建州》乙），從“彭”，爲繁構。秦印作🔣（秦風 61），秦簡作🔣（雲夢

《日書》乙）、🔣（里耶 8-67），從“喜”，爲《説文》篆文作🔣，漢簡作🔣（居延

甲 11）所本。

4. 嘉，🔣（合 10678）、🔣（合 36527）、🔣（京津 5552）、🔣（前 2.8.2）、

🔣（合 37487），甲骨文；🔣（伯嘉父簋）、🔣（右走馬嘉壺）、🔣（王子申盞）、

🔣（陳侯簋）、🔣（哀成叔鼎）、🔣（中山王鼎），金文；🔣（侯馬）、🔣（侯馬）、

🔣（侯馬）、🔣（侯馬）、🔣（侯馬）、🔣（侯馬），盟書；🔣（珍秦 80）、🔣

（珍秦 268），古璽；🔣（新蔡甲三 112）、🔣（新蔡甲三 114），楚簡；🔣（里耶 8-

439），秦簡。形聲字。《説文》：“嘉，美也。從壴，加聲。”

“嘉”字構形，甲骨文從“壴”、從“力”，會意字，“壴”旁上部或加飾筆似

“來”；金文始增“口”飾，《説文》遂以爲從“加”聲。春秋戰國文字“壴”旁上部

飾筆仍存，“力”旁或增“爪”，“壴”也有作省形。秦文字固定寫作“壴”，爲《説

文》篆文作🔣，漢印作🔣（徵 5.7）、🔣（徵 5.7），漢碑作🔣（魯峻碑），石

經作🔣（熹平石經《春秋》）所本。

楚簡“嘉”字異體較多，或作 [字形]（清華《皇門》）、[字形]（包山 159）、[字形]（上博《采風》）、[字形]（清華《禱辭》）、[字形]（包山 166），亦見盟書作 [字形]（侯馬），“壴”旁省形訛作“禾”；或作 [字形]（上博《用曰》）、[字形]（上博《用曰》），於此省形贅增“力”旁，隸定作“秾”；或作 [字形]（清華《耆夜》）、[字形]（清華《三壽》）、[字形]（清華《芮良夫》）、[字形]（清華《成人》）、[字形]（清華《保訓》），更於前省形再省“口”、增“又”，隸定作“稑”。此類異體秦統一文字後皆遭淘汰。

5. 尌，[字形]（合 36838），[字形]（合 36840），甲骨文；[字形]（尌母卣），金文；[字形]（石鼓《作邍》），刻石；[字形]（陶 6.80），[字形]（錄 6.91.1）陶文；[字形]（秦風 71），[字形]（十鐘），古璽；[字形]（郭店《語叢》三），楚簡；[字形]（雲夢《日書》乙），[字形]（嶽麓《爲吏》），秦簡。象形兼形聲字。《說文》：“尌，立也。从壴，从寸，持之也。讀若駐。”“尌”即“樹藝”之“樹”的本字，樹立是其引申義。

“尌”字構形，甲骨文从“力”、从“木”，从“豆”聲，金文改“力”爲義近偏旁“又”。陶文“又”下或增“口”飾，楚簡“又”旁或作“攴”。秦文字將从“木”、从“豆”合寫改作“壴”，與“鼓”之初文同形，“又”下加飾筆似“寸”，漢簡作 [字形]（《蒼頡》），《說文》篆文作 [字形]，遂以爲“从寸”。但《說文》“樹”字籀文作 [字形]，仍保存“壴”旁原來作“查”之構形。

6. 豊，[字形]（粹 540），[字形]（合 34610），[字形]（鐵 2.38.4），[字形]（合 14625），[字形]（合 27931），[字形]（屯 1255），[字形]（甲 1933），[字形]（合 32536），[字形]（花東 501），[字形]（周甲

51），甲骨文；（天亡簋），（何尊），（宅簋），（小臣豊簋），（長由

盉），（中山王壺），（鑄客鼎），金文；（中山玉璜），刻石；（彙 1883），

古璽；（陶 5.34），陶文；（清華《金縢》），（清華《禱辭》），（上博

《三德》），（清華《五紀》），（清華《不韋》），（清華《五紀》），（郭

店《緇衣》），（上博《緇衣》），（郭店《性自》），（郭店《六德》），（郭

店《老子》丙），（郭店《尊德》），（清華《四告》），（上博《民

之》），（清華《命訓》），（清華《成人》），（郭店《語叢》一），楚簡。

象形字。《説文》："豐，行禮之器也。从豆，象形。……讀與禮同。""豐"之本義是

以玉、鼓作行禮之器，代表禮，亦即"禮"之本字。或以爲是用玉裝飾的貴重大鼓代

表行禮之器。《説文》以後出構形分析爲从"豆"，并且視作"禮"字的同音通假字，

皆誤。

　　"豐"字構形，甲骨文、西周金文从"壴"（鼓）、从"玨"（雙"玉"），戰國文

字或省从"玉"。楚簡省訛較大，上部或省作"由"形，或增飾筆，或省筆畫，甚至訛

爲从"丨"、从"臼"，而下部已與"豆"相似，爲《説文》篆文作，漢印作

（徵 5.7）、（徵 5.7）所本。

　　7. 豐，（合 16084），（合 17513），（合 137），（合 18591），

（22289），（合 18592），（合 16084），（合 8262），甲骨文；（豐公鼎），

（豐卣），（伯豐方彝），（散氏盤），（豐簋），（史牆盤），

（王盉）, 🌿 （豐兮夷簋）, 金文；🔲 （西安圖）, 古璽；🔲 （清華《琴舞》）, 🔲 （清華《四時》）, 🔲 （清華《不韋》）, 🔲 （清華《四告》）, 🔲 （上博《周易》）, 🔲 （上博《李頌》）, 🔲 （包山 21）, 🔲 （包山 145）, 🔲 （安大《詩經》）, 🔲 （上博《容成》）, 楚簡。形聲字。《説文》：“豐, 豆之豐滿者也。從豆, 象形。一曰鄉飲酒有豐侯者。……🌿, 古文豐。”分析構形有誤, “豐”字從“壴”, 不從“豆”。本義爲鼓聲盛大蓬蓬, 引申爲豐滿。

“豐”字構形, 甲骨文從“壴”、從雙“亡”聲；或從雙“木”（“林”）；西周前期金文相同, 中期改從雙“丰”聲, 爲楚簡沿襲, 亦即《説文》古文作 🌿 所本。楚簡、秦印下部訛從“豆”, 爲《説文》篆文作 🔲, 漢印作 🔲 （徵 5.7）, 漢簡作 🔲 （《蒼頡》）, 漢碑作 🔲 （淮源廟碑） 所本。

需要指出, “豐”與“豊”都是從“壴”的字, 且構形很容易相混。尤其是漢隸中“豐”字或作 🔲 （武威《儀禮》）、🔲 （曹全碑）、🔲 （熹平石經《周易》）, 字形是“豊”, 却用作“豐”。至今日本使用之漢字, “豐”字仍然寫作“豊”, 如“豐田”汽車, 就寫作“豊田”, 也是其例。

○七○　豆部

　　《説文》："豆，古食肉器也。从口，象形。……，古文豆。""豆"是古代盛放菜羹、肉醬等食物的一種容器，《周禮·天官·冢宰·醢人》："掌四豆之實：朝事之豆，其實韭菹、醓醢、昌本、麋臡、菁菹、鹿臡、茆菹、麋臡。""豆"字構形，甲骨文作（乙 7978）、（合 22145）、（屯 740）、（屯 2484）、（甲 1613），金文作（宰甫簋）、（豆閉簋）、（大師盧豆）、（散氏盤）、（春生豆），象形字。陶文作（後李圖 7）、（陶 3.548）、（陶 3.606）、（陶 3.519）、（陶 3.28）、（録 2.11.4）、（録 4.199.1）、（録 2.497.1），楚簡作（上博《李頌》）、（郭店《老子》甲）、（望山 M2）、（信陽），爲《説文》古文作所本。秦簡作（雲夢《答問》）、（嶽麓《占夢》），爲《説文》篆文作，馬王堆帛書作（《灸經》），武威漢簡作（《醫簡》），石經作（熹平石經《儀禮》）所本。

1. 登，⬚（合6093），⬚（合10094），⬚（合21221），⬚（合27221），⬚（屯2345），⬚（合11484），⬚（合376），⬚（合15855），⬚（合28180），⬚（合8564），⬚（合8672），⬚（屯2619），⬚（合7384），⬚（合205），⬚（合補1270），⬚（合4646），⬚（合4647），甲骨文；⬚（登艹罍），⬚（鷄登觶），⬚（登爵），⬚（亞登簋），⬚（登仲尊），⬚（鄧孟壺），⬚（鄧公簋），⬚（鄧伯氏鼎），⬚（登卣），⬚（登瓡），⬚（登鼎），⬚（苬鼎），⬚（五年師旋鼎），⬚（散氏盤），⬚（獄簋），⬚（鄭鄧叔盨），⬚（者減鐘），⬚（鄧公簋），⬚（陳侯午錞），⬚（鄧伯吉射盤），⬚（陳侯午敦），⬚（隯登戟），⬚（周登鼎），金文；⬚（侯馬），盟書；⬚（彙3722），⬚（彙5663），⬚（彙5327），⬚（彙3848），⬚（十鐘），古璽；⬚（録3.548.4），⬚（咸陽瓦），陶文；⬚（包山15），⬚（包山175），⬚（上博《彭祖》），⬚（清華《良臣》），⬚（包山129），⬚（望山M1），⬚（清華《五紀》），⬚（上博《競公》），⬚（清華《四告》），⬚（包山26），⬚（包山57），楚簡；⬚（雲夢《日書》甲），⬚（里耶8-429），秦簡。會意字。《説文》：“登，上車也。從址、豆，象登車形。⬚，籀文登從収。”説解構形不確。“豆”是古代食器，亦用爲祭祀時禮器。“登”之造字本義當爲向祖先、神祇奉獻祭品，而從“址”有上升之義，《説文》所謂 "登車" 之 "登" 乃其引申義。

　　 "登" 字構形，甲骨文、金文有繁、簡二式。簡式作從 "収"（雙手）捧 "豆" 或 "皀"（"簋" 字象形），或從 "址" 從 "豆"；繁式則結合簡式兩形而成，即《説文》籀文作 ![字] 所本。西周金文以降大都寫作繁式的 "䘅"，戰國文字流行簡體的 "登"。楚簡構形或作簡體，或增 "廾"，或從雙 "址" 作、再於 "豆" 下簡省。秦簡作簡體，秦刻石作 ![字]（泰山刻石）、![字]（嶧山碑），爲《説文》篆文作 ![字]，漢金文作 ![字]（熒陽宮鐙），馬王堆帛書作 ![字]（《相馬》），漢簡作 ![字]（銀雀山《孫臏》）、![字]（居延甲315）所本。馬王堆帛書或作 ![字]（《老子》甲）、![字]（《周易》），"址" 旁省寫，漢碑承襲，作 ![字]（北海相景君碑）、![字]（孔宙碑），遂成固定寫法。

　　楚簡 "登" 字或作 ![字]（清華《不韋》）、![字]（清華《四告》），贅增 "址" 旁；或作 ![字]（上博《競公》），"豆" 上訛作省寫 "又" 旁之 "雙"；或作 ![字]（包山26）、![字]（包山57），亦見古璽作 ![字]（彙1930）、![字]（彙1931），"豆" 旁省似 "曰"。皆是書手原因。

　　2. 豎，![字]（鄘王罃戈），![字]（申陰令戈），金文；![字]（侯馬），![字]（侯馬），![字]（侯馬），盟書；![字]（彙2342），![字]（彙1719），![字]（彙440），![字]（彙3181），![字]（彙3016），![字]（彙5334），![字]（秦風221），![字]（十鐘），![字]（故宮458），古璽；![字]（録5.37.6），![字]（録4.32.1），![字]（録3.530.6），陶文；![字]（包山94），![字]

（上博《鮑叔牙》），![字形](新蔡甲三 398），![字形]（上博《競建》），![字形]（清華《禱辭》），![字形]（清華《五紀》），楚簡；![字形]（里耶 8-1532），秦簡。形聲字。《説文》：“豎，豎立也。从臤，豆聲。![字形]，籀文豎从殳。”

“豎”字見戰國文字，構形从“臣”、从“豆”聲。“臣”旁或加“又”作“臤”，見侯馬盟書，秦文字沿襲，爲《説文》篆文作![字形]所本。籀文作![字形]，秦印从“攴”，“又”“殳”“攴”爲義近偏旁互作。“豎”字後世俗體作“竪”。

○七一 缶部

《説文》："缶，瓦器，所以盛酒漿；秦人鼓之以節謌。象形。""缶"字構形，甲

骨文作 （合 6864）、 （合 756）、 （合 13514）、 （合 1571），象有蓋缶，

以 "口" 表器。金文作 （剛劫尊）、 （京姜鬲）、 （蔡侯紳缶）、 （蔡侯紳

缶）、 （蔡侯朱缶）、 （佣缶）、 （孟滕姬缶），蓋與器身 "口" 脱離，"口"

或省作 "凵"，蓋形之中竪筆加飾筆後似 "午"。戰國陶文作 （陶 4.61）、 （令

（録 2.289.1）、 （録 5.56.1）、 （録 4.7.1）、 （録 4.4.2）、 （録

4.97.1），楚簡作 （包山 265）、 （上博《周易》）、 （清華《祭公》）、

（望山 M2）、 （信陽），皆从 "口"。秦陶文作 （陶 5.371）、 （陶

5.370）、 （陶 5.370），大都从 "凵"，爲《説文》篆文作 所本。

"缶" 字異體，戰國金文作 （樂書缶），从 "金"；楚簡作 （包山 255），

從“土”；或作 ▨（包山 255）、▨（包山 255），從“石”，可分別隸作“鈷”“坩”“砳”。“金”“土”“石”皆表材質，故可互作形旁，皆爲“缶”字繁構異體。秦統一文字後，這些“缶”字異體皆遭淘汰。

1. 匋，▨（能匋尊），▨（甾父盉），▨（麓伯簋），▨（筍伯簋），▨（鞄子鼎），▨（邛君壺），▨（鵬公劍），▨（春平侯鈹），金文；▨（珍戰 8），▨（彙 91），▨（璽考 56），▨（彙 272），▨（吉大 145），▨（秦風 185），古璽；▨（古文字研究 24），▨（古文字研究 24），▨（録 2.248.3），▨（録 2.62.2），▨（録 2.133.1），▨（録 2.429.2），▨（録 2.218.4），▨（録 2.237.2），▨（録 2.435.3），▨（齊陶 850），▨（録 2.314.3），▨（録 4.44.3），陶文；▨（郭店《忠信》），▨（上博《容成》），▨（新蔡甲三 244），▨（郭店《窮達》），楚簡。形聲字。《説文》：“匋，瓦器也。從缶，包省聲。古者昆吾作匋。”段玉裁注：“今字作陶，陶行而匋廢矣。”

“匋”字構形，金文從“缶”、從“勹”聲（《説文》誤以爲“包省聲”）。戰國文字“勹”旁大都訛作“宀”，陶文構形地域特色尤爲明顯。秦文字仍作“勹”，爲《説文》篆文作▨所本。

2. 缾，▨（彙 720），▨（彙 2567），▨（集粹），古璽；▨（信陽），▨（信陽），▨（包山 252），▨（上博《周易》），▨（包山 255），楚簡。形聲字。《説文》：“缾，罋也。從缶，并聲。▨，缾或從瓦。”

　　“鉼”字構形，古璽從“土”、或從“金”，從“并”聲；楚簡或從“缶”，“缶”由“土”燒製成器，而“金”“土”皆表材質，故可互作形旁。可分別隸作“垪”“鉼”“鉼”。《説文》篆文作，漢印作（徵 5.12），皆從“缶”。《説文》或體作，從“瓦”，“瓦”由“土”燒製，故可互作。“瓶”亦是異體，但後世通行則作“瓶”字。

　　3. 罍，（仲義父罍），（仲義父罍），（曾伯文罍），（伯亞臣罍），金文。形聲字。《説文》：“罍，瓦器也。從缶，畾聲。”以爲瓦（陶）器，但出土文物也有青銅器。

　　“罍”字構形，金文從“缶”、從“畾”聲，春秋戰國文字有缺環，《説文》篆文作，没有變化。

　　4. 罍，（合 31319），甲骨文；（祖甲罍），（櫑仲簋），（函皇父盤），（函皇父簋），（邥伯罍），金文。形聲字。《説文》：“櫑，龜目酒尊，刻木作雲雷象，象施不窮也。從木，畾聲。罍，櫑或從缶。罍，櫑或從皿。罍，籀文櫑。”

　　“罍”字構形，甲骨文從“皿”、從“畾”聲，“畾”即“雷”字初文。金文或從“皿”，或從“木”，或從“金”，或從“缶”。《説文》將“罍”字作爲“櫑”字或體，正篆作，或體作、，并見古文字。籀文作，雖增“回”，構形亦從“缶”。

○七二 鼎部

　　《説文》："鼎，三足兩耳，和五味之寶器也。昔禹收九牧之金，鑄鼎荆山之下，入山林川澤，螭魅蝄蛧，莫能逢之，以協承天休。《易》卦：巽木於［火］下者爲鼎，象析木以炊也。籒文以鼎爲貞字。" "鼎"字構形，甲骨文作 （合 171）、（合 11499）、（合 20355）、（合 22086）、（合 27258）、（合 11350）、（合 21220）、（合 20294），象鼎形。金文作 （鼎父己尊）、（鼎簋）、（作父己鼎）、（利簋）、（作册大鼎）、（伯旅鼎）、（仲斿父鼎）、（癸鼎）、（互鼎）、（明我鼎）、（史盠父鼎）、（芮公鼎）、（曾伯從寵鼎）、（邾討鼎）、（哀成叔鼎）、（洹子孟姜壺）、（中山王鼎），寫法多姿多彩，個別上部加"卜"，與"貞"字形同。古璽作 （彙 321）、（秦集一），無變化。楚簡作 （天星觀），或作 （信陽）、（清華《食禮》）、（清華《食禮》）、（包山 254），加"卜"與"貞"字形同，鼎足訛

似 "火"；或省去鼎足作 （包山 265）、（包山牘）。秦簡作 （里耶 8-276），爲《説文》篆文作 ，漢金文作 （牷車宫鼎），石經作 （熹平石經《周易》）所本。

"鼎" 字金文或作 （公朱鼎），從 "土"；或作 （畬前鼎），從 "皿"，或作 （右廩鼎）、（三斗鼎），從 "金"；更有作 （佣子戻鼎），可分别隸作 "塤" "盫" "鎮" "鑪"，皆爲異體。

甲骨文借 "鼎" 爲 "貞"，而戰國文字則多以 "貞" 爲 "鼎"。

需要指出，後世有些從 "貝" 之字，其實古文字本從 "鼎" 作，如 "則" "員" 等字構形即從 "鼎"。《説文》是以訛變後的字形立言。另外古文字也偶見將 "貝" 訛作 "鼎" 的例子，如 "寶" 字，但這種逆向訛變的情況畢竟少數。

1. 具，（合 22152），（花東 333），（花東 6），（花東 480），（花東 92），甲骨文；（具父乙鼎），（駒父盨），（白具簋），（函皇父簋），（舀鼎），（獣鐘），（曾子斿鼎），（曾伯霥匜），（秦公鎛），（孫叔師父壺），（右貫府戈），金文；（石鼓《而師》），刻石；（秦陶 1244），陶文；（清華《芮良夫》），（上博《凡物》乙），（郭店《緇衣》），（清華《命訓》），（上博《緇衣》），（清華《五紀》），楚簡；（里耶 8-627），（嶽麓叁 75），（雲夢《語書》），秦簡。會意字。《説文》："具，共置也。从廾、从貝省。古以貝爲貨。" 説解有誤。

　　"具"字構形，甲骨文、金文皆從"収"（雙手）捧"鼎"，會供置意。西周以降，由於文字發展演變，用作偏旁的"鼎"字訛成"貝"，與"寶貝"之貝字同形，最早見西周金文，春秋金文常見，甚至省成"目"。楚簡"具"字構形雖然仍存有從"鼎"以及從"員"（構形本從"鼎"）之例，但多數則從"貝"，并也出現將"貝"省寫作"目"之例。秦簡也從"目"作。秦泰山刻石作 ，爲《説文》篆文作 所本。秦簡"具"字構形，"収"旁或寫作"廾"、或"兀"，爲馬王堆竹簡作 （M1）、帛書作 （《老子》乙前），武威漢簡作 （《儀禮》）所本。

　　2. 員，（合 20592），（合 10978），（合 20279），（英 1784），甲骨文；（員父尊），（員鼎），（員壺），（保員簋），（員用鼎），（㠱叔簋），金文；（石鼓《車工》），刻石；（鐵雲），陶文；（清華《説命》下），（清華《湯丘》），（清華《繫年》），（上博《緇衣》），（清華《廼命》），（清華《五紀》），（上博《緇衣》），（上博《曹沫》），（郭店《老子》甲），（郭店《緇衣》），（清華《五紀》），楚簡；（雲夢《爲吏》），（里耶 8-1615），秦簡。象形兼形聲字。《説文》："員，物數也。從貝，口聲。……，籀文從鼎。"分析構形不確。

　　"員"字構形，甲骨文、金文從"鼎"、從"〇"，象鼎口爲圓形，"〇"亦聲，即"圓"之本字。在文字演變過程中，"鼎"與"貝"形體漸相近，在作偏旁時尤多見，楚簡末例及秦簡"鼎"旁已訛同"貝"，以致《説文》篆文作 ，誤以爲"從貝"。馬

王堆帛書作 （《老子》甲後），銀雀山漢簡作 （《孫臏》），漢碑作 （史晨碑），皆從“貝”。但《説文》籀文作 ，仍保留從“鼎”的構形。

楚簡“員”字異寫較多，或作 （上博《用曰》）、 （郭店《老子》乙）、 （郭店《語叢》三）、 （上博《緇衣》）、 （上博《王居》），構形或簡或繁，“鼎”旁形訛，皆書手所爲。若脱離具體的語言環境，則很難確釋。

3. ，（合1306）， （合15878）， （合27288）， （合15883）， （合25224）， （合25223）， （合15882）， （合27529），甲骨文； （宰甫簋）， （員鼎）， （曆鼎）， （䜌鼎）， （賛母鼎）， （王子午鼎）， （曾子仲謱鼎）， （伵子受鐘），金文。會意兼形聲字。 “鼎”字《説文》失收。

“鼎”字構形，甲骨文從“鼎”、從“肉”，從“爿”聲（“肉”“爿”結合即“將”之本字），或省“肉”，或“爿”旁爲省形。西周金文或增“刀”旁，爲春秋金文沿襲。“鼎”字本義爲進獻盛肉之鼎以祭，引申爲祭名，金文也偶有用作祭器名。王國維曾指出，“鼎”字“當即《詩·小雅》‘或肆或將’，《周頌》‘我將我享’之‘將’字”（《甲骨學·文字篇》引），是傳世文獻用“將”字通假爲“鼎”。

4. ，（叔鼏鬲）， （秦公簋）， （國差𦉜），金文。形聲字。《説文》：“鼏，以木横貫鼎耳而舉之。從鼎，冖聲。”

“鼏”字構形，從“鼎”、從“冖”聲，“鼎”旁或形同“貝”。《説文》篆文作 ，“冖”旁稍有變化。目前戰國文字尚未見“鼏”字。

○七三 皿部

《説文》："皿，飯食之用器也。象形，與豆同意。""皿"字構形，甲骨文作 （合 10964）、（合 26786）、（合 26789）、（合 5742）、（合 30999）、（合 21917）、（合 28174）、（合 31149），晚商及西周金文作 （女皿簋）、（皿犀簋）、（己方彝）、（皿瓿）、（皿簋），象一種容器形。戰國金文作 （滎陽上官皿），商代陶文作 （陶 1.71）、（陶 1.72），戰國陶文作 （季木）、（睪 5.2），貨幣作 （編 89）、（編 89），楚簡作 （仰天湖），上部增飾筆。《説文》篆文作 ，上部無飾筆。

"皿"字春秋金文或作 （晉侯喜父皿），戰國金文或作 （廿七年皿），或從"金"，或增"辵"爲繁構。從"金"表材質，爲異體字。

1. 盥，（合 13562），（合 19495），（屯 958），（合 15338），

（合 19923），　（合 22857），　（合 32391），　（周甲 1），甲骨文；

（井侯簋），　（刺𣪘鼎），　（盟弘卣），　（冉父丁罍），　（盟爵），

（魯侯爵），　（師望鼎），　（邾公鈁鐘），　（邾公華鐘），　（蔡侯申

盤），　（王孫誥鐘），　（曾侯戲鐘），金文；　（侯馬），　（侯馬），盟書；

（詛楚文《湫淵》），刻石；　（彙 408），　（彙 322），　（彙 372），

（彙 199），　（彙 200），　（彙 202），古璽；　（清華《治政》），　（新

蔡乙四 419），　（清華《五紀》），　（清華《不韋》），　（清華《畏天》），

（清華《禱辭》），　（上博《子羔》），　（清華《繫年》），　（清華

《祝辭》），　（安大《曹沫》），　（安大《曹沫》），　（清華《治政》），

（清華《不韋》），　（包山 139），　（上博《詩論》），　（包山 23），　（上

博《三德》），　（上博《凡物》乙），　（上博《凡物》甲），　（清華《尹

至》），　（新蔡零 281），楚簡；　（雲夢《爲吏》），秦簡。會意字。《説文》：

"盟，《周禮》曰：'國有疑則盟。'諸侯再相與會，十二歲一盟，北面詔天之司慎、司

命盟，殺牲歃血，朱盤玉敦，以立牛耳。从囧，从血。　，篆文从朙。　，古文从明。"

　　"盟"字構形，甲骨文象"皿"中有血滴，表示歃血爲盟，血滴或作"囧"形，字

即"盟"字初文，會意字。西周金文構形同，或改从"朙"聲，爲形聲字。春秋金文

"皿"旁或改作"示"，以神祇作證爲"盟"，故从"示"。古璽大都作"盟"。楚簡構

形"囧"旁或作"目"、或作"日"，或从"示"、从"明"（"朙"的異體）聲。《説

文》篆文作，或體作，古文作，皆源自古文字。秦簡"皕"旁作"明"，爲

漢碑作（范式碑）、石經作（熹平石經《春秋》）所本。

楚簡"盟"字或作（上博《陳壽》）、（上博《季庚》）、（清華《成

人》），所從"日"旁加飾筆似"田"，或以爲乃"囧"旁省訛。

2. 益，（合補6271），（合12983），（合26782），（合26802），

（合31814），（洹寶93），（花東247），甲骨文；（益公簋），（益

公鐘），（永盂），（王臣簋），（畢鮮簋），（春成侯鍾），（榮

陽上官皿），（環權），（少司馬耳杯），（葛得鼎），金文；（秦風

213），（珍展133），古璽；（包山146），（包山118），（包山

108），楚簡；（雲夢《日書》乙），（里耶8-151），（嶽麓叁78），秦簡。

會意字。《説文》："益，饒也。从水、皿。皿，益之意也。"本義爲水從器皿中滿溢出，

後世"益"字用作利益等義，又別造"溢"字代之。

"益"字構形，甲骨文從"皿"中水滴會意，末例將皿中水點改似"八"形。金

文承之，於"八"下"皿"中加點形似"血"，點或作橫筆，楚簡寫法相同。林義光

指出："皿中盛物，八象上溢形。"（《文源》）秦印、秦簡構形從"水"旁橫置，爲《説

文》篆文作，漢印作（徵5.00）、（徵5.8），馬王堆帛書作（《老

子》甲）、（《相馬》），石經作（熹平石經《周易》）所本。

楚簡"益"字或作（清華《芮良夫》），於"益"側加"水"旁、下增"皿"

旁，隸定作"溢"。既可視作"益"字繁構，也可視作"溢"字異體。

3. 盡，[字形]（合 3515），[字形]（合 3518），[字形]（合 10969），[字形]（合 18538），[字形]（合 21960），[字形]（合 4655），[字形]（合 3519），[字形]（合 3521），甲骨文；[字形]（中山王壺），金文；[字形]（侯馬），[字形]（侯馬），[字形]（侯馬），[字形]（侯馬），[字形]（侯馬），盟書；[字形]（録 6.350.1），陶文；[字形]（雲夢《日書》乙），[字形]（雲夢《秦律》），[字形]（里耶 8-214），[字形]（里耶 8-757），秦簡。象形字。《説文》："盡，器中空也。从皿，聿聲。"

"盡"字構形，甲骨文从"皿"、从"聿"，象以手（"又"）持帚滌器。戰國文字於"聿"旁下部加飾筆，或訛似"火"，爲秦陶文、秦簡沿襲。泰山刻石作[字形]、秦詔量作[字形]，爲《説文》篆文作[字形]，馬王堆帛書作[字形]（《老子》甲後）、[字形]（《春秋》）所本，《説文》遂以爲从"聿"聲。漢碑亦作[字形]（尹宙碑），"火"寫成四點。漢碑或作[字形]（嵩山太室闕），石經作[字形]（熹平石經《周易》），回復本來構形。

4. 盤，[字形]（虢季子白盤），[字形]（伯侯父盤），[字形]（中子化盤），[字形]（歸父盤），[字形]（沇兒鐘），[字形]（囂伯盤），[字形]（工盧大叔盤），[字形]（蔡侯申盤），[字形]（會㠱鼎），[字形]（盤埜匕），金文；[字形]（彙 640），古璽；[字形]（清華《楚居》），[字形]（清華《繫年》），[字形]（包山 97），[字形]（上博《曹沫》），[字形]（清華《厚父》），[字形]（包山 265），[字形]（望山 M2），[字形]（信陽），[字形]（信陽），[字形]（信陽），楚簡。形聲字。《説文》:“槃,承槃也。从木,般聲。鎜,古文,从金。𥃲,籀文,从皿。”

“盤”字構形,金文从“皿”、从“般”聲,“般”旁之“殳”大都作“攴”,偶有省“攴”增“酉”。古璽“攴”旁或訛作“反”。楚簡除从“皿”、从“般”聲外,形旁或从“木”,或从“金”,皆表材質;聲旁“般”或省“攴”作“丩”,屬形訛。《説文》篆文作、古文作、籀文作,皆源自楚簡。

楚簡“盤”字或作(上博《曹沫》)、(上博《曹沫》)、(上博《曹沫》),所从“般”旁之“舟”訛作“㕣”,乃書手致誤。

5. 盂,(合 16239),(合 5648),(合 28980),(合 35537),(合 31512),(後上 18.6),(合 37398),(合 39476),甲骨文;(盂方鼎),(伯盂),(匽侯盂),(盂爵),(盂鼎),(永盂),(晉侯㯃馬壺),(魯元匜),(子諅盆),(王子申盞),(齊良壺),(酓審盞),金文;(上博《容成》),楚簡。形聲字。《説文》:“盂,飯器也。从皿,亏聲。”

“盂”字構形,甲骨文从“皿”、从“于”聲,“于”字或作繁構(詳下)。金文偶作繁形,構形“皿”旁或置“于”上;或於“于”上加飾筆,楚簡則作簡形。漢印作(徵 5.8),没有變化。《説文》篆文作,“于”旁作“亏”形。

附帶指出,“于”字構形,甲骨文本作(合 16243)、(合 18635)、(合 16242)、(合 24261)、(合 14167)、(英 365),象樂器“竽”,省形作(合 21586)、(甲 3941)、(合 38762)、(合補 1299)、(周甲

27），再省作 ![字形](合 5175)、![字形]（合 18866）、![字形]（合 5165）、![字形]（合 37479）。金文

作 ![字形]（毓祖辛卣）、![字形]（婦未于鼎）、![字形]（亢鼎）、![字形]（格伯簋）、![字形]（毛公

鼎）、![字形]（王子午鼎）、![字形]（黏鎛）、![字形]（陳猶缶）、![字形]（中山王鼎），繁、簡二形并

存。楚簡作 ![字形]（上博《周易》）、![字形]（上博《三德》）、![字形]（清華《祭公》）、

![字形]（上博《命》）、![字形]（清華《程寤》），末形即《説文》作 ![字形] 所本。秦簡作

![字形]（里耶 8-1709），没有變化。《説文》："于，於也。象气之舒亏，从丂、从一。一

者，其气平之也。" 説解構形不確。

6. 盧，![字形]（合 19957），![字形]（合 22210），![字形]（甲 3652），![字形]（合 27041），![字形]

（合 28095），![字形]（合 34680），![字形]（合 32969），![字形]（甲 886），![字形]（屯 496），甲骨文；

![字形]（趞曹鼎）、![字形]（伯公父匿）、![字形]（取盧盤）、![字形]（嬰次鑪）、![字形]（者旨智鑪）、![字形]

（盧氏戈），金文；![字形]（彙 3418）、![字形]（璽考 31）、![字形]（集粹 564）、![字形]（傅

1421），古璽；![字形]（幣 229）、![字形]（幣 228）、![字形]（幣 228）、![字形]（幣 215），貨幣；

![字形]（嶽麓《爲吏》）、![字形]（放馬灘地圖），秦簡。形聲字。《説文》："盧，飯器也。从

皿，盧聲。![字形]，籀文盧。" 分析構形有誤。

"盧" 字構形，甲骨文本象鑪形，後加聲符 "虍"，成形聲字。西周金文從之，晚

期加 "皿"，春秋金文或从 "膚" 聲。戰國文字从 "膚" 省 "肉"，秦文字沿襲，爲馬

王堆帛書作 ![字形]（《老子》甲後）、![字形]（《縱橫》），漢碑作 ![字形]（孔宙碑）所本。馬

王堆帛書或作 （《病方》），中部略訛，爲《説文》篆文作 所本，《説文》遂誤以爲從“盧”聲。《説文》籀文作 ，中部作“囟”，亦訛。

7. 盬，（伯公父盬），（都公匜），（史頌匜），（季公父匜），（叔邦父匜），（商丘叔匜），（魯士匜），（伯子佣匜），（伯子孟青嬭匜），（邾太宰匜），（鑄叔匜），（鑄子匜），（蔡侯申匜），（陳曼匜），（長子□匜），（盛君匜），（大府匜），（會□匜），金文；（彙2750），（彙1887），（彙5313），（彙2050），（彙2428），（璽考241），（彙869），古璽；（郭店《窮達》），（包山），（新蔡甲三90），（安大《曹沫》），（安大《曹沫》），楚簡。形聲字。《説文》：“盬，器也。从皿、从缶，古聲。”

“盬”字構形，金文除首例從“皿”、從“金”、從“古”聲（隸定作“盬”）外，皆從“匚”，聲旁從“古”，或從“故”，或從“害”，或從“獸”（“獸”音通“胡”），或從“夫”（省爲“大”），聲旁皆爲同音字，故可互作。戰國文字構形皆從“匚”、從“古”聲，隸定作“匜”。《説文》篆文作 ，當源自金文“盬”，頗疑“缶”旁爲“金”字之訛。

《説文》已不明“盬”的形制和用途，統稱爲“器也”，而青銅器自銘爲“匜”者，皆作侈口長方形，是古代祭祀和宴饗時盛放飯食的器具。以往學者認爲“匜”即“簠”之本字，唐蘭根據扶風庄白村窖藏出土的微伯瘨簠器形及自名，指出圓豆形器才是《説文》的“簠”，而匜、匡類是方的，它應該就是典籍的“瑚”（《略論西周微史家族窖藏青銅器群的重要意義》）；高明則根據伯公父鎣的自名指出，此"鎣"即《説文》之"鎣"，其他的區匿類也應該稱作"鎣"（《鎣簠考辨》）。其説皆可從。

金文"鎣"字或作 （葛伯鎣）、（西替鈷），構形從"金"，從"害"、或"古"聲，爲"鎣"字省"皿"，異體字。可分別隸作"鎣""鈷"。

8. 盉，（吳盉），（季嬴盉），（伯角父盉），（奮父盉），（員盉），（王盉），（麥盉），（伯紳壺），（仲皇父盉），（毳匜），（季良父盉），（伯墉父盉），金文。形聲字。《説文》："盉，調味也。從皿，禾聲。"

"盉"字構形，金文從"皿"、從"禾"聲，或增"又"，或增"廾"，象以手執器，爲繁構。《説文》篆文作 ，没有變化。

金文"盉"字異體作 （途盉），增"金"表材質；或作 （伯肇盉），"皿"旁改爲義近偏旁"鼎"；或作 （春成侯盉），省"皿"；或作 （少府盉），省"皿"增"咼"聲；或作 （伯春盉），從"禾"省，"皿"旁改爲義近偏旁"酉"。這些異體，秦統一文字後皆遭淘汰。

○七四 酉部

《説文》："酉，就也。八月黍成，可爲酎酒。象古文酉之形。……，古文酉，从卯。卯爲春門，萬物已出；酉爲秋門，萬物已入；一，閉門象也。"分析構形不確。"酉"字構形，甲骨文作（合 7075）、（合 17578）、（合 19946）、（合 29375）、（合 6049）、（合 34338）、（合 34417），金文作（酉爵）、（卯其卣）、（臣辰卣）、（孟鼎）、（師遽方彝）、（永盂）、（癲壺）、（師酉簋）、（莒平鐘）、（郘王義楚耑）、（國差𦉜）、（陳喜壺），象盛酒罋，借用作干支。盟書作（溫縣），古璽作（彙 1168）、（彙 2081）、（彙 3419）、（彙 3447），陶文作（録 6.56.1），楚簡作（上博《弟子》）、（包山 203）、（安大《詩經》）、（新蔡甲三 243）、（清華《耆夜》）、（清華《耆夜》）、（清華《病方》）、（清華《病方》），上加飾筆。秦簡作（雲夢《日書》乙）、（里耶 8-2206），爲《説文》篆文作所本。《説文》古文作〔古文字形〕，古文字未見。

1. 尊，〔字形〕（合14879），〔字形〕（合21223），〔字形〕（合6903），〔字形〕（合15856），〔字形〕（合33140），〔字形〕（屯2861），〔字形〕（合32536），〔字形〕（合6734），甲骨文；〔字形〕（耳卣），〔字形〕（父戊舟爵），〔字形〕（旁鼎），〔字形〕（嗀方尊），〔字形〕（衛父卣），〔字形〕（瘋壺），〔字形〕（召仲鬲），〔字形〕（曾姬無卹壺），〔字形〕（商鞅方尊），金文；〔字形〕（彙1486），〔字形〕（十鐘），古璽；〔字形〕（郭店《唐虞》），〔字形〕（郭店《唐虞》），〔字形〕（郭店《唐虞》），楚簡；〔字形〕（雲夢《爲吏》），秦簡。象形字。《説文》：“鐏，酒器也。从酉，廾以奉之。《周禮》六尊：犧尊、象尊、著尊、壺尊、太尊、山尊，以待祭祀賓客之禮。〔字形〕，或从寸。”段玉裁注：“凡酌酒者必資於尊，故引申以爲尊卑字……自專用爲尊卑字，而別製罇、樽爲酒尊字矣。”“廾者，竦手也。奉者，承也。設尊者必竦手以承之。”説解較詳細，可作參考。

“尊”字本作“鐏”，甲骨文構形象以“収”（雙手）奉“酉”（盛酒器）敬酒，或以祭祀，或招待賓客。金文、古璽、楚簡構形亦相同，秦簡“収”旁省作“又”，加飾筆訛成“寸”。《説文》篆文正體作〔字形〕，或體作〔字形〕，馬王堆帛書作〔字形〕（《老子》甲後）、〔字形〕（《老子》甲後）、〔字形〕（《縱橫》）、〔字形〕（《老子》甲後）、〔字形〕（《縱橫》），二形并存。漢碑作〔字形〕（孔宙碑）、石經作〔字形〕（熹平石經《論語》），後世流行或體“尊”，而正體“鐏”遂漸漸淡出。

《説文》將“尊”字歸入“酉”部（只收“尊”一字）。其實“酋”字構形，是在“酉”字上部增加飾筆後分化而成。

"尊"字繁體，甲骨文作　（花東 26）、　（花東 26）、　（合 1291）、

（合 23228）、　（合 13566）、　（合 30728）、　（合 30919），金文作　（蓋卣）、

（妊伯卣）、　（戓鼎）、　（過伯簋）、　（仲義父鼎）、　（甚鼎）、

（刺鼎）、　（戒叔尊）、　（曾仲壺）、　（奇之尊壺），古璽作　（彙 1956），

楚簡作　（郭店《語叢》一）、　（郭店《語叢》一）、　（郭店《唐虞》）、

（郭店《五行》），從"阜"、從"奠"，隸定作"隓"。因"尊"字引申有升、尊上義，故古文字繁構增"阜"旁。這種繁體"尊"字不見漢隸，《説文》也未收。

此外，楚簡"尊"字異體作　（上博《建州》甲）、　（上博《鄭子》甲）、

（郭店《尊德》）、　（郭店《尊德》）、　（望山 M2），亦見楚金文作　（彭射鼎）、　（彭射鼎），秦印作　（珍秦 198），構形從"酉"、從"奐"聲，隸定作"酋"。這種"尊"字異體，漢以後也再未出現。

附帶指出，"奐"即"朕""送"等字的聲旁，《説文》失收，但其作爲偏旁篆文訛作　，隸定作"奐"。金文作　（臣諫簋）、　（毛公鼎），讀爲"朕"；或上增飾筆似"八"作　（斛半小量）、楚簡作　（信陽），假爲"寸"。"奐"旁構形本從"収"、從"丨"聲。裘錫圭以爲"丨"即針之象形初文，"　"從"廾"捧"丨"，"丨（針）"亦聲（《釋郭店楚簡〈緇衣〉"出言有丨黎民所丨"》）。楚簡"丨"字或假爲"章"。古文字在演變過程中，經常會在豎筆中加裝飾點，後常變成横畫；也會在豎筆兩邊加撇作飾筆似"八"，例子很多，"奐"字即其例。

2. 奠，　（合 9769），　（合 6739），　（合 6），　（合 32275），　（花東

284)，（合 12815），（屯 4219），（合 33178），（合 32277），甲骨文；（矢簋），（免簋），（大仲簋），（康鼎），（叔向父簋），（速盤），（牧馬受簋），（陳璋壺），（酓章鎛），金文；（彙 1617），（彙 291），（彙 5568），（後李圖 1.6），古璽；（陶 3.39），（陶 3.148），陶文；（清華《繫年》），（上博《平王》），（郭店《性自》），（包山 2），楚簡。象形字。《説文》：“奠，置祭也。从酋。酋，酒也，下其丌也。《禮》有奠祭者。”分析構形不確。

“奠”字構形，甲骨文从“酉”、从“一”，象酒尊下有荐，“一”象物下有荐形。金文繁化，於“一”下或加二短橫，後訛爲“八”形與“一”結合成“丌”，戰國文字從之，《説文》篆文作，遂誤以爲“下其丌也”，而上部“八”形飾筆則源於戰國文字“酉”上加飾筆，其與“尊”字演變相同。

楚簡“奠”字或作（上博《性情》），增“土”旁。也見古璽作（彙 3326）、（彙 3295），陶文作（齊陶 87）、（齊陶 95）、（香 6.4），亦見武威漢簡作（《儀禮》），爲“奠”字繁構異體。

古文字書法創作時，需要注意“奠”與“尊”的本字“尊”於構形之間存在的區別。

3. 配，（合 14238），（花東 5），（花東 5），（合 5007），（英 1864），（懷 1640），（合 31841），（懷 67），甲骨文；（婦配

咸簋），█（𤔲公盨），█（南公乎簋），（方尊），█（毛公鼎），█（獸

鐘），█（獸簋），█（配兒鈎鑼），█（拍敦），█（郃子受鐘），█（蔡侯申

盤），█（陳逆笑），█（四年邧令戈），金文；█（清華《説命》下），█

（清華《五紀》），█（清華《五紀》），█（新蔡零92），楚簡。會意字。《説文》：

"配，酒色也。从酉，己聲。"分析構形有誤。

　　"配"字構形，甲骨文从"酉"、从"卩"，象人跪坐在酒罈前。金文、楚簡同。

《説文》篆文作█，漢印作█（徵14.19），武威漢簡作█（《儀禮》），"卩"

旁訛爲"己"，《説文》遂誤以爲从"己聲"。

　　4. 酓，█（合22139），█（花東7），█（花東16），█（花東355），（合

32344），█（合28097），█（合30285），█（花東495），甲骨文；█（邐簋），█

（伯㦰壺），█（伯作姬酓壺），█（𥃭簋），█（番伯酓匜），█（酓章鎛），█

（酓章戈），█（酓前匜），█（酓忢鼎），金文；█（包山190），█（清華

《楚居》），█（上博《弟子》），█（安大《詩經》），█（上博《周易》），█

（新蔡乙一22），█（包山85），█（清華《病方》），█（清華《病方》），楚簡。

形聲字。《説文》以"酓"爲"歓"字聲旁，但大徐本失收"酓"字，小徐本有之，

作："酓，酒味苦也。从酉，今聲。"楚文字以"酓"爲楚王氏姓，傳世典籍寫作

"熊"。

　　"酓"字構形，甲骨文从"亼"（倒寫的"口"旁）、从"酉"會意，後"亼"旁

聲化爲“今”，遂成形聲字，金文、楚簡從之。

5. 牆，⿰（中山王壺），⿰（兆域圖），⿰（九年將軍戈），⿰（貴將軍虎節），⿰（鄅子鎛），金文；⿰（侯馬），盟書；⿰（守丘），刻石；⿰（彙93），⿰（彙48），⿰（彙307），⿰（彙177），⿰（彙234），⿰（彙3436），⿰（彙95），古璽；⿰（録3.547.5），⿰（陶6.20），陶文；⿰（清華《祝辭》），⿰（安大《曹沫》），⿰（清華《成人》），⿰（郭店《老子》甲），⿰（上博《踐阼》），⿰（清華《四告》），⿰（清華《食禮》），⿰（清華《畏天》），⿰（清華《五紀》），⿰（包山253），⿰（清華《封許》），⿰（清華《皇門》），楚簡；⿰（雲夢《日書》乙），⿰（雲夢《秦律》），秦簡。形聲字。《説文》：“牆，鹽也。从肉，从酉，酒以和牆也。爿聲。⿰，古文。⿰，籀文。”本義指肉醬，戰國文字大都借用作“將”。

“牆”字構形，金文从“酉”、从“爿”聲，或增“皿”爲繁構。盟書、古璽、楚簡或增“止”爲繁構。古璽、陶文“爿”旁或訛作“疒”，或从“臧”聲。金文、秦簡增“肉”旁，爲《説文》篆文作⿰，漢印作⿰（徵14.19），馬王堆帛書作⿰（《病方》）、竹簡作⿰（M1）所本。《説文》古文作⿰，見戰國文字。今通行“牆”字寫作“醬”。

○七五 車部

　　《説文》："車，與輪之總名。夏后時奚仲所造。象形。……🜨，籀文車。""車"字構形，晚商金文（族氏銘文）作█（車父己簋）、█（羊舅車觚）、█（買車卣），甲骨文作█（合 11450）、█（花東 416），象古代車的完整形，"象兩輪、一軸、一輿之形"（《説文》段玉裁注）。晚商金文省形作█（車方彝）、█（車🜨彝），甲骨文省形作█（明 641）、█（合 584）、█（合 11449）、█（合 11452），西周金文作█（盂鼎）、█（九年衛鼎）、█（多友鼎）、█（小臣宅簋），省形作█（楷伯簋），再省形作█（录伯𣪕簋）、█（師同鼎）、█（應公簋），最後只剩一軸一輪。至春秋戰國，金文作█（鑄公匜）、█（邵大叔斧）、█（鄂君啓舟節）、█（𫮃盗壺）、█（右使車工鼎），這種簡體遂成爲固定寫法。古璽作█（彙 368）、█（彙 678）、█（傅 146），偶見繁構作█（彙 5270）。楚簡作

— 472 —

（清華《耆夜》）、（安大《詩經》）、（清華《治政》）、（安大《曹沫》）、（安大《曹沫》）、（郭店《緇衣》）、（新蔡零 167）、（清華《四時》）、（上博《詩論》），秦簡作（雲夢《日書》乙）、（里耶 8－677），沒有變化，爲《説文》篆文作所本。《説文》籀文作，當源於楚簡作（望山 M2）。

1. 載，（坪夜君鼎），（嵩訌君鼎），（鄂君啓舟節），（鄂君啓車節），（鄔侯載簠），（鄔侯載矛），（中山王壺），金文；（清華《説命》下），（上博《曹沫》），（清華《繫年》），（安大《詩經》），（曾侯），（包山 269），（上博《莊王》），（安大《曹沫》），（清華《四時》），（安大《曹沫》），（天星觀），（包山牘），（郭店《尊德》），（曾侯），楚簡；（雲夢《秦律》），（雲夢《封診》），（嶽麓《爲吏》），（嶽麓叁 47），（里耶 8－1350），秦簡。形聲字。《説文》：“載，乘也。從車，㦰聲。”

“載”字構形，戰國金文從“車”、從“㦰”聲，或省爲“才”聲。楚簡構形同，或從“哉”聲，或省爲“戈”。秦簡“㦰”旁或寫作“㦰”，爲後世常見之隸定。《説文》篆文作，馬王堆帛書作（《老子》乙前）、（《老子》甲後），沒有變化。

2. 軍，⬚（庚壺），⬚（郾右軍矛），⬚（郾侯載矛），⬚（郾侯載戈），⬚（九年將軍戈），⬚（中山侯鉞），⬚（中山王鼎），金文；⬚（彙126），⬚（彙368），⬚（彙210），⬚（彙95），⬚（彙47），⬚（彙5708），⬚（秦集一二18.1），古璽；⬚（錄4.139.1），陶文；⬚（郭店《成之》），⬚（安大《曹沫》），⬚（包山158），⬚（包山87），⬚（上博《凡物》甲），⬚（安大《曹沫》），⬚（清華《五紀》），⬚（清華《五紀》），⬚（清華《皇門》），⬚（包山88），楚簡；⬚（雲夢《秦律》），⬚（雲夢《雜抄》），⬚（里耶8-5-4），⬚（里耶8-198），⬚（北大《從政》），秦簡。形聲字。《說文》：“軍，圜圍也。四千人爲軍。从車，从包省。軍，兵車也。”分析構形有誤。

“軍”字構形，金文从“車”、从“勹”聲，或从“匀”聲，古璽、陶文同。“勹”字甲骨文作⬚（合137）、⬚（合6834）、⬚（合26621）、⬚（合26362），用作“旬”，亦即“匀”字的聲旁。楚簡構形从“匀”聲。馬王堆帛書作⬚（《老子》甲），《說文》篆文作⬚，漢印作⬚（徵14.6），“勹”已訛作“冖”，源於春秋金文（庚壺）。秦簡“勹”旁再寫似“冖”，爲武威漢簡作⬚（醫簡），漢碑作⬚（曹全碑）所本。馬王堆帛書或作⬚（《縱橫》），“勹”旁則未訛。

3. 輔，⬚（輔伯鼎），⬚（師嫠簋），⬚（師嫠簋），⬚（輔師嫠簋），⬚

（中山王壺），金文；（侯馬），盟書；（彙5706），（彙5655），

（陝西716），（彙2496），古璽；（曾侯），（清華《良臣》），（清華

《琴舞》），（清華《皇門》），楚簡。形聲字。《説文》：“輔，人頰車也。从車，

甫聲。”

　　“輔”字構形，金文从“車”、从“甫”聲，盟書同。古璽或省从“父”聲。楚簡

“甫”旁增飾筆較多。《説文》篆文作，漢印作（徵14.7），馬王堆帛書作

（《老子》甲），漢碑作（曹全碑），沒有變化。

　　4. 輿，（闕輿戈），金文；（詛楚文《湫淵》），刻石；（珍秦

122），（傅1441），古璽；（包山241），（包山203），（曾侯），

（望山M1），楚簡；（雲夢《雜抄》），（雲夢《日書》乙），（里

耶8-461），秦簡。形聲字。《説文》：“輿，車輿也。从車，舁聲。”

　　“輿”字構形，金文从“車”、从“舁”聲，秦刻石、秦印、秦簡同。楚簡“舁”

旁省作“収”，爲簡體。《説文》篆文作，漢印作（徵14.6），馬王堆帛書作

（《老子》甲）、（《縱橫》），漢簡作（銀雀山《孫臏》），沒有變化。

　　5. 輕，（集證163.283），古璽；（天星觀），楚簡；（雲夢《語

書》），（雲夢《答問》），（嶽麓《爲吏》），秦簡。形聲字。　《説文》：

“輕，輕車也。从車，巠聲。”本義爲車名，引申（借用）爲“輕重”之輕。

　　“輕”字見戰國文字，構形从“車”、从“巠”聲，楚簡、秦簡及秦印同。《説文》

篆文作【字】，馬王堆帛書作【字】（《老子》甲後）、【字】（《老子》乙前），没有變化。

"輕"字異體，金文作【字】（廿七年安陽令戟）、【字】（二年梁令矛），古璽作【字】（彙3445），楚簡作【字】（上博《緇衣》）、【字】（上博《緇衣》）、【字】（包山199）、【字】（郭店《緇衣》）、【字】（郭店《五行》），構形從"羽"、從"巠"聲，隸定作"翠"。羽毛分量極輕，所以用"羽"作表義形旁。"翠"當是"輕重"之輕的專字，後世則被作爲"輕"字異體淘汰。

6. 繟，【字】（長子盉），【字】（東庫盉），【字】（中山盉），【字】（中山扁壺），【字】（中山燈），【字】（七葉壺），【字】（中山箕），【字】（中山圓壺），金文；【字】（彙2505），【字】（彙2503），【字】（彙2507），【字】（彙2508），【字】（珍戰90），古璽；【字】（清華《楚居》），【字】（清華《封許》），【字】（安大《詩經》），【字】（清華《食禮》），【字】（郭店《性自》），【字】（郭店《尊德》），【字】（郭店《忠信》），楚簡。形聲字。《説文》失收。金文用作人名，楚簡或用作通假字。

"繟"字構形，金文從"車"，從"茲"聲；楚簡、古璽或從"茲"聲，或從"絲"聲。"茲""絲"皆會二"糸"相連意，故可互作。"繟"字本義當與車有關，或即"連接"之連的本字。此外，"絲"（"茲"）即"繟"字所從的聲旁，後世有些從"繟"的字，戰國文字構形或從"茲"，或從"絲"。因此，"繟"字也不排除是"轡"字的可能性，可惜後世字書未載其字其義。

○七六 舟部

《説文》："舟，船也。古者共鼓、貨狄刳木爲舟，剡木爲楫，以濟不通。象形。"
"舟"字構形，甲骨文作 （合 11460）、 （合 32850）、 （合 655）、 （合
467）、 （英 611）、 （合 34483）、 （合 21430），象舟筏之形。金文作
（舟父丁卣）、 （舟父壬尊）、 （舟盤）、 （洹秦簋）、 （舟簋）、
（楚簋）、 （史密簋）、 （鄂君啓舟節），石鼓文作 （霝雨），古璽作
（璽考 254）、 （彙 5500），楚簡作 （郭店《成之》）、 （清華《説命》中）、
（新蔡甲三 321）、 （清華《五紀》）、 （清華《皇門》）、 （包山
157）、 （包山 68）、 （清華《禱辭》）、 （清華《禱辭》），變化不大，爲
《説文》篆文作 ，馬王堆帛書作 （《縱橫》），銀雀山漢簡作 （孫臏）所本。

需要指出，在古文字中"舟"旁與"凡"旁、"皿"旁易混。另外，"舟"旁在後
世的隸書和楷書中，寫成兩種偏旁：一作"舟"；一作"月"。後者與"日月"之

"月"及作爲"肉"旁的"月"構形相同。

1. 朕，〔字形〕（合 20975），〔字形〕（甲 3349），〔字形〕（合 1196），〔字形〕（合 39824），〔字形〕（乙 8368），〔字形〕（甲 2304），甲骨文；〔字形〕（朕女觚），〔字形〕（朕尊），〔字形〕（天亡簋），〔字形〕（盂鼎），〔字形〕（盠駒尊），〔字形〕（師遽簋），〔字形〕（圉鼎），〔字形〕（毛公鼎），〔字形〕（秦公簋），〔字形〕（麓伯簋），〔字形〕（魯伯愈父鬲），〔字形〕（毛叔盤），〔字形〕（者汈鐘），〔字形〕（中山王壺），金文；〔字形〕（清華《四告》），〔字形〕（清華《皇門》），〔字形〕（清華《湯丘》），〔字形〕（上博《彭祖》），〔字形〕（清華《說命》上），〔字形〕（清華《成人》），〔字形〕（清華《廼命》），楚簡。形聲字。《說文》："朕，我也。闕。"說解用"闕"表示不清楚"朕"字構形和造字本義。

"朕"字構形，甲骨文、金文從"舟"、從"关"聲（"关"字構形分析見前"尊"字附述），楚簡同。馬王堆帛書作〔字形〕（《老子》乙前），亦同，或作〔字形〕（《相馬》），"关"旁訛作"𢆶"，爲《說文》篆文作〔字形〕所本（今楷"关"寫作"关"）。

前已指出，古文字"关"旁易與"类"旁相混，這種訛誤最早出現在春秋晚期。"朕"字訛誤如金文作〔字形〕（戈叔朕鼎）、〔字形〕（封孫宅盤），亦見楚簡作〔字形〕（清華《保訓》）、〔字形〕（清華《保訓》）等例。楚簡或作〔字形〕（清華《程寤》）、〔字形〕（清華《廼命》）、〔字形〕（清華《廼命》），更是"关""类"二旁複合之例。

2. 俞，〔字形〕（10406），〔字形〕（懷 977），〔字形〕（合 18675），〔字形〕（合 4833），甲骨

文；▦（小臣俞尊），▦（俞舌盤），▦（亞俞父乙卣），▦（俞伯卣），▦（豆閉簋），▦（不嬰簋），▦（魯伯愈父盤），▦（喬君尊），金文；▦（侯馬），▦（侯馬），▦（侯馬），▦（侯馬），盟書；▦（彙3316），▦（彙2108），▦（璽考334），古璽；▦（幣208），▦（幣208），▦（幣208），貨幣；▦（清華《繫年》），▦（清華《皇門》），▦（上博《詩論》），▦（郭店《忠信》），▦（清華《四告》），▦（清華《四告》），楚簡；▦（里耶8-1040），秦簡。形聲字。《説文》：“俞，空中木爲舟也。从亼、从舟、从巜。巜，水也。”分析構形有誤。

“俞”字構形，甲骨文从“舟”、从“余”聲，所从“余”旁與單獨的“余”字構形略有不同。金文“余”旁豎筆側增飾豎筆，《説文》遂誤以爲从“巜”。楚簡“余”旁或作省形，或訛似“刀”，爲楷書作“刂”所本。《説文》篆文作▦，漢印作▦（徵8.18），馬王堆帛書作▦（《老子》甲）、▦（《老子》甲）、▦（《縱橫》），没有變化。

楚簡“俞”字或作▦（上博《慎子》），“余”旁省豎筆；或作▦（郭店《五行》），“舟”旁有訛誤，“余”旁下部也訛似“刀”，此異寫皆書手原因。

附及，“余”字構形，甲骨文作▦（合1239）、▦（甲3690）、▦（京都335）、▦（合16100），西周金文作▦（何尊）、▦（盂鼎）、▦（召伯簋）、▦（毛公鼎），造字本義不明。後於豎筆下部兩邊加撇作飾筆似“八”，以求字形穩定，春秋戰國金文作▦（秦公簋）、▦（余卑盤）、▦（邾公華鐘）、▦（王孫鐘）、▦（配兒鉤鑃）、🖼（州句劍），楚簡作 🖼（包山）、🖼（清華《皇門》）、🖼（上博《弟子》）、🖼（上博《吳命》），秦簡作 🖼（雲夢《日書》乙），《說文》篆文作 🖼，

馬王堆帛書作 🖼（《老子》甲），漢碑作 🖼（石門頌），再無變化。《說文》："余，語之舒也。从八，舍省聲。"分析構形不確。另外，"余"旁於"俞"字構形中的演變結果，尚是孤例。

3. 服，🖼（合36924），甲骨文；🖼（孟鼎），🖼（井侯簋），🖼（克鼎），🖼（番生簋），🖼（班簋），🖼（服尊），🖼（趞簋），🖼（駒父盨），🖼（毛公鼎），🖼（秦公簋），🖼（競孫旗也壺），金文；🖼（秦公石磬），刻石；🖼（清華《繫年》），🖼（清華《厚父》），🖼（清華《四告》），🖼（清華《四告》），楚簡；🖼（雲夢《爲吏》），🖼（雲夢《秦律》），🖼（里耶J1⑨3），🖼（里耶8-2186），秦簡。形聲字。《說文》："服，用也。一曰車右騑，所以舟旋。从舟，𠬝聲。𦚤，古文服，从人。"

"服"字構形，甲骨文、金文从"舟"、从"𠬝"聲，楚簡、秦簡沒有變化。《說文》篆文作 🖼，"𠬝"旁所从之"卩"已有訛誤。但漢印作 🖼（徵8.19），馬王堆帛書作 🖼（《老子》甲）、🖼（《老子》乙前）、🖼（《天文》），漢簡作 🖼（居延甲19），則未誤。至於《說文》古文作 🖼，古文字未見。

4. 般，🖼（乙962），🖼（合376），🖼（合8838），🖼（合2246），🖼（合

31987），（合 24135），（甲 2306），（合 32862），甲骨文；（般甗），（吳盤），（趞曹鼎），（仲叔父盤），（叔五父盤），（兮甲盤），（元年師旋簋），（癲盤），（匜公匜），（魯伯盤），（齊侯盤），（公子土斧壺），金文；（秦集二三 82.2），古璽；（仰天湖），（清華《成人》），楚簡；（里耶 8-1055），秦簡。形聲字。《説文》："般，辟也。象舟之旋，从舟，从殳。殳，所以旋也。，古文般从支。"分析説解不確。

"般"字構形，甲骨文、金文从"皿"、从"支"聲，本義爲器皿，即"盤"字初文。金文大都用作"盤"義，尤其是西周中期金文"皿"旁構形象盛水器（元年師旋簋、癲盤），更是證明。由於古文字"般"字"皿"旁基本上豎寫形似"舟"，而楚簡、秦印"皿"旁或已訛作"舟"，遂爲《説文》篆文作所本，且"支"旁也訛作"殳"，但《説文》古文作，仍作"支"，不誤。

○七七 㫃部

《説文》："㫃，旌旗之游，㫃蹇之皃。从中曲而下，垂㫃。相出入也。讀若偃。古人名㫃，字子游。……𭅻，古文㫃字，象形及象旌旗之游。" "㫃"字構形，甲骨文作 （合 22758）、 （合 303）、 （合 6948）、 （合 4934）、 （甲 944）、 （合 31136）、 （合 27352），金文作 （㫃乙簋）、 （乃孫罍）、 （㫃爵）、 （休盤），陶文作 （陶 6.222），象旌旗有杠、首飾、游（旂游）之形。《説文》篆文作 ，古文作 ，雖然變化不大，但旗斿皆與旗杠脱離，古文字也未見此構形，乃訛誤所致。後世"㫃"作爲偏旁，皆沿襲此誤。

1. 旂， （旂作父戊鼎）， （旂鼎）， （衛盉）， （頌鼎）， （伯旂鼎）， （昱壺）， （毛公鼎）， （郑公劍鐘）， （洹子孟姜壺）， （皇旂卣）， （邵黛鐘）， （其次鈞鑃），金文； （彙 2390）， （彙 2389）， （彙 2386）， （彙 2391），古璽； （曾侯）， （信陽）， （望山 M2），

![img](新蔡零 287），![img]（清華《封許》），楚簡。形聲字。《説文》："旂，旗有衆鈴以令衆也。从扒，斤聲。"

"旂"字構形，金文从"扒"、从"斤"聲，偶从"斳"聲；古璽、楚簡皆从"斤"聲，"扒"之杠首訛爲"止"形。《説文》篆文作![img]，漢印作![img]（徵 7.4），石經作![img]（熹平石經《詩經》），除"扒"旁已隸變外，構形没有變化。

按"旂"爲"旗"之本字，"旗"爲異體，而《説文》誤分爲二。《説文》："旗，熊旗五游，以象罰星，士卒以爲期。从扒，其聲。《周禮》曰：'率都建旗。'"篆文作![img]，源自戰國文字，見楚簡作![img]（清華《四告》），秦簡作![img]（雲夢《日書》乙），亦見秦印作![img]（秦風 94）、秦陶文作![img]（録 6.9.4），从"扒"、从"其"聲，爲漢印作![img]（徵 7.3），銀雀山漢簡作![img]（《孫子》）、![img]（《孫臏》）所本。事實上，"旗"也是戰國文字"旂"字或作"旍"的異體。"旍"字構形，古璽作![img]（彙 2377）、![img]（彙 953）、![img]（彙 3268），陶文作![img]（録 5.22.2）、![img]（録 3.456.2），楚簡作![img]（曾侯），从"扒"（已有訛省）、从"丌"或"亓"聲。而"其"即"箕"之本字，甲骨文作![img]（合 20793）、![img]（合 17055）、![img]（合 6846），金文作![img]（母辛卣）、![img]（沈子它簋）、![img]（克鼎），後增"丌"聲作![img]（仲師父鼎）、![img]（虢季子白盤）、![img]（襄鼎），遂成雙聲字。"斤"與"其""丌"古音相同（近），作爲聲旁可以互作，所以"旂""旗""旍"三字實爲異體關係。其中寫作"旗""旍"也有區域文化的原因。

　　楚簡 "㫃"（"旂"）字異體作 、、、、，也見古璽作 ![字形]（彙2817）、![字形]（彙606），構形從 "羽"、從 "丌" 或 "元" 聲，隸定作 "羿" 或 "羿"（"丌" "元" 乃一字分化）。旌旗飄動似張羽冀，故可以 "羽" 作形旁替代 "㫃"。楚簡或作 ![字形]（曾侯）、![字形]（曾侯），更於 "羿" 上贅增 "㫃" 旁。

　　另外，楚簡 "旌" 字異體作 ![字形]（曾侯），從 "㫃"、從 "青" 聲，隸定作 "旟"；或作 ![字形]（包山牘）、![字形]（包山38），也見馬王堆帛書作 ![字形]（《老子》乙前），改從 "羽" 旁，隸定作 "翛"。形旁 "㫃" "羽" 互作，與 "旂" 字異體作 "羿" 如同一轍。"翛" 字見《集韻》。

　　2. 旝，![字形]（合303），![字形]（合5079），![字形]（合5769），![字形]（合29219），![字形]（合33399），![字形]（合33546），甲骨文；![字形]（旝觚），![字形]（冄旝卣），![字形]（長日戊鼎），![字形]（旝父辛鼎），![字形]（仲旝父鼎），![字形]（曾仲旝父壺），![字形]（魚顛匕），![字形]（左旝壺），![字形]（四年相邦戟），![字形]（仲子旝父鼎），![字形]（蔡侯申盤），![字形]（中山王壺），![字形]（鄂君啓舟節），![字形]（篙平鐘），![字形]（篙平鐘），金文；![字形]（石鼓《汧沔》），![字形]（石鼓《車工》），刻石；![字形]（彙2251），![字形]（彙1154），![字形]（珍秦184），![字形]（珍秦136），古璽；![字形]（陶5.384），![字形]（録6.295.1），陶文；![字形]（上博《性情》），![字形]（包山7），![字形]（上博《子道》），![字形]（曾侯），![字形]（郭店《語叢》三），![字形]

（清華《食禮》），（安大《詩經》），（包山 277），（上博《三德》），（清華《耆夜》），楚簡；（北大《祓除》），（雲夢《雜抄》），秦簡。象形字。《説文》奪“斿”字（《玉篇》仍存），“斿”字後分化出“遊”“游”字。《説文》：“游，旌旗之流也。从㫃，汓聲。，古文游。”分析構形有誤。

“斿”字構形，甲骨文从“子”、从“㫃”，晚商金文（族氏銘文）从“人”執“㫃”。商承祚指出：“从子執旗，全爲象形。水者，後來所加，於是變象形爲形聲矣。”（《殷虚文字》）西周金文皆从“子”、从“㫃”，春秋晚期金文始增表動義形旁“彳”或“辵”，成“遊”；或增“水”旁成“游”，皆成形聲字，戰國文字沿襲，爲《説文》篆文作、古文作所本，詞義也漸漸擴展。漢碑作（孔彪碑）、（子游碑）、（張遷碑），三形并見。

3. 旅，（合 20088），（合 5823），（合 1027），（合 20089），（合 17159），（合 30276），（合 27875），（粹 10），（合 33087），甲骨文；（旅父辛卣），（旅祖丁甗），（廣父己簋），（堇伯鼎），（楷仲簋），（戈鼎），（罠尊），（縈伯簋），（作父戊簋），（矢簋），（召卣），（昜鼎），（伯晨鼎），（滕侯盨），（曾大保盆），（薛子匿），（公子土斧），（伯其父匿），（陳公子甗），（曾伯霥匿），（郾王職劍），金文；（彙 2335），（彙 3439），（璽考 179），（璽考 179），（璽考 179），（彙 3238），古璽；（十鐘），陶文；

（清華《繫年》），（上博《周易》），**（包山 4），**（曾侯），**

（包山 116），楚簡；**（雲夢《法律》），**（雲夢《效律》），**（關沮），秦簡。象形字。《說文》：“旅，軍之五百人爲旅。从放，从从；从，俱也。**，古文旅。古文以爲魯、衛之魯。”

“旅”字構形，甲骨文、晚商金文（族氏銘文）从“放”、从“从”，象聚衆人於旗幟下。行旅用車，西周金文或增“車”旁，建旗於車，爲繁構。春秋金文增表動義形旁“辵”，爲楚簡沿襲，隸定作“遽”。古璽或作省形。秦簡“放”旁有變化，爲《說文》篆文作**所本。《說文》古文作**，源自戰國燕系金文及燕璽，其“从”旁訛似“衣”旁下部構形，秦簡構形亦如此，爲馬王堆帛書作**（《事語》）、**（《天文》）所本。

4. 族，**（合 21289），**（合 6814），**（合 6438），**（合 14913），**（合 34136），**（合 14922），**（合 33017），**（周甲 175），甲骨文；**（明公簋），**（師西簋），**（番生簋），**（班簋），**（毛公鼎），**（事族簋），**（曾侯乙鐘），**（曾侯乙鐘），**（曾侯乙鐘），**（陳喜壺），**（不易戈），金文；**（彙 3412），**（璽考 312），**（珍秦 129），**（秦編），古璽；**（包山 10），**（郭店《語叢》三），**（清華《四告》），**（包山 3），**（郭店《六德》），**（上博《有皇》），**（清華《五紀》），**（清華《五紀》），楚簡；**（雲夢《爲吏》），**（里耶 8-1555），秦簡。會意字。《說文》：

“族，矢鋒也，束之族族也。从认，从矢。”“族”爲氏族社會組織，《説文》誤以箭鏃義釋“族”。

“族”字構形，甲骨文从“认”、从“矢”，或从二“矢”，或於“矢”下增“口”飾。金文、古璽、楚簡皆从“认”、从“矢”。秦印、秦簡“认”旁已有變化，爲《説文》篆文作　，馬王堆帛書作　（《老子》乙前）、　（《相馬》），武威漢簡作　（《儀禮》），漢碑作　（尹宙碑）所本。

楚簡“族”字或作　（上博《舉治》），構形爲二“族”，乃異體。

5. 扏，　（𪤳羌鐘），　（王三年鄭令戈），　（十六年喜令戈），金文；　（彙2337），　（彙4602），　（彙2803），　（彙2812），　（彙2823），古璽；　（清華《封許》），　（清華《治政》），　（清華《成人》），　（清華《五紀》），　（清華《筮法》），　（包山75），　（清華《繫年》），　（上博《君人》乙），　（上博《李頌》），楚簡。形聲字。《説文》：“扏，日始出光扏扏也。从旦，认聲。”分析構形有誤。

“扏”字始見戰國文字，即“韓”之本字，金文構形从“易”初文、从“认”聲，《説文》誤以爲形旁从“旦”。古璽“认”旁略有變化，楚簡形旁或類化作“旱”聲。《説文》篆文作　，除“认”變化外，尚存“易”旁古文字構形。

此外，《説文》以“扏”作爲部首，下轄只有“軩”“朝”二字。其中“軩”字段玉裁注引《汗簡》《古文四聲韻》指出即“扏”字異體，可從。另外“朝”字其實并不从“扏”，詳下。

6. 朝，[字形]（合 33130），[字形]（合 23148），[字形]（合 29092），甲骨文；[字形]（利簋），

[字形]（事族簋），[字形]（矢方彝），[字形]（矢尊），[字形]（仲殷父簋），[字形]（盂鼎），

[字形]（先獸鼎），[字形]（��伯簋），[字形]（朝訶右庫戈），金文；[字形]（彙 2657），

（珍戰 78），[字形]（彙 4065），[字形]（秦風 57），[字形]（十鐘），古璽；[字形]（陶 5.215），

陶文；[字形]（帛書），[字形]（清華《厚父》），[字形]（清華《禱辭》），[字形]（清華

《湯丘》），[字形]（郭店《窮達》），[字形]（清華《四告》），[字形]（上博《昔者》），[字形]

（清華《耆夜》），[字形]（清華《筮法》），[字形]（清華《治政》），[字形]（上博《周

易》），楚簡；[字形]（雲夢《日書》乙），[字形]（里耶 8-1583），秦簡。會意字。《説文》：

“朝，旦也。从倝，舟聲。”解説構形有誤，乃以小篆訛形立言。古文字“朝”字既不

从“倝”，也不从“舟”。

“朝”字構形，甲骨文象日已出艸中，而月猶未没，爲“朝暮”之“朝”字（羅

振玉《殷虚書契考釋》）。金文及楚簡構形从“川”，爲“潮汐”之“潮”的本字，而

借用作“朝旦”之“朝”，引申爲朝見義。戰國文字“朝”字“川”旁寫作[字形]、[字形]，或

作[字形]，訛似“泉”。秦印、秦簡“川”旁已訛似“舟”，爲馬王堆帛書作[字形]（《老子》

甲）、[字形]（《縱横》），漢印作[字形]（徵 7.4）、[字形]（徵 7.4）所本。《説文》篆文作

[字形]，訛从“倝”。漢印或作[字形]（徵 7.00），武威漢簡作[字形]（《儀禮》），石經作

[字形]（熹平石經《周易》），“舟”旁寫作“月”，亦與“俞”字“舟”旁的演變情況

相同。

　　戰國文字"朝"字異體較多。燕璽作 （彙 329）、燕陶文作 （録 4.186.3），从"日"、从"川"，其"𠦝"旁省作"日"，隸定作"眓"。楚簡作 （上博《成王》），增"辵"爲繁構，隸定作"遡"。楚簡或作 （清華《良臣》），亦見盟書作 （温縣）、（温縣），古璽作 （彙 3310），改从"召"聲，隸定作"韶"，爲形聲字，也有學者以爲是"朝"的通假字。

　　另外，从"朝"的"潮"字《説文》作"淖"，謂："水朝宗於海。从水，朝省。"金文作 （郳伯鬲簋）、（潮子鎛）、（陳侯因咨敦），陶文作 （陶 3.419）、（香 11.1），爲《説文》篆文作 所本。亦見从"朝"的"廟"字（詳下"广"部）。從構形不難看出"淖""朝"二字的同源關係。

○七八 宀部

《説文》："宀，交覆深屋也。象形。""宀"字構形，甲骨文作 ⌂（合 2858）、⌂（合 1351）、⌂（乙 5849）、⌂（合 34069），晚商金文（族氏銘文）作 ⌂（宀尊），構形象兩面坡頂深屋形。《説文》篆文作 ⌂，變化不大。"宀"字除甲骨文、晚商金文偶見作單字用外，古文字中皆用作偏旁。

1. 向，⌂（合 28959），⌂（合 28950），⌂（屯 2344），⌂（合 33542），⌂（合 33540），⌂（合 30122），甲骨文；⌂（向卣），⌂（向簋），⌂（叔向父簋），⌂（叔向簋），⌂（多友鼎），⌂（晉侯尊），⌂（向孝子鼎），⌂（廿三年司寇矛），金文；⌂（彙 3059），⌂（彙 2115），⌂（珍秦 366），古璽；⌂（録 2.674.3），⌂（録 2.1.1），⌂（録 5.98.4），陶文；⌂（系 264），⌂（系 366），貨幣；⌂（清華《良臣》），楚簡。象形字。《説文》："向，北出牖也。从宀，从口。《詩》曰：'塞向墐户'。"指室中北面窗户，并引《詩·

豳風·七月》句釋義。或以爲構形表示在屋裏用口發出聲音産生回響，是"響"字初文。後世借作朝向義。

"向"字構形，甲骨文、金文從"宀"、從"口"，古璽"口"下或增飾筆，楚簡無變化，爲《説文》篆文作，馬王堆帛書作（《老子》乙前）所本。馬王堆帛書或作（古地圖），"宀"旁寫法略異，但爲後世楷書所本。

"向"字異體，戰國金文或作（公朱右官鼎），亦見古璽作（彙3293），下加"二"飾筆；楚簡或作（清華《食禮》）、（清華《封許》）、（清華《筮法》）、（清華《五紀》）、（郭店《尊德》）、（清華《程寤》）、（清華《禱辭》）、（上博《緇衣》）、（郭店《老子》乙）、（上博《慎子》），構形來源一直不清楚，新公布的楚簡"向"字或作（清華《不韋》），很可能即由此構形省變而來，即書手將"宀"寫成"穴"改爲四筆書寫所致。

2. 家，（合補1265），（合13589），（花東236），（合13593），（合21028），（屯332），（屯2672），（合34192），甲骨文；（家戈爵），（家戈父庚卣），（令簋），（頌壺），（毛公鼎），（㝬簋），（杕氏壺），（令瓜君壺），（中山王鼎），金文；（秦駰玉版），刻石；（彙5341），（璽考102），（傅299），（十鐘），古璽；

（録 3. 596. 3），陶文；（系 2457），貨幣；（清華《四告》），（清華《五紀》），（清華《四告》），（上博《緇衣》），（郭店《唐虞》），（清華《四告》），（清華《廼命》），（清華《禱辭》），楚簡；（雲夢《爲吏》），（關沮），秦簡。會意字。《説文》："家，居也。从宀，豭省聲。"

"家"字構形，甲骨文、晚商金文（族氏銘文）从"宀"、从"豕"，以屋中豢養猪以會居室義。《説文》謂字从"豭省聲"乃聲化，但甲骨文前兩例構形，其"宀"下所从確作"豭"（公猪）形。兩周金文、戰國楚簡、秦簡及秦印構形皆从"宀"、从"豕"。秦刻石作（嶧山碑），爲《説文》篆文作，馬王堆帛書作（《老子》甲）、（《事語》），銀雀山漢簡作（《孫子》）所本。《説文》古文作，則来源於戰國三晉文字。

楚簡"家"字異體作（上博《柬大王》）、（清華《五紀》）、（安大《詩經》）、（清華《成人》）、（清華《治政》）、（清華《成人》）、（安大《詩經》）、（包山 248）、（清華《皇門》）、（安大《曹沫》）、（清華《不韋》）、（清華《不韋》）、（清華《不韋》），構形上增"爪"飾爲繁構。字上增"爪"亦是楚文字構形的一種特色。或作（郭店《五行》）、（包山 107），再贅增"宀"，顯得叠床架屋；或作（郭店《語叢》一）、（清華《金縢》）、（上博《姑成》）、（上博《周易》），字形省、訛較大，容易造成誤釋。

3. 安，⬚（合 5373），⬚（合 22094），⬚（合 454），⬚（合 29378），⬚（合 37568），⬚（合 22464），⬚（合 21054），⬚（合 33561），⬚（周甲 37），甲骨文；⬚（安父簋），⬚（師虎鼎），⬚（公貿鼎），⬚（睘尊），⬚（格伯簋），⬚（國差𦉜），⬚（哀成叔鼎），⬚（陳猷缶），⬚（宜安戈），金文；⬚（石鼓《田車》），刻石；⬚（彙 4348），⬚（彙 4355），⬚（彙 12），⬚（彙 237），⬚（彙 2200），⬚（玉存 3），⬚（珍戰 7），⬚（彙 172），⬚（珍秦 23），⬚（傅 983），⬚（徵存 16），古璽；⬚（陶 3.551），⬚（錄 3.39.3），⬚（錄 3.253.5），⬚（齊陶 1293），陶文；⬚（清華《四告》），⬚（曾侯），⬚（曾侯），⬚（郭店《老子》甲），⬚（清華《不韋》），⬚（郭店《語叢》一），⬚（安大《詩經》），⬚（上博《志書》），⬚（郭店《緇衣》），⬚（清華《治政》），⬚（清華《廼命》），⬚（新蔡甲三 132），⬚（包山 95），⬚（清華《食禮》），⬚（上博《民之》），⬚（清華《四告》），楚簡；⬚（雲夢《答問》），⬚（里耶 8-200），⬚（嶽麓叁 152），⬚（北大《從軍》），⬚（北大《道里》），秦簡。會意字。《說文》："安，静也。从女在宀下。"會"女"（泛指人）安坐於室中，義爲安静，引申爲平安。

"安"字構形，甲骨文、金文从"女"、从"宀"，戰國文字無變化。值得指出的是，古文字"安"字構形從甲骨文一直至秦簡、秦印，"女"旁側大都加一小撇筆（楚簡作曲筆），表示人坐時將臀部安坐在脚跟上，起指示符號作用。馬王堆帛書作 （《老子》甲）、（《縱橫》）、（《相馬》），銀雀山漢簡作 （孫臏），仍見保留，《説文》篆文作 ，却失去這一撇筆。

楚簡"安"字或作 （清華《治政》）、（郭店《語叢》三），從"母"，"女""母"爲同義偏旁，故可互作。或省"宀"作 （郭店《老子》甲），但構形大都作 （郭店《魯穆公》）、（郭店《尊德》）、（清華《楚居》）、（安大《曹沫》）、（安大《曹沫》）、（曾侯），下部皆作似"人"形的曲筆，但從首例不難看出實來源於"女"旁側的原有一筆。另外，這些構形的"安"字在簡文中大都讀爲"焉"，用作語氣詞。

4. 盍，（合 13696），甲骨文；（史牆盤），（毛公鼎），（季盆尊），（國差罎），（蔡侯申鐘），（𨟭盗壺），（中山王壺），金文；（侯馬），盟書；（石鼓《吾水》），刻石；（清華《琴舞》），（清華《四告》），（包山 72），（郭店《緇衣》），（清華《五紀》），（上博《緇衣》），（上博《用曰》），（清華《成人》），（清華《成人》），楚簡。會意字。《説文》："盍，安也。從宀、心在皿上。人之飲食器，所以安人。"安寧是其本義。

"盍"字構形，甲骨文從"宀"、從"心"、從"皿"，金文或省"宀"。楚簡所從

"宀"旁作"穴"，古文字雖有"宀""穴"作偏旁時互換之例，但此處也不排除是增飾筆而致。楚簡或由此形再省"皿"，實爲簡體。

需要指出，"寍"與"寧"本同字異構。《説文》："寧，願詞也。从丂，寍聲。"因與"寍"訓釋不同，遂以爲二字，篆文也分作 、 二形。《説文》"寍"字段玉裁注指出："此安寧正字，今則寧行而寍廢矣。"按"寧"字構形，甲骨文作 （合36471）、（懷1910）、（合補12202）、（合36934），金文作 （寧女父丁鼎）、（耳尊）、（孟爵）、（寧簋）、（寧父率觶）、（中山王鼎）、（奾盗壺），古璽作 （傅1241），秦簡作 （雲夢《日書》乙）、（雲夢《爲吏》）、（雲夢《封診》）。自商代甲骨文起至戰國文字，"寍""寧"二形并存，用法也相同。尤其是戰國中山國銅器，中山王鼎銘作"寍"、中山王壺銘作省體"盐"，奾盗壺銘作"寧"，用法無別。事實上後世"寧"字流行，"寍"字才作爲異體遭廢棄。

又《説文》："甯，所願也。从用，寧省聲。"解説與"寧"字同。《説文》篆文作 ，漢碑作 （譙敏碑），石經作 （熹平石經《春秋》）。"甯"是東漢時新出現的"寍""寧"字的異體，也可視爲漢代流行的俗體。

5. 寶，（英430），（合40683），（甲3330），（合17512），（甲3741），（合17511），（師友2.24），（合35249），甲骨文；（寶簋），（宰甫簋），（乃孫鼎），（作寶尊彝卣），（德方鼎），（能匋尊），（寢敔簋），（旂鼎），（嬰季簋），（敔簋），（無

男鼎），⬚（楚季苟盤），⬚（杞伯鼎），⬚（封孫宅盤），金文；⬚（包山

221），⬚（清華《三壽》），⬚（清華《四告》），⬚（清華《四告》），楚簡。形聲

字。《説文》：“寶，珍也。從宀，從玉，從貝，缶聲。⬚，古文寶，省貝。”

“寶”字構形，甲骨文於“宀”下或從“貝”、或從“玉”，或從二者，會屋内貯

藏珍寶意。晚商金文始增“缶”爲形聲字，或以爲“缶”兼有貯器義。兩周金文、楚

簡同，爲《説文》篆文作⬚所本，漢碑作⬚（禮器碑）、⬚（夏承碑），“缶”旁

訛作“尔”，“貝”上遂成“珍”字。

春秋戰國文字“寶”字異構較多。金文或作⬚（齊縈姬盤），從“保”聲，隸定

作“㯽”；或作⬚（欒書缶），隸定作“窑”。楚簡或作⬚（上博《曹沫》），隸定作

“寶”；或作⬚（清華《行稱》），從“付”聲，隸定作“寶”；或省“貝”作⬚

（清華《皇門》）、⬚（清華《皇門》），即《説文》古文作⬚所本，隸定作“窑”；

或作⬚（上博《三德》）、⬚（望山 M1）、⬚（新蔡乙二 25）、⬚（新蔡甲三

216），隸定作“賨”“㙈”；或作⬚（包山 236）、⬚（包山 226），從“保”省聲，

隸定作“㻩”。秦統一文字後，這些異體皆遭淘汰。

6. 富，⬚（富奠劍），⬚（上官豆），⬚（中山王鼎），⬚（邦司寇矛），

⬚（三年杖首），金文；⬚（彙 1434），⬚（彙 5100），⬚（彙 1348），⬚（彙

4414），⬚（彙 4424），⬚（珍秦 361），⬚（北郊秦印），古璽；⬚（録

6.292.2)，陶文；（清華《良臣》），（清華《禱辭》），（清華《禱辭》），楚簡；（雲夢《日書》乙），（雲夢《日書》乙），（雲夢《爲吏》），（雲夢《日書》甲），秦簡。會意字。《說文》："富，備也。一曰厚也。从宀，畐聲。"以小篆構形分析，誤認爲形聲字。

"富"字始見戰國文字，从"宀"、从"酉"，會屋内置酒罈，訓爲置備義。其所从"酉"旁下部或訛作"田"，這也是戰國文字構形常見現象。秦簡"酉"旁或訛作"畐"，爲《說文》篆文作，漢碑作（尹宙碑）所本。馬王堆帛書作（《老子》甲），銀雀山漢簡作（《孫臏》），構形仍从秦簡舊形。

楚簡"富"字異構較多，或增"貝"作（上博《緇衣》）；或再省"宀"作（上博《彭祖》）、（郭店《緇衣》）、（安大《曹沫》）、（清華《治政》）、（清華《治政》）；或从"示"作（郭店《老子》甲）、（清華《三壽》）、（清華《三壽》）、（上博《曹沫》），此形也可視作"福"字繁構；或兩者偏旁疊加作（上博《鬼神》）。秦統一文字後，這些異構遂不復出現。

7. 寒，（屯 4000），（合 28129），（合 29300），（懷 1447），（合 28982），（合 892），甲骨文；（小子耴鼎），（大克鼎），金文；（清華《四時》），（清華《四時》），（清華《四時》），（清華《四時》），（上博《緇衣》），（清華《四時》），（上博《周易》），（上博《昭王》），　（清華《治政》），　（清華《五紀》），　（清華《四時》），　（清華《不韋》），楚簡；　（雲夢《爲吏》），　（雲夢《秦律》），　（雲夢《日書》甲），秦簡。會意字。《説文》：“寒，凍也。从人在宀下，以𦫵薦覆之，下有仌。”分析構形略有誤。

“寒”字構形，甲骨文象人處屋中，四周置冰，會冰窖寒冷意。西周金文改爲屋内之人以𦫵覆身取暖，會冬天寒冷意，或在下加“二”形之飾筆，一直爲楚簡、秦簡所沿襲。楚簡於“人”形增横飾筆；或於“人”左右各加二飾撇，簡體省“𦫵”旁後“人”旁左右各成二短横；或省“宀”旁。秦簡“𦫵”旁省作“艸”，下“艸”或訛作“廾”，并保留下“二”形飾筆，爲《説文》篆文作　所本，篆文又改“二”形成“仌”，《説文》遂以“下有仌”言之（“仌”是“冰”字初文，亦即楷書“冰”“冷”“凍”“凌”等字所从的形旁“冫”）。馬王堆帛書作　（《老子》甲）、　（《老子》乙前），省“人”旁（秦簡已省），且叠加“廾”旁；或作　（《老子》甲後），亦見漢印作　（徵7.17）、　（徵7.17），所从“𦫵”旁訛爲“玨”旁。漢碑作　（石門頌），石經作　（熹平石經《周易》），遂與“塞”字“土”之上部構形寫法混同。

8.寡，　（父辛卣），　（寡子卣），　（毛公鼎），　（宴簋），　（司馬楙鎛），　（中山王鼎），　（中山王壺），金文；　（郭店《魯穆》），　（上博《孔子》），　（上博《凡物》乙），　（上博《建州》乙），　（上博《舉治》），　（清華《治政》），　（清華《皇門》），　（清華《食禮》），　（安大《曹沫》），

（安大《曹沫》），（清華《治政》），（郭店《老子》甲），楚簡；（雲夢《日書》乙），（雲夢《爲吏》），（里耶 8－1236），秦簡。會意字。《説文》："寡，少也。从宀，从頒。頒，分賦也，故爲少。"以漢代訛變字形説解，不確。

　　"寡"字構形，商周金文从"宀"、从"頁"，"頁"同"首"亦指人，會屋内一人意，引申爲獨、少義。戰國文字或省"宀"，同時爲避免視覺上頭重脚輕現象，構形遂於下部"人"形左右各增飾筆，保持字形平衡。秦簡則不省"宀"，"人"形左右飾筆各省成一點，爲馬王堆帛書作（《老子》甲）、（《縱橫》），銀雀山漢簡作（《孫臏》）所本。《説文》篆文作、石經作（熹平石經《詩經》），下部構形已訛爲"分"，《説文》遂誤以爲"从頒"。

　　楚簡中"寡"字有讀爲"顧"之例，屬通假字。

　　9. 冣，（合 30386），（合 34676），（合 40737），甲骨文；（十鐘），（珍秦 60），秦印。會意兼形聲字。《説文》："冣，積也。从宀，从取，取亦聲。"

　　"冣"字構形，甲骨文从"宀"（不从"冖"）、从"取"，隸定作"冣"。于思泊師指出，"冣"即《説文》"冣"字，"从宀訓聚，宀系古文宅字，聚積物品於宅内"，又謂"从宀與从冖晚周及漢代往往不分"（《甲骨文字釋林》），甚是。"冣"字構形自商代甲骨文到秦文字之間雖然缺環較大，但秦印仍从"宀"。馬王堆帛書作（《老子》甲後），銀雀山漢簡作（《孫臏》），漢印作（徵 7.20），漢碑作（太室闕），亦同。《説文》篆文作，漢印或作（徵 7.20），"宀"旁省訛成"冖"，《説文》遂誤入"冖"部。

此外，《説文》將"冣""最"分爲二字。《説文》："最，犯而取也。从冃，从取。"而"最"字始見秦簡，作 、、、![字形](里耶 8-1559)，秦印作 ![字形](秦風 143)，構形是在"冣"（"取"）字所從"宀"下加橫飾（相同例如"寵"字秦簡或作 ![字形]，見雲夢《日書》乙），馬王堆帛書作 ，亦同。但《説文》篆文作 ![字形]，漢印作 ![字形](徵 7.21)，馬王堆帛書或作 ，上部訛成"冃"，遂爲楷書訛成"最"所本。但直到唐代，仍有"最"字寫作 之例。由此可見"冣""最"實爲一字分化。此爲古文字構形本從"宀"，而《説文》訛從"冖"之例。

10. 宜，![字形]（合 6157），![字形]（合 387），![字形]（合 2387），![字形]（合 10942），![字形]（合 27214），![字形]（合 33140），![字形]（合 32216），![字形]（合 32396），![字形]（合 388），![字形]（合 33292），![字形]（合 32124），甲骨文；![字形]（般甗），![字形]（朿其卣），![字形]（戍鈴方彝），![字形]（戍甬鼎），![字形]（矢簋），![字形]（令簋），![字形]（史宜父鼎），![字形]（秦公簋），![字形]（秦子戈），![字形]（宜鑄戈），![字形]（中山王鼎），金文；![字形]（彙 4263），![字形]（彙 4264），古璽；![字形]（清華《良臣》），![字形]（郭店《性自》），![字形]（清華《四告》），![字形]（清華《四告》），![字形]（郭店《語三》），![字形]（新蔡甲三 247），![字形]（清華《不韋》），![字形]（清華《金縢》），![字形]（清華《治政》），![字形]（安大《曹沫》），![字形]（清華《治政》），

（包山 233），（新蔡甲三 315），楚簡。象形字。《説文》："宜，所安也。從宀之下、一之上，多省聲。，古文宜。，亦古文宜。"分析構形錯誤。

"宜"字構形本不從"宀"，甲骨文、金文象俎上置二肉，會肴俎義，"所安"乃其引申義。而西周金文"俎"字作（三年癲壺）、"則"字作（戔方鼎），構形是將帶足的俎豎寫，省去足形便成"且"。戰國文字或省二"肉"爲一，書寫時又將"且"下横筆脱離或省略，遂訛似"宀"，爲《説文》篆文作所本。秦刻石作（泰山刻石），尤其是秦印作（徵存 32），漢印作（徵 7.16），仍不失"宜"字原貌。《説文》古文作、，皆見楚簡。

戰國文字"宜"字省形常見，金文作（䢦盜壺）、（宜陽右倉簋），古璽作（彙 3474）、（彙 4539）、（彙 4280）、（彙 4281）、（彙 4801）、（珍秦 77）、（傳 1010），陶文作（録 5.83.6）、（秦陶 1232），楚簡作（清華《繫年》）、（安大《詩經》）、（清華《禱辭》）、（清華《廼命》）、（清華《四告》）、（清華《四告》）。秦簡作（雲夢《秦律》），爲馬王堆帛書作（《老子》甲），漢碑作（孔宙碑）所本，遂成後世固定寫法。

此爲古文字構形本不從"宀"，而《説文》訛從"宀"之例，與上例適反。

○七九 穴部

《説文》："穴，土室也。从宀，八聲。""穴"指洞穴，《説文》以土中之室即中國西北地區作爲居室的窑洞作解，分析構形則有誤。"穴"字構形，楚簡作 （上博《容成》）、（清華《楚居》）、（新蔡甲三）、（安大《詩經》）、（安大《詩經》）；秦簡作 （雲夢《封診》）、（雲夢《答問》）、（關沮），从"宀"、从"八"會意，"八"亦起指示作用。《説文》篆文作 ，馬王堆帛書作 （《老子》乙前），漢簡作 （邗江牘），石經作 （熹平石經《詩經》），無甚變化。"穴"本爲象形兼會意字，《説文》誤以爲形聲字。

楚簡"穴"字異體或作 （郭店《窮達》）、（新蔡乙一），"穴"下增"土"旁，正符合《説文》"土室"之意，但其作爲偏旁則未見。

古文字"宀""穴"作爲義近偏旁時可以互作，較多見。如"窖"字楚簡作 （九店《日書》），秦簡作 （雲夢《日書》乙），或作 （雲夢《日書》乙）；

"宇"字楚簡作 （清華《楚居》），古璽作 （彙5673），皆其例。

1. 竈， （秦公簋）， （秦公鎛）， （邵黛鐘）， （伯喪戈）， （伯喪矛）， （筥余令戈）， （上郡守錯戈），金文； （秦公石磬）， （懷后石磬）， （石鼓《吳人》），刻石； （網上"吳□"印）， （彙5496）， （珍秦92），古璽； （陶3.781），陶文； （雲夢《日書》甲）， （嶽麓《質一》）， （雲夢《日書》乙）， （里耶8-752），秦簡。《説文》："竈，炊竈也。从穴，黽省聲。 ，竈或不省。"分析構形不確。"竈"是炊煮食物的設備，俗稱"竈臺"。《管子・輕重己》："教民樵室、鑽鐩、墐竈、泄井，所以壽民也。"

"竈"字構形，金文从"穴"、从"黽"，或改从義近偏旁"宀"，戰國文字、秦簡同。《説文》篆文作 ，又列或體作 ，以爲前者是其省聲之形。按古書雖大多用或體"竈"這種寫法，但古文字構形皆从"黽"，所謂"黽省聲"之説實無據。漢印作 （徵7.00），漢簡作 （江陵M167）、 （居延甲2117），皆从"黽"，也可爲證。至於"竈"字構形何以从"黽"，待考。

"窖"字始出現於春秋時期金文，異體或作"窖"，但不見後世字書。金文作 （潮子鎛）、 （陳麗子戈）、 （公孫窖壺），从"穴"、从"火"、从"告"聲；古璽作 （彙5479），从土，或作 （璽考67），从"造"聲。楚簡作 （上博《吳命》），同金文；或从"宀"作 （包山簽），或增"示"作 （望山M1），用作

"竈神"之竈的專字。有學者指出，西周金文 字當爲"窯"之本字，從"穴"、從"火"會意，後增"告"聲，爲形聲字。其說可從。

2. 窮，，，刻石；，![字形]

（新蔡乙四 125），![字形]（郭店《唐虞》），![字形]（清華《楚居》），![字形]（包山 227），

![字形]（包山 234），![字形]（清華《啻門》），![字形]（上博《命》），![字形]（清華《四

時》），![字形]（清華《五紀》），![字形]（清華《五紀》），![字形]（安大《詩經》），楚簡；

![字形]（雲夢《爲吏》），![字形]（北大《祓除》），![字形]（關沮），秦簡。形聲字。《説文》：

"窮，極也。從宀，躳聲。" 義爲窮陋、極貧。

"窮"字始見戰國文字，楚簡構形從"穴"、或從"宀"，從"躳"聲，秦玉版、

秦簡構形則從"宀"，亦見秦泰山刻石作 ![字形]。《説文》篆文作 ![字形]，從"穴"，當源自

楚簡。漢碑作 ![字形]（孔彪碑）、![字形]（孔龢碑），亦同，或作 ![字形]（熹平石經《周

易》）、![字形]（婁壽碑），從"躬"聲，乃因《説文》篆文"躳"字或體作"躬"所

致，爲異體。

楚簡"窮"字異體作 ![字形]（郭店《窮達》）、![字形]（包山 230）、![字形]（包山 228）、

![字形]（清華《五紀》），形旁"穴"省從"宀"，聲旁"躳"省從"身"；或作 ![字形]（郭

店《成之》），"吕"旁訛成"臣"；或將"宀""吕"連寫訛成"會"作 ![字形]（上博

《凡物》甲）；或將"吕"旁訛成"邑"作 ![字形]（包山 132），亦見秦簡，此皆是書手

原因造成的"窋"字訛體。

　　需要指出，从文義分析，楚簡"窋"字除用作本字外，有些則是"躬"的繁構字形。這是因楚文字常贅增"宀"旁作繁體所致，需從上下文義來確定。

　　3. 突，（燕 80），（前 6.30.2），甲骨文；（突甗），金文；（溫縣），（溫縣），盟書；（鑒印 151），古璽；（清華《芮良夫》），（清華《芮良夫》），（上博《陳公》），（清華《五紀》），（清華《湯丘》），（清華《廼命》），（清華《禱辭》），（清華《禱辭》），（清華《不韋》），楚簡。會意字。《説文》："突，深也。一曰竈突。从穴，从火，从求省。"分析構形不確。

　　"突"字構形，甲骨文、金文从"宀"、从"又"，兩旁小點象穴中有水，會以手探穴之深淺義，本義爲探，分化引申爲深。盟書、楚簡从"穴"，或省从"宀"。《説文》篆文作，"穴"下訛爲从"火"，源於盟書、古璽。隸變後"突"字或作"㝬"，訛自楚簡。而"㝬"字更省訛作"罙"，成爲楷書"深""探"所从之偏旁。

　　附帶指出，《説文》以"深"訓"突"。按"突"與"深"實爲一字分化，馬王堆帛書《戰國縱橫家書·蘇秦自齊獻書於燕王章》："臣之德王，突於骨隨（髓）。""深"字作"突"，可證。

○八○ 广部

《説文》："广，因广爲屋，象對刺高屋之形。……讀若儼然之儼。" 説解不可據。

從古文字分析，"广" 與 "宀" 爲義近偏旁，可以互作。另外，"广" 字作 ，也可以看成從 省寫分化而來。至於《説文》謂 "广" 字讀若 "儼"，桂馥《説文義證》謂："'广' 即庵字。隸嫌其空，故加 '奄'。" 可備一説。

1. 府，（弗奴父鼎），（上都府臣），（曾侯乙鐘），（□年邦府戟），（少府戈），（少府矛），（筹府毛戈），金文；（彙 3358），（珍秦 2），（珍秦 22），古璽；（清華《五紀》），（清華《五紀》），（上博《容成》），（清華《説命中》），（清華《祭公》），（清華《祭公》），楚簡；（雲夢《秦律》），（雲夢《答問》），（里耶 8-2125），（里耶 8-1756），秦簡。形聲字。《説文》："府，文書藏也。從广，付聲。"

"府" 字始見春秋金文，構形或從 "宀"、或從 "广"，從 "付" 聲；楚簡從

"宀"，秦印从"厂"。秦簡从"广"，爲《説文》篆文作 [字形]，漢金文作 [字形]（壽成室鼎），漢碑作 [字形]（衡方碑）所本，漸成固定寫法。但漢簡作 [字形]（居延乙81.8），仍有从"宀"之例。

戰國"府"字異構較多，或增形旁"貝"（府、庫本是藏錢貝等財物處），"貝"旁或作省形。金文作 [字形]（鄂君啓舟節）、[字形]（大府臣）、[字形]（大府簋）、[字形]（大府敦）、[字形]（鑄客鼎）、[字形]（少府銀圜器）、[字形]（安邑下官鍾），或省"广"作 [字形]（銀柄杯）、[字形]（春成侯鍾）、[字形]（春成侯盉）。古璽作 [字形]（彙131）、[字形]（彙129）、[字形]（彙128）、[字形]（鑒印4）、[字形]（鑒印3），从"宀"；或作 [字形]（彙5414）、[字形]（璽考156）、[字形]（珍戰223）、[字形]（璽考120），从"广"；或作 [字形]（彙5414）、[字形]（彙304）、[字形]（彙5343），亦見金文作 [字形]（兆域圖）、[字形]（長陵盉），从"負"聲。楚簡作 [字形]（包山牘）、[字形]（包山3）、[字形]（清華《五紀》），从"付"聲。古璽或作 [字形]（彙3442）、[字形]（璽考197）、[字形]（珍戰20），亦見楚簡作 [字形]（上博《周易》）、[字形]（上博《周易》），从"土"、从"付"聲，隸定作"坿"，也有可能是通假字。

此外，楚簡"府"字或用爲"付"，既可視作通假字，也不排除是楚文字構形常贅增"宀"旁造成的"付"字繁構。

2. 庫，[字形]（朝訶右庫戈），[字形]（右庫戈），[字形]（陰平劍），[字形]（郘王右庫戈），[庫]（王立事鈹），[庫]（七年相邦鈹），[庫]（邯鄲上庫戈），[庫]（私庫衡飾），[庫]（九年鄭令戈），[庫]（卅三年鄭令鈹），[庫]（廿二年臨汾守戈），[庫]（卅三年詔事戈），金文；[庫]（彙 5212），[庫]（彙 2716），[庫]（彙 5215），[庫]（徵存 42），古璽；[庫]（上博《相邦》），[庫]（上博《姑成》），[庫]（清華《行稱》），楚簡；[庫]（雲夢《效律》），[庫]（雲夢《雜抄》），[庫]（里耶 8 - 1036），秦簡。會意字。《説文》："庫，兵車藏也。从車在广下。"

"庫"字始見戰國文字，以車象徵器物收藏在庫房中之意。構形从"車"，或从"广"、或从"厂"、或从"宀"。"宀""广""厂"三個偏旁皆與室屋義有關，作爲義近偏旁故可互作。秦文字从"广"、从"厂"互見。《説文》篆文作[庫]，馬王堆帛書作[庫]（《老子》乙前），銀雀山漢簡作[庫]（《孫子》），構形从"广"，遂成爲固定寫法。

3. 廚，[廚]（徵存 1），古璽；[廚]（秦陶 1476），[廚]（秦陶 1481），陶文；[廚]（里耶 J1⑨1），[廚]（北大《泰原》），秦簡。形聲字。《説文》："廚，庖屋也。从广，尌聲。"

"廚"字最早見戰國秦文字，構形从"广"、从"尌"聲，爲《説文》篆文作[廚]，漢金文作[廚]（長安銅）、[廚]（楊鼎）所本。

"廚"字東方六國文字構形不同。三晉金文作[廚]（上樂鼎）、[廚]（上艾鼎），从

“广”、从“朱”聲，隸定作“床”；或作 、，形旁改從“肉”，隸定作“脒”。楚系金文作 、、、、，楚簡作 ，聲旁從“豆”，隸定作“脰”；楚系金文或作 ，從“頭”聲，隸定作“顫”。皆爲“廚”字異體。秦統一文字後，以“廚”爲正體，各國通行異體皆廢除。

4. 廄，，，金文；，，，古璽；，，，，，，楚簡；，，，，秦簡。形聲字。《説文》：“廄，馬舍也。從广，段聲。《周禮》曰：‘馬有二百四十匹爲廄，廄有僕夫。’![]，古文從九。”

“廄”字構形，金文、楚簡或從“厂”、或從“广”，從“段”聲。“段”即“簋”之本字（“簋”是漢代出現的異體）。楚簡“段”旁或作“飤”。秦文字從“广”，爲《説文》篆文作 ![]，漢印作 ，馬王堆帛書作 所本。

楚璽“廄”字異體作 、，從“厂”、從“咎”聲，隸定作“厝”；或作 ，從“攴”、從“咎”聲，隸定作“敊”；或作 ，從“宀”、從“咎”聲，增“示”旁，隸定作“㝅”，爲“廄神”之廄的專用字。《説文》古文作 [字形]，從“𦣻”、從“九”聲，也是異體字，古文字暫未見。

5. 廣，[字形]（合 4581），[字形]（合 4880），[字形]（合 15100），[字形]（合 17088），甲骨文；[字形]（廣父己簋），[字形]（班簋），[字形]（史牆盤），[字形]（不嬰簋），[字形]（叔向父鼎），[字形]（癲鐘），[字形]（通录鐘），[字形]（晉公盦），[字形]（多友鼎），[字形]（士父鐘），[字形]（中陽戈），[字形]（丞廣弩牙），金文；[字形]（集粹）[字形]（秦集二三 65.1），古璽；[字形]（陶 5.96），[字形]（陶 3.734），陶文；[字形]（青川牘），[字形]（雲夢《答問》），[字形]（雲夢《秦律》），[字形]（北大《算》甲），[字形]（里耶 8-455），秦簡。形聲字。《説文》：“廣，殿之大屋也。從广，黄聲。”

“廣”字構形，甲骨文從“宀”、從“黄”聲，金文大都從“广”，偶見從“宀”，“黄”旁構形略有變化。戰國文字皆從“广”，秦文字同，爲《説文》篆文作 [字形]，漢印作 [字形]（徵 9.9），馬王堆帛書作 [字形]（《老子》甲），銀雀山漢簡作 [字形]（《孫臏》），石經作 [字形]（熹平石經《尚書》序）所本。

楚簡“廣”字作 [字形]（上博《吴命》）、[字形]（清華《命訓》）、[字形]（清華《祭公》）、[字形]（安大《詩經》）、[字形]（安大《詩經》），構形從“宀”，同甲骨文，從“坐”聲。“坐”即“往來”之“往”的本字。此爲“廣”字異體。

6. 廟，[字形]（師酉簋），[字形]（虢季子白盤），[字形]（同簋），[字形]（無助鼎），[字形]（免簋），[字形]（吴方彝），[字形]（克鼎），[字形]（九年衛鼎），[字形]（元年師旋

鼎），⿴（廟偯鼎），⿴（盠方彝），⿴（盠方彝），金文；⿴（郭店《唐虞》），

⿴（郭店《語叢》一），楚簡；⿴（里耶 8–138），秦簡。形聲字。《説文》：“廟，

尊先祖皃也。从广，朝聲。⿴，古文。”

　　“廟”字構形，金文从“广”、从“淖”聲（“淖”即“潮”字初文），楚簡改从

“宀”；秦簡仍从“广”，但是“淖”旁已訛作“朝”形，爲《説文》篆文作⿴，漢印

作⿴（徵 9.10），馬王堆帛書作⿴（《老子》乙前）、⿴（《縱横》）所本。

　　楚簡“廟”字異體作⿴（清華《越公》）、⿴（清華《越公》）、⿴（郭店

《性自》）、⿴（上博《詩論》），从“宀”、从“苗”聲，亦見戰國金文作⿴（中山

王壺），从“广”，即《説文》古文作⿴所本。楚簡或作⿴（清華《琴舞》）、⿴

（上博《詩論》）、⿴（上博《建州》乙），“苗”字下部“田”旁訛作“曰”；或作

⿴（郭店《語叢》四）、⿴（上博《平王》），从“厂”，“苗”字上部“艸”旁省

作“中”。此皆書手原因。

〇八一 厂部

《説文》："厂，山石之厓巖，人可居。象形。……，籀文从干。"高鴻縉指出："厂字本象石岸之形。周秦或加干爲聲符作厈，後又或於厈上加山爲意符作岸，故厂、厈與岸實爲一字。"（《中國字例》）其説可從。"厂"字構形，西周金文作（散氏盤），或作（趞卣）、（趞尊）、（睘卣）、（折觥）、（折方尊），構形从"广"、从"干"聲，亦見楚簡作（清華《良臣》）、（清華《筮法》）、（清華《筮法》），即《説文》籀文作（从"厂"）所本，楷書作"厈"。"厂"之構形象石崖，如"危"字楚簡作（上博《緇衣》）、（上博《緇衣》），秦簡作（雲夢《日書》乙）、（嶽麓叁131），所从亦即"危"之初文，構形象人站在崖岸（"厂"）邊上，岌岌可危。因崖下可避風雨，似屋，故《説文》"厂"字謂"人可居"，所以"厂"作爲形旁也可與義近形旁"宀""广"互作。

1. 反，（合36537），（合36819），甲骨文；（戍甬鼎），（大保

簋），▯（過伯簋），▯（九年衛鼎），▯（晉侯穌鐘），▯（曾侯乙鐘），▯（奻盜壺），金文；▯（上博《詩論》），▯（安大《曹沫》），▯（清華《音圖》），▯（清華《金縢》），▯（包山99），▯（清華《音圖》），楚簡；▯（雲夢《日書》乙），▯（里耶8-478），秦簡。會意字。《説文》：“反，覆也。从又厂，反形。▯，古文。”以“反覆”釋義。

“反”字構形，甲骨文、金文从“厂”、从“又”會意。所从之“厂”即山石厓巖，或以爲謂人以手攀崖，即“扳”之本字，義同“攀”（楊樹達《小學述林》），可備一説。楚簡、秦簡没有變化，爲《説文》篆文作▯，馬王堆帛書作▯（《老子》甲）、▯（《事語》），石經作▯（熹平石經《周易》）所本。

“反”字《説文》古文作▯，於“厂”下加短横爲飾筆，這種繁化與戰國文字“石”旁雷同。另外，楚簡“反”字繁構作▯（上博《建州》甲）、▯（清華《三壽》）、▯（上博《踐阼》）、▯（上博《舉治》），或於“又”下加斜筆，或於“厂”上加短横，或上下皆加飾筆繁化，但却没有出現與《説文》古文相合的構形，頗值得思考。

2. 厰，▯（不㝰簋），▯（不㝰簋），▯（虢季子白盤），▯（兮甲盤），▯（士父鐘），▯（士父鐘），金文；▯（彙2881），古璽；▯（清華《説命》中），▯（清華《三壽》），▯（郭店《語叢》二），▯（郭店《語叢》二），楚簡；▯（嶽麓《爲吏》），秦簡。形聲字。《説文》：“厰，崟也。一曰地名。从厂，敢聲。”

"厰"字構形，金文從"厂"（偶從"宀"）、從"敢"聲，古璽同。楚簡"厂"上或加飾筆。秦簡無變化，爲《説文》篆文作 ![字形] 所本。馬王堆帛書作 ![字形]（《老子》甲後），則從"广"，乃義近偏旁互作。

"厰"字，西周金文用作古籍蔑稱北方民族"獫狁"之獫，楚簡、秦簡皆用作"嚴"字，由此可見"厰""嚴"實爲古今字。

3. 厲，![字形]（五祀衛鼎），![字形]（散伯簋），![字形]（散伯簋），![字形]（東姬匜），![字形]（銀柄杯），![字形]（銀鎏金盒），金文；![字形]（上博《用曰》），楚簡；![字形]（雲夢《封診》），![字形]（雲夢《日書》甲），秦簡。形聲字。《説文》："厲，旱石也。從厂，蠆省聲。![字形]，或不省。"分析構形有誤。

"厲"字構形，金文從"厂"、從"萬"聲，楚簡同。秦簡從"广"，爲馬王堆帛書作 ![字形]（《縱橫》）、![字形]（《天文》），漢印作 ![字形]（徵 9.00）、![字形]（徵 9.00），漢碑作 ![字形]（韓仁銘），石經作 ![字形]（熹平石經《周易》）所本。《説文》篆文作 ![字形]，仍從"厂"。《説文》篆文繁體作 ![字形]，從"虫"，古文字未見，疑似如石經"厲"字之形訛所致。

4. 厭，![字形]（陝西 635），![字形]（彙 482），古璽；![字形]（包山 219），![字形]（新蔡乙三 42），楚簡；![字形]（里耶 8-755），![字形]（嶽麓《爲吏》），秦簡。雙聲字。《説文》："厭，笮也。從厂，猒聲。一曰合也。"所訓"笮"非本義。"厭"乃"猒"字叠加聲旁"厂"而成（詳下），經典訓飽，與"猒"同。

"厭"字構形，古璽、楚簡從"厂"、從"猒"，雙聲字，爲《説文》篆文作 ![字形] 所本。古璽、秦簡或从"广"，爲馬王堆帛書作 （《縱橫》）、（《相馬》）所本；

或訛从"疒"，爲銀雀山漢簡作 （《孫臏》）所本，乃書手致誤。

楚簡"厭"字異體作 （清華《三壽》）、（清華《三壽》），省"犬"旁，隸定作"肩"；或作 （清華《畏天》），省"肉"旁，隸定作"砆"。皆因"厂"旁加飾筆遂與"石"旁訛混致誤。

需要指出的是，"厭""猒"本一字，《説文》誤分爲二，所訓也不同。《説文》："猒，飽也，从甘，从肰。"犬吃飽後口中吐出肉，意爲飽、滿，引申爲厭足。會意字。段玉裁注指出："'厭'專行而'猒'廢矣……'猒''厭'古今字。"段説甚是，金文、楚簡"猒"字皆用作"厭"，可證。

"猒"字構形，金文作 （毛公鼎）、（沈子它簋）、（商尗簋），楚簡作 （上博《仲弓》）、（上博《緇衣》）、（上博《從政》）、（郭店《緇衣》），《説文》篆文作 ，所从之"口"中加飾筆，《説文》遂誤以爲構形"从甘"。

5. 原，（克鼎）、（雍伯原鼎）、（散氏盤）、（散氏盤），金文；（集粹）、（珍秦194）、（陝西739），古璽；（陶5.117）、（録3.483.4），陶文；（上博《用曰》）、（清華《成人》）、（郭店《性自》）、（清華《晉文》），楚簡；（雲夢《答問》）、（北大《泰原》）、（里耶8-92），秦簡。象形字。《説文》："灥，水泉本也。从灥出厂下。，篆文从泉。""灥"即"原"字，亦即"原"字，本義爲後世的"源"即源泉之意，引申爲本源。

　　“原”字構形，西周金文從“厂”、從“泉”，象泉水出厓下石穴向外流瀉。戰國文字或從“广”，或從“厂”，楚簡或從“艸”，陶文或增“井”爲繁構。秦簡從“广”。《説文》歸入“灥”部，篆文作 ，從“厂”、從“灥”，古文字未見；篆文或作 ，源自金文。漢印作 （徴 11.15）、或作 （徴 11.15），馬王堆帛書作 （《老子》乙前）、 （古地圖），漢碑作 （張遷碑），石經作 （熹平石經《詩經》），“厂”下之“泉”漸訛成“泉”，由“原”訛作“原”，遂爲楷書所本。

　　楚簡“原”字或作 （郭店《成之》），贅增“水”旁，或即“源”字初文。

　　附及，“泉”字， （合 10642）， （合 24426）， （合 8375）， （屯 1178）， （合 10175）， （合 8372）， （合 8371），甲骨文； （子束泉尊）， （商鞅方升），金文； （秦集二三 2.2），古璽； （清華《繋年》）， （包山）， （包山）， （包山）， （上博《容成》）， （清華《四告》）， （清華《四時》）， （清華《四時》），楚簡； （北大《白囊》）， （北大《白囊》），秦簡。象形字。《説文》：“泉，水原也。象水流出成川形。”

　　“泉”字構形，甲骨文象泉水於崖穴中涌出形，金文或省水滴形，爲《説文》篆文作 ，漢金文作 （囊泉鉑二）、 （囊泉宮行鐙）所本。秦簡“泉”字已訛成“泉”，爲漢簡作 （居延乙 225.45）所本。

楚簡"泉"字或作 、、，也見古璽作 、、，叠加形旁"水"，隸定作"湶"，爲異體。

6. 厚，、，甲骨文；、、、、、、、、，金文；、、、、、、、、、、、、、，楚簡；，秦簡。會意字。《説文》："厚，山陵之厚也。从𠭰，从厂。𡓦，古文厚，从后、土。"分析構形有誤，造字本義不明，以山陵爲厚乃引申義。

"厚"字構形，甲骨文从"厂"、从"𣑭"，林澐認爲象以盛酒之罋置藏於崖下洞内，使酒醇儼味厚，引申爲厚義（《説厚》）。可備一説。西周金文从"厂"、从"𠭰"（《説文》誤以爲字从反"亯"）。楚簡將"𠭰"之上部與"厂"相合似"石"，或作省形，構形或从"广"。秦簡仍从"厂"，"𠭰"旁之下部已訛似"子"（春秋金文已見），亦見馬王堆帛書作 、，銀雀山漢簡作 ，漢印作 ，因"𠭰"與"𪉖"形近，故構形演變規律相似。《説文》篆文作 ![](，則不誤。

楚簡“厚”字異體較多，或作 ![字形] （上博《緇衣》），源於西周金文；或作 ![字形] （清華《厚父》）、![字形] （郭店《語叢》一），由此訛作 ![字形] （安大《曹沫》），古璽作 ![字形] （彙 724）、![字形] （彙 1203），爲《説文》古文作 ![字形] 所本。楚簡或作 ![字形] （安大《曹沫》）、![字形] （上博《用曰》），訛作 ![字形] （郭店《老子》甲）、![字形] （郭店《成之》），從“石”、從“毛”會意；或訛作 ![字形] （上博《鮑叔牙》）、![字形] （郭店《語二》），從“石”、從“戈”聲；或作 ![字形] （清華《祭公》）、![字形] （郭店《老子》甲），“戈”聲又改爲“句”聲。這些異體在秦統一文字後皆淘汰。

在戰國文字尤其是楚簡中，“厂”“石”作爲義近偏旁互作的例子很多，“厚”字構形便是很好的一例。

○八二 石部

　　《説文》："石，山石也。在厂之下，口象形。""石"字構形，甲骨文作 （合 21050）、（合 13505），以磬石象形；或作 （合 22099）、（合 7698），增 "口" 飾。金文作 （己侯簋）、（鄭子石鼎）、（鐘伯鼎）、（奵盗 壺），改形旁爲 "厂"。古璽作 （彙 1159）、（彙 1160）、（彙 266），楚簡作 （清華《厚父》）、（郭店《性自》）、（郭店《窮達》）、（清華《五 紀》）、（安大《詩經》）、（包山）、（包山）、（清華《五紀》）、 （上博《性情》），於 "厂" 之上下增飾筆。秦簡作 （雲夢《效律》）、 （北大《從政》）、（北大《田》甲），爲《説文》篆文作 ，馬王堆竹簡作 （M1）所本。

　　1. 磬，（合 1751），（合 317），（合 8032），（合 8613），（合

8038），⬚（佚 719），⬚（花東 215），⬚（合 13507），⬚（合 37727），⬚（合

10500），⬚（合 25213），⬚（合 28894），甲骨文；⬚（䣄鎛），⬚（䣄鐘），金文；

⬚（秦公石磬），⬚（臨淄石磬），⬚（臨淄石磬），⬚（臨淄石磬），⬚（臨淄

石磬），刻石；⬚（清華《五紀》），楚簡。象形字。《説文》："磬，樂石也。從石、

殸，象懸虡之形，殳擊之也。古者毋句氏作磬。⬚，籀文省。⬚，古文從巠。"

"磬"字構形，甲骨文從"声"、從"殳"，象以殳（槌）敲擊懸挂之石磬。"声"

旁或省作"石"形，或增"口"飾。金文或增"壬"聲。春秋秦石磬同，即《説文》

籀文作⬚所本。《説文》古文作⬚，見臨淄出土石磬及楚簡，改爲形聲字，寫作

"硜"既可視作異體，也不排除爲通假字。《説文》篆文作⬚，漢石磬作⬚（四時

嘉至磬），漢碑作⬚（校官碑），增"石"，有可能始自秦漢之際。

2. 礪，⬚（子仲匜），金文；⬚（彙 4105），古璽；⬚（上博《周易》），

⬚（上博《周易》），⬚（清華《説命》中），⬚（包山 149），⬚（上博《周

易》），⬚（上博《曹沫》），⬚（清華《五紀》），楚簡。形聲字。《説文》（新附）：

"礪，礦也。從石，厲聲。經典通用厲。"

"礪"字構形，金文從"石"、從"萬"聲。楚簡同，或增"土"旁爲繁構。《説

文》篆文作⬚，改從"厲"聲。

3. 庶，⬚（合 4292），⬚（合 16722），⬚（合 22045），⬚（合 16270），

（合 14158），　（周甲 74），甲骨文；　（矢簋），　（庶觶），　（盂鼎），　（伯庶父簋），　（魯仲伯匜），　（邾公華鐘），　（蔡侯申鐘），　（中山王鼎），　（十九年殳），金文；　（石鼓《汧沔》），刻石；　（彙 3198），古璽；　（陶 5.384），　（北郊秦陶），陶文；　（上博《昔者》），　（清華《五紀》），　（上博《緇衣》），　（清華《五紀》），　（安大《詩經》），　（安大《詩經》），　（清華《說命》中），　（清華《耆夜》），　（清華《不韋》），　（清華《程寤》），　（包山簽），　（上博《內禮》），　（九店 A47），　（清華《四告》），　（清華《四告》），　（清華《治政》），　（郭店《緇衣》），　（上博《柬大王》），楚簡；　（雲夢《答問》），　（嶽麓叁 126），秦簡。會意兼形聲字。《說文》："庶，屋下眾也。从广、炗。炗，古文光字。"解說構形有誤。

"庶"字構形，甲骨文、金文从"石"、从"火"，既不从"广"，也不从"光"，其爲"煮"之本字。于思泊師指出："'庶'字是从火石、石亦聲的會意兼形聲字，也即'煮'之本字……'庶'之本義乃以火燃石而煮，是根據古人實際生活而象意依聲以造字的。但因古籍中每借'庶'爲'眾庶'之'庶'，又別製'煮'字以代'庶'，'庶'之本義遂湮沒無聞。"（《甲骨文字釋林》）春秋戰國文字或於"石"旁上部之橫畫上加一短橫作飾筆（此亦古文字構形常見現象），上部遂似"广"形，古璽及楚簡於"石"旁中又增橫飾筆。楚簡、秦簡"石"旁或寫作"厈"，下从"火"，以致《說文》誤以爲字从"广"、从"炗（光）"，爲篆文作　，漢印作　（徵 9.10），馬王堆帛

書作 （《老子》乙前），銀雀山漢簡作 （《孫臏》）所本。

甲骨文"庶"字異體作 （合 14157）、（合 14158），增"众"表意，是"衆庶"之庶的專用字，但西周以後幾乎絕迹。然而楚簡"庶"字異體作 （上博《魯邦》）、（上博《魯邦》），除"庶"省"火"存"石"外，也增"众"表意，其構形顯然源於殷商文字。

本例爲原不從"广"之字，《説文》以訛變字形而誤入"广"部。

4. 席，（合 13543），（合 23715），（合 33075），（合 9575），甲骨文；（九年衛鼎），金文；（曾侯），（包山 263），（郭店《成之》），（上博《建州》乙），（清華《耆夜》），（上博《君子》），（上博《踐阼》），（天星觀），（望山 M2），（清華《食禮》），（清華《食禮》），（曾侯），（曾侯），（清華《食禮》），（清華《食禮》），（信陽），楚簡；（雲夢《日書》乙），（北大《從政》），（里耶 8-1346），秦簡。形聲字。《説文》："席，籍也。《禮》：'天子、諸侯席有黼繡純飾。'從巾，庶省聲。，古文席，從石省。"分析構形有誤。

"席"字構形，甲骨文象編織有"人"字紋的竹（葦）席，象形字，其作爲偏旁，後世隸作"西"。西周金文從"巾"，從"厂（石）"聲。楚簡從"竹"、從"石"聲，隸定作"筈"；或增形旁"西"，隸定作"籍""籩"，後者若省去"竹"旁及飾筆，即《説文》古文作 來源。楚簡構形或從"巾"、從"石"聲，源自西周金文，秦簡亦同，但"石"旁寫作"广"，爲《説文》篆文作 席，漢印作 席（徵 7.22），馬王堆帛書作 席（《病方》）、竹簡作 席（M1），武威漢簡作 席（《儀禮》）、席（醫簡），漢碑作 席（熹平石經《儀禮》）所本。其"石"旁演變爲"广"的情況與上例"庶"字如同一轍。

《説文》將"席"字歸入"巾"部。

○八三 玉部

《説文》："玉，石之美，有五德，……象三玉之連，丨其貫也。……示，古文玉。"

"玉"字構形，甲骨文本作 ⏛（合 15058）、⏛（英 1264）、⏛（合 16976）、⏛（合 16976）、⏛（合 4059）、⏛（合 32535）、⏛（屯 225）、⏛（合 32721）、⏛（花東 90），象玉琮形，用以代指一切玉器，綫條化後作 ⏛（合 11364）、⏛（合 16089），或作 ⏛（合 7053）、⏛（合 10171）、⏛（合 9505）、⏛（甲 3642）、⏛（合 34148），象以系貫穿玉琮。金文作 ⏛（乙亥簋），後作 ⏛（鳥祖癸簋）、⏛（乙亥簋）、⏛（穆公簋）、⏛（毛公鼎）、⏛（洹子孟姜壺）、⏛（魚顛匕），構形中横筆居中，與"王"字構形中横筆偏上有所區别。古璽作 ⏛（彙 1452）、⏛（彙 1471）、⏛（陝西 850），楚簡作 ⏛（新蔡零 219）、⏛（清華《繫年》）、⏛（望山 M1）、⏛（清華《尹至》）、⏛（上博《君人》甲）、⏛（上博《建州》甲）、⏛（郭店《五行》）、

（安大《仲尼》）、 （清華《五紀》），或於上、下旁側加飾筆，或於中間左右增飾筆，此即《説文》古文作 所本。楚簡或作 （清華《封許》）、 （清華《繋年》）、 （清華《治政》）、 （清華《治政》）、 （清華《四告》），飾筆省成一點，爲漢碑作 （史晨碑）所本。秦簡作 （嶽麓《數》）、 （雲夢《答問》），仍回歸金文構形，爲《説文》篆文作 ，馬王堆帛書作 （《老子》甲）所本。作爲偏旁時，古文字 "玉" 字構形大都不加飾筆點。

1. 璧， （花束 180）， （花束 490）， （花束 180）， （花束 180）， （花束 475）， （花束 37）， （花束 108）， （花束 108），甲骨文； （叔雷卣）、 （珊生簋）、 （洹子孟姜壺）、 （洹子孟姜壺），金文； （侯馬），盟書； （詛楚文《湫淵》），刻石； （新蔡甲三 181）、 （新蔡零 207）、 （清華《治政》）、 （清華《金縢》）、 （上博《魯邦》）、 （清華《五紀》）、 （新蔡甲三 99）、 （上博《競公》），楚簡。形聲字。《説文》："璧，瑞玉圜也。从玉，辟聲。"

"璧" 字構形，甲骨文象玉璧形。古代玉璧爲圓形，甲骨文首例則作圓周邊外突出三齒，形似殷墟出土的牙形玉璧（劉一曼、曹定雲《殷墟花園莊東地甲骨》考釋）。甲骨文後增 "辛" 旁爲繁構（造字本義不明），金文再增形旁 "玉"，"辛" 又增 "尸" 并結合象形圓璧成 "辟"，遂成形聲字。楚簡沿襲，圓璧形或增或省，構形或省作从

“玉”、从“辛”。馬王堆帛書作 （《老子》甲）、（《事語》），漢碑作

（史晨碑），已很難看出原構形之圓璧，《説文》篆文作 ，圓璧形已訛作“口”。

2. 班，（班簋），（佣叔簋），（郑公孫班鎛），金文；（鑒印

68），（珍展 157），古璽；（清華《不韋》），（上博《周易》），

（包山 85），（清華《祭公》），楚簡。會意字。《説文》：“班，分瑞玉。從珏，從刀。”本義指剖玉。

“班”字構形，金文從“珏”、從“刀”，古璽、楚簡没有變化，爲《説文》篆文

作 ，漢印作 （徵 1.7）所本。

3. 弄，（妝弄卣），（弄彝），（杕氏壺），（天尹鐘），（智君子

鑑），（弄鼎），（弄鳥尊），金文；（秦集一五 15.3），（西安圖 18），

（徵存 11），古璽；（系 504），貨幣；（雲夢《日書》甲），秦簡。會意字。《説文》：“弄，玩也。從廾持玉。”本義爲玩賞。

“弄”字構形，晚商金文從“廾”、從“玉”，會雙手摩挲玉器玩賞意（古董行話稱“盤玉”）。“玉”旁漸已固定爲三横一竪的寫法，爲春秋戰國文字承襲。秦文字同，爲《説文》篆文作 ，漢印作 （徵 3.12），馬王堆帛書作 （《老子》乙）所本。

古璽“弄”字或作 （彙 3144），亦見宋代傳抄古文作 （《古文四聲韻》），從“工”，爲異體。

○八四 高部

　　《説文》："高，崇也，象臺觀高之形。从冂口，與倉舍同意。"　"高"字本作"亯"，象在高臺基上蓋建的房屋，引申爲高上義。由於古文字在演變過程中，構形經常會加無意義的"口"飾作填空，遂成"高"形。"高"字構形，甲骨文作 (合19541)、 (合2360)、 (合33306)、 (合23717)、 (合32313)、 (合30621)、 (合26961)、 (合3867)、 (合18643)，金文作 (毓祖丁卣)、 (亢簋)、 (父丁罍)、 (師高簋)、 (瘋鐘)、 (不嬰簋)、 (秦公簋)、 (高密戈)、 (鄂君啓車節)，刻石作 (秦公石磬)，古璽作 (彙1128)、 (彙1149)、 (彙1145)、 (彙70)、 (彙311)、 (傳957)，陶文作 (録2.432.1)、 (録2.433.3)、 (塔圖138)、 (秦都·圖117)、 (録6.136.2)，楚簡作 (郭店《老子》甲)、 (清華《三壽》)、 (上博《容成》)、 (安大《詩經》)、 (清華《廼命》)、

（清華《不韋》），無變化。秦簡作 、 ，秦刻石作

![字形]（嶧山碑），爲馬王堆帛書作 ![字形]（《老子》甲），銀雀山漢簡作 ![字形]（《孫臏》），

漢碑作 ![字形]（白石神君碑）所本。但《説文》篆文作 ![字形]，漢簡作 ![字形]（定縣），漢

碑作 ![字形]（孔龢碑），上部已訛，不象高屋形，而"高"遂成後世固定寫法。

1. 京，![字形]（合8034），![字形]（屯1111），![字形]（合20299），![字形]（合24446），![字形]（合

21703），![字形]（合24400），![字形]（合22616），甲骨文；![字形]（辛巳簋），![字形]（井鼎），

![字形]（班簋），![字形]（師酉簋），![字形]（芮公鼎），![字形]（多友鼎），![字形]（遹簋），![字形]

（伯吉父匜），![字形]（䮵羌鐘），![字形]（京戈），![字形]（九年京令戈），金文；![字形]（璽考

197），![字形]（彙3093），![字形]（秦風168），古璽；![字形]（陶6.48），![字形]（齊陶89），

![字形]（録6.99.2），陶文；![字形]（安大《詩經》），![字形]（上博《三德》），![字形]（清華

《楚居》），![字形]（清華《楚居》），![字形]（上博《靈王》），![字形]（清華《繫年》），![字形]

（清華《繫年》），![字形]（郭店《語叢》一），楚簡；![字形]（嶽麓三），秦簡。象形字。《説

文》："京，人所爲絶高丘也。從高省，｜象高形。"

"京"字構形，甲骨文在"高"下加一竪筆，象聳立之高屋。 "京"爲"亯

（高）"之孳乳字。金文、古璽構形無大變化。楚簡因書手的原因，或將"亯"之右下

竪筆省去，中竪筆又加飾點或橫筆，構形遂與晉、齊陶文"亭"字混同。秦簡下部訛似

"巾"，爲《説文》篆文作 ![字形]，漢印作 ![字形]（徵5.14）所本。漢金文作 ![字形]（京兆官弩

機），石經作 📄（熹平石經《周易》），下部漸訛成 “小”，“京” 遂成固定寫法。

2. 亭，📄（彙 279），📄（璽考 33），📄（彙 225），📄（秦印），📄（徵存 393），📄（秦風 35），古璽；📄（陶 4.159），📄（陶 7.4），📄（陶 5.311），📄（陶 5.317），📄（齊陶 22），📄（陶 3.27），📄（録 2.10.1），📄（陶 6.121），📄（陶 6.129），陶文；📄（雲夢《效律》），📄（嶽麓叁 66），📄（北大《道里》），📄（里耶 8-38），📄（里耶 8-665），秦簡。形聲字。《説文》：“亭，民所安定也。亭有樓，從高省，丁聲。”

“亭” 字見戰國文字，構形是在 “髙” 下加 “丁” 聲，古璽首例與 “京” 形似，齊陶文寫法略異。馬王堆帛書作 📄（《老子》甲），漢簡作 📄（居延甲 873），漢印作 📄（徵 5.13），上承秦簡。《説文》篆文作 📄，漢碑作 📄（曹全碑），上部構形演變與 “高” 字同。

“亭” 字與 “京” 字皆爲 “髙（高）” 之孳乳字，且構形相近，所以在戰國文字中 “亭” 字與 “京” 字常相混，尤其是晉、齊陶文的 “亭” 字與楚簡 “京” 字構形幾乎相同。

3. 亳，📄（合 28109），📄（合 7061），📄（合 32675），📄（屯 665），📄（合 7841），📄（合 28110），📄（合 28105），📄（合 22145），📄（合 22276），甲骨文；📄（亳册戈），📄（乙亳戈），📄（亳父乙鼎），📄（亳鼎），📄（陳璋壺），📄（亳厎戈），金文；📄（雲夢《日書》甲），秦簡。形聲字。《説文》：“亳，京

兆杜陵亭也。从高省，乇聲。”

“亳”字構形，甲骨文从“高”、从“乇”聲，“乇”旁或寫似“中”。金文相同，秦簡略有變化。《説文》篆文作，源自秦簡。

4. 亯，（英 729），（合 1197），（合 32227），（合 5640），（花東 502），（合 26993），甲骨文；（祖辛祖癸鼎），（亯觥），（亯簋），（辛巳簋），（令簋），（段簋），（吴王光鑑），（楚嬴匜），（王子午鼎），（曾侯乙鎛），（陳侯午敦），金文；（包山 103），（清華《繫年》），（清華《三壽》），（信陽），（清華《四告》），（清華《五紀》），（清華《筮法》），楚簡；（雲夢《日書》甲），秦簡。象形字。《説文》：“亯，獻也。从高省。曰象進孰物形。《孝經》曰：‘祭則鬼亯之。’……亯，篆文亯。”分析構形有誤。本義指祭祀的建築物，引申爲祭享、享用、亨通。

“亯”字也是“高”的孳乳分化字，《説文》誤以爲“高”字省。“亯”字構形，甲骨文、晚商金文（族氏銘文）是在“高”下加一横畫，下成封口形；春秋戰國文字又在下部中間空隙處添飾筆，後成横畫，爲《説文》篆文作所本。《説文》或體作，則源自馬王堆帛書作（《病方》）、（《周易》），爲漢金文作（新莽嘉量），漢碑作（華山廟碑），石經作（熹平石經《易經》）所本；下部再添横飾筆則成秦簡構形，爲漢碑作（張遷碑）所本。“亯”字遂分化出“亨”“享”二形，從而被取代成爲固定寫法。

5. 亯，（合 6861），（合 139），（合 20530），（合 28917），（合 20516），（合 28916），（合 28915），（合 37422），（合 33029），甲骨文；（亯車觚），（鼓亯觶），（寡子卣），（禹鼎），（獄簋），（㝨鐘），（晉侯穌鐘），（齊侯亯），（陳侯午亯），（淳于公戈），（淳于左造戈），金文；（新鄭·圖），（録 4.129.2），（録 4.129.4），陶文；（清華《繫年》），（上博《周易》），（清華《司歲》），（清華《司歲》），楚簡。會意字。《説文》；“亯，獻也。从高省、从曰，讀若純。一曰鬻也。，篆文亯。”分析構形有誤。

“亯”字構形，甲骨文从“高”、从“羊”會意，似以羊作爲祭牲會熟食意。金文、楚簡構形没有變化。秦文字及漢簡、漢碑暫闕，《説文》篆文作不誤，或體作略訛。

6. 就，（合 3139），（合 3142），（合 33139），（合 36564），（合 36647），甲骨文；（子就鼎），（子就方鼎），（克鼎），（師克盨），（師鑫簋），（師鑫簋），（宰獸鼎），（散氏盤），（鄂君啓車節），金文；（陶 5.22），陶文；（新蔡乙四 96），（郭店《五行》），（包山 169），（清華《迺命》），（清華《食禮》），（新蔡甲三 56），楚簡；（雲夢《效律》），（雲夢《日書》甲），（里耶 8－2256），秦簡。形聲字。

《説文》：“就，高也。从京、从尤。尤，異於凡也。𡘸，籀文就。”解説構形有誤，“尤”爲聲旁。

“就”字構形，甲骨文、金文从“高”、从“京”會意，隸定作“亯”，此即《説文》籀文作𡘸之左旁構形所本。楚金文、簡文構形“高”“京”作合文，共用上部筆畫，以致長期得不到確釋，直至郭店楚簡公布後學者始認識。秦簡將“亯”省寫作“京”，又加“尤”聲，改爲形聲字，爲《説文》篆文作𡘸，漢印作𡘸（徵 5.14），馬王堆帛書作𡘸（《縱横》），石經作𡘸（熹平石經《儀禮》）所本。

楚簡“就”字異體較多，除省訛寫作𡘸（郭店《五行》）外，或作𡘸（上博《陳公》）、𡘸（上博《曹沫》）、𡘸（安大《曹沫》）、𡘸（望山 M1），增“辵”；或於“高”下从“同”作𡘸（郭店《六德》）；或增“止”（“辵”省）作𡘸（清華《金縢》）、𡘸（新蔡乙三 31）；或增“示”作𡘸（新蔡乙四 97）；或增“攵”作𡘸（上博《周易》）、𡘸（清華《食禮》）、𡘸（清華《食禮》）、𡘸（新蔡零 231）；或省爲从“京”、从“攵”作𡘸（新蔡乙四 109），與秦文字“亯”字省作“就”爲同源。有些異構“就”字，在宋人傳抄古文著作如《汗簡》《古文四聲韻》中可找到其踪影。

7. 亯，𡘸（京都 3241），𡘸（合 20570），𡘸（合 6169），𡘸（合 13514），𡘸（合 29081），𡘸（甲釋 88），𡘸（屯 624），𡘸（合 13514），𡘸（合 29793），甲骨文；𡘸（亯南鼎），𡘸（辛亯鼎），𡘸（己亯鼎），𡘸（亯鼎），𡘸（井侯簋），

（臣諫簋），　（帥鼎），　（師虤鼎），　（召伯簋），　（毛公鼎），　（拍敦），　（國差𦉜），　（郭大夫鉈），　（曾侯乙鐘），金文；　（石鼓《吴人》），刻石；　（彙5672），　（璽考325），　（珍秦47），　（傅1473），　（陝761），　（珍秦117），　（珍秦115），古璽；　（録2.333.1），　（録2.382.3），　（録2.666.2），　（録2.363.1），　（齊陶27），　（齊陶39），　（陶3.355），　（尤家莊秦陶），陶文；　（上博《從政》），　（上博《内豊》），（清華《繫年》），　（清華《不韋》），　（天星觀），　（安大《曹沫》），楚簡；　（雲夢《秦律》），　（雲夢《日書》甲），　（雲夢《日書》甲），秦簡。象形字。《説文》：“𩫖，度也，民所度居也。从回，象城𩫖之重，兩亭相對也。或但从口。”

“𩫖”字構形，甲骨文、晚商金文（族氏銘文）象中間“囗”（城邑）、四面各建有門亭的城郭之形，或減省左右兩邊門亭而作上下對稱；西周金文作上下二門亭相對，戰國文字亦同。秦文字下部訛似“子”，《説文》篆文作　，漢印作　（徵5.14），漢簡作　（《蒼頡》），則不誤。

“𩫖”字後一分爲二：一形訛爲“享”（“𩫖”成“享”，其下部原不从“子”，是从倒書的門亭形訛變而來），來源於秦簡，并作爲“郭”字所从聲旁，見《説文》“郭，齊之郭氏虚。善善不能進，惡惡不能退，是以亡國也。从邑，𩫖聲”，與“亯”字演化成“享”形同；二作爲“墉”字古文，《説文》：“墉，城垣也。从土，庸聲。𩫖，古文墉。”

楚簡“𩫖”字或增“土”作　（郭店《六德》），但非用爲城郭、城墉義。

○八五 户部

《説文》："户，護也。半門曰户，象形。……，古文户，从木。""户"字構形，甲骨文作（合 30293）、（屯 3185）、（合 31230）、（合 32833）、（合 26784）、（懷 1267），象單扇門。金文作（庚户觚）、（右冢子鼎），貨幣作（編 159），楚簡作（清華《筮法》）、（上博《周易》）、（清華《禱辭》），或加飾筆作（新蔡乙一 28）。秦簡作（雲夢《答問》）、（里耶 8-65）、（嶽麓《質》）、（嶽麓叁 115），爲《説文》篆文作，漢印作（徵 12.2）、（徵 12.2），馬王堆帛書作（《老子》甲），武威漢簡作（《儀禮》），漢碑作（淮源廟碑）所本。

"户"字繁構或增形旁"木"，金文作（陳胎戈）、（銅柱），古璽作（璽考 178），楚簡作（上博《周易》）、（郭店《語叢》四），即《説文》古文作所本，隸定作"床"。楚簡或作（上博《踐阼》），上下皆增飾筆。

1. 扈，[字形]（犀尊），[字形]（師兒鐘），[字形]（滕虎簋），[字形]（旁鼎），[字形]（寧簋），[字形]（南姞甗），[字形]（獄簋），[字形]（耳尊），[字形]（司馬楸鎛），金文；[字形]（清華《封許》），楚簡。會意字。《説文》：“扈，始開也。”

“扈”字構形，金文從“戶”、從“聿”，或增“口”飾。楚簡没有變化，爲《説文》篆文作[字形]所本。

《説文》：“肈，上諱。”因避漢帝名諱而未作解釋。又《説文》：“肇，擊也。從支，肈省聲。”“肇”“肈”實乃一字異寫，學者多以爲與“扈”爲一字。從西周金文的用法來看，應該是正確的。

2. 啓，[字形]（合 20416），[字形]（合 13096），[字形]（合 13140），[字形]（合 21022），[字形]（合 28021），[字形]（合 30196），[字形]（屯 2838），[字形]（合 9339），[字形]（合 4113），甲骨文；[字形]（田卣），[字形]（啓父乙鼎），[字形]（啓爵），[字形]（亞啓鼎），[字形]（父辛尊），[字形]（啓卣），[字形]（瘋鐘），[字形]（叔氏鐘），[字形]（訏啓鼎），[字形]（召卣），[字形]（攸簋），[字形]（中山王鼎），[字形]（卅三年鄭令鈹），[字形]（虢叔鐘），[字形]（鄂君啓舟節），[字形]（韓少府戟），金文；[字形]（彙 861），[字形]（彙 2581），[字形]（彙 3657），[字形]（鄭訓義 1-109），[字形]（秦風 135），[字形]（十鐘），古璽，[字形]（陶 3.980），[字形]（陶 3.980），[字形]（録 3.94.5），陶文；[字形]（清華《説命》中），[字形]（清華《金縢》），[字形]（清華《厚父》），[字形]（清華《繫年》），[字形]（郭店《老子》乙），[字形]

（上博《柬大王》），**[字形]**（曾侯），**[字形]**（包山 13），**[字形]**（上博《從政》），楚簡；**[字形]**（雲夢《日書》乙），**[字形]**（北大《算》甲），秦簡。會意字。《説文》："啓，教也。从攴，启聲。《論語》曰：'不憤不啓。'" 分析構形有誤。教者發人之蒙，開人之智，故"啓"引申有開之意。

"啓"字構形，甲骨文从"戶"、从"又"會意，以手把門打開；或增"口"，有學者以爲蓋教者必以言，故从"口"；或省"又"。金文从"口"、不从"口"二形并存，"又"旁或作"攴"、或作"殳"、或作"戈"，皆是表動作義近偏旁互作，爲戰國文字沿用。楚簡或增飾筆，或省"口"回歸殷商文字初形。秦簡無變化，爲《説文》篆文作**[字形]**，馬王堆帛書作**[字形]**（《老子》甲）、**[字形]**（《相馬》）所本。漢印作**[字形]**（徵 3.22）、**[字形]**（徵 3.12），則省"口"。

3. 厄，**[字形]**（录伯簋），**[字形]**（師兑簋），**[字形]**（毛公鼎），**[字形]**（番生簋），**[字形]**（翻鎛），金文；**[字形]**（彙 1220），古璽；**[字形]**（曾侯）、**[字形]**（曾侯）、**[字形]**（望山 M2），**[字形]**（天星觀）、**[字形]**（天星觀），楚簡；**[字形]**（雲夢《答問》），**[字形]**（里耶 8-1237），**[字形]**（里耶 8-361），秦簡。象形字。《説文》："厄，隘也。从戶，乙聲。" 以訛變字形分析構形不確。

"厄"是駕在馬脖上控制馬的器具，金文象厄形，楚簡寫法略有變化。秦簡仍作金文構形，爲漢印作**[字形]**（徵 12.2），馬王堆帛書作**[字形]**（《縱橫》），銀雀山漢簡作**[字形]**（《孫臏》）所本。但《説文》篆文作**[字形]**，漢簡作**[字形]**（《流沙》小學），構形訛爲从"戶"、从"乙"，《説文》遂誤以爲是从"戶"的形聲字。

○八六 門部

《説文》："門，聞也。从二戶，象形。"以"聞"訓"門"，乃是以聲訓字義。"門"字構形，甲骨文作 ![字形] （合 13605）、![字形] （合 19800），象門框中置有二戶（門扇）形，省形作 ![字形] （合 12814）、![字形] （合 21085）、![字形] （合 32035），象二戶。金文作 ![字形] （門祖丁簋）、![字形] （門射瓹）、![字形] （師酉簋）、![字形] （師俞簋）、![字形] （昏鼎）、![字形] （頌壺）、![字形] （散氏盤）、![字形] （宰獸簋），無變化。古璽作 ![字形] （彙 168）、![字形] （彙 1650）、![字形] （彙 169）、![字形] （彙 170），或於下置二短橫飾筆。楚簡作 ![字形] （清華《皇門》）、![字形] （清華《四時》）、![字形] （清華《五紀》）、![字形] （清華《食禮》）、![字形] （清華《治政》）、![字形] （清華《繫年》）、![字形] （郭店《六德》），秦簡作 ![字形] （雲夢《日書》乙）、![字形] （里耶 8-66），爲《説文》篆文作 ![字形] ，漢印作 ![字形] （徵 12.2），馬王堆帛書作 ![字形] （《縱橫》），石經作 ![字形] （熹平石經《公羊》）所本。

1. 閒，⿰（㝬鐘），⿰（曾姬無卹壺），⿰（兆域圖），⿰（邦司寇矛），⿰（上郡守閒戈），⿰（閒右庫戈），金文；⿰（秦駰玉版），刻石；⿰（彙650），⿰（彙2075），⿰（彙3215），⿰（彙5559），⿰（珍秦73），⿰（珍展206），⿰（珍展112），古璽；⿰（齊陶81），⿰（齊陶82），⿰（齊陶82），⿰（齊陶82），⿰（陶5.361），陶文；⿰（清華《四告》），⿰（郭店《語叢》三），⿰（上博《用曰》），⿰（清華《程寤》），⿰（清華《湯丘》），⿰（清華《廼命》），⿰（清華《司歲》），⿰（清華《五紀》），⿰（清華《畏天》），⿰（清華《繫年》），⿰（清華《繫年》），⿰（望山M1），⿰（安大《曹沫》），⿰（上博《曹沫》），⿰（清華《芮良夫》），⿰（上博《陳公》），楚簡；⿰（雲夢《日書》甲），⿰（里耶8-798），秦簡。會意字。《說文》：“閒，隟也。从門，从月。⿰，古文閒。”義爲間隙。大徐本《說文》引徐鍇注：“夫門夜閉，閉而見月光，是有閒隙也。”

“閒”字構形，西周金文从“門”、从“月”會意，“月”置門外；戰國文字“月”旁大多作“夕”，偶从“日”，置於門內。“月”“夕”一字分化。“月”與“日”即“月亮”“太陽”，皆可發光照明，又可表時間義，爲同義偏旁，故可互作。楚文字或增“刀”旁，从“刖”；或增“卜”旁，从“外”，爲《說文》古文作⿰所本。秦文字从“月”，爲《說文》篆文作⿰，漢印作⿰（徵12.4），馬王堆帛書作⿰（《老子》甲），銀雀山漢簡作 ![字形] （《孫子》）所本。“閒”字後分化出“間”，已見戰國金文，主要流行於漢以後。

楚簡“閒”字異體作 ![字形] （清華《繫年》）、![字形] （望山 M1）、![字形] （《老子》甲），省“門”存“刖”，爲省體。

2. 闌，![字形] （亞古父己簋），![字形] （戍嗣鼎），![字形] （利簋），![字形] （宰梽角），![字形] （闌卣），![字形] （闌監鼎），![字形] （噩侯鼎），![字形] （王孫鐘），![字形] （王孫誥鐘），![字形] （王子午鼎），金文；![字形] （珍秦 73），![字形] （秦風 198），古璽；![字形] （雲夢《答問》），![字形] （雲夢《答問》），![字形] （里耶 8-1716），秦簡。形聲字。《説文》：“闌，門遮也。從門，柬聲。”

“闌”字構形，晚商和周初金文從“閒”、從“柬”，雙聲字。西周中期“柬”省爲“東”，西周晚期及春秋金文改作從“門”、從“柬”聲，爲形聲字。秦印、秦簡承之，爲《説文》篆文作 ![字形] ，漢印作 ![字形] （徵 12.4），馬王堆帛書作 ![字形] （《老子》甲後）、![字形] （《縱横》）所本。

3. 闢，![字形] （闢父丁斝），![字形] （盂鼎），![字形] （伯闢簋），![字形] （录伯簋），![字形] （春平侯鈹），![字形] （中山王鼎），![字形] （大武闢兵戈），金文；![字形] （璽考 132），![字形] （彙 4091），古璽；![字形] （陶 3.1220），![字形] （録 3.137.4），陶文；![字形] （幣編 397），![字形] （齊幣 36），貨幣；![字形] （郭店《語叢》三），![字形] （上博《卜書》），![字形] （清華

《四告》），（清華《治政》），（清華《五紀》），（清華《不韋》），

（清華《畏天》），（新蔡甲三 134），楚簡。形聲字。《説文》：“闢，開也。從門，辟聲。𨴂，《虞書》曰：‘闢四門。’從門，從収。”本義爲開門，引申爲開闢。

“闢”字構形，西周金文從“門”、從“収”會意，爲《説文》“闢”字篆文或體作所本。所從“収”即“攀”之本字。戰國楚簡及金文“収”旁訛似“艸”或“廾”，成“𨳿”或“開”，實爲形近而致誤。楚文字於“収”上或增“〇”（“璧”字初文），加聲旁“璧”。《説文》篆文作，改從“辟”聲，出土兩漢資料未見，魏碑始見之，作（受禪碑）。

4. 開，（春平侯矛），金文；（上博 8.4），（鐵續），古璽；（上博《陳公》），楚簡；（雲夢《日書》甲），（雲夢《日書》甲），（雲夢《日書》乙），秦簡。會意字。《説文》：“開，張也。從門，從幵。𨴂，古文。”

“開”字始見戰國文字，古璽構形是在“闢”字之“収”上增一短橫，即《説文》古文作所本（“収”已訛作“収”）。此短橫不排除是由楚文字增璧形的“闢”字中“〇”改作綫條後分化出，進而孳乳爲新字。《説文》以“開”訓“闢”，也可看出二字的關係。或以爲構形“從門，‘一’示閉，廾以開之”（楊樹達《釋開闢閉》），可備一説。古璽構形“収”或訛作“廾”與“一”合成“开”。楚簡改成“开”，也見秦簡及秦刻石作（嶧山碑），爲《説文》篆文作所本。漢印作（徵 12.3），馬王堆帛書作（《老子》乙前），漢簡作（《蒼頡》），則沿襲戰國金文、古璽、秦簡從“开”構形，成後世固定寫法。

5. 關，▢（陳猷釜），▢（子禾子釜），▢（左關鈛），▢（鄂君啓舟節），金文；▢（彙 340），▢（彙 175），▢（彙 177），▢（集粹 165），▢（彙 295），▢（集粹 735），古璽；▢（包山 34），▢（清華《繫年》），▢（包山 91），▢（上博《王居》），▢（上博《詩論》），▢（清華《三壽》），▢（清華《成人》），▢（清華《冶政》），▢（清華《四時》），楚簡；▢（雲夢《答問》），▢（雲夢《秦律》），▢（嶽麓《質》三），▢（雲夢《爲吏》），秦簡。形聲字。《説文》："關，以木橫持門户也。從門，絲聲。"

"關"字始見戰國文字，金文構形從"門"、從"丱"聲。楚簡從"串"聲，爲馬王堆帛書作▢（《老子》甲）所本。秦簡從"絲"聲，爲《説文》篆文作▢，漢印作▢（徵 12.4），馬王堆帛書作▢（《天文》）、▢（《縱横》）所本。

楚簡"關"字或作▢（清華《四時》）、▢（清華《四時》），"串"旁省寫一個"〇"；或作▢（清華《四時》）、或作▢（上博《競公》），"串"旁皆有訛誤，爲書手原因。

○八七 聿部

　　《説文》："聿，所以書也。楚謂之聿，吳謂之不律，燕謂之弗。从聿，一聲。"又，《説文》："聿，手之疌巧也。从又持巾。"將"聿"和"聿"分爲二字、兩個部首，但從古文字以及《説文》對"聿"字的説解看，二者就是一個部首，用"聿"即可。

　　"聿"字構形，甲骨文作 （合 28169）、（合 32791）、（合 22063）、（合 22065）、（京津 3091），晚商金文（族氏銘文）作 （聿方彝）、（聿戈）、（女帚卣）、（女帚卣）、（聿爵），象手握毛筆形。金文作 （執卣）、（甚諆臧鼎）、（楚王領鐘）、（者汈鐘）、（者汈鐘），楚簡作 （上博《周易》）、（清華《四告》）、（清華《越公》）、（清華《廼命》）、（清華《五紀》）、（清華《五紀》）、（清華《子産》）、（清華《子産》），秦簡作 （里耶 8-200），没有變化。《説文》篆文"聿"作 、"聿"作 ，漢印作 （徵 3.18），二者區别在於後者比前者中竪筆下僅多一横飾而已。

1. 書，🖋（存 3.724），甲骨文；🖋（頌簋），🖋（頌鼎），🖋（頌壺），🖋（格伯簋），🖋（寰盤），🖋（趞鼎），🖋（欒書缶），🖋（之利殘器），🖋（廿年距末），金文；🖋（侯馬），🖋（溫縣），盟書；🖋（彙 3951），🖋（璽考 244），🖋（彙 2020），🖋（彙 2541），🖋（彙 5189），🖋（彙 5187），古璽；🖋（陶 9.12），🖋（陶 3.133），🖋（錄 6.321.3），🖋（錄 6.56.1），陶文；🖋（曾侯），楚簡；🖋（雲夢《效律》），🖋（雲夢《日書》乙），🖋（里耶 8－375），🖋（嶽麓叁 156），🖋（北大《算》甲），秦簡。形聲字。《説文》：“書，箸也。从聿，者聲。”

“書”字構形，甲骨文从“聿”、从“口”會意，將口中講述的用筆記錄下來，即爲“書”。金文从“聿”、从“者”聲，隸定作“書”，成形聲字，爲戰國文字沿襲。秦簡同，秦泰山刻石作🖋，爲《説文》篆文作🖋，馬王堆帛書作🖋（《縱橫》）、🖋（《天文》），銀雀山漢簡作🖋（《孫臏》）所本。陶文構形或从“聿”、从“曰”（“口”加飾筆），爲漢簡作🖋（定縣）、石經作🖋（熹平石經《公羊》）所本，遂成後世固定寫法。

楚簡“書”字異體作🖋（包山 145）、🖋（上博《踐陵》）、🖋（上博《踐陵》）、🖋（清華《金縢》）、🖋（上博《鮑叔牙》）、🖋（上博《性情》），从“竹”、从“者”聲，與後世“箸”字同形，但用作“書”，《説文》亦用“箸”訓“書”，或可證明。

2. 畫，（合 5785），（合 6053），（合 822），（合 6209），（合 3034），（合 32773），（花東 416），（合 14549），（英 634），甲骨文；（畫簋），（子畫觶），（禹簋），（師望簋），（宅簋），（師克盨），（番生簋），（五年師旋鼎），（師兑簋），（毛公鼎），（录伯𣪘簋），（吳方彝），（上官豆），（長畫戈），金文；（彙 1519），（彙 1343），（彙 429），古璽；（曾侯），（曾侯），（曾侯），楚簡；（雲夢《爲吏》），（雲夢《日書》甲），（關沮），秦簡。象形字。《説文》："畫，界也。象田四界，聿所以畫之。……，古文畫省。，亦古文畫。"

"畫"字構形，甲骨文及晚商金文（族氏銘文）从"聿"、从"乂"，象用毛筆圖畫紋飾。西周金文或增"周"之初文，表雕畫義，其下或增"口"成"周"，或於其下增"玉"爲繁構。西周後期金文由"田"省成"田"，戰國文字沿襲，爲《説文》古文作所本。但楚簡仍作"周"。秦簡於"田"下增橫畫，爲《説文》篆文作，馬王堆帛書作（《相馬》），漢簡作（《流沙》屯戍）所本。《説文》另一古文作，即"劃"字，源自楚簡作（清華《四告》）、（清華《五紀》），前例所从"畫"字構形同於甲骨文及西周早期金文，後例从"聿"、从"刀"，爲省形。

楚簡"畫"字異體作（上博《三德》），下部"田"訛作"曰"；或作（上博《子羔》）、（港甲 3），"田"更訛作"目"，此皆書手致誤。

3. 肅，⿰（禹鼎），⿰（王孫鐘），⿰（王孫誥鐘），⿰（鎛），⿰（蔡侯申盤），金文；⿰（秦風114），古璽；⿰（安大《詩經》），⿰（安大《詩經》），⿰（安大《詩經》），⿰（上博《詩論》），⿰（包山174），楚簡。會意字。《説文》："肅，持事振敬也。从聿在⿰上，戰戰兢兢也。⿰，古文肅，从心、从卪。"説解以臨淵引申爲持敬義。

"肅"字構形，金文从"聿"、从"⿰"會意，"⿰"即"淵"之本字，或以爲"聿"亦聲。金文或省"聿"、从"竹"；或增"言"旁，古人認爲"言"由心生，而"肅"表心態，因此作爲義相關之偏旁也可互作，《説文》古文作⿰，从"心"，或當與此有關。楚簡"⿰"字改作"泉"，爲義近偏旁互作。《説文》篆文作⿰，馬王堆帛書作⿰（《老子》乙前），漢碑作⿰（史晨碑），幾無變化。

4. 畫，⿰（合22942），⿰（屯2392），甲骨文；⿰（㪤簋），金文；⿰（九店A71），⿰（清華《琴舞》），⿰（清華《攝命》），⿰（清華《行稱》），⿰（安大《曹沫》），⿰（上博《曹沫》），⿰（清華《耆門》），⿰（帛書），楚簡；⿰（雲夢《日書》乙），⿰（雲夢《封診》），秦簡。會意字。《説文》："畫，日之出入，與夜爲界。从畫省，从日。⿰，籀文畫。"分析構形不確。造字本義所會之意不明，或以爲是形聲字。

"畫"字構形，甲骨文、金文从"聿"、从"日"，楚簡亦同，爲《説文》籀文作⿰所本。由於書寫"日"旁近"曰"，易與"書"字省形後之構形相混，故秦簡於

"日"下加一横以作區别，爲《説文》篆文作 ，馬王堆帛書作 （《老子》乙前），銀雀山漢簡作 （《孫子》），漢碑作 （淮源廟碑）所本，《説文》遂誤以爲構形"从畫省"。

○八八 攴部

《説文》：“攴，小擊也。从又，卜聲。”“攴”字構形，甲骨文作 （合 22536）、

（英 1330），金文作 （攴㠱卣）、（壽夢之子劍），象手持棍棒擊打或鞭策形，《説

文》也以“擊，攴也”互訓。陶文作 （陶 3.506）、（陶 3.507），貨幣作 （系

130），楚簡作 （清華《禱辭》），没有變化。秦簡作 （北大《九策》），爲

《説文》篆文作 所本。隸定本作“攵”，後加飾筆并聲化作“攴”。後世文字其作爲

偏旁時或寫作“攴”，或寫作“攵”，混用無别。凡有動作義的字，古文字構形大都从

“攴”旁。

1. 教，（合 10），（合 27232），（合 31621），（合 31482），（合

31483），（合 5617），（粹 1162），甲骨文；（散氏盤），（郾侯簋），

（王何戈），（宜安戈），金文；（秦公石磬），刻石；（清華《繫

年》），（清華《命訓》），（包山 99），（安大《曹沫》），（郭店《語

叢》一），[字形]（郭店《唐虞》），楚簡；[字形]（雲夢《爲吏》），[字形]（北大《算》甲），秦簡。會意兼形聲字。《説文》："教，上所施，下所效也。从攴，从孝。……[字形]，古文教。[字形]，亦古文教。"

"教"字構形，甲骨文从"攴"、从"孝"，"孝"亦聲，或省从"爻"聲，金文同。楚簡或从"殳"旁，或省"爻"旁爲"乂"。秦簡無變化，爲《説文》篆文作[字形]，馬王堆帛書作[字形]（《老子》甲），銀雀山漢簡作[字形]（《孫子》）所本。

楚簡"教"字或作[字形]（郭店《唐虞》）、[字形]（郭店《唐虞》），源自甲骨文，爲《説文》古文作[字形]所本，隸定作"敩"；或作[字形]（清華《皇門》）、[字形]（郭店《尊德》）、[字形]（清華《治政》），於"敩"下增"言"旁，或再省"攴"旁作[字形]（上博《曹沫》）、[字形]（安大《曹沫》）、[字形]（清華《治政》）、[字形]（郭店《語叢》一）；或省"攴"旁作[字形]（郭店《老子》甲）、[字形]（郭店《六德》），亦見戰國金文作[字形]（與兵壺），此二形合觀即《説文》古文从"言"、从"孝"作[字形]之來源。或作[字形]（信陽），將"攴"旁改爲義近偏旁"力"，較少見。

2. 斅，[字形]（合3511），[字形]（花東377），[字形]（花東450），[字形]（合30827），[字形]（屯662），[字形]（花東181），[字形]（花東487），[字形]（合32），[字形]（合20100），甲骨文；[字形]（沈子它簋），[字形]（中山王鼎），[字形]（静簋），[字形]（者汈鐘），金文；[字形]（郭店《語叢》一），[字形]（上博《孔子》），[字形]（郭店《老子》乙），[字形]（郭店《老子》乙），

（郭店《性自》），　（上博《仲弓》），　（郭店《六德》），　（上博《孔子》），　（安大《仲尼》），楚簡；　（雲夢《日書》乙），　（北大《算》甲），　（嶽麓叁230），秦簡。形聲字。《説文》："斆，覺悟也。从教，从冂。冂，尚矇也。臼聲。學，篆文斆省。"按"斆"與"教"兩字構形相近，字義亦有關，所謂"自施者爲教，自受者爲學"。今"學"行而"斆"廢。

"斆"字構形，甲骨文从"臼"、从"宀"、从"爻"聲，"爻"或省寫作"乂"；金文增"子"旁，或再增"攴"旁，楚簡"攴"旁或作"殳"。楚簡大多作省形，不僅省去"攴"，而且省"爻"爲一竪筆，甚至省形爲从"臼"、从"子"。秦簡从"學"、省"攴"旁，爲《説文》篆文省體作　所本。《説文》篆文作　，源自金文。

由於東漢隸書"學"字作　（孔龢碑）、　（曹全碑），"宀"旁寫成"冂"，《説文》遂誤以爲構形从"冂"。其實西漢隸書仍有从"宀"作，如馬王堆帛書作　（《老子》甲），銀雀山漢簡作　（《孫子》），即其例。

3. 敗，　（合補6003），　（合27996），　（合17942），　（周甲4），甲骨文；　（召尊），　（衛盉），　（散氏盤），　（牧師父簋），　（六年□相鈹），　（三年□令戈），金文；　（石鼓《馬薦》），刻石；　（郭店《老子》甲），　（郭店《唐虞》），　（上博《曹沫》），　（清華《命訓》），　（上博《周易》），　（九店A2），　（上博《踐阼》），　（上博《踐阼》），楚簡。形聲字。《説文》："敗，妙也。从人，从攴，豈省聲。"段玉裁改"妙"爲"眇"，注："凡古言散眇者，即今之微妙字。眇者，小也，引申爲凡細之偁；微者，隱行也。微行而散廢也。”指出“散”即“微”之本字。按《説文》説解構形有誤，徐鉉校定指出“散不應从豈省，蓋傳寫之誤”，謂“疑从耑省”，則不確。

“散”字構形，甲骨文、金文皆从“攴”、从“豈”聲，楚簡或將“攴”旁改作“殳”。《説文》篆文作 𢽾，沒有變化。

需要指出，楚簡“散”字除用爲“微”外，或讀爲“美”（郭店《老子》甲、《唐虞》，上博《容成》《季康》），或讀爲“味”（上博《曹沫》），或讀爲“楣”（上博《踐阼》），皆爲同音通假。至於上博《周易》之“散”字，則是“戠（揣）”字形訛。

4. 徹，𠭤 （合 8302），𠭤 （合 8076），𠭤 （合 14270），𠭤 （合 8073），𠭤 （合 23627），𠭤 （合 29357），𠭤 （合 36567），𠭤 （合 1023），甲骨文；𠭤 （何尊），𠭤 （史牆盤），𠭤 （驫羌鐘），金文；𠭤 （郭店《緇衣》），𠭤 （清華《耆夜》），𠭤 （清華《赤鵠》），𠭤 （清華《食禮》），𠭤 （清華《食禮》），𠭤 （清華《繫年》），𠭤 （上博《周易》），𠭤 （清華《別卦》），楚簡；𠭤 （雲夢《日書》乙），𠭤 （雲夢《日書》乙），𠭤 （里耶 8-1579），秦簡。會意字。《説文》：“徹，通也。从彳、从攴、从育。𢾭，古文徹。”羅振玉以爲本義是食畢徹去食具之意（此義後世字作“撤”），引申爲通徹（《殷虛書契考釋》）。

“徹”字構形，甲骨文及西周金文从“鬲”，或从“又”、或从“丑”，會以手撤除所陳之鬲。史牆盤“鬲”下增“火”（鬲是炊煮器，故加義旁“火”）。戰國金文驫羌鐘寫作“敲”，“又”旁改爲“攴”，後再增表動作義的“彳”旁，爲《説文》古文作 𢾭 所本。楚簡或將表動作義的“攴”旁改爲“辵”，又將所从“鬲”旁改作“昌”。

特別是楚簡“轍”字作（上博《緇衣》，郭店本省“車”旁），宋人著作《古文四聲韻》録傳抄古文“轍”字作（古《老子》）、（《義雲章》），更能證明。秦簡增表動作義的“彳”旁，秦印作（十鐘），“彐”旁訛變較大，上部似“玄”、下部作“肉”，爲馬王堆帛書作（《縱橫》）沿襲。秦印或作（集粹），“彐”旁已訛似“育”，爲《説文》篆文作，馬王堆帛書作（《相馬經》），武威漢簡作（《儀禮》），石經作（熹平石經《儀禮》）所本，《説文》遂誤以爲構形從“育”。

此外，西周金文有字作（旟鼎），構形從“田”、從“彐”省、從“刀”，從銘文上下文義看，不排除與楚簡“徹”字作“㪍”爲同源。

5. 改，（合 39465），（合 39466），（合 39467），（合 39468），（合 39469），（合 36418），甲骨文；（改盨），金文；（侯馬），（侯馬），盟書；（詛楚文《湫淵》），刻石；（秦風 79），（秦風 229），古璽；（上博《曹沫》），（清華《祭公》），（清華《繫年》），（郭店《尊德》），（郭店《六德》），（上博《平王》），（上博《曹沫》），（清華《楚居》），（安大《仲尼》），（清華《廼命》），（上博《詩論》），楚簡。會意兼形聲字。《説文》：“改，毅改。大剛卯，以逐鬼魅也。從攴，巳聲。”又，《説文》：“改，更也。從攴、己。”將“改”“改”視爲二字分列，篆文也分別作、

[字形]。造字本意不詳，或以爲持“攴”擊“巳（蛇）”，可備一説。

“改”字構形，甲骨文从“攴”、从“巳”聲，金文沿襲，戰國文字同。爲《説文》篆文作[字形]，武威漢簡作[字形]（《儀禮》），石經作[字形]（熹平石經《周易》）所本。馬王堆帛書作[字形]（《縱横》），“巳”旁略訛。

按古文字“改”字用法皆同“改”，而且目前古文字也未見“改”字，很明顯本爲一字。新莽嘉量銘“改正建丑”的“改”字仍寫作[字形]，也可爲證。大約在兩漢之際，“改”字的“巳”旁聲化爲“己”後分成二字，《説文》遂將“改”訓作更改義；將“改”用作以剛卯（避邪玉器）驅逐鬼魅的專用詞，馬王堆帛書《五十二病方》中還保留“改”字的這種驅逐義，後世則罕見。“改”字始見東漢，漢碑作[字形]（禮器碑）、[字形]（孟孝琚碑），後例从“殳”旁。

6. 敬，[字形]（師㮯簋），[字形]（叔趯父卣），[字形]（柞伯簋），[字形]（師酉簋），[字形]（元年史旎簋），[字形]（克鼎），[字形]（秦公鎛），[字形]（吳王光鐘），[字形]（邾公鈺鐘），[字形]（郘侯載簋），[字形]（中山王鼎），[字形]（中山侯鉞），金文；[字形]（彙4154），[字形]（彙4151），[字形]（彙4169），[字形]（彙4171），[字形]（彙4201），[字形]（彙4703），[字形]（彙4229），[字形]（彙5579），[字形]（彙5048），[字形]（彙342），[字形]（珍秦375），古璽；[字形]（郭店《語叢》一），[字形]（清華《程寤》），[字形]（清華《保訓》），[字形]（上博《成王》），[字形]（上博《緇衣》），[字形]（清華《繫年》），楚簡；[字形]（雲夢《爲吏》），

〓（嶽麓《爲吏》），〓（里耶 8-144），秦簡。形聲字。《説文》：“敬，肅也。從支、苟。”

“敬”字構形，金文從“支”、從“苟”聲。“苟”本有敬義，“敬”是行爲，故加“支”旁表動作意。“苟”字本從“芍”，故“敬”字構形或省“口”，金文、古璽皆見。秦簡無變化，爲《説文》篆文作〓，馬王堆帛書作〓（《老子》乙後）、〓（《春秋》）、〓（《縱横》），銀雀山漢簡作〓（《孫臏》），漢碑作〓（史晨碑）所本。

楚簡“敬”字異寫較多，或作〓（清華《命訓》）、〓（清華《命訓》），“苟”旁下部增横畫；或作〓（清華《湯丘》）、〓（清華《皇門》），“支”旁改成義近偏旁“戈”，隸定作“敳”；或作〓（上博《史蕾》）、〓（上博《顔淵》），“苟”旁下部“句”訛作“肉”；或作〓（郭店《五行》），“苟”旁上部訛作“兄”。除“敳”可視作“敬”字異體外，其餘皆是書手致訛。

7. 敗，〓（合 17318），〓（前 3.27.5），甲骨文；〓（師旋簋），〓（南疆鉦），〓（鄂君啓舟節），金文；〓（郭店《老子》甲），〓（清華《尹誥》），〓（包山 15），〓（上博《曹沫》），〓（安大《曹沫》），〓（清華《成人》），〓（清華《畏天》），〓（包山 22），〓（包山 128），〓（上博《凡物》甲），〓（曾侯），〓（清華《繫年》），〓（清華《畏天》），楚簡；〓（雲夢《效律》），敗（里耶 8-645），秦簡。會意字。《說文》："敗，毀也。从攴、貝。敗、賊皆从貝會意。𣦶，籀文敗，从賏。"

"敗"字構形，甲骨文从"貝"、从"攴"，會持棍棒擊貝使之破碎意，引申爲毀壞義。金文或从"戈"，从雙"貝"，楚簡或从"貝"，或从雙"貝"，爲《說文》籀文作 𣦶 所本。秦簡从"貝"，爲《說文》篆文作 敗，馬王堆帛書作 敗（《縱橫》）、敗（《天文》），銀雀山漢簡作 敗（《孫子》）所本。

楚簡"敗"字或作 敗（上博《成公》甲）、𣦶（上博《用曰》）、𣦶（上博《民之》）、𣦶（上博《民之》），从"殳"，"貝"旁或从雙"貝"；或作 𣦶（上博《武王》）、敗（清華《繫年》）、𣦶（信陽），从"戈"，已見西周金文，爲義近偏旁互作。皆是異體。

附及，甲骨文另有字作 𣦶（合 2274）、𣦶（合 2274），从"鼎"、从"攴"，因西周金文"鼎""貝"旁構形已混，有學者或視其爲"敗"字異體，會扑鼎使敗之意，恐未確。

8. 敺，敺（多友鼎）、敺（師衰簋）、敺（師衰簋），金文；敺（侯馬），盟書；敺（石鼓《車攻》），刻石；敺（彙 3226）、敺（彙 1466），古璽；敺（陶 3.743），陶文；敺（清華《繫年》）、敺（清華《繫年》）、敺（上博《周易》），楚簡；敺（雲夢《日書》甲），秦簡。形聲字。《說文》："驅，馬馳也。从馬，區聲。敺，古文驅，从攴。"將"敺"字作爲"驅"字古文。

“敺”字構形，西周金文从“支”、从“區”聲，“區”或省爲“叵”，亦見戰國古璽。盟書、楚簡及秦簡無變化，爲《說文》古文作，馬王堆帛書作（《縱横》），漢簡作（《蒼頡》），漢碑作（鄭固碑）所本。楚簡除作“敺”外，或作“驅”，爲《說文》篆文作所本。

金文“敺”字用爲“驅趕”本義，師寰簋銘文云“敺俘士女、牛羊”，即其例，驅趕對象是俘獲的男女及家畜。楚簡或作“驅”，驅趕對象爲馬，《說文》遂以後起“馳”義訓之。

9. 寇，（合 22548），甲骨文；（舀鼎），（揚鼎），（司寇良父壺），（虞司寇壺），（魯少司寇盤），（陳御寇戈），（大梁鼎），（司寇綏鈹），（安邑戈），金文；（侯馬），（侯馬），（侯馬），盟書；（彙 68），（彙 3834），（彙 3833），（彙 5691），（彙 65），（璽考 103），古璽；（録 4. 28. 1），陶文；（清華《芮良夫》），（上博《子道》），（上博《昭王》），（九店 A32），（包山 102），楚簡；（雲夢《日書》乙），（嶽麓叁 243），秦簡。會意字。《說文》：“寇，暴也。从支，从完。”殘暴害人是爲“寇”。

“寇”字構形，甲骨文从“宀”、从“人”、从“支”會意，林義光以爲象人在宀下，或擊之之形（《文源》）。金文或从“戈”，“人”旁改作“元”（“元”字構形乃突出强調人之首），爲戰國文字沿襲。金文、盟書或增“口”飾。古璽和楚簡从“戈”。秦簡仍从“支”，爲《說文》篆文作，馬王堆帛書作（《事語》），銀雀山漢簡作（《孫臏》），石經作（熹平石經《尚書》）所本。

○八九　殳部

　　《説文》："殳，以杸殊人也。《禮》：'殳以積竹，八觚，長丈二尺，建於兵車，車旅賁以先驅。'从又，乞聲。"分析構形有誤。"殳"字構形，甲骨文作 （合 21868）、 （合 6）、 （合 22196），象手所持頂端圓球狀的棍棒，象形字。金文作 （趙曹鼎）、 （柞伯簋）、 （曾侯郲殳）、 （大良造鞅鐓），圓球綫條化。秦簡作 （雲夢《爲吏》），爲《説文》篆文作 所本，上部改从"乞"，遂誤以爲从"乞"聲。另外，"殳"與"攴"字構形其所持之物雖然不同，但都有動作意，因此二字作爲義近偏旁，在占文字中可以通用。

　　1. 殷， （合 367）， （合 5195）， （合 17415）， （合 2052）， （合 734）， （合 10344），甲骨文； （殷斝）， （殷簋）， （殷觚），金文。象形兼形聲字。《説文》："殷，从上擊下也。一曰素也。从殳，吉聲。"段玉裁注："俗作'殼'，或作'觳'。"

　　"殷"字目前僅見甲骨文和晚商金文（族氏銘文），象手持小槌敲擊懸挂樂器，《説文》謂 "從上擊下" 是其引申義。《説文》篆文作 ，没有變化。

由於 "殼" 字所从之 "青" 旁構形與甲骨文方位字 "南" 作 （合 14294）、 （合 680）、 （合 20576）、 （合 7886）、 （合 14295） 相同，因此羅振玉認爲 "殼" 字應隸釋作 "敲"（《殷虚書契考釋》）。其實這是古文字存在一形兩字的現象。此外，甲骨文 "殼" 字除用作人名外，或用作祭牲 "毃"，也可佐證釋 "殼" 不誤。

又， "毃" 字从 "殼"，西周金文作 （毃作鼎）、 （召卣）、 （殷毃盤）、 （毃父甗），楚簡作 （上博《用曰》）、 （上博《孔子》）、 （清華《芮良夫》）、 （清華《命訓》），秦簡作 （雲夢《日書》甲），由此可以看出 "殼" 字的演變情況。

2. 毆， （格伯簋）， （格伯簋）， （王子午鼎）， （曾伯陭鉞）， （越王者旨劍）， （新郪虎符）， （禾石鐵權），金文； （清華《繫年》）， （上博《子道》）， （包山 105）， （上博《子羔》）， （郭店《語叢》四）， （安大《詩經》），楚簡； （嶽麓叁 154）， （北大《泰原》）， （雲夢《日書》乙），秦簡。形聲字。《説文》： "毆，擊中聲也。从殳，医聲。" 古文字大多用作語氣詞，同 "也"。

"毆" 字甲骨文未見，金文構形从 "殳"、从 "医" 聲，或从 "攴"。楚簡从 "攴"，秦簡从 "殳"，爲《説文》篆文作 所本。馬王堆帛書作 （《老子》甲後）、（《老子》乙前），構形或從“攴”，或從“殳”。

　　“殹”字所從之“医”，《説文》謂：“盛弓弩矢器也。從匚、從矢。《國語》曰：‘兵不解医。’”“医”字構形本從“矢”，而楚簡“殹”字或作（清華《耆夜》）、（清華《説命》上），“矢”字訛成“大”；或作（包山116），上部贅增“宀”與下橫筆同化成“大”形；或作（上博《魯邦》）、（上博《孔子》），改“殳”或“攴”旁爲“戈”。“殳”“戈”爲兵器，與“攴”皆有行動義，屬義近形旁，古文字可通用。

　　3. 毀，（鄂君啓車節），金文；（清華《説命》），（上博《從政》甲），（郭店《語叢》一），（清華《廼命》），（清華《治政》），（清華《不韋》），（清華《不韋》），楚簡；（雲夢《答問》），（雲夢《日書》乙），（雲夢《日書》甲），（北大《泰原》），秦簡。形聲字。《説文》：“毀，缺也。從土，毇省聲。，古文毀，從壬。”謂構形從“毇”省聲不確，楚簡“毀”字省體作（郭店《窮達》），即可證明。

　　“毀”字構形，目前最早見戰國楚文字，從“皇”聲，楚金文從“殳”，楚簡從“攴”，“皇”旁或作“土”。秦簡從“殳”，“皇”旁從“壬”，或從“土”，爲《説文》篆文作所本，故歸入“土”部，但也指出古文從“壬”。馬王堆帛書作（《縱橫》）、（《老子》乙前），也從“土”，但銀雀山漢簡作（《孫臏》），仍從“壬”。此外，“毀”字後世楷書除作從“土”外，或從“工”寫作“毀”，乃是俗體。

4. 殺，（鬲攸比鼎），（庚壺），（叔尸鎛），（莒平鐘），（莒平鐘），金文；（侯馬），（侯馬），（侯馬），盟書；（清華《不韋》），（郭店《老子》丙），（上博《建州》乙），（上博《周易》），（清華《繫年》），（上博《柬大王》），（清華《湯丘》），（清華《說命》），（安大《仲尼》），（上博《平王》），（清華《行稱》），（清華《成人》），（上博《柬大王》），（上博《建州》乙），楚簡；（雲夢《答問》），《雲夢《日書》乙》，（嶽麓叄36），秦簡。會意兼形聲字。《說文》："殺，戮也。从殳，杀聲。……，古文殺。，古文殺。，古文殺。"

學界較爲肯定的"殺"字，最早出現在西周晚期，構形从"殳"、从"杀"聲。春秋金文或从"戈"，盟書或从"攴"，而楚簡皆从"攴"。秦簡从"殳"，聲旁"杀"上部類化爲"乂"，爲《說文》篆文作，馬王堆帛書作（《老子》甲後）、（《老子》乙前）、（《相馬經》）所本。但馬王堆帛書或作（《縱橫》），漢簡作（銀雀山《孫臏》）、（定縣），仍从"攴"旁。漢碑或作（曹全碑），改从"戈"旁，聲旁"杀"下部訛成"米"，則極爲少見。

此外，"殺"字三晉古璽作（彙2901）、（彙1104），乃"殺"字省"殳"旁；戰國燕璽作（彙3947）、（彙3872），"殳"旁改爲義近偏旁"刀"，則是異體。

又，《説文》"殺"字收録的三例古文，前二形"殳"旁皆作"攴"。第一形作 ![图], 是在戰國文字構形上增加"介"旁，古文字尚未見。第二形作 ![图]，來源於戰國文字，但有小訛，魏三體石經古文作 ![图]，尚能保持原形。第三形作 ![图]，源於楚簡作 ![图]（郭店《語叢》一）、![图]（郭店《語叢》三），則是省去"攴"旁後之"杀"旁形訛而成。

○九○ 力部

　　《説文》："力，筋也。象人筋之形。治功曰力，能圉大災。" 説解構形不確。"力" 字構形，甲骨文作 ⟨图⟩（乙4517）、⟨图⟩（英751）、⟨图⟩（合22322）、⟨图⟩（乙453），晚商金文（族氏銘文）作 ⟨图⟩（力鼎），爲挖土農具耒耜的象形初文。戰國金文作 ⟨图⟩（驫羌鐘）、⟨图⟩（中山王鼎），盟書作 ⟨图⟩（温縣），刻石作 ⟨图⟩（詛楚文《秋淵》），古璽作 ⟨图⟩（彙909）、⟨图⟩（集粹90）、⟨图⟩（彙1736），楚簡作 ⟨图⟩（安大《仲尼》）、⟨图⟩（清華《治政》）、⟨图⟩（清華《廼命》）、⟨图⟩（上博《有皇》）、⟨图⟩（郭店《尊德》）、⟨图⟩（郭店《緇衣》）、⟨图⟩（清華《命訓》）、⟨图⟩（清華《四告》）、⟨图⟩（上博《凡物》甲），除書寫習慣外，很少變化。秦簡作 ⟨图⟩（雲夢《爲吏》）、⟨图⟩（雲夢《日書》乙），爲馬王堆帛書作 ⟨图⟩（《老子》甲）所本。《説文》篆文作 ⟨图⟩，漢印作 ⟨图⟩（徵13.14），銀雀山漢簡作 ⟨图⟩（《孫子》），構形多添一筆。

　　1. 加，⟨图⟩（加爵），⟨图⟩（榮仲鼎），⟨图⟩（應侯簋），⟨图⟩（虢季子白盤），⟨图⟩

（蔡公子戈），🔲（蔡公子加戈），🔲（滎陽上官皿），🔲（安邑下官鍾），金文；🔲（溫縣），盟書；🔲（彙1680），🔲（彙3663），🔲（彙1259），🔲（陝西663），古璽；🔲（安大《詩經》），🔲（上博《鬼神》），🔲（包山68），🔲（郭店《窮達》），🔲（清華《繫年》），🔲（清華《廼命》），🔲（清華《五紀》），🔲（上博《昭王》），🔲（上博《成公》），🔲（包山122），🔲（清華《禱辭》），🔲（包山189），🔲（郭店《語叢》三），楚簡；🔲（里耶8–1522），秦簡。會意字。《説文》：“加，語相增加也。從力，從口。”

“加”字構形，金文從“力”、從“口”，盟書、古璽及秦簡没有變化，楚簡“力”旁或增“爪”爲繁構。馬王堆帛書作🔲（《事語》）、🔲（《縱横》），石經作🔲（熹平石經《儀禮》），亦同。《説文》篆文作🔲，漢印作🔲（徵13.16），“力”旁構形也添一筆。

2. 勝，🔲（十三年上官鼎），🔲（七年邦司寇矛），🔲（廿九年高都令戈），🔲（高都令戈），🔲（勝方壺），金文；🔲（彙2180），🔲（彙1910），🔲（彙2998），🔲（彙947），🔲（彙2994），🔲（珍展147），🔲（十鐘），🔲（十鐘），🔲（集粹460），古璽；🔲（録3.154.1），🔲（録3.154.2），🔲（靈壽圖），🔲（陶6.12），🔲（陶6.12），陶文；🔲（上博《踐阼》），🔲（郭店《成之》），🔲（天星觀），🔲（包山180），🔲（安大《詩經》），🔲（安大《詩經》），

（安大《曹沫》），　（上博《曹沫》），　（安大《曹沫》），　（郭店《老子》），楚簡；　（雲夢《爲吏》），　（雲夢《日書》乙），　（里耶 J1⑨10），秦簡。形聲字。《説文》：“勝，任也。从力，朕聲。”本義爲勝任，引申爲勝利義。

“勝”字構形，戰國文字从“力”、从“乘”聲，見於晉、楚系文字；秦文字改爲从“朕”聲，爲《説文》篆文作　，漢印作　（徵 13.15）、　（徵 13.15），馬王堆帛書作　（《事語》）、　（《縱橫》），銀雀山漢簡作　（《孫子》）所本。

楚簡“勝”字或作　（郭店《尊德》），“乘”省成“大”；齊陶文或作　（陶 3.104），於“大”下加“宀”；楚簡或作　（清華《筮法》）、　（清華《筮法》），聲旁“乘”下增“車”表車乘，形旁作“戈”表動作，隸定作“戴”。這些不符合秦文字寫法的“勝”字異體、省體，秦統一文字後皆遭淘汰。

3. 勇，　（伯勇父簠），　（鄭勇句父鼎），　（攻敔王光劍），　（攻敔王虘句劍），　（曾侯乙戟），　（勇公戈），　（中央勇矛），金文；　（包山 71），　（安大《曹沫》），　（安大《曹沫》），　（上博《曹沫》），　（郭店《語叢》四），　（郭店《成之》），　（郭店《性自》），　（郭店《尊德》），　（清華《芮良夫》），　（清華《芮良夫》），　（清華《治政》），楚簡；　（雲夢《爲吏》），　（雲夢《日書》乙），　（雲夢《日書》甲），秦簡。形聲字。《説文》：“勇，气也。从力，甬聲。　，勇或从戈、用。　，古文勇从心。”

“勇”字最早見西周晚期金文，構形从“戈”、从“用”聲，打仗需勇，故以兵器

“戈”作形旁，此即《説文》篆文或體作 所本。戰國文字改從“甬”聲，形旁或改

從“力”，“勇”是力量的表現，故形旁作“力”，爲《説文》篆文作 ，漢印作

（徵 13.16），馬王堆帛書作 （《老子》甲），銀雀山漢簡作 （《孫臏》），漢碑作

（孔彪碑）所本。楚簡形旁從“戈”，或改從“心”，“勇”也是一種心理意志表

現，故形旁或作“心”，亦見戰國金文及秦簡，爲《説文》古文作 ，漢簡作 （銀

雀山《孫子》）、（居延甲 19）所本。秦簡構形，聲旁或仍作“用”。

4. 勞，（合 24295），（合 24276），（合 24333），（合 24317），甲

骨文；（師袁鼎），（鰲鎛），（叔尸鎛），（中山王鼎），金文；（秦

編），古璽；（上博《用曰》），（包山 16），（安大《曹沫》），（清

華《不韋》），（上博《曹沫》），（郭店《緇衣》），（清華《筮法》），

（郭店《尊德》），（清華《湯丘》），（清華《五紀》），（清華《成

人》），（安大《仲尼》），（上博《彭祖》），（上博《從政》），（郭店

《六德》），楚簡；（雲夢《秦律》），（雲夢《爲吏》），秦簡。會意字。《説

文》：“勞，劇也。從力，熒省。熒火燒冖，用力者勞。，古文勞，從悉。”分析構形

不確。

“勞”字構形，甲骨文從二“火”、從“衣”，會燈火下綴衣辛勞之意，“衣”中或

加小點，或象縫綴之形（季旭昇《從甲骨文説勞字》），隸定作“裘”，金文構形相同。

楚簡構形 "火" 及 "衣" 旁或加飾筆（點），或增 "心" 旁爲繁構（亦見戰國金文，省 "衣" 旁），心有所勞，故增形旁 "心"，爲《説文》"勞" 字古文作所本，但 "衣" 旁已訛。秦文字構形將 "火" 下 "衣" 旁改作 "宀" 下 "力"，爲《説文》篆文作，馬王堆帛書作（《老子》甲）、（《事語》），銀雀山漢簡作（《孫臏》）所本，《説文》遂誤以爲字 "从力，熒省"。

○九一　斤部

　　《說文》："斤，斫木也。象形。""斤"爲砍木工具，"斤"字構形，甲骨文作 （坊間 4.204）、 （前 8.7.1）、 （合 21954），象斧斤形；金文作 （天君鼎）、 （仕斤戈）、 （魏鼎）、 （卅年左工耳杯）、 （廿六年詔權），構形因綫條化而有變化。陶文作 （録 5.3.3），貨幣作 （系 525）、 （系 524）、 （系 4148），楚簡作 （上博《季桓》）、 （上博《顔淵》），再無變化。秦簡作 （雲夢《效律》）、 （雲夢《封診》），爲《說文》篆文作 ，馬王堆帛書作 （《老子》甲）、竹簡作 （M1），漢簡作 （居延甲 2540）所本。

　　1. 斧， （合 18456）， （合 5810）， （合 29783），甲骨文； （邵大叔斧）， （居簋）， （居簋）， （公子土斧壺），金文； （清華《命訓》），楚簡； （雲夢《封診》）， （關沮），秦簡。形聲字。《說文》："斧，斫也。從斤，父聲。”斧、斤義同。

“斧”字構形，甲骨文從“斤”、從“父”聲，或從“戉”、從“午”聲，爲異體。

金文及楚簡構形皆從“斤”、從“父”聲，秦簡亦相同。爲《說文》篆文作 ，漢印作 （徵 14.5），銀雀山漢簡作 （《孫臏》），石經作 （熹平石經《周易》）所本。

楚簡“斧”字或作 （上博《莊王》）、（上博《命》）、（清華《命》），從“金”、從“父”聲，隸定作“鈇”。斧是用金屬製成，故將形旁改爲義近偏旁“金”，爲異體字。

2. 新，（合 25371），（合 724），（合 30977），（合 30800），（合 22073），（合 22073），（花東 181），（合 18597），（合 30978），甲骨文；（師酉簋），（新司簋），（復公子簋），（散氏盤），（臣卿鼎），（新邑鼎），（頌鼎），（師遽鼎），（仲義父鼎），（邵大叔斧），（中山王壺），（曾侯鐘），（新都戈），（鄂州戈），金文；（彙 281），（彙 3160），（彙 837），（秦集二四 35.4），古璽；（上博《弟子》），（郭店《緇衣》），（清華《五紀》），（清華《繫年》），（包山 183），（包山 186），（郭店《緇衣》），（郭店《老子》甲），（包山 6），（清華《三壽》），（上博《曹沫》），

（包山 61）， （包山 206）， （郭店《尊德》），楚簡； （雲夢《效律》）， （里耶 8-1206）， （北大《道里》）， （雲夢《日書》甲），秦簡。形聲字。《説文》：“新，取木也。从斤，新聲。”“新”即“薪”之本字，取木爲薪是木義，借用作“新舊”之“新”。

“新”字構形，甲骨文从“斤”、从“辛”聲，或作“又”（手）持“斤”，或於“辛”旁加“木”、後“木”置下作“亲”。金文、楚簡或从“辛”，或从“亲”，二形并存。楚簡“亲”旁或將“木”置“辛”上，“木”或省作“中”。秦簡从“亲”，爲《説文》篆文作 ，漢印作 （徵 14.5），漢簡作 （定縣）所本。

3. 析， （合 14294）， （英 1288）， （合 118）， （合 4742）， （合 22313）， （合 24262）， （合 24263）， （合 34474），甲骨文； （析父丙卣）， （析父丁卣）， （析弓形器）， （析父已觚）， （格伯簋）， （格伯簋）， （罟侯簋）， （十八年相邦劍），金文； （彙 2398）， （彙 2399），古璽； （録 2.292.1）， （録 2.292.1），陶文； （清華《繋年》），楚簡； （雲夢《封診》）， （嶽麓《質》三）， （嶽麓《質》三）， （北大《醫方》）， （里耶 8-1221），秦簡。象形字。《説文》：“析，破木也。一曰折也。从木，从斤。”“析”“折”爲一字分化，與“制”爲同源字。

“析”字構形，甲骨文从“木”、从“斤”，象以斧斤砍木，晚商金文（族氏銘文）或作“又”（手）持“戈”或“戉”。金文、楚簡、秦簡皆从“木”、从“斤”，爲《説文》篆文作 ，馬王堆帛書作 （《相馬》），漢碑作 （張遷碑）所本。

楚簡“析”字異體作 （上博《仲弓》），亦見楚金文作 （析君戟），構形從

“斤”、從“片”，隸定作“牘”。“片”即剖木爲半之象形字，楚簡“片”字作

（清華《赤鵠》）、（清華《赤鵠》），用爲“析”。古璽或作 （彙 3632），從二

“片”，象剖木爲兩半，爲“析”字異體。

4. 折，（合 7923），（合 18457），（合 7924），（人 3131），（合

15004），（合 21002），（合 9594），甲骨文；（小盂鼎），（不娶簋），

（兮甲盤），（多友鼎），（翏生盨），（師同鼎），（晉侯穌

鼎），（毛公鼎），（折觥），（洹子孟姜壺），（王孫誥鐘），（中山

王鼎），金文；（彙 4299），古璽；（郭店《成之》），（清華《成人》），

（清華《繫年》），（清華《楚居》），（上博《建州》甲），（清華

《三壽》），（清華《五紀》），楚簡；（雲夢《日書》乙），（雲夢《答

問》），（里耶 8-1028），秦簡。象形字。《說文》：“折，斷也。從斤斷艸，譚長説。

，籀文折，從艸在仌中。仌寒故折。，篆文折，從手。”

“折”字構形，甲骨文從“木”、從“斤”，象以斧斤砍斷樹木，或增“又”表手

持“斤”，其造字思路與“析”字雷同，但爲區別將“木”字斷成上下兩截書寫，或

改寫作上下二“屮”，爲西周金文沿襲（或從半木之“片”）。春秋金文構形又在二

“屮”中間加“二”飾，突出斷開之意，楚簡、古璽亦同，爲《說文》籀文作 所

本，但被誤爲"从屮在仐中"。秦簡删去中間"二"飾，爲《説文》本篆作 ![图] （段注

本改作 ![图] ）所本。馬王堆帛書作 ![图] （《相馬》），武威漢簡作 ![图] （《儀禮》），上

下二"屮"合并訛成"手"，爲《説文》篆文或作 ![图] 所本，遂成後世从"扌"的固定

寫法。。

　　楚簡"折"字或作 ![图] （上博《踐阼》）、 ![图] （郭店《緇衣》）、 ![图] （上博《弟

子》），所从斷木中間作"日"，有可能由"二"飾所訛，隸定作"斯"；或作 ![图] （郭

店《性自》），省"斤"，贅增形旁"木"，隸定作"樀"，爲異體。

　　5. 所， ![图] （子犯鐘）， ![图] （庚壺）， ![图] （王子午鼎）， ![图] （魚顛匕）， ![图] （下

寢盂）， ![图] （中山王壺）， ![图] （雍王戈）， ![图] （王何戈）， ![图] （□之壽戈），金

文； ![图] （侯馬）， ![图] （侯馬），盟書； ![图] （石鼓《作邍》），刻石； ![图] （彙

3586）， ![图] （港續 244），古璽； ![图] （録 2.39.1）， ![图] （録 2.150.4），陶文；

![图] （郭店《語叢》一）， ![图] （郭店《老子》乙）， ![图] （郭店《成之》）， ![图]

（安大《仲尼》）， ![图] （清華《四告》）， ![图] （清華《厚父》）， ![图] （清華《食

禮》）， ![图] （清華《皇門》）， ![图] （上博《凡物》甲）， ![图] （清華《治政》）， ![图]

（清華《四告》）， ![图] （清華《五紀》）， ![图] （上博《緇衣》）， ![图] （上博《從政》），

楚簡； ![图] （雲夢《秦律》）， ![图] （里耶 J1⑨7）， ![图] （里耶 8-2093）， ![图] （北大

《泰原》），![图](（北大《從軍》），秦簡。形聲字。《説文》："所，伐木聲也。从斤，户聲。"本義指伐木聲，引申爲"場所"之"所"。

"所"字構形，金文从"斤"、从"户"聲，戰國文字變化不大，楚簡上部或加飾筆，偶見省寫筆畫。秦簡無變化，爲《説文》篆文作![图]，馬王堆帛書作![图]（《老子》甲）、![图]（《事語》），銀雀山漢簡作![图]（《孫子》）所本。

6. 斯，![图]（禹鼎），![图]（余義鐘），![图]（秦詔量），金文；![图]（集粹622），古璽；![图]（上博《詩論》），![图]（郭店《性自》），![图]（上博《融師》），![图]（清華《皇門》），![图]（安大《詩經》），![图]（安大《曹沫》），楚簡。形聲字。《説文》："斯，析也。从斤，其聲。"

"斯"字構形，金文从"斤"、从"其"聲，古璽同。楚簡聲旁則作"丌"上"臼（齒）"，爲異體。秦刻石作![图]（泰山刻石），爲篆文作![图]，馬王堆帛書作![图]（《老子》甲後），漢碑作![图]（張遷碑），石經作![图]（熹平石經《周易》）所本。

○九二 刀部

　　《説文》："刀，兵也。象形。""刀"字構形，晚商金文（族氏銘文）作 ![图] （刀爵）、![图] （子刀簋）、![图] （子刀觶）、![图] （刀爵）、![图] （糸子刀爵）、![图] （子示父癸鼎），象小刀（削）形，甲骨文綫條化後作 ![图] （合 22474）、![图] （合 32625）、![图] （合 33035）、![图] （懷 1655），戰國金文作 ![图] （右使車嗇夫鼎）、![图] （七臬扁壺）、![图] （十三臬壺），貨幣作 ![图] （齊幣 242）、![图] （系 947）、![图] （系 3358）、![图] （考古 73.1），楚簡作 ![图] （包山 254）、![图] （包山 144）、![图] （信陽）、![图] （上博《鮑叔牙》），没有變化。秦簡作 ![图] （雲夢《日書》甲）、![图] （里耶 8-834），爲《説文》篆文作 ![图]，馬王堆竹簡作 ![图] （M1）所本。隸變後"刀"在作偏旁時，除寫作"刀"外，大都寫作"刂"。

　　1. 刃，![图] （合 117），![图] （合 5837），![图] （合 117），![图] （合 22388），甲骨文；![图] （石圣刃鼎），![图] （卅三年大梁戈），金文；![图] （郭店《成之》），![图] （清華《繫

—— 572 ——

年》），楚簡；（雲夢《答問》），（嶽麓《爲吏》），秦簡。指事字。《説文》："刃，刀堅也。象刀有刃之形。"本義是刀的鋒刃。

"刃"字構形，甲骨文以一筆輪廓綫爲指事符號，指出刀刃位置，金文、楚簡則以點來示意。秦簡無變化，爲《説文》篆文作，馬王堆帛書作（《老子》乙前），銀雀山漢簡作（《孫臏》），漢碑作（趙寬碑）所本。

由於"刃"和"刀"在表示"刀"這個詞的意義上相同，因此古文字從"刀"的字常寫成從"刃"。

2. 分，（合 11398），（合 7852），（花東 372），（花東 392），甲骨文；（父甲觶），（貉子簋），（冑攸比鼎），（晉侯穌鐘），（邾公牼鐘），（大梁司寇鼎），（四分鼎），（梁上官鼎），金文；（彙 3411），古璽；（録 2.180.1），（録 2.656.4），陶文；（上博《建州》乙），（郭店《成之》），（包山 47），（清華《四告》），（郭店《窮達》），（清華《治政》），（清華《廼命》），（清華《行稱》），（清華《湯丘》），（清華《四告》），（清華《四時》），楚簡；（雲夢《答問》），（里耶 8-237），（北大《算》甲），（嶽麓《占夢》），秦簡。會意字。《説文》："分，別也。從八，從刀，刀以分別物也。"用刀破開，引申爲分離。

"分"字構形，甲骨文、金文從"刀"、從"八"，古璽、楚簡或從"刃"，乃義近偏旁互作。秦簡从“刀”，秦刻石作（泰山刻石）、（嶧山碑），爲《説文》篆文作，馬王堆帛書作（《老子》甲後）、（《天文》），銀雀山漢簡作（《孫子》），居延漢簡作（甲 1639），漢碑作（北海相景君銘），石經作（熹平石經《周易》）所本。

3. 利，（合 7043），（合 7044），（合 17531），（合 31243），（合 31245），（合 28063），（合 33401），（屯 2299），甲骨文；（利簋），（利簋），（利鼎），（師遽方彝），（豚叔多父盤），（利之元子缶），（之利殘器），（利戈），（郾王喜矛），金文；（彙 2710），（彙 2711），（珍展 102），（彙 2558），古璽；（録 6. 329. 4），陶文；（清華《四告》），（上博《三德》），（清華《皇門》），（清華《筮法》），（清華《良臣》），（清華《三壽》），（清華《治政》），（上博《周易》），（包山 143），（安大《曹沫》），（清華《廼命》），（清華《行稱》），（《老子》甲），（《老子》甲），楚簡；（關沮），（北大《道里》），（里耶 8-90），秦簡。象形字。《説文》：“利，銛也。从刀，和然後利，从和省。《易》曰：‘利者，義之和也。’，古文利。”分析構形有誤。

“利”字構形，甲骨文从“刀”、从“禾”，“刀”旁或加數點爲裝飾，象以刀收割禾稼。金文同，爲古璽、楚簡沿襲。楚簡構形或从“刃”，或將點變成筆畫，爲《説文》古文作（）所本。秦簡仍从“刀”，秦刻石作（）（嶧山碑），爲《説文》篆文作

（），馬王堆帛書作（）（《老子》甲），銀雀山漢簡作（）（《孫子》）所本。

4. 則，（）（周甲 14），甲骨文；（）（段簋），（）（何尊），（）（史牆盤），（）（昌鼎），（）（散氏盤），（）（霝攸比鼎），（）（格伯簋），（）（兮甲盤），（）（洹子孟姜壺），（）（鳳羌鐘），（）（鄂君啓車節），（）（中山王壺），金文；（）（侯馬），（）（溫縣），（）（侯馬），（）（侯馬），盟書；（）（石鼓《吾水》），（）（行氣玉銘），刻石；（）（璽考 179），古璽；（）（録 6.613.2），（）（録 6.372.1），陶文；（）（上博《用曰》），（）（清華《皇門》），（）（清華《禱辭》），（）（郭店《語叢》一），（）（清華《治政》），（）（郭店《老子》丙），（）（上博《曹沫》），（）（安大《曹沫》），（）（安大《曹沫》），（）（郭店《語叢》三），（）（上博《緇衣》），（）（上博《緇衣》），（）（上博《踐阼》），（）（清華《命訓》），（）（清華《四告》），楚簡；（）（雲夢《日書》乙），（）（嶽麓《爲吏》），（）（北大《從征》），秦簡。會意字。《説文》：“則，等畫物也。从刀、从貝。貝，古之物貨也。（），古文則。（），亦古文則。（），籒文則，从鼎。”以訛變字形説解，不確。

“則”字構形，甲骨文从“鼎”、从“刀”會意，已作省形，其造字初文如金文段

篆例作上下重叠二"鼎"、从"刀"，會以上面一鼎爲典則，用刀刻製作下面一鼎的陶範，《説文》古文第一形作 ，即源於此，但"鼎"已訛同"貝"。金文後省爲一鼎形，即《説文》籀文作 所本。盟書"鼎"旁或作"員"、或訛作"貝"，"刀"旁或作義近偏旁"刀"或"戈"。楚簡或从"鼎"，鼎旁下或似"火"形；或訛爲"貝"，"刀"旁或加飾筆似"勿"，或作雙"刀"，或从"刃"。秦簡構形从"貝"、从"刀"，爲《説文》篆文作 ，漢印作 （徵4.15），馬王堆帛書作 （《事語》），銀雀山漢簡作 （《孫子》），石經作 （熹平石經《周易》）所本。由於"鼎"旁訛同"貝"形，《説文》遂誤以爲"則"字从"貝"。此外，秦始皇廿六年詔權作 ，漢碑作 （孔宙碑），仍从"鼎"不誤，但秦詔量作 ，則从"貝"。

楚簡"則"字異體較多，或作 （上博《踐阼》），下加二橫爲飾；或作 （上博《從政》）、（上博《成公》）、（上博《曹沫》），"鼎"旁同"貝"簡化爲"目"，下加之"二"也可視作省略符號（如"爲"字等例）；或省"刀"旁作 （郭店《忠信》）、（郭店《緇衣》）、（郭店《老子》甲）、（郭店《老子》甲），則匪夷所思，若無今本對讀，則無法正確釋出。

5. 剛，（合21955），（合16468），（懷1650），（合34682），（合32770），（粹191），（合31138），（屯565），（屯1050），甲骨文；（剛爵），（史牆盤），（散氏盤），（散氏盤），金文；（剛

（十鐘），（珍秦 33），古璽；（信陽），（上博《亙先》），（郭店《性自》），（清華《治政》），（清華《四告》），楚簡；（雲夢《日書》甲），（嶽麓《爲吏》），（雲夢《日書》乙），（雲夢《爲吏》），秦簡。形聲字。《説文》："剛，彊斷也。從刀，岡聲。，古文剛如此"。

"剛"字構形，甲骨文從"刀"、從"网"，會斷網意，"网"亦聲，會意兼形聲字。金文從"刀"（或從二"刀"）、從"岡"聲，形聲字，爲古璽、楚簡沿襲。秦簡亦同，爲《説文》篆文作，漢印作（徵 4.16）、（徵 4.16），馬王堆帛書作（《老子》甲後）、（《老子》乙前），銀雀山漢簡作（《孫臏》），石經作（熹平石經《周易》）所本。至於《説文》古文作，實來源於戰國文字"強"字省體。"剛""強"二字聲、義俱近，故致誤。

6. 罰，（盂鼎），（㸤伯卣），（𣄰鼎），（䣄簋），（䞣匜），（散氏盤），（𡥩盗壺），金文；（郭店《成之》），（上博《緇衣》），（上博《曹沫》），（清華《祭公》），（清華《成人》），（清華《三壽》），（安大《曹沫》），（清華《四告》），（清華《五紀》），楚簡；（雲夢《秦律》），（雲夢《爲吏》），（里耶 8-162），秦簡。會意字。《説文》："罰，辠之小者。從刀，從詈。未以刀有所賊，但持刀罵詈則應罰。"分析構形有誤。用罰抵小罪是本義。

"罰"字構形，金文從"言"、從"刚（剛）"會意。或以爲持刀罵人非罪之小

者，言語過於剛硬則當罰（魯實先《説文析義》），可備一説。楚簡"刀"旁或作

"刃"。秦簡"网"旁已簡化，爲銀雀山漢簡作 ![字形]（《孫子》）所本，《説文》篆文作

![字形]，未省。漢木牘寫作 ![字形]（江陵 M10），"刀"旁略訛，爲漢刻石作 ![字形]（武梁祠
畫像石題刻），"刀"訛作"寸"所本。

7. 制，![字形]（合 7938），![字形]（合補 5704），![字形]（合 21477），甲骨文；![字形]（制鼎），
![字形]（制簋），![字形]（制父辛簋），![字形]（王子午鼎），![字形]（子禾子釜），![字形]（二世詔
版），金文；![字形]（清華《厚父》），![字形]（清華《厚父》），楚簡；![字形]（里耶 8-528），
![字形]（龍崗），秦簡。會意字。《説文》："制，裁也。从刀、从未。未，物成有滋味，
可裁斷。一曰：止也。![字形]，古文制如此。"分析構形有誤。

"制"字構形，甲骨文从"刀"、从"木"，會以刀斷木意，與"析"爲同源字。
晚商金文（族氏銘文）或作"又"（手）持"刀"。春秋金文王子午鼎構形，於"刀"

旁加飾筆，爲《説文》古文作 ![字形] 所本。楚簡"木"旁受"析"字影響中部加飾筆類
化。戰國金文"木"旁繁化作"未"，爲秦文字沿襲，或將"未"旁竪筆斷開，下部

訛似"巾"，爲馬王堆帛書作 ![字形]（《老子》甲後）、![字形]（《事語》），銀雀山漢簡作 ![字形]

（《孫子》）所本。秦刻石 ![字形]（泰山刻石），爲馬王堆帛書或作 ![字形]（《老子》乙前），

《説文》篆文作 ![字形] 所本。

8. 刺，![字形]（合 18514），![字形]（合 27884），![字形]（甲 1325），![字形]（合 27885），甲骨
文；![字形]（刺啓寧鼎），![字形]（史牆盤），![字形]（瘋鐘），![字形]（刺卣），![字形]（大簋），

（師奎父鼎），　（克鐘），　（班簋），　（刺鼎），　（猒簋），

（秦公鎛），　（曾子斿鼎），　（鳳羌鐘），　（奷盗壺），金文；　（清華

《良臣》），　（清華《祭公》），　（清華《封許》），　（清華《不韋》），

（清華《四告》），　（上博《詩論》），　（清華《祭公》），楚簡。會意字。《説

文》：“刺，戾也。从束，从刀。刀者，刺之也。”分析構形有誤。本義是割掉禾杆，

“戾”爲引申義。

“刺”字構形，甲骨文从“刀”、从“秉”會意，“秉”亦聲。金文於“秉”旁中

部之“口”中空隙處加裝飾點成“柬”聲。春秋戰國金文及楚簡“柬”旁中部訛作

“臼”，“刀”旁或作“刃”。《説文》篆文作　，似源自金文克鐘“秉”旁作“束”

的字形。

古文字“刺”字皆假借作“烈”，或以爲“刺”訓“戾”再訓“烈”乃其引申義，

可備一説。

9. 亡，　（合 21051），　（合 5745），　（合 5475），　（合 5745），　（英

321），　（合 11979），　（合 14494），　（合 17371），　（合 19555），甲骨文；

（亡終爵），　（亡終戈），　（亡終瓢），　（亡終鼎），　（天亡簋），　（楷

伯簋），　（班簋），　（史牆盤），　（毛公鼎），　（克鼎），　（士父

鐘），　（杞伯鼎），　（無鹽戈），　（奷盗壺），金文；　（彙 2300），

（彙 4770），　（彙 2370），　（彙 2506），古璽；　（清華《良臣》），

（郭店《老子》甲），（清華《保訓》），（望山 M2），（上博《内禮》），（安大《仲尼》），（上博《姑成》），（郭店《六德》），（清華《保訓》），楚簡；（雲夢《日書》乙），（里耶 8-1716），（嶽麓《質》二），（嶽麓叄 152），秦簡。指事字。《説文》："亡，逃也。从人、从乚。"分析構形不確。逃亡乃假借後的引申義。

"亡"字構形，甲骨文、晚商金文（族氏銘文）从"刀"，以圓形指示"鋒芒"所在，即刀芒之"芒"的本字，假借爲"有亡"之亡（即訓没有義之"無"），後圓形簡化爲綫條成筆畫（裘錫圭《釋"無終"》），爲兩周金文沿襲，戰國文字偶見加裝飾點。楚簡、秦簡無變化，爲《説文》篆文作，馬王堆帛書作（《老子》甲）、（《老子》乙前），石經作（熹平石經《周易》）所本。

10. 乇，（合 20546），（合 7750），（合 6923），（合 904），（合 15424），（合 29689），（花東 3501），（花東 113），（西周 14），甲骨文；（小子母己卣），（乃孫鼎），（宰甫簋），（天亡簋），（衛父卣），（史牆盤），（秦公簋），（陳侯午敦），（叔上匜），（者旨智盤），（曾侯乙鐘），（夫差鑑），（郾王職劍），金文；（清華《繫年》），（郭店《緇衣》），（清華《保訓》），（清華《治政》），（清華《封許》），（清華《皇門》），（上博《姑成》），（清華《廼命》）、（清華《治政》），楚簡。會意字。《説文》："乍，止也。一曰：亡也。从亡、从一。"分析構形不確。本義爲砍木，引申爲"作爲""製作"之"作"。

　　"乍"字構形，甲骨文从"刀"、从"木"（"木"存殘破形），會砍木意，即"柞"字初文，《詩·周頌·載芟》毛亨傳"除木曰柞"（裘錫圭《甲骨文中所見商代農業》）。金文、楚簡没有變化，爲《説文》篆文作，漢鏡銘作（袁氏鏡）所本。

　　"乍"字金文或作（量侯簋），"木"存全形。或作（郘王劍）、（欒書缶），增"攴"表動作義；或作（曶前鼎）、（中山王壺），亦見楚簡作（郭店《性自》）、（上博《緇衣》）、（上博《志道》）、（清華《皇門》）、（清華《琴舞》）、（清華《尹誥》）、（清華《保訓》），增"又"也表動作義。另外，秦簡表動作義的"乍"字作（雲夢《爲吏》）、（雲夢《秦律》、（里耶J1⑨10）、（嶽麓叁152）、（嶽麓《爲吏》）、（里耶8-1385），秦刻石作（嶧山碑），皆增形旁"人"，隸定作"作"，《説文》則另立爲字頭歸入"人"部。從時間看，正與戰國表動作義的"乍"字相銜接。

　　需要注意，戰國文字"乍"字構形易與"亡"字構形相混淆。

○九三 戈部

　　《説文》："戈，平頭戟也。从弋，一横之，象形。""戈"字構形，甲骨文作 ▨（屯2194），晚商金文（族氏銘文）作 ▨（北單戈盤）、▨（戈觶）、▨（戈觶）、▨（戈卣）、▨（戈父丁簋）、▨（戈爵），象古代的兵器戈形。綫條化後，甲骨文作 ▨（合32103）、▨（珠458）、▨（合8403）、▨（合775），金文作 ▨（小臣宅簋）、▨（戜簋）、▨（休盤）、▨（師旋簋）、▨（吳王光戈）、▨（曾侯郕戈）、▨（虢大子元戈）、▨（不易戈），楚簡作 ▨（郭店《唐虞》）、▨（清華《説命》中）、▨（五里牌）、▨（曾侯），没有變化。秦簡作 ▨（雲夢《日書》乙）、▨（里耶5-5），爲《説文》篆文作 ▨，漢印作 ▨（徵12.16）所本。

　　需要指出，楚簡"弋"字本作 ▨（郭店《魯穆公》），竪筆中加裝飾點作 ▨（郭店《緇衣》），裝飾點演變成横畫後構形作 ▨（安大《曹沫》）、▨（上博《緇衣》)、(清華《祭公》)、(清華《三壽》)、(清華《厚父》)、(上博《姑成》)、(安大《詩經》)，極易與“戈”相混。如楚簡“代”字作(信陽)，與“伐”相似，即其例。

1. 武，(合 22075)，(合 465)，(合 456)，(合 26770)，(合 27151)，(合 27741)，(甲 3339)，(甲 3946)，(西周 82)，甲骨文；(武王罍)，(四祀𠨘其卣)，(作册大方鼎)，(師𩛥鼎)，(史牆盤)，(虢季子白盤)，(㝬鐘)，(毛公鼎)，(秦公簋)，(曾伯霥匿)，(鳳羌鐘)，(中山王壺)，(郾王職劍)，金文；(彙 174)，(彙 121)，(彙 1322)，(彙 447)，(彙 3445)，(彙 150)，(珍秦 237)，古璽；(録 6. 414. 6)，(録 6. 296. 2)，陶文；(清華《四告》)，(郭店《窮達》)，(清華《三壽》)，(安大《詩經》)，(清華《祝辭》)，(清華《程寤》)，(上博《踐阼》)，(清華《治政》)，(清華《繫年》)，(清華《行稱》)，楚簡；(雲夢《日書》乙)，秦簡。會意字。《説文》：“武，楚莊王曰：‘夫武，定功戢兵，故止戈爲武。’”引楚莊王語解説構形，其見《左傳·宣公十二年》所載楚、晉戰於邲時楚莊王回答潘黨之語。

“武”字構形，甲骨文、金文从“戈”、从“止”會意，本義爲征伐示威，“征伐者必有行。‘止’即示行也。征伐者必以武器，‘戈’即武器也”(于省吾《釋武》)。

楚簡"戈"旁及"止"旁偶見或增飾筆，秦簡構形無變化。秦刻石作 （嶧山碑），

爲《説文》篆文作 ，馬王堆帛書作 （《老子》乙），銀雀山漢簡作 （《孫

臏》），石經作 （熹平石經《春秋》）所本。後世楷書將"武"字所從"戈"旁寫

成"弋"上加短橫作"弍"，當出現在魏晉以後。

2. 戎， （合7768）， （甲2274）， （合20359）， （合6665），

（合6906）， （屯1049）， （合31811）， （合21897）， （屯2286），甲骨

文； （戎觚）， （戎祖丙觚）， （戎甗）， （戎祖己觚），

（戎刀爵）， （戎卣）， （盂鼎）， （敔鼎）， （多友鼎），

（不嬰簋）， （虢季子白盤）， （翏生盨）， （郑伯鼎）， （荆曆鐘），

（秦王鐘）， （鄖王戎人矛）， （七年邦司寇矛），金文； （彙5707），

（珍秦234）， （珍秦31）， （珍秦75），古璽； （録2.159.4），

（陶5.271）， （録6.63.5），陶文； （清華《繫年》）， （郭店《成

之》）， （上博《用曰》）， （清華《四告》）， （清華《不韋》）， （清華

《皇門》）， （安大《詩經》）， （清華《耆夜》）， （曾侯）， （清華

《治政》），楚簡； （雲夢《答問》），秦簡。會意字。《説文》："戎，兵也。從戈，

從甲。"分析構形有誤。

"戎"字構形，甲骨文、晚商金文（族氏銘文）象人一手持戈、一手持盾，會兵戎

之意。此構形可上溯至五千年前環太湖流域的良渚文化陶文作 （餘杭良渚古城遺址出土），僅一手所持武器爲戉不同而已。甲骨文、晚商金文或省人形，改爲戈、盾結合，構形或穿插、或左右結構。西周金文盾形漸訛作"十"形，爲春秋戰國文字沿襲，楚簡或於"戈"上增短横飾筆。秦簡無變化，秦刻石作 （嶧山碑），爲漢印作 （徵 12.00），馬王堆帛書作 （《老子》）所本。《説文》篆文作 ，雖承襲秦文字，但誤以"十"形爲古文"甲"。

3. 伐， （合 946）， （合 6540）， （英 408）， （屯 859），甲骨文； （伐爵）， （伐虜戈）， （伐瓠）， （康侯簋）， （令簋）， （大保簋）， （過伯簋）， （多友鼎）， （虢季子白盤）， （晉侯穌鐘）， （南疆鉦）， （陳璋壺），金文； （侯馬）， （侯馬），盟書； （上博《容成》）， （清華《繫年》）， （清華《耆夜》）， （清華《行稱》）， （郭店《大一》）， （上博《周易》）， （曾侯）， （清華《不韋》）， （清華《不韋》），楚簡； （雲夢《秦律》）， （雲夢《日書》乙）， （嶽麓叁 163），秦簡。象形字。《説文》："伐，擊也。从人持戈。一曰敗也。"分析構形不够准確。

"伐"字構形，甲骨文、商代晚期金文（族氏銘文）象用手持戈砍擊人頭，引申爲擊伐之意，甲骨文甚至還有將戈形簡省爲一横作 （合 7084）、 （屯 1126）的"伐"字，雖然省去戈柲形，但以戈砍擊人頭之特徵仍很明顯，西周金文保持原狀，春秋戰國

金文“人”“戈”兩旁漸漸分離，盟書、楚簡及秦簡亦同，遂爲《説文》篆文作 ，

馬王堆帛書作 （《老子》乙前）、 （《事語》），銀雀山漢簡作 （《孫臏》），漢碑作 （衡方碑）所本，而失去“伐”之構形造字本意。

至於《説文》所謂的“从人持戈”，實際上是“戍”字。《説文》：“戍，守邊也。从人持戈。”“戍”字構形，甲骨文作 （乙1512）、 （合3186）、 （合26888）、 （合27979），金文作 （父辛甗）、 （戍嗣鼎）、 （貞簋）、 （令簋）、 （陳章壺），楚簡作 （清華《繫年》）、 （清華《繫年》），秦簡作 （雲夢《秦律》）、 （雲夢《雜抄》）、 （里耶8-140），象形兼會意字。《説文》篆文作 ，魏三體石經作 （《春秋》），没有變化。“戍”與“伐”構形上的區别，僅在於“人”旁書寫時的位置而已。

4. 賊， （散氏盤）， （黄君孟戈）， （司馬枡鎛），金文； （温縣）， （温縣）， （温縣）， （温縣），盟書； （上博《彭祖》）， （清華《治政》）， （清華《治政》），楚簡； （雲夢《答問》）， （雲夢《答問》）， （雲夢《答問》）， （雲夢《爲吏》）， （里耶8-574），秦簡。形聲字。《説文》：“賊，敗也。从戈，則聲。”

“賊”字構形，金文从“戈”、从“則”聲，盟書从“刃”，爲“刀”“刃”同義偏旁互作。盟書“則”旁所从“鼎”或作“員”，“員”字本以圓鼎會意，故“員”“鼎”也是義近偏旁互作。楚簡、秦簡皆从“戈”、从“則”聲，爲《説文》篆文作

□，馬王堆帛書作 □（《老子》甲），漢簡作 □（《流沙》戌 4.11）所本。石經作 □（熹平石經《詩經》），漢碑作 □（張景碑），"則"旁所從"刀"有省筆。北魏李壁墓志作 □，訛爲從"貝"、從"戎"，爲今楷沿襲。

"賊"字異體，盟書或作 □（溫縣），亦見楚簡或作 □（清華《不韋》），爲馬王堆帛書作 □（《老子》乙前）所本。"則"旁省"刀"，爲省體。馬王堆帛書構形"鼎"同"貝"，則易與"貟"字相混。

5. 或，□（保卣），□（何尊），□（呂仲僕爵），□（班簋），□（衛盉），□（夰甲盤），□（猷簋），□（多友鼎），□（禹鼎），□（毛公鼎），□（秦公鎛），□（蚜盗壺），□（毛公鼎），□（黏鎛），金文；□（侯馬），□（侯馬），盟書；□（秦公石磬），刻石；□（璽考 282），古璽；□（郭店《老子》甲），□（清華《廼命》），□（上博《志書》），□（包山 130），□（安大《詩經》），□（上博《凡物》甲），□（郭店《尊德》），□（郭店《語叢》一），□（上博《魯邦》），□（安大《曹沫》），□（安大《詩經》），□（安大《曹沫》），□（上博《緇衣》），□（郭店《尊德》），□（郭店《老子》乙），□（上博《曹沫》），□（清華《廼命》），□（上博《曹沫》），□（郭店《語叢》三），楚簡；□（雲夢《秦律》），□（雲夢《日書》乙），□（雲夢《日書》乙），（里耶 8-141），秦簡。象形兼會意字。《説文》："或，邦也。從口、從戈以守一。一，地也。，或又從土。"分析構形不確。字本從"弋"不從"戈"，爲"域""國"的初文。

"或"字西周金文從"口"（"邑"字所從，象城邑形）、從弋（杙），"口"外以四短畫標示區域，樹杙爲界，會區域之意。"或"字構形，西周早期金文已省四短畫作上下二短畫，至西周中期以後上短橫延長穿過"弋"旁，與"戈"形相同，爲春秋戰國文字及秦簡所沿襲，《説文》遂誤以爲從"戈"。《説文》篆文作，馬王堆帛書作（《老子》乙前）、（《天文》），石經作（熹平石經《周易》），皆從"戈"。《説文》篆文或體作，始見漢碑作（曹全碑），"域"字古文字目前未見。金文、楚簡"或"字大都用爲邦國義。

6. 我，（合 21252），（合 21249），（粹 1461），（合 19957），（合 12812），（合 9948），（合 26039），（合 32829），（甲 2752），甲骨文；（我尊），（我祖丁觶），（毓祖丁卣），（我方鼎），（盂鼎），（矢方彝），（沈子它簋），（叔我鼎），（霝攸比鼎），（兮甲盤），（毛公鼎），（散氏盤），（猷簋），（曾伯黍匿），（令瓜君壺），（欒書缶），（姑□鈎鑃），金文；（石鼓《而師》），刻石；（珍秦 385），（秦編），古璽；（系 449），（系 451），貨幣；（上博《采風》），（清華《祝辭》），（郭店《五行》），（郭店《老子》甲），

　　（上博《緇衣》），　　（上博《周易》），　　（清華《説命》下），　　（安大《曹沫》），　　（清華《湯丘》），　　（安大《仲尼》），　　（上博《民之》），　　（清華《繫年》），　　（安大《仲尼》），　　（郭店《語叢》四），　　（清華《芮良夫》），　　（上博《柬大王》），　　（清華《尹誥》），　　（清華《祭公》），楚簡；　　（雲夢《日書》甲），　　（北大《從政》），　　（北大《從政》），秦簡。象形字。《説文》："我，施身自謂也。或説：我，頃頓也。从戈，从手。手，或説古垂字。一曰古殺字。……𢦠，古文我。"分析構形誤甚。

　　"我"字構形，甲骨文象帶長柲的鋸齒狀兵器（考古有發現，《陝西出土商周青銅器（二）》圖 112 著録之兵器即其形），借其讀音用爲第一人稱代詞，構形并不从"戈"。金文承之，爲春秋戰國文字所沿襲。楚簡構形多姿多態，但變化不大，書寫時

或將鋸齒部分與柲分離（已見西周金文"叔我鼎"），爲《説文》古文作　　所本。秦簡構形仍从舊作，爲《説文》篆文作　　，馬王堆帛書作　　（《老子》甲後）、　　（《老子》甲）、　　（《老子》甲後），石經作　　（熹平石經《周易》）所本。

○九四 弓部

　　《説文》：“弓，以近窮遠。象形。”弓爲射矢之器，乃以用義説形。“弓”字構形，甲骨文作 （合 20967）、（合 22435）、（合 20117）、（合 8867）、（合 940）、（合 151）、（合 4812）、（乙 1371）、（合 9867），金文作 （弓父庚卣）、（作旅弓卣）、（父癸觶）、（冒作父庚尊）、（威簋）、（趞曹鼎）、（師湯父鼎）、（敔簋）、（豆閉簋）、（虢季子白盤）、（四十二年逨鼎），或象張弦之弓，或象鬆弦之弓。刻石作 （石鼓《而師》）、（石鼓《田車》），古璽作 （彙 3139）、（彙 3322）、（上博 32），無變化。楚簡作 （曾侯）、（清華《祝辭》）、（上博《仲弓》）、（包山 260）、（清華《筮法》）、（安大《詩經》），下竪筆或加飾筆（點）。秦簡作 （里耶 8-2200），構形橫置，亦見馬王堆帛書作 （《天文》），以及秦印“彎”字作 （盛世 205，後世“雋”字下部即從此“弓”形）。《説文》篆文作 ，漢印作 （徵 12.19）、（徵 12.19），

武威漢簡作 （《醫簡》），石經作 （熹平石經《春秋》），没有變化。武威醫簡或

寫作 ，容易與"乃"字混淆。

　　1. 引，（合 16349），（合 23717），（合 4811），（合 32531），（合

35347），甲骨文；（賣引觚），（引尊），（守簋），（師虎鼎），（頌

簋），（頌壺），（毛公旅鼎），（毛公鼎），（秦公簋），金文；（九店

A71），（清華《祝辭》），（清華《祝辭》），（清華《厚父》），（清

華《程寤》），（清華《治政》），（清華《四告》），楚簡；（雲夢《雜

抄》），（關沮），秦簡。指事字。《説文》："引，開弓也。從弓、丨。"

　　"引"字構形，甲骨文、金文從"弓"，以弓旁置一小撇表示開弓，秦簡同。楚簡

或於"弓"下加飾筆，或於小撇上加飾筆，其後小撇與"弓"逐漸分離且變成竪筆，

爲《説文》篆文作 ，馬王堆帛書作 （《養生》），漢碑作 所本。但馬王堆帛

書或作 （《老子》乙前），銀雀山漢簡作 （《孫子》），仍存原來小撇相連的

構形。

　　2. 弦，（合 18477），（合 10048），（合 9410），（花東 252），

（合 25），（合 10458），（合補 10657），（合 2514），甲骨文；（孟弜父

簋），（孟弜父簋），（弦伯佳壺），金文；（彙 3372），（彙 391），

（彙 2289），（彙 3373），（彙 1287），古璽；（録 5.18.4），陶文；（曾

侯)，【图】（清華《繫年》），【图】（上博《三德》），【图】（上博《用曰》），楚簡；【图】

（雲夢《日書》甲），【图】（里耶 8-458），秦簡。象形字。《説文》：“弦，弓弦也。從弓，象絲軫之形。”

“弦”字構形，甲骨文從“弓”，以小“○”作指事符號，指出弓弦所在；或從“糸”，象絲質之弦連接弓形，“糸”作省形，爲金文、古璽沿襲。戰國文字“糸”漸與“弓”分離，楚簡或贅增“弓”旁爲繁構。秦簡從“弓”、從“系”，爲馬王堆帛書作【图】（《相馬》）、簽牌作【图】（M1）、竹簡作【图】（M1），漢印作【图】（徵 12.21）所本。《説文》篆文作【图】，仍從省形“糸”。漢簡作【图】（《流沙》屯戍），石經作【图】（熹平石經《儀禮》），寫作“弦”，是“糸”（“系”）聲化爲“玄”之故，遂爲楷書所本（裘錫圭、李家浩《曾侯乙墓竹簡釋文與考釋》）。

3. 弘，【图】（合 4771），【图】（合 667），【图】（合 5638），【图】（合 14168），【图】（合 4997），【图】（合 269），【图】（合 3077），【图】（合 3076），【图】（合 6057），【图】（合 23532），【图】（合 21914），【图】（合 21895），【图】（合 3441），【图】（合 9106），【图】（合 35673），甲骨文；【图】（盩弘卣），【图】（亳父乙鼎），【图】（弘鼎），金文；【图】（曾侯），楚簡；【图】（里耶 8-1554），秦簡。會意字。《説文》：“弘，弓聲也。從弓，厶聲。厶，古文肱字。”分析構形有誤。本義指發弓聲，引申爲弘大義。

“弘”字構形，甲骨文從“弓”、從“口”會意，“口”或置“弓”內，或置“弓”下，或置“弓”側。金文、楚簡及秦簡“口”皆置“弓”側，爲馬王堆帛書作【图】（《老子》甲後）、【图】（《事語》），漢印作【图】（徵 12.20）、【图】（徵 12.20），

漢碑作 所本。銀雀山漢簡作 ![字](簡 253)，漢碑作 ，

"口" 形似 "厶"，《説文》篆文遂誤作 ![字]，楷書寫成 "弘"。

4. 發，![字](合 26917)，![字](合 10405)，![字](合 34669)，![字](合 32563)，

![字](英 2373)，![字](合 31144)，![字](合 4840)，![字](合 31146)，![字](合 5558)，甲骨文；

，，，，，![字]

(涑鄫鄙戈)，，金文；![字](珍戰 15)，![字](珍秦 171)，![字](徵存

78)，古璽；![字](包山 141)，![字](包山 150)，![字](包山 143)，![字](清華《芮良

夫》)，，，，楚簡；

，，，，

![字](里耶 8-141)，![字](里耶 8-104)，秦簡。形聲字。《説文》："發，躲發也。从弓，

癹聲。" 本義爲發射。

"發" 字構形，甲骨文从 "弓"、从 "攴"，或从 "又"，會箭矢已從弓發射意。金
文從之，或於 "攴" 上加小圓表示發射的是彈丸。春秋晚期金文改从 "癹" 聲，由會

意字變爲形聲字。楚簡、秦簡没有變化，爲《説文》篆文作 ![字]，漢印作 ![字]（徵

12.21）、![字]（徵 12.21），馬王堆帛書作 ![字]（《縱横》）、![字]（《相馬》），銀雀山漢

簡作 ![字]（《孫子》），石經作 ![字]（熹平石經《周易》）所本。

5. 彊，![字](後下 2.17)，甲骨文；，，![字](散氏

盤），⟨辛鼎⟩，⟨五世衛鼎⟩，⟨師㝨鐘⟩，⟨永盂⟩，⟨兮甲盤⟩，⟨蔡姞簋⟩，⟨㝬鐘⟩，⟨秦公鎛⟩，⟨曾伯䉵匜⟩，⟨陳侯壺⟩，⟨邾公華鐘⟩，⟨奾盗壺⟩，金文；⟨彙79⟩，⟨彙2544⟩，⟨彙2254⟩，⟨彙1310⟩，古璽；⟨陶3.1356⟩，⟨陶5.206⟩，⟨録6.134.4⟩，陶文；⟨郭店《語叢》三⟩，⟨郭店《語叢》三⟩，⟨清華《五紀》⟩，⟨清華《琴舞》⟩，楚簡；⟨雲夢《爲吏》⟩，⟨里耶8-585⟩，秦簡。會意字。《説文》：“彊，弓有力也。从弓，畺聲。”本義指疆界、界域，後假借爲弓强義。

“彊”字構形，甲骨文从“弓”、从二“田”，金文前期於二“田”之中以橫畫表示界域，後於“田”字上、下加橫畫表示，會以弓計步，界畫田地區域意，此義《説文》作“畺”，亦即或體“疆”。楚簡同於金文前期構形，秦簡則同於金文後期構形，爲《説文》篆文作彊，漢印作⟨徵12.20⟩，漢簡作⟨《蒼頡》⟩、⟨定縣⟩所本。

《説文》列“疆”爲“畺”字或體，《説文》：“畺，界也。从畕、三，其界畫也。疆，畺或从彊、土。”事實上，“疆”字是在“彊”字上增形旁“土”成繁構，金文作⟨秦公簋⟩、⟨吳王光鑑⟩、⟨王子啓疆尊⟩、⟨中山王壺⟩，楚簡或作⟨清華《治政》⟩、⟨清華《治政》⟩，省“弓”旁，或贅增“土”，更突出疆土義。此外，金文“彊”與“疆”通用，大都用作疆域義。但戰國文字中“疆”字作邊疆、疆界之意，“彊”字或用作“強”義。“強”是在戰國時出現的新造字，而寫作“强”是在秦漢時期才出現的構形（詳下）。

又，《説文》："畕，比田也。从二田。"金文作 ⊕ （㴋伯鼎）、⊕ （鄭子宿車鼎），從金文的用法來看，當爲"疆"字的省體。

6. 强，⚋ （侯馬），⚋ （溫縣），盟書；⚋ （彙 2749），⚋ （彙 3553），⚋ （彙 4110），⚋ （彙 336），⚋ （上海 14.13），⚋ （吉大 130），⚋ （十鐘），古璽；⚋ （清華《三壽》），⚋ （上博《姑成》），⚋ （清華《繫年》），⚋ （上博《建州》甲），⚋ （清華《五紀》），⚋ （郭店《老子》甲），⚋ （郭店殘簡），⚋ （清華《不韋》），⚋ （包山 18），⚋ （安大《曹沫》），⚋ （郭店《語叢》四），⚋ （上博《慎子》），⚋ （清華《司歲》），楚簡；⚋ （雲夢《雜抄》），⚋ （里耶 8-1295），秦簡。形聲字。《説文》："强，蚚也。从虫，弘聲。⚋，籀文强，从蚰、从彊。""强"字爲蚚（米蟲）義先秦典籍未見，古文字皆用同强壯義的"彊"。

"强"字戰國時代始見，當是爲區別"彊"而造的新字。"强"字構形，从"虫"、从"弘"聲。盟書、古璽、楚簡省"虫"旁，以二横（或作一横）爲省略符號代之。秦印、秦簡構形仍从"虫"，秦刻石作 ⚋ （嶧山碑），爲馬王堆帛書作 ⚋ （《老子》甲），銀雀山漢簡作 ⚋ （《孫子》），漢印作 ⚋ （徵 13.7）、⚋ （徵 13.7），漢碑作 ⚋ （北海相景君銘）所本。《説文》篆文作 ⚋，"弘"旁所从之"口"已訛作"厶"，與"弘"字演變如同一轍。

又，《説文》："勥，迫也。从力，强聲。⚋，古文从彊。"强迫爲引申義，"勥"實

爲 "强" 字異體。古璽作 ▢（彙 96）、▢（彙 2671）、▢（彙 526）、▢（彙 525），楚簡作 ▢（郭店《五行》）、▢（上博《從政》）、▢（上博《李頌》），從 "力"、從 "强（省形）" 聲，隸定作 "劈"。强壯之義與 "力" 有關，故增形旁 "力"。古璽或作 ▢（澂秋 28）、▢（彙 2204），亦見楚簡省形作 ▢（郭店《五行》）、▢（郭店《五行》），改從 "彊" 聲，即《説文》"劈" 字古文作 ▢ 所本。楚簡或作 ▢（郭店《語叢》二）、▢（郭店《語叢》二），從 "心"、從 "彊" 聲，隸定作 "慞"，又作 ▢（包山 278）、▢（包山 85）、▢（清華《畏天》），改從 "强（省形）" 聲，隸定作 "悪"。"强" 也是心理行爲的體現，故從義旁 "心"。"强" 字《説文》籀文作 ▢，雖然古文字未見，但造字思路却雷同。

此外，"强" 省寫作 "弭" 的字，楚簡也用作 "剛"，當爲通假。《説文》"剛" 字古文作 ▢，雖爲 "弭" 的形訛，但也有義近的原因。

7. 弭，▢（叔班盨）、▢（弭叔盨）、▢（弭叔簋）、▢（弭叔簋）、▢（弭伯簋）、▢（師湯父鼎），金文；▢（新蔡零 207），楚簡。形聲字。《説文》："弭，弓無緣可以解轡紛者。從弓，耳聲。"

"弭" 字構形，金文從 "弓"、從 "耳" 聲，楚簡没有變化，爲《説文》篆文作 ▢，居延漢簡作 ▢（甲 39）所本。

需要指出的是，宋代金石著録《歷代鐘鼎彝器款識法帖》《嘯堂集古録》《宣和博古圖》等書皆把金文 "弭" 字誤釋爲姓氏 "張"，所以宋以後的書畫作品中所鈐作者或

鑒賞者印鑒中常見將"弭"字用作"張"。在元、明、清人書法作品中也有之，如
（趙孟頫《六體千字文》）、（胡正言《千文六書統要》）等例，皆將"張"字寫作
"弭"。釋讀這類印鑒或書作時應注意。

　　8. 弼，（毛公鼎），（番生簋），（者汈鐘），金文；（彙 5671），
古璽；（帛書），（曾侯），（曾侯），（曾侯），（包山 35），
（清華《説命》下），（清華《琴舞》），（清華《治政》），（清華
《啻門》），楚簡。形聲字。《説文》："弼，輔也，重也。从弜，丙聲。，弼或如此。
、，并古文弼。"本義爲輔弓器，《荀子·臣道》："弼，所以輔正弓弩者也。"引申
爲輔助義。

　　"弼"字構形，金文从"弜"、从"丙"聲，古璽、楚簡同，爲《説文》篆文作
所沿襲。漢碑作 （楊淮表紀）、（張遷碑），"丙"旁聲化（訛）作
"百"，後者且將"百"置於"弜"中，爲楷書所本。

　　"弼"字異體，楚簡或作 （新蔡甲三 271），增"攴"爲繁構；或省"丙"旁
作 （清華《五紀》）、（清華《五紀》），亦見金文作 （僚戒鼎），爲《説
文》古文作 所本。楚簡或作 （清華《説命》上），"弜"旁則省作"弓"，亦見
古璽作 （彙 3923）、秦簡作 （里耶 8–361），隸定作"弨"，構形與甲骨文、
商及西周、春秋金文"發"字相同，只能從上下文去區別。楚簡"弼"字異體或作
（清華《四時》）、（清華《四時》），从"頁"、从"弜"聲，隸定作"頸"，

或以爲是訛體。楚簡或作 ![字形](包山 51)，从“力”、从“弗”聲，與《説文》另一古文作 ![字形] 有一定關係。此外，古璽或作 ![字形]（十鐘），爲“弱”字省體，或與《説文》篆文或體作 ![字形] 有關。

○九五 矢部

　　《説文》：“矢，弓弩矢也。从入，象鏑、栝、羽之形。古者夷牟初作矢。”分析構

形有誤。“矢”字構形，甲骨文作 （合 4787）、（合 5699）、（合 20546）、

（合 32193）、（合 69）、（合 23053）、（合 36481），晚商金文（族氏銘文）作

（矢宁觥）、（矢觚）、（亞矢簋），象箭矢形。金文作 （小盂鼎）、（矢伯

卣）、（㦰簋）、（虢季子白盤）、（趞曹鼎）、（伯晨鼎）、（□公簋），

刻石作 （石鼓《鑾車》），古璽作 （彙 1137）、（彙 1071），無變化。秦簡作

（雲夢《日書》甲）、（里耶 8-159）、（關沮），爲《説文》篆文作 ，

馬王堆帛書作 （《老子》甲）、（《相馬》），銀雀山漢簡作 （《孫臏》），

武威漢簡作 （《儀禮》）所本。

　　楚簡“矢”字構形作 （曾侯）、（上博《詩論》）、（安大《仲尼》）、

☐（安大《仲尼》）、☐（上博《容成》）、☐（包山 260）、☐（清華《説命》上）、☐（安大《詩經》），皆爲倒書，實源自甲骨文。

1. 躲，☐（合 974），☐（合 698），☐（合 5760），☐（合 5773），☐（合 39837），☐（屯 2539），☐（前 5.42.7），☐（合 5779），☐（花東 2）、☐（花東 37），甲骨文；☐（射爵），☐（射女鑑），☐（射女盤），☐（令鼎），☐（門射觚），☐（長甶壺），☐（静簋），☐（噩侯簋），☐（鬲攸比簋），☐（射南匜），☐（鄧伯吉射盤），☐（鄂君啓舟節），金文；☐（石鼓《田車》），刻石；☐（上博《周易》），☐（郭店《窮達》），☐（包山 60），☐（包山 138），楚簡。會意字。《説文》：“躲，弓弩發於身而中於遠也。从矢，从身。☐，篆文躲从寸。寸，法度也，亦手也。”以訛變字形分析構形有誤。

“躲”字構形，甲骨文从“弓”、从“矢”，會張弓注箭矢發射意，或加“又”或“収”爲繁構，金文二形并見，楚簡“矢”旁則倒寫。需要指出的是，“躲”字隸定本應作“弢”，《説文》本篆作☐，“弓”旁訛作“身”，源於秦簡作☐（雲夢《雜抄》）、☐（雲夢《雜抄》）、☐（雲夢《日書》甲）、☐（雲夢《日書》甲），秦印作☐（珍秦 263）、☐（秦風 113），其不僅省去“矢”旁，而且於“又”下加飾筆似“寸”，爲《説文》篆文或作☐，漢印作☐（徵 5.12）、☐（徵 5.12），銀雀山漢簡作☐（《孫臏》），石經作☐（熹平石經《儀禮》）所本。

　　楚簡“躲”字或作　（清華《祝辭》）、　（清華《祝辭》）、　（清華《祝

辭》）、　（清華《赤鵠》），從“夬”（即“又”上加射箭時爲保護手指而套的玦），

亦見古璽作　（璽考 112），爲繁體，隸定作“彄”。或作　（清華《繫年》），省

“矢”旁，爲省體，隸定作“玦”，省“矢”與秦文字如出一轍。

　　2. 矦，　（合 1026），　（合 20063），　（合 98），　（合 13890），　（合

36482），　（乙 4055），甲骨文；　（矦瓶），　（康矦簋），　（祖乙簋），

（奚矦父戊簋），　（保卣），　（井矦簋），　（噩矦簋），　（伯晨鼎），　

（齊矦盤），　（洹子孟姜壺），　（中山王壺），　（十七年春平矦鈹），金文；

　（矦馬），盟書；　（彙 1082），　（璽考 151），　（璽考 335），　

（《中國篆刻》2023.10），　（秦風 192），　（珍秦 44），古璽；　（清華《繫

年》），　（清華《四告》），　（清華《治政》），　（郭店《窮達》），　

（清華《治政》），　（安大《曹沫》），　（包山 51），　（安大《詩經》），

　（安大《詩經》），　（清華《五紀》），　（上博《建州》乙），楚簡；　

（雲夢《答問》），　（里耶 8-652），秦簡。象形字。《説文》：“矦，春饗所躲矦也。

從人、從厂，象張布，矢在其下。……　，古文矦。”本義爲射箭之靶，假借爲“諸

矦”之矦。

　　“矦”字構形，甲骨文、金文從“矢”、從“厂”，所從之“厂”象張布帛射靶的

側面形，爲《説文》古文作 所本，隸定作"厌"。楚簡、古璽或於"厂"上加裝飾短横。秦簡、秦印則於"厂"上加"人"旁，亦見秦詔權作 ，爲《説文》篆文作 ，馬王堆帛書作 （《相馬》），銀雀山漢簡作 （《孫子》），漢碑作 （孔龢碑），石經作 （熹平石經《春秋》）所本，隸定作"疾"，今楷作"侯"。"厌""疾""侯"實爲一字異寫。

3. 矣， （中山王鼎），金文； （上博《詩論》）， （郭店《老子》乙）， （上博《民之》）， （安大《曹沫》）， （清華《湯丘》）， （上博《舉治》）， （郭店《魯穆》）， （清華《畏天》）， （安大《仲尼》）， （安大《詩經》）， （安大《詩經》）， （安大《詩經》），楚簡； （雲夢《答問》）， （雲夢《日書》乙）， （里耶 8-594）， （嶽麓叁 114），秦簡。形聲字。《説文》："矣，語已詞。从矢，以聲。"

"矣"字始見戰國文字，構形从"矢"、从"㠯"聲（"㠯"即古"以"字），金文"㠯"旁或有飾筆下曳，楚簡、秦簡則無變化。秦簡書寫略顯草率，爲馬王堆帛書作 （《老子》甲）、 （《老子》甲後）沿襲。秦刻石作 （泰山刻石）、 （琅琊刻石），爲《説文》篆文作 所本。漢碑作 （孔彪碑），"㠯"旁寫作"厶"，爲今楷所本。

4. 葍， （戩 44.13）， （合 3911）， （合 3755）， （合 1973）， （合補 7042）， （合 301）， （屯 917）， （合 3098）， （合 16184），甲骨文；

（葡盤），　（父乙尊），　（葡鼎），　（戈葡卣），　（葡祖乙卣），

（葡父辛卣），　（葡戈），　（啓卣），　（丙申角），　（殳簋），

（番生簋），　（毛公鼎），金文；　（望山 M1），　（郭店《語叢》三），　（郭

店《尊德義》），　（帛書殘片），楚簡。象形字。《説文》："葡，具也。從用，苟

省。"分析構形不確。本義指盛箭矢的器具，引申爲備具義。

"葡"字構形，甲骨文、晚商金文（族氏銘文）象箭矢盛放在木製器具中，倒置之
"矢"數量或單或雙，甚至有三。西周金文構形省爲單"矢"，下部漸訛似"用"（即
《説文》"從用"之由來）。楚簡不僅"矢"旁作省形，又省器具兩側豎筆改成裝飾筆
畫，已很難看出矢盛器中形。《説文》篆文作　，訛變更大。

楚簡"葡"字或作　（天星觀），增"革"表盛矢器爲皮製；或作　（曾侯），
增"囊"表盛矢器爲袋形。皆屬異體字。又，《説文》："箙，弩矢箙也。從竹，服聲。"
將"箙"字專指盛矢器，實際上也是"葡"的異體字，古文字未見，當是漢代出現的
新字。

5. 夷，　（合 17027），甲骨文；　（柳鼎），　（虢季伯歸鼎），　（鄶子賈夷

鼎），金文；　（侯馬），　（侯馬），　（溫縣），　（溫縣），盟書；　（彙

3901），　（傅 1441），　（徵存 31），古璽；　（包山 127），　（包山 28），

（清華《楚居》），　（清華《楚居》），　（曾侯），楚簡；　（雲夢《日

書》甲），　（里耶 8-160），　（里耶 8-753），秦簡。象形字。《説文》："夷，平

也。从大，从弓。東方之人也。"分析構形不確。本義爲"平"，借指東方少數民族，這類用字方法，有學者認爲即"六書理論"中的"假借"。

"夷"字構形，甲骨文象以繩索纏矢，後"矢"形訛變似"大"，遂爲《説文》所本。春秋戰國文字或下增"土"爲繁構。秦簡、秦印仍存原狀，爲《説文》篆文作 ![夷]，馬王堆帛書作 ![夷]（《老子》甲）、![夷]（《老子》乙）、![夷]（《縱橫》）所本。漢印或作 ![夷]（徵 10.11），構形似从"弟"，當是類化訛誤。

另外，楚簡"夭"字作 ![夭]（郭店《唐虞》）、![夭]（清華《繫年》）、![夭]（清華《成人》），構形从"夭"上增"宀"，與包山楚簡从"土"的"夷"字上部相同，很容易相混。在文字識讀和書法創作中，都需要注意。

○九六 山部

  《説文》："山，宣也。宣气散，生萬物，有石而高。象形。""山"字構形，甲骨文作 （合 6477）、（合 96）、（合 5949）、（合 33233），晚商金文（族氏銘文）作 （山祖壬爵）、（山父壬尊）、（山祖庚瓿）、（山御簋）、（山毓祖丁卣），象高山數峰聳立。金文固定以三個山峰來構形，綫條化後作 （啓卣）、（克鼎）、（善夫山鼎）、（奢虎匜）、（中山侯鉞）、（中山王鼎），古璽作 （彙 3284）、（彙 363）、（彙 2556），陶文作 （齊陶 162）、（齊陶 172）、（齊陶 169）、（陶 5.193），貨幣作 （系 1448）、（系 274），没有變化。楚簡作 （清華《筮法》）、（安大《詩經》）、（清華《五紀》），或於中竪加飾筆作（安大《曹沫》）、（包山 240）、（清華《繫年》）、（清華《楚居》）、（清華《治政》）、（清華《四告》）、（清華《不韋》）。秦

簡作 ⛰ （雲夢《雜抄》）、 ⛰ （雲夢《編年》）、 ⛰ （里耶 8-769）、 ⛰
（北大《從軍》）、 ⛰ （北大《從軍》），爲馬王堆帛書作 ⛰ （《老子》甲後）

所本。秦簡或作 ⛰ （雲夢《爲吏》），秦刻石作 ⛰ （嶧山碑），中間山峰下部作輪

廓形，爲《説文》篆文作 ⛰ ，銀雀山漢簡作 ⛰ （《孫臏》），漢碑作 ⛰ （曹全
碑）所本。

　　另外，“山”字秦陶文作 ⛰ （秦陶 1466），構形於輪廓中加網格形，具有美術化

傾向，爲漢金文作 ⛰ （黃山鼎）、 ⛰ （成山宫渠斗），漢陶文作 ⛰ （黃山
瓦當）所本。

　　1. 丘， ⛰ （合 14792）， ⛰ （合 4824）， ⛰ （合 8381）， ⛰ （合

780）， ⛰ （合 8385）， ⛰ （合 9529）， ⛰ （合 30272），甲骨文； ⛰ （商

丘叔匜）， ⛰ （子禾子釜）， ⛰ （闇丘戈）， ⛰ （虎嗣丘戈）， ⛰ （商丘

簠）， ⛰ （頓丘令戈）， ⛰ （鄂君啓車節）， ⛰ （兆域圖），金文； ⛰ （守丘刻

石），刻石； ⛰ （彙 4010）， ⛰ （徵存 36）， ⛰ （傅 1293）， ⛰ （秦集二

四 45.2）， ⛰ （彙 4014）， ⛰ （彙 3229）， ⛰ （玉印 25）， ⛰ （彙 1476），

⛰ （彙 5365）， ⛰ （彙 3307）， ⛰ （彙 324），古璽； ⛰ （録 2.51.1），

（録 2.52.1）， ⛰ （録 3.649.6）， ⛰ （録 3.113.1）， ⛰ （録 3.112.6）， ⛰ （録

3.37.1），陶文；（聚珍 44.5），貨幣；（清華《楚居》），（包山 90），（安大《仲尼》），（清華《治政》），（清華《不韋》），（清華《禱辭》），（上博《容成》），（上博《競建》），（包山 237），（清華《良臣》），（清華《湯丘》），（上博《季庚》），（清華《禱辭》），楚簡；（雲夢《封診》），（北大《祓除》），秦簡。象形字。《説文》：“丘，土之高也，非人所爲也。从北，从一。一，地也。人居在丘南，故从北。中邦之居在崐崙東南。一曰四方高中央下爲丘。象形。……，古文从土。”分析構形不確。本義爲小山。

“丘”字構形，甲骨文作兩峰聳立，商承祚指出：“丘爲高阜，似山而低，故甲骨文作兩峰。”（《殷契佚存考釋》）甲骨文“山”與“丘”構形上的區别，在於三（數）峰爲“山”、兩峰爲“丘”。“丘”也可視作“山”之省形分化字。春秋金文構形上部漸訛似“北”，戰國文字、秦文字沿襲，《説文》遂誤以爲“从北”，篆文作。漢金文作（廢丘鼎），漢印作（徵 8.11），馬王堆帛書作（《老子》甲後），漢簡作（定縣），石經作（熹平石經《周易》），亦同。但馬王堆帛書或作（《縱横》），漢簡或作（銀雀山《孫臏》）、（居延甲 11.52），寫法爲今楷所本。

“丘”字戰國文字變化較多，構形除下增横畫爲飾外，或增同義偏旁“土”，此即《説文》古文作所本，隸定作“坴”；或加聲旁“丌”，甚至既加“土”又加“丌”。皆是異體繁構。

2. 嶽，⊠（合 14427），⊠（合 14415），⊠（合 14488），⊠（合 17602），⊠（合 30416），⊠（合 30425），⊠（甲 649），⊠（合 34229），⊠（合 30420），⊠（合 24380），⊠（合補 9581），⊠（合 28258），⊠（合 30185），甲骨文；⊠（溫縣），⊠（溫縣），⊠（溫縣），⊠（溫縣），⊠（溫縣），⊠（溫縣），⊠（溫縣），⊠（侯馬），⊠（侯馬），⊠（侯馬），⊠（侯馬），⊠（侯馬），⊠（侯馬），⊠（侯馬），⊠（侯馬），盟書；⊠（郭店《六德》），⊠（郭店《六德》），⊠（郭店《六德》），⊠（郭店《六德》），⊠（郭店《六德》），楚簡。象形字。《説文》：“嶽，東岱、南霍、西華、北恆、中泰室，王者之所以巡狩所至。从山，獄聲。⊠，古文，象高形。”以五嶽釋高山義。

“嶽”字構形，甲骨文作“岳”，象山上更爲丘山，再成重纍之形，正以形容其高（孫詒讓《名原》），或增飾筆。兩周金文有缺環。春秋戰國之際的盟書構形，亦源自甲骨文，略有變化。楚簡構形略有省訛，爲《説文》古文作⊠，傳抄古文《汗簡》作⊠（華嶽碑）、⊠（華嶽碑），漢碑作⊠（魯峻碑）、⊠（耿勳碑），楷書作“岳”所本。楚簡“嶽”字構形或从“山”、从“犬”，當是“獄”省聲，爲省體（簡文通假爲“嶽”）。而盟書“岳”字或作⊠（溫縣），即“獄”字，通假爲“嶽”，也可證明《説文》謂“岳”“嶽”一字可信。《説文》篆文作⊠，漢碑作⊠（曹全碑）、⊠（華山廟碑），成形聲字。

3. 嵒，⊠（合 9432），⊠（英 2000），⊠（合 9433），⊠（合

5574），甲骨文；（包山 166），（包山 185），楚簡。會意字。《説文》：“嵒，山巖也。从山、品。”

　　“嵒”字構形，甲骨文从“山”、从“品”，兩周金文有缺環，楚簡構形同。《説文》篆文作，没有變化。

　　4. 嵍，（須嵍生鼎），金文；（郭店《老子》乙），（上博《鬼神》），楚簡。形聲字。《説文》：“嵍，山名。从山，孜聲。”

　　“嵍”字構形，金文从“山”、从“矛”聲，楚簡同。《説文》篆文作，从“孜”聲。“孜”从“矛”聲，故可互作。

　　5. 巍，（毚卣），（趞簋），（下官壺），（魏公瓶），金文；（彙 3042），（彙 3047），（彙 5376），（集粹 148），（珍戰 151），（彙 3053），（珍秦 142），（珍秦 156），（珍秦 319），（十鐘），（十鐘），（十鐘），古璽；（録 5.26.1），（録 3.486.2），（秦陶 302），陶文；（清華《繫年》），（清華《繫年》），（清華《繫年》），（包山 64），（包山 55），楚簡；（雲夢《爲吏》），（雲夢《爲吏》），（嶽楚叁 166），秦簡。形聲字。《説文》：“巍，高也。从嵬、委聲。”本義爲高，古文字皆用作國名或姓氏。國名及姓氏之“巍”，魏晉以後皆省“山”旁寫作“魏”。

　　“巍”字構形，金文从“山”、从“每”聲，古璽、陶文同，隸定作“毚”。楚簡改从"鬼"聲,或从"畏"聲。秦文字結合楚簡,構形从"毳"、从"鬼"聲,"每"

旁大都已訛作"委",爲馬王堆帛書作 （《老子》甲後）、（《事語》）、

（《天文》）,漢簡作 （居延甲 938）,漢碑作 （魯峻碑陰）所本。《説文》

篆文作 ,"山"旁移上,亦見漢碑作 （石門頌）。又,馬王堆帛書"巍"

字或作 （《事語》）,仍存古文字構形。

楚簡"巍"字或作 （望山 M1）、（包山 133）、（包山 145）、

（清華《楚居》）,構形从"邑"、从"畏"聲,用作國名,隸定作"鄔"。"鄔"既是

"巍（魏）"的異體字,也是國名、地名、姓氏的專用字。

○九七 阜部

　　《説文》："𨸏，大陸，山無石者。" "𨸏" 同 "阜"，《玉篇·阜部》："𨸏，同阜。"

"阜" 字構形，甲骨文作 ▨（合 7859）、▨（合 7860）、▨（合 10405）、▨（合 19215）、

▨（甲 3372）、▨（懷 141），象山（土）坡阪階之形，綫條化後簡寫作 ▨（合 20600）、

▨（合 30284），亦見戰國貨幣作 ▨（編 209）。《説文》篆文作 ▨，漢印作 ▨（徵 14.8）、

▨（徵 14.8），仍保存原狀。銀雀山漢簡作 ▨（《孫臏》），構形已省，漢碑作 ▨

（魯峻碑陰），下加橫畫，爲今楷作 "阜" 所本。

　　需要指出，作爲偏旁，"阜" 與 "邑" 之隸、楷皆寫作 "阝"，構形相同，需要通

過書寫時所處的左、右位置去區分，即在左爲 "阜"，在右爲 "邑"。

　　1. 陵，▨（陵作父庚鼎），▨（陵叔鼎），▨（陵方罍），▨（陵尊），▨

（三年瘐壺），▨（散氏盤），▨（高陵君弩），▨（長陵盉），▨（新郪虎符），

▨（陽陵兵符），▨（陳純釜），▨（陵右戟），▨（𤎩陵夫人燈），金文；▨

（傅 1603），▨（彙 1128），▨（彙 2330），古璽；▨（録 2.14.3），▨（録 2.35.3），陶文；▨（清華《四時》），▨（清華《不韋》），▨（清華《繫年》），▨（清華《繫年》），▨（新蔡乙二 25），▨（新蔡乙四 60），楚簡；▨（雲夢《爲吏》），▨（里耶 8-527），▨（嶽麓《質》二），▨（北大《道里》），▨（北大《道里》），秦簡。形聲字。《説文》："陵，大𨸏也。从𨸏，夌聲。"

"陵"字構形，金文从"𨸏"、从"夌"聲，或增"仌"爲"凌"聲。戰國文字或贅增"土"爲繁構（"𨸏"旁增"土"是古文字常見的現象），楚簡"夌"旁下左、右或加飾筆。秦簡从"凌"聲，爲西漢金文作▨（陶陵鼎）、▨（南陵鼎），西漢印作▨（長沙出土），馬王堆帛書作▨（《老子》甲），漢簡作▨（銀雀山《孫子》）、▨（《蒼頡》）所本。《説文》篆文作▨，漢印作▨（徵 14.8），石經作▨（熹平石經《周易》），則皆从"夌"聲。

楚簡"陵"字或作▨（包山 13）、▨（包山 150）、▨（包山 210），亦見楚金文作▨（曾姬無卹壺）、▨（鄂君啓車節）、▨（東陵鼎）、▨（兼陵公戈），構形从"𨸏"、从"土"、从"來"聲，隸定作"陸"。"來""夌"古音相近，故可通。

楚璽或作▨（彙 164）、▨（彙 101），省"𨸏"，从"土"、从"來"聲，隸定作"坴"。"陸""坴"作爲"陵"字異體，是楚文字特有的寫法。楚簡"陵"字或作▨（郭店《尊德》），構形从"𨸏"、从"止"、从"仌"聲，隸定作"陸"，也是異體。秦統一文字後這些異體皆遭淘汰。

2. 陸，▨（合 36825），甲骨文；▨（陸册父乙角），▨（陸册父庚卣），▨（陸册鼎），▨（陸册父乙卣），▨（陸婦簋），▨（義伯簋），▨（邾公釛鐘），▨（庚壺），▨（平陸戈），金文；▨（彙 2318），▨（盛世 88），▨（吉大 6），▨（珍展 140），古璽；▨（錄 4.184.1），▨（歷博·燕 108），▨（錄 7.14.1），▨（陶 8.1），▨（尤家莊秦陶），陶文；▨（上博《周易》），▨（包山 62），楚簡；▨（雲夢《編年》），▨（嶽麓《質》二），▨（北大《道里》），秦簡。形聲字。《説文》："陸，高平地。从𨸏，从𡼥，𡼥亦聲。▨，籀文陸。"

"陸"字構形，甲骨文、晚商金文（族氏銘文）从"𨸏"、从重"圥"聲。"圥"字从"中"、从"六"得聲，故金文或省从"圥"聲，或省从雙"六"甚至"六"聲，春秋金文始增義近偏旁"土"，爲戰國文字沿襲。秦文字構形皆从"𡼥"，爲《説文》篆文作▨，漢印作▨（徵 14.9），漢簡作▨（江陵 M9 牘）所本。《説文》籀文作▨，源於楚璽作▨（璽考 157）。

3. 陟，▨（合 102），▨（合 20271），▨（合 15316），▨（合 15363），▨（合 32020），▨（合 14792），▨（合 19220），▨（合 34287），▨（合 34400），甲骨文；▨（沈子它簋），▨（班簋），▨（癲鐘），▨（癲鐘），▨（㝬簋），▨（散氏盤），▨（散氏盤），▨（蔡侯申盤），▨（中山王壺），金文；▨（錄 3.196.1），▨（錄 3.195.1），▨（錄 3.195.3），陶文；▨（清華《良臣》），

　　(清華《繫年》)，　　(清華《四告》)，　　(清華《四告》)，　　(安大《詩經》)，　　(安大《詩經》)，楚簡。會意字。《説文》："陟，登也。从阜，从步。　　，古文陟。"

　　"陟"字構形，甲骨文、金文从"阜"、从"步"，以人步伐沿阪階向上走，會登、升意，楚簡相同。《説文》篆文作　　，漢碑作　　(淮原碑陰)、　　(熹平石經《詩經》)，没有變化。

　　"陟"字戰國陶文或从"人"、从古文"步"，隸定作"偠"，此即《説文》古文作　　所本。至於中山王壺構形从"厂"、从古文"步"，當是訛誤所致，或以爲是異體。

　　4. 降，　　(合 17336)，　　(合 13737)，　　(合 10171)，　　(合 16480)，　　(合 20440)，　　(合 32112)，　　(合 34146)，　　(合 34712)，　　(周甲 137)，甲骨文；　　(毓祖丁卣)，　　(天亡簋)，　　(大保簋)，　　(史牆盤)，　　(禹鼎)，　　(叔向簋)，　　(虢叔鐘)，　　(㝬簋)，　　(散氏盤)，　　(函皇父盤)，　　(晉侯穌鐘)，　　(中山王鼎)，　　(不降矛)，金文；　　(集粹 660)，古璽；　　(録 6.463.3)，　　(録 6.402.3)，　　(喬村圖)，陶文；　　(清華《厚父》)，　　(上博《用曰》)，　　(清華《食禮》)，　　(郭店《性自》)，　　(清華《四告》)，　　(上博《性情》)，　　(清華《楚居》)，　　(清華《治政》)，　　(清華《五紀》)，楚簡；　　(雲夢《日書》乙)，秦簡。會意字。《説文》："降，下

也。从𨸏，夅聲。”

　　“降”字構形，甲骨文、金文从“阜”、从“夅”（“步”字倒寫），以人步伐沿阪階向下走會下降意，戰國金文或贅增“止”或“土”旁爲繁構。楚簡或增飾筆。古璽、陶文及秦簡皆無變化，秦刻石作 （嶧山碑），爲《説文》篆文作 ，馬王堆帛書作 （《老子》乙前），銀雀山漢簡作 （《孫子》），漢碑作 （西狹頌），石經作 （熹平石經《尚書》）所本。

　　楚簡“降”字或作 （郭店《五行》）、（上博《三德》）、（清華《命訓》）、（清華《程寤》）、（清華《四時》）、（清華《四時》）、（清華《食禮》），下贅增“止”旁表動作義；或作 （清華《耆夜》），“夅”旁省寫作“夂”；或作 （清華《保訓》）、（清華《五紀》），增義近偏旁“土”爲繁構。

　　5. 隊，（合 10405），（合 18752），（英 1694），（合 18789），（合 17310），（英 1923），（合 6065），甲骨文；（卯簋），（保員簋），（新郪虎符），金文；（彙 103），古璽；（包山 168），楚簡。形聲字。《説文》：“隊，從高隊也。从𨸏，㒸聲。”“隊”即後世“墜”字。

　　“隊”字構形，甲骨文从“阜”、从倒“人”或倒“子”，象人從高處下墜，象形字。西周金文改爲形聲字，構形从“阜”、从“豕”或“象”聲。古璽、楚簡及秦金文則从“㒸”聲，楚簡或增“止”旁表動作義。《説文》篆文作 ，再沒有變化。

　　6. 陸，（合 33223），（屯 2260），甲骨文；（庸伯簋），（小臣單

觶），（燹公盨），（五祀衛鼎），金文；（侯馬），盟書；（彙 2549），（彙 831），（彙 2937），（珍戰 93），古璽；（上博《周易》），（清華《繫年》），（包山 168），（上博《陳公》），（新蔡甲三 25），（上博《周易》），（清華《命訓》），秦簡。會意字。《說文》：“陞，敗城阜曰陞。从阜，㡿聲。，篆文。”分析構形有誤。“陞”字本義爲墮，古文字或用爲國名“隨”或姓氏“隋”。

“陞”字構形，甲骨文、西周早期金文从“厂”、从二“圣”（或“圣”），會以手（“又”）從崖壁處往下扒土之意。西周中期金文“厂”旁改作義近偏旁“阜”，爲戰國文字沿襲。盟書、古璽或增“肉”旁，此爲晉系文字構形，亦即後世“隋”字所本，“圣”旁或省“又”。楚簡从二“圣”（偶省一“土”），爲《說文》篆文作所本，但二“圣”已聲化訛成二“左”。馬王堆帛書作（《老子》乙），贅增“土”旁，此即《說文》篆文或體作所本，爲晉碑作（太公呂望表）繼承，楷書寫作“墮”。《說文》又有“陊”字，音義皆與“陞”近，學者多謂“墮”“隓”“陊”皆是“陞”字異體。

楚簡“陞”字異體較多，或作（郭店《唐虞》）、（上博《周易》），二“圣”省成二“土”，隸定作“垈”；此形或作（郭店《老子》甲）、（清華《琴舞》），贅增義近偏旁“田”，隸定作“埀”；此形又或作（包山 184）、（包山 170），省一“土”，隸定作“陆”；或作（包山 163），贅增義近偏旁“山”，隸定作“陸”。種種異構，皆是書手隨意所爲。此外，楚簡“陸”字或作（包山22）、（包山167）、（包山30），增“邑”旁，雖爲異體，則是用作“陸”的國名、地名或姓氏的專用字。

7. 陰，（合20923），（合13461），（合13140），（合721），（合20770），（合20717），（合20988），（合19781），（屯2866），甲骨文；（敔簋），（異伯盨），（異伯盨），（南疆鉦），（敬事天王鐘），（敬事天王鐘），（雕陰鼎），（雕陰戈），（陰平劍），（䲣羌鐘），（上官鼎），（陝陰令戈），（萄陰睘小器），金文；（珍戰121），（彙2324），（璽考132），（彙77），（彙11），（彙13），（彙187），（秦風126），（傳1418），（徵存40），（珍秦126），古璽；（録6.403.4），（秦陶488），陶文；（系1422），（系1424），（系1420），（天津50），（系2461），（三晉37），（三晉39），（編289），貨幣；（雲夢《封診》），（雲夢《日書》甲），（雲夢《日書》甲），（雲夢《日書》乙），（里耶8-307），秦簡。形聲字。《説文》：“陰，闇也。水之南，山之北也。从𨸏，侌聲。”本義指天氣陰晴之陰，引申爲地處方位。

“陰”字構形，甲骨文从“隹”、从“今”聲。西周金文从“阜”，从“侌”聲；

春秋金文從“亼”聲。戰國文字或從“亼”聲，或從“金”聲，“金”字有時省作“全”，或增“土”旁爲繁構。秦印、秦簡從“亼”聲，爲《説文》篆文作，馬王堆帛書作（《縱橫》），石經作（熹平石經《周易》）所本。秦印或從“今”聲下增“虫”爲異體，爲馬王堆帛書或作（《老子》乙前）、（《相馬》），銀雀山漢簡作（《孫臏》）所本。

“陰”字居延漢簡作（甲 92），武威漢簡作（醫簡），漢磚文作（洛陽澗西漢墓），皆爲書手省寫所致。

西周金文“陰”字或作（永盂），從“水”、從“亼”聲，水南、山北皆稱“陰”，故構形可從“水”，爲異體字。

8. 陽，（合 948），（屯 4529），甲骨文；（師俞鼎），（農卣），（應侯簋），（柳鼎），（尸伯尸簋），（虢季子白盤），（叔姬鼎），（冀伯盨），（南疆鉦），（吳王光鐘），（敬事天王鐘），（相邦樛斿戈），（平陽戈），（七年相邦鈹），（宅陽矛），（陽狐戈），（宜陽右倉簋），（新郪虎符），（陽陵兵符），金文；（侯馬），盟書；（秦公石磬），刻石；（鑒印 6），（彙 4043），（分域 1394），（彙 3420），（彙 3445），（傅 886），（秦風 80），（珍秦 26），古璽；（系 1041），（系 1038），（三晉 52），（三晉 85），

（三晉 83），　（系 1079），貨幣；　（清華《祝辭》），　（清華《祝辭》），
　（清華《筮法》），楚簡；　（雲夢《日書》乙），　（北大《道里》），
（里耶 8-882），秦簡。形聲字。《說文》："陽，高明也。从𨸏，易聲。"

"陽"字構形，甲骨文从"阜"、从"易"聲，兩周金文同，爲戰國文字沿襲。秦

文字無變化，爲《說文》篆文作　，馬王堆帛書作　（《縱橫》）、　（天文），

漢碑作　（西狹頌），石經作　（熹平石經《周易》）所本。

戰國文字"陽"字異體較多，金文或作　（成陽戈）、　（成陽戈），增義近偏

旁"山"；或作　（平陽戈）、　（平陽矛），亦見楚簡作　（包山 176）、

（包山 88）、　（新蔡甲三 92）、　（清華《治政》），以及古璽作　（璽考

180），增義近偏旁"土"，爲繁構。金文或作　（鄂君啓舟節）、　（中陽戈），亦

見古璽作　（彙 1679）、　（彙 1678），"阜"旁改（訛）爲"邑"旁。

9. 陳，　（九年衛鼎），　（陳侯鬲），　（陳侯午敦），　（陳曼簠），　
（陳逆簠），　（陳猷釜），　（陳章壺），　（𩵦孔盤），　（郾客銅量），金
文；　（彙 1450）　（彙 1463），　（彙 1469），　（璽考 42），　（珍戰
143），　（彙 281），古璽；　（齊陶 39），　（新泰圖），　（錄 2.5.2），
　（錄 2.14.3），陶文；　（上博《陳公》），　（上博《陳公》），　（上博

《昭王》）、█（清華《繫年》）、█（包山61）、█（上博《吳命》）、█（包山228），楚簡；█（北大《算》甲）、█（里耶8-38）、█（雲夢《日書》甲），█（雲夢《爲吏》），秦簡。形聲字。《說文》："陳，宛丘，舜後嬀滿之所封。從𨸏，從木，申聲。█，古文陳。"以舜後嬀姓之"陳"國名釋義，分析構形則不確。

"陳"字構形，金文從"𨸏"、從"東"聲，春秋金文贅增義旁"土"，爲戰國文字沿襲，更成田（陳）齊"陳"字的特色。楚金文及楚簡或將"東""土"合寫爲"重"聲，成爲楚文字特有的寫法。秦簡構形仍作從"𨸏"、從"東"聲，爲《說文》篆文作█，馬王堆帛書作█（《老子》乙前），銀雀山漢簡作█（孫臏）所本。《說文》"陳"字古文作█，從"𨸏"、從"申"聲，古文字未見。

又，《說文》："𨻰，列也。從攴，陳聲。"用爲"陳列""列陣"之義。按春秋金文"𨻰"字作█（陳公子甗）、█（陳侯簠）、█（陳侯壺）、█（陳侯鼎）、█（陳公孫慶父簠）、█（陳伯元匜），構形從"𨸏"、從"攴"、從"東"聲，皆用作嬀姓陳國之"陳"。或作█（侯之孫鼎），從"重"聲，構形顯係受楚文字影響，用爲人名。可見金文"𨻰"字實爲"陳"字增"攴"的繁構。至於用爲"陳列""列陣"之義的字後來寫作"陣"，《說文》失收，《廣韻》有之。其實早見戰國文字，古璽作█（彙1541）、█（彙3113），構形從"𨸏"、從"土"、從"車"，以會車陣、軍陣意，會意字，隸定作"陣"，即"陣"字繁構。楚簡或作█（上博《曹沫》）、█（安大《曹沫》）、█（上博《陳公》）、█（清華《三壽》）、█（清華《祭公》)、（郭店《性自》），構形从“戈”、从“申”聲，“戈”爲兵器，與軍陣有關，故作形旁，形聲字，隸定作“戋”。從楚簡的用法分析，“戋”既可作爲軍陣之“陳”的專字，也可視作“陣”字的異體。從這個角度説，“戋”“陣”字與《説文》“敶”字所訓之義相一致。

○九八 土部

《説文》："土，地之吐生物者也。二象地之下、地之中物出形也。""土"字構形，甲骨文作 ◇（合 8491）、◇（合 6407）、◇（合 6449）、◇（合 6057）、◇（合 2241）、◇（合 32119）、◇（合 21103）、◇（合 36404），象地上土塊形，旁或綴土粒，填實及綫條化後作 ◇（合 20520）、◇（合 36975）。金文作 ◇（盂鼎）、◇（大保簋）、◇（召卣）、◇（㝬鐘），後於竪筆中加點作 ◇（亳鼎）、◇（盠司徒尊）、◇（十三年瘋壺），再由點漸變成橫畫作 ◇（睽土父鬲）、◇（哀成叔鼎）、◇（無土鼎）、◇（公子土斧壺）、◇（土匀錍）、◇（州句劍）。古璽作 ◇（彙 1666）、◇（彙 2837），陶文作 ◇（録 2.496.1）、◇（録 2.497.1）、◇（録 2.601.1）、◇（三晉 72），楚簡作 ◇（郭店《緇衣》）、◇（上博《弟子》）、◇（包山 243）、◇（清華《皇門》）、◇（安大《曹沫》）、🔤（清華《禱辭》）、🔤（清華《四告》），没有變化。秦簡作🔤（雲夢《日書》乙）、🔤（里耶 8-1146）、🔤（北大《泰原》）、🔤（北大《白囊》），爲《説文》篆文作🔤，馬王堆漢簡作🔤（《老子》），漢簡作🔤（定縣）所本。

　　需要指出，戰國文字中許多從"立"旁的字，其實"立"是用作"土"旁。其是否爲"土"字的另一構形或二形一字，還是地域原因所致，有待深入研究。

　　1. 地，🔤（保員鼎），🔤（縣改簋），🔤（獣簋），🔤（妷盗壺），金文；🔤（侯馬），🔤（侯馬），🔤（侯馬），🔤（侯馬），盟書；🔤（行氣玉銘），🔤（秦駰玉版），刻石；🔤（彙 2737），🔤（彙 2163），🔤（彙 3549），🔤（彙 992），🔤（彙 991），🔤（彙 1705），🔤（彙 1793），🔤（彙 2862），🔤（彙 2259），🔤（十鐘），🔤（秦風 130），古璽；🔤（清華《五紀》），🔤（郭店《忠信》），🔤（郭店《忠信》），🔤（清華《五紀》），🔤（清華《五紀》），🔤（清華《金縢》），🔤（清華《啻門》），🔤（安大《曹沫》），🔤（清華《治政》），🔤（上博《凡物》乙），🔤（上博《凡物》甲），🔤（郭店《六德》），🔤（上博《容成》），🔤（清華《四時》），🔤（清華《樂風》），🔤（包山 219），🔤（上博《用曰》），🔤（郭店《大一》），🔤（安大《曹沫》），🔤（包山 149），🔤（清華《繫年》），🔤（郭店《語叢》四），楚簡；🔤（雲夢《日書》乙），🔤（嶽麓叄 63），

（里耶 8-412），秦簡。形聲字。《説文》："地，元气初分，輕清陽爲天，重濁陰爲地，萬物所陳列也。从土，也聲。𡐬，籒文地，从隊。"陸地，上爲"天"，下爲"地"。

"地"字構形，西周金文从"阜"、从"象"聲，或增"土"，即《説文》籒文作所本，"象"旁原束於豕頸之系或作"又"，漸與"豕"分離，爲戰國文字沿襲。盟書相同，或省"土"旁。古璽或增"它"聲，構形或从"土"、从"象"聲；或从"土"、从"它"聲，也見"土"旁寫作"立"。楚簡或从"豕"聲，或改"象"爲"它"聲，或从"土"、从"它"聲，或省"土"。秦印、秦簡皆从"土"、从"它"聲，爲馬王堆帛書作（《老子》甲）、（《天文》）、（《相馬》），銀雀山漢簡作（《孫子》）所本。《説文》篆文作，改从"也"聲。"它""也"本一字分化，與"象"古音也相近（聲皆屬舌頭），故可互作。居延漢簡作（甲319），漢碑作（石門頌），石經作（熹平石經《周易》），皆从"也"，後世楷書遂寫作"地"。

"地"字異體，盟書或作（侯馬），亦見楚簡作（郭店《語叢》一），增表行動義的"止"或"彳"旁，毫無理據，當是書手原因。

2. 堣，（史頌簋）、（史頌鼎），金文；（上博《競平王》）、（郭店《唐虞》）、（郭店《窮達》）、（仰天湖）、（仰天湖）、（仰天湖），楚簡。形聲字。《説文》："堣，堣夷在冀州陽谷，立春日日值之而出。从土，禺聲。《尚書》曰：'宅堣夷。'"

"堣"字構形，西周金文从"𡨄"、从"禺"聲，楚簡改爲从"土"。古代城郭以土版築而成，故"臺""土"作爲義近偏旁可互作。《説文》篆文作 ![图]，没有變化。

3. 坪，![图]（臧孫鐘），![图]（曾侯乙鐘），![图]（曾侯乙鐘），![图]（智篙鐘），![图]（坪夜君鼎），![图]（坪夜君戟），![图]（平安君鼎），![图]（高平戈），金文；![图]（彙13），![图]（彙3），![图]（璽考109），![图]（彙2534），![图]（彙102），古璽；![图]（系2329），![图]（系4075），![图]（系2320），![图]（編115），貨幣；![图]（曾侯），![图]（包山203），![图]（包山184），![图]（包山138），![图]（安大《詩經》），![图]（清華《楚居》），![图]（包山200），![图]（清華《成人》），楚簡。會意兼形聲字。《説文》："坪，地平也。从土，从平，平亦聲。"

"坪"字始見春秋戰國之際，構形从"土"、从"平"，"平"亦兼聲旁，金文、古璽、陶文相同，楚簡構形則增較多飾筆。古文字皆用同"平"義。《説文》篆文作![图]，"平"旁有訛誤。

楚文字"坪"字異寫較多，除金文"平"旁增飾筆似"用"外，也見楚簡，作![图]（上博《詩論》）、![图]（上博《詩論》）、![图]（清華《繫年》），"平"旁左下增撇筆；或作![图]（郭店《尊德》）、![图]（上博《鮑叔牙》）、![图]（清華《三壽》）、![图]（清華《芮良夫》）、![图]（安大《仲尼》），"平"似"旁"；或作![图]（包山240）、![图]（上博《昭王》），中部訛似"羊"，後例還與"土"連筆。皆書手原因。

4. 均，![图]（蔡侯申鐘），![图]（六年大陰令戈），![图]（鄱鐘），![图]（鄱鐘），金文；

（彙 783），（彙 1021），（彙 2470），（彙 1129），（彙 2449），

（彙 2359），（彙 3019），（彙 2604），（彙 2873），（璽考 253），古璽；

（新蔡甲三 349），（清華《行稱》），（清華《不韋》），（清華

《行稱》），（郭店《老子》甲），（清華《芮良夫》），（清華《命訓》），

（清華《治政》），（清華《五紀》），（清華《成人》），（包山 43），

（清華《芮良夫》），（安大《曹沫》），（郭店《尊德》），楚簡；

（雲夢《秦律》），（雲夢《爲吏》），（里耶 8-197），秦簡。形聲字。《説

文》："均，平，徧也。从土，从匀，匀亦聲。"本義爲平均、均匀，引申爲公平。

"均"字構形，春秋金文从"土"、从"匀"聲，或从"旬"聲；戰國古璽亦同。晉系文字構形"土"旁或寫作"立"，或增義旁"心"，"均"有公平之義，也是人們心理上的訴求，故可增"心"。楚簡或从"匀"聲，或从"旬"聲。秦簡則从"匀"聲，"匀"旁已寫作从"勹"，也見之楚簡（末例），爲《説文》篆文作，漢印作

（徵 13.10），馬王堆帛書作（《老子》乙）所本。

楚簡"均"字異體作（清華《三壽》）、（上博《容成》）、（郭店《唐虞》），構形从"里"、从"匀"聲，隸定作"堸"。居里與土地有關，故可改形旁作"里"。

5. 城，（西周 5），甲骨文；（班簋），（城虢遣生簋），（元年師兌簋），（居簋），（散氏盤），（武城徒戈），（䣄羌鐘），

（邾肷尹鉦），（吳王光鐘），（鄂君啓車節），（中山王鼎），（昌城戈），（武城戈），（郎侯載戈），（比城戟），金文；城（詛楚文《巫咸》），刻石；（彙3751），（彙150），（彙17），（彙1889），城（傅1457），古璽；（錄2.590.3），（齊陶455），（錄2.580.1），（錄2.568.3），（齊陶507），（錄5.43.1），陶文；（包山2），（新蔡乙一32），（郭店《老子》甲），（上博《陳公》），（清華《成人》），（清華《耆夜》），（清華《金縢》），（安大《曹沫》），（安大《曹沫》），（上博《曹沫》），（上博《曹沫》），（上博《民之》），（郭店《老子》乙），（郭店《大一》），楚簡；（雲夢《日書》乙），（里耶5-17），秦簡。形聲字。《說文》："城，以盛民也。从土，从成，成亦聲。，籀文城，从𩫖。"

"城"字構形，甲骨文、西周金文从"𩫖"、从"成"聲，此即《說文》籀文作所本。春秋晚期金文或改从"土"，戰國文字仍然二形并存，但以从"土"爲主，大都作上下結構。楚簡或增飾筆，或作省形。秦文字从"土"、从"成"聲，爲《說文》篆文作，漢印作（徵13.11），馬王堆帛書作（《天文》）所本。

6. 型，（邾太宰匠），（邾太宰匠），（者旨𦉢盤），（𦉢篙鐘），（曾侯騶鐘），（中山王鼎），（奻盜壺），金文；（彙2753），古璽；

（上博《緇衣》）, ☐（郭店《老子》甲）, ☐（安大《曹沫》）, ☐（清華《成人》）, ☐（上博《曹沫》）, ☐（清華《治政》）, ☐（清華《湯丘》）, ☐（清華《四告》）, ☐（郭店《性自》）, ☐（上博《凡物》乙）, ☐（清華《治政》）, ☐（清華《五紀》）, ☐（上博《三德》）, ☐（清華《畏天》）, ☐（包山208）, ☐（新蔡乙一11）, ☐（包山228）, ☐（包山226）, ☐（包山162）, 楚簡。形聲字。《説文》："型, 鑄器之法也。从土, 刑聲。"本義指製作陶型模範用來鑄器, 引申爲典型義。

"型"字構形, 春秋金文从"田"、从"刑"聲, 隸定作"塍"; 戰國金文或从義近偏旁"土"。楚簡二形并存, "刑"旁所从"刀"或作義近偏旁"刃", 或訛作"刕"。《説文》篆文作☐, 从"土"遂成爲固定寫法。

楚簡"型"字異寫不少, 或作☐（上博《吳命》）, "田"旁少中竪筆成"曰"; 或作☐（九店A87）、☐（上博《曹沫》）、☐（郭店《老子》乙）、☐（清華《五紀》）, 省"刀"旁, 亦見古璽作☐（彙3820）、陶文作☐（齊陶1414）, "土"旁改爲義近偏旁"山", 爲省形。

需要指出, "刑"旁構形本从"井"得聲, 後世楷書將"井"寫作"开"。

7. 墨, ☐（析君戟）, ☐（即墨華戈）, 金文; ☐（彙5477）, ☐（璽考60）, 古璽; ☐（陶3.691）, ☐（録5.110.6）, ☐（秦集二二30.1）, 陶文; ☐（齊幣48）, ☐（編34）, ☐（系2551）, ☐（系2525）, ☐（齊幣

287），〔齊幣 69〕，貨幣；〔上博《用曰》〕，〔上博《卜書》〕，〔清華《四時》〕，〔清華《五紀》〕，〔清華《繫年》〕，〔包山 192〕，〔新蔡零 213〕，〔曾侯〕，〔曾侯〕，楚簡；〔雲夢《日書》甲〕，秦簡。會意兼形聲字。《説文》：“墨，書墨也。从土、从黑，黑亦聲。”以書寫用的墨錠釋義。

“墨”字構形，戰國金文从“土”、从“黑”，以土色黑會意。貨幣文字或增“勹”聲。古璽、陶文、楚簡及秦簡構形没有變化，爲《説文》篆文作〔〕，漢印作〔〕（徵 13.11）、〔〕（徵 13.11），銀雀山漢簡作〔〕（《孫臏》）所本。

8. 封，〔合 20576〕，〔合 36243〕，〔合 36528〕，〔合 36530〕，〔花東 71〕，〔明藏 633〕，〔屯 2964〕，〔合 32287〕，〔合 33068〕，甲骨文；〔丁丰卣〕，〔康侯丰鼎〕，〔琱生簋〕，〔伊簋〕，〔作册封鬲〕，〔封孫宅盤〕，〔啓封令戈〕，〔中山王鼎〕，〔中山王壺〕，金文；〔彙 5209〕，〔彙 5210〕，〔彙 3319〕，〔彙 4091〕，〔彙 2496〕，〔彙 839〕，〔彙 5706〕，〔鑒印 28〕，〔彙 861〕，〔彙 4091〕，〔珍秦 174〕，古璽；〔録 4.188.4〕，〔録 6.56〕，〔録 6.56〕，〔録 6.174.3〕，陶文；〔清華《治政》〕，〔清華《不韋》〕，〔上博《容成》〕，〔清華《繫年》〕，〔新蔡乙四 136〕，〔安大《曹沫》〕，

（安大《曹沫》），（清華《治政》），（清華《不韋》），（清華《禱辭》），楚簡；（嶽麓《占夢》），（雲夢《效律》），（里耶 8–175），秦簡。形聲字。《説文》："封，爵諸矦之土也。从之，从土，从寸，守其制度也。公侯百里，伯七十里，子男五十里。，古文封省。，籀文从丰。"分析構形有誤。本義象在土堆上種樹爲封，即作邊界的標記，《説文》所訓爲引申義，即"封建"之"封"。

"封"字構形，甲骨文和商末周初金文象植樹於土堆之形，即"丰"字，亦即《説文》古文作所本，象形字。金文後贅增"土"，即《説文》籀文作所本，戰國文字或加"又（手）"旁，爲形聲字；"丰"下之"土"或改爲同義形旁"田"；亦或省形作"丰"。楚簡从"丰"、从"土"，或从"田"。秦簡从"丰"下"土"連筆、从"又"，爲《説文》篆文作，漢印作（徵 13.11），馬王堆帛書作（《縱橫》）、（《地圖》），銀雀山漢簡作（《孫臏》），漢碑作（曹全碑）所本。由於"又"旁下加裝飾點，遂寫成"寸"。

另外，從古文字角度看，《説文》是誤將"封"字古文與籀文出現的時代互反，而且又另列"封"字古文"丰（丰）"入"生"部，謂："丰，艸盛丰丰也，从生上下達也。"義也不同，不可據。

9. 野，（合 22027），（合 17173），（合 18419），（合 30173），甲骨文；（克鼎），（邘王是野戈），（酓忎鼎），（埜匕），金文；（彙 252），（彙 3992），（集粹 506），（珍秦 44），（十鐘），（徵存 68），古璽；（陶 5.156），（録 6.142.1），陶文；

（包山 207），（上博《采風》），（郭店《尊德》），（上博《容成》），（清華《四告》），（清華《四告》），（清華《行稱》），楚簡；（雲夢《爲吏》），（雲夢《日書》乙），秦簡。形聲字。《説文》："野，郊外也。从里、予聲。，古文野，从里省、从林。"乃以秦漢之際"野"字構形作分析。

"野"字構形，甲骨文、金文从"土"、从"林"，會郊外之意，會意字，隸定作"坴"，古璽、楚簡沿襲。秦文字增"予"聲，爲形聲字，即《説文》古文作所本；或省"林"、增同義偏旁"田"，亦見秦嶧山碑作。在書寫過程中，"田""土"相連成"里"，里耶簡已開先例，作（里耶 8-1437），《説文》遂誤以爲从"里"，篆文作，漢印作（徵 13.12），漢碑作（白石神君碑）。但馬王堆帛書作（《老子》甲後），武威漢簡作（《儀禮》），石經作（熹平石經《詩經》），"田""土"仍然是分書，不作"里"。

秦簡"野"字或作（雲夢《日書》甲），省"林"旁；或作（里耶 8-176），"予"旁訛作"邑"，乃書手原因。

○九九 田部

　　《説文》："田，陳也，樹穀曰田。象四口。十，阡陌之制也。"分析構形不確。"田"字構形，甲骨文作（合 24155）、（合 33211）、（合 20493）、（合 33213）、（合 29354）、（合 37743），晚商金文（族氏銘文）作（田告鼎）、（祖乙尊），象農田阡陌縱橫形。金文作（傳卣）、（令鼎）、（克鼎）、（格伯簋）、（散氏盤）、（雍之田戈），刻石作（石鼓《田車》），古璽作（彙 307）、（彙 231）、（集粹 818），楚簡作（上博《詩論》）、（清華《繫年》）、（清華《不韋》）、（上博《建州》甲）、（清華《廼命》），構形沒有變化。秦簡作（雲夢 25.52）、（里耶 8-1622）、（北大《算》甲）、（北大《算》丙），爲《説文》篆文作，馬王堆帛書作（《老子》甲），銀雀山漢簡作

（《孫臏》），石經作 （熹平石經《周易》）所本。

附及，甲骨文中有商祖先名“上甲”，合文作 （合 22630）、（合 27079），或省作 （合 28581）；西周金文仍有“甲”字作 （戜方鼎）、（兮甲盤），構形“十”字一般未與方框相連，但與“田”字易混，創作書法作品時需要注意。

1. 畮，（賢簋），（賢簋），（師袁簋），（師袁簋），（兮甲盤），金文；（清華《繫年》），（清華《繫年》），（清華《三壽》），（上博《子羔》），（清華《禱辭》），（清華《四告》），（清華《四時》），（上博《容成》），（上博《鮑叔牙》），楚簡；（青川牘），（雲夢《秦律》），（里耶 8-455），（里耶 8-1519），（北大《算》甲），（北大《田》乙），秦簡。形聲字。《説文》：“畮，六尺爲步，步百爲畮。从田，每聲。，畮或从田、十、久。”

“畮”字構形，西周金文从“田”、从“每”聲，爲《説文》篆文作 所本。楚簡改从“母”聲，“每”从“母”得聲，故可互作。楚簡構形或从“田”、从“十”、从“攴”（見末例）；秦簡構形“十”旁寫似“中”，“攴”旁改爲“久”聲。《説文》篆文或體作 ，似爲結合二者所本。漢碑作 （孔宙碑），除“十”旁訛作“亠”外，仍作楚簡或體。“畮”字則漢以後不再流行。

“畮”字異體馬王堆帛書作 （《老子》甲），銀雀山漢簡作 （《孫子》），从“勿”聲。“勿”“每”及“母”古音皆讀重唇，故可互作。

2. 男，（合 3451），（合 3456），（合 3457），（合 3455），（合 3452），（合 21954），甲骨文；（矢方彝），（師袁簋），（翏生盨），（齊侯敦），（許男鼎），（寺男鼎），金文；（彙 3362），（彙 5641），古璽；（陶 3.703），陶文；（清華《筮法》），（清華《繫年》），（上博《容成》），（郭店《六德》），（清華《四時》），（上博《三德》），（清華《五紀》），楚簡；（雲夢《日書》乙），（關沮），（里耶 8-894），秦簡。會意字。《說文》："男，丈夫也。从田、从力，言男用力於田也。"以"力"（耒耜）田事者，借指男性。

"男"字構形，甲骨文、金文从"力"、从"田"會意。春秋金文偶見"力"旁增"爪"（手）爲繁構，楚簡"力"旁或增飾筆。秦簡没有變化，秦泰山刻石作，改爲左右結構。《說文》篆文作，馬王堆帛書作（《老子》乙前），構形仍同秦簡。

3. 番，（魯侯鬲），（番匊生壺），（番生簋），（番君鬲），（番君召鼎），（番君匜），（番伯酓匜），（番中戈），（史番鼎），金文；（彙 1656），（彙 1658），（彙 1657），（彙 1655），（十鐘），古璽；（包山 42），（包山 52），（信陽），（包山 48），（上博《競公》），（包山 55），（清華《廼命》），（清華《五紀》），（上博

《凡物》甲），（包山牘），楚簡。會意兼形聲字。《說文》：“番，獸足謂之番。從采，田象其掌。，番或從足從煩。，古文番。”說解有誤。

“番”字構形，金文從“田”、從“采”，本義當指於田獵中分辨野獸足迹，以便追捕，“采”亦兼作聲旁。古璽、楚簡構形相同，楚簡或於“采”上部增一橫飾，爲《說文》篆文作所本。但漢印作（徵 2.2），馬王堆帛書作（《老子》乙前），漢碑作（禮器碑陰），構形無上部橫飾。《說文》古文作，源自楚簡作（清華《尹至》），或以爲“采”字異寫。《說文》或體作，古文字未見。

4. 留，（趞鼎），（留鐘），（自鐸），（屯留戈），金文；（聚珍 271），（三晉 94），（彙 2747），（彙 3189），（秦集二三 71），古璽；（録 3.351.1），（録 6.152.1），陶文；（錢典 275），（天幣 122），貨幣；（清華《四時》），（信陽），（新蔡乙四 25），（新蔡甲 4），（清華《不韋》），楚簡；（雲夢《爲吏》），（雲夢《秦律》），（里耶 J1⑯），（里耶 8-648），秦簡。形聲字。《說文》：“畱，止也。從田，夘聲。”“畱”字今楷寫作“留”。

“留”字構形，金文從“田”、從“夘”聲，戰國文字及秦簡無變化。《說文》篆文作，所從“夘”旁作“丣”，略訛。漢印作（徵 13.13），則不誤；或作（徵 13.13），“夘”旁訛作雙“口”，亦見馬王堆帛書作（《縱橫》），銀雀山漢簡

作 ⬚（《孫臏》）；馬王堆地圖作 ⬚，銀雀山漢簡或作 ⬚（《孫臏》），居延漢簡作

⬚（甲1582），石經作 ⬚（熹平石經《春秋》），"卯"旁也寫似雙"口"形。此

皆是書手原因。

5. 畜，⬚（屯3121），⬚（屯3398），⬚（合29415），⬚（合29416），甲骨文；

⬚（秦公簋），⬚（秦公鎛），⬚（秦公鎛），⬚（秦公鐘），⬚（欒書缶），金文；

⬚（彙1953），⬚（秦風165），⬚（十鐘），古璽；⬚（清華《說命》中），⬚

（上博《周易》），⬚（上博《姑成》），⬚（上博《民之》），⬚（郭店《六德》），

⬚（清華《禱辭》），⬚（清華《五紀》），⬚（上博《曹沫》），楚簡；⬚（雲夢

《日書》乙），⬚（關沮），⬚（里耶8-1150），⬚（里耶8-1087），秦簡。會意字。

《說文》："畜，田畜也。《淮南子》曰：'玄田爲畜。'⬚，《魯郊禮》畜，從田、從茲。

茲，益也。"以後出字形說解本義。

"畜"字構形，甲骨文象系繫之囊橐中有草穀貯積，會積蓄意。春秋金文構形上下

分離，下訛作"田"，上訛作"幺"，爲古璽、楚簡沿襲，楚簡或增"宀"飾。秦文字

於"幺"上增橫畫成"玄"，爲《說文》篆文作 ⬚，漢印作 ⬚（徵13.13）、⬚

（徵13.13），馬王堆帛書作 ⬚（《老子》甲）、⬚（《老子》甲）、⬚（《老子》乙

前），漢碑作 ⬚（唐公房碑）所本。

6. 畯，⬚（盂鼎），⬚（師俞簋），⬚（史牆盤），⬚（頌鼎），⬚（克

盨），🔲（此簋），🔲（梁其鼎），🔲（猷鐘），🔲（秦公簋），🔲（秦公鎛），金

文；🔲（清華《四告》），🔲（清華《四告》），🔲（清華《四告》），楚簡。形聲

字。《説文》：“畯，農夫也。从田，夋聲。”

　　“畯”字構形，金文从“田”、从“允”聲，楚簡同。春秋金文或於人形“允”下

加脚趾形“止”。文字演變發展中，“止”旁寫作“夂”，與“允”結合遂成“夋”，爲

《説文》篆文作🔲，漢碑作🔲（孔宙碑）所本。

一〇〇 口部

《説文》：“囗，回也。象回帀之形。”説解不確。古文字未見單獨的“囗”字，但作爲偏旁多見，學者大都以爲是城邑的象形。

1. 回，（詛楚文《湫淵》），刻石；（上博《莊王》），（上博《君人》乙），（清華《繫年》），（清華《五紀》），楚簡；（雲夢《秦律》），（雲夢《秦律》），（北大《從軍》），秦簡。象形字。《説文》：“回，轉也。从囗，中象回轉形。，古文。”

“回”字構形，刻石、楚簡及秦簡作重“囗”，即“包圍”“圍繞”之圍的本字。《説文》篆文作，馬王堆帛書作（《事語》），銀雀山漢簡作（《孫臏》），没有變化。

需要指出，《説文》“回”字古文作，象水涡旋轉形（《説文》以爲象淵水，見“夊”字下解説），即“回旋”之回的本字，源自晚商金文（族氏銘文）作（回父丁爵），甲骨文又分化出“亘”字；楚簡作（上博《姑成》），貨幣作（系80）。

而 “夂” 字楚簡作 （郭店《唐虞》）、（上博《曹沫》）、（清華《治政》）、（清華《廼命》）、（上博《鬼神》）、（上博《三德》）， “没” 字秦簡作 （雲夢《秦律》），可以看出 “回” 字古文構形與 “回” 字本不同源，但後世却成爲一字，後世俗字或寫作 “囘”，與 “回” 隸寫不同，也不失爲一種區分方法。

2. 圖，（子麻圖卣），（宜侯矢簋），（散氏盤），（善夫山鼎），（無叀鼎），（兆域圖），（五年吕不韋戈），（八年吕不韋戈），金文；（金符），（珍秦 141），（珍秦 131），古璽；（清華《四告》），楚簡；（雲夢《爲吏》），（雲夢《日書》甲），秦簡。會意字。《説文》：“圖，畫計難也。从囗，从啚。啚，難意也。” 本義指地圖，也指畫地圖，引申爲圖謀。

“圖” 字構形，西周金文从 “囗”，从 “啚”，以都邑和邊啚（鄙）會版圖意（楊樹達《釋圖》）。戰國金文增 “心” 旁，表示以心圖謀。楚簡从 “囗”、从 “者” 聲，改成形聲字（見下）。秦印、秦簡仍从 “啚”，但 “啚” 字下部寫成網格形，爲馬王堆帛書作 （《老子》甲後）、（《天文》）所本。《説文》篆文作 ，漢簡作 （《蒼頡》），石經作 （熹平石經《尚書》），回歸原來寫法。

楚簡 “圖” 字或作 （上博《魯邦》），改从 “者” 聲，隸定作 “圕”；或作 （清華《不韋》），从 “煮” 聲，隸定作 “圎”；或作 （上博《用曰》）、（上博《姑成》）、（清華《繫年》）、（安大《曹沫》），省 “囗”，从 “心”、从 “者” 聲，隸定作 “惪”，其也可看作是以心圖謀之 “圖” 的專用字。秦統一文字後這些異體便遭淘汰。

3. 囿，（合 9488），（合 9489），（合 9592），（合 9491），（乙 643），（京都 3146），甲骨文；（秦公簋），金文；（石鼓《吳人》），刻石；（郭店《老子》甲），（上博《凡物》甲），楚簡；（雲夢《爲吏》），秦簡。形聲字。《説文》：“囿，苑有垣也。从囗，有聲。一曰：禽獸曰囿。，籀文囿。”本義指苑囿，引申義同“域”。

“囿”字構形，甲骨文象苑域中有艸木之形，亦見石鼓文，即《説文》籀文作所本，象形字。春秋金文从“囗”、从“有”聲，爲《説文》篆文作，馬王堆帛書作（《縱橫》），銀雀山漢簡作（《孫子》），石經作（熹平石經《春秋》）所本，成形聲字。楚簡構形从“右”聲，或从“又”聲，亦可視爲“囿”字異體；後例雖與《説文》“囮”字同形，但楚簡“囮”字作（上博《緇衣》）、（上博《曹沫》），讀爲“攝”（《説文》“讀若聶”），兩者非同字。

4. 國，（录伐卣），（應侯簋），（郘鷟鼎），（國差𦉜），（王孫鐘），（蔡侯申鐘），（愕距末），（國子鼎），（國楚戈），（郾王職壺），（廿一年□國戟），（平國君鈹），金文；（文物 1974.12），（彙 733），（彙 3078），古璽；（録 2.26.1），（録 2.25.2），（齊陶 1268），（録 4.4.1），（録 4.18.1），（録 6.328.2），陶文；

（上博《緇衣》），⿱（曾侯），⿱（包山 45），⿱（上博《民之》），⿱（清華《治政》），⿱（清華《成人》），楚簡。會意兼形聲字。《説文》："國，邦也。從囗，從或。"

"國"字構形，西周金文從"囗"、從"或"。"或"字本作⿱（保卣），從"弋"、從"囗"旁四周有界綫，亦即"域""國"字初文。春秋金文所從"弋"旁訛爲"戈"。春秋、戰國文字"囗"旁或省寫爲"匸"，秦文字不省，秦刻石作⿱（嶧山碑），爲《説文》篆文作⿱，馬王堆帛書作⿱（《老子》甲）、⿱（《縱橫》），銀雀山漢簡作⿱（《孫子》），石經作⿱（熹平石經《公羊》）所本。

楚簡"國"字，或作⿱（包山 10）、⿱（包山 151）、⿱（上博《邦人》），從"宀"、從"或"聲，隸定作"寏"；或作⿱（郭店《緇衣》）、⿱（上博《曹沫》），"或"省"囗"作"戈"；或作⿱（安大《曹沫》），增義近偏旁"邑"；或作⿱（清華《芮良夫》）、⿱（清華《祭公》）、⿱（清華《三壽》），本自西周金文作⿱（師寰簋）、春秋金文作⿱（章子戈），從"或"、從"邑"，隸定作"郰"。皆是異體。

5. 因，⿱（合 5651），⿱（合 14294），⿱（合 12359），甲骨文；⿱（蠣鼎），⿱（陳侯因𦫺錞），⿱（陳侯因𦫺戈），⿱（中山王壺），金文；⿱（上博《亙先》），⿱（郭店《語叢》一），⿱（清華《程寤》），⿱（清華《廼命》），

（上博《容成》），⬚（清華《芮良夫》），⬚（郭店《成之》），⬚（清華《畏天》），⬚（上博《仲弓》），⬚（清華《繫年》），⬚（郭店《六德》），⬚（包山222），⬚（清華《治政》），⬚（清華《五紀》），楚簡；⬚（雲夢《爲吏》），⬚（雲夢《語書》），⬚（關沮），秦簡。象形字。《説文》："因，就也。從口、大。"

"因"字構形，甲骨文象人（"大"）在"衣"（"衣"形或不完整）中，會"就也"義（裘錫圭《釋南方名》）。金文將"衣"寫作封閉狀，或寫作方框成"口"。楚簡仍將"衣"寫作封閉狀，"大"旁中部或加横飾似"矢"。秦簡構形從"口"，爲《説文》作⬚，馬王堆帛書作⬚（《老子》甲）、⬚（《陰陽》甲）、⬚（《經法》），銀雀山漢簡作⬚（《孫子》），石經作⬚（熹平石經《詩經》）所本。

6. 固，⬚（成固戈），⬚（中山神獸），⬚（東庫圓壺），⬚（中山帳桿），金文；⬚（彙1318），⬚（彙1604），⬚（彙2584），⬚（彙713），古璽；⬚（行氣玉銘），刻石；⬚（陶6.150），陶文；⬚（郭店《老子》甲），⬚（包山186），⬚（包山191），⬚（清華《繫年》），⬚（上博《邦人》），⬚（清華《廼命》），⬚（清華《治政》），⬚（清華《五紀》），⬚（清華《食禮》），⬚（清華《食禮》），⬚（清華《不韋》），楚簡；⬚（雲夢《爲吏》），⬚（里耶8-209），秦簡。形聲字。《説文》："固，四塞也。從口，古聲。"

　　“固”字構形，金文从“口”、从“古”聲，古璽或於“古”旁口中加飾筆。楚簡、秦簡没有變化，爲《説文》篆文作 ，馬王堆帛書作 （《老子》甲）、（《縱横》），銀雀山漢簡作 （《孫子》），石經作 （熹平石經《春秋》）所本。

　　陶文“固”字異體作 （録 2.7.1），（録 2.509.1），（齊陶 1069），亦見古璽作 （彙 3685），於“固”字“口”中加注“羋”聲，隸定作“圉”，爲齊系文字的特有構形。

一〇一 水部

《説文》："水，準也。北方之行，象衆水并流，中有微陽之气也。""水"字構形，甲骨文作 （合 33356）、 （合 33355）、 （合 22288）、 （合 5810）、 （合 33349）、 （合 34165）、 （合 34674）、 （合 28299），金文作 （啓尊）、 （沈子它簋）、 （同簋）、 （魚顛匕），象水流動之形。刻石作 （石鼓《霝雨》），古璽作 （彙 4061）、 （彙 3508）、 （彙 1598），陶文作 （録 3.24.6）、 （録 6.259.6）、 （録 6.214.5），貨幣作 （齊幣 444）、 （系 1519），楚簡作 （郭店《尊德》）、 （安大《詩經》）、 （清華《治政》）、 （清華《四時》）、 （清華《厚父》）、 （清華《不韋》）、 （清華《筮法》）、 （郭店《大一》）、 （安大《仲尼》）、 （包山 237），没有變化。秦簡作 （雲夢《日書》乙）、 （雲夢《答問》）、 （雲夢《秦律》）、 （里耶 8-738）、

（北大《白囊》）、（北大《道里》），爲《説文》篆文作，馬王堆帛書作（《老子》甲）、（《事語》），銀雀山漢簡作（《孫子》）所本。居延漢簡作（甲712）、（甲1302），石經作（熹平石經《周易》），漸成今楷之形。

以往學者認爲，"水"旁寫作"氵"始見於漢代隸書，二十世紀七十年代湖北雲夢睡虎地出土大批秦簡即有之，證明這種寫法應該出現在戰國晚期。

1. 河，（合2328），（合14252），（花東36），（明藏424），（合30438），（合30439），（合32663），（合30436），（甲1885），甲骨文；（同簋），（同簋蓋），（庚壺），金文；（彙124），（地理4），古璽；（陶3.855），（録3.97.4），（録3.96.2），（録3.99.1），（録3.96.4），（集拓2.1），（録6.422.4），陶文；（上博《詩論》），（清華《保訓》），（上博《仲弓》），（清華《繫年》），（安大《詩經》），（安大《詩經》），（清華《禱辭》），（郭店《窮達》），（清華《四時》），楚簡；（雲夢《秦律》），（里耶8-2061），秦簡。形聲字。《説文》："河，水出焞煌塞外昆侖山發原，注海。從水，可聲。"以黄河説義。

"河"字構形，甲骨文從"水"、從"丂"聲，或從"何"（"擔荷"之荷的初文）聲，金文從"砢"聲，戰國文字從"可"聲，"可"上或加飾筆。秦簡從"可"聲，

— 645 —

爲《説文》篆文作 ![字形]，馬王堆帛書作 ![字形]（《縱横》），石經作 ![字形]（熹平石經《春秋》）所本。

2. 沱，![字形]（遹簋），![字形]（静簋），![字形]（鍾伯侵鼎），![字形]（趙孟介壺），![字形]（曹公子沱戈），![字形]（楚屈叔沱戈），金文；![字形]（彙1086），![字形]（彙2583），![字形]（秦風29），古璽；![字形]（陶6.118），![字形]（録5.45.5），陶文；![字形]（郭店《五行》），![字形]（上博《曹沫》），![字形]（包山170），![字形]（清華《繫年》），![字形]（安大《詩經》），楚簡；![字形]（雲夢《爲吏》），![字形]（里耶8-153），秦簡。《説文》："沱，江別流也。出潛山，東別爲沱。从水，它聲。"

"沱"字構形，金文从"水"、从"它"聲，戰國文字無變化。秦簡亦同，爲《説文》篆文作 ![字形]，馬王堆帛書作 ![字形]（《老子》甲後），銀雀山漢簡作 ![字形]（《孫臏》）所本。古文字"沱"字大都用作"池"，因"也"字由"它"字分化之故。

3. 淵，![字形]（後上15.2），![字形]（合29401），![字形]（屯722），![字形]（屯722），甲骨文；![字形]（沈子它簋），![字形]（史牆盤），![字形]（中山王鼎），![字形]（子淵鼒戈），金文；![字形]（石鼓《汧沔》），刻石；![字形]（珍戰68），古璽；![字形]（包山143），![字形]（郭店《性自》），![字形]（清華《不韋》），![字形]（清華《不韋》），![字形]（上博《君子》），![字形]（上博《彭祖》），![字形]（上博《顔淵》），![字形]（帛書），![字形]（清華《湯丘》），![字形]（清華《厚父》），![字形]（清華《琴舞》），![字形]（清華《芮良夫》），![字形]（清華《四告》），

⊕（清華《四告》），楚簡。象形字。《説文》："淵，回水也。从水，象形。左右，岸也，中象水皃。⊕，淵或省水。⊕，古文从口水。"

"淵"字構形，甲骨文象淵水形，或增"水"旁，不增"水"旁之形即《説文》古文作⊕所本。金文二形并見，或省"口"中之"水"。刻石仍从"水"旁。古璽、楚簡則皆省"⊕"旁側之"水"旁，所從之"口"或上下開口，即《説文》或體作⊕所本。楚簡或以黑點表水省形。《説文》篆文作⊕，馬王堆帛書作⊕（《老子》乙），漢碑作⊕（夏承碑），石經作⊕（熹平石經《周易》），皆从"水"旁，不作省形。

4. 溼，⊕（合 8356），⊕（合 24415），⊕（合 38177），⊕（屯 3004），⊕（合 28228），⊕（合 30180），⊕（合 31160），⊕（屯 715），甲骨文；⊕（伯姜鼎），⊕（史懋壺），⊕（晉侯對盨），⊕（散氏盤），金文；⊕（石鼓《鑾車》），刻石；⊕（郭店《大一》），⊕（郭店《大一》），楚簡。形聲字。《説文》："溼，幽溼也。从水、一所以覆也，覆而有土，故溼也；㬎省聲。"本義爲潮溼，也指溼土，即"隰"之本字，《爾雅·釋地》："下溼爲隰。"

"溼"字構形，甲骨文从"水"、从"絲"聲。"絲"字構形於"絲"形中加橫畫，會繼絲時絲相連於架上之意（"絲"字古文字音讀有"絲""聯"二音，"溼"字讀"絲"音），即"潮溼"之溼的本字，或下增"止"。金文加"土"旁，表"原隰"義；或增"丁"；或增"止"，同甲骨文；或省"土"旁。楚簡"絲"旁省爲"兹（絲）"。《説文》篆文作⊕，則源自秦石鼓文。

又，《説文》："濕，水出東郡東武陽，入海。从水，㬎聲。"以爲水名。按"濕"

字最早見戰國金文作 ⟨字形⟩（平都戈），秦簡作 ⟨字形⟩（嶽麓《爲吏》），馬王堆帛書作 ⟨字形⟩

（《老子》乙前）、⟨字形⟩（《縱橫》），漢金文作 ⟨字形⟩（濕成鼎），漢印作 ⟨字形⟩（徵 11.00），

武威漢簡作 ⟨字形⟩（醫簡），從其用法看，當是"溼"字異體。

5. 沈，⟨字形⟩（合 26907），⟨字形⟩（合 780），⟨字形⟩（合 6187），⟨字形⟩（合 14608），

⟨字形⟩（合 34248），⟨字形⟩（合 34460），⟨字形⟩（合 16186），⟨字形⟩（乙 3035），⟨字形⟩（屯 2232），甲

骨文；⟨字形⟩（沈子它簋），⟨字形⟩（沈子它簋），⟨字形⟩（獣鐘），金文；⟨字形⟩（録 6.27.4），

陶文；⟨字形⟩（清華《皇門》），⟨字形⟩（上博《融師》），⟨字形⟩（郭店《窮達》），⟨字形⟩（清

華《金縢》），⟨字形⟩（清華《琴舞》），楚簡；⟨字形⟩（里耶 8-1214），秦簡。形聲字。《説

文》："沈，陵上滈水也。从水，冘聲。一曰濁黕也。"説解與造字本義不符。

"沈"字構形，甲骨文象以祭品投沉於河水中祭祀神祇，所投或"牛"、或"羊"、

或"牢"、或"玉"，"牛"或倒置。本爲象形字。金文倒置之"牛"字已漸變爲

"冘"，遂成形聲字。楚簡於"冘"下增"臼"表陷沒義。秦簡仍從"冘"，爲《説文》

篆文作 ⟨字形⟩，馬王堆帛書作 ⟨字形⟩（《老子》乙前）所本。

由於"沈"字或用作國名、地名及姓氏用字，楚簡或寫作 ⟨字形⟩（包山 186）、⟨字形⟩

（包山 193）、⟨字形⟩（上博《卜書》），省"水"、增"邑"作爲專用字。

另外，"沈"字後世俗作"沉"，見東漢碑刻作 ⟨字形⟩（淮源廟碑）、⟨字形⟩（白

石神君碑），專用作沉沒義，其也有利於區別姓氏用字之"沈"。

6. 洹，⟨字形⟩（合 8319），⟨字形⟩（合 23717），⟨字形⟩（合 7934），⟨字形⟩（合 7853），

（合 7854），　（合 8316），　（合 8320），　（合 34165），　（合 34165），甲骨文；　（伯喜父簋），　（洹秦簋），　（洹子孟姜壺），　（曾侯乙鐘），　（蠚生戈），金文；　（清華《繫年》），　（清華《繫年》），　（清華《厚父》），　（清華《四時》），　（清華《四時》），楚簡。形聲字。《説文》：“洹，水在齊魯閒。从水，亘聲。”

　　“洹”字構形，甲骨文从水、从“亘”聲，“水”旁或簡或繁；“亘”旁象回水形，上部或增横畫。金文“亘”旁作雙回旋水形，於中部增横畫；楚簡或於上下再增横畫。《説文》篆文作　，“亘”旁源自甲骨文，上下增横畫本自楚簡。

　　7. 流，　（奻盗壺），金文；　（石鼓《霝雨》），刻石；　（彙 212），　（彙 3201），　（彙 3200），古璽；　（陶 3.1334），陶文；　（清華《楚居》），　（上博《有皇》），　（上博《從政》），　（安大《詩經》），　（清華《成人》），　（清華《四時》），　（清華《四時》），　（郭店《緇衣》），　（上博《容成》），　（清華《琴舞》），　（郭店《語叢》四），　（上博《舉治》），　（上博《凡物》乙），　（上博《凡物》甲），楚簡；　（里耶 J1⑨9），　（里耶 J1⑨981），　（雲夢《封診》），秦簡。形聲字。《説文》：“㳅，水行也。从沝、㐬。㐬，突忽也。　，篆文从水。”分析構形不確。

　　“流”字構形，戰國金文从“水”、从“㐬”聲。而“㐬”字構形，本作“去”（即倒寫的“子”）下加三點，象嬰兒剛出生時帶羊水之狀（倒生爲順産），見甲骨文

"毓"字。金文"㐬"旁已有訛變，楚簡"㐬"旁訛變更甚，中間之"㐬"之頭與身手脫離成"○"，上下則訛成"虫"形，更有省作上下二"虫"形，甚至作上下二"它"，以致"流"字長期未能被確釋。秦簡"流"字大致仍存原形，秦嶧山碑作，爲《説文》又篆作，馬王堆帛書作（《老子》甲）、（相馬），銀雀山漢簡作（《孫臏》）所本。漢碑作（夏承碑）、（孟孝琚碑）、（咸會等字殘石），遂成固定寫法。而《説文》本篆作，構形從"㳅"，則源自秦石鼓文。

8. 涉，（合 20464），（合 19286），（合 10606），（合 21124），（佚 699），（合 21256），（合 10949），（合 10950），（合 27803），（合 28339），（合 20556），甲骨文；（效卣）、（效尊）、（格伯簋）、（格伯簋）、（散氏盤）、（散氏盤）、（涉戈），金文；（石鼓《霝雨》），刻石；（彙 2758），古璽；（郭店《老子》甲），（上博《柬大王》），（上博《詩論》），（上博《周易》），（上博《周易》），（清華《繫年》），（清華《繫年》），楚簡。會意字。《説文》："渉，徒行厲水也。從㳛、從步。，篆文從水。"

"涉"字構形，甲骨文從"水"、從"步"，會涉足過水（河）意，"步"或作三"止"、或作四"止"，後省從"步"，爲金文所從。西周金文或從同義偏旁"川"，或贅增"水"旁，且作左右結構。石鼓文、楚簡則將"水"旁橫置於"步"旁中間。

《説文》篆文作🔲，從"林"，古文字未見；篆文或作🔲，漢印作🔲（徵11.14），馬王堆帛書作🔲（《老子》乙前），銀雀山漢簡作🔲（《孫臏》），則本自金文構形。

9. 瀕，🔲（井侯簋），🔲（銅簋），🔲（獃簋），🔲（仲瀕兒匜），金文；🔲（録775），🔲（秦陶1245），陶文；🔲（清華《皇門》），楚簡。會意字。《説文》："瀕，水厓，人所賓附，頻蹙不前而止。从頁、从涉。"

"瀕"字構形，西周金文從"頁"、從"步"、從"水"，會人瀕水涯邊而止步意。楚簡、秦陶文將"水"置於"步"字中間，爲《説文》篆文作🔲，漢印作🔲（徵11.14）所本。秦陶"瀕"字構形或將"水"旁省寫爲二橫，亦見漢金文作🔲（瀕鼎）；或再省二橫，見秦陶作🔲（古陶263），漢印作🔲（徵11.14），漢碑作🔲（華嶽廟殘碑陰），遂分化出"頻"字（見《廣韻》）多用爲"頻繁"義。

10. 录，🔲（花東298），🔲（合27237），🔲（屯762），🔲（村南237），🔲（甲598），🔲（合28124），🔲（懷1915），🔲（合42），🔲（合13375），甲骨文；🔲（宰甫簋），🔲（大保簋），🔲（录伯簋），🔲（录卣），🔲（史牆盤），🔲（師晨鼎），🔲（頌壺），🔲（諫簋），🔲（散氏盤），🔲（□叔多父盤），🔲（少曲慎录戈），金文；🔲（金薤·府），古璽；🔲（曾侯），🔲（曾侯），🔲（清華《命訓》），🔲（郭店《六德》），🔲（上博《詩論》），🔲（上博《詩論》），🔲

— 651 —

（上博《顏淵》），（上博《弟子》），楚簡。象形字。《説文》："录，刻木录录也。象形。"分析構形不確。

"录"字構形，甲骨文象用轆轤於井中汲水。李孝定指出："竊疑此爲井鹿之初文，上象桔槔，下象汲水器，小點象水滴形。今字作轆，與轤字連文。"（《甲骨文字集釋》）西周中期金文於"录"字下部左右加裝飾點，爲戰國文字所沿襲（其寫法與古文字"翏"字下部構形相似），楚簡上部增飾橫畫較多。《説文》篆文作，已有訛變，東漢鏡銘作（吾作明鏡），爲楷書下部作"水"形所本。

楚簡"录"字或作（清華《繫年》）、（清華《繫年》）、（包山145）、（包山145），亦見楚璽作（彙214）、（璽考170），增"宀"爲繁體乃是楚文字構形的一大特色。

一〇二 川部

　　《説文》："川，貫穿通流水也。《虞書》曰：'濬〈〈，距川。'言深〈〈之水會爲川也。"以《尚書·虞書》載大禹治水，疏浚河道貫通流水解義。"川"字構形，本於"水"字分化，甲骨文作 （屯 2161）、 （合 3748）、 （合 21661）、 （合 33357）、 （英 1921）、 （合 22098）、 （合 20319）、 （合 18195）、 （合 21734），象河川中水流形，後中間水形省成彎曲一筆，爲金文作 （啓卣）、 （矢簋）、 （五祀衛鼎）、 （南疆鉦）所本。刻石作 （秦駰玉版），古璽作 （秦集二二 3.1），貨幣作 （貨編 15）、 （系 576）、 （貨編 15）、 （系 577）、 （系 567），楚簡作 （帛甲）、 （郭店《老子》甲）、 （上博《凡物》甲）、 （清華《程寤》）、 （清華《厚父》）、 （上博《魯邦》）、 （上博《緇衣》）、 （清華《廼命》）、 （清華《禱辭》）、 （清華《禱辭》）、 （清華《司歲》）、 （清華《五紀》）、 （清華《四告》）、

（清華《四告》），無變化，爲《説文》篆文作 𝍒，馬王堆帛書作 川（《縱橫》），漢簡作 川（銀雀山《孫臏》）、川（西陲 51.3），石經作 川（熹平石經《周易》）所本。

楚簡 "川" 字或作 州（上博《舉治》）、州（上博《舉治》）、州（清華《楚居》），贅增 "水" 旁，隸定作 "洲"，爲 "川" 字繁構。

1. 𢦏，𢦏（合 12836），𢦏（合 19268），𢦏（合 17205），𢦏（合 6040），𢦏（合 17198），𢦏（合 13762），𢦏（合 23006），𢦏（合 24347），𢦏（合 29198），𢦏（合 37803），𢦏（合 28247），𢦏（甲 2189），𢦏（甲 1837），𢦏（合 36557），𢦏（合 36378），𢦏（英 2566），𢦏（合 37513），甲骨文。象形兼會意字。《説文》："𢦏，害也。从一雝川。《春秋傳》曰：'川雝爲澤凶。'" 説解字形有誤。本義指水災，引申爲灾害。

古文字 "𢦏" 字目前僅見甲骨文，構形象洪水汹涌，會灾害義，象形兼會意字。後水形豎寫，又於中間加 "才" 聲，爲形聲字。或省作从 "水"、从 "才" 聲。由於 "才" 旁或作省筆，甚至省寫似 "一" 形，爲《説文》篆文作 𢦏 所本，而《説文》遂釋爲 "从一雝川"，會河道堵塞、水泛濫成灾意。

後世 "𢦏" 字或加 "火" 旁作 "災"。水災、火災皆爲灾害，故在 "𢦏" 上加形旁 "火"，爲形聲字，見《説文》"烖" 字下所列籀文。

2. 州，州（合 17577），州（合 659），州（合 859），州（合 851），甲骨文；州（州戈），州（井簋），州（鬲比盨），州（散氏盤），州（豫州戈），州，

（右泉州還矛），〔图〕（廿四年盲令戈），〔图〕（州句劍），〔图〕（州句矛），金文；〔图〕（彙 46），〔图〕（彙 1307），〔图〕（彙 184），〔图〕（璽考 172），〔图〕（珍秦 246），〔图〕（湖南 89），古璽；〔图〕（歷博·燕 40），〔图〕（歷博·燕 26），陶文；〔图〕（清華《繫年》），〔图〕（清華《不韋》），〔图〕（清華《食禮》），〔图〕（上博《容成》），〔图〕（清華《治政》），〔图〕（清華《四告》），〔图〕（安大《詩經》），〔图〕（包山 128），〔图〕（包山 95），〔图〕（包山 42），楚簡；〔图〕（雲夢《答問》），〔图〕（里耶 8-63），〔图〕（嶽麓《質》一），秦簡。象形字。《説文》："州，水中可居曰州。周遶其旁，从重川。昔堯遭洪水，民居水中高土，或曰九州。《詩》曰：'在河之州。'一曰：州，疇也。各疇其土而生之。〔图〕，古文州。""州"爲"洲"字初文。

"州"字構形，甲骨文从"川"，中象水中有沙洲形，即《説文》古文作〔图〕所本，金文、楚簡無變化。陶文增"土"。秦印、秦簡構形作三"丩"形，爲《説文》篆文作〔图〕，漢印作〔图〕（徵 11.15）、〔图〕（徵 11.15），馬王堆帛書作〔图〕（古地圖）、〔图〕（《老子》乙前），武威漢簡作〔图〕（《儀禮》），石經作〔图〕（熹平石經《春秋》）所本，《説文》遂誤爲"从重川"。漢碑作〔图〕（楊淮表紀），漸成爲後世寫法。

3. 充，〔图〕（充伯簋），〔图〕（叔充瓶），金文；〔图〕（左冢漆梮），〔图〕（上博《曹沫》），〔图〕（清華《琴舞》），〔图〕（清華《赤鵠》），〔图〕（郭店《唐虞》），〔图〕（清華《治政》），〔图〕（清華《成人》），〔图〕（清華《司歲》），〔图〕（清華《五紀》），楚簡。形聲字。《説文》：“巟，水廣也。從川，亡聲。”

“巟”字構形，金文從“川”、從“亡”聲，楚簡構形相同。《説文》篆文作 ，漢碑作 （王孝淵碑）、（曹全碑），一直没有變化。

楚簡“巟”字或作 （清華《五紀》）、（清華《五紀》），“川”旁省形後又加飾筆，乃書手原因。

4. 巠，（盂鼎），（燹公盨），（克鼎），（克鐘），（毛公鼎），（㝬簋），（師克盨），金文；（陶 3.242），（陶 3.162），陶文；（郭店《尊德》），（郭店《性自》），（郭店《唐虞》），楚簡。象形字。《説文》：“巠，水脉也。從川在一下。一，地也，壬省聲。一曰水冥巠也。，古文巠，不省。”分析構形不確。“巠”字不從“川”，釋爲“水脉”無據。

“巠”字構形，金文象古代紡織工具織機（腰機）上連經綫形，上下部相連，爲獨體字，陶文、楚簡在下部之機架“工”形加飾筆，“工”形演變訛爲“壬”，《説文》遂誤以爲“壬省聲”。《説文》篆文作 、古文作 ，分别源自金文和楚簡。馬王堆帛書作 （《老子》甲），銀雀山漢簡作 （《孫臏》），上部寫法稍有變化。

一〇三 雨部

《説文》：“雨，水从雲下也。一象天，冂象雲，水霝其閒也。……𩅇，古文。”“雨”字構形，甲骨文作 ![字形]（合 20975）、![字形]（合 20980）、![字形]（合 20983）、![字形]（合 28180）、![字形]（合 12882）、![字形]（合 27958）、![字形]（合 27931），象從天上（以一橫示意）下雨點，演變過程中雨點與上部橫畫相連，或於橫畫上加裝飾短橫。金文作 ![字形]（子雨己鼎）、![字形]（亞夊雨鼎）、![字形]（子雨卣）、![字形]（好盗壺），陶文作 ![字形]（録 3.319.1）、![字形]（録 3.319.2），貨幣作 ![字形]（系 289），楚簡作 ![字形]（郭店《緇衣》）、![字形]（上博《蘭賦》）、![字形]（清華《筮法》）、![字形]（上博《柬大王》）、![字形]（清華《禱辭》）、![字形]（清華《四時》）、![字形]（帛書）、![字形]（郭店《五行》）、![字形]（清華《五紀》）、![字形]（清華《不韋》），秦簡作 ![字形]（雲夢《日書》乙）、![字形]（里耶 8-1786）、![字形]（嶽麓《占夢》）、![字形]（北大《日書》乙）、![字形]（北大《日書》

乙），一直没有變化。馬王堆帛書除作 （《老子》甲後）、（《天文》)外，也

作 （《老子》甲）、（《縱横》），中竪上穿連横畫，爲銀雀山漢簡作

（《孫子》），《説文》篆文作 ，石經作 （熹平石經《周易》）所本。《説文》古

文作 ，古文字未見。

　　1. 靁，（合 13406），（合 21021），（合 3947），（合 13408），

（合 13414），（合 13417），（合 19521），（合 24367），（合 24364），甲骨

文；（父乙靁），（雷觚），（陵方彝），（洛靁），（師旅

鼎），（洹子孟姜壺），（盠駒尊），（楚公逆鐘），金文；（温縣），

盟書；（彙 3694），古璽；（眘 11.2），陶文；（包山 175），（清

華《筮法》），（清華《金縢》），（安大《詩經》），（上博《凡物》甲），

（信陽），（清華《四時》），（清華《四時》），楚簡；（雲夢《日書》

乙），秦簡。形聲字。《説文》：“靁，陰陽薄動，靁雨生物者也。从雨，晶象回轉形。，古文靁。，古文靁。，籀文，靁閒有回，回，靁聲也。”分析構形有誤。字後省寫作“雷”。

　　“靁”字構形，甲骨文作“申”（“電”字象形初文）加菱形或圓（或省爲點），象天空閃電雷鳴形，後圓改爲兩個車輪，表示戰車經過時輾壓聲音與雷聲相似。本是象形兼會意字。金文構形从四車輪，西周中期已出現加“雨”旁之例，閃電雷鳴後常常大雨，故增“雨”旁，爲形聲字。戰國文字大都沿襲从“雨”、从四車輪的構形。楚簡省

“申”，四車輪或省作三車輪，或二車輪，最後省爲一車輪，且寫訛似“田”形。秦簡作三車輪，爲《說文》篆文作，漢印作（徵 11.16），漢簡作（《流沙》小學）所本。馬王堆帛書作（《天文》），武威漢簡作（《儀禮》），石經作（熹平石經《周易》）省爲一車輪。魏碑作（曹真碑），仍从四車輪構形。至於《說文》古文作、，籀文作，古文字皆未見。

楚簡“靁”字或作（上博《容成》）、（包山 85）、（清華《不韋》），增“土”爲繁構。

2. 雩，（合 3318），（合 11423），（合 8398），（合 9410），（合 9418），（合 16230），甲骨文；（守雩鼎），（雩爵），（克盉），（克罍），（麥方尊），（盂鼎），（善鼎），（瘋鐘），（禹鼎），（毛公鼎），（中山王鼎），金文；（彙 3043），（彙 1530），（彙 451），古璽；（新鄭·圖），（步黟堂 316），（録 8.78.1），（録 8.78.4），（録 8.78.5），陶文；（編 182），（系 290），貨幣；（上博《緇衣》），（清華《良臣》），（清華《封許》），（上博《鮑叔牙》），（清華《四告》），（清華《樂風》），（清華《樂風》），楚簡。形聲字。《說文》：“夏祭樂于赤帝，以祈甘雨也。从雨，于聲。，或从羽，雩，羽舞也。”

“雩”字構形，甲骨文从“雨”、从“于”聲。“于”字或作繁構形，即“竽”之象形初文，亦見商末及西周早期金文。金文構形後固定爲从省體 "于"，戰國文字相同，爲《説文》篆文作 ![img]，石經作 ![img]（熹平石經《春秋》）所本。《説文》 "雩" 字篆文或體作 ![img]，也見戰國金文作 ![img]（曾侯乙鐘）、![img]（曾侯乙鐘），刻石作 ![img]（曾侯石磬），楚簡作 ![img]（郭店《五行》）、![img]（包山 141），隸定作 "翠"，從用法看爲楚系文字 "羽" 字異體（雙聲字），《説文》當是誤以通假字作爲 "雩" 字或體。

另外，王國維曾指出，"雩" 爲古文 "粵" 字，《説文》分爲二字而失之（《甲骨文字集釋》3451 頁引）。古文字未見 "粵" 字，其説應該正確。

3. 需，![img]（孟簋），![img]（曾叔奐父盨），![img]（伯公父匜），金文；![img]（系 291），貨幣；![img]（上博《周易》），![img]（清華《金縢》），![img]（清華《琴舞》），![img]（清華《四時》），![img]（清華《四時》），![img]（清華《四時》），![img]（上博《容成》），楚簡；![img]（里耶 8-1361），秦簡。會意字。《説文》："需，𩓣也。遇雨不進止𩓣也。从雨，而聲。《易》曰：'雲上於天，需。'" 分析構形不確。本義指等待、等候。

"需" 字構形，金文从 "雨"、从 "天"。"天" 字本以突出人顛（頂）象形，故 "需" 會人遇雨不進等待之意（季旭昇《説文新證》）。由於楚簡 "天""而" 二字寫法相近易混，楚簡 "需" 字構形 "天" 旁或訛作 "而"，秦簡沿襲，爲《説文》篆文作 ![img]，漢碑作 ![img]（孔彪碑）所本。

4. 雲，![img]（合 11407），![img]（合 13387），![img]（屯 2105），![img]（合 21324），![img]（合 21021），![img]（合 13392），![img]（合 13399），![img]（合 13393），![img]（合 33273），甲骨文；![img]（姑發劍），金文；![img]（彙 4877），![img]（彙 4876），

（珍秦 121），古璽；![字形](録 6.391.2），![字形](録 6.388.2），![字形](陶 5.294），陶文；![字形](典 794），貨幣；![字形](郭店《緇衣》），![字形](上博《互先》），![字形](上博《君子》），![字形](清華《五紀》），![字形](清華《四時》），![字形](清華《禱辭》），![字形](清華《四時》），![字形](清華《四時》），![字形](安大《詩經》），楚簡；![字形](雲夢《日書》甲），![字形](雲夢《答問》），![字形](雲夢《爲吏》），秦簡。《説文》："雲，山川气也。从雨，云象雲回轉形。……![字形]，古文省雨。![字形]，亦古文雲。"

"雲"字構形，甲骨文象雲气回轉，爲《説文》古文作![字形]、![字形]所本，亦即"雲"字初文"云"，象形字。金文、戰國文字無變化，楚簡上部寫法作填實。戰國後期出現增"雨"旁之"雲"，以區別借爲言語之"云"，爲《説文》篆文作![字形]，漢印作![字形]（徵 11.17）、![字形]（徵 11.00），馬王堆帛書作![字形]（《老子》甲）、![字形]（《老子》乙前），銀雀山漢簡作![字形]（《孫臏》），石經作![字形]（熹平石經《周易》）所本。

一〇四 火部

　　《説文》："火，燬也，南方之行，炎而上。象形。""火"字構形，甲骨文作

（合 96）、（合 11503）、（合 17066）、（合 12488）、（合

20245）、（合 30158）、（合 21095）、（合 30319）、（合

28189）、（明藏 599）、（合 27317）、（合 30774），象火形。目前金文尚

未見單獨的"火"字。古璽作 （彙 3364），陶文作 （録 3.396.3），貨幣作

（系 3364），没有變化。楚簡作 （清華《司歲》）、（清華《不韋》）、

（郭店《唐虞》）、（上博《曹沫》）、（安大《曹沫》）、（清華《四

時》）、（上博《凡物》甲）、（清華《五紀》）、（清華《筮法》），上

增裝飾横畫。秦簡作 （雲夢《日書》乙）、（關沮）、（里耶 8-454），

爲《説文》篆文作 ，馬王堆帛書作 （《天文》），漢簡作 （銀雀山《孫

子》）所本。

需要注意的是，甲骨文不加點的“火”字構形易與“山”字相混。

1. 尞，（合 20204），（合 32302），（合 32357），（合 32647），（合 32674），（屯 4528），（合 32305），（合 14771），（甲 144），（合 10691），（合 28628），（周甲 4），甲骨文；（鼄伯皬簠），（保員簋），金文。形聲字。《説文》：“尞，柴祭天也。从火、从眘。眘，古文慎字，祭天所以慎也。”説解構形不確。

“尞”字構形，甲骨文从“木”，旁側加數點象火燒柴祭天形，象形字。後增“火”旁，爲形聲字。金文沿襲，爲《説文》篆文作所本。魏碑作（元丕碑），“火”旁隸作四點，後四點訛成“小”形，爲今楷作“尞”所本。

此外，《説文》又分化出“燎”字，云：“燎，放火也。从火，尞聲。”篆文作。“燎”字目前最早見馬王堆帛書作（《天文》），漢碑作（華山廟碑），實爲秦漢之際新出現的“尞”字繁體，分化後專用作“放火”之義。

2. 焚，（合 11008），（合 14735），（合 10680），（合 583），（合 584），（屯 2232），（合 10408），（合 10688），甲骨文；（多友鼎），（吳王光鐘），（吳王光鐘），（鄂君啓車節），金文；（上博《周易》），（清華《楚居》），（上博《鬼神》），（上博《用曰》），（仰天湖），（清華《五紀》），（安大《詩經》），（安大《詩經》），楚簡；（雲夢《日書》甲），秦簡。會意字。《説文》："樊，燒田也。从火、棥，棥亦聲。""焚"字《説文》訛作"樊"，段玉裁據《玉篇》《廣韻》訂正爲"从火、林"，字形改正爲"焚"。據古文字看甚確。

"焚"字構形，甲骨文从"火"、从"林"，或从"艸"，本義會用火焚燒叢林草萊以事田獵之意（魯實先《殷契新詮之三》）。這是古人狩獵方式之一，將叢林焚燒以驅趕野獸，然後捕殺。金文、秦簡構形皆从"林"。楚簡除从"林"外或从"艸"，源自甲骨文；或於"火"上加飾筆。《説文》篆文作，訛从"棥"。魏碑作（受禪表），則不誤。

3. 烄，（合 15681），（合 34480），（合 34484），（合 34489），（合 1138），（合 32295），（合 32289），（合 12842），（合 1121），（合 34486），（合 30169），（京津 3870），（合 30172），（合 29149），甲骨文。象形兼形聲字。《説文》："烄，交木然也。从火，交聲。"以後世字義説解。

"烄"字目前僅見甲骨文，構形从"火"、从"交"會意，"交"亦聲。"交"或作"文"，二字皆與人義有關。或从同義偏旁"炎"或"尞"既是異體，也可視作繁構。本義是將人牲（"交"）焚燒以祭享鬼神。《説文》篆文作，除改爲左右結構外，沒有變化。

甲骨文又有"熿"字，作（合 31829），構形从"火"、从"黃"會意。"黃"象突胸凸肚之尪。古代遇旱灾時常焚燒巫尪以求雨，所以有學者認爲上引甲骨文"烄"字也應釋作"熿"，爲"焚巫尪"之"焚"的專字（裘錫圭《説卜辭的焚巫尪與作土龍》）。其説雖有一定道理，尚有待進一步研究。

4. 然，（中山王鼎），金文；（郭店《老子》），（上博《采風》），

（清華《筮法》），（上博《凡物》甲），（清華《赤鵠》），（望山 M1），（清華《廼命》），（清華《禱辭》），（清華《司歲》），楚簡；（雲夢《效律》），（雲夢《秦律》），（里耶 8-883），秦簡。形聲字。《説文》："然，燒也。從火，肰聲。，或從艸、難。"

"然"字始見戰國文字，金文、楚簡構形皆從"火"、從"肰"聲。秦簡没有變化，爲《説文》篆文作所本。後因"然"借作虚詞，故又另造"燃"字代本義，與"燎"一樣，也是贅增"火"旁的繁構。

春秋金文又有"爇"字，作（者減鐘）、（者減鐘）、（者減鐘）、（者減鐘）。容庚指出："然，《汗簡》《淮南子》《漢書》均作'爇'。《説文》或從艸、難作蘿，非。"（《金文編》"然"字按語）二者可能爲異體關係。至於《説文》篆文或體作，古文字未見。

5. 熱，（彙 1978），（彙 5564），（彙 745），（彙 1228），（秦編），古璽；（郭店《六德》），（清華《筮法》），（帛書），楚簡；（雲夢《日書》乙），（雲夢《日書》甲），（里耶 8-1620），秦簡。形聲字。《説文》："熱，温也。從火，執聲。"

"熱"字始見戰國文字，古璽構形從"火"、從"日"聲，也可以視作會意兼形聲，夏天太陽像火燒一樣，即爲"熱"，隸定作"炅"。《説文》則另列字頭，謂："炅，見也。從火、日。"古璽或增"宀"爲繁構，楚簡構形亦同。秦印、秦簡改從"執"聲，爲《説文》篆文作，馬王堆帛書作（《足臂灸經》）所本。但馬王堆帛書仍有"熱"字作🔲、🔲，見《老子》甲本，對照今本寫作"熱"，可證。

"熱"字楚簡或作🔲（上博《柬大王》），從"炅"、從"欠"，隸定作"欻"，爲異體。又《説文》"燅"字古文作🔲，亦見楚簡作🔲（包山139），從"炅"、從"戈"，隸定作"烖"。頗疑也是"熱"字異體，《説文》誤將同義字入"燅"。

6. 黑，🔲（合20305），🔲（合10192），🔲（合10184），🔲（合25811），🔲（合30552），🔲（合29544），🔲（合29546），🔲（合29508），甲骨文；🔲（睘伯敢簋），🔲（鑄子叔黑臣簠），🔲（鑄子叔黑臣簠），金文；🔲（彙737），🔲（彙2842），🔲（彙3934），🔲（秦風183），🔲（秦風175），古璽；🔲（録4.16.1），🔲（録4.20.1），陶文；🔲（曾侯），🔲（清華《筮法》），楚簡；🔲（雲夢《封診》），🔲（雲夢《日書》乙），🔲（關沮），🔲（里耶8-871），秦簡。象形字。《説文》："黑，火所熏之色也。從炎上出囪。囪，古窗字。"分析構形不確。

"黑"字構形，甲骨文突出正面人臉，于思泊師認爲造字本義不明（《甲骨文釋林》）；唐蘭據金文認爲本象正面人形，而面部被墨刑（《陝西省岐山縣董家村新出土西周重要銅器銘辭的譯文和注釋》），可備一説。金文構形下部之"大"形加裝飾點繁化，爲戰國文字沿襲，下似"火"形，秦印、秦簡亦同。《説文》篆文作🔲，遂誤以爲從"炎上出囪"。馬王堆帛書作🔲（《縱橫》）、🔲（《老子》甲）、🔲（《天文》），漢印作🔲（徵10.9），石經作🔲（熹平石經《詩經》），構形漸變，上部訛似"里"，下部漸訛作"火"。

一〇五 日部

　　《説文》："日，實也，太陽之精不虧。从口、一，象形。……⊝，古文，象形。"

"日"字構形，甲骨文作 ⊙ （合 33694）、 ⊙ （合 27338）、 ⊖ （合 33908）、 □ （合 6648）、 □ （合 584）、 □ （合 5216），象太陽形。金文作 ⊙ （小臣俞尊）、 ⊙ （縣妃簋）、 □ （祖日戈）、 ⊖ （仲辛父簋）、 ⊙ （史牆盤）、 ⊙ （善夫克鼎）、 ⊖ （欒書缶）、 □ （鄂君啓舟節）、 □ （奵盍壺），刻石作 □ （石鼓《作邋》），古璽作 ⊖ （彙 293）、 □ （珍秦 373），楚簡作 ⊖ （清華《保訓》）、 ⊖ （郭店《語叢》三）、 ⊘ （上博《柬大王》）、 ⊘ （包山 62）、 ⊘ （清華《耆夜》）、 ⊘ （安大《仲尼》）、 ⊘ （安大《曹沫》）、 ⊘ （清華《禱辭》）、 ⊘ （清華《治政》）、 ⊘ （清華《五紀》）、 ⊘ （清華《不韋》），秦簡作 ⊖ （北大《日書》乙）、 ▣ （里耶 J1⑨7），沿襲

構形，“日”中之點漸成橫筆。秦刻石作 ▢（嶧山碑），爲《説文》篆文作 ▢，

馬王堆帛書作 ▢（《老子》甲），銀雀山漢簡作 ▢（《孫子》），石經作
（熹平石經《周易》）所本。

從“日”旁的字大多表示時間概念。

1. 旦，▢（合 21025），▢（合 1074），▢（合 34071），▢（合 29776），▢
（合 27446），▢（屯 60），▢（合 29773），▢（合 29774），▢（合 26897），甲骨
文；▢（吳方彝），▢（大克鼎），▢（諫簋），▢（師晨鼎），▢（頌鼎），
▢（詢簋），▢（休盤），▢（揚簋），▢（晉侯穌鐘），金文；▢（彙 1732），
▢（珍戰 110），▢（彙 5583），▢（彙 409），古璽；▢（陶 3.370），▢（齊
陶 674），▢（録 2.320.1），陶文；▢（包山 135），▢（清華《四時》），
▢（清華《四時》），▢（清華《四時》），▢（上博《三德》），▢（上博
《成王》），▢（上博《姑成》），▢（清華《耆夜》），▢（清華《説命》），楚
簡；▢（雲夢《答問》），▢（雲夢《秦律》），▢（里耶 J1⑨ 981），
▢（里耶 8-805），▢（嶽麓叁 94），秦簡。象形字。《説文》：“旦，明也。
從日見一上。一，地也。”

“旦”字構形，“象日初出，未離於土也”（容庚《金文編》“旦”下注），西周金
文甚爲象形，而甲骨文因填實較難刻而改爲虛框。古璽、楚簡仍保留西周金文構形。陶

文、秦簡則作“日”下一横，源自西周晚期金文（晉侯穌鐘），爲《説文》篆文作

旦，漢碑作 旦（校官碑）所本。但漢簡作 旦（銀雀山《孫臏》）、旦（居延甲19）、旦（定縣）、旦（武威《儀禮》），仍存先秦“旦”字構形遺迹。

　　2. 昏，昏（合29092），昏（合29328），昏（合29795），昏（合29794），甲骨文；昏（柞伯鼎），金文；昏（陶4.122），陶文；昏（清華《三壽》），昏（郭店《老子》乙），昏（安大《仲尼》），昏（郭店《唐虞》），昏（上博《彭祖》），昏（上博《命》），昏（清華《四時》），昏（清華《五紀》），昏（郭店《魯穆》），昏（上博《莊王》），楚簡；昏（雲夢《日書》乙），昏（關沮），秦簡。會意字。《説文》：“昏，日冥也。从日，氐省。氐者，下也。一曰民聲。”本義指夜晚，引申爲昏暗義。

　　“昏”字構形，甲骨文、金文从“日”、从“氐”，本是會意字。楚簡“日”旁或加飾筆似“田”。秦簡“氐”旁漸訛成“民”，爲馬王堆帛書作 昏（《老子》甲）、昏（《老子》乙前），武威漢簡作 昏（醫簡），石經作 昏（熹平石經《詩經》）所本，《説文》遂謂“一曰民聲”。但《説文》篆文作 昏，仍从“氐”。

　　3. 昔，昔（合16930），昔（甲2913），昔（合1111），昔（花東938），昔（合14229），昔（合137），昔（合302），昔（合36317），昔（明藏785），甲骨文；昔（何尊），昔（史昔鼎），昔（曶鼎），昔（克鼎），昔（師克盨），

[字形] （師詢簋），[字形]（奻盜壺），[字形]（中山王鼎），[字形]（梁令戟刺），金文；[字形]（詛楚文《亞駝》），刻石；[字形]（吉大 12），古璽；[字形]（清華《保訓》），[字形]（清華《皇門》），[字形]（上博《吳命》），[字形]（安大《曹沫》），[字形]（清華《治政》），[字形]（清華《不韋》），[字形]（上博《子羔》），[字形]（上博《昔者》），[字形]（郭店《成之》），[字形]（上博《鬼神》），[字形]（上博《競建》），[字形]（清華《繫年》），[字形]（清華《五紀》），[字形]（安大《曹沫》），[字形]（安大《曹沫》），[字形]（清華《廼命》），楚簡；[字形]（雲夢《日書》乙），秦簡。會意字。《説文》："昔，乾肉也。從殘肉，日以晞之，與俎同意。[字形]，籀文從肉。"以通假字"臘"説解，分析構形不確。

"昔"字構形，甲骨文從"日"、從"巛"，葉玉森指出："古人殆不忘洪水之災，故製昔字取誼於洪水之日。"（《説契》）以"洪荒之日"（揚子《法言》）會往昔、從前意。金文、戰國文字構形同，戰國金文、楚簡"日"旁或加飾筆似"田"。秦刻石作[字形]（嶧山碑），爲《説文》篆文作[字形]，馬王堆帛書作[字形]（《老子》甲）所本，其所從"巛"旁已有寫訛，石經作[字形]（熹平石經《周易》），訛變更甚。

《説文》"昔"字籀文作[字形]，見陶文作[字形]（録 2.393.4）、秦簡作[字形]（雲夢《日書》甲），實即"臘"字異體"腊"，與"昔"爲通假關係。

4. 時，[字形]（邵大叔斧），[字形]（中山王壺），金文；[字形]（石鼓《車攻》），刻石；[字形]（彙 4343），[字形]（秦風 172），古璽；[字形]（陶 3.797），陶文；[字形]（郭店《窮

達》），⬚（上博《三德》），⬚（安大《曹沫》），⬚（清華《程寤》），⬚

（上博《曹沫》），⬚（清華《治政》），⬚（清華《治政》），⬚（清華《五紀》），

⬚（清華《畏天》），⬚（郭店《五行》），⬚（上博《容成》），⬚（上博《慎

子》），⬚（清華《湯丘》），⬚（清華《四時》），⬚（上博《容成》），楚簡；⬚

（青川牘），⬚（北大《日書》乙），⬚（雲夢《秦律》），⬚（北大《白

囊》），秦簡。形聲字。《説文》：“時，四時也。从日，寺聲。⬚，古文時，从之、日。”

“時”字始見戰國文字，金文、古璽構形从“日”、从“之”聲，即《説文》古文

作⬚所本。楚簡或从“寺”聲，秦文字同，作左右結構。秦刻石作⬚（嶧山碑），

爲《説文》篆文作⬚，漢石磐作⬚（四時嘉至磬），漢印作⬚（徵 7.1），馬王堆

帛書作⬚（《老子》甲）、⬚（《老子》乙前），石經作⬚（熹平石經《周易》）

所本。

　　5. 晉，⬚（合 19568），甲骨文；⬚（豐卣），⬚（晉人簋），⬚（晉姬簋），

⬚（晉侯槷馬壺），⬚（晉侯喜父盤），⬚（晉侯斷簋），⬚（晉侯尊），⬚（晉

公盨），⬚（𩵦羌鐘），⬚（鄂君啓舟節），⬚（曾侯乙鐘），⬚（大府鎬），金文；

⬚（侯馬），⬚（侯馬），盟書；⬚（陶 6.60），⬚（陶 3.698），⬚（秦陶

1229），陶文；⬚（系 906），⬚（系 905），貨幣；⬚（秦集二三 14.2），古璽；

⬚（曾侯），⬚（郭店《緇衣》），⬚（望山 M2），⬚（清華《繫年》），⬚

（新蔡乙四 134）， （上博《陳公》）， （郭店《緇衣》）， （上博《競公》）， （清華《治政》）， （清華《五紀》），楚簡； （關沮）， （嶽麓叁 166），秦簡。會意字。《説文》："晉，進也。日出萬物進，從日、從臸。《易》曰：'明出地上晉。'"

"晉"字構形，甲骨文從"日"、從二倒寫"矢"，會日光如矢疾進意。金文、戰國文字同，楚簡"矢"旁或作省形。秦簡二"矢"加下橫作"臸"，爲《説文》篆文作 ，漢印作 （徵 7.00）所本。漢簡作 （銀雀山《孫子》）、 （武威《儀禮》），漢碑作 （張遷碑），石經作 （熹平石經《春秋》），"臸"旁省訛後作"晉"，遂成後世固定寫法。

6. 量， （合 18507）， （合 19822）， （合 22093）， （合 22094），甲骨文； （大師虘簋）， （量侯簋）， （克鼎）， （大梁司寇鼎），金文； （古文字研究 24）， （録 6.471.2），陶文； （上博《競公》）， （清華《治政》）， （包山 53）， （上博《容成》）， （清華《程寤》）， （上博《建州》甲）， （清華《治政》）， （清華《五紀》）， （清華《五紀》）， （清華《不韋》），楚簡； （雲夢《爲吏》）， （雲夢《答問》），秦簡。會意字。《説文》："量，稱輕重也。從重省，曏省聲。 ，古文量。"分析構形不確。

"量"字構形，甲骨文從"日"、從"東"會意，造字本義不明。金文從之，或下加橫畫，漸訛成"土"，爲戰國文字沿襲。楚簡"日"旁中部皆無點，源自甲骨文，爲《説文》古文作 所本。秦簡從"日"，亦見秦量作 （兩詔橢量），爲《説文》篆文作，馬王堆帛書作 （《事語》），銀雀山漢簡作 （《孫子》）所本。武威漢簡作 （《儀禮》），西漢刻石作 （楊量買山記），魏碑作 （封孔羨碑），下部訛從“童”；東漢金文作 （光和斛），則訛從“章”，皆是書手致誤。

7. 曐， （合 16124）， （合 9615）， （合 1413）， （合 6063）， （合 5444）， （合 11504）， （合 29696）， （合 11505）， （合 11501）， （合 11494）， （合 11489）， （合 11502），甲骨文； （禁伯簋）， （王立事鈹），金文； （彙 2745）， （類編 175），古璽； （安大《詩經》）， （安大《詩經》）， （上博《仲弓》）， （帛書）， （清華《四時》）， （安大《詩經》）， （上博《競平王》）， （清華《芮良夫》）， （清華《三壽》）， （清華《禱辭》）， （清華《四時》）， （清華《五紀》）， （清華《不韋》），楚簡； （雲夢《日書》乙）， （北大《日書》乙）， （北大《日書》乙）， （關沮），秦簡。形聲字。《説文》：“曐，萬物之精，上爲列星。從晶，生聲。一曰象形，從口，古口復注中，故與日同。 ，古文星。 ，曐或省。”

“曐”字構形，甲骨文本作“晶”，或三星、或四星，象衆星之形。後增聲旁“生”，爲形聲字，遂與“晶”字分化爲二。金文構形固定爲三星，戰國文字沿襲，爲《説文》篆文作 、古文作 所本。楚簡或省爲一星，秦簡同，爲《説文》篆文或

體作 ![字形], 馬王堆帛書作 ![字形] (《老子》乙前)、![字形] (《縱橫》), 漢碑作 ![字形] (華山廟碑)、![字形] (鮮于璜碑) 所本, 遂成固定寫法。

需要指出, 楚簡 "參" 字省形作 ![字形] (上博《命》)、![字形] (包山 13)、![字形] (安大《詩經》), 讀爲 "三", 或作 ![字形] (清華《繫年》)、![字形] (上博《周易》)、![字形] (安大《詩經》)、![字形] (安大《詩經》), 與 "疊" 字初文 "晶" 爲一形二字。

一〇六 月部

　　《説文》："月，闕也，大陰之精，象形。""月"字構形，甲骨文象半月形，早期作 ⏺（合 137）、⏺（合 19785）、⏺（合 11500）、⏺（合 11501），晚期作 ⏺（合 37840）、⏺（合 37743）、⏺（合 37887）、⏺（補 11468）。具體區別，甲骨文早期没加點的字形爲"月"，有加點的字形爲"夕"，晚期則相反。中間有一階段，"月"與"夕"字構形混用無別。因爲在表示時間概念時，"月""夕"二字皆有"夜"義，且由一形分化，故可以通用。金文承襲甲骨文晚期構形作 ⏺（弔其卣）、⏺（宰梂角）、⏺（保卣）、⏺（師㝨簋）、⏺（散氏盤）、⏺（虢季子白盤）、⏺（陳子匜）、⏺（鄹子簠）、⏺（邾公華鐘）、⏺（左師壺）。刻石作 ⏺（秦公石磬），古璽作 ⏺（彙 2866），陶文作 ⏺（録 4.1.1）、⏺（録 2.31.3），楚簡作 ⏺（清華《耆夜》）、⏺（清華《程寤》）、⏺（清華《嗇門》）、⏺（清華《四時》）、⏺（清華《行稱》）、⏺（清華《筮法》）、⏺ 安大（《詩經》），没有變化。秦簡作 🔲（雲夢《日書》乙）、🔲（北大《醫方》）、🔲（里耶 8-179），爲《説文》篆文作 🔲，馬王堆帛書作 🔲（《天文》），銀雀山漢簡作 🔲（《孫子》），石經作 🔲（熹平石經《周易》）所本。

1. 朔，🔲（公朱左𠂤鼎），🔲（梁十九年鼎），金文；🔲（温縣），盟書；🔲（彙3558），🔲（鴨雄46），🔲（秦風190），古璽；🔲（録3.230.3），🔲（齊陶13），🔲（齊陶14），陶文；🔲（包山63），🔲（包山63），🔲（清華《楚居》），🔲（安大《詩經》），🔲（安大《詩經》），🔲（清華《成人》），🔲（清華《成人》），楚簡；🔲（雲夢《爲吏》），🔲（雲夢《日書》乙），🔲（里耶8-673），秦簡。形聲字。《説文》："朔，月一日始蘇也。从月，屰聲。"以月相計時，農曆每月初一爲"朔"、十五爲"望"。

"朔"字始見戰國文字，構形从"月"、从"屰"聲，除齊陶文作上下結構外，皆無變化。秦簡同，爲《説文》篆文作 🔲，馬王堆帛書作 🔲（《老子》甲後），漢金文作 🔲（建昭雁足鐙）、🔲（新承水槃），武威漢簡作 🔲（《儀禮》），石經作 🔲（《春秋》）所本。

2. 望，🔲（合6182），🔲（合547），🔲（合28091），🔲（合5907），🔲（合補1884），🔲（屯751），🔲（合6185），🔲（合32968），🔲（合補10484），🔲（合35661），甲骨文；🔲（保卣），🔲（折觥），🔲（臣辰盉），🔲（昌鼎），🔲（望

爵），（威方鼎），（禹鼎），（盉駒尊），（師望鼎），（麓伯簋），（休盤），（無叀鼎），金文；（秦風168），（秦集二四36.4），古璽；（吳命），（上博《三德》），（上博《詩論》），（上博《用曰》），（郭店《語叢》一），楚簡；（雲夢《日書》乙），（嶽麓《質》三），（嶽麓《質》三），（雲夢《日書》甲），秦簡。《説文·壬部》：“望，月滿，與日相望，以朝君也。从月、从臣、从壬。壬，朝廷也。，古文望省。”又，《説文·亡部》：“望，出亡在外，望其還也。从亡，望省聲。”“望”“望”本一字，《説文》誤分爲二，説解構形及字義也不正確。

“望”字構形，甲骨文象人站立着仰望，以“臣”（豎目象形字）突出人的眼睛，下部或增横畫成“壬”，象形字。西周金文構形，早期同甲骨文，後增“月”，表“朔望”義，象形兼會意字；中期金文“臣”形或聲化爲“亡”，爲形聲字。楚簡構形从“亡”，秦文字構形从“臣”。《説文》則分爲二字，篆文分別作、。漢印作（徵8.12）、（徵8.12），馬王堆帛書作（《老子》甲後）、（《老子》乙），銀雀山漢簡作（《孫臏》），漢碑作（史晨碑），皆从“臣”。

楚簡“望”字異體較多，或作（上博《季庚》），增同義偏旁“見（視）”；或作（上博《踐阼》）、（上博《踐阼》）、（郭店《緇衣》）、（清華《程寤》），省“月”增“見”，隸定作“睦”；或再省“壬”作（上博《競公》）；或作（郭店《窮達》）、（郭店《語叢》一），隸定作“室”，又加飾筆作

（上博《緇衣》）。至於《説文》古文作 ，從“臣”、省寫“月”旁，戰國文字未見，但也不排除源自甲骨文。這些異體秦統一文字後皆遭淘汰。

3. 霸，（屯 873），（合 37848，右殘），甲骨文；（令簋），（周乎簋），（兩簋），（作册大鼎），（大簋），（揚簋），（豐尊），（免簋），（頌鼎），（鄭虢仲簋），（遹簋），（師奎父簋），金文；（璽考 91），（秦編），古璽；（清華《程寤》），楚簡。形聲字。《説文》：“霸，月始生霸然也，承大月二日，小月三日。從月，䨣聲。……，古文霸。”分析構形有誤。本義指月初月亮始見光，典籍作“魄”，同音（異體）字。

“霸”字構形，甲骨文從“革”、從“月”，或增“雨”，會意字，造字本義不詳。或以爲從“月”“革”可能會月光盈虧變革之意（季旭昇《説文新證》），可備一説。西周金文“革”字寫法較多，或改從“帛”聲。楚簡構形從“月”、從“白”聲，爲異體字。古璽（秦印）無變化，爲《説文》篆文作 ，馬王堆帛書作 （《天文》），漢簡作 （《蒼頡》)所本。

“霸”字馬王堆帛書或作 （《老子》乙）、（《縱橫》），“雨”下作“勒”或“朔”；漢印或作 （徵 7.6），“雨”旁訛作“西”，亦見晉石尠墓志作 。此皆爲書手原因而致誤。

4. 朙，（合 11708），（合 21037），（合 8104），（合 16057），（合 11497），（合 2223），（合 14），（合 19607），甲骨文；

（明亞乙鼎），（夨方彝），（明公簋），（史牆盤），（明我壺），

（師觥鼎），（秦公簋），（晉姜鼎），（沇兒鐘），（䲹羌鐘），

（中山王鼎），（商鞅方升），金文；（侯馬），（侯馬），（侯

馬），盟書；（集粹221），（彙4376），（彙4394），（彙4403），

（彙5617），（彙5609），（彙5082），（彙4399），古璽；（録

2.31.4），（録6.373.1），陶文；（錢典552），（貨2912），（考

古73.1），（齊幣419），貨幣；（清華《皇門》），（清華《命訓》），

（上博《顏淵》），（上博《亙先》），（安大《曹沫》），（清華

《四告》），（上博《三德》），楚簡；（雲夢《爲吏》），（關沮），

（里耶8-1562），秦簡。會意字。《説文》："朙，照也。从月，从囧。……，古文朙，从日。"本義爲月光明亮，引申爲一切明亮。

　　"朙"字構形，甲骨文从"月"、从"囧"。"囧"爲窗户象形，或以"田"形表窗户，月光透過窗户進入屋中，即爲"明"。甲骨文已出現从"月"、从"日"的"明"字，或以爲是表早晨天明之"明"，"日月相合以會明意"（商承祚《説文中之古文考》）。"明"與"朙"字造字思路雖有區別，但實爲異體無疑。"朙"字構形，西周金文皆从"囧"作"朙"；戰國金文、古璽、陶文、貨幣皆从"日"作"明"；而侯馬盟書、楚簡則从"月"、从"目"會意，隸定作"明"，眼明亦是"明"，其也是"朙"字異體。秦簡構形雖也从"目"作"明"，實爲出土於楚國故地而受其影響之故，而秦金文、秦陶文構形仍从"囧"作"朙"，秦刻石作（嶧山碑），爲《説文》篆文作

所本。《説文》古文作▢，則源於戰國非楚系文字。而馬王堆帛書作▢（《老子》甲後）、▢（《老子》乙前），漢碑作▢（石門頌）、石經作▢（熹平石經《周易》），仍從“目”，源於楚簡。

5. 夙，▢（合 21189），▢（合 21386），▢（合 9804），▢（屯 371），▢（合 15357），▢（合 27915），▢（合 20346），▢（合 26897），▢（合 30954），甲骨文；▢（盂鼎），▢（效卣），▢（啓卣），▢（史牆盤），▢（師虎鼎），▢（伯康簋），▢（毛公鼎），▢（晉侯穌鐘），▢（帝伯簋），▢（秦公鎛），▢（吳王光鐘），▢（中山王鼎），金文；▢（清華《迺命》），▢（上博《季庚》），▢（天星觀），▢（清華《四告》），楚簡；▢（雲夢《爲吏》），▢（雲夢《日書》甲），▢（雲夢《日書》甲），秦簡。會意字。《説文》：“夙，早敬也。從丮。持事雖夕不休，早敬者也。▢，古文夙，從人、囟。▢，亦古文夙，從人、丙。宿從此。”

“夙”字構形，甲骨文從“月”、從“丮”會意，“象人執事於月下，侵月而起，故其誼爲早”（胡光煒《説文古文考》）。金文、楚簡“丮”下或加“夂”（倒寫“止”）旁。楚簡或增“心”旁爲繁構（或以爲“心”即“夂”書寫訛誤），“丮”旁或作省形。秦簡仍從“月”、從“丮”。由於“夕”字本由“月”字分化，故《説文》篆文作▢、漢印作▢（徵補 7.2），從“夕”。《説文》古文作▢、▢二形，實爲“宿”字初文，會意字，源自甲骨文，楚簡作▢（安大《詩經》）、▢（安大《詩經》）、（清華《四時》），或作（上博《民之》），從“辵”、從“宿”省聲。楚簡或用爲“夙”，二字實爲同音通假關係，《説文》誤以爲異體。

又，“夙”字後世寫作“夙”，始見漢碑作（史晨碑），源自秦簡或將“夗”旁寫於“月”旁上方之故。

6. 夜，（周甲 56），甲骨文；（效尊），（啓卣），（史牆盤），（叔噩父鼎），（師酉簋），（克鼎），（中山王鼎），（坪夜君鼎），（元年圩令戈），（上皋落戈），（舒盗壺），金文；（彙 2947），（彙 2946），（彙 102），（璽考 175），（秦風 115），古璽；（上博《亙先》），（包山 168），（曾侯），（清華《楚居》），（安大《詩經》），（清華《廼命》），（清華《四告》），（郭店《老子》甲），（清華《耆夜》），（包山 113），（清華《𡧀門》），（安大《詩經》），（包山 194），楚簡；（雲夢《爲吏》），（雲夢《10.4》），（里耶 8-1253），（里耶 8-145），秦簡。形聲字。《説文》：“夜，舍也。天下休舍也。從夕，亦省聲。”

“夜”字構形，甲骨文、金文從“夕”、從“亦”聲，作左右結構時“夕”旁占用“亦”旁其中一點的位置，《説文》遂以爲“亦省聲”。然而楚簡作上下結構時“亦”旁并没有省去一點。金文、楚簡構形或從“月”旁，因“夕”“月”本一字分化，同時皆可表晚上義，故可互作。秦簡、秦印從“夕”旁，秦刻石作（泰山刻石），爲

《説文》篆文作 ，馬王堆帛書作 （《老子》乙前），銀雀山漢簡作 （《孫子》），漢碑作 （史晨碑）所本。

另外，戰國金文“夜”字異體構形作從“夕”、從“火”（姧盗壺），“火”當是“亦”旁省寫（參坪夜君鼎“夜”字寫法可以看出）。或以爲是會夜以火照明之意，可備一説。

7. 夢，（卯簋），金文；（日本 22），古璽；（録 2.12.3），陶文；（帛書），（上博《互先》），（清華《説命》中），（清華《程寤》），（上博《柬大王》），（上博《柬大王》），楚簡；（嶽麓《占夢》），（嶽麓《占夢》），（雲夢《日書》乙），（雲夢《日書》乙），秦簡。形聲字。《説文》：“夢，不明也。從夕，瞢省聲。”分析構形有誤。本義爲做夢，“不明”則爲引申義。

“夢”字構形，金文從“夕”、從“莧”聲，古璽、陶文及楚簡同，秦簡改從同義偏旁“月”。馬王堆帛書作 （《老子》乙前）、（《縱横》），“莧”旁寫法同秦簡，但構形從“夕”。《説文》篆文作 ，漢印作 （徴 7.7），仍從“夕”，“莧”旁寫法亦同楚簡。

一○七 金部

　　《説文》："金，五色金也。黄爲之長，久薶不生衣，百鍊不輕，从革不違。西方之行，生於土，从土，左右注象金在土中形，今聲。……金，古文金。"分析構形不確。中國古代用"金"表示銅一類的金屬，非現在意義所理解的黄金。商代有着相當發達的青銅冶鑄業，但甲骨文中至今没有發現單獨的"金"字，从"金"旁之字僅一見，作 （合 36984），用指馬的顏色，隸定作"鎷"。"金"字構形，金文作 （利簋）、（麥鼎）、（臣卿簋）、（录簋）、（同卣）、（師同鼎）、（毛公鼎），从"全"，象鑄器之陶範型腔，上連澆鑄口；旁側二橢圓點 象銅料餅，即"吕"字填實，獨體作 （彭尊）、（效父簋）。象形兼會意字。在文字演變發展中，同時也爲追求字形的對稱美觀，寫作 （矢方尊）、（史頌簋）、（師寰簋）、（邕子甗）、（中子化盤）、（夫差鑑）、（陳侯午錞）、（中山王壺）、（鄂君啓舟節），古璽作 （彙 363）、（彙 3346）、（彙 4481）、（珍秦 381）、（珍展 187），没有變化。楚簡作 （清華《金縢》）、

（清華《筮法》）、⬚（清華《治政》）、⬚（清華《四告》）、⬚（清華《五紀》）、⬚（上博《周易》）、⬚（包山 149）、⬚（郭店《性自》）、⬚（包山 118），寫法則頗有地域特色。秦簡作⬚（里耶 8-1776）、⬚（雲夢《秦律》）、⬚（雲夢《日書》乙）、⬚（北大《泰原》）、⬚（里耶 J1⑨1）、⬚（里耶8-454），爲《説文》篆文作⬚、馬王堆帛書作⬚（《老子》甲後）、銀雀山漢簡作⬚（《孫臏》）所本。

1. 鑄，⬚（英 2567），⬚（合 29687），甲骨文；⬚（大保簋），⬚（作册大鼎），⬚（王鑄觶），⬚（筍伯盨），⬚（中般父簋），⬚（楚嬴匜），⬚（國差𦉢），⬚（秦公鼎），⬚（周乎卣），⬚（守簋），⬚（庚午簋），⬚（取虘盤），⬚（叔皮父簋），⬚（旅虎簋），⬚（余卑盤），⬚（榮伯鬲），⬚（哀成叔鼎），⬚（十一年𢘑鼎），⬚（師同鼎），⬚（虢叔盨），⬚（余邁鐘），⬚（𣄰鐘），⬚（夫差盉），⬚（鄂君啓車節），⬚（畬忎鼎），⬚（耳公劍），⬚（蔡戈），⬚（郾客銅量），⬚（中山王壺），⬚（上官鼎），金文；⬚（侯馬），盟書；⬚（彙3760），⬚（彙1257），⬚（彙1252），⬚（彙161），古璽；⬚（系232），⬚（三晉117），貨幣；⬚（包山18），楚簡；⬚（雲夢《封診》），⬚（雲夢《日書》甲），⬚（里耶8-454），秦簡。形聲字。《説文》：“鑄，銷金也。从金，壽聲。”冶銷銅料以鑄器。

　　“鑄”字構形，甲骨文从“臼”，象雙手（或增人形爲繁構）持鉗鍋往陶器範（“皿”）中澆銅液鑄器，中从“火”，象形字。西周金文承之，或加形旁“金”；或加聲旁“己”，或再增“口”飾作“鼍”，而省“火”旁。西周晚期、春秋金文甚至省作从“金”、从“鼍”聲，爲形聲字。戰國文字構形大都仍从“臼”、从“火”、从“皿”會意，三晉金文或从“金”、从“寸”聲。秦簡从“金”、从“火”、从“己”聲。《説文》篆文作 ，漢印作 （徵 14.1）、（徵 14.1），漢金文作 （駘蕩宮壺），漢簡作 （《蒼頡》），从“金”、从“壽”聲，遂成爲後世固定寫法。

　　從象形字省略一部分形旁而附加聲旁，再換一個一般性通用形旁“金”，“鑄”字的構形情況是古文演變發展模式的一個很好例子。

　　2. 鐘，（南宮乎鐘），（柞鐘），（多友鼎），（井人妄鐘），（師㝨簋），（默鐘），（克鼎），（魯遼鐘），（秦公鎛），（子璋鐘），（王孫鐘），（曾侯乙鐘），（盧鐘），（分仲鐘），（楚公鐘），（邾公牼鐘），（邾公華鐘），（邵黛鐘），（驫羌鐘），（韓鍾劍），（左鍾尹銅器），（筥平鐘），（戎生鐘），金文；（秦集二一 9.1），（港續 66），古璽；（曾侯石磬），刻石；（上博《詩論》），（包山 170），（新蔡甲三 267），（安大《曹沫》），（安大《詩經》），（天星觀），（信陽），（曾侯），（包山 262），楚簡；（雲夢《秦律》），秦簡。形聲字。《説文》：“鐘，樂鐘也。秋分之音，物穜成。從金，童聲。古者垂作鐘。鏞，鐘或从甬。”《説文》：“鍾，酒器也。從金，重聲。”“鐘”爲樂器名，與“鍾”本一字分化，古文字通用無別，秦漢之際二字用法有別，“鍾”字或專指酒器，《説文》遂作爲二字而分列。

“鐘”字構形，金文從“金”、從“童”聲。“童”字構形本從“辛”、從“目”、從“東”聲，省去“東”後“目”下作“壬”，省訛後作“童”。而“鍾”字西周晚期始見，主要流行於春秋戰國時期，是由西周金文“鐘”字省“目”旁分出，構形從“金”、從“重”聲，或省從“東”聲。西周兮仲鐘及戰國邵黛鐘，同組器銘文“鐘”“鍾”二字互見，便是很好的例證。“鐘”字楚簡、秦簡構形從“童”，楚簡或從“甬”聲，爲《説文》篆文或體作 所本。《説文》篆文則分別作 、 二形。馬王堆帛書 （《老子》甲後）、（《事語》）二形（字）并見，但用法已有區別。

3. 鐸，（□外卒鐸），（中山王鼎），（崀𠂤君鼎），（曾侯乙鐘），（曾侯乙鐘），（自鐸），（郙子伯鐸），金文；（彙 3666），古璽；（上博《陳公》），（上博《莊王》），（上博《莊王》），楚簡；（雲夢《日書》甲），秦簡。形聲字。《説文》：“鐸，大鈴也。《軍法》：‘五人爲伍，五伍爲兩。兩司馬執鐸。’從金，睪聲。”

“鐸”字構形，金文從“金”、從“睪”聲，或從“擇”聲，或從“臭”聲。“擇”從“睪”聲，而“睪”“臭”聲同，故可互作。古璽或增“攵”爲繁構。楚簡從“金”、從“臭”。秦簡從“睪”，爲《説文》篆文作 ，漢印作 （徵 14. 3）所本。

4. 鐈，（多友鼎），（伯公父簠），（伯公父簠），（曾伯陭壺），（鄧伯父鼎），（鄧伯父鼎），金文。形聲字。《説文》：“鐈，似鼎而長足。从金，喬聲。”

　　“鐈”字構形，从“金”、从“喬”聲，西周晚期金文用作鑄器銅料專名。春秋金文曾伯陭簠亦同，但鄧伯父鼎則用作器名，此即《説文》所訓長足鼎名來源，故或增器之通用偏旁“皿”。所从“喬”字構形本从“高”、从“又”聲，《説文》“鐈”字篆文作，“喬”旁已有訛誤。

　　5. 劍，（師同鼎），（吳季子之子逞劍），（虞公劍），（攻敔王光劍），（攻敔王光劍），（越王句踐劍），（郊㪺尹鉦），（鵙公劍），（韓鍾劍），（富奠劍），（耳公劍），（郾王職劍），金文；（包山18），（仰天湖），（清華《筮法》），（新蔡乙四56），（新蔡零480），楚簡；（雲夢《答問》），（里耶8-519），秦簡。形聲字。《説文》：“劍，人所帶兵也。从刃，僉聲。，籀文劍，从刀。”

　　“劍”字構形，金文从“金”、从“僉”聲。春秋金文或於“僉”下增“口”飾，“口”中或加飾筆似“曰”，楚簡亦同樣增“曰”飾。戰國金文“僉”旁或作省形。秦簡改爲从“刀”、从“僉”聲，爲《説文》籀文作，馬王堆帛書作（《老子》乙）、（《相馬》）所本。《説文》篆文作，也見漢簡作（居延甲60）、石經作（熹平石經《公羊》），从“刀”。作“劍”當爲漢代始出現的寫法。

一〇八 示部

　　《説文》："示，天垂象，見吉凶，所以示人也。从二；三垂，日、月、星也。觀乎天文以察時變，示，神事也。……〢，古文示。" "示" 字構形，甲骨文作 （合 22062）、 （合 22124）、 （合 22072）、 （合 21405）、 （合 8996）、 （合 27087），綫條化後作 （合 7668）、 （合 14885）、 （合 35487），左右或加飾筆作 （合 27306）、 （合 27412）、 （合 36514）、 （合 37462），象神主即祖宗牌位之形。陳夢家指出："武丁卜辭示壬、示癸作，武丁以後作，即主字所从來。漢金文作，中間加一横畫，則爲文字發展常例。卜辭的示應該是石主的象形。"（《甲骨文字集釋》引）商代金文（族氏銘文）作 （丁示觚）、 （亞干示觚）、（亞示作父己觶），西周金文作 （中幾父壺），仍保持不加飾筆的構形。古璽作（珍秦 33），陶文作 （秦陶 426）、 （秦陶 1087）、 （録 6.273.6），貨幣作（系 351）、 （系 305）、 （貨編 47），楚簡作 （上博《顔淵》）、

（清華《皇門》）、（天星觀）、（清華《治政》）、（清華《五紀》）、（清華《成人》），没有變化。爲《説文》篆文作，銀雀山漢簡作（《孫臏》），漢碑作（張遷碑）所本。《説文》古文作，源自戰國文字“示”字上部不加横飾的構形。

1. 祭，（合 6964），（合 1051），（合 23076），（乙 6432），（合 15887），（合 22811），（合 32544），（合 36509），甲骨文；（吕壺），（史喜鼎），（邾公華鐘），（欒書缶），（邾王義楚耑），（筥侯簋），（陳侯午錞），（中山王壺）；金文；（秦編），古璽；（陶 3.843），（陶 3.838），（陶 3.842），（睿 1.1），陶文；（清華《逪命》），（包山 225），（清華《楚居》），（上博《柬大王》），（清華《五紀》），（上博《競公》），（望山 M1），（上博《君人》乙），（清華《不韋》），楚簡；（雲夢《日書》乙），（嶽麓《爲吏》），（北大《泰原》），秦簡。會意字。《説文》：“祭，祭祀也。从示，以手持肉。”

“祭”字構形，甲骨文从“又”、从“肉”，會以手持肉祭神主之意，金文增“示”旁，意思更加明確。春秋金文所从“又”旁或改从義近偏旁“攵”，表動作義，楚簡、秦簡同，爲馬王堆帛書作（《縱横》），漢印作（徵 1.3）所本。《説文》篆文

作 🔲，武威漢簡作 祭 （《儀禮》），石經作 祭 （熹平石經《公羊》），仍从“又”。

2. 神，🔲（齊家村骨），甲骨文；🔲（伯威簋），🔲（㝬鐘），🔲（㝬簋），金文；🔲（寧簋），🔲（㝬鐘），🔲（獄簋），🔲（任鼎），🔲（陳肪簋），金文；🔲（詛楚文《巫咸》），🔲（秦駰玉版），🔲（秦駰玉版），🔲（行氣玉銘），刻石；🔲（郭店《唐虞》），🔲（清華《四告》），🔲（清華《四告》），🔲（郭店《大一》），🔲（清華《不韋》），🔲（上博《亙先》），🔲（清華《皇門》），🔲（上博《柬大王》），🔲（安大《曹沫》），🔲（上博《鄭子》乙），🔲（清華《禱辭》），🔲（清華《四告》），🔲（上博《競公》），🔲（清華《五紀》），🔲（清華《治政》），楚簡；🔲（雲夢《日書》甲），🔲（雲夢《日書》甲），秦簡。形聲字。《說文》：“神，天神，引出萬物者也。从示、申。”

“神”字構形，西周甲骨文从“示”、从“申”聲，金文同，戰國文字沒有變化。“申”旁構形，楚簡或从左、右“口”，秦簡則从左、右“爪”，皆爲形訛。《說文》篆文作 🔲，漢印作 🔲（徵1.3），馬王堆帛書作 🔲（《老子》甲），漢簡作 🔲（銀雀山《孫子》）、🔲（武威醫簡），漢碑作 🔲（北海相景君碑），漸成後世固定寫法。

3. 祝，🔲（花東361），🔲（合15398），🔲（浙博88），🔲（合15280），🔲（合15278），🔲（合25918），🔲（合22916），🔲（屯2122），🔲（花東437），

（合 30799），𥘥（合 15360），甲骨文；𥘥（禽簋），𥘥（禽簋），福（大祝禽鼎），𥘥（小盂鼎），祝（申簋），示兄（長由鐘），𥘥（者汈鐘），金文；祕（侯馬），示艾（侯馬），盟書；祝（石鼓《吳人》），祝（詛楚文《湫淵》），刻石；祕（彙 2726），祝（傳 23），古璽；祕（上博《競公》），祝（清華《程寤》），祥（清華《祝辭》），祕（包山 217），祕（清華《五紀》），祝（清華《成人》），祝（清華《不韋》），祕（包山 237），𥘥（上博《競公》），祕（帛書），楚簡；祝（雲夢《日書》乙），祝（北大《醫方》），秦簡。象形字。《説文》："祝，祭主贊詞者。从示，从人、口。一曰从兑省。《易》曰：'兑，爲口爲巫。'"

"祝"字構形，甲骨文象人跪於神主（"示"）前面而有所禱告之形，偶見人"口"作伸"舌"形，金文同。戰國文字及秦簡無變化，爲《説文》篆文作祝，漢金文作祝（祝阿侯鍾），馬王堆帛書作祝（《老子》甲後），漢碑作祝（孔龢碑）所本。

4. 福，福（沈子它簋），福（井侯簋），福（善鼎），示畐（大師虘豆），福（䢅壺），福（虢叔鐘），福（㒼鐘），畐示（不毀簋），畐示（伯沙其盨），福（秦公鎛），福（曾伯陭壺），福（王孫誥鐘），福（枚氏壺），福（王子午鼎），福（國差瞻），畐示（曾子簋），福（中山王壺），金文；桌（彙

4684），[圖]（彙 3581），[圖]（秦風），[圖]（陝西 676），[圖]（傅 1464），古璽；[圖]（郭店《老子》甲），[圖]（上博《用曰》），[圖]（清華《四告》），[圖]（上博《踐阼》），[圖]（上博《周易》），[圖]（上博《詩論》），[圖]（清華《楚居》），[圖]（清華《治政》），[圖]（清華《五紀》），[圖]（清華《命訓》），[圖]（郭店《成之》），[圖]（郭店《成之》），[圖]（清華《四告》），[圖]（安大《詩經》），[圖]（清華《四告》），楚簡；[圖]（雲夢《日書》乙），[圖]（雲夢《秦律》），秦簡。形聲字。《説文》："福，祐也。從示，畐聲。"以後出字形分析構形。

"福"字構形，金文從"示"、從"酉"，以酒祭祀神主求福，會意字。古璽及楚簡大都作左右結構。在文字發展演變過程中，"酉"旁添加飾筆後漸聲化作"畐"。《説文》篆文作[圖]，繼承秦簡寫法，成形聲字。漢印作[圖]（徵 1.1），馬王堆帛書作[圖]（《縱橫》）、[圖]（《事語》），銀雀山漢簡作[圖]（《孫臏》），仍存較早的寫法。漢碑作[圖]（華山廟碑），石經作[圖]（熹平石經《周易》），遂成爲後世固定寫法。

附録一　引書簡稱表

		一、甲骨文	
	簡稱	全稱	出版信息
1	合	甲骨文合集	郭沫若主編，胡厚宣總編輯，中華書局，1978—1982 年。
2	合補	甲骨文合集補編	中國社會科學院歷史研究所編，語文出版社，1999 年。
3	甲	殷墟文字甲編	董作賓，"中央研究院"歷史語言研究所，1948 年。
4	乙	殷墟文字乙編	董作賓，"中央研究院"歷史語言研究所，1948 年。
5	屯	小屯南地甲骨	中國社會科學院考古研究所編，中華書局，1980 年。
6	花東	殷墟花園莊東地甲骨	中國社會科學院考古研究所編，雲南人民出版社，2003 年。
7	村南	殷墟小屯村中村南甲骨	中國社會科學院考古研究所編，雲南人民出版社，2012 年。
8	鐵	鐵雲藏龜	劉鶚，1903 年。
9	前	殷墟書契前編	羅振玉，1913 年。
10	後	殷墟書契後編	羅振玉，1916 年。
11	菁	殷墟書契菁華	羅振玉，1914 年。
12	佚	殷契佚存	商承祚，1933 年。
13	粹	殷契粹編	郭沫若，文求堂，1937 年。
14	珠	殷契遺珠	金祖同，孔德圖書館，1939 年。

15	河	甲骨文録	孫海波，1937 年。
16	輔仁	戰後南北所見甲骨録·輔仁大學所藏甲骨文字	胡厚宣，來薰閣書店，1951 年
17	師友	戰後南北所見甲骨録·南北師友所見甲骨録一	胡厚宣，來薰閣書店，1951 年
18	坊間	戰後南北所見甲骨録·南北坊間所見甲骨録	胡厚宣，來薰閣書店，1951 年。
19	京津	戰後京津新獲甲骨集	胡厚宣，群聯出版社，1954 年。
20	存	甲骨續存	胡厚宣，群聯出版社，1955 年。
21	京都	京都大学人文科學研究所藏甲骨文字	［日］貝塚茂樹，京都大學人文科學研究所，1959 年。
22	明	明義士收藏甲骨文字	許進雄，加拿大皇家安大略博物館，1972 年。
23	懷	懷特氏等收藏甲骨文集	許進雄，加拿大皇家安大略博物館，1979 年。
24	英	英國所藏甲骨集	李學勤、齊文心、艾蘭，中華書局，1985 年。
25	輯佚	殷墟甲骨輯佚：安陽民間藏甲骨	段振美等，文物出版社，2008 年。
26	洹寶	洹寶齋所藏甲骨	郭青萍，内蒙古人民出版社，2006 年。
27	浙博	浙江省博物館藏甲骨	曹錦炎，上海書畫出版社，2024 年。
28	周甲	周原甲骨文	曹瑋，世界圖書出版公司，2002 年。
29	戬	戩壽堂所藏甲骨文字	王國維，藝術叢編（三集），1917 年。
30	洪趙卜骨	山西洪趙縣坊堆村出土卜骨	暢文齋、顧鐵符，《文物參考資料》，1956 年第 7 期。

二、璽印

	簡稱	全稱	出版信息
1	彙	古璽彙編	故宮博物院編，羅福頤主編，文物出版社，1981 年。
2	璽考	古璽彙考	施謝捷，安徽大學博士學位論文，2006 年。
3	故宮	故宮博物院藏古璽印選	羅福頤主編，故宮博物院編，文物出版社，1982 年。
4	金薤	金薤留珍	故宮博物院，1926 年。
5	上博	上海博物館藏印選	上海書畫出版社編，上海書畫出版社，1979 年。

6	吉大	吉林大學藏古璽印選	吉林大學歷史系文物陳列室編，文物出版社，1987 年。
7	港續	香港中文大學 文物館藏印續集一	王人聰，香港中文大學出版社，1996 年。
8	湖南	湖南古代璽印	陳松長，上海辭書出版社，2004 年。
9	陝西	陝西新出土古代璽印	伏海翔，上海書店出版社，2005 年。
10	珍戰	珍秦齋藏印（戰國篇）	蕭春源，澳門基金會，2001 年。
11	珍展	珍秦齋古印展	蕭春源，澳門市政廳畫廊刊印本，1993 年。
12	分域	戰國鈢印分域編	莊新興，上海書店出版社，2001 年。
13	印典	印典	康殷、任兆鳳，國際文化出版公司，2002 年。
14	盛世	盛世璽印錄	吳硯君，藝文書院，2013 年。
15	程訓義	中國古印：程訓義古璽印集存	程訓義，河北美術出版社，2007 年。
16	十鐘	十鐘山房印舉	陳介祺，1872 年。
17	金符	十六金符齋印存	吳大澂，1888 年。
18	遯庵	遯庵秦漢古銅印譜	吳隱，1908 年。
19	鑒印	鑒印山房藏古璽印菁華	許雄志，河南美術出版社，2006 年。
20	鴨雄	鴨雄綠齋藏中國古璽印精選	［日］菅原石廬，（日本大阪）有限會社出版，2004 年。
21	玉存	古玉印集存	韓天衡、孫慰祖，上海書店，2002 年。
22	鐵續	鐵雲印續編	劉鶚，自印本。
23	類編	中國璽印類編	［日］小林斗盦，天津人民美術出版社，2004 年。
24	集粹	中國璽印集粹	［日］菅原石廬，二玄社，1997 年。
25	澂秋	澂秋館印存	陳寶琛，上海書店，1988 年。
26	續齊魯	續齊魯古印攈	郭裕之，上海書店，1989 年。
27	輯存	古代璽印輯存	牟日易，香港集古齋，1999 年。
28	秦風	秦代印風	許雄志，重慶出版社，1999 年。
29	秦編	秦印文字彙編	許雄志，河南美術出版社，2001 年。
30	風過	風過耳堂秦印輯錄	趙熊，中國書店，2012 年。
31	秦集	秦封泥集	周曉陸、路東之，三秦出版社，2000 年。
32	集證	秦文字集證	王輝、程學華，藝文印書館，1999 年。

33	珍秦	珍秦齋藏印（秦印篇）	蕭春源，澳門基金會，2012 年。
34	傅	秦封泥彙考	傅嘉儀，上海書店出版社，2007 年。
35	徵存	秦漢魏晉南北朝官印徵存	故宮博物院編，羅福頤主編，文物出版社，1987 年。
36	徵	漢印文字徵	羅福頤，文物出版社，1978 年。
37	徵補	漢印文字徵補遺	羅福頤，文物出版社，1982 年。
38	封全	中國古代封泥全集	孫慰祖主編，吉林美術出版社，2022 年。
39	日本	新出相家巷秦封泥	［日］平出秀俊，日本藝文書院，2004 年。

三、陶文

	簡稱	全稱	出版信息
1	秦陶	秦代陶文	袁仲一，三秦出版社，1987 年。
2	録	陶文圖録	王恩田，齊魯書社，2006 年。
3	陶	古陶文彙編	高明，中華書局，1990 年。
4	春	古匋文春録	顧廷龍，上海古籍出版社，2004 年。
5	鐵雲	鐵雲藏陶	劉鶚，自印本。
6	歷博	中國歷史博物館藏法書大觀（三）	史樹青，上海教育出版社，2001 年。
7	吉陶	吉林大學文物室藏古陶文	吳振武等，《史學集刊》，2004 年第 4 期。
8	步黟	步黟堂藏戰國陶文遺珍	唐存才，上海書畫出版社，2013 年。
9	齊陶	齊陶文集成	成潁春，齊魯書社，2019 年。
10	秦都	秦都咸陽考古報告	陝西省考古研究所編著，科學出版社，2004 年。
11	北郊	西安北郊秦墓	陝西省考古研究所編著，三秦出版社，2006 年。
12	新鄭	新鄭鄭國祭祀遺址	河南省文物考古研究所編著，大象出版社，2006 年。

四、貨幣

	簡稱	全稱	出版信息
1	系	中國歷代貨幣大系·先秦貨幣	汪慶正，上海人民出版社，1988 年。
2	貨編	古幣文編	張頷，中華書局，1986 年。
3	錢典	中國錢幣大辭典·先秦編	《中國錢幣大辭典》編纂委員會編，中華書局，1995 年。

4	齊幣	齊幣圖釋	山東省錢幣學會編，齊魯書社，1996 年。
5	三晉	三晉貨幣	朱華，山西人民出版社，1994 年
6	聚珍	燕下都東周貨幣聚珍	石永土、石磊，文物出版社，1996 年。
7	天幣	天津市歷史博物館藏中國歷代貨幣第一卷·先秦部分	天津歷史博物館編，天津楊柳青畫社，1990 年。

五、玉石

	簡稱	全稱	出版信息
1	侯馬	侯馬盟書	山西省文物工作委員會編輯，文物出版社，1976 年。
2	溫縣	河南溫縣東周盟誓遺址一號坎發掘簡報	郝本性、趙世綱，《文物》，1983 年第 3 期。
3	石磬	秦公大墓石磬殘銘考釋	王輝，《一粟集：王輝學術文存》，藝文印書館，2002 年。
4	石鼓	石鼓文研究 詛楚文考釋	郭沫若，科學出版社，1982 年。
5	詛楚文	石鼓文研究 詛楚文考釋	郭沫若，科學出版社，1982 年。
6	秦駰玉版	秦駰禱病玉版的研究	李零，《國學研究》第六卷，北京大學出版社，1999 年。
7	臨淄石磬	新見齊國石磬銘文考論	曹錦炎，《古文字研究》第三十四輯，2022 年。

六、簡牘

	簡稱	全稱	出版信息
1	郭店	郭店楚墓竹簡	荆門市博物館編，文物出版社，1998 年。
2	上博	上海博物館藏戰國楚竹書（一—九）	馬承源主編，上海古籍出版社，2001—2012 年。
3	清華	清華大學藏戰國竹簡（壹—拾叁）	清華大學出土文獻研究與保護中心編，李學勤、黃德寬主編，中西書局，2010—2023 年。
4	包山	包山楚墓	湖北省荆沙鐵路考古隊編，文物出版社，1991 年。
5	安大	安徽大學藏戰國竹簡（一—二）	安徽大學漢字發展與應用研究中心編，黃德寬、徐在國主編，中西書局，2019—2022 年。
6	葛陵	新蔡葛陵楚墓	河南省文物考古研究所編著，大象出版社，2003 年。

7	九店	九店楚簡	湖北省文物考古研究所、北京大學中文系編，文物出版社，2000 年。
8	仰天湖	長沙仰天湖出土楚簡研究	史樹青著，群聯出版社，1955 年。
9	信陽	信陽楚墓	河南省文物研究所編，文物出版社，1986 年。
10	望山	望山楚簡	湖北省文物考古研究所、北京大學中文系編，文物出版社，1995 年。
11	天星觀	楚系簡帛文字編	滕壬生，湖北教育出版社，1995 年。
12	曾侯	曾侯乙墓	湖北省博物館編，文物出版社，1989 年。
13	帛書	子彈庫帛書	李零，文物出版社，2017 年。
14	左冢漆梮	荊門左冢楚墓	湖北省文物考古研究所等編著，文物出版社，2006 年。
15	雲夢	秦簡牘合集・睡虎地秦墓簡牘	陳偉主編，武漢大學出版社，2014 年。
16	雲夢	睡虎地秦簡文字編	張守中，文物出版社，1994 年。
17	里耶	里耶秦簡（壹）	湖南省文物考古研究所編著，文物出版社，2012 年。
18	嶽麓	嶽麓書院藏秦簡（一—三）	陳松長，上海辭書出版社，2010—2013 年。
19	北大	北京大学藏秦代簡牘書迹選粹	北京大學出土文獻研究所編，人民美術出版社，2014 年。
20	關沮	關沮秦漢墓簡牘	湖北省荆州市周梁玉橋遺址博物館編，中華書局，2001 年。

附録二　引用楚簡篇目簡稱對照表

《郭店簡》

序號	簡稱	全稱
1	郭店・語叢	語叢（一）（二）（三）（四）
2	郭店・五行	
3	郭店・緇衣	
4	郭店・老子甲	
5	郭店・老子乙	
6	郭店・老子丙	
7	郭店・忠信	忠信之道
8	郭店・窮達	窮達以時
9	郭店・唐虞	唐虞之道
10	郭店・性自	性自命出
11	郭店・成之	成之聞之
12	郭店・尊德	尊德義
13	郭店・子思	魯穆公問子思

《上博簡》

序號	簡稱	全稱
1	上博・詩論	孔子诗論

2	上博·魯邦	魯邦大旱
3	上博·緇衣	
4	上博·性情	性情論
5	上博·民之	民之父母
6	上博·子羔	
7	上博·從政	從政（甲、乙）
8	上博·昔者	昔者君老
9	上博·容成	容成氏
10	上博·周易	
11	上博·仲弓	
12	上博·亙先	
13	上博·彭祖	
14	上博·采風	采風曲目
15	上博·逸詩	
16	上博·昭王	昭王毀室·昭王與龔之
17	上博·柬大王	柬大王泊旱
18	上博·內禮	
19	上博·相邦	相邦之道
20	上博·曹沫	曹沫之陳
21	上博·競建	競建內之
22	上博·鮑叔牙	鮑叔牙與隰朋之諫
23	上博·季庚	季庚子問於孔子
24	上博·姑成	姑成家父
25	上博·君子	君子爲禮
26	上博·弟子	弟子問
27	上博·三德	
28	上博·鬼神	鬼神之明
29	上博·融師	融師有成氏
30	上博·競公	競公瘧
31	上博·孔子	孔子見季桓子

續表

32	上博·莊王	莊王既成
33	上博·平王	平王問王子木
34	上博·慎子	慎子曰恭儉
35	上博·用曰	
36	上博·建州甲	天子建州（甲）
37	上博·建州乙	天子建州（乙）
38	上博·踐阼	武王踐阼
39	上博·鄭子甲	鄭子家喪（甲）
40	上博·鄭子乙	鄭子家喪（乙）
41	上博·君人甲	君人者何必安哉（甲）
42	上博·君人乙	君人者何必安哉（乙）
43	上博·凡物甲	凡物流形（甲）
44	上博·凡物乙	凡物流形（乙）
45	上博·吳命	
46	上博·子道	子道餓
47	上博·顏淵	顏淵問於孔子
48	上博·成王	成王既邦
49	上博·命	
50	上博·王居	
51	上博·志書	志書乃言
52	上博·有皇	有皇將起
53	上博·李頌	
54	上博·蘭賦	
55	上博·鶹鷅	
56	上博·城濮	成王爲城濮之行（甲、乙）
57	上博·靈王	靈王遂申
58	上博·陳公	陳公治兵
59	上博·舉治	舉治王天下
60	上博·史蒥	史蒥問於夫子
61	上博·卜書	

《清華簡》

序號	簡稱	全稱
1	清華·皇門	
2	清華·繫年	
3	清華·金縢	
4	清華·子儀	
5	清華·子產	
6	清華·筮法	
7	清華·命訓	
8	清華·尹誥	
9	清華·算表	
10	清華·祝辭	
11	清華·禱辭	
12	清華·耆夜	
13	清華·楚居	
14	清華·成人	
15	清華·尹至	
16	清華·管仲	
17	清華·攝命	
18	清華·厚父	
19	清華·保訓	
20	清華·良臣	
21	清華·祭公	
22	清華·程寤	
23	清華·芮良夫	芮良夫毖
24	清華·廼命	廼命（一）（二）
25	清華·啻門	湯在啻門
26	清華·越公	越公其事
27	清華·治政	治政之道
28	清華·封許	封鄦（許）之命

29	清華・説命	説命（上）（中）（下）
30	清華・湯丘	湯處於湯丘
31	清華・琴舞	周公之琴舞
32	清華・晉文	晉文公入於晉
33	清華・赤𪊻	赤（𪊻）之集湯之屋
34	清華・三壽	殷高宗問於三壽
35	清華・四告	
36	清華・四時	
37	清華・司歲	
38	清華・行稱	
39	清華・病方	
40	清華・五紀	
41	清華・不韋	參不韋
42	清華・食禮	大夫食禮・大夫食禮記
43	清華・畏天	畏天用身
44	清華・樂風	
45	清華・音圖	五音圖

《安大簡》

序號	簡稱	全稱
1	安大・詩經	
2	安大・仲尼	仲尼曰
3	安大・曹沫	曹沫之陳

索 引

均	625	皀	293	表	315	卹	45
臣	72	辵	246	盂	462	往	243
杜	268	余	479	長	89	所	570
巫	277	夋	334	坪	625	金	683
李	268	采	289	者	154	命	42
求	314	坐	46	幸	355	斧	566
車	472	寽	199	其	483	受	202
豆	447	孚	198	取	185	乳	82
酉	466	免	18	昔	669	服	480
辰	406	角	434	若	196	昏	669
夾	31	夆	224	直	171	匋	452
夾	31	殀	680	析	568	狐	352
豕	356	言	157	或	587	狗	349
龙	349	疫	107	雨	657	京	528
坙	656	辛	28	奔	235	夜	681
貝	398	羌	346	悉	172	府	506
吴	33	次	62	叔	182	卒	313
足	230	沈	648	虎	360	河	645
男	634	牢	339	具	455	沱	646
吹	62	即	293	果	267	宜	500
刵	110	尾	52	昃	32	录	651
牡	336	攺	551	門	537	屈	53
告	144	妣	21	固	642	弦	591
我	588	邵	44	制	578	降	614
利	574	邵	45	兒	17	姓	70
每	75	矣	602	佳	416		
兵	208			依	7	**九 畫**	
何	10	**八 畫**		帛	322	春	260
身	101	武	583	阜	611	型	627

輔	474	鼐	457	廚	508	竈	503
輕	475	盡	461	廟	510	彊	593
歌	67	翟	428	慶	372		
廠	513	綰	305	賚	402		
厲	514			頖	99		

圖書在版編目（CIP）數據

中國美術學院書法教材：古文字源流講疏 / 曹錦炎
著. -- 上海：上海書畫出版社, 2024.12.
-- ISBN 978-7-5479-3509-5

Ⅰ. H121

中國國家版本館CIP數據核字第2024LP6250號

中國美術學院書法教材

古文字源流講疏

曹錦炎　著

選題策劃　朱艷萍
責任編輯　李柯霖
編　　輯　伍　淳
審　　讀　陳家紅
封面設計　劉　蕾
技術編輯　包賽明

出版發行　上海世紀出版集團
　　　　　上海書畫出版社
地　　址　上海市閔行區號景路159弄A座4樓
郵政編碼　201101
網　　址　www.shshuhua.com
E-mail　shuhua@shshuhua.com
製　　版　杭州立飛圖文製作有限公司
印　　刷　浙江新華印刷技術有限公司
經　　銷　各地新華書店
開　　本　889×1194　1/16
印　　張　45.875
版　　次　2024年12月第1版　2025年5月第4次印刷
書　　號　ISBN 978-7-5479-3509-5
定　　價　228.00圓（上、下冊）
若有印刷、裝訂質量問題，請與承印廠聯繫